TÜBINGER STUDIEN IX

TÜBINGER STUDIEN ZUR ARCHÄOLOGIE UND KUNSTGESCHICHTE

HERAUSGEGEBEN VON
ULRICH HAUSMANN UND KLAUS SCHWAGER

BAND 9

ERNST WASMUTH VERLAG TÜBINGEN

ALLEGORIE UND GESCHICHTE

Ausstattungsprogramme öffentlicher Gebäude des 19. Jahrhunderts in Deutschland
Von der Cornelius-Schule zur Malerei der Wilhelminischen Ära

VON
MONIKA WAGNER

ERNST WASMUTH VERLAG TÜBINGEN

Als Habilitationsschrift auf Empfehlung der Fakultät für Kulturwissenschaften
der Eberhard-Karls-Universität Tübingen
gedruckt mit Unterstützung der Deutschen Forschungsgemeinschaft

Gesamtherstellung: Passavia Druckerei GmbH Passau
Repros: Reprostudio 16, Dußlingen
Printed in Germany
ISBN 3 8030 1908 7

VORWORT DER HERAUSGEBER

Von Anfang an sollten unsere wiederaufgenommenen „Tübinger Studien" die „lebendige Vielfalt der Forschung in allen Bereichen ... widerspiegeln"; und so erschließt auch diese vierte kunstgeschichtliche Untersuchung unserer Reihe ein neues Problemfeld, mit entsprechend anderem methodischen Ansatz als ihre Vorgänger. Sie ist vor dem Hintergrund des in den letzten Jahren rapide angewachsenen Interesses an Kunst und Kultur des 19. Jahrhunderts zu sehen, insbesondere an dessen Geschichtsmalerei und an deren Rolle in den charakteristischen, bis in die Gegenwart nachwirkenden Umbrüchen, Veränderungen und Spannungen der Epoche. Nach ersten heftigen Vorstößen befindet sich die darauf gerichtete Forschung heute in der Aufarbeitungs- und Konsolidierungsphase – sowohl bei der Materialerschließung als auch hinsichtlich der Suche nach problemgerechten Einordnungs- und Interpretationskriterien. Monika Wagners Arbeit wird beidem gerecht. Sie orientiert sich an der für die Kunstgeschichte des vergangenen Jahrhunderts besonders erhellenden Frage nach dem Verhältnis von Allegorie und Geschichte, von allegorischer und 'realistischer' künstlerischer Umsetzung geschichtsbezogener Programme; und sie gibt gleichzeitig eine erste strukturierte Einführung in die bislang vernachlässigten, gleichwohl auch für die damalige Zeit zentralen, großen öffentlichen Wand- und Deckenbildzyklen Deutschlands – der erhaltenen, der rekonstruierbaren und der nur noch nachzuweisenden. Die Arbeit verdient damit auch jenseits der Fachgrenzen dieselbe Aufmerksamkeit, welche vor ihr vergleichbare Veröffentlichungen über die verschiedenen Typen öffentlicher Gebäude oder die Denkmäler des 19. Jahrhunderts gefunden haben.

Monika Wagner hat sich mit dieser, seither leicht überarbeiteten Untersuchung 1985 in Tübingen habilitiert. Ihre Veröffentlichung als Band 9 unserer Reihe, wurde ermöglicht durch die Druckbeihilfe der Deutschen Forschungsgemeinschaft. Ihr sowie dem Ernst Wasmuth Verlag, vor allem auch Frau Dr. Veronika Birbaumer und Frau Sigrid Hauser, ohne deren tatkräftige Hilfe und Rat diese Veröffentlichung nicht das geworden wäre, was sie ist, gilt unser ausdrücklicher Dank.

K. S. U. H.

INHALT

VORWORT

Ausstattungsprogramme öffentlicher Gebäude des 19. Jahrhunderts gehören zu den verdrängten Teilen der Bildtradition. Ihre Bindung an inhaltliche Vorgaben eines meist staatlichen Auftraggebers und ihre Verpflichtung auf eine der 'Lesbarkeit' untergeordnete Gestaltungsweise widersprechen den Autonomietendenzen der sich entwickelnden modernen Kunst. Die monumentalen Bildzyklen waren jedoch im 19. Jahrhundert allgegenwärtig. Der immense Bereich neuer öffentlicher Bauaufgaben zeitigte eine Fülle von Ausstattungsprogrammen, von der wir heute kaum noch eine Vorstellung besitzen. Nicht nur die Museen und allgemeinbildenden Schulen, sondern auch die Bahnhöfe erhielten vielerorts Wandmalereien. Durch Reproduktionsgrafik vervielfältigt, fanden sie zudem überregionale Verbreitung. Die Ausstattungsprogramme bildeten das Pendant zur Öffnung der Kunstsammlungen und der Einrichtung von Museen als den zentralen Bereichen öffentlicher Kunst.

Forderungen nach Monumentalmalerei an und in öffentlichen Gebäuden wurden von konträren Interessensgruppen erhoben. Frisch gegründete Kunstvereine verstanden sich als Mäzene im Dienste einer neuen bürgerlichen Öffentlichkeit, Demokraten des Vormärz propagierten sie als Kunst für alle, auf sie richteten sich die Hoffnungen vieler junger Künstler und schließlich hatten auch die Landesherrn ihre Vorstellungen, was eine öffentliche Monumentalmalerei leisten solle. Seit den Napoleonischen Kriegen kam ihr in den deutschen Fürstentümern prinzipiell eine politische Funktion zu: Sie sollte 'vaterländisches' Bewußtsein fördern. Darunter begriffen nicht alle dasselbe, standen sich hier doch Monarchisten und Demokraten gegenüber. Wie immer die Vorstellungen im einzelnen aussahen, sie mußten für die Sachwalter der Öffentlichkeit, für die Fürsten und ihre Ministerien konsensfähig sein, um ihre Bildrhetorik an öffentlichen Wänden entfalten zu können. Von daher haftet dem ganzen Bereich das Stigma der Staatskunst an. Doch zeigen die oft über Jahre in der Presse ausgetragenen Auseinandersetzungen zwischen Auftraggeber und Künstler die Brisanz der Konflikte um öffentliche Malerei.

Nachdem in den letzten zwanzig Jahren einzelne Bautypen des 19. Jahrhunderts und mitunter auch deren Ausstattungsprogramme bearbeitet wurden, liegt mit dieser Studie erstmals eine vergleichende Untersuchung öffentlicher Bildprogramme vor. Nur einige wenige Bildzyklen haben die Um- und Erweiterungsbauten, die Kriegszerstörungen und Wiederaufbauplanierungen überlebt, von vielen lassen sich nur die Programme benennen. Doch ist ein Überblick auch gar nicht angestrebt. Vielmehr wird an exemplarischen Beispielen unterschiedlicher Programmtypen das Verhältnis von Allegorie und Geschichte befragt. Einerseits diente die Darstellung von geschichtlicher Entwicklung nach dem Epochenumbruch der Französischen Revolution in den monumentalen Bildzyklen als Garant der Kontinuität wie als Instrument nationaler Gemeinschaftsbekundungen. Andererseits stellte die Historisierung der Ereignisse deren Vorbildfunktion in Frage. Dies tangierte auch die Rolle der allegorischen Figurationen, die ihrerseits einer Historisierung unterlagen. Diese für das ganze 19. Jahrhundert zentrale Dualität von geschichtlicher Besonderheit und ahistorischer Norm führte besonders bei den monumentalen Bildprogrammen zu Konflikten zwischen Künstler, Auftraggeber und Rezipienten. In den Auseinandersetzungen um Allegorie und Geschichte konkretisierte sich, warum und in welchem Maße der öffentliche Raum umkämpft wurde.

Ein besonderes Problem stellt das meist nur in unzureichenden Fotografien und Reproduktionen überlieferte Bildmaterial dar. Fast alle Aufnahmen stammen aus dem späten 19. Jahrhundert oder der Zeit vor dem Ersten Weltkrieg. Die riesigen Bildflächen in den meist künstlich belichteten Räumen ließen sich seinerzeit nur schwer fotografisch dokumentieren. Doch sind sie das einzige, was von vielen Ausstattungsprogrammen überlebte, so daß wir trotz der Unzulänglichkeiten auf diese Abbildungen angewiesen sind.

Danken möchte ich allen Freunden, Kolleginnen und Kollegen, die mich bei der oftmals mühsamen Suche nach verschüttetem Material unterstützt und mir in vielen Gesprächen Anregungen gegeben haben. Mein ganz besonderer Dank gilt Peter Märker, der nicht nur meine Manuskripte geduldig gelesen und kritisch kommentiert hat, sondern mir auch immer wieder Mut gemacht hat. Kathrin und Konrad Hoffmann waren in vielen Gesprächen Prüfsteine für die Tragfähigkeit meiner Argumente. Klaus Schwagers wohlwollende Kritik, seine vielen Hinweise und Anregungen waren eine überaus wertvolle Hilfe. Ferner möchte ich den Kollegen Werner Gauer, Burkhard Gladigow und Andreas Flitner für ihre hilfreiche Kritik danken.

Viele Institutionen, die aufzuzählen hier unmöglich wäre, haben mich bei meinen Recherchen unterstützt. Besonderer Dank gilt dem Bildarchiv Foto Marburg und dem Rheinischen Bildarchiv Köln für die Hilfe bei der schwierigen Bildbeschaffung, der Handschriftenabteilung der Bayerischen Staatsbibliothek für die Geduld angesichts meiner immer neuen Wünsche, dem Verkehrsarchiv Nürnberg, wo mir trotz schwieriger äußerer Umstände zu arbeiten ermöglicht wurde, und all den Museen und Sammlungen, die mir Einsicht in ihre Bestände gewährten und meine Fragen beantworteten. Rainer Ott hat geduldig die Konstruktionszeichnungen aus den oft nur spärlichen Maßangaben gefertigt. Schließlich hätte ich ohne die Sorgfalt meines Vaters Erich Wagner bei der Transkription der Handschriften manchen Text nur unvollständig erschließen können. Mein Dank gilt – last not least – den Herausgebern, dem Ernst Wasmuth Verlag und der Deutschen Forschungsgemeinschaft, ohne deren Unterstützung die Arbeit so nicht hätte erscheinen können.

Hamburg, im November 1988 Monika Wagner

EINLEITUNG

„Die Wissenschaft der Geschichte ist unvollständig, sie ermangelt eines Mediums, das ihre Wahrheiten unmittelbar fühlbar und anschaulich macht“[1]. Es war die Malerei, die nicht nur die stets einer Instrumentalisierung der Kunst verdächtigen Theoretiker, sondern auch bildende Künstler des historistischen Jahrhunderts für diesen Zweck besonders geeignet hielten. „Die Farbe, welche allein das volle Leben bezeichnet“[2], wertete die nachklassizistische Zeit als Vorzug gegenüber dem „abstracten Charakter der Plastik“[3]. Als Monumentalmalerei konnte zudem Geschichte öffentlichkeitswirksam ‘versinnlicht’ werden. Wie aber die angesprochenen historischen „Wahrheiten“ bildlich zu gewinnen seien, da sich doch schon der ‘Stoff’ in aller Regel der Anschauung entzog und – durch die Geschichtswissenschaft sprachlich vermittelt – auch vom Künstler historische Rekonstruktionsarbeit verlangte, darüber stritten Geschichtsphilosophen, Historiker, Kunstkritiker und nicht zuletzt die Maler selbst durch ihre praktischen Arbeiten während des ganzen 19. Jahrhunderts mit Vehemenz.

Der Kern der Kontroverse betraf die Frage – um es zunächst einmal ganz pauschal zu charakterisieren –, ob im Geschichtsbild Allegorien zulässig seien, „deren Handlung“, wie Christian Hermann Weiße in seiner 1830 erschienenen Ästhetik grundsätzlich formulierte, „eine mehr geistige als körperliche, und eine scheinbar hinter dem äußerlichen Charakter der eigentlich geschichtlichen Begebenheit zurückbleibende, in Wahrheit aber über denselben hinausgehende ist“, die „den wesentlichen Geist der Geschichte darstellt und ihren zeitlichen Verlauf darin scheinen läßt“[4]. Oder ob sich – andersherum betrachtet – die bildliche Darstellung von Geschichte auf die sichtbare Wirklichkeit realer Personen und faktisch rekonstruierbarer Ereignisse beschränken müsse. Die Debatte, die sich in den Ausschreibungen wie in den Jurys für die Historienmalerei einer noch näher zu bestimmenden öffentlichen Sphäre niederschlug, erreichte solche Brisanz, weil es nicht allein um bildnerische Darstellungsverfahren – hier ein der Empirie korrelierender ‘Naturalismus’, dort Idealisierung durch Allegorien – ging, sondern weil in der noch immer ranghöchsten Gattung der Geschichtsmalerei auch zwei grundsätzliche Probleme des 19. Jahrhunderts berührt wurden: zum einen die Frage nach der ‘Machbarkeit’ von Geschichte, d.h. wer denn in dem vielbeschworenen ‘Geist’ der Geschichte stecke (Gott, Zufall,

1 Gustav Adolph Schöll in: Museum 1835, S. 39; „kein Ersatz für diese Mittel (der Kunst, M.W.) ist die docirende Historie, die ... nicht eben leicht in die Adern der Gemüthes zu dringen pflegt. Kein Ersatz sind Biographien und Geschichtsbücher“.

2 Die Vermischung und Zusammenwirkung der Künste. Psychologische Andeutungen von Dr. M. Lazarus, in: Dt. Kunstblatt 1854, Nr. 30, S. 264. Demgegenüber billigte man dem Relief und der Skulptur eher allegorische Darstellungen zu.

3 Schasler 1880, S. 94, in einem Rückblick auf die Kunst des 19. Jh.s. Weiter heißt es dort: „abstract, weil sie (die Plastik, M.W.) von der Wirklichkeit der Erscheinung, die sich vornehmlich in der Farbe ausdrückt, abstrahiert. Sehr schön spricht daher Feuerbach ... nicht nur von der Zeit-, sondern auch von der Blutlosigkeit der antiken Götter.“ Die Scheidung der Gattungen war in der „Geniezeit“ anders bewertet worden, kam doch nach Herders 1788 erschienenem Aufsatz über die Plastik dieser allein durch ihre „ewigen Formen“ Wahrheitsgehalt zu, während die Malerei nur das Unbeständige von „Geschichte, Menschenart und Zeiten“ ausdrückte. Vgl. Rupprecht 1963, S. 204f.

4 Weisse 1830, S. 213.

König oder Volk), und zum anderen die Frage nach eindeutigen bildlichen Bewertungsmöglichkeiten, um die Suggestivkraft der Bilder zu steuern.

Ohne an dieser Stelle schon auf die sich im Verlaufe des 19. Jahrhunderts verändernde Abgrenzung der Geschichte vom Mythos, der Sage oder der biblischen Überlieferung[5] einerseits, der Allegorie vom Symbol oder der „personifizierenden Idealbildung"[6] andererseits eingehen zu wollen, sei in aller Vorläufigkeit vorausgeschickt: Historische und allegorische Darstellungen gingen im 19. Jahrhundert unterschiedliche Verbindungen ein, in denen sich das Verhältnis von einzelnem Ereignis und prozessualer Entwicklung, von konkret fixierbaren Situationen und abstrakter Geschichtskonstruktion gestaltete.

Bis ins 18. Jahrhundert hinein war die Verzahnung von Allegorie und Historienbild eine unbestrittene Möglichkeit der Malerei gewesen. Nicht nur im Barock, als z. B. Rubens in dem immer wieder zitierten, aktuelle Zeitgeschichte thematisierenden Zyklus für Maria de Medici historische Personen, Götter und Personifikationen in direkte Handlungsbezüge treten ließ[7] und damit flüchtigen Ereignissen historische Bedeutung verlieh, war dies selbstverständlich gewesen, sondern auch die großen Vorbilder des 19. Jahrhunderts, die Maler der italienischen Renaissance – von Giotto bis Raffael –, hatten *historia* mit allegorischen Figuren kommentiert.

Die Verbindung unterschiedlicher Realitätssphären wurde aber für die bildende Kunst in einer Zeit zum Problem, als mit der Historisierung nahezu aller Wissensbereiche eine auf Quellen und 'Fakten' bezogene Geschichte zur Wahrheitsinstanz avancierte. Wilhelm Kaulbachs berühmt gewordenes Motto „Geschichte müssen wir malen, Geschichte ist die Religion unserer Zeit – Geschichte allein ist zeitgemäß"[8], bezeichnet treffend das dialektische Verhältnis zwischen dem neuerlichen Profanisierungsprozeß und der Sakralisierung einer ästhetisch vermittelten Geschichte. Im Verlauf dieser Entwicklung wurde einerseits die Allegorie als verweisende Bildsprache in Frage gestellt. Andererseits war gerade im Bereich öffentlicher Monumentalmalerei mit seiner Tendenz zur Erziehung und Belehrung eine über die faktische Schilderung von Ereignissen hinausgehende Bedeutungszuweisung gewünscht.

Die in der Monumentalmalerei als Ausdruck geschichtlicher Zusammenhänge üblichen Bildzyklen drohten sich – ohne allegorisches Bezugssystem – in eine Reihe isolierter Einzelereignisse

5 CHAPEAUROUGE 1977, S. 115 hat wie BRIEGER 1930, S. 2 eine begriffliche Trennungslinie zwischen 'Historie' und 'Geschichte' gezogen: Historienmalerei als übergeordneter Terminus bezeichnet „profane wie sakrale Darstellungen aus der Geschichte". „Dagegen sind als 'Geschichtsbilder' nur solche Werke anzusprechen, die reale Historie wiedergeben". Obwohl diese Unterscheidung im 19. Jh. häufig anzutreffen ist, wurde sie nicht strikt eingehalten, und das mit gutem Grund, ließen sich doch die Sage oder die griechische Mythologie in beiden Bereichen unterbringen. Je nach Verständnis, ob man etwa die Mythologie als Vorform der Geschichte oder als Glaube der Griechen einstufte, wurden die Zuordnungen getroffen. Vergleichbare Probleme ergaben sich für Szenen aus dem Alten Testament, etwa den Turmbau zu Babel, der durch die Forschung historische Dimensionen gewann. Daher wurde in der vorliegenden Arbeit – auch um nicht in ständige terminologische Konflikte mit den Quellentexten zu geraten – auf eine strikte Unterscheidung verzichtet.

6 „Ueber Symbol, personificierende Idealbildung und Allegorie in der Kunst" lautete der Titel eines Aufsatzes von Moritz Carrière in der Beilage zur Allg. Ztg. vom 3. und 4. 3. 1856, teilweise abgedruckt bei BUSCH/BEYRODT 1982, S. 210–218; vgl. auch CARRIÈRE 1859, S. 415 ff.

7 Rubens' Medici-Zyklus wurde von Gegnern wie von Befürwortern der Allegorie im Geschichtsbild des 19. Jh.s als Beleg ihrer Position herangezogen: WINCKELMANN 1766, S. 20; BLÜMNER 1881, S. 54; BURCKHARDT (1887), S. 328 schreibt eindeutig: „Die Malerei darf heute so etwas nicht mehr." Positiv dagegen EKENDAHL 1831, S. 121; SPRINGER 1886, Bd. 2, S. 354.

8 Zit. n. GURLITT 1907³, S. 292; s. auch NEUMANN 1896, S. 59. „Geschichte allein ist zeitgemäß" lautet der Titel des von BRIX/STEINHAUSER 1978 herausgegebenen Bandes der Historismus-Tagung des Ulmer Vereins.

zu verflüchtigen, sie liefen Gefahr, zur Bilderchronik zu werden. Zu welchen praktischen Lösungen dieses Dilemma führte, welche konkreten Intentionen die Bildprogramme in den verschiedenen öffentlichen Bauten – vom Museum bis zum Bahnhof – verfolgten und mit welchen Mitteln sie dies taten, soll an repräsentativen Beispielen untersucht werden.

Die Beschäftigung mit dem umfangreichen Gebiet profaner Monumentalmalerei in öffentlichen Gebäuden unter diesem für das 19. Jahrhundert zentralen Gesichtspunkt mag auf den ersten Blick verspätet und verfrüht zugleich erscheinen: verspätet, weil der Nachholbedarf an einer Bearbeitung der Malerei des 19. Jahrhunderts im allgemeinen und der nicht zur ästhetischen Avantgarde zählenden Monumentalmalerei im besonderen während der vergangenen 15 Jahre – nicht zuletzt durch die gezielte Förderung der Thyssen-Stiftung[9] – inzwischen gedeckt zu sein scheint; verfrüht mag andererseits die Frage nach der Verbindung von Allegorie und Geschichte als Darstellungsverfahren mit verschiedenen Bezugssystemen erscheinen, weil trotz der Arbeiten zu einzelnen Monumentalmalern wie Peter v. Cornelius[10], Alfred Rethel[11] oder Peter Janssen[12], der Untersuchung von Ausstattungsprogrammen einzelner Bautypen – so der Museen und Rathäuser[13] – oder auch singulärer Objekte wie der Goslarer Kaiserpfalz[14] noch nicht einmal ein annähernder Überblick über die verschiedenen Typen von Monumentalausstattungen der zweiten Jahrhunderthälfte vorliegt. Vor allem fehlen Untersuchungen über Ausstattungen wichtiger Bauaufgaben wie Schulen, Polytechnische Hochschulen oder Bahnhöfe, ja es wurde bisher kaum zur Kenntnis genommen, daß diese 'Zweckbauten' überhaupt Bildprogramme enthielten[15].

Wenn hier trotz dieses unterschiedlichen Bearbeitungsstandes der Versuch unternommen wird, an exemplarischen Bildprogrammen für Bauten verschiedenartiger Bestimmung die Beziehung zwischen allegorischen und historischen Darstellungen zu untersuchen, ihre jeweiligen Bedeutungen und Funktionen zu ermitteln, so deshalb, weil eine für die bildende Kunst des 19. Jahrhunderts wichtige Problemstellung aufgezeigt werden kann, die aufgrund der spezifischen Aufgaben der Monumentalmalerei in diesem Bereich besonders deutlich hervortritt, prinzipiell aber auch andere Bildgattungen betrifft.

Es war weder möglich noch beabsichtigt, einen flächendeckenden Überblick über die Ausstattungsprogramme öffentlicher Gebäude zu geben. Von einer eingehenden Untersuchung ausgeschlossen wurden Bildzyklen in nur bedingt 'öffentlichen' Gebäuden wie Residenzen, privaten Schlössern oder Wohnungen[16], da hier von vornherein der persönliche Geschmack des Auftrag-

9 In den von der Thyssen-Stiftung geförderten Studien zur Kunst des 19. Jh.s sind es vor allem: PLAGEMANN 1967; BÖTTGER 1972; MITTLMEIER 1977; außerdem entstanden eine Anzahl von Dissertationen in Köln, Bonn und München: SCHWAHN 1976, WAPPENSCHMIDT 1981, BIELMEIER 1983, SCHULZE 1984.

10 BÜTTNER, 1980, Bd. 1.

11 HOFFMANN 1968.

12 BIEBER 1979.

13 PLAGEMANN 1967, ders. 1969, ders. 1970; BÖTTGER 1972; MITTLMEIER 1977; BIELMEIER 1983; SCHULZE 1984 zu den Museumsausstattungen; HOFFMANN 1968; KRANZ-MICHAELIS 1976 (vorwiegend baugeschichtliche Untersuchung), WAPPENSCHMIDT 1981; ders. in: MAI/PAUL/WAETZOLDT 1982 zu den Rathausausstattungen.

14 ARNDT 1976. Kleinere Arbeiten zu einzelnen Ausstattungsprogrammen verbreiteter Bautypen aufzuführen, würde hier zu weit führen, vgl. dazu die Literaturangaben in den unter Anm. 13 genannten Werken.

15 In der inzwischen umfangreichen Literatur zur Entwicklung der Bahnhofsarchitektur, in der meist der Genese funktionalistischen Bauens nachgegangen wird, findet sich kaum ein Hinweis auf ursprüngliche Bildausstattungen (zur Literatur s. Kap. IV).

16 Eine zusammenfassende Arbeit zu diesem großen Bereich fehlt bisher. Auf Literatur zu einzelnen Objekten wird an entsprechender Stelle verwiesen.

gebers das Bildprogramm bestimmte, das nur selten auf Öffentlichkeit berechnet war. Auch Kirchen, obwohl Paradebeispiele öffentlichen Bauens, blieben unberücksichtigt, da sich bei ihrer Ausstattung durch den Bezug zur biblischen Geschichte grundsätzlich andere Probleme stellten.

Für die Auswahl der untersuchten Bildzyklen war entscheidend, inwiefern sich das Verhältnis von allegorischer und historischer Darstellungsebene veränderte. Es wurde versucht, unter diesem Gesichtspunkt verschiedene Ausstattungstypen zu ermitteln. Für eine solche Selektion waren z. T. umfangreiche Materialrecherchen nötig. Um einsehbar zu machen, inwieweit die ausgewählten Beispiele typisch sind, und um zugleich einen Fundus der ermittelten Ausstattungsprogramme vorzulegen, wurden sie – nach Bautypen gegliedert – im Anhang erfaßt. Dies schien besonders wegen der schwierigen Zugänglichkeit des Materials sinnvoll, wurden doch die meisten ausgeführten Bildzyklen – sofern sie die häufigen Um- und Erweiterungsbauten überstanden – im Zweiten Weltkrieg zerstört bzw. noch vorhandene Reste im Zuge des 'Wiederaufbaus' gänzlich beseitigt[17].

Besondere Berücksichtigung fanden jene Ausstattungsprogramme, deren Aufgabe es war, die wissenschaftlich-technischen Erfindungen der jüngsten Zeit in ihrem historischen Bezug zu propagieren, kam doch gerade hier die Allegorie zu neuen Ehren, da die Bildwürdigkeit der Technik umstritten war. Die vor allem in Technischen Hochschulen und Bahnhöfen auftretenden Bildprogramme wurden zudem bisher weitgehend ignoriert. Ihre relativ ausführliche Behandlung soll das bisherige Bild, das durch die Bearbeitung der Rathaus- und Museumsausstattungen einseitig geprägt ist, ergänzen.

Die Beschränkung der Untersuchung auf Deutschland hat zunächst pragmatische Gründe, ist doch die Materialfülle schon hier erdrückend. Weder für England noch für Frankreich oder Belgien, Länder in denen die profane Monumentalmalerei seit den 40er Jahren eine Rolle spielte, liegen zusammenfassende Arbeiten vor[18]. Soviel läßt sich aber sagen, daß in der Wandmalerei

17 Hinweise auf den Zustand einzelner Gemäldezyklen nach Kriegsende bei BORNHEIM gen. Schilling 1952, S. 106–119; Schicksale deutscher Baudenkmale im Zweiten Weltkrieg. Eine Dokumentation der Schäden und Totalverluste auf dem Gebiet der Deutschen Demokratischen Republik, hrsg. von Götz ECKARDT, München 1978.

18 Derzeit arbeitet Clare Willsdon in Cambridge an einer Dissertation über Wandmalereien des späten 19. und frühen 20. Jh.s in England. Neben den Rathäusern von London, Manchester etc. werden der Londoner Justizpalast, Schulen, Universitäten sowie der zweite Abschnitt der Ausmalung des Londoner Parlaments berücksichtigt. Der wichtigste Künstler dieser Phase ist Frank Brangwyn.
Zu Rossettis Zyklus der Artus-Sage im Bibliotheksaal der Oxford Union, s. Rosalie Mander: Rossetti and the Oxford Murals, 1857, in: Leslie PARRIS (Hrsg.): Pre-Raphaelite Papers, London (Tate Gall. Conference) 1984, S. 170–183. Der wohl zu seiner Zeit berühmteste Monumentalzyklus mit 12 Szenen aus der Geschichte des lokalen Bürgertums entstand zwischen 1879 und 1892 im Rathaus von Manchester und stammt von Ford Madox Brown. Mein 1981 am Hamburger Institut für Kunstgeschichte gehaltener Vortrag liegt bisher nur im Manuskript vor. Derzeit arbeitet Julian Treuherz von der Manchester Art Gall. über den Zyklus.
Zu Frankreich: s. auch Anm. 19; Puvis de Chavannes, der seit 1861 zahlreiche Monumentalaufträge – allerdings nie in Freskotechnik – (Mus. in Lyon und Amiens, Sorbonne, Beteiligung an der Rathausausmalung in Paris) ausführte, war es dann, der zwischen 1875 und 1898 im Pantheon Szenen aus dem Leben der Hl. Genoveva darstellte. 1893–1896 entstand der Zyklus von Wissenschaftspersonifikationen in der Public Library in Boston. Puvis de Chavannes, bekannt für seine arkadischen Landschaften, arbeitete insgesamt allegorisch, nicht historisch. Vgl. Camille MAUCLAIR: Puvis de Chavannes, Paris (1928); AUSST.-KAT.: PUVIS DE CHAVANNES, (Petit Palais) Paris 1979; AUSST.-KAT.: PUVIS DE CHAVANNES, Nat. Gall. of Canada, Ottawa 1977; zum Problem der Allegorie: Aimée BROWN PRICE (unter dem durch Courbets Atelierbild geprägten und hier irreführenden Titel) „L'allégorie réelle" chez Pierre Puvis de Chavannes, in: GBA, Bd. 89, 1977, S. 27–40. Zu dem endlosen Projekt der Rathausausmalung in Paris und dem Anteil des aus Kiel stammenden Henri Lehmann, s. AUSST.-KAT.: HENRI LEHMANN 1814–1882. Portraits et

Deutschland im 19. Jahrhundert der Ausgangspunkt war. Cornelius und seine Schule müssen als Lehrmeister sowohl für das gigantische englische Pionierprojekt, die 1841 initiierte Freskoausmalung des neu erbauten Parlamentsgebäudes[19], als auch für das geplante, aber nach dem Staatsstreich Louis Napoleons eingestellte, ebenso monumentale französische Pendant – Paul Chenavards Projekt der Pantheonausmalung[20] – angesehen werden. Und selbst die belgischen Maler, die mit ihren Historienbildern im Bereich des Staffeleibildes in Deutschland Aufsehen erregten[21], konsultierten für ihre Monumentalprojekte Cornelius und die deutschen Künstler. Insofern wäre

Décors Parisiens, Paris (Mus. Carnavalet) 1983; Ausst.-Kat.: Le triomphe des mairies. Grands décors républicains à Paris 1870–1914, Paris (Petit Palais) 1986.
Zur Monumentalmalerei der zweiten Jahrhunderthälfte in Österreich s. Kitlitschka 1981; zu Italien arbeitet derzeit Susanne v. Falkenhausen, Berlin, unter dem Projekttitel: Die Bildersprache eines werdenden Nationalstaates – Monumentalmalerei in den Hauptstädten Italiens zwischen 1830 und 1890.

19 Schon kurz nach dem Brand des Parlaments 1834 und den Plänen für einen Neubau kamen Überlegungen für eine Ausstattung mit Fresken auf. Damals stand zur Debatte, Cornelius als dem führenden europäischen Monumentalmaler die Arbeiten zu übertragen. 1841 war Cornelius in London und beriet mit Sir Charles Eastlake. Anschließend reisten W. Dyce und Ch. W. Cope dann auf den Kontinent, u. a. nach München, um Cornelius' Fresken zu studieren. 1842 wurde der Wettbewerb ausgeschrieben, 1844 die 140 eingesandten Kartons ausgestellt. Die Ausschreibung legte als Themen britische Geschichte, Szenen aus Milton, Shakespeare oder Spencer fest. Vgl. T. S. R. Boase: The Decoration of the New Palace of Westminster, 1841–1863, in: JWCI, Bd. 17, 1954, S. 319–358. Weitgehend auf Boase fußend: M. H. Port: The Houses of Parliament, New Haven, London 1976; Kap. „Painting".

20 1852 wurde das Pantheon (die ehemalige Kirche Sainte Geneviève) wieder in eine Kirche zurückverwandelt. Chenavards Konzeption, die neben einem 40teiligen Zyklus zur Entwicklung der Menschheitsgeschichte von Adam und Eva bis zu Napoleon im „Schiff der Geschichte" auch das gigantische Bild der „Paligénésie sociale" in der zentralen Kuppel vorsah, wurde dadurch undurchführbar. Die keineswegs christliche, sondern utopisch-soziale Wiedergeburt im Hauptbild ist einer Mischung aus Hegelschem Geschichtskonzept und utopischem Sozialismus verpflichtet. Der Auftrag entstand 1848 unter dem Minister Ledru-Rollin, der in seinem republikanischen Kulturprogramm eine ganze Reihe öffentlicher Monumentalprojekte förderte. Nach dem Staatsstreich Louis Napoleons ließen sich im Zweiten Kaiserreich die wenigsten fortsetzen (so waren z. B. Bahnhofsausmalungen geplant, vgl. Kap. IV); zu dem schließlich fortgeführten Industriezyklus in der Ecole des Mines in Paris vgl. Karl Janke/Monika Wagner: Das Verhältnis von Arbeiter und Maschinerie im Industriebild. Rekonstruktion einer Bilderfolge zur Schwerindustrie von François Bonhommé, in: Kritische Berichte, 4. Jg. 1976, H. 5/6, S. 5–26. Chenavard ist im Unterschied zu den meisten französischen Malern der 'Kartonkunst' des Cornelius verpflichtet. 1830 lernte er Cornelius und Overbeck in Rom kennen. Die Entschlüsselung der schon von Zeitgenossen als äußerst kompliziert eingestuften allegorisch-historischen Szenen scheint bis heute nicht völlig gelöst. Die Berühmtheit der Kartons unter französischen Künstlern wie Literaten war jedoch außerordentlich. Vgl. Joseph C. Sloane: French Painting between the Past and the Present, Princeton 1951, S. 134 ff.; ausführlicher und mit den Abbildungen eines Teils der im Lyoner Museum aufbewahrten Kartons: Marie A. Grunewald: Paul Chenavard (1807–1895). La paligénésie sociale ou la philosophie de l'histoire, 1830?–1852?, in: Bull. des Musées et Monuments Lyonnais, Bd. VI, 1977/1981, S. 317–343.

21 Rainer Schoch: Die belgischen Bilder. Ein Beitrag zum deutschen Geschichtsbild des Vormärz, in: Städel-Jahrbuch, NF. Bd. 7, 1979, S. 171–186; Busch/Beyrodt 1982, S. 184–207 (Dokumentation deutscher Reaktionen auf die belgischen Bilder).
Die Monumentalmalerei wurde in Belgien seit den 50er Jahren forciert (Antwerpener Börse) und nach einer mehrtägigen Debatte im Abgeordneten-Haus 1863 durch Staatsmittel großzügig gefördert. Vorausgegangen war die Reise zweier Antwerpener Künstler (Guffens und Swerts) nach München und Berlin sowie eine 1857 dem Ministerium des Innern vorgelegte Denkschrift „Souvenirs d'un voyage artistique en Allemagne", in der die Monumentalmalerei und ihre staatliche Förderung in Deutschland gepriesen wurden. Später lobten – umgekehrt – die deutschen Künstler die belgische Kunstförderung. 1859 wurde in Brüssel eine Ausstellung deutscher Kartons gezeigt, in der neben Arbeiten Düsseldorfer Künstler, wie Bendemann und Lessing, auch Cornelius' Kartons der Glypothek und die für den projektierten Campo Santo in Berlin zu sehen waren. Vgl. Peinture murale 1863; Riegel 1882.

es interessant, die Einflüsse der Cornelius-Schule in den genannten Ländern zu untersuchen, doch müßten dazu die jeweiligen Voraussetzungen in der Malereitradition berücksichtigt werden, trafen doch die Anregungen, die Cornelius geben konnte, auf verschiedenartige Bedingungen. Hinzu käme auch die Untersuchung der Geschichtsauffassung wie der nationalen Geschichtsschreibung, die unter den Prämissen eines nicht geeinten Deutschlands anders aussahen als in dem jungen belgischen Staat oder den beiden Nationalstaaten England und Frankreich. Insgesamt scheint es, daß die monumentale Geschichtsmalerei in Deutschland eine überragende Rolle spielte, was zunächst ganz offenbar mit der politischen Situation in Zusammenhang stand, hoffte man doch dadurch vaterländisches Bewußtsein stärken zu können. Hinzu kommt, daß zumindest in England und Frankreich das Verhältnis von Allegorie und Geschichte von untergeordneter Bedeutung war. In Frankreich mit seiner Tradition der Revolutions-Allegorik scheint die Integration von Allegorien lediglich im zeitgenössischen Ereignisbild problematisch (Delacroix) gewesen zu sein, in England dagegen, wo die Präraffaeliten und ihr Umkreis einem Detailverismus huldigten, dominierte historische Rekonstruktion. All dies legt beim derzeitigen Bearbeitungsstand eine Beschränkung auf Deutschland nahe. In einzelnen Fällen, wo sich direkte Einflüsse ablesen lassen, wird auf die entsprechenden Arbeiten in den Nachbarländern hingewiesen.

Da in der vorliegenden Untersuchung nicht beabsichtigt ist, die zu den avantgardistischen Strömungen des Staffeleibildes zunehmend in Gegensatz geratende Monumentalmalerei ästhetisch aufzuwerten, erscheint es naheliegend, auf den künstlerischen Werkprozeß nur dann einzugehen, wenn er das Verhältnis von allegorischer und historischer Darstellungsebene unmittelbar betrifft.

Vor der Untersuchung der einzelnen Bildprogramme scheinen einige allgemeine Klärungen angebracht, die das Problemfeld umreißen, in dem sich die Arbeit bewegt. Sie betreffen den Stand der Allegoriediskussion, der in den Nachbardisziplinen wie der Philosophie und Germanistik weiter fortgeschritten ist und in jüngster Zeit – vor allem durch die Diskussion des Werkes von Walter Benjamin – besondere Aufmerksamkeit erfuhr; außerdem das Begriffsfeld der Historienmalerei, das von kunstgeschichtlicher Seite neuerdings abzustecken begonnen wurde, und schließlich das Verständnis von 'öffentlicher' Kunst im 19. Jahrhundert, das unmittelbare Auswirkungen auf die Aufgaben der Monumentalmalerei hatte.

KAPITEL I

Allegorie – Geschichte – Öffentlichkeit

Die Rolle der Allegorie im Geschichtszyklus

Die Richter der Kunst – zunächst die Philosophen, später dann die Kritiker und Kunsthistoriker – lieferten im 19. Jahrhundert immer neue Grabgesänge auf die Allegorie in der bildenden Kunst. Aber ebenso oft wurde deren Auferstehung – meist durch die bildnerische Praxis – gefeiert. Als die historistische „Allegorienpest" auf ihrem letzten Höhepunkt angelangt war, heißt es in Jacob Burckhardts Vortrag über Die Allegorie in den bildenden Künsten von 1887:

> „Religionen und Völkergeschichten, sollte man denken, bedürfen zu ihrer Verherrlichung durch die Kunst nur ihrer großen göttlichen und menschlichen Persönlichkeiten und Ereignisse. Allein tatsächlich und zu allen Zeiten hat sich auch die Allegorie eingestellt"[22].

So auch in der damaligen Gegenwart. Denn „die Tätigkeit" – so Burckhardts Erklärung – „durch welche Menschen kulturgeschichtlich und weltgeschichtlich mächtig geworden, die Summe ihrer moralischen und intellektuellen Eigenschaften läßt sich ... nicht ... durch Einzelereignisse" sichtbar machen, sondern hier nehme sich die Allegorie ihr Recht[23]. Einerseits erleichtert, daß dadurch dem ansonsten vordringenden „Realismus" Einhalt geboten werde, andererseits jedoch auch mit der Allegorie in Konflikt, resümiert Burckhardt:

> „Im ganzen wird man sagen müssen: Bei fortdauerndem reichen Schmuck öffentlicher Gebäude jeder höhern Bestimmung wird man auf stets neue Offenbarungen der ... Allegorik gefaßt sein müssen. Gar zu vielfältige und wichtige geistige Beziehungen deren Darstellung man verlangt, lassen sich durch bloß historische Gestalten und Szenen absolut nicht verwirklichen"[24].

Burckhardts späte Konzession an die „Allegorik" im Kontext öffentlicher Geschichtsmalerei trifft sich in einem entscheidenden Punkt mit der eingangs zitierten Rolle, die Christian Hermann Weiße fast 60 Jahre zuvor den Allegorien zuwies: die Darstellung des „Eigentlichen" der Geschichte, jener hinter den evidenten Ereignissen liegenden „Beziehungen", deren Immaterialität das Historienbild nicht habhaft werden könne[25]. „Persönlichkeiten" und „Ereignisse" mar-

22 Burckhardt (1887), S. 318.

23 Burckhardt (1887), S. 319.

24 Burckhardt (1887), S. 325.

25 Weisse 1830, bes. S. 213. Rump 1982, S. 2, hat auf den Widerspruch in Hagers Arbeit über das geschichtliche Ereignisbild (Hager 1939) hingewiesen, wenn jener von dem „Eigentlichen" der Geschichte ausgeht, das zu allen Zeiten bestimmend gewesen sei, aber gleichzeitig von der „höchsten Ausdrucksfähigkeit der Historie" spricht, die in der Befreiung von „sinnbildlichen Gestalten und Beigaben" liege.

kierten zwar die Stationen, um deren Denkwürdigkeit oft genug gestritten wurde, sie allein garantierten aber keine Vermittlung von *Entwicklung*. Diese aber schien erst Geschichte zu konstituieren. Daher sei es Aufgabe „der Geschichtsschreiber, wie der Zeichner", wie Wilhelm von Humboldt es ausdrückte, wollten sie keine „Zerrbilder" erstellen, sich „strenge Rechenschaft" vom „inneren Zusammenhange" der Geschichte zu geben. „In diesem Sinn muß das Auffassen des Geschehenen von Ideen geleitet seyn"[26]. Diese Konstruktionsarbeit von Geschichte, die Verknüpfung der Ereignisse zu einer notwendig erscheinenden Kette kontinuierlicher Entwicklung setzte eine – wie auch immer geartete – Zielvorstellung (Hegel spricht vom „Endzweck der Welt", der in der Geschichte aufzusuchen sei) voraus. Zwar deckt sich Weißes transzendentale Teleologie nicht mit den von Burckhardt referierten – viel profaneren – „geistigen Beziehungen", doch zielte beides, und das ist in dem hier zu untersuchenden Zusammenhang entscheidend, auf jene Bedeutung hinter den Ereignissen, die sich erst in der Zeit realisiert. Hier wurde der Allegorie ihr Ort zugewiesen.

Sowohl die Entwicklungsvorstellung von Geschichte, und damit die Dimension der Zeit als einer *Richtung* – im Unterschied zur Geschichtschronik, die lediglich die „Merckwürdigkeiten" in chronologischer Folge aneinanderreiht – als auch die Verknüpfung räumlich auseinanderliegender Ereignisse sprengte aber in der zeitgenössischen Vorstellung die Möglichkeiten des Bildes als raum-zeitlicher Einheit. Zwar wurde diesem 'Nachteil' der Malerei schon durch den Bild*zyklus* als dem im 19. Jahrhundert dominanten Schema zur Vergegenwärtigung von Geschichte in der Monumentalmalerei entgegengewirkt, doch im Unterschied etwa zu den Illustrationsfolgen von Geschichtsbüchern, in denen der Text und damit die intellektuelle Geschichtskonstruktion den Faden des Zusammenhanges spann, mußte in der Monumentalmalerei die Bilderwelt selbst dieses leisten. Hier sahen Weiße wie Burckhardt die Aufgabe der Allegorie für das Geschichtsbild. Und hier lebte die Allegorie als Mittel, das im simultan wahrgenommenen Bild Undarstellbare bzw. nur Anzudeutende auszudrücken, länger als in irgendeinem anderen Bereich der Malerei.

Akut wurde das Verhältnis von Historienbild und Allegorie daher auch erst mit dem neuerlichen Aufleben einer monumentalen deutschen Geschichtsmalerei in den 20er Jahren des 19. Jahrhunderts, die sich – nicht zuletzt infolge der napoleonischen Kriege – als Beitrag einer Erziehung zur Nation verstand. Zwar währte die Allegoriediskussion zu diesem Zeitpunkt schon mittlerweile 60 Jahre[27], doch hatte zunächst nicht das Verhältnis zur Geschichtsdarstellung im Zentrum gestanden, sondern die Abgrenzung der Allegorie vom Symbol[28]. Die bis dahin vor allem theoretisch umrissenen Positionen, deren verwirrende Begrifflichkeit ein Puzzle ohne Ende zu sein scheint, das zu immer neuen Klärungsversuchen führte[29], soll hier nicht vervollständigt werden, doch kann nicht gänzlich auf die Charakterisierung der wichtigsten Positionen verzichtet

26 Humboldt (1821), S. 595. An anderer Stelle heißt es: „Das Geschehene ist aber nur zum Theil in der Sinnenwelt sichtbar, das uebrige muß hinzu empfunden, geschlossen, errathen werden. Was davon erscheint, ist zerstreut, abgerissen, vereinzelt; was dies Stückwerk verbindet, ... dem Ganzen Gestalt giebt, bleibt der unmittelbaren Beobachtung entrückt", ebd., S. 585.

27 Die immer noch übersichtlichste Zusammenstellung bei Sörensen 1972. Als frühester Vertreter wird Gottsched mit seinem 1703 erschienenen Versuch einer critischen Dichtkunst zitiert, der aber lediglich die tradierte Allegorienverwendung in der Literatur darlegt. Der für die bildenden Kunst erste relevante Text: Winckelmann 1755, S. 36 ff.

28 Diese Abgrenzung ist auch Kernpunkt der meisten neueren Studien: Newiger 1957; Gadamer 1965; Sörensen 1972; Lukács IV, 1972, S. 141–177; Niklewski 1979; Kurz 1982.

29 Vgl. Rupprecht 1963.

werden, weil dort jene Bewertungskriterien geprägt wurden, auf die sich die Allegoriegegner während des ganzen 19. Jahrhunderts beriefen und die der Allegorie das Image eintrugen, 'frostig' und 'blutleer' zu sein, befanden sich doch unter den Kritikern so prominente Namen wie Lessing und Goethe.

Abgrenzung von Allegorie und Symbol im Klassizismus

Eröffnet wurde die Auseinandersetzung um die Aufgabe der Allegorie in der zeitgenössischen Kunst mit Winckelmanns 1755 erschienenen Gedanken über die Nachahmung der griechischen Werke in der Malerei und Bildhauerkunst, in der die klassische Skulptur normative Instanz ist. Von dort zieht sich die Allegorie „wie ein roter Faden" durch Winckelmanns Werk[30]. Doch war für ihn noch nicht die Frage nach der Verbildlichung von Entwicklungsvorstellungen entscheidend, sondern das Verhältnis von Bedeutung und Erscheinung. Die Allegorie bezeichnete ganz allgemein die Bedeutungshaltigkeit eines Kunstwerkes, sie war also das positive Zentrum von Winckelmanns Kunstbegriff:

> „Derjenige Maler, der weiter denket als seine Palette reichet, wünschet einen gelehrten Vorrath zu haben, wohin er gehen, und bedeutende und sinnlich gemachte Zeichen von Dingen, die nicht sinnlich sind, nehmen könnte"[31].

Einen solchen Fundus der Abstraktionen von „Abend" bis „Volk" für „unsere Zeiten", die „nicht mehr allegorisch (sind)"[32], zu schaffen, galt sein „Versuch einer Allegorie"[33].

Lessing war es dann, der im Laokoon unter Bezugnahme auf Winckelmanns epochemachende Frühschrift der bildenden Kunst grundsätzlich absprach, Handlungen darstellen zu können, da ihr die Möglichkeit fehle, Sukzessives zu veranschaulichen. Lessings Ideal der klassischen Skulptur zeigt seine Wirkung in einem „einzigen Augenblick", eben jenem folgenreichen „fruchtbaren Moment", den nur die „Einbildungskraft" des Betrachters dank seiner Prägnanz aus der zeitlichen Befangenheit erlösen kann, indem sie das „Vorhergehende und Folgende" ergänzt[34].

Diese Vorstellung vom Simultanen und Momentanen, das der Bildkunst eigne und die optische Wahrnehmung bestimme, teilte auch Goethe, dessen scharfe Abgrenzung zwischen Allegorie und Symbol für die Zeit um 1800 typisch ist[35]. Während Winckelmann, wie schon Heinrich

30 Sörensen 1972, S. 36.

31 Winckelmann 1755, zit. n. Sörensen 1972, S. 37. Winckelmann hielt die Ikonologien C. Ripas und J. B. Boudards für unzureichend, weil sie nicht von den antiken Bildwerken ausgingen; Winckelmann 1766, S. 23 f.

32 Winckelmann 1766, S. 22.

33 Winckelmann 1766, Titel. Ausgangspunkt ist der Fundus antiker Bildwerke, denen Winckelmann ein Kapitel über „Allegorien der Neueren" und schließlich einen „Versuch neuer Allegorien" anfügte.

34 Aus der Wahl des „prägnantesten" Augenblicks wird „das Vorhergehende und Folgende am begreiflichsten", Lessing (1766), S. 115; weiter heißt es: „Es bleibt dabei: die Zeitfolge ist das Gebiete des Dichters, so wie der Raum das Gebiete des Malers", ebd., S. 129. Zu der „Arbeit" des Rezipienten s. das Nachwort von Ingrid Kreuzer in der Reclam-Ausg., Stuttgart 1983, S. 233 f. Dort weitere Literatur zu dem Zeitproblem in der bildenden Kunst. Vgl. auch Clausberg 1984, bes. S. 41 ff.

35 Vgl. K. Ph. Moritz, W. v. Humboldt, Heinrich Meyer, Schelling, während etwa Kant dem Symbolbegriff entscheidende Bedeutung verlieh. Prägnante Charakterisierungen der Positionen (unter den Namen der Autoren) bei Sörensen 1972; Niklewski 1979, S. 37 ff., 64 ff.

Meyer – Goethes Weimarer Kunstberater – im Kommentar seiner Winckelmann-Ausgabe von 1808 kritisierte, den „wesentliche(n) und äußerst wichtige(n) Unterschied zwischen Symbol und Allegorie“[36] überhaupt nicht beachtet hatte, wurde dieser jetzt zum Kriterium der Kunstbestimmung schlechthin. Goethes bis heute zitiertes Diktum aus den Maximen und Reflexionen[37] gegen die Allegorie zugunsten des Symbols als dem Aufscheinen des Allgemeinen im Besonderen hatte allerdings in der Anwendung auf die bildende Kunst seine Tücken. Das war schon bei den von Goethe und Meyer formulierten Weimarer Preisaufgaben und den Rezensionen[38] der eingegangenen bildnerischen Entwürfe offenkundig geworden, verstärkt dadurch, daß beide Autoren terminologisch in den entscheidenden Begriffen nicht übereinstimmten[39]. Für die Preisaufgaben wählte Goethe Themen aus der Antike, meist nach dem Vorbild der seinerzeit berühmten Flaxmanschen Umrißstiche[40]; so auch 1801, als der Kampf Achills mit den Flüssen nach dem 21. Gesang der Ilias das Thema abgab. Der bei Homer handelnd auftretende Fluß wurde allgemein als Flußgott verbildlicht und zählte zu den Personifikationen (so z. B. bei Winckelmann, Sulzer usw.). Traditionellerweise gehörten Personifikationen, wie sie die Ikonologien bereitstellten, in den Bereich der Allegorie. Nach Goethes Ausschreibungstext ließ sich das Thema entweder „plastisch-symbolisch behandeln“ – was er nahelegte –, „dagegen aber auch in großer Breite malerisch und historisch, mit poetisch-allegorischem Schmuck“[41]. Die eingesandten Arbeiten – unter ihnen auch eine Philipp Otto Runges[42] – entsprachen nicht Goethes Vorstellungen, so daß kein Preis vergeben wurde. Nicht die Tatsache, daß Naturgewalten nach dem Ilias-Text personifiziert wurden, was Goethe mit dem Hinweis auf Flaxman ja offenbar erwartete[43], war entscheidend, sondern die „Auffassung“. Schon anläßlich der Preisverteilung des Jahres 1799 hatte er empfohlen, „das Bild von allem historisch Bezüglichen zu entkleiden, den Gegenstand bloß aus dem Gesichtspunkt reiner Menschlichkeit zu betrachten“. Dann werde das Thema – in

36 Zit. n. Sörensen 1972, S. 37.

37 „Es ist ein großer Unterschied, ob der Dichter zum Allgemeinen das Besondere sucht oder im Besonderen das Allgemeine schaut. Aus jener Art entsteht Allegorie, wo das Besondere als Beispiel, als Exempel des Allgemeinen gilt; die letztere aber ist eigentlich die Natur der Poesie, sie spricht im Besonderen aus, ohne an's Allgemeine zu denken oder darauf hinzuweisen. Wer nur dieses Besondere lebendig faßt, erhält zugleich das Allgemeine mit, ohne es gewahr zu werden, oder erst spät“. „Die Symbolik verwandelt die Erscheinung in Idee, die Idee in ein Bild, und so, daß die Idee im Bild immer unendlich wirksam und unerreichbar bleibt ... Die Allegorie verwandelt die Erscheinung in einen Begriff, den Begriff in ein Bild, doch so, daß der Begriff im Bilde immer noch begrenzt und vollständig zu halten und zu haben und an demselben anzusprechen sei“. Blank 1970, S. 31; Sörensen 1972, S. 134; Kurz 1982, S. 52f. Vgl. auch Curt Müller: Die geschichtlichen Voraussetzungen des Symbolbegriffs in Goethes Kunstanschauung, Palaestra 211, Leipzig 1937.

38 Die ausführliche Dokumentation der Quellen von der ersten Preisaufgabe 1799 bis zur letzten 1805 bei Scheidig 1958.

39 Scheidig 1958, S. 16–19.

40 1799 hatten die Gebrüder Schlegel im Athenaeum Flaxmans Umrißstiche zu Homer, Aischylos und Dante euphorisch besprochen und dazu aufgerufen, „mit Flaxman zu wetteifern!“ Athenaeum, Bd. 2, ausgewählt und bearbeitet von Curt Grützmacher. Rowohlts Klassiker der Literatur und Wissenschaft, Deutsche Literatur, Bd. 30, Reinbek 1969, S. 104. Vgl. Goethes Entwurf der Preisaufgabe in: Goethe, Berliner Ausg. Bd. 19, S. 285f. Auch die von Meyer formulierte und von Goethe überarbeitete Ankündigung der ersten Preisaufgabe in den Propyläen weist ausdrücklich auf Flaxman hin. Von den Einsendungen wird eine Verbesserung der bei jenem „fehlerhaften Zeichnung“ erwartet. Die Flaxmanschen Blätter seien jedoch „geistreich gefaßt“, Scheidig 1958, S. 27.

41 Zit. n. Scheidig 1958, S. 238.

42 Alfred Kamphausen: Philipp Otto Runges Beteiligung an den Weimarer Preisaufgaben, in: Nordelbingen, Bd. 34, 1965, S. 193–200.

43 Vgl. Ausst.-Kat.: Flaxman 1979, S. 188, Abb. 84.

diesem Falle Helena mit Venus vor Paris – „nichts anderes bieten als eine Geliebte, welche dem Wunsch … ihres Liebhabers nachgeben soll“[44]. Kein Wunder, daß es einigen Malern uneinsichtig blieb, wozu dann überhaupt noch die klassische Vorlage dienen solle[45]. Goethe meinte aber gerade, daß „der bildende Künstler“ in dem antiken Epos „bereits halb getane Arbeit findet“[46], weil hier die dem Mythos eigenen zeitlosen Grundkonstellationen vorgeprägt seien, die in ihrer Umsetzung zum „plastisch-symbolischen“ Ideal zu führen versprachen. Doch ließen sich Goethes Vorstellungen um 1800 nicht mehr ohne weiteres durch Ausschreibungen realisieren, begann doch mit der Historisierung der Welt die normative Instanz der Antike zu bröckeln. Die eingesandten Arbeiten blieben entweder gegenüber der Textvorlage illustrativ, oder die Personifikationen und nicht mehr geglaubten Götter ließen allegorische Dimensionen in den Vordergrund treten.

Knappe 50 Jahre später wurden bezeichnenderweise Goethe und die „Weimarer Kunstfreunde“ bezichtigt, in den Preisaufgaben die Allegorie über die Geschichte gestellt zu haben[47]. In dieser neuen Bewertung zeigte sich nicht lediglich eine terminologische Veränderung (nicht nur der Austausch des Symbols durch die Allegorie), sondern vor allem ein gewandeltes Verständnis von der Aufgabe der Kunst als einer vornehmlich geschichtlichen: Homer galt nicht mehr als Kompendium allgemein-menschlicher Situationen[48], sondern als historische Quelle[49].

Obwohl Goethe seinen Symbolbegriff beibehielt, entstanden in der Anwendung auf die bildende Kunst, die ihre eigenen Wege ging, immer wieder Probleme. So lobte er z. B. Runges ›Tageszeiten‹, weil ihre „Bedeutung durchs Allegorische hindurch in’s Mystische hinüber“ gehe[50]. Das „Mystische“ als die romantische Verbindung von Natur und Religion, für die Runge Personifikationen nutzte, war aber keineswegs identisch mit Goethes Symbolvorstellung. Die Beispiele, die die Schwierigkeiten zeigen, theoretisch oder literarisch entwickelte ästhetische

44 Goethe, Berliner-Ausg., Bd. 19, S. 348. Die Stellungnahme wurde nicht gedruckt. Zur geistigen Urheberschaft und dem Anteil Goethes, ebd., S. 866 f. 1840 erschienen Genellis Homer-Illustrationen, die noch am ehesten in der Flaxman-Nachfolge angesiedelt werden können.
Vgl. auch den Ausschreibungstext (von Goethe korrigierte Version Meyers), wo es heißt: „Man mag sie (die Szene, M. W.) als Geschichte, als symbolische Darstellung oder bloß in Rücksicht auf das rein Menschliche betrachten“, Scheidig 1958, S. 27. Zu Goethes Vorstellung eines „Ur-Kunstwerkes“ ebd., S. 32 f.

45 Zu Runges Kritik s. Alfred Kamphausen: Philipp Otto Runges Beteiligung an den Weimarer Preisaufgaben, in: Nordelbingen, Bd. 34, 1965, bes. S. 194 f.

46 Scheidig 1958, S. 26 (von Goethe korrigierte Version Meyers). Vgl. auch Rupprecht 1963, S. 207: „Der Klassizismus sucht im Mythus das Menschliche“, „die Bedingtheiten des Nationalen, des Religiös-mythischen sind ebenso wie die des Standes nur ‘Beiwesen’, von dem die Kunst das Bild des Menschen zu entkleiden hat“.

47 Guhl 1848, S. 26.

48 Vischer kennzeichnet den deutschen Klassizismus als Beginn einer neuen Kunst. Künstler wie Carstens, Wächter und Schick hätten im Unterschied zur vorausgehenden Zeit in „den Homerischen Helden wieder Menschen und nicht mehr renommistische Gardeoffiziere“ gesehen; Vischer (1841) 1844, S. 189. Die Gegenwart aber sei weiter gelangt und könne historisch sehen. Verallgemeinerbare Situationen dürften nicht mehr im griechischen Gewand auftreten, weil ihnen dann ihr universeller Charakter verloren zu gehen drohe. Sie sollte das historische Genre zeigen.

49 Eine historische Relativierung setzte schon bei Herder ein, der zwar einerseits zum „Prediger“ griechischer Plastik wurde, „andererseits aber entscheidend die Zerstörung des plastischen Ideals vorbereitete“ und damit zugleich die des normativen Charakters der griechischen Kunst. Dies, indem er „dem Anspruch der Allgemeingültigkeit … die nationalen Bedingtheiten gegenüber(setzte)“. Rupprecht 1963, S. 208–209. Dezidiert heißt es dann bei Creuzer 1819, Bd. 1, S. XIX: „der alte Griechische Mythus ist für uns ein historisches Factum“.

50 Zuerst erschienen in der Jenaischen Allg. Literaturzeitung 1807, zit. n. Ausst.-Kat.: Runge, Hamburg 1977, S. 104.

Kategorien auf die bildende Kunst zu übertragen, ließen sich nahezu beliebig vermehren. Hier sollte indessen lediglich gezeigt werden, daß die historische Entwicklung theoretischer Bestimmungen bzw. ganze Entwicklungsgeschichten des Symbol- oder Allegoriebegriffs nicht zwangsläufig synchron zur Praxis der Bildkunst verliefen. Jene können zwar sehr wohl etwas über das Verständnis bestimmter Bildformen aussagen, doch dies nur im konkreten Fall. Die kunsttheoretische Reflexion „müßte", wie Günter Niklewski jüngst in seinem Versuch über Symbol und Allegorie forderte, „in die Kunstwerke hinein verfolgt werden"[51]. Dies ist aber bezeichnenderweise trotz zahlreicher philosophiegeschichtlicher Studien über die Ästhetik der Zeit um 1800 und die Kontroverse von Allegorie und Symbol bisher noch kaum geschehen[52].

Nach dieser knappen Charakterisierung der frühen Abgrenzung beider künstlerischer Verfahrensweisen sollen nachfolgend nur die wichtigsten Etappen einer Veränderung des Allegorieverständnisses im Verhältnis zum Geschichtsbild umrissen werden, um den Rahmen für die Untersuchung der Bildprogramme innerhalb der Monumentalmalerei abzustecken.

Die Allegorie als Prozess

Die entscheidende Bestimmung der spezifischen Ausdrucksmöglichkeiten von Allegorie und Symbol als zwei im Verhältnis zur *Zeit* unterschiedliche Bildsprachen stammt von Friedrich Creuzer. Es ist Walter Benjamins Verdienst, die in der berühmt gewordenen Symbolik und Mythologie der alten Völker (1810–12) veröffentlichten Charakterisierungen von allegorischer und symbolischer Bildsprache unter dem Aspekt der Zeitdimension wieder ans Licht geholt zu haben[53]. Den Unterschied erklärt Creuzer zunächst keineswegs neuartig:

> „Diese bedeutet blos einen allgemeinen Begriff, oder eine Idee, die von ihr selbst verschieden ist, jene ist die versinnlichte, verkörperte Idee selbst ... Hier ist dieser Begriff selbst in diese Körperwelt hinabgestiegen, und im Bilde sehen wir ihn selbst und unmittelbar. Es ist daher auch der Unterschied beider Arten in das Momentane zu setzen, dessen die Allegorie ermangelt"[54].

In diesem Mangel aber sieht Creuzer eine eigene Qualität:

> „Die Allegorie locket uns aufzublicken und nachzugehen dem Gang, den der im Bild verborgene Gedanke nimmt. Dort (im Symbol, M. W.) ist momentane Totalität; hier ist Fortschritt in einer Reihe von Momenten. Daher die Allegorie, nicht aber das Symbol den Mythos unter sich begreift, dessen Wesen das fortschreitende Epos am vollkommensten ausspricht"[55].

51 NIKLEWSKI 1979, S. 12. Der Autor versucht dies in einem Exkurs „Über Symbol-Allegorie, Avantgarde und Reklame" am Beispiel einer Jeans-Werbung, ebd., S. 141–148. Vgl. auch BÜRGER 1974, bes. S. 92 ff. für das avantgardistische Kunstwerk.

52 Als Ausnahmen hervorzuheben: SCHLAFFER 1981; Hans Robert Jauß: Baudelaires Rückgriff auf die Allegorie, in: HAUG 1979, S. 686–700. Von kunsthistorischer Seite: BEREFELT 1969; für das späte 19. Jh.: HESS 1975; WAPPENSCHMIDT 1984. Pochat dagegen bleibt im wesentlichen bei der Zweiteilung von bildender Kunst und Theorie, POCHAT 1983.

53 BENJAMIN (zuerst erschienen 1927) GS I 1, 1980, S. 341 ff.

54 CREUZER 1810, Bd. 1, S. 83.

55 CREUZER 1810, Bd. 1, S. 83–84.

Creuzer versteht also den Wahrnehmungsvorgang bei der Allegorie im Gegensatz zum Symbol als sukzessiven Abstraktionsprozeß. Das allegorische Werk initiiert beim Betrachter – indem es ihn vom „Bild“ zum „Gedanken“ führt – einen prozessualen Erkenntnisvorgang, währenddessen „der sondernde und sammelnde Verstand in successiver Reihe ... einzelne Merkmahle zur Bildung eines Begriffs zusammenträgt“[56]. Dieser zeitliche Prozeß, in dem sich der Gedanke entfaltet, zeige sich auch in der Entwicklung des griechischen Mythos. Während seine älteste Form „in gedrungener Kürze ... als ein festgegründetes Standbild“ erscheint, führt „die Heldenhandlung ... den Mythus weiter, und löset ihn gleichsam ab von dem steinernen Grunde“[57]. Creuzer, der die Kultformen der alten Kulturvölker untersucht, sieht den „historischen Ast“ des Mythos, in dem realgeschichtliche „Begebenheiten“ aufbewahrt sind, als Ablösung vom Symbol, vom momentan zu erfassenden Standbild. In dieser jüngeren Form des Mythos wird „der ganze Fortschritt ... in *allen* anschaulichen Momenten sichtbar“. In ihm „herrschet ... das Historische vor“[58]. In der Verzeitlichung verbindet er sich über die Sage der Geschichte. Die neue Qualität, die zu neuen Kunstformen führt, ist die fortschreitender Sukzession[59].

Damit war der Allegorie im Hinblick auf den Zeitaspekt zum ersten Male eine eigenständige Qualität zugebilligt worden. Creuzer druckte in der 1819–23 erschienenen 2. Ausgabe seiner Symbolik einen Kommentar Joseph Görres' ab, der die Unterschiede in der Zeitlichkeit noch stärker herausstellt:

> „Auf Meyers (Heinrich Meyer, M. W.) von Ihnen (Creuzer, M. W.) aufgenommene Annahme des Symbols als Seyn, der Allegorie als Bedeuten“ – so Görres zu dem üblichen Unterscheidungsmuster[60] – „gebe ich nichts ... Wir können uns vollkommen begnügen mit der Erklärung, die das Eine als ein in sich beschlossenes, gedrungenes, stetig in sich beharrendes Zeichen der Ideen nimmt, diese aber als ein successiv fortschreitendes, mit der Zeit selbst in Fluß gekommenes, dramatisch bewegliches, strömendes Abbild derselben anerkennt. Beide sind zueinander wie stumme, große, gewaltige Berg- und Pflanzennatur, und lebendig fortschreitende Menschengeschichte“[61].

Diese Verbindung des allegorischen Ausdruckspotentials mit der „entscheidenden Kategorie der Zeit“[62], die von dem eingangs zitierten Ch. H. Weiße aufgenommen wurde und die auch K. W. F. Solger nicht unbeeinflußt ließ[63], korrelierte einem Historisierungsprozeß, der das Vorbild des 'plastischen Ideals' der Antike in Frage stellte. Jedenfalls wurde durch den Verzeitlichungsprozeß die Beziehung von Allegorie und Geschichte hergestellt, die das „mystische Nu“[64] des simultanen

56 Creuzer 1810, Bd. 1, S. 66.

57 Creuzer 1810, Bd. 1, S. 111.

58 Creuzer 1810, Bd. 1, S. 111; 2. Ausg. 1819, Bd. 1, S. 92/93.

59 Creuzer 1810, Bd. 1, S. 114; 2. Ausg. 1819, Bd. 1, S. 93. Creuzer nennt als angemessene Kunstform für die fortschreitende Erzählung das „schreitende Lied“. Der Mythos werde auf dieser Stufe seiner „alten mystischen Würde“ entkleidet.

60 Der Verweis bezieht sich auf Heinrich Meyers „Anmerkungen und Zusätze zu Winckelmanns Versuch einer Allegorie“ von 1808, wo es heißt: „Die symbolische Darstellung ist der versinnlichte allgemeine Begriff *selbst*, die allegorische Darstellung *bedeutet* bloß einen von ihr verschiedenen allgemeinen Begriff“. Zit. n. Sörensen 1972, S. 145. Ähnlich hatte sich schon Schelling in seiner Philosophie der Kunst von 1802 geäußert. Die wichtigsten Passagen bei Sörensen 1972, S. 176ff.

61 Creuzer, 2. Ausg. 1819, Bd. 1, S. 148; Benjamin GS I 1, 1980, S. 342.

62 Benjamin GS I 1, 1980, S. 342.

63 Vgl. Solger 1829, bes. S. 129 zum Prozeßcharakter der Allegorie.

64 Benjamin GS I 1, 1980, S. 342.

Symbols relativierte und damit eine spezifische Möglichkeit der Verbindung sukzessiver Ereignisse zuließ, wie sie die Geschichte enthält.

Wenn es also der „Gedanke" ist, der, initiiert durch die Allegorie, die „Idee" zu transportieren hat, die sich in der Zeit entfaltet, so ist der Weg zu einer pragmatischen Übertragung auf die Rolle der Allegorie innerhalb eines Historienzyklus naheliegend. Doch sagt der Wahrnehmungs- und Entschlüsselungsprozeß noch nichts über das allegorisch Bedeutete aus. Der prozessuale Gedanke kann auch zu jenen überzeitlichen Werten führen, die ihrerseits dem im Historienbild festgehaltenen Ereignis zu einer jenseits seiner Zeitlichkeit liegenden Bedeutung verhelfen. Dies insbesondere, wenn sich die Allegorie – wie in der Bildkunst des 19. Jahrhunderts verbreitet – auf die Personifikation verkürzt. Es ist bezeichnenderweise eine Schrift, die auch als Anleitung für „angehende Künstler" dienen sollte, die im „historisch-allegorischen Gemälde" der Allegorie ganz direkt die Aufgabe der Geschichtsinterpretation zuwies. D. G. v. Ekendahl führt dies am Beispiel des Rubensschen Zyklus für Maria de Medici aus: Um zu veranschaulichen, daß „sich die Siege Heinrichs IV. ... durch Menschenfreundlichkeit, Gelindigkeit und Gnade aus(zeichneten)", und um damit das „Allgemein-merkwürdige" als den „Geist" der Epoche ins Bild zu bekommen, sei die Allegorie unentbehrlich[65]. Sie bringt den Begriff zur Anschauung, der den „Geist der Geschichte" beinhaltet. Dieser erweist sich allerdings im zitierten Fall als der der königlichen Auftraggeberin.

Geschichte statt Allegorie

Genau aus diesem Grund, daß sich in den „hinter den Erscheinungen" liegenden „Ideen" Gott oder König verbergen könnten, wurde die Allegorie in der nächsten Etappe der Diskussion, die im Zeichen des Vormärz stand, bekämpft. Der ganze ideale Apparat öffne, wie Anton Springer es später formulierte, „der Willkür in der Anschauung der historischen Dinge Thür und Angel"[66]. In der während der 40er Jahre polemisch geführten Kontroverse ging es nicht mehr um die Abgrenzung von Symbol und Allegorie, sondern um den Gegensatz von geschichtlicher und allegorischer Darstellung, wobei der Allegoriebegriff auch das Symbol als uneigentliche Darstellungsweise subsumierte[67]. Federführend waren nicht mehr die Philosophen, sondern die Ästhetiker unter ihnen und die Kunstkritiker, wodurch ein engerer Bezug zur Praxis der bildenden Künste entstand. Friedrich Theodor Vischer, im Vormärz einer der schärfsten Allegoriengegner, faßt im Vorwort zu den 1844 erschienenen Kritischen Gängen die Intention seiner gesammelten Schriften folgendermaßen zusammen: „Sie schlagen alle mit wiederholten Schlägen auf Einen

65 EKENDAHL 1831, S. 120–121.

66 SPRINGER 1856, S. 737. Springer gehörte im Vormärz zum Tübinger Kreis um Fr. Theodor Vischer; vgl.: SPRINGER 1892, Kap. 7.

67 Vischer in seiner Polemik gegen Fr. Overbecks ›Triumph der Religion in den Künsten‹: „Das etwas berüchtigte Wort Allegorie vermeidet man freilich gern und setzt dafür Symbol. Allein es ist in Symbol und Allegorie dasselbe äußerliche ... Verhältnis zwischen Bild und Idee. Der Unterschied ist nur der, daß das Symbol ein instinctmäßiges Product der im Dunkel suchenden Phantasie der Naturreligionen, Allegorie das Machtwerk des Einzelnen ist, der sich mit nüchterner Wahl des Verstandes einen Begriff ersinnt und ihn dann in ein beliebiges Bild verbirgt", VISCHER (1841), 1844, Bd. 1, S. 176–177. „Die Allegorie ist nichts anderes als das Symbol und der Mythus, die nicht mehr geglaubt werden", Vischer, zit. n. BUSCH 1981, S. 39.

Punkt: Keine Transcendenz, keine Mythen, keine Allegorie, sondern Geist der Wirklichkeit!"[68] Ein solcher „Geist" hatte sich weder symbolisch noch allegorisch zu verbildlichen, sondern sollte in der Handlung einer der empirischen Geschichte verpflichteten Malerei zum Ausdruck kommen. „Es ist der Grundgedanke" – so Vischer weiter in einer 'Zwischenbemerkung' der Kritischen Gänge – „dieser ... Anzeigen, daß wahre Idealität in der Kunst das Diesseits verklärt, nicht den Geist als ein Jenseits materialisiert"[69]. Dies ist das Kernstück der in Vischers einzelnen Untersuchungen immer wieder zum Ausdruck gebrachten Allegoriekritik. Der Immanenz seines pantheistischen Weltbildes[70] kann nur das realistische Geschichtsbild Rechnung tragen. Der Mythos – und hier folgt Vischer Creuzer – läßt zwar „das Symbol hinter sich, und geht der Allegorie, die von ihm das Successive der Handlung aufnehmen kann, ... voraus"[71]. Aber Vischer, dem es im Unterschied zu Creuzer nicht nur um historische Analyse, sondern um neue Kunstformen ging, reichte dies nicht aus. Für das profane Historienbild als dem Desiderat der eigenen Zeit scheidet die Allegorie, die „keine eigentliche Handlung kennt, weil sie keine Personen, sondern nur Devisen hat"[72], grundsätzlich aus.

Vischer sieht also eine historische Stufenfolge im Abbildungsverfahren, die vom Symbol über die Allegorie zur Historie verläuft. Trotz der Überlebtheit der Allegorie seit der Reformation, die „den Olymp des Mittelalters ein für allemal rein ausgeleert" habe[73], und die damit den entscheidenden Schritt für die Immanenz Gottes bedeute, habe die Allegorie „sich immer eingestellt, wo das Leben einer Religion im Absterben und mit ihm die poetische Potenz im Verwelken war"[74]. Besonders „die Jahrhunderte des Zopfs kultivierten sie ganz leidenschaftlich" und davon sei in der eigenen Gegenwart noch einiges übrig geblieben. „Ob wir berufen sind, uns aus dem Zopfe ganz herauszuarbeiten, dies fällt so ziemlich auch mit der Frage zusammen, ob wir fähig sein werden, die Allegorie vollends abzuschütteln"[75], um statt dessen zum „rein historischen Gemälde" vorzudringen. Denn „weil wir den Standpunct der Transcendenz ... verlassen haben, ... rührt uns der Künstler nicht, der den göttlichen Geist der Geschichte nicht in der Geschichte selbst darstellt, sondern herauszieht und *neben* sie hinklext"[76]. Lediglich als „Notbehelf" innerhalb großer Bildzyklen, in denen sich die Malerei „zugleich von der Beschränkung auf einen Zeitmoment relativ befreit"[77], wollte Vischer später die Allegorie „nicht schlechthin verbannen"[78], da Monumentalzyklen „mindestens zur Verknüpfung und Zusammenfassung den Mythus und die Allegorie kaum entbehren (können)"[79]. Diese stets konzidierte Ausnahme für die entwicklungsgeschichtlichen Bildprogramme waren offenbar durch die bildnerische Praxis der Monumentalmalerei in Deutschland bestimmt.

68 Vischer 1844, Bd. 1, S. XXXV.

69 Vischer (1841) 1844, Bd. 1, S. 160.

70 Zum Pantheismus-Vorwurf, bes. nach Vischers Tübinger Antrittsvorlesung 1844 und dem darauf erfolgten zweijährigen Lehrverbot, s. Busch 1981, S. 35–50; Walter Jens: Eine deutsche Universität: 500 Jahre Tübinger Gelehrtenrepublik, München 1977³, S. 392–396 mit dem Senatsprotokoll zum Lehrverbot; vgl. auch Wagner 1983, bes. S. 88.

71 Vischer (1841) 1844, Bd. 1, S. 177.

72 Vischer (1841) 1844, Bd. 1, S. 177.

73 Vischer (1841) 1844, Bd. 1, S. 192.

74 Vischer (1841) 1844, Bd. 1, S. 177–178.

75 Vischer (1841) 1844, Bd. 1, S. 178.

76 Vischer (1842) 1844, Bd. 1, S. 216.

77 Vischer 1923², Bd. 4, S. 341.

78 Vischer 1923², Bd. 4, S. 344.

79 Vischer 1923², Bd. 4, S. 305. Sein Ideal war trotzdem die „Sukzession" reiner Historienbilder „wie im Museum von Versailles, diesem großen Gedanken Louis Philippes", Vischer 1923², Bd. 4, S. 345.

Wenn auch Vischer der schärfste Allegoriengegner des Vormärz war, so wurde seine Position doch nicht nur von demokratischen Gesinnungsgenossen wie Heinrich Püttmann[80] geteilt, sondern teilweise auch von Liberalen wie Ernst Guhl. Vischer und die Vormärzkritiker sahen im 'Geist der Geschichte' also keine jenseitigen Mächte am Werk, sondern Menschen, die – im Hegelschen Sinn sich beständig aufwärts entwickelnd zur Vernunft – als ausschließlich diesseitige handelten[81]. Da sich geschichtliche Bedeutung nur in ihren Handlungen ausdrücken sollte, galt das Hauptinteresse der Wahl der Personen und Ereignisse. Typischerweise suchten sie nicht entwicklungsgeschichtliche Kontinuitäten, sondern jene Epochenumbrüche[82], die als Vorbilder der angestrebten bürgerlich-demokratischen Gesellschaft dienen konnten. Doch ließen sich diese Vorstellungen im Rahmen der Monumentalmalerei als staatlich kontrolliertem öffentlichen Sektor nicht durchsetzen. Lediglich die Tafelmalerei – etwa Karl Friedrich Lessings ›Hussitenpredigt‹ oder seine Luther-Bilder – lieferte hier Ansätze[83].

Nach 1848 vertraten Kunsthistoriker wie Anton Springer oder – der wegen seiner Beteiligung an den revolutionären Unruhen zunächst zu lebenslanger Haft verurteilte – Gottfried Kinkel[84] ähnliche Forderungen. Die Historienmalerei solle sich von „ihrer einsamen idealen Höhe“ herabbegeben, um „sich an das Volk anzulehnen, und mit der Wirklichkeit enger zu verbinden“[85]. Zwar konzidierte auch Springer „einem Cyclus von Gemälden“, dessen Aufgabe es stets sei, „das Wesen einer historischen Periode zu zeichnen“, idealistische Darstellungen, ohne allerdings explizit die Allegorie zu nennen. Für das historische Gemälde als Einzelbild lehnt er es jedoch grundsätzlich ab, „die Bedeutung und die Idee hinter der äußeren Erscheinung zu suchen“[86]. Ähnlich wie Friedrich Eggers, der Herausgeber des einflußreichen Organs der deutschen Kunstvereine, dem Deutschen Kunstblatt, kritisierte er jegliche geschichtsphilosophische Tendenz in der Malerei entschieden[87]. Da es um keine hinter den Erscheinungen liegenden „Ideen“ ging, bedurfte es auch keiner Allegorien. Der geforderte „Realismus“ einer „wahren“ Geschichtsmalerei gründete sich vollständig „in die äußere That“[88].

80 Vgl. POGT 1980.

81 In dem Aufsatz Kunstbestrebungen der Gegenwart charakterisierte Vischer die eigene Zeit folgendermaßen: „Unsere Wissenschaft und in Übereinstimmung mit ihr die populäre Reflexion ist abstrakt nur in dem Sinne, daß sie die jenseitigen Ideale aufzulösen, die Phantasiebilder, die sich zwischen die reinen Gedankenbestimmungen und zwischen die Wirklichkeit, worin diese als Gesetze herrschen, bisher geschoben haben, aufzulösen geht. In Wahrheit aber will sie dadurch den wahren Begriff der Realität der Idee herstellen, den Geist in die Wirklichkeit einführen.“ VISCHER (1843) 1922², Bd. 5, S. 71.

82 Dazu zählte Vischer die Reformationszeit, den Dreißigjährigen Krieg, die Völkerwanderung etc. VISCHER (1842) 1844, Bd. 1, S. 216.

83 „Auf höchst erfreuliche Weise hat Lessing angefangen, aus der thatenlosen, trauernden Innerlichkeit (eines Bendemann, M. W.) sich herauszuarbeiten, das Epos der Geschichte aufzuschlagen und Thaten der Männer darzustellen“, VISCHER (1842) 1844, Bd. 1, S. 219.

84 Seit 1845 Professor für Kunstgeschichte in Bonn, wurde er 1849 verurteilt, konnte aber 1850 – wohl mit Duldung Friedrich Wilhelms IV. –, nach England fliehen. Später wurde er dann, ähnlich wie der ebenfalls durch seine Beteiligung an der 48er-Revolution in Ungnade gefallene Gottfried Semper, Professor am Züricher Polytechnikum. Vgl. Wolfgang BEYRODT: Gottfried Kinkel als Kunsthistoriker. Darstellung und Briefwechsel, Bonn 1979.

85 SPRINGER 1856, S. 737.

86 Ebd.

87 Vgl. Friedrich Eggers: Die Kunstwissenschaftler und die Künstler, in: DT. KUNSTBLATT 1850, Nr. 1, S. 1–2: „Solange also der Künstler philosophiert, solange phantasiert er nicht, und wehe uns, wenn er auf den Einfall kommt, Gedanken, d. h. philosophische Gedanken, durch Farben oder Marmor verkörpern zu wollen.“

88 SPRINGER 1856, S. 737.

Das Ende der Theorie: Pragmatische Positionen zur Allegorie im Geschichtszyklus

Das blieb nicht unwidersprochen: Im konservativen Klima der 50er Jahre wurde nun das „profan-historische Gemälde" des „bloß äußerlichen Realismus und Materialismus"[89] bezichtigt. Moritz Carrière z. B., der an der Münchner Akademie lehrte, wandte sich in seiner Ästhetik explizit gegen Vischer, indem er dem „Geist der Geschichte" wieder zu seinem transzendenten Gehalt verhalf. In der „personificirenden Idealbildung"[90] sah er dessen adäquate Veranschaulichung. Der ursprüngliche 'Stoff' der Kunst aller Zeiten war ihm im Gegensatz zu Vischer nicht die profane Wirklichkeit, sondern die „Offenbarung des Göttlichen und Geistigen in der Erscheinung ... wenn auch nicht beschränkt auf die biblische, wenn auch ausgedehnt auf alle Geschichte"[91]. Dieser 'Geist' der Geschichte verlange die Idealbildung. In Verteidigung des umstrittenen Monumentalzyklus Kaulbachs mit den „Hauptepochen der Weltgeschichte" im Berliner Neuen Museum (s. III, 2) schreibt Carrière, dort sei „richtig erfaßt, daß leitende Ideen den Charakter der Völker und Jahrhunderte bestimmen und die Seele der epochemachenden Ereignisse sind, und daß die ächte historische Malerei vor allem die ewige Bedeutung und den allgemein gültigen Sinn der Begebenheiten ergreifen und in ihnen ausprägen muß"[92]. Es gilt, den „in der Geschichte waltenden Culturmächte(n)" und „dem Geist der Geschichte einen idealen Leib" zu geben und somit die „innewaltenden idealen Mächte, wie sie im Herzen der Menschen lebten und vor dem geistigen Auge des Sehers stehen, auch dem Betrachter ... (zu) entschleier(n)"[93].

Auch müsse es dem Maler „gestattet sein, bei größeren Compositionen sowohl was in Wirklichkeit räumlich auseinander liegt, zur Einheit ... zusammenzurücken, als auch neben der Hauptsache Vorausgegangenes und Nachfolgendes anzudeuten und Ursache und Wirkung zumal zur Erscheinung zu bringen"[94]. Anstelle von Lessings „fruchtbarem Moment" in der „Einheit der Handlung" forderte Carrière „die der Idee"[95].

Carrières Ästhetik ist im Unterschied zu den Theorien des beginnenden Jahrhunderts, die allenfalls die Bildkunst zum Beleg heranzogen, direkt an der idealistischen Münchner Schule orientiert; sie propagiert deren Malerei. Sein Begriff der „personificirenden Idealbildung" setzte sich nicht durch; er trifft jedoch die dominante Tendenz innerhalb der Historienmalerei, Personifikationen als übergeordnete Bezugssysteme einzusetzen.

Nach der Reichsgründung erlebt die Monumentalmalerei und mit ihr die Allegorie im Kontext des Historienbildes durch die forcierte staatliche und kommunale Baupolitik im Bereich repräsentativer öffentlicher Gebäude einen neuen Aufschwung[96]. In dem Maße wie sich jedoch innerhalb des Staffeleibildes realistische und naturalistische Tendenzen durchsetzten und – trotz des neuerlichen Rufes nach einer nationalen Geschichtsmalerei – andere Gattungen vor allem die Landschaft und das Genre auch in Deutschland dominierten und schließlich die ganze Stoffwahl als irrelevant

89 Carrière 1856, S. 1018. Carrière war zwar Hegel-Schüler, doch ist solche Ästhetik eine Kompilation verschiedener Positionen.

90 Carrière 1859, Bd. 1, bes. S. 415 ff.; Carrière 1856; Busch/Beyrodt 1982, S. 210–218.

91 Carrière 1859, Bd. 2, S. 237.

92 Carrière 1856, S. 1018.

93 Carrière 1856, S. 1019.

94 Carrière 1859, Bd. 2, S. 247.

95 Carrière 1859, Bd. 2, S. 251.

96 Vgl. Löhneysen 1960; Thielen 1964; Arndt 1976; Wappenschmidt 1981.

betrachtet wurde[97], erhielt die Frage nach dem Verhältnis von Allegorie und Geschichte erneut politische Brisanz. Die Reichsallegorik wurde zum Mittel der Geschichtsverherrlichung und zum Instrument, jenen 'Geist' hinter den Ereignissen als den der Kontinuität zu belegen und der Gegenwart Ewigkeitswert zu verleihen.

Während die Mehrzahl der Kritiker, Kunst- und Kulturhistoriker wie z. B. Friedrich Eggers, Jacob Burckhardt, Carl Schnaase, Max Schasler oder Carl Justi der neuerlichen 'Alligoristerei' skeptisch bis radikal ablehnend gegenüberstand, fanden sich im Gegenlager unter der Wortführung von Adolf Rosenberg die Reichspropagandisten. Doch kann man für diese Zeit nicht mehr von einer Theoriebildung weder für die Historienmalerei noch für die Allegorie sprechen. Die Kontroversen spielten sich zumeist in den Ausstellungsbesprechungen oder den Rezensionen der Monumentalprogramme anläßlich ihrer Fertigstellung oder gelegentlich der Jubelfeiern etc. in der Fach- und Tagespresse ab.

Auch H. Blümner, der einen historischen Abriß Über den Gebrauch der Allegorie in den bildenden Künsten gibt, verfolgt sein Hauptinteresse, ob nämlich „die Allegorie für unsere heutige Kunst unentbehrlich" sei bzw. ob die Neubildung von Allegorien für moderne Phänomene des Industriezeitalters zulässig sei[98], „mehr von einem praktischen als von einem theoretischen Standpunkt"[99]. Ähnlich wie Jacob Burckhardt, auf den sich Blümner beruft, möchte er die Allegorie vermieden wissen, allerdings nicht um den Preis realistischer Häßlichkeit. Wie aber sollte die moderne Zeit, in der sich industrieller 'Fortschritt' und 'Schönheit' scheinbar unversöhnlich gegenüberstanden, künstlerisch zu bewältigen sein, wie sollten die Bahnhöfe, Börsen oder technischen Hochschulen als Inbegriff des neuen öffentlichen Lebens künstlerisch ausgestaltet werden? Blümners Fazit:

> „Dass der *freie* Künstler die Allegorie gänzlich meiden, dass der durch die Beschaffenheit irgend eines Auftrags gebundene Künstler von der Allegorie nur im bescheidensten Masse und vor allem in verständlicher Weise Gebrauch machen soll, das ergiebt sich als das Gesamtresultat ... zugleich aber auch der Wunsch, dass die Auftraggeber immer mehr und mehr zu dem Bewusstsein kommen mögen, dass die heutige Kunst mit derartigen Aufträgen zu verschonen sei"[100].

Die Appelle vermochten wenig auszurichten, das Kaiserreich bediente sich der Allegorie zur Verherrlichung seiner Vertreter wie seiner Errungenschaften. Ja, die Allegorie eroberte sich neue, öffentlichkeitswirksame Medien, vor allem die Werbung[101]. Albert Ilg, der Direktor der

97 Zu dieser Polemik s. NEUMANN 1896, bes. S. 59 ff., S. 111 ff.

98 BLÜMNER 1881, S. 78. Empirisch stellt er fest: „Unsere Zeit hat in der That dergleichen in ziemlicher Zahl neu erfunden; namentlich der Fortschritt und die Vermehrung der einzelnen Zweige der Wissenschaften, die großartige Ausnutzung der Naturkräfte haben zu solchen Allegorien häufig Veranlassung gegeben". Es fehle nicht viel, bis „man uns die allegorischen Gestalten der organischen und der anorganischen Chemie, der analytischen Geometrie oder der pathologischen Anatomie demnächst darstellen wird." Ebd., S. 78. Es gab sie längst, nicht nur in den Bildprogrammen Technischer Hochschulen.

99 BLÜMNER 1881, S. 69.

100 BLÜMNER 1881, S. 91.

101 Auf diesen Aspekt wurde schon verschiedentlich hingewiesen: das interessanteste Bruchstück lieferte Benjamin im „Zentralpark": „Die Schlüsselfigur der späten Allegorie ist das 'Andenken'. Das 'Andenken' ist das Schema der Verwandlung der Ware ins Objekt des Sammlers." BENJAMIN GS I 2, 1980, S. 689; dort weitere Hinweise zur Beziehung Allegorie – Ware. Auf theoretischer Ebene: NIKLEWSKI 1979. Konkrete Untersuchungen zur Frage der Allegorie in der Werbung des 19. Jh.s fehlen bisher weitgehend. Materialien in: AUSST.-KAT.: FABRIK IM ORNAMENT. Ansichten auf Firmenbriefköpfen des 19. Jh.s, Münster 1980; AUSST.-KAT.: GRÜNDERZEIT 1974; AUSST.-KAT.: ELEKTRIZITÄT 1981.

Wiener Kunsthistorischen Sammlungen, der die von Martin Gerlach 1882 herausgegebene musterbuchartige Zusammenstellung von Allegorien und Emblemen[102] zeitgenössischer Künstler kommentierte, rechtfertigt das Unternehmen, das Vorlagen für Dekorationsmaler wie für Warenwerbung enthielt, auf sehr bezeichnende Weise. Wer konterte jener „gewisse(n) Richtung der Ästhetik“, die die Allegorie „nur als Zeichen des Verfalls erkennen will, der darin besteht, daß das Abstracte eben keine sinnlich konkrete Darstellung gestatte“ mit einer Umkehrung der üblichen entwicklungsgeschichtlichen Argumentationskette:

> „Naiv-urthümliche Culturepochen haben mit den Allegorien nichts zu thuen. Sie werden aber unentbehrlich in den Tagen der Speculation, der philosophischen Weltanschauung, der Theorien.“

Sie treten in der entwickelten Gesellschaft, in der Reflexion im Vordergrund steht, an die Stelle „der morschgewordenen Ideale und unmittelbar-naiver Empfindung“[103].

Und selbst die weder an dem Absatz kunstgewerblicher Produkte noch der Warenwerbung oder der Legitimation des Kaiserreiches interessierte sozialdemokratisch orientierte Arbeiterpresse[104] bediente sich in ihrer Bildpropaganda allegorischer Gestalten, die hier zwar nicht das Historienbild offizieller Prägung, sondern das historische Genrebild kommentierten oder aber für sich standen, um die Devise für eine noch zukünftige Geschichte abzugeben.

Die Allegoriediskussion in der Forschung

Die kunsthistorische Forschung hat die allegorische Bilderwelt des 19. Jahrhunderts lange Zeit ignoriert. Dabei mag zum einen die romantische Vorstellung vom Kunstwerk als organischer Einheit von Erscheinung und Bedeutung nachgewirkt haben; denn auch in Werken so herausragender Künstler wie z. B. Francisco Goya oder Adolph Menzel wurde die allegorische Sinnschicht einzelner Arbeiten erst in der neueren Forschung freigelegt[105]. Selbst Eugène Delacroix’ berühmte ›Liberté guidant le peuple‹, ein Bild, über dessen Verbindung einer Personifikation mit realen Personen im aktuellen ‘Ereignisbild’ schon früh gestritten wurde, erfuhr erst jüngst eine Neubearbeitung unter dem Gesichtspunkt der Allegorie[106]. Zum anderen aber – und das ist für den hier untersuchten Zusammenhang wichtiger – stellte im stilgeschichtlichen

102 Gerlach 1882, dazu Hess 1975. Ab 1896 erschien eine „Neue Folge“: Gerlach NF 1896.

103 Ilg, in: Gerlach 1882, Vorwort, o. S.

104 So in den Mai-Festzeitschriften, im Wahren Jacob, dem Süddeutschen Postillon usw. Vgl. die umfangreichen Materialsammlungen von Achten 1979; ders. 1980 ff.; Hoffmann/Schmidt-Linsenhoff 1978, S. 349–384.

105 Folke Nordström: Goya – Saturn and Melancholy, Stockholm 1962; Eleanore Sayre: Goya. A Moment in Time, in: Nationalmuseum Bull. Bd. 3, Nr. 1, 1979, S. 28–49, in spanischer Übersetzung auch in: Ausst.-Kat.: Goya y la constitucion de 1812, Madrid (Mus. Municipal) 1982, S. 55–69.
Werner Hofmann: Über Menzels ›Atelierwand‹ in der Hamburger Kunsthalle, in: ders.: Bruchlinien – Aufsätze zur Kunst des 19. Jh.s, München 1979, S. 201–213.

106 Hofmann 1975. Auch in der niederländischen Genremalerei, die bis ins 20. Jahrhundert hinein meist als vordergründige Realitätsspiegelung wahrgenommen wurde, zeigt sich neuerdings ein starkes Interesse an der allegorischen Bedeutungsebene. Vgl. E. de Jongh, in: Ausst.-Kat.: Tot Lering en Vermaak, Amsterdam 1976; Ausst.-Kat.: Die Sprache der Bilder, Braunschweig 1978; Hans-Joachim Raupp: Ansätze zu einer Theorie der Genremalerei in den Niederlanden im 17. Jh., in: ZfKg, 1983, S. 401–418.

Entwicklungsdenken die fast ausschließlich akademische Malerei von Historie und Allegorie ein retardierendes Moment in der fortschreitenden Stufenfolge zur malerischen Autonomie dar und wurde von daher weitgehend ausgeblendet. Das 19. Jahrhundert feierte sein *come back* zunächst unter einem auf die Darstellung äußerer Wirklichkeit verkürzten Realismusbegriff.

Während die *en passant* erwähnten Allegorien des 19. Jahrhunderts von Gombrich in dem historisch weit gespannten Teil seiner Symbolic Images noch als „so unsichtbar" bezeichnet wurden, wie eben jene Abstrakta, die sie vergegenwärtigen sollten[107], begann mit dem allgemein wachsenden Interesse am 19. Jahrhundert – unter Einbeziehung ikonologischer Fragestellungen und gesellschaftspolitischer Motivationen – seit den späten 60er Jahren auch die Sichtung der verdrängten Seite der Bildproduktion. Die vermeintlich so „unsichtbaren" Allegorien an Denkmälern[108] und öffentlichen Gebäuden[109], in der Salonmalerei[110] wie in der Grafik[111] gerieten – zumindest ansatzweise – ins Blickfeld. Dies allerdings unter verschiedenartigen Gesichtspunkten.

So entstanden Studien zu den nationalen Leitfiguren, wie sie vor allem in der politischen Grafik[112] und den Monumentaldenkmälern[113] auftreten. Unter ihnen ist Marvin Trachtenbergs Arbeit über Bartholdys Freiheitsstatue[114] hervorzuheben, die die ikonographischen Wurzeln der für das 'Land der Freiheit' beanspruchten Personifikation bis in die Antike zurückverfolgt und ihren politisch motivierten Umprägungen nachgeht. Daneben entwickelten sich in vergleichenden Untersuchungen zu einzelnen Themengebieten[115] vor allem seitens der Frauenforschung neue Fragestellungen. Cäcilia Rentmeisters provokanter Aufsatz Berufsverbot für Musen, in dem die Autorin der Frage nachgeht, „Warum sind so viele Allegorien weiblich?"[116] initiierte weitere Arbeiten zum Verhältnis von weiblicher Repräsentanz in den Allegorien und der realgeschichtlichen Situation von Frauen[117]. Bisher wollen allerdings weder die traditionellen Erklärungsmuster, daß der Genus der Abstrakta auch das Geschlecht ihrer Personifizierung bestimme,

107 Gombrich 1975², S. 183.

108 Mittig/Plagemann 1972; Trachtenberg 1976; Tittel 1979.

109 Michaelis 1979; Arndt 1976, Exkurs II: Materialien zur politischen Allegorie des Kaiserreiches, S. 88–92.

110 Hansen 1970; Baumgart 1975, S. 145ff.

111 Holsten 1976, behandelt zwar nicht ausschließlich, aber überwiegend graphisches Material. In der politischen Grafik spielen auch die nationalen Leitfiguren eine wichtige Rolle (vgl. Anm. 112).

112 Grote 1967; Hermand 1979; Hardtwig 1974, S. 80–100; zur Malerei s. Albert Boime: The Second Republic's Contest for the Figure of the Republic, in: Art Bull., Bd. 53, 1971, S. 68–83; Agulhon 1979; Chaudonneret 1987.

113 Agulhon 1979 überwiegend zu französischen Denkmälern; Frank Otten: Die Bavaria, in: Mittig/Plagemann 1972, S. 107–112; Tittel 1979; Nipperdey 1968, S. 529–585; Paul Ernst Rattelmüller: Die Bavaria. Geschichte eines Symbols, München 1977.

114 Trachtenberg 1976.

115 Zur Allegorie des Krieges s. Holsten 1976; zur Industrieallegorie s. Michaelis 1979, Exkurs: Neue Allegorien des 19. Jh.s, S. 104–107.

116 Rentmeister 1976.

117 Vgl. Andrea Pollig: „Germania ist es – bleich und kalt ..." Allegorische Frauendarstellungen in der politischen Karikatur des 'Eulenspiegel' 1848–1850, in: Carola Lipp (Hrsg.): Schimpfende Weiber und patriotische Jungfrauen, Frauen im Vormärz und in der Revolution 1848/1849, Bühl-Moos 1986, S. 385–404; Silke Wenk: Die steinernen Frauen. Frauenbilder in der öffentlichen Skulptur Berlins, in: Sigrun Anselm/Barbara Beck (Hrsg.): Triumph und Scheitern in der Metropole. Zur Rolle der Weiblichkeit in der Geschichte Berlins. Berlin 1987, S. 91–114. Derzeit arbeitet Ulrike Gall, Heidelberg, an einer Dissertation über weibliche Allegorien im Industriezeitalter. Im Bereich der Literaturwissenschaften zuletzt: Sigrid Weigel: „Die Städte sind weiblich und nur dem Sieger hold." Zur Funktion des Weiblichen in Gründungsmythen und Städtedarstellungen, in: Sigrun Anselm/Barbara Beck (Hrsg.): Triumph und Scheitern in der Metropole ..., Berlin 1987, S. 207–227.

noch Rentmeisters – auf Ernest Bornemann fußende – These von der Alibifunktion der allegorischen Frauenbilder im Patriarchat[118] so recht überzeugen. Der Frage lohnte sich allerdings, im Zusammenhang mit den im 19. Jahrhundert immer wieder auftretenden Zuordnungen von 'männlichen' und 'weiblichen' Kunstsprachen, Stilmitteln und Motiven genauer nachzugehen[119].

Noch von einer weiteren, eher unerwarteten Seite erhält die totgeglaubte Allegorie derzeit Auftrieb: In der Kontroverse um aktuelle figurative Malerei, in der nicht nur geschichtsschwangere „deutsche Mythen" – etwa durch Anselm Kiefer[120] –, sondern auch 'abendländische' Allegorien – z. B. von Francisco Clemente oder Enzo Cucci[121] bildlich reaktiviert werden, beginnen im Pro und Kontra auch die Bildtraditionen des 19. Jahrhunderts eine Rolle zu spielen[122]. Doch die Suche nach den wohl eher sozialpsychologischen als kunsthistorischen Gründen für die emotionale Bedürftigkeit nach 'Bedeutungstiefe' wie der Versuch ihrer Destruktion durch die Bearbeitung ihrer Wurzeln haben gerade erst begonnen.

Die jüngste kunstgeschichtliche Arbeit, die 1984 erschienene Untersuchung von Heinz-Toni Wappenschmidt über Symbol, Allegorie und Historienbild im späten 19. Jahrhundert, hat nicht nur den Vorzug, sich als bisher einzige mit der Beziehung von Allegorie und monumentalem Geschichtsbild der Kaiserzeit zu beschäftigen, sondern auch eine ausführliche Literaturbesprechung zu enthalten. Da der zwei Drittel des Textes umfassende kritische Literaturbericht diejenigen kunstgeschichtlichen Arbeiten, die sich auch theoretisch mit der Allegorie des 19. Jahrhunderts beschäftigen, ausführlich behandelt, entbindet er hier weitgehend von einer nochmaligen Darlegung. Von dieser jüngsten Arbeit soll daher im folgenden ausgegangen werden, um dort, wo sich Differenzen in der Beurteilung der herangezogenen Literatur ergeben, näher auf diese einzugehen. Dadurch erhellt sich zugleich des Autors eigenes Vorgehen.

Wappenschmidts im Verhältnis zum Literaturbericht vergleichsweise knappe Materialuntersuchung basiert im wesentlichen auf drei schon in seiner Dissertation untersuchten monumentalen Rathausausstattungen der Kaiserzeit[123], in denen sich Historienbilder und Personifikationen wechselseitig aufeinander beziehen. Wappenschmidt geht es um eine Revision bisheriger Be-

118 Ernest Bornemann: Das Patriarchat. Ursprung und Zukunft unseres Gesellschaftssystems, Frankfurt/M. 1975, S. 367. Zu den Allegorien von der römischen Justitia bis zur Freiheitsstatue heißt es pauschal: „Wenn man die Frau als Symbol verehrt, entledigt man sich der Pflicht, ihr auch als lebendem Wesen Ehre zu erweisen; wenn man sie als Gerechtigkeit, als Freiheit, als Weisheit symbolisiert, braucht man ihr in der Realität keine Gerechtigkeit zu geben ... Hier deckt das Patriarchat also sein schlechtes Gewissen auf und zeigt gleichzeitig, wie man es durch Aufdeckung besänftigt." Rentmeister 1976 sucht diese These für das 19. Jh. empirisch zu untermauern. Von solcher Problematik unbehelligt ist die Zusammenstellung weiblicher Personifikationen in den Giebelfeldern von Bauten des 19. Jh.s bei Michaelis 1976, S. 107–112.

119 Eine Untersuchung fehlt bisher. Es läßt sich kaum unterscheiden, wo formale und wo inhaltliche Momente gemeint sind. Bei Hotho 1842, Bd. 1, S. 3 heißt es über die Düsseldorfer Schule: „die Männlichkeit ist es, an der es gebricht". „Daher das Weibische und Energielose, Traurige und Kümmerliche ... Kindelnde und Spielende, das nur den Unmündigen zusagen kann". „Daher nirgends ... Freiheit, nirgend ein Sieg." Vischer 1922², Bd. 5, S. 120 tendiert dazu, das „Weibliche" der christlichen Kunst zuzuordnen, die er ablehnt; ähnlich noch Kinkel 1876, S. 16; s. auch Kunstblatt 1834, Nr. 71, S. 181; Hall. Jahrbücher 1838, S. 920.

120 Unter dem Titel „Deutsche Mythen" erschien das Novemberheft (H. 56) 1984 von Ästhetik und Kommunikation mit einem Ausschnitt aus Anselm Kiefers ›Varus‹ (1976) als Titelbild. Vgl. auch Kiefers ›Alarichs Grab‹, ›Wölundlied‹ usw. Dazu: Ausst.-Kat.: Anselm Kiefer, Düsseldorf 1984; vgl. auch Bazon Brock: Avantgarde und Mythos, in: Kunstforum international, Bd. 40, 1980, S. 86–103.

121 Ausst.-Kat.: documenta 7, Kassel 1982; Ausst.-Kat.: Francisco Clemente, München 1984.

122 Helmut Hartwig: Deutsche Tiefe, in: Ästhetik und Kommunikation, H. 56, Nov. 1984, S. 51–60.

123 Es sind dies Hildesheim, Mönchengladbach und Bochum. Wappenschmidt 1981, S. 39f., 48, 115f., 127–130.

wertungen der Entwicklung monumentaler Malerei im 19. Jahrhundert. Die – etwa von Irene Markowitz und J. Jenderko-Sichelschmidt in ihren Aufsätzen zur rheinischen Historienmalerei[124] – als Verfallsprozeß beurteilte Entwicklung von den nazarenischen Anfängen bis zur reichsoffiziellen Malerei sei „im Grunde an Briegers idealistischer Geschichtsauffassung und seiner entwicklungsgeschichtlichen Einteilung orientiert"[125] und daher unhaltbar. Während der „politische Bezug nazarenischer Historienmalerei akzeptiert" werde, gelte ein solcher nach der Reichsgründung als „verwerflich"[126].

Er dagegen sucht nachzuweisen, daß die theatralische Inszenierung von Historienbild und allegorischem Personal in den Wilhelminischen Rathaussälen ebensowenig einen „Mangel" ausdrücke, wie „die bruchstückhafte Zusammenstellung von 'Geschichte', die ... nicht als Zerfallserscheinung einer ästhetischen Erziehung zu werten" sei[127], sondern als bewußtes „Ziel" der Auftraggeber erkannt werden müsse. In einem Exkurs über das Treppenmotiv als Raffaelsches Schema, das, als theatralisches Motiv eingesetzt, in immer stärkerer Nahsichtigkeit den Betrachter einbeziehe, wird die Verbindung zum Künstlerfest und dessen Vermittlung von „Sein und Schein" hergestellt. Die „Spannung von Kunst und Leben" werde in den Rathaussaal zurück übertragen und realisiere sich in der Einbeziehung der realen Person des Ratsvorsitzenden. Durch das Arrangement der Bilderwelt werde so – vermittelt über die Personifikationen – die Wirklichkeit selbst historisiert, zum *tableau vivant* verlängert.

Die überzeugend dargelegte und historisch rekonstruierte *Absicht* der Bildzyklen läßt jedoch einen entscheidenden Gesichtspunkt außer acht, nämlich die Frage nach der Überzeugungskraft der bildlichen Umsetzung und der benutzten Darstellungsmittel. Um es zugespitzt zu formulieren: Wurde die von den Auftraggebern beabsichtigte Botschaft der allegorisch durchsetzten Historienbilder noch ernst genommen, welche Verweiskraft besaßen die Allegorien, und war schließlich die von Wappenschmidt behauptete Überführung von Kunst in Leben wirksam? Eine solche Überprüfung mag schwierig sein, doch läßt sich die Bildsprache – das naturalistische Detail in der erstarrten Pose – im Verhältnis zur zeitgenössischen Malerei befragen, und es lassen sich ebenso rezeptionsgeschichtliche Dokumente heranziehen. Ohne eine solche kritische Befragung wird der kritisierten Verdrängung bzw. Abwertung von Allegorien und Historienbild lediglich ihre Existenz bzw. Aufwertung entgegengesetzt, ohne aber ihren gesellschaftlichen Gehalt, ihre tatsächliche, nicht nur ihre beabsichtigte Bedeutung zu prüfen. Zur Rehabilitierung der Allegorie zieht Wappenschmidt als gewichtigste Autorität Walter Benjamin heran. In einem Akt terminologischer Akrobatik (s. u. S. 28 f.) überführt er mittels der allegorischen Figuren des Historienzyklus die realen Personen als potentiell einbezogene in „symbolische" und vollzieht damit eine durch Benjaminische Begrifflichkeit legitimierte „Rettung" des historistischen Gesamtkunstwerkes.

Die zentrale Frage der Bewertung der allegorisch-historistischen Bildsprache führt zu Kontroversen Wappenschmidts mit neuerer kunstgeschichtlicher Literatur zur Allegorie des 19. Jahrhunderts, vor allem dort, wo es um das auch von anderer Seite beanspruchte Erbe Benjamins für

124 Markowitz 1973, bes. S. 62, wo sie vom Verlust „gedanklicher Geschlossenheit" bei Janssen spricht. Jenderko-Sichelschmidt: Historienmalerei 1979, bes. S. 181 ff. In ihrem Aufsatz über die Düsseldorfer Historienmalerei (Jenderko-Sichelschmidt 1979, S. 98–111), in dem allerdings die späten Düsseldorfer fehlen, ist die Autorin vorsichtiger mit ihren Wertungen.

125 Wappenschmidt 1984, S. 45.

126 Ebd.

127 Wappenschmidt 1984, S. 51.

die Kunstgeschichte geht[128]. Aus der neueren Forschung zur Allegorie des 19. Jahrhunderts werden im wesentlichen die Aufsätze dreier Autoren untersucht. Gunnar Berefelts Systematik zur Unterscheidung allegorischer und symbolischer Bildlichkeit in der Romantik – exemplifiziert an Runges ›Lehrstunde der Nachtigall‹ und Friedrichs ›Klosterfriedhof im Schnee‹ – würdigt der Autor als „Rettung" der Allegorie[129], die auch sein zentrales Anliegen ist. Doch Berefelts Ergebnis (Runges Bild sei allegorisch, Friedrichs aber symbolisch) ist auch ohne den terminologischen Apparat einsichtig und wurde in der Romantik-Forschung längst beachtet[130]. Die Anwendbarkeit des Berefeltschen Schemas[131] auf Werke außerhalb der Romantik bleibt problematisch, lassen sich doch Allegorie und Symbol nicht als unhistorische Begriffskonstanten bestimmen.

In L. D. Coupries Untersuchung geht es dagegen um die zunehmende Diskrepanz zwischen naturalistischer Darstellung und abstrakter Bedeutung. Der im wesentlichen auf nur zwei Bildexempeln (Delacroix' ›Liberté‹ und Albert Maignans ›Das Glück‹ von 1895) basierenden Arbeit wirft Wappenschmidt vor, zur Wertung der späten Allegorie als „Bedeutungsverfall" auf der Folie eines Realismusbegriffes gekommen zu sein, „der nur als künstlerisches Darstellungsproblem gesehen wird"[132]. Auch wenn man den Forderungen nach einer Erweiterung des „Wertmaßstabes" um die „politisch-sozialen und ökonomisch-kulturellen Bedingungen"[133] zustimmt, decouvriert sich hier des Autors Aversion gegen eine Methode, die auch bildimmanente Kriterien berücksichtigt, ja letztlich gegen jedwelche Qualitätsurteile. So verdienstvoll und notwendig das Aufdecken der ideologischen Interessen und beabsichtigten *message*[134] gerade für die Monumentalmalerei ist, läuft eine solche Methode doch Gefahr, selbst historistischer Rekonstruktionsarbeit aufzusitzen.

Dies wird noch deutlicher in der Kritik an der auch von Wappenschmidt als „bisher umfassendsten und eindrucksvollsten Darstellung" gewerteten Untersuchung Allegorie und Historismus von Günter Hess[135]. Die ebenfalls von Benjamin inspirierte Arbeit sieht – in extremem Gegensatz zu Wappenschmidt – die Allegorie als Komprimierung des Historismus, als Verfall zum „dekorativen Archaismus"[136], in dem das „Bildgedächtnis" des 19. Jahrhunderts nahezu ausgelöscht

128 Außer dem weiter unten ausführlich behandelten Aufsatz von Hess 1975, der Wappenschmidt als Reibungspunkt dient, ist noch Bürger 1974, bes. S. 76–98 zu nennen, der – ausgehend von Benjamins eigener Erfahrung mit zeitgenössischer Kunst – versucht, dessen Allegorie-Begriff auf das „nicht-organische-Kunstwerk" der Avantgarde anzuwenden. Vgl. auch Grimm 1969, der Brechts Kriegs-Fibel als modernes Emblembuch untersucht.

129 „weil Berefelt ... im Gegensatz zur romantischen Ästhetik auch den Allegoriebegriff bewußt gelten läßt, 'rettet' er beide Begriffe als qualifizierende kunsthistorische Termini." Wappenschmidt 1984, S. 20.

130 Vgl. Stephan Waetzoldt: Philipp Otto Runges „Vier Zeiten", maschinenschriftl. Diss., Hamburg 1951; Christian A. Isermeyer: Philipp Otto Runge, Berlin 1940, S. 64 ff.

131 Berefelt geht es nicht um eine historische Differenzierung, sondern um ein an Panofskys „Synopse ikonographischer und ikonologischer Kategorien" (Wappenschmidt 1984, S. 19) entwickeltes Schema von Erkenntnisstufen. Die allegorische Stufe ist der symbolischen untergeordnet, behält aber ihre Berechtigung.

132 Wappenschmidt 1984, S. 21.Vgl. L. D. Couprie: De allegorie in de negentiende-eeuwse realistische kunst, in: Opstellen voor H. van de Waal. Aangeboden door leerlingen en medewerkers, Amsterdam, Leiden 1970, S. 28–44.

133 Wappenschmidt 1984, S. 30.

134 In der z. T. arbeitsaufwendigen Rekonstruktion der Zusammensetzung verschiedener Kommissionen und Gremien, die für die Bildprogramme zuständig waren, konnte Wappenschmidt zeigen, inwiefern sich darin konkrete politische Interessen ausdrückten.

135 Wappenschmidt 1984, S. 22 bezieht sich hier auf Kahsnitz 1981, S. 127.

136 Hess 1975, S. 571, 573, 575; den Begriff übernimmt Hess von Richard Hamann: Die deutsche Malerei im 19. Jh., Leipzig 1914, Bd. 1, S. 344 ff.; s. Hess 1975, Anm. 57.

werde. Der Rezensent macht hierfür „methodische Vorentscheidungen, die mediävistische Sicht und eine einseitige Übernahme Benjaminscher Allegorie- und Historismusauffassung“ verantwortlich, die „von vorn herein ein negatives Ergebnis der Allegoriebewertung im späten 19. Jahrhundert nahe“[137] legten. Da in Wappenschmidts eigener Argumentation Benjamin der Gewährsmann für die ‘Rettung’ der Allegorien ist, dieser also für zwei entgegengesetzte Wertungen herangezogen wird, er zudem die Instanz für die Rehabilitierung der Allegorie in den Nachbardisziplinen schlechthin geworden ist[138] und er schließlich auch für die vorliegende Arbeit Anregungen lieferte, soll die Diskussion bis zu ihm zurück verfolgt werden.

Die Allegorie als Benjamins umstrittenes Erbe

Günter Hess geht in einem „Grenzgang“ zwischen literaturwissenschaftlicher und kunstgeschichtlicher Analyse Benjamins materialistischen Thesen zur Allegorie des 19. Jahrhunderts nach, daß nämlich „die Schlüsselfigur der späten Allegorie ... das ‘Andenken’“ sei, „das Andenken“ seinerseits „das Schema der Verwandlung der Ware ins Objekt des Sammlers“[139]. Damit erstarre die Allegorie zur „säkularisierten Reliquie“. Hess nimmt sich Benjamins eigener Aufforderung zumindest ein Stück weit an: „Die Umfunktionierung der Allegorie in der Warenwirtschaft ist darzustellen“[140]. Das *tertium comparationis* von Ware und Allegorie liegt in Benjamins Begriff der Entwertung: „Die Entwertung der Dingwelt in der Allegorie wird innerhalb der Dingwelt selbst durch die Ware überboten“[141]. Für Hess deutet die „Montage von Fragmenten ... als Gerüst eines zu rekonstruierenden Entwurfs Aspekte des Funktionswandels allegorischer Formen im 19. Jahrhundert“[142] an. Vor dem Hintergrund des Wissens um Bedeutung und Funktion der Allegorie seit dem Mittelalter untersucht er solche „Aspekte des Funktionswandels“ an der 1882 bei Gerlach und Schenck in Wien erschienenen musterbuchartigen Sammlung von Allegorien und Emblemen zeitgenössischer Künstler[143]. Er befragt Stil und Bedeutungsgehalt,

137 Wappenschmidt 1984, S. 22.

138 Zu der explosionsartig angewachsenen Literatur können hier nur einige Hinweise gegeben werden: Holz 1968², S. 62–110; Jürgen Naeher: Walter Benjamins Allegorie-Begriff als Modell. Zur Konstitution philosophischer Literaturwissenschaft, Stuttgart 1977; Habermas 1972, S. 173–224; Steinhagen 1979; Hans-Robert Jauss: Baudelaires Rückgriff auf die Allegorie, in: Haug 1979, S. 686–700; Winfried Menninghaus: Walter Benjamins Theorie der Sprachmagie, Frankfurt/M. 1980, bes. II, 2: „Die Interpretation der allegorischen Form bei Baudelaire“, S. 134–177; Rolf Tiedemann: Baudelaire. Zeuge gegen die Bürgerklasse, in: ders. 1983, S. 74–98.

139 Hess 1975, S. 560 zitiert fälschlicherweise „ins Objekt des Sammelns“ statt „... des Sammlers“. Die zitierten Stellen stammen aus verschiedenen Notizen des „Zentralpark“, s. Benjamin GS I 2, S. 689, 681.

140 Hess 1975, S. 560; Benjamin GS I 2, S. 671; weiter heißt es hier: „Es war das Unternehmen von Baudelaire, an der Ware die ihr eigentümliche Aura zur Erscheinung zu bringen. Er suchte die Ware auf heroische Weise zu humanisieren. Dieser Versuch hat sein Gegenstück in dem gleichzeitigen bürgerlichen, die Ware auf sentimentale Art zu vermenschlichen: der Ware, wie dem Menschen, ein Haus zu geben. Das versprach man sich damals von den Etuis, den Überzügen und Futteralen, mit denen der bürgerliche Hausrat der Zeit überzogen wurde.“

141 Benjamin GS I 2, S. 660.

142 Hess 1975, S. 559.

143 Franz Stuck, Max Klinger, Carl Gehrts, Fritz Roeber, Hermann Kaulbach, Franz Matsch und viele andere lieferten Entwürfe. Das Werk fand vor allem in den populären Gazetten Anklang. Vgl.: Ill. Ztg. 12.12.1884, S. 609; Gartenlaube 1883, Nr. 10, S. 160f., 1884, Nr. 38, S. 627.

um den in den „neuen Allegorien" enthaltenen „Fragmente(n) einer längst verdrängten und vergessenen 'Kunstsprache'"[144] nachzuspüren. Die Materialbasis ist – ähnlich wie bei Wappenschmidt – notwendigerweise beschränkt, fehlt doch bisher eine umfassendere Materialsammlung zur Allegorie des 19. Jahrhunderts. Doch ist Hess' Auswahl sehr geschickt im Hinblick auf sein Anliegen, der Benjaminschen These von der Entwertung der Dinge, die in der Ware ihren Höhepunkt finde, nachzugehen, waren doch die Allegorien des Gerlachschen Werkes sozusagen auf dem Markt angebotene Präfabrikationen, deren spezifischer Gebrauchswert sich erst noch zu erweisen hatte, nämlich in ihrer Übernahme durch die Gebrauchskunst. Sie waren daher nicht durch spezielle, dingfest zu machende Auftraggeberinteressen festgelegt wie die Monumentalmalerei in öffentlichen Gebäuden. Doch lieferten gerade die für heterogene Zwecke geeigneten Grafiken des Wiener Sammelwerkes sowohl einen Fundus von Allegorien des späten 19. Jahrhunderts als auch ein stilistisches Kompendium des Historismus[145]. Allerdings – darauf sei hier ergänzend hingewiesen – wäre es sehr erhellend gewesen, auch die vom selben Verlag 1896 herausgegebene Neue Folge von Allegorien in die Untersuchung einzubeziehen. Sie enthält nicht nur ein breiteres Spektrum jener 'neuen Allegorien' für Industrie und Handel, sondern auch ein verändertes stilistisches. Die Renaissance- und Barockadaptionen sind zugunsten von Jugendstilformen[146] zurückgedrängt. Vor allem aber zeigt sich eine Tendenz zur Integration von Personifikationen in genrehafte Szenen. Von daher wäre zu fragen, inwieweit gerade vom Jugendstil die Allegorie einverleibt und erneuert bzw. durch den Transport in ein neues Bezugssystem – das Genre – aufgeweicht wird.

Doch zurück zu Hess' tatsächlicher Untersuchung. Jedenfalls mußte schon aufgrund der Tatsache, daß die Verwendung der Allegorien des Musterbuches in diesem Stadium noch offen ist, notwendigerweise die „beschreibende Analyse"[147] im Zentrum stehen. Damit war das Bild – unter Hinzuziehung des Erläuterungstextes – selbst die Instanz, an der die Bedeutungshaltigkeit bzw. die „Entwertung" der im allegorischen Verfahren verwendeten Gegenstände geprüft wurde. Doch ist es nicht nur dieser Umstand, sondern zugleich auch Hess' methodisches Anliegen, den Bedeutungsveränderungen der im historistischen Stilkostüm auftretenden Allegorien gegenüber ihren Vorbildern nachzuspüren, um damit die Beziehung zwischen der Allegorie als „Kunstsprache" und dem „Phänomen Historismus" herzustellen, für die „Benjamins Wendung vom 'Bildgedächtnis' im Zeichen des 'Andenkens'"[148] die Klammer bildet.

Am Beispiel des Erläuterungstextes zu Otto Seitz' ›Wahrheit‹[149] belegt Hess im Vergleich zur Textvorlage bei Cesare Ripa, daß sich „die *interpretatio* der Bedeutungsebenen von der spirituellen

144 Hess 1975, S. 565.

145 Gerlach 1882, Vorwort (von Albert Ilg), o. S.: Das Werk „setzt die allegorische Thätigkeit im neuen Geiste fort ... bald in der Art der alten Italiener und Deutschen, ... bald im Sinne des Barock und Rococco ... eine lebensvolle Festdecoration aus dem Unlebendigen des Abstractums schaffend." Hess geht kurz auf den „Funktionszusammenhang zwischen Bedeutung und jeweils imitiertem Epochenstil" ein: „Neorenaissance und Neobarock vermitteln" demnach „als Stile aristokratischer Repräsentation vor allem Traditionen antiker Mythologie." „Religiöse Themen werden vor allem nach dem 'gotisierenden' Muster ... behandelt", Hess 1975, S. 576.

146 Gerlach NF. 1896 (in mehreren Lieferungen erschienen). Gerlach schreibt im Vorwort, es habe ihn gereizt, „einige besonders gestaltungsfähige Themata ... im Geiste der modernen und modernsten Kunst von jungen, impulsiv schaffenden Talenten ... bearbeiten zu lassen." Wieder lieferte Stuck etliche Vorlagen, aber auch Gustav Klimt, C. O. Czeschka u. a.

147 Hess 1975, S. 571.

148 Hess 1975, S. 565.

149 Gerlach 1882, Tf. 113, nach einer Kreidezeichnung von Otto Seitz.

Perspektive zum dekorativen Oberflächenreiz der *res picta* hin verschoben“ habe, „der die Differenz zwischen Sache und Bedeutung einebnet“[150]. Die ‘Wahrheit’ ist nur noch Anlaß zur Darstellung „dekorativer Nacktheit, die sich selbst bespiegelt“[151]. Was hier für die Texterklärung, die von Albert Ilg, dem Direktor der Wiener Kunsthistorischen Sammlungen, stammt, als jeweils beanspruchtes Verständnis aufgezeigt wird, müßte allerdings auch auf bildlicher Ebene verfolgt
Abb. 176 werden. Denn gerade an diesem Blatt von Seitz ließe sich der allegorische Bedeutungsverlust
Abb. 171 gegenüber Ripa einschlägig aufzeigen, ist doch die vorgeführte ‘nackte Wahrheit’ auf dem Erdball im ausgehenden 19. Jahrhundert das Bildschema, in dem die universelle Verbreitung
Abb. 172, 177 einzelner Produkte, vom Gaslicht bis zum Wein[152], in der Werbung propagiert wurde, in dem sich zugleich die Konnotationsreste der alten Bedeutung auf die Ware übertragen ließen. Zeigt Hess hier den Bedeutungsverlust der Allegorese, so untersucht er an weiteren Beispielen den Montagecharakter auf bildlicher Ebene. Das erste Blatt der Musterbuchsammlung mit der Darstellung der ›Zeit‹[153] ist aus heterogenen Einzelteilen und Zeichen unterschiedlichster Realitätsebenen – Flügelrad, Schienenstrang, Stundenglas, Chronos etc. – zusammengesetzt. Hess bewertet es als „dekorative Kombinatorik figuraler und emblematischer Bedeutungsträger“[154], die nur noch „die beziehungslose Rhetorik einer fragmentarisch konservierten Bildsprache“[155] repräsentierten. Das „Mißlingen“ einer neuen allegorischen Bildsprache liege gerade in der „Kombinatorik bedeutungsvoll zitierter klassischer Bildungsrelikte“[156]. In der mitgeschleppten Bedeutungslast seien aber noch „hierarchische Ordnungen“ und „hieratische Bedeutungen“ latent enthalten, deren „Pathos“ – so Hess verallgemeinernd – die „retrospektive Allegorisierung“ „aufgrund einer diffusen Irrationalität“ zum „Bedeutungsträger absoluter Macht“ prädisponiere[157]. Wie aber der zum einen festgestellte Verfall der Allegorie zur Dekoration und deren politische Nutzung zusammenhängt, bleibt – wie Wappenschmidt zu recht kritisiert – offen.

In den aufgezeigten Merkmalen, dem Bedeutungsverlust und der Beziehungslosigkeit der einzelnen aus dem Zusammenhang gerissenen Trümmer, ihrer beliebigen Einsetzbarkeit sieht Hess die Verbindung zu Benjamins These von der Entwertung der Dinge in der Allegorie wie in der Ware.

Benjamins Notizen zur Allegorie des 19. Jahrhunderts kreisen immer wieder um diesen Verbindungspunkt: In der Allegorie seien die Gegenstände von ihrer primären Bedeutung genauso entbunden, wie die ‘Dinge’ als Waren von ihrem Gebrauchswert, an dessen Stelle der Tauschwert trete:

150 Hess 1975, S. 569–570.

151 Hess 1975, S. 570. In Ilgs Begleittext heißt es: „Die ‚nackte Wahrheit‘ muß aggressiv heraus auf den Kampfplatz des Lebens. Sie wirft ihre Hülle von sich, sie beleuchtet ihre Marmorglieder noch mit dem blendenden Strahl des eigenen Spiegels und steuert so, die Sohlen auf den Erdball gestützt, durch den Weltraum“, Gerlach 1882, Text zu Tf. 113.

152 Vgl. F. Stuck: ›In vino veritas‹, 1892. Die nackte ›Veritas‹ steht mit erhobenem Spiegel auf einem fast kugelförmigen Weinglas. Heinrich Voss: Franz v. Stuck. Werkkatalog der Gemälde, München 1973, 64/139. Stuck, der ja auch für Gerlachs Werk Vorlagen lieferte, kannte natürlich Seitz’ ›Wahrheit‹, die ihrerseits an Jules-Joseph Lefebvres ›Wahrheit‹ von 1870 orientiert ist. In diesem Schema wurden dann die Personifikationen der Elektrizität, des Gaslichtes etc. dargestellt (s. u. Kap. VI).

153 Gerlach 1882, Tf. 1: Anton Seder: ›Die Zeit‹.

154 Hess 1975, S. 570.

155 Hess 1975, S. 571.

156 Hess 1975, S. 585.

157 Hess 1975, S. 573.

„In der Tat heißt die Bedeutung der Ware: Preis; eine andere hat sie, als Ware, nicht." Aber: „Wie die Ware zum Preis kommt, das läßt sich nie ganz absehen." – „Ganz ebenso ergeht es dem Gegenstand in seiner allegorischen Existenz. Es ist ihm nicht in die Wiege gesungen worden, zu welcher Bedeutung der Tiefsinn des Allegorikers ihn befördern wird"[158].

Voraussetzung der allegorischen Bedeutungszuweisung ist „die Zerstörung der organischen Zusammenhänge in der allegorischen Intention". In Analogie dazu steht „das Herausreißen der Dinge aus den ihnen geläufigen Zusammenhängen – das bei Waren im Stadium ihrer Ausstellung normal ist"[159].

Da nach Hess' Beurteilung aber die solchermaßen entwerteten Gegenstände in der historistischen Allegorie zu keiner neuen Bedeutung, jedenfalls keiner realitätsrelevanten, gelangen, bricht die allegorische Verweiskraft zusammen. Bestehen bleiben die Figurationen nur als „Dekoration" und werden so selbst zur Ware, zum Andenken oder zur „säkularisierten Reliquie". Dies um so direkter, als die Vorlagen des Musterbuches über die Kunstindustrie in die Massenfabrikation gelangten, jene „schließlich auch den Warencharakter von Allegorie und historisierender Emblematik" bestimmte[160]. Solche Anwendung in der Kunstindustrie hat Hess allerdings nicht untersucht.

Mit der Übertragung der von Benjamin angezettelten Verbindung von Ware und Allegorie auf die untersuchten Vorlagenblätter zum Beweis ihres Bedeutungsverlustes erntete Hess den energischen Widerspruch Wappenschmidts, der Benjamin mißverstanden sieht und zugleich dessen „Aura" für seine eigene Argumentation zu „retten" sucht. Er widerspricht dem von Hess konstatierten Bedeutungsverfall und stellt stattdessen Benjamins vielzitierten Begriff der „Rettung"[161] ins Zentrum seiner Argumentation.

Über die Rechtmäßigkeit der Beanspruchung Benjaminscher Überlegungen und Begriffe insgesamt kann hier nicht gerichtet werden. Weder hat dieser seine umfassende Arbeit zum 19. Jahrhundert, das Passagen-Werk, noch das Miniatur-Modell dazu vollenden können. Die Beziehung von Allegorie und Ware, die unter dem Titel „Die Ware als poetischer Gegenstand" behandelt werden sollte, liegt nur in fragmentarischen Notizensammlungen hauptsächlich des „Zentralpark"-Konvolutes vor[162]. Sie beziehen sich nicht auf die bildende Kunst, sondern

158 Benjamin GS V 1, S. 466; vgl. auch ebd., S. 245 (Exzerpt aus O. Rühle: Karl Marx Hellerau, 1928).

159 Benjamin GS I 2, S. 670, ähnlich ebd., S. 666: „Das von der allegorischen Intention Betroffene wird aus den Zusammenhängen des Lebens ausgesondert; es wird zerschlagen und konserviert zugleich."

160 Hess 1975, S. 574.

161 Wappenschmidt 1984, S. 33, bezieht sich auf Harald Steinhagen und die im Anschluß an dessen Vortrag auf dem Wolfenbüttler Germanistischen Symposion 1978 geführte Diskussion, s. Haug 1979, S. 730 f.: „Benjamins Deutung der vergangenen Dinge geschehe zur Rettung der Dinge selbst und sei geleitet von der Hoffnung, die intentionale Projektion von Bedeutung werde schließlich ihre eigene Gewaltsamkeit transzendieren, könne am Ende doch noch das intentionslose 'schlichte Sein' der Dinge jenseits aller Bedeutung treffen und sie dadurch selbst zum Sprechen bringen" (Diskussionsbericht von Helmuth Kiesel). Schon Habermas hatte die „sich zu ihren Gegenständen konservativ" verhaltene Kunstkritik Benjamins als Folge der Verquickung einer „messianischen Geschichtsauffassung" mit dem historischen Materialismus charakterisiert: „aber die Kritik verübt am Kunstwerk eine Abtötung nur, um das Wissenswürdige aus dem Medium des Schönen ins Medium des Wahren zu transponieren – und dadurch zu retten." Habermas 1972, S. 186.

162 Zur Konzeption der Pariser Passagen und dem „Miniatur-Modell" s. Tiedemann 1983, S. 74–76; Tiedemann, in: Benjamin GS I 3, S. 1064 ff. Vgl. auch Benjamins Brief an Horkheimer vom 16.04.1938, in: Benjamin GS I 3, S. 1073 f.; GS V 2, S. 1164.

wurden im Hinblick auf Baudelaire notiert. Die Übertragbarkeit der Aufzeichnungen wird zudem dadurch erschwert, daß Benjamin selbst – wenn nicht allegorisch[163] – so doch metaphorisch verfährt. Von daher mag man sich auf verschiedene Aspekte seiner Allegoriebestimmungen beziehen. Trotzdem scheinen diese nicht beliebig, arbeitete doch Benjamin trotz aller Metaphorik stets historisch konkret[164].

Benjamin bleibt allerdings nicht beim Konstatieren der Entwertung der Gegenstände im allegorischen Verfahren stehen, sondern hebt gerade auf die neue Bedeutungszuweisung ab.

> „Der Allegoriker greift ... aus dem wüsten Fundus, den sein Wissen ihm zur Verfügung stellt, ein Stück heraus, hält es neben ein anderes und versucht, ob sie zueinander passen"[165].

Hess hat nur in einzelnen Fällen, und es bleibt durchaus offen, ob eine Verallgemeinerung zulässig ist, nachgewiesen, daß diese neue Bedeutungszuweisung nicht gelingt. Von daher spricht er vom Ende des „Bildgedächtnisses". Hier hört die Vergleichbarkeit mit Benjamins Verfahren auf, denn Benjamin hatte „Baudelaire als Allegoriker" ins Zentrum gestellt, weil in dessen Dichtungen auf wesentliche Probleme des 19. Jahrhunderts – Großstadt, Masse, Individuum, Käuflichkeit usw. – verwiesen wird, ohne daß diese als Motiv auftreten[166]. Seine Absicht war es, „Baudelaire zu zeigen, wie er ins 19. Jahrhundert eingebettet liegt"[167]. Dies, soweit sich den Fragmenten entnehmen läßt, durch Konfrontation mit der Warenwelt als dem „Signum" des Jahrhunderts. Dadurch wollte er Baudelaire zum Sprechen bringen, d.h. zum kritischen Sprechen. Die Methode läßt sich aber nicht auf jedwede Allegorie des 19. Jahrhunderts übertragen. Denn diese ist nicht generell, sondern nur potentiell eine „kritische Vergegenwärtigung der Tauschwertabstraktion"[168]. Eine kritische Vergegenwärtigung kann nur gelingen, wenn das in der Allegorie enthaltene Potential einen Nerv der Zeit trifft, was Hess für die untersuchten Beispiele verneint. Von daher scheint seine Schlußfolgerung, die zur „säkularisierten Reliquie erstarrte Allegorie" sei „nur noch im Museum zu besichtigen"[169], ihr komme als „Andenken" nur noch der Charakter eines Sammelobjektes zu, folgerichtig. Den in diesen Allegorien angehäuften Gegenständen fehlt die Verweiskraft, sie verharren sozusagen im Stadium der Ware. Für Hess ist der entscheidende Punkt nicht der intendierte Sinn, sondern der Wahrheitsgehalt der Allegorie. Ihn kann auch der Interpret in der Allegorese nur dann herstellen, wenn durch den Gehalt der Dinge die Realität getroffen zu werden vermag.

Wappenschmidts ‘Rettung' der historistischen Bildzyklen beginnt mit der begrifflichen Transformation des allegorischen Bildes in einen „Torso des Symbols". Von dort ist es nur noch ein

163 Winfried MENNINGHAUS: Walter Benjamins Theorie der Sprachmagie, Frankfurt/M. 1980 wendet sich entschieden gegen die in der Benjamin-Literatur „zu einem Gemeinplatz" gewordene Behauptung, „Benjamins Darstellungsverfahren für ein allegorisches zu erklären" (wie Jürgen Naeher und Bernd Witte es tun). Ebd., S. 91, 248 Anm. 7. Auch STEINHAGEN 1979, nennt Benjamins Verfahren „allegorisch-emblematisch", ebd., S. 667.

164 MENNINGHAUS (wie Anm. 163), S. 260.

165 BENJAMIN GS V 1, S. 466.

166 „Die Masse ist Baudelaire derart innerlich, daß man ihre Schilderung bei ihm vergebens sucht", HABERMAS 1972, S. 183.

167 BENJAMIN GS I 3, S. 1074.

168 STEINHAGEN 1979, S. 677: „Die moderne Allegorie bei Baudelaire ist ihrer *Möglichkeit* nach eine potenzierte Entwertung" (Hervorhebung M. W.).

169 HESS 1975, S. 591.

kleiner Schritt zum Symbol selbst: Er beschreibt etwa den Zyklus der Hildesheimer Rathaushalle, in dem sich Historienbild, Personifikation und Porträtbüste gegenseitig erläutern als „aufeinander bezogene Sinnschichten", die – ergänzt durch einen Erläuterungstext – „symbolische Qualität" erreichten[170]. Ähnlich spricht er von dem „qualitative(n) Wandel einer allegorischen Figur zu einer symbolischen" im Bochumer Rathaus, da dort in der realen Person des Vorsitzenden, der in die Gestaltung einbezogen sei, „sich die ausstehende 'Idee' der Geschichte (verwirklichte)"[171].

Vom „Torso des Symbols" spricht Benjamin in der schon 1922 beendeten Arbeit über Goethes Wahlverwandtschaften. Harald Steinhagen, auf dessen Benjamin-Aufsatz sich Wappenschmidt wiederholt beruft, hat das 'Torso'-Zitat[172] auf das Trauerspiel übertragen. Darauf bezogen stellt er die Frage, „ob nicht die allegorische Betrachtungsweise schließlich selbst ins Symbolische umschlägt – zum 'Torso des Symbols' gerät – wenn ... die 'Rettung der Phänomene', die die allegorische Intention erstrebt, aber nicht erreicht, dennoch gelingen ... soll"[173]. Den späten, „materialistischen" Benjamin setzt Steinhagen aber gerade in seinem Allegorieverständnis von den früheren Werken wie dem Trauerspiel ab. „Die moderne Allegorie bei Baudelaire" bezeichnet er nicht mehr als symbolträchtig, sondern „ihrer Möglichkeit nach" als „potenzierte Entwertung, die ... die reale Entwertung der Dinge, ihren Warencharakter mit künstlerischen Mitteln aufzudecken vermag. Sie ist Abbild und Reflexion des Warencharakters zugleich; und darin bewährt sich eine aufklärerische Intention der modernen Allegorie, die sich mit dem Gedanken der 'Rettung' berührt"[174].

Wenn dies Benjamins Interesse an Baudelaires Allegorien war, so ist zu fragen, worin sich die historistischen Allegorien der Rathausausstattungen als 'aufklärerisch' erweisen, was es folglich zu 'retten' gilt. Das läßt sich aber nur an der Relevanz ihrer Verweiskraft auf die Realität prüfen. „Die rettende Kraft der zurückdenkenden Kritik" – so Habermas über Benjamin – „ist freilich nicht mit der Einfühlung und dem Nachleben zu verwechseln, das der Historismus von der Romantik übernommen hat". „Mit der Romantik" – so Benjamin – „setzt die Jagd nach dem falschen Reichtum ein, nach der Einverleibung jeder Vergangenheit ... aus abgelebten Völkerkreisen und Weltepochen"[175], um die es in seinen Baudelaire-Studien gerade nicht ging. Der „entscheidende Unterschied zwischen 'Rettung' und 'Apologie'", der in einem nicht mehr zur Ausführung gelangten methodischen Exkurs behandelt werden sollte,[176] hat in dieser Argumentation keine Beachtung erfahren.

Insgesamt scheint die theoretische Überhöhung mit Benjamin aus mehreren Gründen fragwürdig: Zum einen müßte angesichts der historistischen Allegorien der Illusionscharakter der Malweise untersucht werden, hat doch gerade Benjamin darauf hingewiesen, daß beim Verlassen „der Sprödigkeit der Allegorie" diese „ihrer Autorität verlustig (geht)"[177]. Im Vergleich zu den Historienbildern ließe sich dann auch ihr Verweischarakter – bzw. der Verlust desselben – im Verhältnis zur beabsichtigten Bedeutungszuweisung bestimmen.

107 Wappenschmidt 1984, S. 69.
171 Wappenschmidt 1984, S. 71.
172 Steinhagen 1979, S. 674.
173 Ebd.
174 Steinhagen 1979, S. 677.
175 Zit. n. Habermas 1972, S. 186.
176 Benjamin GS I 3, S. 1150; vgl. GS I 3, S. 1074. Dazu auch Tiedemann 1983, S. 77.
177 Benjamin GS V 1, S. 473. Ähnlich Sternberger, den Benjamin exzerpierte: „‚die scheinlebig gewordene Allegorie, die ihre Dauer und strenge Geltung hingegeben hat für das Linsengericht‘ des Lebens", ebd., S. 473.

Zum andern ist in Benjamins Notizen zur Allegorie des 19. Jahrhunderts von einer Überführung ins Symbolische nirgendwo die Rede. Unabhängig von Benjamin bleibt unverständlich, wieso die Verbindung verschiedener „Sinnschichten“ (eigentlich müßte es Realitätsebenen heißen) maßgebend sein soll, Symbolisches zu evozieren. Die von Wappenschmidt zitierte „Idee“ wurde als das den Zusammenhang stiftende von Benjamin im Wesen der Allegorie gesehen[178]. Nicht die Tatsache, daß diese ‘Idee’ noch uneingelöst ist, wie Wappenschmidt für das Bochumer Beispiel anführt, läßt die Allegorie schon zum – bei Benjamin stets utopiehaltigen – Symbol werden.

Vor einer ‘Rettung’ oder Verdammung der Allegorie des 19. Jahrhunderts als Bedeutungsverfall scheint zunächst einmal eine umfangreichere Sichtung nötig. Die bisherige Materialbasis ist nicht breit genug, um Verallgemeinerungen zuzulassen. Sowohl der untersuchte Zeitraum als auch die Verwendungszusammenhänge sind zu punktuell, um die Beispiele als Modell zu behandeln. Erst die Untersuchung eines längeren Zeitraumes läßt mit der Konstanz oder Veränderung allegorischer Figurationen und ihres Kontextes auch ihre – kritisch zu beleuchtende – historische Funktion deutlich werden.

Es ist wohl kaum zufällig, daß um Walter Benjamins Erbschaft für die Kunstgeschichte eine Kontroverse entstand, ist er doch derjenige, der mit seinem unorthodoxen Vorgehen die Grenzen der sanktionierten Fachwissenschaft überschritt und die Allegorie aus ihrem Dornröschenschlaf weckte, um an ihr die jeweiligen Epochenprobleme zu zeigen („Die Schlüsselfigur der frühen Allegorie ist die Leiche. Die Schlüsselfigur der späten Allegorie ist das Andenken“[179]).

Es kann aber für eine kunstgeschichtliche Untersuchung weder darum gehen, Benjamins Allegorienotizen zum 19. Jahrhundert mit Beispielen aus der Bildkunst zu untermauern, noch sie zum Überbau jedwelcher Allegorien zu stilisieren, oder gar Benjamin ‘retten’ zu wollen. Wohl aber lassen sich Aspekte gewinnen, die zur kritischen Prüfung der Allegorie als „nichtorganischem Kunstwerk“ dienen könnten. Sie betreffen die Entwertung der Dinge, ihren Montagecharakter und schließlich die Zeitstruktur des allegorischen Bildes. Eine Entwertung der ursprünglichen Dingwelt liegt in jeder Allegorie vor; doch stellt sich für das 19. Jahrhundert mit seiner Bilderlast der vorausgehenden Jahrhunderte die Frage insofern neu, als in den ikonographischen und stilistischen Rastern Bedeutungsreste mitgeschleppt wurden – worauf auch Hess hinweist –, die als Konnotationen im neuen Kontext mitwirken können. Daß die ‘Wahrheit’ des 19. Jahrhunderts nicht mehr dasselbe bedeutet wie die der Renaissance ist evident, was von ihr aber weiterwirkt, wenn sie die Ware selbst – in der Reklame – verklärt, bleibt bei Hess offen. Dies ist analog für die Übertragung auf das Historienbild zu prüfen.

Bei der Montage der Einzeldinge zum allegorischen Gefüge stellt sich die Frage, inwiefern der Montagecharakter einsehbar bleibt, oder sich das Abbildverfahren von Historie und Allegorie angleichen und inwieweit dadurch der allegorische Charakter in Frage gestellt wird.

Vor allem aber ist die Zeitstruktur, die Benjamin im Trauerspiel für die barocke Allegorie – unter Berufung auf Creuzer als Autor des 19. Jahrhunderts – herausgestellt hat, auch für die späte Allegorie im Verhältnis zum Geschichtsbild zu untersuchen. Der Historienzyklus selbst ist aber im 19. Jahrhundert kein starres Schema; er zeigt ein breites Spektrum nicht nur der Inhalte, sondern auch der formalen Strukturen, der Erzählformen.

178 HOLZ 1968, S. 91.
179 BENJAMIN GS I 2, S. 689.

Zur Aufgabe der Historienmalerei

Hatte die Allegorie im theoretischen Verständnis der Zeit die Aufgabe, den prozessualen Zusammenhang oder die übergreifende Idee dadurch auszudrücken, daß sie beim Betrachter ein reflexives Moment als gedankliches Nacheinander auslöste, so lieferten die Historienbilder die ideell zu verbindenden Stationen. Im Gegensatz zur gedanklichen Abstraktion in der Allegorie hatten sie die Aufgabe, eine situative Einfühlung in die Vergangenheit zu ermöglichen. Im momentanen Schauen sollte Geschichte nacherlebbar werden.

Schon im ausgehenden 18. Jahrhundert forderte Johann Georg Sulzer in seiner Theorie der schönen Künste vom Historienmaler, er habe uns in seinen Darstellungen „das fühlen zu lassen, was wir könnten gefühlt haben, wenn wir im Augenblick der Handlung … die Sache in der Natur gesehen hätten“[180]. In der Aufhebung zeitlicher Distanz und der emotionalen Verbindung zum ‘Helden’ wurde – unabhängig von allen inhaltlichen Vorstellungen – die spezifische Möglichkeit des Historienbildes gesehen[181]. Hermann Beenken hat auf diesen Umschwung in der Auffassung der Historie hingewiesen: „Erst die geistesgeschichtliche Wende vor und um 1800 zum Subjektivismus hin hat dies spezifisch moderne Miterleben möglich gemacht“[182]. Der emotionale Transfer, der an die Stelle des Exemplums trat, ließ das Historienbild während des gesamten 19. Jahrhunderts als öffentliches Erziehungsinstrument geeignet erscheinen. Am Gelingen des emotionalen Transfers maß sich nun die ‘Erfindung’ des Künstlers, die seit Alberti Kriterium für den Rang der Historienmalerei als höchster Gattung[183] war. Sie wollte Sulzer als typischer Klassizist aber nicht durch den „Buchstaben der Geschichte“[184] eingeschränkt sehen.

In seinen Vorschlägen für wünschenswerte Themen der Historienmalerei gibt er sich noch „europäisch“. Im Selbstverständnis einer gemeinsamen abendländischen Geschichte schreibt er, man dürfe hoffen, einmal „die Verbesserung der Sitten durch die Wiederherstellung der Wissenschaften, … das große Werk der Kirchenverbesserung …, die Entdeckung der neuen Welt durch Columbus“ dargestellt zu sehen[185].

Vor allem in zwei Punkten änderten sich in der Folgezeit die Anforderungen an die Historienmalerei: Zum einen schränkte sich die Weltläufigkeit der Themen mit den geschichtlichen Erfahrungen zu Beginn des 19. Jahrhunderts ein. Als nach den Napoleonischen Kriegen die Forderung nach einer neuen öffentlichen Historienmalerei erhoben wurde, verstand man darunter in erster Linie ‘vaterländische’ Themen. Mit ihnen verband sich die Hoffnung auf die Stiftung nationaler Identität durch die Vergegenwärtigung einer gemeinsamen großen Vergangenheit durch Kunst. Der Ruf nach einer „neudeutschen-patriotischen Kunst“ richtete sich nicht nur

180 Sulzer 1792², Bd. 2, S. 623.

181 Im 19. Jh. wird immer wieder auf die „Trockenheit“ der Geschichtsschreibung hingewiesen, während die Malerei der Geschichte Leben einhauche und sie schon dadurch mit der Gegenwart verbinde. Vgl. Gustav Adolph Schöll, in: Museum 1835, S. 39.

182 Beenken 1944, S. 282.

183 Vgl. Chapeaurouge 1977, S. 115–116.

184 Sulzer 1792², Bd. 1, S. 102.

185 Sulzer 1792², Bd. 1, S. 102 betont, dies seien „nicht gemahlte Erzählungen, … sondern Vorstellungen … von der Würkung gewisser Handlungen“, womit er den Zeitaspekt ins Spiel bringt.
Genau die drei hier genannten Themen vereinte Kaulbach 70 Jahre später im letzten Bild des Zyklus im Berliner neuen Museum (s. u. Kap. III).

gegen den Einfluß der französischen Hofkunst während des 18. Jahrhunderts[186], sondern auch – zumindest implizit – gegen den Klassizismus als Kunstsprache der französischen Revolution und Ausdruck jenes „Sanskulotten-Patriotismus", der „keinen andern Zweck haben (konnte), als jede Individualität der Völker zu zerstören"[187]. Es galt also thematisch wie stilistisch an eine Zeit anzuknüpfen, in der die Nation noch nicht zersplittert war. Daß dies – thematisch gesehen – dann meist aus dem Blickwinkel kleinstaatlich-dynastischer Landesherren erfolgte, ist Ausdruck der Auftragssituation monumentaler Malerei. Stilistisch aber lieferte zunächst die italienische Renaissance – schon aufgrund der Studiensituation der Künstler – das Vorbild. Doch wurde zunehmend die Sammlung und Bewahrung einheimischer „Kunstalterthümer" betrieben. Wie etwa die Sammlung der Brüder Boisseré mit ihren vorwiegend niederrheinischen Meistern, die zu den „vaterländische(n) Dinge(n)" zählte[188], dienten die Sammlungsstücke stilistisch wie thematisch dem künstlerischen Studium der Vergangenheit.

Damit kam gegenüber Sulzers Ablehnung des einschränkenden geschichtlichen Details ein weiterer Punkt ins Spiel: Vor dem Hintergrund einer zunehmenden Historisierung aller Wissenschaftszweige[189], der Bereitstellung historischen „Materials" durch die umfangreichen quellengeschichtlichen Forschungen stellten sich auch neue Anforderungen an die „historische Treue" von Kostüm, Waffen, Baulichkeiten usw.[190]. In der historischen Rekonstruktionsarbeit manifestierte sich aber die Differenz der vorausgehenden Epochen zur eigenen Gegenwart. Dies erschwerte zunächst einmal die Identifikation mit dem Helden und die Partizipation an seinen Emotionen.

Doch unter der Bedingung nationaler Kontinuität schien die Zeit überspringbar, so daß trotz aller historischen Relativierung jenes „alteuropäische Geschichtsbewußtsein"[191], dessen Voraussetzung in der „Fortgeltung eines einheitlichen Geschichtskontinuums" lag, zwar nicht ungebrochen, doch auf nationaler Ebene weiterlebte.

Denn obwohl die 'moderne' Geschichte, in der die Kategorie des Fortschritts die Nicht-Wiederholbarkeit historischer Konstellationen implizierte, damit auch *historia* als *magistra vitae* entthronte[192], wurde der Bildkunst doch über den individuellen Helden im Rahmen einer nationalen Geschichte Vorbildcharakter zugebilligt. Demgegenüber geriet die griechische Mythologie ebenso wie die Geschichte des Altertums ins Hintertreffen. Cornelius, der sich dagegen wandte, „irgend ein Ergebniß der Geschichte, von welcher Art es sei, tale quale wieder hervorrufen zu wollen"[193], wurde vorgeworfen, seine Glyptotheksfresken stammten „aus dem Schachte der Vorzeit, nicht nur dem Stoffe nach, sondern auch der Gesinnung, ... unbekümmert um das Jetzt"[194]. Die Antike vermochte die Gegenwart nicht mehr zu rühren, und „der gute Apoll"

186 Vgl. KUNST UND NATIONALITÄT 1829, S. 731; dort wird mit Blick auf Frankreich von der „ekelhaften Delicatesse" gesprochen, die „nimmer zur Kunst führen" könne, „denn ihr Sinn wie ihr Geist sind durchaus mit dem Gifte des Verderbnisses angesteckt."

187 KUNST UND NATIONALITÄT 1829, S. 743.

188 RUMOHR 1816, Bd. 1, S. 127.

189 LEPENIES 1978, bes. S. 18; dort weitere Literaturangaben.

190 Die ersten Kostümkunden für den künstlerischen Gebrauch erschienen 1840, s. BRIEGER 1930, S. 3. Zum Quellenstudium britischer Geschichte durch die Historienmaler der viktorianischen Zeit ausführlich STRONG 1978.

191 Wolfgang HARDTWIGS Dissertation Geschichtsschreibung zwischen Alteuropa und moderner Welt (1974) ist dem Umbruch des Geschichtsbewußtseins in der Nachfolge der Revolution gewidmet.

192 KOSELLECK 1984², S. 38–66, 154 f.; HARDTWIG 1974, S. 28 f.

193 FÖRSTER 1874, Bd. 2, S. 222, zit. n. BEENKEN 1944, S. 286.

194 HALL. JAHRBÜCHER 1838, Nr. 114.

erschien als „ausgestopftes Komödienphantom“, so lange er nicht „ein entsprechendes Gefühl, einen verwandten Geist ... wecken, zünden und entflammen“ konnte[195]. Im Unterschied zu den Vorstellungen Sulzers oder Goethes galt die Antike jetzt als abgeschlossene Epoche, deren Menschenbild von dem der Gegenwart zu verschieden war, um noch emotionale Verbindungen angesichts ihrer Kunstwerke aufkommen zu lassen. Der Transfer schien nur innerhalb der Geschichte des „eigenen Vaterlandes“ möglich[196].

Die bis in die Zeit um 1800 geltende „Vorstellung von der Identität der menschlichen Natur im Gesamtraum der Geschichte“[197] geriet auch in der Geschichtsschreibung des 19. Jahrhunderts – mit dem Bewußtsein im „Zeitalter der Revolution“[198] zu leben – ins Wanken. Den „Kontinuitätsbruch“, den die französische Revolution für Historiker wie Johann Gustav Droysen oder den späten Niebuhr darstellte[199], konnte die bildende Kunst kraft ihrer emotionalen Vergangenheitsbeschwörung überbrücken. 1835 heißt es in Kuglers Museum anläßlich der allgemeinen Klage über die mangelnde Förderung historischer Kunst:

> „Es ist gerade diese feste, an Beharrlichkeit naturähnliche Vergegenwärtigung der Gestalten älterer Tage, die, auch vergangen, noch die unsrigen heißen müssen, nur diese bleibende Abspiegelung der Würde und Bedeutung des Landes und Volkes, von dem wir nichts als die jüngsten Sprossen sind, was dem hohlen Leichtsinn der Veränderungssucht ... wehrt“[200].

In der überzeitlichen Existenz des Bildes soll angesichts der „Beschleunigung der Geschichte“[201] Vergangenheit in die Gegenwart gerettet werden. Die ästhetische Kontinuitätsstiftung schien um so eher zu gelingen, wenn ein Bild*zyklus*, eingebettet in den Rahmen der gedankliche Zusammenhänge visualisierenden Allegorien, die geschichtlichen Entwicklungsetappen verewigte.

Von besonderer Brisanz war die Frage, welchen Ort die Gegenwart in der Geschichte einnehmen sollte. Nicht von ungefähr wurde daher häufig das Thema des letzten Bildes zum Problem. Von der Auswahl der Wissenschaftsvertreter in den Bonner Fakultätenbildern bis hin zum zehnjährigen Streit um das letzte Bildthema in Kaulbachs Berliner „universalgeschichtlichem“ Zyklus (s. Kap. III, 2) stellte sich immer wieder die Frage, wie weit ein Historienzyklus thematisch an die Gegenwart heranreichen dürfe.

„Wir stehen“, so Heinrich Gustav Hotho in seiner Geschichte der deutschen und niederländischen Malerei „mit unserer Kenntnis, Bildung und Einsicht auf einem Gipfel, von welchem aus wir die ganze Vergangenheit überschauen können und müssen.“ Die Epochen breiten sich „wie

195 Kunst und Nationalität 1829, S. 739.

196 „Wie innig hängt diese Liebe mit unseren Lebensansichten, Gewohnheiten, mit unserer Denkungsart, unseren Neigungen ... der Lebensbühne unserer ehrwürdigen Vorvordern zusammen“. Einen „objectiven Grund“ dafür, daß uns die Antike „kalt“ lasse, stelle die Religion dar. Kunst und Nationalität 1829, S. 740.

197 Hardtwig 1974, S. 29. Hardtwig zitiert einen Brief Niebuhrs an Goethe von 1812, in dem es ‘noch’ heißt: „Ich habe jetzt die römische Geschichte mit dem Gefühl eines Zeitgenossen geschrieben, und anders sollte man keine verflossene Geschichte schreiben.“ Im Gegensatz dazu Niebuhrs Vorlesungen über die „Geschichte des Zeitalters der Revolution“ von 1829, Hardtwig, S. 29ff.; vgl. auch Koselleck 1984², S. 39f.

198 So der Titel von Niebuhrs Vorlesungen an der Bonner Universität 1829, Hardtwig 1974, S. 39.

199 Vgl. Hardtwig 1974, S. 25–37.

200 Gustav Adolph Schöll in: Museum 1835, S. 39.

201 Koselleck 1984², S. 63ff.

ein universelles Panorama vor uns aus, das wir mit universellem Sinn für die Eigenthümlichkeit jedes Volkes, jeder Epoche ... auffassen sollen."

„In dieser Weise sich in die Vergangenheit zu vertiefen, ihr die innerste Bedeutung ihres Daseins abzufragen, das Erstorbene durch Wissenschaft zu erwecken, das Verschwundene durch die Kunst zu erneuern und die Gegenwart so zur nachlebenden, mitempfindenden Mnemosyne aller Vergangenheit zu erheben, das ist ... die erquickende Greisenarbeit unserer Zeit"[202].

Ernst Guhl, der diese Passage Hothos in seiner Geschichte der neueren Malerei zitiert, kommentiert die historistische Position als eine zu überwindende: „Ja Greisenarbeit gewiss!" Aber man müsse „sich gestehen, daß gar leicht jene passive Beschaulichkeit in Thatenlosigkeit übergeht, und daß das ewige *Rückwärtsblicken* uns vom besonnenen *Umherschauen* nicht selten zurückhält. Wir haben die Last der Erfahrungen von Jahrtausenden zu schleppen und haben deshalb keine Zeit, zu uns selber zu kommen." All die historistische Vergangenheitsarbeit könne „nur die Vorstufe zu einer Zeit" sein, „welche die gewonnenen Resultate ... in die frische lebendige Praxis übertragen wird"[203]. Diesen zukunftsorientierten Blick auf die Vergangenheit hatte in Guhls Augen die Geschichtsphilosophie ermöglicht. In früherer Zeit konnte

„Die künstlerische Auffassung geschichtlicher Gegenstände" (dagegen) „nur eine beschränkte sein ..., weil auch die wissenschaftliche Auffassung derselben noch eine unfreie und beschränkte war. Erst eine tiefere Auffassung und Durchdringung der Geschichte selbst von Seiten der Wissenschaft, erst das wahrhaft geistige Verständnis derselben, wie es die neuere Zeit erstrebt und erreicht hat, mußte vorausgehen, um eine wahrhaft geschichtliche Kunst möglich zu machen"[204].

Die unterschiedliche Bewertung der eigenen Zeit als Niedergang oder als Beginn einer neuen Epoche führte zu verschiedenartigen Forderungen an das Historienbild der Gegenwart. Anton Hallmann, Architekt und ehemaliger preußischer Hofbau-Inspektor, machte sich zum Sprecher derjenigen, die das zeitgeschichtliche „Ereignisbild"[205] befürworteten. Cornelius tadelte er als „zu kalt", und Overbeck nannte er „im wahren Sinne des Wortes ein(en) Anachorete in der Kunst", statt dessen empfahl er die „lebensfrischen Gestalten" des Belgiers De Kayser[206]. „Der Nachwelt", meinte Hallmann, werde es „ziemlich gleichgültig sein, zu sehen, wie wir eine Römerschlacht darstellten, denn die kann sie sich aus dem vorhandenen Materiale eben so gut componiren, aber mit Erstaunen wird sie sich nach Darstellungen ... aus den großen

202 Hotho 1842, Bd. 1, S. 235, zit. n. Guhl 1848, S. 103–104.

203 Guhl 1848, S. 104.

204 Guhl 1848, S. 25–26.

205 Hager 1939 definiert das „geschichtliche Ereignisbild" als „besondere Gattung": Darstellungen, „in denen eine historische Begebenheit, die noch als gegenwärtig im Bewußtsein lebt, in berichtender Schilderung abgebildet wird", ebd., S. 2. Zum zeitgenössischen Begriff der „Situationsmalerei", s. Ruge, in: Hall. Jahrbücher 1839, Sp. 1596.

206 Hallmann 1840, S. 6. Zum Erfolg der belgischen Historienbilder von Gallait und Bièfve während ihrer Ausstellung in mehreren deutschen Städten s. Busch/Beyrodt 1982, S. 184–207 mit den wichtigsten zeitgenössischen Reaktionen; Schoch wie Anm. 21.

Freiheitskämpfen umsehen, und bis jetzt fast garkeine finden“[207]. Vischer, der sich mit Hallmann auseinandersetzte, teilte zwar die Kritik an Cornelius und den Nazarenern, zog für die Historienmalerei aber andere Konsequenzen: Im Gegensatz zu Hallmann sah er keine aktuellen Stoffe für das erstrebte „profan-historische Gemälde“, denn „unsere Zeit hat keine Gegenwart, sondern nur eine Vergangenheit und eine Zukunft. Wir ringen nach neuen Lebensformen, sind sie erst da, so wird die Kunst ihren Stoff haben“[208]. Zwar zeigten sich nach Vischers Meinung Ansätze „im historischen Genre“, in den Bauernburschen Leopold Roberts, die „schwanger mit historischem Geiste“ gingen, aber erst wenn „solche Naturen in Handlung“ träten, entstünde das zeitgemäße „historische Gemälde“[209]. Da sich aber keine künftigen Taten malen ließen, bleibe „der unendliche Stoff . . ., aus dem die werdelustige Zeit die Kraft zu neuem Leben schöpft: die Vergangenheit, die Geschichte“[210]. Als vehementer Gegner der allegorischen Ideenkunst ging es ihm aber gerade nicht um Kontinuität vermittelnde Historienzyklen, sondern um singuläre „Taten“ aus der Vergangenheit, zu denen eine Wahlverwandtschaft besteht. Auf die aus den revolutionären Perioden stammenden Helden sollte sich die Historienmalerei beziehen, so lange die zukünftigen Träger von Geschichte noch nicht in Aktion getreten seien, so lange die Akteure des „historischen Genres“ noch nicht zur Tat drängten. Als sie schließlich im Kaiserreich innerhalb lokalgeschichtlicher Zyklen auch im Monumentalgemälde Darstellenswürdigkeit erlangten, hatten sie allerdings jeden revolutionären Heldenmut eingebüßt.

Um die Jahrhundertmitte führten universalgeschichtliche Ansätze, wie Leopold von Ranke sie seit den 30er Jahren konzipiert hatte[211] und die eine Konsequenz des Umdenkprozesses von „den Geschichten“ zur „Geschichte schlechthin“[212] waren, zu ebenso universalen wie monumentalen Bildzyklen. Universalgeschichte erschien nicht als zeitliches Nebeneinander verschiedener Kulturen, sondern als lineare Entwicklung des Abendlandes, die ihren Höhepunkt in der Nation fand.

Dieses Prinzip blieb auch in den Spezialgeschichten, wie sie seit den 60er Jahren, vor allem aber nach Reichsgründung in den verschiedenen Typen öffentlicher Gebäude entstanden, erhalten. Die sozusagen branchenspezifischen Längsschnitte einzelner Bildzyklen, die z. B. die Geschichte eines speziellen Industrie- oder Handelszweiges oder eines Wissenschaftszweiges thematisierten, nahmen ebenfalls in Anspruch, die Geschichte des betreffenden Gebietes schlechthin über alle Zeiten und alle Gebiete hin darzustellen, um dann im letzten Bild auf national- oder lokalgeschichtlicher Ebene zu enden.

Innerhalb dieser Spezialgeschichten nimmt die der Technik eine Sonderstellung ein, wurde hier doch Geschichte nur selten im Sinne einer einmaligen Handlung verstanden, sondern vielfach allegorisch umkleidet oder aber remythisiert.

207 Hallmann 1840, S. 26. Dazu Vischer (1843) 1922², Bd. 5, S. 75: er räumte Hallmann die „Forderung eines geschichtlichen, dem Interesse der Zeit entgegenkommenden Stoffes zwar ein“, doch erklärte er „die Formen der Gegenwart für völlig unbrauchbar“. Vischer hielt an dem Topos der unmalerischen Kleidung der Gegenwart fest. Springer 1896, S. 111 f. schildert Vischers Vorstellungen einer „manneswürdigen Tracht“.

208 Vischer (1842), 1922², Bd. 5, S. 38.

209 Vischer (1841) 1844, S. 195.

210 Vischer (1842), 1922², Bd. 5, S. 40.

211 Vgl. F. Kessel: Rankes ‚Idee der Universalgeschichte‘, in: HZ. Bd. 178, 1954, S. 269–308. Rankes konservative Evolutionstheorie, in der jede Epoche ihren eigenen Wert in sich trägt, ist Grundstein dessen, was später Historismus genannt wurde.

212 Koselleck 1984², S. 50–55, S. 130–143 über diesen grundlegenden Erfahrungswandel.

DIE HISTORIENMALEREI IN DER NEUEREN FORSCHUNG

Einen Überblick über die deutsche Geschichtsmalerei des 19. Jahrhunderts zu geben, ist seit Peter Briegers Arbeit von 1930 nicht wieder versucht worden. Zu vielfältig erscheint das Material, zu 'stillos' vor allem die Historienmalerei der 2. Jahrhunderthälfte, um sie in die entwicklungsgeschichtlich argumentierende Stilgeschichte einzuordnen. Zu weit entfernte sich die Historienmalerei, namentlich aber die Monumentalmalerei, von den impulsgebenden Tendenzen des Staffeleibildes, in der Landschaft und Genre tonangebend waren. Stilgeschichtliche Resümees, wie sie z. B. Beenken noch anstrebte, mußten in dem Dilemma enden, mit Cornelius und Rethel die Entwicklung der Monumentalmalerei abzuschließen, um alles spätere als Verfall zu deklarieren. Damit schieden ganze Aufgabenbereiche der Monumentalmalerei der 2. Jahrhunderthälfte aus.

Schon Werner Hager hat – unabhängig vom 19. Jahrhundert – in seiner Arbeit über das geschichtliche Ereignisbild darauf hingewiesen, daß er „keine Entwicklungsgeschichte" durch die Jahrhunderte geben könne, da die Darstellung geschichtlicher Ereignisse „weltanschaulich bedingten Einschränkungen" unterliege[213]. Zwar erscheint es heute selbstverständlich, daß dies nicht nur für das 'Ereignisbild' im Sinne einer noch erlebten Geschichte[214], sondern für das Historienbild generell gilt, und in besonderem Maße für das monumentale, doch die Konsequenzen aus solcher Einsicht wurden erst in der neueren Forschung gezogen. Neben wichtigen Bestandsaufnahmen – wie Irene Markowitz sie für die Monumentalmalerei der Düsseldorfer Malerschule, nach Aufgabenbereichen gegliedert[215], vorgelegt hat –, entstanden seit den 60er Jahren Arbeiten, in denen die Auftragsverhältnisse, die Programmvorgaben und Einflußnahmen der Auftraggeber, die Wettbewerbsbedingungen etc. stärker einbezogen wurden. Dies zunächst – schon wegen der oft komplizierten Quellenlage – meist in Einzelstudien[216]. Mit Eckart Vancsas Überlegungen zur politischen Rolle der Historienmalerei des 19. Jahrhunderts in Österreich[217] und Donat de Chapeaurouges Studie zur „politischen Signifikanz" der deutschen Geschichtsmalerei zwischen 1800 und 1850 rückten die politischen Gründe für die in den Historienbildern enthaltene Geschichtsinterpretation ins Zentrum. Chapeaurouge suchte an einzelnen Beispielen die „Pläne" aufzudecken, „die mit Hilfe der Bilder propagandistisch verbreitet werden sollten"[218]. Damit stellten sich notwendigerweise andere Auswahlkriterien als in einer Stilgeschichte, auch wenn sie mitunter ungenannt blieben.

Hierbei stehen die im engeren Sinn politische Geschichte thematisierenden Bilder im Vordergrund. Typisch ist, daß – wie bei Chapeaurouge – nur die historischen Szenen selbst berücksichtigt werden, auch wenn diese in einen Zyklus eingebunden waren, der allegorische Szenen oder Personifikationen enthielt. Dies ist z. T. Folge einer Rezeptionsgeschichte, die von einer globalen Entwicklung ausgeht und die die „Befreiung" von der allegorischen Einkleidung vorwegnimmt und von dem Ziel der „Tatsächliche(n) Wiedergabe großer Gegenstände aus der Geschichte ausgeht"[219]. Teilweise fehlen allerdings auch in den fotografischen Dokumentationen des 20. Jahr-

213 HAGER 1939, Vorwort o. S.
214 Vgl. Anm. 205 zur Definition des Begriffs.
215 MARKOWITZ 1973.
216 HOFFMANN 1968; ARNDT 1976; NOWALD 1978.
217 VANCSA 1975.
218 CHAPEAUROUGE 1977, S. 115.
219 HAGER 1939, S. 1.

hunderts heute zerstörter Zyklen – so etwa im Fall der Münchner Hofgartenfresken – die zum Programm gehörigen Personifikationen völlig, so daß sie kunstgeschichtlich als nicht existent gelten[220]. Dem korreliert ein Verfahren, Szenen aus einem Gesamtprogramm herauszulösen und sie wie einzelne in sich geschlossene Tafelbilder zu behandeln.

Angesichts der Bedeutung, die im 19. Jahrhundert aber der Zyklus als Ausdruck fortschreitender Entwicklungsgeschichte besaß, kann dieses Vorgehen zwar Schlaglichter auf das Verständnis und die Interpretation einzelner Ereignisse werfen, aber kaum das Geschichtsdenken als historistische Konzeption erhellen. Entwicklungsmodelle, wie sie insbesondere in der Monumentalmalerei zum Ausdruck kamen, waren nicht nur auf die politische Ereignisgeschichte beschränkt, betrafen also nicht nur das Geschichtsbild im engeren Sinne, wie Brieger und Chapeaurouge es unter Berufung auf die begriffliche Bestimmung des 19. Jahrhunderts verstehen[221], sondern umfaßten das gesamte Gebiet der Historienmalerei. Sie schlossen also neben der biblischen Historie auch die kultur- und technikgeschichtlichen Themenkreise sowie Sage und Mythos ein.

In zwei Anwendungsbereichen ist diese entwicklungsgeschichtliche Historienmalerei bisher näher bearbeitet worden: Für die Museumsprogramme mit ihren kunst- und kulturgeschichtlichen Bildfolgen hat Volker Plagemann mit seiner Übersicht über die Ausstattungsprogramme deutscher Kunstmuseen[222] den Einstieg gegeben. Die seither erschienenen Einzelstudien haben Aspekte wie z. B. Vorbilderfragen oder auch Auftragsbedingungen näher beleuchtet[223], die jüngste wiederum zusammenfassende Studie geht allerdings kaum über Plagemann hinaus[224]. Auch hier blieb das Verhältnis der verschiedenen Realitätsebenen – der allegorischen und historischen – weitgehend unberücksichtigt.

Der zweite Bereich, der näher untersucht wurde, betrifft die Rathausausstattungen mit ihren zunächst reichsspezifischen, später – insbesondere nach Reichsgründung – aber lokalgeschichtlichen Themen. Vorbereitet durch Monika Arndts Dissertation über das Bildprogramm der Goslarer Kaiserpfalz[225] und den aufschlußreichen Kapiteln Rainer Schochs über allegorische und historische Bezüge im Herrscherbild[226] hat sich Heinz-Toni Wappenschmidt in seiner Dissertation[227] und mehr noch in der darauf aufbauenden Arbeit, die schon ausführlich erörtert wurde[228], als erster explizit mit dem Verhältnis von Geschichte und Allegorie in historistischen Monumentalprogrammen auseinandergesetzt.

Inwiefern es Vergleichbarkeiten in der Erzählstruktur der verschiedenen Monumentalprogramme einschließlich jener noch kaum untersuchten technikgeschichtlichen Bildprogramme der Bahnhöfe und Lehranstalten gab, inwieweit die Rolle von Allegorie und Historienbild sich

220 Auch von den allegorischen Zwischenstücken des zerstörten Historienzyklus aus der württembergischen Herrschergeschichte von Anton Gegenbauer im Stuttgarter Schloß fehlen fotografische Aufnahmen.

221 Vgl. Anm. 5.

222 Plagemann 1967. Kritische Besprechung, jedoch vorwiegend die Architektur betreffend, von Jürgen Paul, in: ZfKg. 1970, S. 161–166.

223 Bielmeier 1983.

224 Schulze 1984 beschäftigt sich ausschließlich mit den Bildprogrammen. Die Arbeit ist eine unkritische Bestandsaufnahme.

225 Arndt 1976.

226 Schoch 1975, bes. S. 125 ff., 185 ff.

227 Wappenschmidt 1981.

228 Wappenschmidt 1984.

veränderte, welche Typen von Ausstattungsprogrammen es gab, ist bisher noch nicht einmal ansatzweise untersucht.

Als letztes sei noch der Rahmen skizziert, in dem sich Monumentalmalerei als 'öffentliche' Kunst bewegte.

Historienmalerei und Öffentlichkeit

Sulzer hatte zu Ende des 18. Jahrhunderts der „Historie" drei Aufgabenbereiche zugewiesen: sie diene 1. „zur Unterstützung der Andacht in Tempeln", 2. „zur Erwekung patriotischer Gefühle in öffentlichen Gebäuden" und 3. „zur Nahrung für Privattugenden in den Zimmern"[229]. Zwar blieb die Historie auch im 19. Jahrhundert in allen drei Bereichen erhalten, die Priorität seitens der Kunstförderung wie das Interesse vieler Künstler lag jedoch angesichts einer zu einenden Nation im Bereich jener öffentlichen Gebäude, die durch eine vaterländische Geschichtsmalerei den Patriotismus fördern sollten. Im Unterschied zum 18. Jahrhundert wurde Historienmalerei potentiell als Monumentalmalerei verstanden und erhob damit Öffentlichkeitsanspruch. Nicht dem Fürsten oder dem Privatmann sei Kunst in erster Linie verpflichtet, sondern dem „Volk". Daher erhalte – so Ernst Förster – „die Kunst ... ihre höhere Bedeutung nur, wenn sie dem öffentlichen Leben angehört, indem sie da zugleich der Gesammtheit des Volkes dient"[230]. „Aber nicht nur die Kunst selbst gewinnt durch die Bestimmung für die Öffentlichkeit, auch die Kultur des Volkes gewinnt durch eine öffentliche Kunst"[231]. Zu diesem Zweck der wechselseitigen Erhebung traten genuin bürgerliche Vereine wie z. B. der Kunstverein für die Rheinlande und Westfalen ein: Volkserziehung und zugleich Kunstläuterung durch Verpflichtung der Kunst auf das 'öffentliche Leben'.

Obwohl im Verständnis des 19. Jahrhunderts neben Kirchen, wissenschaftlichen und militärischen Anstalten, Museen, Theatern oder Konzerthäusern auch die „Schlösser des königlichen Hauses" zu den öffentlichen Gebäuden und folglich deren Ausstattung zu den öffentlichen Kunstwerken zählten[232], wurde zwischen den verschiedenen Öffentlichkeitssphären differenziert. Das Schloß als Sitz des fürstlichen Landesherrn, dem obersten Repräsentanten des Landes, gehörte in den Bereich der repräsentativen Öffentlichkeit[233], galt aber – auch wenn es wie meist üblich zu bestimmten Zeiten in Teilbereichen zur Besichtigung freigegeben war – als nicht öffentlich zugänglich. Schon im ersten Drittel des 19. Jahrhunderts vertraten aber Befürworter

229 Sulzer 1792², Bd. 2, S. 623.

230 Förster 1860, S. 21.

231 Kunstblatt 1829, S. 133 in einem Artikel über den Zweck des Kunstvereins für die Rheinlande.

232 Förster 1840, Inhaltsverzeichnis. Er unterscheidet „öffentliche Gebäude", zu denen er u. a. die genannten zählt, während er davon die „allgemeinnützigen Anstalten zur Belehrung, Bequemlichkeit und zum Vergnügen" scheidet. Vgl. auch Schottky 1833. Einen Eindruck von dem, was unter öffentlichen Kunstschätzen verstanden wurde, geben zeitgenöss. Kunst- und Reiseführer (zu denen auch die genannten gehören).

233 Habermas 1975⁷, S. 14 erläutert die heutige Verwendung des Öffentlichkeitsbegriffs u. a. am Beispiel „öffentlicher Gebäude", die durch ihre staatliche Funktion, nicht durch ihre Zugänglichkeit definiert sind. In diesem Punkt entspricht die Verwendung des Begriffs der des 19. Jh.s, mit dem Unterschied, daß den Schlössern im 19. Jh. noch der repräsentative Öffentlichkeitscharakter der Feudalzeit anhaftete. Im Universal-Lexicon aller Wissenschaften und Künste von 1740 sind in der Auflistung der öffentlichen Gebäude zwar Rathäuser, Schulen, Spitäler, Kirchen usw. benannt, aber keine Residenzen. Vlg. ebd., Bd. 25, Stichwort „öffentlich".

einer neuen monumentalen Historienmalerei – wie etwa Johann David Passavant – die Forderung nach einer nicht nur im repräsentativen Sinne „öffentlichen" Kunst:

> „Läßt eine Regierung ... Kunstwerke ausführen und stellt sie in Pallästen (!) und öffentlichen Sammlungen auf, so thut sie schon etwas für die Kunst; doch ist es das geringste, was sie thun kann."

Läßt sie

> „aber ein Werk ausführen, welches zu allgemeinem Gebrauch ist und zugleich ... einen ernsten Bezug auf Religion oder die vaterländische Geschichte hat, ... so nenne ich dieses ein bedeutendes Werk, wie dergleichen zur Beförderung der Kunst sollte ausgeführt werden"[234].

Dieser 'allgemeine Gebrauch' wurde zunehmend an eine uneingeschränkte Zugänglichkeit geknüpft:

> „Das Publikum freut sich über jedes Kunstwerk, welches königliche und fürstliche Personen fertigen lassen wie über eine Vermehrung des öffentlichen Eigenthums; und mit Recht, da ein Teil des Genusses ihm durch die Liberalität der Besitzer immer zu Gute kommt."

„Wie dankbar es nun erst für ganz öffentliche, ihm selbst gewidmete Werke ist", so J. M. Schottky unter Berufung auf Ludwig Schorn[235], zeige sich an der Resonanz auf die Münchner Hofgartenfresken, die als erster Monumentalzyklus des 19. Jahrhunderts „dem Volke zu jeder Zeit und Stunde bequem zugänglich" waren[236].

Vischer äußerte sich noch pointierter über den öffentlichen Charakter monumentaler Malerei, den er grundsätzlich unabhängig von der „Liberalität der Besitzer" gewährleistet wissen wollte. Unter Bezugnahme auf die Förderung monumentaler Kunst durch Ludwig I. in München, dessen Verdienste er zwar unter den gegebenen politischen Verhältnissen anerkannte, aber letztlich an der Rolle der Kunst für die Öffentlichkeit einer zukünftigen demokratischen Gesellschaft maß, stellte er die „Glyptotheken, Ausstellungsgebäude, Pinakotheken ... Kirchen und ... Paläste" seinen Vormärzhoffnungen gegenüber:

> „Es wäre freilich eine andere Freude, wenn es ganz andere Dinge zu bauen gebe: nicht schöne Gräber für die Mumiensammlungen alter Kunstwerke, sondern herrliche öffentliche Volkshallen für neue, nicht Kirchen für eine überlebte Religionsform, sondern Tempel für eine solche, wie wir uns den reinen Dienst sittlicher Selbstbesinnung der Völker in einer schöneren Zukunft vorstellen, nicht Paläste, durch welche das neugierige Volk ein paarmal in der Woche aus Gnade hindurchgejagt wird, sondern Stadthäuser, die dem Volke selbst gehören"[237].

Im Vormärz verband sich also die Forderung nach dem neuen, profan-historischen Gemälde mit einem politisch geprägten Öffentlichkeitsbegriff, der zwar nicht mehr wie im Pressekampf der Aufklärung einer universellen „Weltbürgerschaft"[238] verpflichtet war, aber doch der Gesamtheit der zu schaffenden Nation.

234 Passavant 1820, S. 116–117.
235 Schottky 1833, S. 263–264.
236 Marggraff 1846, S. 346.
237 Vischer (1845), 1922², Bd. 5, S. 176.
238 Habermas 1975, S. 127f. in Erörterung von Kants Diktum der „Publizität als Prinzip der Vermittlung von Politik und Moral".

Nachdem die Hoffnungen auf eine öffentliche Kunst im Auftrag dieser neuen Gesellschaft und die Aufforderung, „das deutsche Parlament möge die Kunst zur Nationalsache erheben“[239], gescheitert waren, wurden die Appelle, Petitionen usw. nach Förderung einer dem öffentlichen Leben gewidmeten Monumentalkunst „von oben“ um so heftiger. Nur der Staat könne „die Historienmalerei in großartiger und umfassender Weise ... fördern“. „Denn nur von oben herab“ – so Max Schasler in seinem Aufsatz Was thut der deutschen Historienmalerei noth? – sei „die natürliche Befruchtung der Kunst möglich“[240]. „Kunstschöpfungen monumentaler Natur“ gar „bedürfen der staatlichen Pflege um so mehr, als die Mittel der Privaten ... nur in den seltensten Fällen genügen“[241], oder wie Wilhelm Lübke es zu Ende des Jahrhunderts verallgemeinernd ausdrückte: „Die Herrschaft des Bürgerthums, welche die Signatur unserer Zeit bildet, ist nicht dazu angethan, in der Kunst die Monumentalität zu fördern“[242]. Daher müsse es, so die übliche Argumentation, im staatlichen – weil nationalen – Interesse liegen, öffentliche Kunst zu fördern, die der Bildung und Erziehung des Volkes zugute komme, insbesondere den Teilen, die sonst nicht an der Kunst partizipierten.

Öffentlichkeit, Monumentalität und Historie werden in diesem Verständnis nahezu kongruent. Öffentliche Kunst muß nicht nur dem Format, sondern vor allem der ‘Auffassung’ nach monumental sein; den Stoff dazu kann nur die Geschichte liefern. Sie gilt als überindividueller Besitz.

Als sich nach „Errichtung des Deutschen Reiches (die) ins Unermeßliche gesteigerte Productionskraft“ im Bau und in der Ausstattung öffentlicher Gebäude niederschlug[243], waren es zwar nicht mehr die fürstlichen Residenzen, aber auch nicht die allen zugänglichen ‘Volkshallen’, sondern jene dem ‘Staatsdienst’ gewidmeten Räume, die eine Monumentalausstattung erhielten. Nationale Geschichte und nationale Allegorien waren weiterhin die Themen, die nun aber offenkundig eine soziale Integration zu propagieren hatten. Das Wilhelminische Reich legitimierte seinen monarchistischen Anspruch durch Zitieren von Geschichte in einem staatlich kontrollierten öffentlichen Sektor.

239 Redaktioneller Zusatz vom Kunstblatt zu Försters Artikel über deutsche Reformen und deutsche Kunst unter Berufung auf die Petition Düsseldorfer Künstler. Es wird darin an das Frankfurter Parlament appelliert, einen Ausschuß für Kunstangelegenheiten einzurichten, der aus nord- und süddeutschen Künstlern bestehen sollte. Neben der Förderung öffentlicher Kunst war eines der wichtigsten Ziele die Einrichtung einer „Nationalgalerie für die gegenwärtige Kunst“. FÖRSTER 1848, S. 127.

240 SCHASLER 1856, S. 145.

241 Petition der Düsseldorfer Künstler, in: CORRESPONDENZ-BLATT, Juli 1862, Nr. 2, S. 28.

242 LÜBKE 1890, S. 63; weiter heißt es dort zur Begründung: „Die Demokratie ist in der Kunst der Realismus“. Beide seien dem Monumentalen abhold. Ebd., S. 69.

243 LÜBKE 1890, S. 62.

KAPITEL II

Herausbildung entwicklungsgeschichtlicher Bildprogramme in der 1. Hälfte des 19. Jahrhunderts

Orientierung an der italienischen Renaissance

Daß die Bemühungen um die Erneuerung deutscher 'vaterländischer' Kunst im 2. Jahrzehnt des 19. Jahrhunderts von Rom ausgingen, dem internationalen Treffpunkt von Künstlern, Wissenschaftlern und gebildeten Laien, ist nicht allein im authentischen Kunstbedürfnis der durch die deutsche Akademieausbildung frustrierten und folglich zu den Quellen wallfahrenden Künstlern zu sehen. Die Suche nach Anregungen und Vorbildern war geprägt durch das Verständnis von den Aufgaben gegenwärtiger Kunst. Die ästhetische Präferenz lag eingebettet in ein Geschichtsverständnis, das Kriterien für die Selektion von Vorbildern beisteuerte. Dieses soll hier kurz für den Kreis beleuchtet werden, der, wie Peter Cornelius und Friedrich Overbeck, die Erneuerung in der Monumentalmalerei sah. In Rom, dem Mekka abendländischer Kunst, materialisierte sich Geschichte als Kunstgeschichte des Abendlandes schlechthin. Hier waren Einblicke in die Vergangenheit zu gewinnen wie an keinem anderen Ort Westeuropas, denn hier prallten Antike und Christentum nicht unversöhnlich aufeinander, sondern in der von Cornelius als höchster bewerteten Phase der italienischen Malerei – von den „Zeiten des großen Giotto bis auf den göttlichen Raphael"[1] – zeigte sich, was das Abendland aus der Antike zu lernen vermocht hatte. Vor allem in der Hochburg des Christentums, dem Vatikan, schienen Raffaels Fresken den Fortschritt der Kulturentwicklung durch Synthetisieren von antikischer Form und christlichem Gehalt zu beweisen. Die Zeit der Renaissance, verstanden als gestalterischer Neubeginn bei Fortexistenz einer als mittelalterlich-innerlich bewerteten Frömmigkeit, hatte ihrem Selbstbewußtsein durch monumentale Freskenprojekte in 'öffentlichen' Gebäuden Ausdruck verliehen. Daran galt es – durchaus im Bewußtsein historischer Entwicklung – anzuknüpfen.

Als Peter Cornelius und mit ihm 26 weitere deutsche Künstler in Rom 1814 eine Denkschrift „an Metternich in Wien, den bayrischen Kronprinzen Ludwig und den preußischen Staatskanzler Hardenberg senden ließen"[2], um damit die Förderung nationaler Monumentalprojekte anzuregen, geschah dies im Bewußtsein, in einer Umbruchsituation, am Beginn einer neuen Zeit zu stehen. Man sah sich in einer dem Beginn der Neuzeit in Italien analogen Situation. Mit der Erhebung gegen die napoleonische Besetzung hatten die deutschen Kleinstaaten als Nation gehandelt. Diesem 'vaterländischen' Handeln sollte eine neue nationale Kunst, die sich nicht privat, sondern öffentlich manifestierte, Ausdruck verleihen. Kunst wurde als eines der Aus-

1 Cornelius in einem Schreiben aus Rom an Joseph Görres vom 3. 11. 1814, zit. n. Kuhn 1921, S. 115.

2 Droste 1980, S. 13. Verfaßt wurde die Denkschrift von Ernst Platner im August 1814. Im März des Jahres war die Entscheidungsschlacht gegen Napoleon bei Arcis-sur-Aube von den Verbündeten gewonnen worden.

drucksvermögen der noch nicht geeinten Nation begriffen[3]; doch dazu bedurfte es staatlicher bzw. fürstlicher Aufträge. In einem Brief an Reimer formulierte Cornelius das akute Manko explizit: es fehle an einem „Vereinigungsband zwischen Ihnen (den Künstlern, M. W.) und ihrem Volke, eine große, der Sache würdige Veranlassung"[4]. Für diese, so hoffte man, die Fürsten aller deutschen Staaten im Interesse des Vaterlandes zu gewinnen.

Nach dem Vorbild der Renaissance sollte durch die „Wiedereinführung der Fresko-Malerei", wie Cornelius in einem Schreiben an Görres erläuterte, „ein Fundament zu einer neuen großen, dem Zeitalter und Geist der Nation angemessenen Richtung"[5] geschaffen werden. Analog der Wiederbelebung der Antike in der Malerei der Renaissance war nun diese Synthese ihrerseits Anknüpfungspunkt. Unabhängig von der stilistischen Orientierung an einzelnen Vorbildern lag solcher Konzeption die Vorstellung historischer *Entwicklung* und damit eines Fortschreitens der Kunst zugrunde[6]. Was dies im einzelnen für die Bildkonzeptionen der 'vaterländischen' Aufträge, als sie schließlich im Verlaufe des 19. Jahrhunderts in immer stärkerem Umfang ergingen, bedeutete, läßt sich nur an den konkreten Ausführungen der einzelnen Projekte beleuchten.

Mit dem Fresko war die Vorstellung von Malerei als 'öffentlichem' Medium aufs engste verknüpft. Neben dem Ideal, durch die für die Freskotechnik erforderliche Arbeitsweise Kunst und Handwerk zu vereinen und zur 'großen Form' zu gelangen, bot darüber hinaus das Fresko die engste Verbindung zur Architektur als der zweckbestimmten monumentalen Kunstform. Fresken ließen sich nicht von der Architektur trennen, so daß ihr Öffentlichkeitswert durch die Funktion des Baus gesichert war. Öffentliche Kunst[7] aber verlangte überindividuell bedeutsame Inhalte, die dazu beitragen sollten, 'vaterländisches' Bewußtsein zu verbreiten bzw. präsent zu halten.

Obwohl die ersten Monumentalmalereien deutscher Künstler des 19. Jahrhunderts nicht auf deutschem Boden, sondern in Rom entstanden und obwohl sie nicht „von den Wänden der hohen Dome, der stillen Kapellen und einsamen Klöster, der Rat- und Kaufhäuser und Hallen"[8] zum „Volke" sprachen, wie Cornelius es sich wünschte, sondern in der Mietwohnung des preußischen Generalkonsuls Bartholdy im Palazzo Zuccari nur in beschränktem Sinn öffentlich waren, standen sie doch – ebenso wie die Fresken im Casino des Marchese Massimo – von

3 Vgl. auch die Pläne zu einem Völkerschlachtdenkmal, einem deutschen Dom, die Wiederaufnahme der Kölner Dombauarbeiten, die Forderung nach einer Nationalgalerie usw. als Zeichen einer deutschen Nation, NIPPERDEY 1968.

4 Zit. n. DROSTE 1980, S. 17.

5 Cornelius an Görres, 3. 11. 1814, zit. n. KUHN 1921, S. 115; auch in: AUSST.-KAT.: NAZARENER 1977, S. 402; BÜTTNER 1980, S. 72ff. bewertet die Erneuerung der Freskomalerei zu Recht als das große Verdienst Cornelius'.

6 Friedrich Schlegel, der die Bartholdy-Fresken in Rom gesehen hatte und Cornelius ausdrücklich würdigte, lobte in seinem Bericht über die deutsche Kunstausstellung zu Rom im Frühjahr 1819 die Wahl der Vorbilder (vor allem Raffael) und zerstreute zugleich Befürchtungen einer retrospektiven Kunst. Der „rechte Weg zum Ziele allerdings (kann) nicht eben *rückwärts* zu ihnen führen, wohl aber ganz erfüllt und durchdrungen von ihnen *vorwärts* zu einer neuen, aus den Tiefen des Altertums wiederhergestellten, aber dennoch frisch lebendig aufblühenden, und wahrhaft neuen Kunst für die neue Zeit." Zit. n. AUSST.-KAT.: NAZARENER 1977, S. 406.

7 Droste 1980 bleibt trotz des Untertitels ihrer Dissertation („Zur Geschichte öffentlicher Kunst im 19. Jahrhundert") in der Bestimmung des Öffentlichkeitscharakters sehr allgemein. Sie wertet die „Forderung nach öffentlicher Kunst ... als genuin bürgerlich", berücksichtigt aber nicht die Art der Zugänglichkeit. „Auf dieser Übereinkunft" basiere – so die Autorin – „auch das vordergründige Verständnis öffentlicher Kunst" in ihrer Arbeit. DROSTE 1980, S. 139, Anm. 47.

8 Cornelius an Görres, 3. 11. 1814, zit. n. KUHN 1921, S. 114.

vornherein unter diesen Prämissen[9]. Sie waren Übungs- und Reputationsfeld, bis endlich der ersehnte vaterländische Auftrag von jenseits der Alpen winkte. Cornelius als einer der führenden Köpfe unter den deutschen Künstlern in Rom bemühte sich persönlich um entsprechende Kontakte für öffentliche Großaufträge in den deutschen Staaten[10].

1. Die ersten 'vaterländischen' Aufträge in München

Seine Bemühungen hatten in den Jahren nach den Befreiungskriegen und der Neuordnung Europas durch die Karlsbader Beschlüsse gleich doppelten Erfolg: In Bayern wie in Preußen schien man das Nationalbewußtsein durch Monumentalkunst fördern zu wollen. Das Programm für den ersten Auftrag (1818) des bayrischen Kronprinzen, die Freskenausmalung der Festsäle der Glyptothek[11], wie auch für die spätere, 1830 vollendete Ausmalung der Loggien der Pinako- Abb. 1
thek[12], des zweiten neu errichteten Sammlungsbaus, enthielt trotz persönlicher Eingriffe des Königs und trotz erheblicher Spannungen zwischen dem Hofarchitekten Leo von Klenze und Cornelius[13] keine grundsätzlichen Probleme auf der Ebene der Motivbereiche. Zwar gab es z. T. heftige Kritik an der Ausführung, besonders der Loggien, zu denen Cornelius nur die Entwürfe liefern durfte, während die Durchführung unter der Leitung des Akademieprofessors Clemens Zimmermann[14] stand, die inhaltlichen Konzeptionen jedoch schienen sich wie selbstverständlich aus der Bestimmung der Bauten zu ergeben und wurden nicht in Frage gestellt. Die Glyptotheksfresken gestalteten entsprechend dem Sammlungsschwerpunkt in der klassischen Antike mit den Aegineten als einem Zentrum die griechische Götter- und Heroenwelt (Theogonie – Prometheussage – Trojanischer Krieg). Sozusagen als Höhepunkt der Antike stifteten sie den Zusammenhang für die in der Sammlung chronologisch aufgestellten Bruchstücke[15].

Auch in der Pinakothek bezog sich Cornelius' Programm für die 25 Kuppeln und Lünetten der Abb. 3
Loggien auf Gegenstand und Ordnung der Sammlung. Er stellte demgemäß „die geschichtliche

9 Bartholdy, der Repräsentant Preußens in Rom war, verstand die Malerei in seiner Wohnung durchaus als nationale Angelegenheit und wollte zunächst nur preußische Künstler beschäftigt wissen. Erst nach einigem Zögern wurde der aus Lübeck stammende Overbeck hinzugezogen, vgl. BÜTTNER 1980, S. 76. Zu der Bedeutung der Josephsfresken für das Haus eines Diplomaten s. BÜTTNER 1980, S. 96.

10 KUHN 1921, S. 133ff., 157f., BÜTTNER 1980, S. 130ff.

11 Der Vertrag wurde im August 1818 geschlossen, ist jedoch nicht erhalten, vgl. SCHWAHN 1979; v. EINEM 1980, S. 215; BÜTTNER 1980, S. 125ff.

12 Der Vertrag wurde 1827 geschlossen, s. BIELMEIER 1983, S. 34. Die Ausmalung der Loggien war aber von vornherein vorgesehen (vgl. die Äußerungen Ludwigs von 1822 und seinen Besuch der Vatikanischen Loggien mit Klenze 1823/24). BÖTTGER 1972, S. 179f.

13 Auslöser war wohl Cornelius' vernichtende Kritik an Klenzes klassizistischem Entwurf für die Walhalla in einem vom König angeforderten Gutachten; abgedruckt bei KUHN 1921, S. 270–273, vgl. auch ebd., S. 164ff.; BIELMEIER, S. 33ff.

14 BIELMEIER, S. 33f.; es ist unklar, warum Cornelius die Ausführung entzogen wurde, doch scheint hier Klenze beteiligt gewesen zu sein, der die Hoffnung nährte, ohne Cornelius' Ausführung Geld einsparen zu können. Vgl. auch KUHN 1921, S. 166. Zu den Verträgen s. FÖRSTER 1874, Bd. 1, S. 492f.

15 Leo von KLENZE/Ludwig SCHORN: Beschreibung der Glyptothek Sn. Majestät des Königs Ludwig I. von Bayern, München 1830; vgl. auch PLAGEMANN 1970, S. 19; BÜTTNER 1980, S. 134ff. betont, daß sich Cornelius jedoch nicht entsprechend der damaligen Einteilung der Mythenforschung in ein historisches Entwicklungsschema einspannen ließ.

Entwicklung der Kunst, hauptsächlich der Malerei im Mittelalter, von der Epoche des Wiederauflebens im dreizehnten Jahrhundert, in ihrem Verlaufe bis zur Mitte des siebzehnten Jahrhunderts"[16] dar. Doch bedeutete die Anordnung der Kuppel- und Lünettenbilder insofern eine kompliziertere Aufgabe, als die zwei Stränge der entwicklungsgeschichtlichen Hängung der Exponate auch im Bildprogramm zum Ausdruck kommen sollten. Die unterschiedliche stilistische Entwicklung der italienischen und der cisalpinen Malerei ließ sich nicht auf eine historische Perlenkette fädeln. Um den Pendantcharakter beider Entwicklungsstränge als Parallelen auszudrücken – was der gängigen Kunstgeschichtsschreibung wie der Hängung nach Schulen entsprach – und damit zugleich die historische Zeit als Entwicklungsachse der Kunst aufrecht erhalten zu können, beginnen die Loggienbilder „mit der italienischen Kunst im Osten, mit der deutschen im Westen und gipfeln, von Stufe zu Stufe zu höherer Entwicklung gelangend, wo sie in der Mitte, mit der dreizehnten Loggia, sich berühren, im Vertreter der höchsten Vollendung,
Abb. 2 in *Raphael*!"[17]. Dem großen Vorbild, an dessen Vatikanische Loggien die bauliche Konzeption und das ganze Dekorationssystem der Pinakotheks-Loggien anknüpfte, wurde somit auch innerhalb des Bildprogramms die höchste Referenz erwiesen.

Die entwicklungsgeschichtliche Reihung beider Abteilungen wird überlagert von der symmetrischen Anordnung, in der sich Nord und Süd als Pendants verhalten. Um Raffael trotzdem als Höhepunkt der Entwicklung beibehalten zu können, mußte die Chronologie teilweise durchbrochen werden. Denn auch nach Raffael lebende Künstler, wie etwa Rubens und Poussin, deren Werke die Münchner Sammlung enthielt, waren im System unterzubringen. Doch das ornamentale Dekorationssystem, das mit seinen jeweils korrespondierenden Ornamenten die Symmetrie betont, schuf „gleichsam ein zweitheiliges Gesammtkunstwerk mit einem gemeinsamen Mittelpunkt"[18].

In den Einzelszenen innerhalb des dekorativen Arabeskensystems der Loggien durchdrangen sich Legenden um die Künstler, allegorische Anspielungen auf deren Werk und Bedeutung und die Erzählformen genreartiger Szenen. Hier stand nicht die Darstellung einer „kritisch unantastbare(n) Kunstgeschichte"[19] im Vordergrund, sondern die dekorative Entsprechung zu einer entwicklungsgeschichtlich angelegten Sammlung der bedeutendsten Künstler vom Beginn der Neuzeit bis ins 17. Jahrhundert. Die einzelnen Szenen, auch wenn sie auf biographische und zeitgeschichtliche Begebenheiten anspielten, waren innerhalb des arabesken Dekorationssystems integriert, erhoben also keinen Anspruch auf Selbständigkeit. Von daher waren auch die Einzelepisoden nicht auf historische Treue verpflichtet, wie es das Historienbild verlangte, und selbst die entwicklungsgeschichtliche Folge konnte zugunsten einer wertenden Präferenz durchbrochen werden. Es war allerdings wesentlich der Motivbereich der Kunst, der es erlaubte, die Tastatur der Phantasie zu benutzen.

16 CORNELIUS/ZIMMERMANN 1840, S. V. Unter „Mittelalter" wird hier weniger eine bestimmte Zeit verstanden als vielmehr Frömmigkeit als Haltung. Stilistisch steht die Renaissance als „Wiederaufleben" bis zum Höhepunkt bei Raffael im Zentrum.

17 FÖRSTER 1875, S. 11. Auch Fr. Schlegel hatte 1819 Raffael als „Gipfel der Vollkommenheit" und daher Vorbild für die Neudeutschen bezeichnet. Vgl. AUSST.-KAT.: NAZARENER 1977, S. 406.

18 FÖRSTER 1875, S. 41.

19 FÖRSTER 1875, S. 11.

2. *Die Bonner Fakultätenbilder*

Als Problem erwies sich demgegenüber ein entwicklungsgeschichtliches Programm beim ersten preußischen Staatsauftrag: der Ausmalung der Bonner Universitätsaula. Hier kam es schon während der Ausführungen der Fresken nicht nur zu Auseinandersetzungen um die Selektion und den Gegenwartsbezug von Geschichte, sondern – zum ersten Male – auch um die Vereinbarkeit von Allegorie und Historie. Das ist insofern bezeichnend, als es hier nicht galt, die Kunstentwicklung bildlich darzulegen, sondern eine zeitgenössische Wissenschaftsinstitution in ihrer Tradition und Bedeutung darzustellen, eine von ihren Voraussetzungen her brisantere Aufgabe. Abb. 4–10

Nachfolgend sollen – mit dem Ausstattungsprogramm der Bonner Aula beginnend – zwei Typen monumentaler Geschichtsdarstellung untersucht werden, in denen das Verhältnis zur Allegorie eine jeweils unterschiedliche Rolle spielt. Sie können zugleich als typisch gelten. Damit lassen sich im Zusammenhang mit den entwicklungsgeschichtlichen Wissenschaftsmodellen, wie sie sich seit dem ausgehenden 18. Jahrhundert durchzusetzen begannen, und der gleichzeitig kontrovers geführten Allegoriediskussion Grundlagen beleuchten, die Konstanten und Veränderungen in der weiteren Entwicklung der Monumentalmalerei in öffentlichen Gebäuden herauszuarbeiten erlauben.

Auftrag und Programm

Doch zurück zu den Anfängen preußischer Kunstpolitik in den Rheinlanden: 1819 wurde Peter v. Cornelius vom preußischen Kultusminister Freiherr von Altenstein durch die Unterstützung des seit 1816 als preußischer Gesandter in Rom tätigen Historikers Barthold Georg Niebuhr zum Direktor der Düsseldorfer Akademie berufen[20]. Nach ersten Verhandlungen ab 1821 kam Anfang 1822, als Cornelius schon bei der Münchner Konkurrenz mit den Glyptotheksfresken beschäftigt war, der preußische Regierungsauftrag zustande, die Aula der Bonner Universität mit monumentalen Fresken der vier Fakultäten auszumalen[21]. Entsprechend seinem Bestreben, eine Schule im Sinne werkstattähnlicher Zusammenarbeit zu gründen, deren „Kunst wie einst herrlich ins Leben zu treten vermag“[22], hatte sich Cornelius trotz seiner Auslastung offensichtlich um weitere Großprojekte bemüht, um sie dann an seine Schüler zu delegieren. Als er im Herbst 1823 wieder mit seiner Schülerschar von den sommerlichen Arbeiten in München nach Düsseldorf – sozusagen ins Winterquartier – zurückkehrte, waren Carl Hermann und Jacob Götzenberger unter ihnen, denen Cornelius die Ausarbeitung und Ausführung der Bonner Fresken übertrug, während weitere Cornelius-Schüler, wie Ernst Förster und Adam Eberle, assistierten[23]. Als Cornelius die Düsseldorfer Direktorenstelle im Frühjahr 1825 aufgab, um ganz Abb. 5–8

20 Niebuhr hatte 1816 ein Gutachten über Cornelius angefertigt, in dem er sich selbst gegenüber dem Minister v. Altenstein als „Bittsteller für Cornelius" bezeichnet. Dove 1872, Bd. 1, S. 513; vgl. Schrörs 1906, S. 22f.

21 Zunächst standen auch Monumentalausstattungen für die Aula der Berliner Universität und die Garnisonskirche zur Debatte. Cornelius trat das Direktorat in Düsseldorf wegen der Arbeiten in der Münchner Glyptothek, aber auch wegen der Unentschlossenheit der preußischen Regierung, ihm Aufträge zu erteilen, erst 1821 an. Vgl. Büttner 1980, S. 130ff.
Die wichtigsten Arbeiten zu den Fakultätenbildern: Raczynski 1836, Bd. 1, S. 268ff.; Füssli 1843, Bd. 1, S. 282–310; Förster 1860, Bd. V, S. 15f.; Reber 1884, Bd. 2, S. 13ff.; Schrörs 1906 mit umfangreicher Quellendokumentation; Koetschau 1929, S. 80–85; Pfitzner (1938), S. 545–556; Hinz 1977.

22 Cornelius an Görres, 3.11.1814, zit. n. Droste 1980, S. 18.

23 Vgl. Förster 1887, S. 276f.; Füssli 1843, Bd. 2, S. 282f. Nach Förster war Hermann für das 1. Fresko die

Abb. 5 nach München zu übersiedeln, war die Ausführung des ersten Freskos, der ›Theologie‹, noch
Abb. 7 nicht beendet, der Karton des zweiten Bildes, der ›Jurisprudenz‹, erst begonnen[24]. Die „Ausmalung der Bonner Aula, eines wüsten, aller architectonischen Gliederung baren Raumes in dem einstigen Churcölnischen Schlosse, der jetzigen Universität“[25], gestaltete sich schwierig. In
Abb. 4 dem zweigeschossigen Rokokosaal, dem ursprünglichen kurfürstlichen Speisesaal, mußte durch Zumauern von Fenstern erst einmal die benötigte Wandfläche für die Fresken geschaffen werden[26]. Doch gab dieser Auftrag der preußischen Regierung kurz nach der Annexion der Rheinlande und der neuen Stiftung der preußischen ‘Rheinischen Universität’ durch Friedrich Wilhelm III. im Jahre 1818[27] Hoffnung, nicht nur in München, sondern auch im Norden Deutschlands Auftraggeber für Monumentalmalerei zu finden. Das zunächst von Cornelius betreute Unternehmen, dessen Vollendung sich wegen des Weggangs von Förster und Hermann[28] sowie mancherlei Querelen mit dem Hauptfinanzier Friedrich Wilhelm III.[29], den preußischen

Leitung übertragen worden, Götzenberger und er selbst arbeiteten als Gehilfen, FÖRSTER 1862, Bd. V, S. 15. Die ›Jurisprudenz‹ wurde – noch in enger Anlehnung an die ›Theologie‹ – weitgehend von Götzenberger gearbeitet (1824–27), ›Philosophie‹ und ›Medizin‹ stammen ausschließlich von Götzenberger. Einige Verwirrung in der älteren Literatur stiftete Götzenbergers nachträglich behauptete Autorschaft aller Fresken (so auch auf den Stichen von Joseph Keller von 1833 und 1836 bezeichnet). Zur Richtigstellung: SCHRÖRS 1906, S. 29, Anm. 2, S. 50ff., 73 (Gutachten A.W. Schlegels von 1825).

24 Die ›Theologie‹ war im Herbst 1825 vollendet, die ›Jurisprudenz‹ im Herbst 1827. Zur zeitlichen Folge s. SCHRÖRS 1906, S. 42, Anm. 1, ebenso HINZ 1977, S. 56–57. Die Fresken wurden 1944 zerstört; ebenso der Karton zur ›Theologie‹ (ehemals Karlsruhe, Kunsthalle). Die übrigen Kartons einschließlich derjenigen zu den Arabeskenfriesen (alle Kohle auf Papier) befinden sich in der Kunsthalle Karlsruhe: Götzenberger: Karton zur ›Jurisprudenz‹, 289 × 383 cm, zugehörige Arabeskenfriese, je 320 × 53,5 cm, Götzenberger: Karton zur ›Philosophie‹, 282 × 598 cm, zugehörige Arabeskenfriese, je 320 × 65 cm, Götzenberger: Karton zur ›Medizin‹, 289 × 386 cm, zugehörige Arabeskenfriese je 320 × 53,5 cm. Die erhaltenen Arabeskenfriese zur ›Theologie‹, je 306 × 57 cm werden unter Carl Hermann geführt, stammen jedoch von Ernst Förster. STAATL. KUNSTHALLE KARLSRUHE: KAT. NEUERE MEISTER, 19. und 20. Jh., bearbeitet von Jan Lauts und Werner Zimmermann, Karlsruhe 1971, S. 87–90, 107.

25 REBER 1884[2], Bd. 2, S. 13.

26 SCHRÖRS 1906, S. 16.

27 Der preußische König hatte in seiner Proklamation gleich nach der Zuteilung der Rheinprovinz an Preußen auf dem Wiener Kongreß 1815 die Gründung einer Universität als „vaterländische Aufgabe“ verkündet. Streit gab es um den Standort: Köln wurde von den katholischen Romantikern bevorzugt, Bonn, wo schon zuvor eine kurfürstliche Universität kurze Zeit existiert hatte, galt als „liberal“. Es wurden von vornherein eine katholische und eine evangelische Fakultät gegründet. Vgl. SYBEL 1868, bes. S. 13ff.

28 Förster und Hermann folgten Cornelius nach München, wo beide u.a. bei den Hofgartenfresken mitarbeiteten. Bis zur Vollendung der ›Theologie‹ blieben sie allerdings in Bonn. FÖRSTER 1860, Bd. V, S. 15f., 64f.

29 Die Fehlkalkulation der zeitlichen Durchführbarkeit führte zu astronomischen Kosten, da die Künstler während ihrer Arbeit an den Kartons und der Übertragung auf die Wand einen – wenn auch knappen – Lebensunterhalt verdienten. 1822 bat Cornelius Minister v. Altenstein um „eine geringe Summe (von etwa 50 Tlr.) für die Anfertigungen der Zeichnungen“, SCHRÖRS 1906, S. 63. Noch vor der Vollendung des 1. Freskos beliefen sich die Kosten auf 1844 Taler, s. SCHRÖRS 1906, S. 40. Der größte Teil der Kosten wurde aus dem Privatfonds des Königs beigesteuert. Bei den Streitigkeiten um die Finanzierung könnte auch eine Rolle gespielt haben, daß Schinkel – zu einem unbekannten Zeitpunkt – ein anderes Ausstattungsprogramm konzipiert hatte. Er plante auf der umlaufenden Empore Büsten berühmter Wissenschaftler, an den Wänden jedoch nur eine dekorativ-ornamentale Ausmalung. Götzenberger spricht in seinem allerdings 1855 datierten Brief an das Kulturministerium (SCHRÖRS 1906, S. 94–96) von „den Plänen, welche Schinkel ... gemacht“ hat. Bei Schinkels Auslastung ist kaum anzunehmen, daß er den Entwurf zu einem Zeitpunkt machte, als es keine Chancen mehr für eine Realisierung gab. Möglich ist auch, daß es sich um eine ergänzende Ausstattung handelte, wie aus PFITZNERS (1938, S. 556, Anm. 1) Notiz zu erschließen ist. Er spricht von einer noch vorhandenen Zeichnung „im Archiv des Kuratoriums“ vom 1. Juli 1835.

Ministerien sowie der Universität über zwölf Jahre – bis 1836 – hinzog, stellte eines der vielbeachteten, heftig diskutierten und umstrittenen Bildprogramme der ersten Jahrhunderthälfte dar. August Wilhelm Schlegel, der aus seiner indischen Sammlung „Porträtvorlagen" zur Verfügung stellte, wollte – als Finanzschwierigkeiten auftraten – aus seiner Privatschatulle helfen[30], dem soeben konvertierten Brentano dagegen war die ›Theologie‹ nicht katholisch genug[31]. Niebuhr startete von seiten der „wissenschaftlichen Historie" eine vernichtende Kritik[32], und auch der greise Goethe fehlte nicht als Begutachter.

Die Entstehungsgeschichte wurde von Heinrich Schrörs schon 1906 ausführlich dokumentiert und braucht nicht mehr im einzelnen nachgezeichnet zu werden. Der von ihm publizierte Schriftwechsel der Künstler, des Kurators der Universität und der Professoren mit dem preußischen Kultusministerium lieferte die Grundlage aller späteren Arbeiten[33], so auch der vorliegenden.

Die oft geäußerte und zweifelsohne berechtigte Kritik sowohl an der stilistischen Unausgereiftheit als auch der technischen Unzulänglichkeit[34] dieser Erstlingswerke der noch jungen Cornelius-Schüler soll vernachlässigt werden, um im folgenden lediglich dem hier zuerst auftretenden, jedoch über das Projekt hinausführenden Konflikt um das Darstellungsschema, der Verbindung einer Fakultätenpersonifikation mit den historischen Vertretern der Wissenschaft, nachzugehen.

Sowohl das Thema der vier Fakultäten, mit dem man sich in traditionellem Fahrwasser befand (s. u.), als auch das Bildschema und die kompositionelle Aufteilung, die in allen vier Bildern im Prinzip die gleiche ist, stammen – wenn nicht direkt von Cornelius – so doch aus einer engen Anh. 1 Zusammenarbeit der Schüler mit ihm. Demnach sollte – wie Förster berichtet – in Bonn nicht nur das universitäre Ordnungsschema, sondern zugleich ein „Überblick der *Geschichte* der vier Fakultäten" dargestellt werden. Damit werde „dem Künstler ein Feld geöffnet, was ihm meistentheils verschlossen bleibt, das der Wissenschaften, deren Geschichte er nun in seiner ganzen

30 A. W. Schlegel, der in Bonn die altindische Philologie begründete, besaß eine Sammlung indischer Altertümer. Nach einer daraus stammenden Statue wurde der in der ›Theologie‹ hinter Moses sitzende altindische Gelehrte Manu dargestellt. Wie Rehfues am 4. 6. 1825 an das Berliner Ministerium berichtete, habe sich „der Professor von Schlegel ... geradezu erboten, die Kosten für die zur Ausführung des angefangenen Gemäldes noch nötigen Ausgaben vorzuschießen oder ganz zu tragen", zit. n. Schrörs 1906, S. 71. Damit erpreßte der Kurator der Universität den König, denn ein auf „Allerhöchste Kosten" begonnenes Projekt könne nicht „auf Kosten eines Untertanen" vollendet werden, ebd., S. 72.
Zum Einfluß der Schriften Friedrich Schlegels auf Cornelius und dessen Abwendung vom Klassizismus vgl. Büttner 1980, S. 5.

31 Brentano, „der die Wandlung aus dem Saulus der Skepsis in den Paulus eifervollster Kirchlichkeit durchgemacht hatte und eben von dem Sterbebette der mystischen Nonne in Dülmen kam", war nicht einverstanden, daß auf der protestantischen Seite der ›Theologie‹ „der strengrömische Bonifatius und der Apostel Paulus" standen. Schrörs 1906, S. 33–34 (der dort angegebene – von Hinz 1977 übernommene – Nachweis: Brentano, Gesammelte Werke, Frankfurt 1855, Bd. 2, S. 80, muß richtig heißen: Ges. Werke, Bd. 9, II, Frankfurt 1855, S. 80).

32 Nachdem er sich zwar vehement beim preußischen Ministerium für Cornelius eingesetzt hatte, schien Niebuhr, der seit 1823 in Bonn lehrte, das dortige Unternehmen „als Darstellung einer wissenschaftlichen Geschichte ... eine verkehrte" zu sein. Niebuhr an Minister v. Altenstein, 1827, zit. n. Schrörs 1906, S. 76–79, hier S. 77.

33 Schrörs hat in einem Anhang die Schriftdokumente um die Finanzierung, die Auswahl der verschiedenen Personen, Gutachten usw. dokumentiert und in seiner Darstellung ausgewertet. Die Dokumente sind heute z. T. vernichtet bzw. verstreut. Auf Schrörs basieren Koetschau 1929, Pfitzner (1938), Hinz 1977.

34 Während Füssli 1843, Bd. 2, S. 286 „Die Composizion" der ›Theologie‹ als „Meisterstück" bezeichnet, kritisiert er die Ausführung, besonders die unharmonische Farbigkeit. Vgl. auch Pfitzner (1938), S. 553; Schrörs 1906, S. 31; Raczynski 1836, Bd. 1, S. 55, zu ähnlichen Kritiken.

Erscheinung, wie in ihren Verzweigungen zu erkennen und eigenthümlich aufzufassen hatte“[35]. Förster benennt also zwei Ebenen: Zum einen sollte die Geschichte der Disziplinen dargestellt werden, worin sich das neue Wissenschaftsverständnis, die Vergeschichtlichung aller Bereiche[36] einschließlich der Religion[37], ausdrückt. Zum anderen spricht Förster von der „ganzen Erscheinung“ dieser Geschichte.

Verfahren wurde gemäß Cornelius' Konzeption, eine nach Sachgebieten getrennte Versammlung als Pantheon der bedeutendsten Wissenschaftler aller Zeiten unter der Ägide der entsprechenden Personifikation als dem abstrakten Leitbild zu vereinen. Die von Cornelius selbst als „historisch-symbolische Auffassung“ bezeichnete[38] Zweigleisigkeit stellt den Versuch dar, traditionelle Vorbilder und zeitgenössisches Verständnis geschichtlicher Entwicklung miteinander zu verbinden.

Die ›Theologie‹ und die ›Philosophie‹ nahmen bei einer Höhe von ca. 3 m und einer Breite von knapp 7 m je eine eigene Wand ein, während sich ›Jurisprudenz‹ und ›Medizin‹ mit je ca. 5,70 m Breite[39] die dazwischen liegende dritte Wandfläche teilen mußten, da die vierte Wand durchfenstert war.

Das Bildschema: Ordnungsprinzip und Entwicklungsgeschichte

Abb. 5–8 In allen vier Monumentalgemälden thront eine weibliche Gestalt als Inkarnation der Theologie, Philosophie, Jurisprudenz und Medizin frontal auf erhöhtem Podest in der Mittelachse des Abb. 7 Bildes. Während die Jurisprudenz mit den üblichen Attributen des zivilen römischen Rechts – Waage und Schwert – und die Theologie mit Buch und Szepter ausgestattet sind, erscheint die Verkörperung der Philosophie als Wahrheit, die der Medizin als Isis. An die in jeweils unterschiedlicher Raumtiefe stehenden Podeste schließen sich zu beiden Seiten Arkadenstellungen an, die den Aktionsraum begrenzen und zugleich den Eindruck entstehen lassen, daß man Abb. 6 sich in einer großen Halle bzw. im Falle der ›Philosophie‹ in einem Innenhof befindet. Durch die offenen Arkadenbögen hindurch erblickt man Teile einer Landschaft, die – durch Bauwerke

35 FÖRSTER 1860, Bd. 5, S. 15 (Hervorhebung M. W.).

36 Vgl. Karl Clausberg: Naturhistorische Leitbilder in den Kulturwissenschaften: Die Evolutions-Paradigmen, in: BRIX/STEINHAUSER 1978, S. 41–52; LEPENIES 1978; Jauss: Geschichte der Kunst und der Historie, in: JAUSS 1970, S. 208 ff.

37 In der Theologie dauerte der Kampf um die Historisierung erklärlicherweise am längsten. Friedrich Theodor Vischers Lehrer David Friedrich Strauß, dessen Leben Jesu (1835) heftige Kontroversen auslöste, bedeutete hierfür einen entscheidenden Schritt.

38 Cornelius an Minister v. Altenstein, 3. 2. 1824, zit. n. SCHRÖRS 1906, S. 99. Zu den Vorbildern der triptychonartigen Einteilung der Genieversammlung unter den Auspizien einer Personifikation dürften auch die häufig erwähnten Transparente auf dem Abschiedsfest der deutschen Künstler für den Kronprinzen von Bayern 1817 in Rom gehören. Das „mittelste Bild, von Cornelius gemalt, stellt die Poesie dar ... auf einem Throne unter dem kolossalen Baume der Weisheit und des Lebens sitzend“. „Die Malerei zur Rechten stellte die größten Kunstpfleger aller Zeiten dar, und das Bild zur Linken zeigte die vornehmsten Dichter und Künstler.“ Die Inszenierung setzte sich in der Gegenwart fort, da Mäzen und viele Künstler in altdeutscher Tracht erschienen. Per Daniel Altenborn: Jugenderinnerungen eines romantischen Dichters und Kunstgelehrten aus den Jahren 1817 bis 1819, zit. n. AUSST.-KAT.: NAZARENER 1977, S. 404 f., dort auch der einzige erhaltene Teil (Nr. B 24) von Fr. Overbeck: ›Die Beschützer der Kunst‹, Öl/Papier auf Lwd., 303,5 × 149 cm, Köln, Wallr.-Rich.-Mus. Vgl. auch: PASSAVANT 1820, S. 84 ff.

39 FÖRSTER 1860, Bd. 5, S. 15 nennt 22 bzw. 18 Fuß Breite und 12 Fuß Höhe. E. A. WUERST: Bonn und seine Umgebung. Ein Handbuch für Fremde und Einheimische, Bonn 1881², S. 77 dagegen spricht nur von 5,65 m Breite für alle Bilder, doch hat er dabei offenbar die grottesken Randleisten nicht mitberechnet.

geographisch und historisch präzisiert – frühe Zentren der jeweiligen Wissenschaft bezeichnen. Zu beiden Seiten des zentralen Thronpodestes haben sich die historischen Vertreter der Disziplinen in zwei dicht gedrängten Blöcken versammelt. Sie füllen die gesamte Raumtiefe von der Arkade bis zum vorderen Bildrand. In der Mitte bleibt jeweils eine Gasse frei, die den Blick des Betrachters auf die erhöhte Personifikation lenkt. Damit die Teilung der Versammlung in zwei Hälften auch vom historisch Ungeschulten, der die meist nach Porträtvorlagen gearbeiteten 'Charakterköpfe' nicht zu identifizieren und damit auch nicht in ihrer geschichtlichen Bedeutung zu erkennen vermochte, inhaltlich verstanden werden konnte, sollten Leitsprüche nachhelfen. Die Genien, die in den drei ersten Fresken die Personifikation flankieren, sollten Tafeln mit Inschriften halten, zwei Richtungen der Fakultäten bezeichnend. Sie hatten die jeweils auf einer Bildhälfte Versammelten zu klassifizieren und sozusagen die Unter-Motti der Zentralpersonifikation anzugeben. So stand im Theologie-Fresko ursprünglich auf der linken Tafel zu lesen: „Selig sind, die nicht sehen und doch glauben", ein Bibelzitat (Joh. XX, 29), das zur gleichen Zeit (1823) auch der Nazarener Ferdinand Olivier in seiner Salzburg-Folge zum Wahlspruch erkor[40]. Ausgehend von den Evangelisten und Aposteln unterhalb der Personifikation im Bildzentrum „als Säulen des theologischen Gebäudes" des noch „ungeteilten Christentums"[41], versammeln sich unter diesem Leitspruch auf der linken Bildseite die blind-gläubigen Ahnherren des Katholizismus. In ihrer Mitte thront Gregor VII. als „Begründer und Befestiger der Hierarchie"[42]. Abb. 5

Der antithetische Leitspruch der rechten Bildhälfte – „Prüfet alles und das Beste behaltet" (1. Thess. 5, 21) – charakterisierte die unter ihm Versammelten als die kritischen Theologen und Reformatoren – Luther als Gegenfigur zu Gregor VII. in ihrer Mitte – und ihre protestantischen Nachfolger. Die Inschriften, die die Gegenüberstellung beider Konfessionen verdeutlichen sollten, mußten, obwohl die Beteiligten sie durch die Heilige Schrift für „unanfechtbar" hielten[43], vor dem Besuch des preußischen Königs nach heftigen Disputen auf allerhöchste Anweisung übertüncht werden[44]. Statt dessen erhielt der Thronsockel die einheitsstiftende Inschrift „Glaubet an das Evangelium". Damit war die Verständlichkeit des Gesamtkonzeptes, die Teilung der Theologen in zwei Großgruppen, beeinträchtigt.

Die historische Zeitenfolge innerhalb jeder Bildseite soll durch die Anordnung der Personen im Bildraum erschlossen werden. Der Bildraum wird damit zum Ausdruck der Zeitvorstellungen: Die ältesten Vertreter der jeweiligen Disziplin stehen der Personifikation als der Quelle des Wissens am nächsten. Seitlich ordnen sich die wichtigsten Vertreter der theologischen Richtungen in einem katholischen und einem evangelischen Strang chronologisch vom Zentrum ausgehend, so daß am vordersten Bildrand die zeitlich jüngsten zur Darstellung kommen. Der optischen Einheitlichkeit wegen stecken alle in langen, Zeitlosigkeit vorgebenden Überwürfen, die die

40 Vgl. Peter Märker: „Selig sind die nicht sehen und doch glauben". Zur nazarenischen Landschaftsauffassung Ferdinand Oliviers, in: Städel-Jahrbuch, N.F. Bd. 7, 1979, S. 188ff. Märker wertet das Bibelzitat des letzten Blattes als Fazit der ganzen Serie.

41 Kurzgefaßte Übersicht über die ›Theologie‹ (Beilage zu einem Schreiben Hermanns und Försters an Kurator Rehfues, 1825), Schrörs 1906, S. 102.

42 Ebd.

43 Förster 1887, S. 286.

44 Das Ministerium an Cornelius, Förster 1874, Bd. 2, S. 487; „Aktenstück Nr. XII", Schrörs 1906, S. 35; Förster 1886, S. 286f. berichtet von der Weigerung Hermanns, der vom Kuratorium der Universität verlangten Tilgung nachzukommen. Er selbst (Förster) habe die Übermalung kurz vor Ankunft des Königs vorgenommen.

Veränderung des Kostüms zwar nicht negieren, so doch überspielen. Im Falle der ›Theologie‹ ließ sich die Kostümfrage[45] durch Priester- und Mönchsgewand noch am überzeugendsten lösen.

Zum Konflikt mit dem Auftraggeber führte auch die Einbeziehung zeitgenössischer Personen. Die schließlich verordnete Abstinenz gegenüber der bildlichen Verewigung noch Lebender tangierte die Frage, inwieweit Geschichte lediglich der Aufbewahrung einer sonst dem Vergessen anheimfallenden Vergangenheit diene oder die gegenwärtige, vielleicht sogar zukünftige Entwicklung berücksichtigen dürfe.

Der Konflikt entspann sich wiederum gleich beim ersten Fresko: Aus der räumlichen Disposition folgte, daß die zeitlich jüngsten Theologen am vorderen Bildrand in Lebensgröße und nur ca. einen Meter über dem Fußbodenniveau der Aula erschienen. Damit konnten sich die in der Aula realiter versammelten Professoren als Fortsetzung der dargestellten *viri illustrissimi* begreifen. Entscheidend war daher, welche Zeitgenossen im Bild das Scharnier zu den Versammelten Anh. 1 bildeten. Cornelius hatte für die katholische Seite den Regensburger Bischof Sailer, der an die Bonner Universität berufen werden sollte[46], als dessen Pendant auf der evangelischen Seite Friedrich D. E. Schleiermacher vorgesehen[47]. Cornelius erhielt, gleich nachdem der Karton fertig war, von Kurator Rehfues 1824 strikte Anweisung, Schleiermacher aus dem Pantheon der Unsterblichen wegen der „neuesten Streitigkeiten über das Liturgie-Wesen“, die „gerade diesen Mann unglücklicherweise in einen öffentlichen Kampf ... (stellen)“[48], zu streichen. Rehfues muß hier in direktem königlichem Auftrag gehandelt haben, da Friedrich Wilhelm III. soeben die neue Agende für die preußische Landeskirche beschlossen hatte, deren schärfster Gegner Schleiermacher war. Rehfues machte deutlich, daß sich über diesen Punkt jede Debatte erübrige und empfahl, „die Lebenden überhaupt auszuschließen und nur die großen Toten aufzunehmen, über welche die Nachwelt ihr unverdächtiges Richteramt bereits ausgeübt hat“[49]. Man folgte Abb. 5 dieser Strategie der Konfliktvermeidung, so daß im Vordergrund der ›Theologie‹ keine historischen Personen erscheinen, sondern statt dessen in Verschränkung von Glauben und Forschen zwei Pendantgruppen lagern. In der katholischen Hälfte ist ein gläubiger Greis mit einem forschenden Jüngling, auf der protestantischen Seite umgekehrt der forschende Greis mit dem gläubigen Jüngling verbunden. In Umkehrung der tradierten Rollen[50] sollte eine künftige Annäherung der Konfessionen – wie sie Anliegen des preußischen Königs im Interesse einer

45 Förster und Hermann lernten auf ihrer Fußreise von München nach Bonn in Heidelberg „diesen entscheidenden Rationalisten“, Prof. Paulus, kennen, der zu dem Bonner Freskenprojekt „extreme Ansichten“ äußerte, „wie z. B. Feindschaft gegen Bart- und Haarwuchs sowie gegen lange Kleidung, selbst bei Christus und den Aposteln“, Förster 1887, S. 263. Zum Problem des zeitgenössischen Kostüms für den Helden des Historienbildes vgl. Wind 1938/1939.

46 Rehfues an Cornelius, 3. 9. 1824, bezieht sich auf Sailer, der zu diesem Zeitpunkt schon im Gespräch gewesen sein muß. Sailer wurde mit dem Ruf „zugleich die künftige Ernennung zum Cölner Erzbischof in Aussicht gestellt“, Sybel 1868, S. 24.

47 Cornelius an Minister v. Altenstein, 3. 2. 1824 (zu diesem Zeitpunkt ist von Sailer noch nicht die Rede), zit. n. Schrörs 1906, S. 101.

48 Rehfues an Cornelius, 3. 9. 1824, zit. n. Schrörs 1906, S. 64. Rehfues nennt diese Angelegenheit „für den Frieden auf hiesiger Universität von Wichtigkeit“. Zu dem Agendenstreit s. Gerd Heinrich: Religionstoleranz in Brandenburg-Preußen. Idee und Wirklichkeit, in: Preussen. Beiträge zu einer politischen Kultur, Bd. 2, hrsg. von Manfred Schlenke, Reinbek 1981, S. 84 ff.

49 Rehfues an Cornelius, 3. 9. 1824, zit. n. Schrörs 1906, S. 65.

50 Füssli 1843, Bd. 2, S. 291, kritisiert die Rollenzuteilung: er würde auf der protestantischen Seite „die Rollen vertauscht, dem Forschenden die jugendliche Gestalt gegeben haben“.

staatlichen Oberhoheit war – zum Ausdruck kommen. Diese allegorische Bedeutung der Vordergrundfiguren, die sich in der Gestaltung nicht von den historisch-individuellen Personen unterscheiden, ließ sich allerdings nur über einen Begleittext vermitteln[51].

So sollten also innerhalb einer jeden Fakultät – ausgehend von der einheitsstiftenden Personifikation – je zwei historische Entwicklungsketten bis in die jüngste Vergangenheit geknüpft werden. In solcher chronologischer Ordnung wie der Trennung in je zwei wissenschaftliche Schulen, die im Falle der Theologie als Konfessionen noch am einsichtigsten waren, erwiesen sich die Bonner Fakultätenbilder als typische Kinder des 19. Jahrhunderts. In beiden Punkten unterschieden sie sich in der Konzeption grundlegend von ihren Vorläufern.

Zur Bildtradition

Die vier Fakultäten waren als Darstellungsschema des Wissens der *universitas* seit dem ausgehenden Mittelalter geläufig[52]. Zwar folgten in der Hierarchie nach der ranghöchsten Theologie die Jurisprudenz und die Medizin vor der 'niederen' Philosophie, doch hatte in den bildlichen Darstellungen, wie sie seit dem Spätmittelalter erhalten sind, die Philosophie häufig breiten Raum beansprucht, weil sie die sieben freien Künste einschloß. Die bildliche Vorrangstellung von ›Theologie‹ und ›Philosophie‹, die sich in Bonn in den Größenverhältnissen der Fresken Abb. 4 ausdrückte, war also keineswegs neu. Insgesamt blieb das traditionelle Schema der vier Fakultäten auch weiterhin bestehen, obwohl die alte Ordnung des Wissens durch die enorm expandierenden Naturwissenschaften seit dem ausgehenden 18. Jahrhundert ins Wanken geriet.

Auch die Personifizierung der Fakultäten, meist in Verbindung mit einem Gelehrten, war seit dem Spätmittelalter verbreitet. Das Darstellungsschema geht auf die spätantiken 'Begleiterzyklen' zurück, in denen historische Vertreter einer Muse zugeordnet sind[53]. Martianus Capella übertrug dann in seinem berühmten Werk *De nuptiis Mercurii et Philologiae* diese Zuordnung auf die *artes*. Wie z. B. in Andrea da Firenzes Thomasfresko in der spanischen Kapelle bei S. Maria Novella ist den weiblichen Personifikationen je ein Gelehrter bzw. Vertreter der *artes* subordiniert[54]. Dies drückt sich in den Größenverhältnissen wie der wörtlichen Unter-Ordnung aus.

Als Begleiter der Künste und Musen traten meist die Begründer des Faches und damit in der Regel selbst schon legendäre Gestalten auf. Das änderte sich jedoch in der Renaissance, als im

51 Den ausführlichsten Kommentar gibt Füssli 1843, Bd. 2, mit 29 Seiten, die überwiegend mit der Aufzählung und Erläuterung der Namen gefüllt sind (S. 282–210). Daneben ließ die Universität Begleittexte für Besucher drucken, leicht variierte Fassungen erschienen zu den Kupferstichen von Joseph Keller (›Theologie‹ 1833, ›Philosophie‹ 1836). Bei Raczinsky 1836, Bd. 1, erschien ein Ausschnitt der ›Theologie‹ mit ausführlicher Erläuterung. Die Basis dieser Beschreibungen liefert Cornelius' Bericht an Minister v. Altenstein vom 3. 2. 1824, s. Schrörs 1906, S. 99 ff., Anh. 1 und die vermutlich von Förster stammende kurzgefaßte Übersicht über die Theologie als Beilage eines Schreibens von Förster und Hermann an Rehfues (1825), Schrörs 1906, S. 102 f.

52 Vgl. Karl-August Wirth/Ute Götz in: RDK, Stichwort: „Fakultäten, die vier". Schwieriger ist es allerdings, innerhalb größerer Programme die Vierzahl der Fakultäten auszumachen, da mitunter einzelne *artes* hinzutraten.

53 Jochen Kronjäger: Berühmte Griechen und Römer als Begleiter der Musen und der Artes Liberales in Bildzyklen des 2. bis 14. Jh.s. Diss., Marburg 1973, mit ausführlichen Materialtabellen, aus denen ersichtlich ist, welche historischen Personen welcher Personifikation zugeordnet wurden. Es werden alle Gattungen von der Buchmalerei bis zum Mosaik berücksichtigt.

54 Vgl. Julius Schlosser: Giustos Fresken in Padua und die Vorläufer der Stanza della Segnatura, in: Jahrbuch der kunsthistorischen Sammlungen des Allerhöchsten Kaiserhauses, Bd. 17, 1896, S. 13–100; Frederik Antal: Die Florentinische Malerei und ihr sozialer Hintergrund, Berlin 1958, S. 199 ff.

Bewußtsein der eigenen Bedeutung auch zeitgenössische Vertreter einbezogen wurden. War das Schema Personifikation – historisches Exempel also weithin bekannt und lebte vor allem in der Bauskulptur an Bibliotheken und Universitäten noch bis ins 20. Jahrhundert weiter[55], so stand für die Bildform der Bonner Fakultätenbilder mit ihrem Pantheon berühmter Männer Raffael Pate.

Der in Rom geschulte und wie die meisten der 'neudeutschen' Maler vor allem an Raffael orientierte Cornelius hatte seinen für die Bonner Fresken ausersehenen Schülern selbst das Bildprogramm der Stanza della Segnatura als Leitbild nahegelegt, deren sogenannte ›Disputa‹
Abb. 12 und ›Schule von Athen‹ schon seit dem 18. Jahrhundert zu den meistbeachteten Bildern Roms gehörten[56]. Förster übermittelt Cornelius' Anweisungen folgendermaßen:

Abb. 11 „Der rechte Weg ist schon vorgezeichnet durch Raphael im Vatikan, wo er die vier Facultäten ... dargestellt hat. Die allegorischen Figuren sind gewissermaßen die Überschriften der Bilder. Raphael hat mit der Theologie angefangen; sie werden gut thun, seinem Beispiel auch darin zu folgen"[57].

Dies geschah selbstverständlich.

Schon früher hatten die berühmten Fresken mit ihren nicht mehr repräsentierenden, sondern szenisch handelnd auftretenden Gelehrten als Vorbild für die Darstellung der Fakultäten und Wissenschaften gedient: Bis ins späte 18. Jahrhundert hinein entstanden in dieser Tradition Bildprogramme vor allem für Bibliotheken[58]. Bei aller Verschiedenheit sowohl der einzelnen Wissensgebiete als auch der häufig auf die Lokalität bezogenen geistlichen und weltlichen Wissenschaftsvertreter sind diese durch ein jenseits aller Zeitlichkeit liegendes, auf die göttliche Ordnung als Bedingung der Erkenntnis verweisendes Zeichen vermittelt. Die Zusammenkunft von Personen aus verschiedenen Zeiten wie die Integration von Personifikationen rechtfertigt sich durch ein nicht der historischen Zeit unterworfenes Prinzip. In den spätbarocken Fakultätendarstellungen etwa der Jesuitenbibliothek in Valenciennes oder der Wiener Hofbibliothek[59] sind daher die von Raffael inspirierten Konzeptionen mit ihren historischen Vertretern auch neuester Disziplinen – wie z. B. der Mechanik – stets auf die alle historischen Erscheinungsformen stiftende göttliche Gnade bezogen. Unter diesen religiösen Prämissen wurde die Verbindung historischer Personen und abstrakter Personifikationen bzw. versinnlichter Glaubensgehalte nicht als Widerspruch angesehen.

55 Leipzig, Universitätsbibliothek (1888–1891): die vier Fakultäten erscheinen als Statuen; Heidelberg, Universitätsbibliothek, Lesesaal (1900–1905, J. Durm): sie treten als Reliefgruppen auf; vgl. Crass 1976, Abb. 142–145.

56 Vgl. Eberhardt 1969, S. 237.

57 Förster 1874, S. 28. Rumohr charakterisierte in seinen Italienischen Forschungen die Personifikation als „weibliche Figur, welche der ganzen Abtheilung als Titel dient", Bd. 3, S. 99; Adolf Trendelenburg äußerte sich ähnlich „Was die allegorischen Figuren ... nur mit einem Blicke des Geistes andeuten, das führen diese großen Gemälde in den sprechendsten Gestalten der Geschichte aus", in: Raphaels Schule von Athen. Ein Vortrag im wissenschaftlichen Vereine zu Berlin, Berlin 1843, S. 4.

58 Vgl. Pelegrino Tibaldis Bibliotheksausmalung im Escorial, Masson 1972, S. 75 ff. Dort weitere Literatur zu der Vielzahl behandelter Beispiele. Vgl. auch: Bibliothekssaal Polling, im ehemaligen Augustiner-Chorherren-Stift, Pollinger Drucke, Bd. 1, Murnau 1975, wo Apolls Musenhimmel als ›Philosophie‹ erscheint, die Entschleierung der Wahrheit aber durch die Geschichte erfolgt. Ebd., S. 36 ff. Die genannten Beispiele sind eher zufällig ausgewählt und erheben keinen Anspruch auf Vollständigkeit.

59 Masson 1972, S. 144 f.; Walther Buchowiecki: Der Barockbau der ehemaligen Hofbibliothek in Wien, ein Werk J. B. Fischer von Erlachs, Wien 1957. Vgl. auch Conrad Hubers Deckengemälde im Bibliothekssaal der Benediktinerabtei in Amorbach; dazu Peter Halm: Das Reich der Wissenschaften, in: BASF-Nachrichten, 1956, H. 5, S. 187–193.

Raffael selbst hatte allerdings die Personifikationen als abstrakte Leitbilder in der Segnatura im direkten Sinne als *Über*schriften für die historischen Hauptszenen eingesetzt, indem er sie in Form selbständiger Medaillons oberhalb der Versammlung auserwählter Männer an der Decke unterbrachte[60]. Sie spielten in der Würdigung der Raffael-Fresken bis dato nur eine untergeordnete Rolle[61]. In Bonn dagegen – wo die Architektur des Raumes eine vergleichbare Vertikalordnung ohnehin nicht zugelassen hätte – wurden sie als Zentralfigur innerhalb der Szenen mit den historischen Figuren integriert.

Die bis zum Ausgang des Barock problemlose innerbildliche Vermischung der Realitätsebenen – von abstraktem Leitbild und historischen Personen – wurde jedoch zu einem Zeitpunkt zum Problem, als die Religion nicht mehr fraglos oberste Legitimation der Wissenschaften war und statt dessen die Empirie der Geschichte an ihre Stelle trat. Die nicht mehr im barocken Illusionismus angesiedelten, sondern streng linearen Personifikationen dieser sogenannten Kartonkunst wurden ebenso zum Diskussionspunkt wie die Frage, inwieweit die Malerei – entgegen Lessings Diktum von der Einheit des Ortes und der Zeit – doch den entwicklungsgeschichtlichen Verlauf durch das Aneinanderreihen berühmter Männer aller Zeiten und des gesamten Abendlandes auszudrücken in der Lage sei.

Das Problem des Historismus: „Die Last von Jahrtausenden ... schleppen"

Das Darstellungsproblem resultierte aus dem Geschichtsbedürfnis des 19. Jahrhunderts, mit dem allerdings die Malerei der Renaissance, an die Cornelius anzuknüpfen suchte[62], nicht zu kämpfen gehabt hatte: dem Wissenschaftsanspruch, jede Epoche gleichermaßen historisch durchdringen zu können. Das Abrücken von dem normativen Leitbild der wahlverwandten Epoche führte zum Dilemma der Auswahl. Cornelius benannte – laut Förster – denn auch die „heutige Theologie (als) eine andere, als sie Raphael kennen konnte".

> „Der Protestantismus ist ein wesentliches Moment in der Theologie geworden; ... Es würde deshalb mit Hinweisung auf den Ursprung der Theologie in den Evangelisten und Aposteln die Weiterbildung der Lehre durch die Kirchenväter zu bezeichnen sein. Als dann wären wohl für die verschiedenen Fächer, für Dogmatik, Scholastik, Moral usw. bestimmte Vertreter zu wählen; ... ja sogar Sektierer und Ketzer müßten ihre Stelle finden; denn alles das gehört zur Geschichte"[63].

Indem scheinbar alles, weil es – wissenschaftlich belegbar – stattgefunden hatte, auch zur Geschichte zählte und somit darstellenswürdig war, entstand der enzyklopädische Anspruch auf Vollständigkeit, der bildlich zu einem kaum noch zu überschauenden Pantheon der Fakultätenvertreter mit jeweils zwischen 50 und 70 additiv gereihten Einzelfiguren geriet.

Raffaels Fresken präsentieren dagegen die wiederentdeckte Antike als Erbe und unerreichtes Vorbild zugleich. Im Selbstbewußtsein, die Bedeutung der Antike erkannt zu haben, werden Abb. 12

60 Herbert von Einem: Das Programm der Stanza della Segnatura im Vatikan. Rheinisch-Westfälische Akademie der Wissenschaften. Geisteswissenschaftliche Vorträge 169, Opladen 1971.

61 In den Berichten über die Segnatura wird im ersten Drittel des 19. Jh.s „wie im 18. Jh. am wenigsten über die Deckenbilder gesprochen", Eberhardt 1969, S. 156. Trotzdem heißt es bei Rumohr 1827–1831, Bd. 3, S. 101, über die ›Poesie‹: sie „erscheint vielen als die schönste Gestalt, welche die neuere Kunst im Einzelnen hervorgebracht".

62 Über „Cornelius, die Lukasbrüder und Raffael", s. Büttner 1980, S. 56 ff.

63 Förster 1874, S. 280–281.

zeitgenössische Wissenschaftler und Künstler einbezogen. „Die ‚Schule von Athen' ist deshalb kein retrospektives Erinnerungsbild, sondern Ausdruck eines selbstbewußten Verhältnisses zur Antike"[64]. Hier bestand kein Anspruch auf Vermittlung lückenloser Entwicklungslinien. Die Renaissance knüpfte unmittelbar an die Antike an. Auch spätere Berufungen auf Raffaels Bildprogramm der Segnatura kamen mit wenigen Beispielen der im Selbstverständnis der Auftraggeber wichtigsten Lehrer aus[65]. Noch Winckelmann hatte gefordert, nicht nur „die Zeitenfolge und deren Veränderung" zu dokumentieren, sondern eine Wissenschaft zu erreichen, die „Geschichte und Lehrgebäude ineins" ist[66].

Dies konnte für das historistische Geschichtsverständnis nicht mehr befriedigen, war doch die Verzeitlichung wesentliches Kennzeichen wissenschaftlicher Bestrebungen, als deren Sprachrohr nun auch die Historienmalerei diente.

In den Bonner Fakultätenbildern dominiert Geschichte als kontinuitätsstiftende Entwicklung. Das 'Lehrgebäude' selbst, als dessen Fundament man die Personifikation bezeichnen könnte, erscheint verzeitlicht. Schon die Anordnung läßt die Wissenschaftspersonifikation zum Ausgangspunkt der historischen Filiation durch die Jahrtausende werden.

Interessanterweise war es ein Historiker – Barthold Georg Niebuhr, der ursprüngliche Förderer Cornelius' –, der nicht nur die Auswahl der dargestellten Personen scharf kritisierte, sondern auch den Anspruch auf die bildliche Vermittlung einer Jahrtausende langen Entwicklungskette verwarf. Er hielt die ›Theologie‹ „als Darstellung einer wissenschaftlichen Geschichte" für „eine verkehrte und schmählich missgriffene Komposition", für „einen tollen Unfug, der die Katholiken und Protestanten ärgert"[67]. Er riet, die ›Jurisprudenz‹ herunterzuschlagen und als Pendant zur ›Theologie‹ nur noch die ›Philosophie‹ darzustellen. Da er die Personifikation im Kontext der realen Personen ablehnte, wollte er für die ›Philosophie‹ die ›Schule von Athen‹ übertragen wissen, „mit dem einzigen Unterschied, daß man die Porträts der größten Philosophen und Mathematiker der letzten drei Jahrhunderte hineinbrächte, Leibniz, Newton, des Cartes, Spinoza etc."[68] Für die Auswahl und Anordnung bot sich Niebuhr selbst an. Wer anstelle von Platon und Aristoteles die Rolle der zentralen Lehrmeister übernehmen sollte, ließ er allerdings offen. Während er also die Begrenzung der zeitlich darstellbaren Historie auf die mit der Reformation eingeleitete Neuzeit als einer entwicklungsgeschichtlich faßbaren Einheit[69] für nötig hielt, betrachtete er offenbar die Bildform als ein überhistorisches Schema, das jederzeit durch das bloße Austauschen von Personen aktualisiert werden könne.

64 Gohr 1975, S. 22.

65 So etwa in der genannten Jesuitenbibliothek von Valenciennes, vgl. Masson 1972, Abb. 49, 50.

66 Winckelmann, zit. n. Guhl 1848, S. 123.

67 Niebuhr an Minister v. Altenstein, 11. 1. 1827, Schrörs 1906, S. 77. Niebuhr weist darauf hin, daß er im Westfälischen Anzeiger schon eine anonyme Kritik publiziert habe, die allerdings bei den Künstlern ohne Folgen geblieben sei. Niebuhr wollte mit der Kritik wohl nicht Cornelius, sondern nur dessen Schüler treffen.

68 Niebuhr an Minister v. Altenstein, 11. 1. 1827, Schrörs 1906, S. 79. Im Treppenhaus von Labroustes Bibliothèque St. Geneviève (1850) wurde eine Kopie der ›Schule von Athen‹ im Maßstab 1 : 1 ausgeführt. Auch im Neubau der Herzog-August-Bibliothek in Wolfenbüttel (vollendet 1886) waren in den Lünetten der beiden Fenster Kopien nach Raffaels Fakultäten-Personifikationen angebracht. Vgl. Crass 1976, S. 33.

69 Im Zusammenhang mit Niebuhrs eigener Entwicklung als Historiker wäre es interessant zu wissen, ob er bei einem solchen Vorschlag auch gedachte, Zeitgenossen, d. h. nach der Französischen Revolution lebende Personen, einzubeziehen, denn nach der Reformation sah er hier den zweiten großen Einschnitt. Vgl. Hardtwig 1974, S. 25 ff.

Nicht nur die Erweiterung des historischen 'Materials' seit Raffael war ausschlaggebend für die Schwierigkeiten der Bonner Fakultätenbilder, sondern auch die Ablösung des Nebeneinanders zu einem *Nacheinander,* zu einem *entwicklungs*geschichtlichen Modell als Konsequenz des „Empirisierungszwanges", in dessen Folge „es von dem Geistigen nur Eine Wissenschaft giebt, nämlich die historische"[70]. So wie die Werke der bildenden Kunst zu einer Kunst-Geschichte hintereinandergereiht, in den Museen zu einem Gang durch die „sichtbare Geschichte der Kunst"[71] angeordnet wurden, so dient hier der illusionierte Tiefenraum der Suggestion eines zeitlichen Ablaufes. Ursprung und gemeinsamer Bezugspunkt der durch die historischen Personen als Vertreter unterschiedlicher Epochen angezeigten zweifachen Entwicklungsketten ist die zentrale Personifikation.

Trotz gewisser Einschränkungen in der Durchführung wurde dieser bildungsbürgerliche Gang durch die Geschichte, verstanden als die Geschichte großer Männer (wie sie kurz darauf auch für die real abzuschreitende Gedenkstätte deutscher Heroen in der Walhalla entstand), als genau der Bildungsaufgabe monumentaler Kunst entsprechend erlebt: Heinrich Füssli, der die Fakultätenbilder in seinem kunsthistorischen Rheinführer zu Beginn der 40er Jahre rühmte, behauptete, man verlange „von solchen Composizionen, die zunächst und hauptsächlich von dem symbolischen, nicht dem *historischen* Standpunkt ausgehen, jene streng chronologische Ordnung ... nicht"[72].

Diese Verteidigung setzt aber genau die Kritik der Historiker voraus. Gegenüber Overbeck, Veit und Schwind, die ebenfalls „Ungleichzeitiges ... verbinden", hebt er bezeichnenderweise die Bonner Fresken hervor, da „hier doch eine wenigstens theilweise historische Ordnung"[73] eingehalten sei. „Solche Darstellungen, durch welche Gemüth und Verstand des Beschauers in gleichem Grade angeregt und befriedigt, durch welche das Volk belehrt, an seine verdienstvollen Männer erinnert und zur Nacheiferung ermuntert wird, gehören ... zu den schönsten Aufgaben der Kunst. Das ist wahrhaft *monumentale* Malerei"[74].

Die Arabeske als Entwicklungsschema

Auch die alle vier Bonner Fresken seitlich begrenzenden Randleisten, die den Charakter von Bildteppichen andeuten[75], zeigen jeweils unten beginnend eine historische Szenenfolge. Was die romantische Arabeske – etwa in Runges ›Morgen‹ – als zyklisches Entwicklungsschema der Natur entfaltete, und damit der „Natur-Zeit", den Tages- und Jahreszeiten parallelisierte[76], ist Abb. 5–8

70 Der Protestantismus und die Romantik. Ein Manifest, in: Hall. Jahrbücher 1839, Nr. 265.

71 Christian v. Mechel, zit. n. Dilly 1979, S. 139. Die Bedeutung von 'Mechels System', das erstmals in der 1781 im Wiener Belvedere eingerichteten öffentlich zugänglichen Gemäldesammlung deutlich wurde, liegt in der entwicklungsgeschichtlichen Anordnung. An dieser „absoluten Neuerung", die im Gang durch die Geschichte der Kunst Erbauung und Belehrung miteinander verband, orientierte sich in der Folgezeit jede öffentliche Sammlung. Zur Bedeutung für die europäischen Museen s. Böttger 1972, S. 125.

72 Füssli 1843, Bd. 2, S. 300–301.

73 Ebd.

74 Füssli 1843, Bd. 2, S. 299.

75 „Die Bilder selbst nun werden als Teppiche gedacht, die an Säulen rings befestigt sind", Cornelius an Minister v. Altenstein, 3.2.1824, Schrörs 1906, S. 101. Diese Dekorationsmalerei mit „Säulen" zwischen den gemalten Bildteppichen wurde allerdings nie ausgeführt.

76 Vgl. Busch 1985, S. 49ff. zu Runge und der frühromantischen Arabeske.

hier auf die historische Entwicklungslinie übertragen. Ernst Förster, der als kulturgeschichtlich Abb. 5 kenntnisreichster Mitarbeiter die Arabesken für die ›Theologie‹ entwarf, berichtet, er habe zunächst eine streng typologische Gegenüberstellung gezeichnet, innerhalb derer die Entwicklung im Alten und Neuen Testament anschaulich wurde[77]. Doch Cornelius habe ihn auf die mehr spielerische Seite der Groteske[78] verwiesen: „Arabesken sind Märchen ... es kann und muß wohl ein Gedanke durchgehen, aber nicht so aufdringlich sichtbar, auch nicht so ernsthaft". Als schließlich Cornelius ihm das Vorbild, „die Arabesken Raphaels aus den Loggien des Vatican gezeigt" habe[79], so Förster weiter, „hatte ich den Weg gefunden". Trotz der ausgeführten Verzahnung dekorativer Elemente und einzelner z. T. szenischer Bildchen, die als Medaillons, Reliefäfelchen etc. eingeblendet sind, bleiben jedoch die Gegenüberstellungen vom Alten und Neuen Testament erhalten, die jeweils von unten nach oben als Entwicklungslinie zu lesen sind.

Will man die biblische Historie nicht als Entwicklungsmodell gelten lassen, so demonstrieren Abb. 9, 10 die Seitenstreifen der übrigen Fresken ein striktes weltgeschichtliches Entwicklungsschema, das Abb. 9 immer stärker genreartige Szenen integriert. Die Bänder des letzten Freskos, der ›Medizin‹, zeigen am linken unteren Rand den arabischen Ursprung der Medizin in einer Art orientalischem Alchimistenlabor, während rechts die Pflanzenheilkunde als weibliche Gestalt in einer üppigen Naturlandschaft gegenübergestellt ist. Über verschiedene Entwicklungsstufen enden beide Stränge am oberen Bildrand in je einem zeitgenössischen Krankenzimmer.

Dieser Gang durch die Geschichte der Disziplinen, der ohne Namen auskommt, erläutert das historische Wirkungsfeld der im Innenbild dargestellten Personen. Hier ließen sich mühelos Personifikationen – wie die ankerschwingende Hoffnung und der Sensenmann im rechten Streifen der ›Medizin‹ – neben Genreszenen und reinen Ornamentformen integrieren. Ja, die „künstliche Verwirrung" (Schlegel) durch die verschiedenen Ebenen bestimmte den Charakter Abb. 2 der Arabeske. Doch anders als auf den Pilastern der Vatikanischen Loggien sind die verschiedenartigen figürlichen Momente hier ins Joch der Geschichte gespannt.

Personifikation und Fakultätenversammlung

Einen direkten Einwand Goethes gegen die in den Hauptszenen der Bonner Fakultätenbilder vorgenommene Vermischung von Personifikation und historischen Gestalten überliefert der am Projekt beteiligte Ernst Förster in seinen Jugenderinnerungen. 1824, während die ›Theologie‹ als erstes Fresko in Ausführung begriffen war, besuchte Förster den greisen Dichterfürsten in Weimar. Anhand einer mitgebrachten Zeichnung erläuterte er Goethe das Konzept. Dieser, der keinen Hehl aus seiner Skepsis gegenüber Cornelius und dessen 'neudeutscher Schule' machte, und der sich schon verschiedentlich eindeutig gegen die Allegorie ausgesprochen hatte, konzedierte Förster zwar, daß die bildende Kunst wohl nicht gänzlich ohne diese auskomme, zum Entwurf der Bonner Aulafresken meinte er jedoch:

77 Förster 1887, S. 275.

78 Friedrich Schlegels Theorie der Arabeske als der ursprünglichen Form der „Fantasie" dürfte Cornelius bekannt gewesen sein; vgl. Büttner 1980, S. 5f.; auch die übrigen beteiligten Künstler könnten über A. W. Schlegel, dessen altindische Sammlung ihnen in Bonn zugänglich war, Fr. Schlegels Theorie der Arabeske gekannt haben. Zur Bedeutung der Arabeske bei Schlegel: Karl Konrad Polheim: Die Arabeske. Ansichten und Ideen aus Friedrich Schlegels Poetik, München, Paderborn 1966, bes. Kap. II.

79 Förster 1887, S. 276. Zum Verhältnis von Bild und Ornament in Raffaels Loggien, s. Friedrich Piel: Die Ornament-Grotteske in der italienischen Renaissance. Zu ihrer kategorischen Struktur und Entstehung, Berlin 1962.

„Es frägt sich, ob sie hier an der rechten Stelle, oder wenigstens ob sie in der rechten Form ausgeführt ist? Ist sie farbig, d. h. mit dem Schein des wirklichen Lebens dargestellt? Und als ich dies bejahte, fuhr er fort: ‚Das würde mich stören. Eine Marmorgruppe an diesem Platze würde den Gedanken aussprechen, ohne in Conflict zu gerathen mit der Gesellschaft wirklicher Personen, die sie umgeben'"[80].

Ähnliche Kunstgriffe hatte schon Christian Ludwig Hagedorn, der Direktor der Dresdner Kunstakademie, in seinen 1762 erschienenen Betrachtungen über die Mahlerey empfohlen, damit man „nicht von dem einen auf das andere falle, das ist, allegorische Bilder als mitwirkende Personen mit historischen vermische"[81]. Auf einen solchen Ausweg scheint auch noch Wilhelm Schadow, seit 1826 Cornelius' Nachfolger an der Düsseldorfer Akademie und damit auch in der Aufsichtspflicht gegenüber den Bonner Fresken, in seinen Berichten nach Berlin über den Fortgang der Arbeiten[82] gedrängt zu haben. Dies jedoch aus entgegengesetzten Gründen: Die emotionslos dargestellten Personifikationen widersprachen den sentimentalen Figuren seiner eigenen Malerei. Ihm schien daher „die symbolische Figur der Theologie selbst von gar keinem Wert"[83]. Da das Bildschema aber durch die beiden ersten Fresken festgelegt war, von der Zentralfigur folglich nicht mehr abgerückt werden konnte, ließ sich eine Veränderung nur erreichen, indem man ihre Bedeutung modifizierte. Diesbezüglich scheint Schadow auf die beiden letzten, von Götzenberger allein ausgeführten Fresken Einfluß genommen zu haben[84]. Abb. 5, 7

Auch die zeitgenössische Presse, die zwar die Darstellung der historischen Personen würdigte, monierte die personifizierte Theologie, die durch „ihre etwas starre und auf dem Hochsitz verkürzte Erscheinung etwas Götzenhaftes"[85] erhalte; oder, wie es eine Berliner Kritik anläßlich der Ausstellung des Kartons formulierte, sie wirke gegenüber den wirklichen Personen „zur sehr bildsäulenartig"[86]. Abb. 5

Im Unterschied zu Goethes noch am Klassizismus geschulter Kunstauffassung kommt hier ein Kunstbegriff zum Tragen, der im Ausdruck seelischer Empfindungen, die den Betrachter unmittelbar anrühren sollten, den Nationalcharakter suchte. Ihm hatten sich auch ideale Gestalten zu unterwerfen, wodurch das von ihnen Bezeichnete sich um so eindringlicher darbieten sollte. Es liegt nahe, daß gerade die Religion, die von den Befürwortern der 'neudeutschen Schule' eine jener Nationalcharakteristika ausmachte, die es wiederzubeleben galt, als entindividualisiert, als zu wenig 'innig' empfunden wurde.

In den beiden letzten Fresken, der ›Philosophie‹ und der ›Medizin‹, wurde der kritisierte Charakter einer Bildsäule noch weiter getrieben, doch nicht mehr unter dem eindeutigen Anspruch einer Personifikation. Trotz der Beibehaltung des Bildschemas zeigt die Gestalt der Abb. 6, 8

80 Förster 1887, S. 316.

81 Hagedorn 1762, S. 461.

82 Schadow an Minister v. Altenstein, 5. 10. 1827, Schrörs 1906, S. 79–83; Schadow an den Geheimen Oberregierungsrat Nicolovius, 30. 10. 1827, Schrörs 1906, S. 83–85: „Hätte man in einer Nische diese Figur (die Theologie, M. W.) *statuenartig* (etwa wie in der Schule von Athen den Apoll und die Musen) dargestellt, so blieb noch Freiheit für die Anordnung der übrigen Bilder."

83 Schadow an Minister v. Altenstein, 5. 10. 1827, Schrörs 1906, S. 80.

84 Schadow berichtet am 30. 10. 1827 (Schrörs 1906, S. 83–84), zwar könnten die „Fehler der ursprünglichen Konzeption" nicht behoben, doch gemildert werden. Es „können mithin nur vier große Societäten mit ihren weiblichen Präsidenten herauskommen". Für die in Angriff zu nehmende ›Philosophie‹ meint er jedoch „Varietät bewirken" zu können und Götzenberger sei „in dieser Beziehung vollkommen ... einverstanden."

85 Kunstblatt 1827, Nr. 37, S. 145, anläßlich der Ausstellung des Kartons der ›Theologie‹ in der Berliner Kunstausstellung 1826.

86 Berlinische Nachrichten von Staats- und Gelehrten Sachen 1826, Nr. 239, zit. n. Schrörs 1906, S. 12.

Abb. 6 'Wahrheit' in der ›Philosophie‹ starke Tendenzen zur Skulptur. Dies nicht nur durch die griechische Nacktheit, sondern vor allem durch die Umgebung. Obwohl sie, im Begriff, ihren Sternen-
Abb. 5, 7 schleier zurückzuschlagen, viel bewegter dargestellt ist als die thronende Theologie und Jurisprudenz, erscheint sie vor dem triumphbogenartigen Bauwerk, an dessen Seiten auf gleicher Höhe weitere Skulpturen – rechts Athena, links Apoll – angebracht sind, diesen gleichgeordnet. Auch der Hinweis auf die Ausmalung der Lesche, in der Phidias am olympischen Zeus arbeitet[87] (rechts im Bild), verstärkt den Eindruck, daß die Ideale der Antike durch die Bildkunst formuliert wurden. Wie in Pietro Testas ›Il liceo della pittura‹ mit der Minerva-Statue im Zentrum, einem Blatt aus dem Malereitraktat, das noch weitere Anregungen geliefert haben dürfte[88], hat die Malerei – im Fresko vertreten durch Raffael und Dürer[89] – in nochmaliger medialer Brechung diese 'plastischen Ideale' der Antike in die Neuzeit gerettet. Winckelmann schließlich, auf Raffaels
Abb. 11 Gemälde der Philosophie und zugleich auf das antike Vorbild in der Statue der Wahrheit verweisend, liefert – mit Blick auf den Betrachter – den Zugang für die Gegenwart. Die zeitüberdauernde Realität der bildenden Kunst übernimmt es somit gegenüber der geschichtlichen Veränderung, Werte zu transportieren, die jedoch ihrerseits historisch relativiert werden: Raffael kopiert ebensowenig die Antike wie das Bonner Fresko Raffael. Die Kontinuität steckt in der Entwicklung.

Noch deutlicher wird die Veränderung gegenüber den Personifikationen in der ›Theologie‹
Abb. 8 und ›Jurisprudenz‹ in dem zuletzt ausgeführten Fresko der ›Medizin‹, handelt es sich doch hier um das Kultbild der Isis in einer ägyptischen Tempelkammer, dem zwei Priester ihre Referenz erweisen. Die Inszenierung mit der magischen Beleuchtung durch den das Bild der Göttin krönenden Halbmond wie die Hinweise auf deren Rätselhaftigkeit durch die beiden Sphingen lassen indessen an Theaterinszenierungen mit Schinkelschen Bühnenbildern denken[90].

Damit war Goethes wie Schadows Kritik in dem Punkt entsprochen, daß im Zentrum nicht mehr die Verbildlichung eines Begriffs stand, sondern ein Kultbild. Dieses Kultbild erschien allerdings als intakt funktionierendes, nicht als ein in die Gegenwart überkommenes Bildwerk der Antike, wie etwa die im Hintergrund assistierenden Skulpturen – Äskulap und Chiron – in den Mauernischen. Damit wurde die Wurzel der Medizin historisch verankert und im Kult der Ägypter angesiedelt. Diese Historisierung hatte aber zur Folge, daß für die Ansammlung von Naturforschern und praktischen Medizinern kein gemeinsamer Bezugspunkt mehr vorhanden war, sondern nur noch ein gemeinsamer historischer Ursprung. Alle Dargestellten sind somit Nachfahren des Isis-Kultes. Dies wiederum kollidierte mit den Emanzipationsbestrebungen der wissenschaftlichen Medizin, die sich von allen religiösen Bindungen unabhängig dargestellt sehen wollte.

87 Vgl. den Erläuterungstext zur ›Philosphie‹, SCHRÖRS 1906, S. 185.

88 Testas ›Schule der Malerei‹ ist auch in der architektonischen Anlage des Innenhofes, den antiken Skulpturen als Vorbild für die zeitgenössische Malerei, die in zwei Prinzipien gespalten ist, vergleichbar. Gegenüber der gefesselten Theorie und der blinden Praxis, führt nur die *perfettione* im Zentrum zur Weisheit der antiken Pallas. Obwohl sich die Wertung nicht direkt mit dem Bonner Fresko parallelisieren läßt, ist dennoch die Malerei als Synthese zwischen Geschichtsschreibung links (Niebuhr) und Philosophie rechts (Kant) im Zentrum dargestellt. Testas Traktat mit den Entwurfsskizzen befand sich schon damals in der Düsseldorfer Akademie, so daß eine Anregung denkbar ist. Zu Testa s. Matthias WINNER: Gemalte Kunsttheorie, in: Jahrbuch der Berliner Museen. Jahrbuch der Preußischen Kunstsammlungen, NF. Bd. 4, 1962, S. 150–185.

89 Zu der überaus verbreiteten Dürer-Raffael-Gruppe vgl. HINZ 1972.

90 Etwa das Bühnenbild mit dem Inneren des Sonnentempels und der Statue des Osiris für den 2. Akt der Zauberflöte, vgl. AUSST.-KAT.: SCHINKEL, Berlin (DDR) 1982, Nr. 10, 12.

Insgesamt zeigt sich also in den Bonner Fakultätenbildern trotz Beibehaltung des ursprünglichen Bildschemas eine zunehmende Tendenz zur Historisierung. Damit änderte sich auch das Verhältnis zwischen der Zentralfiguration und den versammelten Wissenschaftsvertretern, da mit der Historisierung notwendigerweise die überzeitliche Gültigkeit der Personifikation relativiert wurde. Die ›Philosophie‹ nimmt insofern eine Mittlerstelle zwischen den beiden ersten noch unter Cornelius' Einfluß entstandenen Fresken und der ›Medizin‹ ein, als hier die bildende Kunst den Wahrheitsanspruch, den die Personifikationen der ersten Fresken postulieren, jeweils historisch erneuert. Von der Antike über Raffael und Dürer führt die Entfaltung dieses Anspruchs zu Winckelmann und schließlich in die Gegenwart der Bonner Fresken selbst.

Abb. 6

Abb. 5, 7, 8

Trotz der Verschiedenheiten bleibt aber eine Aufgabe allen vier weiblichen Zentralfiguren der Bonner Fakultätenbilder erhalten, nämlich das Motto für die Versammelten abzugeben. Die mit Ausnahme der Sappho in der ›Philosophie‹ ausschließlich von Männern repräsentierten x-fachen historischen Modifikationen des Mottos bleiben jedoch scheinhistorische physiognomische Titel, deren Ausführung fehlt. Sie sagen nichts über die von ihnen vertretenen Positionen aus, die nur über die Namen gewußt werden können.

Förster, der Cornelius' Konzeption der Bonner Fakultätenbilder stets verteidigt hat, stellt auch in seinen kunstgeschichtlichen Arbeiten zur italienischen Renaissancemalerei die zentrale Bedeutung der Allegorie heraus. So wundert er sich beispielsweise über Rumohr, der „unbegreiflicher Weise" in Lorenzettis Fresken der ›Guten und Schlechten Regierung‹ im Sieneser Palazzo Pubblico „nur eine Darstellung des städtischen und ländlichen Lebens, also ein Genrebild, mit welchem die allegorischen Gestalten in gar keiner Verbindung stehen" gesehen habe[91]. Förster dagegen schätzt die Allegorien der Stirnwand der Sala della Pace nicht nur als inhaltliches Kernstück, sondern bewertet sie auch als qualitativ höher. Die Darstellung der „Folgen" der ›Guten und der Schlechten Regierung‹ auf den Seitenwänden sei dagegen „über die Kräfte des Künstlers" gegangen, weil er diese „durch einen Mißgriff ... mehr auf die Abbildung einer ganzen Stadt ... und einer weiten Feldfläche davor" verwandt habe, „statt die menschliche Gestalt vorzugsweise als Mittel, seinen Gedanken auszusprechen zu benutzen"[92]. Nur in den Personifikationen sieht Förster die Möglichkeit, Ideengehalte zu verbildlichen, während er die Materialisierung dieser Vorstellungen in der sinnlichen Welt als sekundär betrachtet. Und noch sein spätes Raffael-Buch liest sich wie eine Verteidigung der Bonner Fresken. Er wehrt sich vehement gegen jene „Ästhetiker", die der Malerei das Recht abschnitten, „das Nacheinander in der Zeit in einem Raume zusammenzufassen ... oder gar die sichtbare und unsichtbare Welt ineinander greifen zu lassen; mit Einem Worte, ihr einen Gedanken zu Grunde zu legen". Dieses Gesetz „kann nicht dulden, ... daß Menschen über die Kluft von Jahrhunderten die Hand sich reichen ... noch gar, daß bloße Gedanken – wie Gerechtigkeit, Religion etc. – ... und dergleichen Menschengestalt annehmen"[93].

Da aber der Kern aller Kunst „nicht auf irgend welcher Illusion, sondern auf ... *Gedanken*" beruhe, will er die spöttische Bezeichnung „Gedankenmalerei" ihrer Kritiker als ehrenvoll akzeptieren[94]. Daher dürfe sich „die bildende Kunst, die Malerei sowenig als die Sculptur, ...

91 Förster 1835, S. 182.

92 Förster 1835, S. 184.

93 Förster 1867, Bd. 1, S. 274/275.

94 Förster 1867, Bd. 1, S. 277. Vehementer Gegner der „Gedankenbilder" war Friedrich v. Uechtritz, da in ihnen „nur ein dunkles und unerfreuliches Gemisch von Gestalten geboten" werde, die „wenn der Maler als Erklärer fehlt, in eine Klasse mit den Ägyptischen Hieroglyphen zu stellen seyn möchten", Uechtritz 1840, Bd. 1, S. 17.

von ästhetischen Deductionen das Recht aus der Hand winden lassen, abstracte Begriffe durch concrete Gestalten zu bezeichnen"[95]. Die Abstrakta sind ihm Voraussetzung für die Darstellung einer „Entwicklungs-Geschichte", die Förster bezeichnenderweise auch in der ›Schule von Athen‹, dem „Gipfel der Gedankenmahlerei", zu sehen glaubte[96].

Von der Religion zur Geschichte

Berthold Hinz, der sich erst jüngst mit den Bonner Fakultätenbildern auseinandersetzte, stellt die ›Philosophie‹ ins Zentrum seiner Untersuchung und behandelt sie als *pars pro toto,* ohne den Konzeptionswandel innerhalb der vier Fakultätendarstellungen zu beachten. Er wertet die
Abb. 6 ›Philosophie‹ als „eine exemplarische Proklamation dessen, was man sehr einleuchtend den ästhetischen Historismus genannt hat, sein geradezu wörtlich vorgetragenes Konzept"[97]. Ästhetisch insofern, als es die Vertreter der bildenden Kunst, Raffael und Dürer, seien, die in der ›Philosophie‹ wie in keinem der anderen Fresken eine Sonderstellung in der Zentralachse zwischen Lebensborn und Personifikation einnehmen. Nur sie scheint „allein im stande zu sein, eine Gesamtsicht der Dinge und Gedanken zu geben; einzig die *künstlerische* Wiedergabe scheint befähigt, die Totalität zu fassen und vorzustellen"[98]. So soll nach dem Verlust der Religion als einheitsstiftender Instanz des Wissens und der Wissenschaft nunmehr ästhetisch im Gemüt „die Kluft der voneinander getrennten Gebiete zu einer Einheit der Zusammenstimmung geführt werden"[99]. Solch ästhetischer Historismus sei unbestritten, die Malerei leistete die Verbindung aller Wissenschaftszweige, wie die Bonner Fresken als geschaffene Realität selbst bezeugen.

Doch wurde bereits dargelegt, inwiefern die ›Philosophie‹ eine Mittlerstellung zwischen den
Abb. 5, 7–8 beiden ersten Fresken mit ihren Personifikationen und dem letzten mit dem ägyptischen Kultbild der Isis einnimmt. Die Kunst steht zwischen Religion und Geschichte. In den Personifikationen der Theologie und der Jurisprudenz als den überzeitlichen Instanzen ist noch jener transzendentale Rest, der jenseits aller geschichtlichen Veränderung die Welt zusammenhalten sollte, aufgehoben. Die Personifikationen stellen den Versuch dar, das 'hinter' aller Geschichte stehende, diese bestimmende Prinzip als göttliches zu retten. Gleichzeitig soll dem entwicklungsgeschichtlichen Wissenschaftsverständnis durch die Anordnung der Personen Rechnung getragen werden. In solcher, von K. W. F. Solger als „lächerlich" verworfenen „modernen Art, Gedanken, abstracte Begriffe in der Kunst auszudrücken", gilt der „wirkliche Gegenstand nur als Beispiel"[100]. So auch in den unter Cornelius' Aufsicht entstandenen beiden ersten Fakultätenbildern. Die Männer aller Zeiten sind Beispiele des immer gleichen Prinzips. Damit wird trotz des entwicklungsgeschichtlichen Anspruchs Geschichte jeglicher Dynamik beraubt. Sie selbst erscheint als Manifestation göttlicher Gesetze.

95 Förster 1867, Bd. 1, S. 285.
96 Förster 1867, Bd. 1, S. 292.
97 Hinz 1977, S. 62–63 unter Berufung auf Schlaffer 1975, bes. S. 7 ff.
98 Hinz 1977, S. 62.
99 Hinz 1977, S. 64, zitiert hier Joachim Ritter ('Ästhetik, ästhetisch'), in: Historisches Wörterbuch der Philosophie, Bd. 1, Basel/Darmstadt 1971, Sp. 566 f.
100 Solger (Vorlesungen zur Ästhetik, 1819), zit n. Sörensen 1972, S. 234. An anderer Stelle heißt es: „Kindisch und der Kunst unwürdig ist es, durch äußere Ähnlichkeit eine Idee bezeichnen zu wollen, oder noch lächerlicher, den allgemeinen Begriff als eine bestimmte Persönlichkeit zu behandeln, wie es die Franzosen zu halten pflegen. Und dergleichen ist es, was man gewöhnlich Allegorie nennt" (Erwin,1815), zit. n. Sörensen 1972, S. 230–231.

In der ›Philosophie‹ ist das Cornelius-Modell bereits unterwandert. An die Stelle der Religion ist die Kunst getreten, die die 'Wahrheit' durch die Geschichte transportiert. Die überzeitliche Existenz der Kunst garantiert das Fortbestehen der in ihr enthaltenen Werte, die auf verschiedenen historischen Stufen neu formuliert und damit aktualisiert werden (Antike – Raffael – Winckelmann). Kunst vermittelt das Immerwährende mit der historischen Veränderung. In dieser Rolle thematisiert sich die bildende Kunst in Götzenbergers Fresko der ›Philosophie‹ selbst, gemäß der Anforderung an die Kunst, Vergangenes als „Bild und Andenken ... sichtbar und einprägsam in die Gegenwart zu holen“[101]. Abb. 6

Insofern ist der Wechsel von der Personifikation zur Skulptur nicht nur Ausdruck der verschiedenen Gegenstandsbereiche der Fakultäten, sondern er bezeichnet die Veränderung von der Religion mit ihrem überzeitlichen Gültigkeitsanspruch zur Geschichte als dem Ausdruck kontinuierlicher Entwicklung, wie sie sich am deutlichsten im letzten Fresko der ›Medizin‹ zeigt.

Das Fakultätenschema als Vierergliederung lebte, auch als die Naturwissenschaften expandierten, innerhalb der Monumentalmalerei von Bibliotheken und Universitäten weiter bis hin zu Gustav Klimts umstrittenen Jugendstilentwürfen für die Aula der Wiener Universität[102]. Doch spielte später die Entwicklungsgeschichte keine Rolle mehr. Daneben zeigten sich schon bald Ansätze, wie z. B. in den 40er Jahren in Tübingen, universitäts- d. h. lokalgeschichtliche Ereignisse zu thematisieren[103]. Doch ließen sie sich erst nach der Reichsgründung durchsetzen. Abb. 13

Zum Weiterleben des Pantheons berühmter Männer

Das Modell der Genieversammlung aber gewann unabhängig vom Thema der Fakultäten besonders innerhalb der Ikonographie der Künste an Bedeutung. Das berühmteste Beispiel ist wohl Jean Dominique Ingres' monumentale ›Apotheose Homers‹ von 1827, in der zwar keine Personifikation, sondern der 'Vater aller Künste', Homer, mit seinen personifizierten Werken – der Ilias mit dem Schwert, der Odyssee mit dem Ruder – im Zentrum thront. Auch hier sind die zeitlich Jüngsten der Versammlung am vorderen Bildrand nur in Halbfigur sichtbar, doch gibt es bei dem Klassizisten Ingres keine streng historische Ordnung. Die 'Wahlverwandtschaften' durchbrechen das Entwicklungsschema: So nimmt z. B. Apelles Raffael bei der Hand, während Dante dem Vergil als Schützling zugeordnet ist[104].

101 Gustav Adolph Schöll in: Museum 1835, S. 39.

102 Anläßlich der 500-Jahrfeier der Universität Heidelberg 1886 wurde die Aula von Josef Durm neu ausgestattet und die Decke mit vier Fakultätenpersonifikationen in Medaillons von dem Karlsruher Maler R. Gleichauf versehen. Vgl.: W. Schleuning: Über den malerischen und plastischen Schmuck der Aula, in: Ruperto-Carola. Ill. Fest-Chronik Nr. 8, Heidelberg 1886, S. 131 ff. mit Abb. Die darunter liegende Decke aus dem frühen 18. Jh. blieb erhalten. Zu ihrem Bildprogramm s. Klaus Lankheit: Die barocke Decke der Heidelberger Alten Aula, in: Ruperto-Carola, 5. Jg. 1953, H. 9/10, S. 79 ff.

Die Deckenbilder der Wiener Universitätsaula – schon vom Architekten Ferstel vorgesehen – wurden 1892 von der Kunstkommission des Ministeriums beschlossen. Franz Matsch und Klimt erhielten den Auftrag, der ein zentrales Mittelbild, die vier Fakultäten und 12 kleine Lünettenbilder umfaßte. Zur Auftragsgeschichte und den endlosen Auseinandersetzungen, die schließlich dazu führten, daß Klimt seine Fakultätenbilder 1905 zurückzog, s. Alice Strobl: Zu den Fakultätenbildern von Gustav Klimt, in: Albertina-Studien II, 1964, H. 4, S. 138–169; Vergo 1978/1979.

103 Das Unternehmen scheiterte nach langen Auseinandersetzungen um das Programm, s. Wagner 1983.

104 1826 bestellt als Deckenbild für den Louvre, 336 x 515 cm, Öl/Lwd., Paris, Louvre. Die Personifikationen der

Als christliches Gegenstück läßt sich Friedrich Overbecks zwischen 1833 und 1840 im Auftrag
Abb. 14 des Städelschen Kunstinstituts ausgeführtes Monumentalgemälde ›Der Triumph der Religion in den Künsten‹ ansehen, dessen Vorbild Raffaels sogenannte ›Disputa‹ bildete[105]. Doch zeigt schon die kreisförmige Anordnung in der himmlischen wie in der irdischen Zone, daß es hier nicht um lineare Entwicklung ging, sondern um das immerwährende Zentrum der neuzeitlichen Kunst, um die Religion.

Abb. 15–17 Doch vor allem in der Wandmalerei der zweiten Jahrhunderthälfte war das symmetrisch-dekorative Schema mit der erhöhten Zentralfigur und den zu beiden Seiten versammelten Künstlern und Gelehrten beliebt. Dabei gewann die Epochengliederung in Antike und christliche
Abb. 15 Zeit an Bedeutung. In Carl Gehrts Fresken im Treppenhaus der Düsseldorfer Kunsthalle (1887, zerstört) standen sich, ganz ähnlich wie in Ferdinand Kellers Monumentalgemälden im Treppen-
Abb. 16 haus der Vereinigten Sammlungen in Karlsruhe, ›Klassisches Altertum‹ und ›Zeitalter der Renaissance‹ als Pendants gegenüber[106]. Dabei mag in den genannten Fällen der Anbringungsort in einem Treppenhaus für den Pendantcharakter ausschlaggebend gewesen sein, doch auch in der
Abb. 17 Aula des Bromberger Gymnasiums, wo Otto Brausewetter nach 1883 einen Fries mit den Genies des Abendlandes ausführte, waren sie nach Epochen gegliedert und jeweils um eine zentrale Personifikation gruppiert[107].

Anstelle der personifizierten Kunst, Wissenschaft, Religion oder Weisheit tritt schließlich in Julius Bergers Deckenbild im Wiener Kunsthistorischen Museum (1891) Kaiser Maximilian auf[108]. Der größte der 'Mäzene des Hauses Habsburg' ist hier zum Zentrum der Kunst geworden.

All diesen späten Genieversammlungen mit ihrer Dreiergliederung ist jedoch gemeinsam, daß sie im Unterschied zu den Bonner Fakultätenbildern nicht mehr versuchen, die Bildtiefe zur Veranschaulichung zeitlicher Entwicklung zu nutzen. Die starre repräsentierende Ordnung wird bei Keller – dem ‚badischen Makart' – wie bei Gehrts gelockert und szenisch-dekorativ gruppiert. Die schmale Handlungsbühne läßt keine Tiefenstaffelung zu. Wenn überhaupt, ist ein zeitlicher Verlauf von links nach rechts angedeutet, was in den Treppenhäusern von Karlsruhe und
Abb. 15, 16 Düsseldorf auch dem Vordringen des Besuchers in die jeweiligen 'Tempel der Kunst' entsprach. Doch in diesen Ahnengalerien ist das Entwicklungsschema nur noch in der Epochengliederung vorhanden. Die Personifikation dient nur noch der Einteilung in ein dekoratives Triptychon.

sieben Städte, die sich stritten, Geburtsorte Homers zu sein, vervollständigten das Programm. Ein Identifikationsschema der im Zentralbild dargestellten Personen bei Emilio RADIUS: L'opera completa di Ingres, Mailand 1968, Nr. 120.

105 Der Auftrag für ein historisches Gemälde, dessen Gegenstand Overbeck selbst überlassen blieb, erging 1829. 1831 war der Entwurf vollendet, 1833 begann die Ausführung auf Leinwand (392 x 392 cm), Frankfurt, Städelsches Kunstinstitut. Vgl. AUSST.-KAT.: NAZARENER 1977, Nr. F 19, mit Sonderbeilage des Erläuterungstextes von Overbeck.

106 Carl Gehrts: ›Die Kunst des Altertums‹, ›Die Kunst der Renaissance‹, 1887. Die Fresken gehören zu den Kriegsverlusten. Kleine Ölskizzen in der Kunsthalle Düsseldorf. Vgl. AUSST.-KAT.: DIE DÜSSELDORFER MALERSCHULE 1979, Nr. 78, 79. Ferdinand Keller: ›Klassisches Altertum‹, ›Renaissance‹, je 30 Fuß Länge, vor 1886, vgl.: BOETTICHER 1891–1901; Friedrich PECHT: Die modernen Stoffe in der Historienmalerei, in: Kunst für Alle, 1. Jg. 1886, S. 163–165; BERINGER 1922, S. 69.

107 ›Das Zeitalter der Humanisten‹ war 1893 auf der Großen Berliner Kunstausstellung zu sehen, s. KUNST FÜR ALLE, 8. Jg. 1892/1893, S. 306. Der Auftrag wurde 1882 von der Landes-Kunstkommission erteilt, Zahlungen erfolgten bis 1890. Vgl. JPKS, 1882, 1885, 1890, Kunst-Fonds. Ein zweiter Friesteil thematisierte die Antike.

108 Deckenbild im Kunsthistorischen Museum, Wien, s. KUNST FÜR ALLE, 8. Jg. 1892/1893, S. 102; Carl v. LÜTZOW: Die Mäzene der bildenden Künste im Hause Habsburg ..., in: ZfbK, N. F. Bd. 4, 1892, S. 145–150, KITLITSCHKA 1981, S. 154f.

Vischers Kritik an den Bonner Fakultätenbildern

Prinzipielle Kritik an den Bonner Fresken äußerte Friedrich Theodor Vischer in seiner zuerst 1841 erschienenen Polemik gegen Overbecks ›Triumph der Religion in den Künsten‹[109]. Damit reagierte der Hegel-Schüler auf die Verletzung des Geschichtlichen durch die Allegorie, die auf Transzendentes verweise. Abb. 14

Die Position, daß die Kunst der Gegenwart im Begriff sei, die Religion als das die Welt zusammenfassende Prinzip abzulösen, an ihre Stelle statt dessen eine ästhetische Weltschau trete, hatte in der philosophischen Ästhetik um 1830 vor allem Christian G. Weiße in seiner Definition des „modernen Ideals", welches die Kunst selbst sei, vertreten[110]. Er ordnete – wie ehedem die Religion – nun die Kunst außerhalb der „Sphäre der zeitlichen Entwicklung und Aufeinanderfolge". Die Kunst vollziehe die „absolute Negativität des Augenblicks", womit sie auf die Ewigkeit verweise. Die Geschichte selbst, für deren Verbildlichung Weiße allegorische Gestalten für unverzichtbar hielt, nannte er allegorisch, da sie sich erst in einem „Höheren" vollende[111].

Vischer dagegen ging es um die Immanenz der Geschichte und um eine Kunst, die nicht Religionsersatz lieferte, sondern sich der diesseitigen Geschichte verpflichtete. Dieses Prinzip aber sei in den Bonner Fakultätenbildern ebenso wie in Overbecks Bild verletzt worden: Abb. 5–8, 14

> „In den Fresken Hermanns (!) in dem Universitätshause zu Bonn ist die Philosophie und die Theologie *neben* die großen Männer, in denen sie sich wirklich verkörpert, als die hohle und schattenhafte Figur einer Allegorie grobmaterialistisch hingesetzt"[112].

In Bonn wie in der gesamten 'neudeutschen Kunst' habe sich

> „dieses Afterbild des Schönen, diese Conservatorin eines ästhetischen Naturaliencabinets, welche einem bestimmten sinnlichen Gebilde die ihm lebendig zuhörende warme Seele ausweidet und dafür einen ihm fremden, der Vielseitigkeit individueller Beseelung durch seine Abstractheit widersprechenden Begriff hineinstopft: dieses Gespenst der Kunst, die Allegorie ... dennoch auf allen Seiten eingeschlichen"[113].

Zur Untermauerung seiner Argumente, daß die neuzeitliche Malerei dem Gesamtprozeß der Vergeschichtlichung Rechnung getragen und sich schon seit der Renaissance von der Allegorie entfernt habe, rekurriert er auf das Vorbild für Overbecks ›Triumph der Religion‹ wie für die Bonner Fakultätenbilder. Trotz der „unfruchtbaren" Aufgabe habe nämlich schon Raffael „diese todte Geburt des Verstandes ... in der Segnatur aus gutem Grunde als rein decorative Nachhilfe an die Decke verwies(en)"[112]. In den „eigentlichen" Wandbildern, wie der ›Schule von Athen‹ dagegen, „ist kein einzelner Philosoph die ganze Philosophie, sie geht als Geist durch das Ganze, ist Princip und Facit aller Glieder dieses hohen organischen Gebildes"[113]. Vischer läßt es Raffael zur Ehre gereichen, daß er schon zu Beginn der Neuzeit die Allegorie aus dem historischen Verband ausgliederte und ihr eine in seinen Augen untergeordnete Stellung zuwies. Dies ist für Vischer ein Beweis der Weitsichtigkeit des Malers und zugleich ein Beleg für die Entwicklungsrichtung der neuzeitlichen Malerei zur reinen Historie. Abb. 11 Abb. 12

109 Vischer (1841) 1844, S. 163–206.
110 Weisse 1830, bes. S. 315ff.
111 Weisse 1830, S. 211.
112 Vischer (1841) 1844, S. 196–197.
113 Vischer (1841) 1844, S. 170–171.
114 Vischer (1841) 1844, S. 170.

In der „Materialisierung“ des Jenseits, wie sie von den Nazarenern und der Cornelius-Schule betrieben werde, sah Vischer daher einen Anachronismus, der ins Mittelalter zurückfalle.

> „Meint ihr denn, daß wir einen Luther, einen Kant, Fichte, Schelling, Hegel, haben? Das könne in der Wissenschaft eingeschlossen bleiben, sei nicht Symptom und Sprache unserer Gesammtbildung, fließe nicht in sie zurück und müsse auch in der Kunst durchbrechen? Ein großes Stück Geschichte verläugnen, ist immer Wahnsinn“[115].

Die veränderte Zeit, das veränderte Wissenschaftsbild muß auch in der Kunst zum Ausdruck kommen.

> „Der geschichtliche Geist konnte dem Mittelalter noch nicht aufgehen, die objective Betrachtung, die er verlangt, setzt alle Vermittlungen der Kritik und der freien Universität voraus, die erst der moderne Geist auf sich zu nehmen vermochte“[116].

Als zeitgemäße Aufgabe der Kunst sah Vischer daher allein das „profan-historische Gemälde“ mit seinen Helden der Tat. „Die Geschichte, die Welt als Schauplatz des Herrn ... das ist das Feld des modernen Künstlers“[117]. Vischers offener Pantheismus, der bei seiner Antrittsvorlesung für den Lehrstuhl für Ästhetik in Tübingen 1844 gleich zu zweijährigem Berufsverbot[118] führen sollte, war die unmittelbare Grundlage seiner Allegorienfeindlichkeit und seiner vernichtenden Kritik an den Bonner Fakultätenbildern. Die Veränderung innerhalb der vier Fresken ist ihm dabei offenbar entgangen[119].

3. Der Münchner Hofgartenzyklus der Cornelius-Schule

Zum Geschichtszyklus

Als zweiter Typ eines entwicklungsgeschichtlichen Bildprogramms mit allegorischen Ergänzungen soll der erste uneingeschränkt öffentliche Geschichtszyklus des 19. Jahrhunderts untersucht werden, der im Auftrag König Ludwig I. von Bayern in den Münchner Hofgartenarkaden
Abb. 18–20, zwischen 1826 und 1829 entstand[120]. 16 Szenen aus der bayrischen Geschichte seit Otto von
23–27 Wittelsbach – ergänzt durch einen Tugendkanon – kamen zur Darstellung.

115 VISCHER (1841) 1844, S. 194.

116 VISCHER (1841) 1844, S. 195–196.

117 VISCHER (1841) 1844, S. 193.

118 Klaus SCHREINER: Disziplinierte Wissenschaftsfreiheit. Gedankliche Begründung und geschichtliche Praxis freien Forschens, Lehrens und Lernens an der Universität Tübingen, Tübingen 1981, bes. S. 74ff. Vgl. auch Walter JENS: Eine deutsche Universität. 500 Jahre Gelehrtenrepublik, München 1977³, S. 392–396.

119 Für eine ungenaue Kenntnis der Bonner Fresken spricht auch, daß er Hermann außer der ›Theologie‹ auch die ›Philosophie‹ zuschreibt, obwohl dieses dritte Fresko erst entworfen wurde, als Hermann schon längst in München arbeitete. Auf Kellers Stichen (1833 und 1836) wird aber durchgehend Götzenberger als Erfinder genannt.

120 Zeitlich früher liegt der Auftrag für den ersten Geschichtszyklus, den die Cornelius-Schule noch in Düsseldorf vom Grafen Franz J. A. v. Spee erhielt. Die Geschichte Barbarossas wurde zwischen 1825 und 1841 im Gartensaal von Schloß Heltorf (bei Düsseldorf) ausgeführt. Zuletzt Dieter GRAF: Die Fresken von Schloß Heltorf, in: Ausst.-Kat.: Düsseldorfer Malerschule 1979, S. 112ff.

Waren die Bonner Fakultätenfresken in ihrer Gesamtkomposition durch das Fakultätenschema bestimmt, so daß sich die beabsichtigte Darstellung der historischen Entwicklung jeder einzelnen Disziplin in den vier gleichartig strukturierten Wandbildern nur innerhalb des Bildraumes entfalten ließ, also illusionistischer Tiefenraum der Veranschaulichung einer linearen Zeitvorstellung diente, so ließ sich für entwicklungsgeschichtliche Themenbereiche, die keinem übergeordneten ikonographischen Schema unterstellt waren, der Bilder-*Zyklus*[121] nutzen. In dem Maße, wie sich entwicklungsgeschichtliche Vorstellungen durchsetzten, wurde der Zyklus im Verlaufe des 19. Jahrhunderts zum dominierenden Schema der Visualisierung von Geschichte, und zwar sowohl von Personen-, Geschlechter- als auch von Institutions-, Stadt-, Landes- oder Menschheitsgeschichte. Das zeitliche Nacheinander von Ereignissen schien die Bilder-Folge zu fordern: Abb. 5–8

> „Geschichtliche Bilder scheinen fast ihrer Natur nach ein Nacheinander, ein Vor und Nach der Darstellung zu verlangen, so daß, wenn dieses fehlt, der Eindruck von etwas Fragmentarischem kaum zu heben ist“[122].

Ernst Förster, der dies 1830, kurz nach der Fertigstellung der ersten Münchner Historienzyklen[123], an denen er z. T. selbst mitgearbeitet hatte, in einem Aufsatz über die Abgrenzung von Historien- und Genremalerei schrieb, wollte demnach die gesamte Gattung der Historienmalerei auf die fortlaufende Bilder-Folge verpflichtet sehen, um Sukzession als Prinzip geschichtlicher Entwicklung anschaulich zu machen. Im Unterschied zur offenen Reihe als der losen Zusammenstellung einzelner Szenen wurde der Zyklus als in sich *geschlossene* Folge verstanden. Doch anstelle des immerwährenden Kreislaufes oder der zyklischen Erneuerung, wie ihn die romantische Malerei in Tages- und Jahreszeiten formulierte, trat im Historienzyklus die lineare Abfolge. Er zeichnete sich durch einen Beginn und ein Ende und damit auch eine verbindliche Reihenfolge aus. Darin lag zugleich ein qualitativer Unterschied zur Reihe, zielten doch jene in den 20er Jahren allenthalben aufgestellten Forderungen nach „bedeutenden“ Werken, in denen „ein großer durchgehender Gedanke alle einzelnen Theile des Ganzen (verbindet)“[124], auf die Visualisierung historischer Entwicklung. Vischer formulierte dies in seiner Ästhetik folgendermaßen, wenn auch unter anderen inhaltlichen Voraussetzungen als der eben zitierte Passavant: „Die Ausschmückung bedeutender Räume begründet auch für die selbständige Malerei zyklische Zusammenstellungen, große monumentale, von der Idee getragene Reihen“[125].

Im Bildzyklus ließen sich – zunächst einmal unabhängig von der raum-zeitlichen Struktur der Einzelszene betrachtet – Voraussetzungen und Folgen darstellen. Dies kam didaktischen Vorstellungen von der Aufgabe öffentlicher Kunst entgegen, da die sukzessive Bildfolge eine Wenn-Dann-Relation auszudrücken in der Lage war. Hatten diese Möglichkeiten schon William Hogarth oder Daniel Chodowiecki in ihren aufklärerisch-moralisierenden Grafikzyklen[126] ge-

121 Eine allerdings überwiegend formalistische Untersuchung der „Gesetze“ der Rhythmisierung in Zyklen, vorwiegend nach literarischen Vorgaben von Schwindt, Führich, Preller, Rethel u. a. bei Wagner 1919.

122 Förster 1830, S. 283.

123 1829 waren die hier behandelten Hofgartenfresken abgeschlossen. Die Loggien der Pinakothek mit ihrer Entwicklungsgeschichte der neuzeitlichen Kunst wurden 1830 vollendet.

124 Passavant 1820, S. 117.

125 Vischer 1923², Bd. 4, S. 345.

126 In Hogarths Bildzyklen der „Modern Moral Subjects“ (›A Rake's Progress‹, ›A Harlot's Progress‹, ›Industry and Idleness‹ usw.) ist die Ausgangssituation stets weichenstellend für die Entwicklung der Geschichte bis zum meist bitteren Ende. Besonders in dem Zyklus ›Industry and Idleness‹, in dem die Handlungsmöglichkeiten des guten und des schlechten Lehrlings vorgeführt werden, ist das Wenn-Dann-Muster pointiert vorgetragen. Vgl. Ausst.-Kat.: Hogarth 1980, S. 81–164. Zu Chodowiecki: Ausst.-Kat.: Chodowiecki 1978, S. 99 f.

nutzt, so wurde der Zyklus, neben der Grafik, auch in der Tafelmalerei wiederentdeckt und zu einer wichtigen Bilderzählform des 19. Jahrhunderts. Der *monumentale* Zyklus unterstützt den Nachvollzug der zeitlichen Aufeinanderfolge der dargestellten Ereignisse schon dadurch, daß er den Betrachter im Abschreiten der Wandflächen die Szenen im räumlich-zeitlichen Nacheinander erleben läßt. Der monumentale Historienzyklus zwingt nicht nur thematisch, sondern auch physisch zum Gang durch die Geschichte. Auf die Gefahr einer Überforderung des Wahrnehmungsvermögens durch die „geschlossenen Bildercyklen", die, wie die „gemeiselten Encyklopädien" der mittelalterlichen Kathedralen, zwar zum „theoretischen Bewußtsein, aber nicht zur sinnlichen Anschauung des ideellen Zusammenhanges gelangen"[127], verwies Anton Springer schon 1856 im Hinblick auf Cornelius' Bildprogramme:

> „Wäre es dem Auge möglich, im Angesicht eines Bildes auch den vollen Eindruck der ganzen Reihe, zu welcher es gehört, festzuhalten, könnte es der poetischen Einbildungskraft die Fähigkeit ablauschen, auch zeitliche Entwicklungen einer Begebenheit, das Vor und Nach mit gleicher Freiheit zu betrachten, dann wäre Cornelius der größte Meister"[128].

Die verschiedenen Bewertungen des Zyklus als Darstellungsform eines historischen Entwicklungsschemas lassen sich nur im Zusammenhang mit den inhaltlichen Vorstellungen von Geschichtsmalerei näher untersuchen. Zunächst einmal ist festzuhalten, daß der Zyklus als traditionsreiche Bilderzählform von den 'Neudeutschen' wiederbelebt und für entwicklungsgeschichtliche Darstellungen genutzt wurde.

Nun war es ganz offensichtlich einfacher, zumal durch Jahrhunderte in der Bildkunst praktiziert, eine literarische Vorlage mit einer bekannten *Story* und immer wieder auftretenden individuellen Helden bildlich zu gestalten als eine historische Entwicklung durch die Jahrhunderte. War der Stoff bekannt, dann ließen sich die zwischen den bildlich herausgegriffenen Szenen – als dem neuzeitlichen Erzählmuster[129] – Lücken vom Betrachter selbst füllen. Der Fortgang der Handlung wurde, auch wenn in Lessings Sinn nur das Koexistierende, nicht das Sukzessive innerhalb eines Bildes zum Ausdruck kam, von den immer wieder auftretenden Personen, seien sie nun biblischer oder mythischer Herkunft, stammten sie aus den Nibelungen oder dem Märchenschatz, getragen. Schwieriger gestaltete sich demgegenüber die Darstellung einer große Zeiträume überspannenden Entwicklungsgeschichte mit wechselnden Handlungsträgern, wie sie die 'Realgeschichte' von Ländern, Völkern oder Dynastien erforderte. An derartigen Zyklen waren aber naheliegenderweise die Fürsten der verschiedenen deutschen Staaten als die zunächst wichtigsten Auftraggeber für Monumentalmalerei vor allem interessiert. So auch in München.

Der Hofgarten als öffentlicher Ort

Abb. 18–20, 23–27 Im Auftrag König Ludwigs arbeiteten an dem Zyklus aus der bayrischen Geschichte als dem ersten Abschnitt der Ausstattung der Hofgartenarkaden zwischen 1826 und 1829 achtzehn verschiedene Künstler[130]. Cornelius, der zwar die Konzeption und Durchführung überwachte,

127 SPRINGER 1856, S. 699.

128 SPRINGER 1856, S. 694.

129 Zur Darstellung des „Nacheinanders" in verschiedenen bildlichen Erzählformen des Mittelalters und der Antike in Anknüpfung an F. Wickhoffs terminologische Unterscheidung (kontinuierende, komplettierende, distinguierende Erzählform) s. CLAUSBERG 1984.

130 Es sind dies: E. Förster, W. Röckel, C. Stürmer, C. Hermann, H. Stilke, G. Hiltensperger, W. Lindenschmit, Ph.

war, wie in Bonn, selbst nicht direkt beteiligt. Die Mehrzahl der Maler zählte zur jungen Cornelius-Schule und war dem 'Meister' von Düsseldorf nach München gefolgt. Beachtung fand dieser früheste Teil der Hofgartenfresken, der schon kurz darauf durch Carl Rottmanns Landschaftszyklus ergänzt wurde[131], weniger seiner künstlerischen Qualität wegen – die schon aufgrund der Vielzahl der beteiligten Künstler unterschiedlich ausfallen mußte – als vielmehr durch den Ort seiner Anbringung und seine 'vaterländische' Thematik. Die immer wieder betonte Bedeutung dieses Historienzyklus für eine nationale Kunstentwicklung, die sich wesentlich über die Verbreitung landesgeschichtlicher Inhalte definierte (s. u.), zeigte sich in den ausführlichen zeitgenössischen Besprechungen[132], historischen Erklärungen[133] und der überregionalen Verbreitung in Stichfolgen[134]. Schnell allerdings schien sein Ruhm zu verblassen und seine Thematik zu veralten. Die Kunstgeschichtsschreibung des 20. Jahrhunderts, die sich eher an gestalterisch innovativen Werken orientiert, hat dementsprechend zwar Rottmanns Zyklus italienischer Landschaften vom Beginn der 30er Jahre[135] und die Serie griechischer Landschaften desselben Künstlers, die ergänzend folgen sollte, wie auch die kleinen genrehaften Szenen aus dem griechischen Befreiungskampf von Peter Hess[136] untersucht, nicht aber „die scheußlichen Schinken in den Abb. 32, 33

Schilgen, G. Gassen, A. Eberle, Ph. Foltz, C. Sittmann, C. Schorn, Ch. Ruben, C. Zimmermann, D. Monten, E. Neureuther, W. Kaulbach; s. Förster 1874, Bd. 1, S. 396. Förster führt Neureuther und Kaulbach nicht auf, Zimmermann und Monten nimmt er von den Cornelius-Schülern aus.

131 Die 28 „historische“ Landschaften umfassende Serie war schon 1827/1828 von Klenze als Gegenkonzept zum Historienzyklus der Cornelius-Schule durchgesetzt worden. Vgl.: Bierhaus-Rödiger 1978, S. 37; dies. 1979, S. 126–148; Eschenburg 1978, S. 72f., 76ff.

132 Berliner Kunstblatt, 1. Jg. 1828, S. 309–312, 335–340, 364–367; Kunstblatt, 1829, Nr. 1, Nr. 43. Inland, 1829: Nr. 263/264, Nr. 310, Nr. 311, Nr. 312/313, Nr. 314, Nr. 321, Nr. 325, Nr. 329, Nr. 330, Nr. 359/360, Nr. 363, Nr. 364; 1830: Nr. 17/18, Nr. 19, Nr. 21, Nr. 133, Nr. 136, Nr. 139, Nr. 154/155, Nr. 167/168, Nr. 170, Nr. 174/175, Nr. 180, Nr. 187, Nr. 194/195; Röckel 1829; Hormayr 1830; Schottky 1833; Raczynski, Bd. 2, 1839; Förster 1840; Marggraff 1846.

133 Die ausführlichste Darstellung von über 300 Seiten – nahezu ausschließlich eine historische Erläuterung der dargestellten Ereignisse und ihres geschichtlichen Umfeldes – bei Hormayr 1830. Der am Projekt beteiligte Maler W. Röckel gibt dagegen in seinem vierzigseitigen Führer kurzgefaßte Erklärungen der dargestellten Personen und Situationen.

134 Die frühesten Lithographien erschienen im Kunstblatt 1829, Nr. 1; nach Förster 1840, S. 191 waren Abbildungen „in allen Buchhandlungen“ zu haben. Es gab mindestens zwei Folgen in unterschiedlichen Größen. Die erste erschien 1831 als: Fresco-Gemälde aus der Geschichte der Bayern, in den Arcaden des Hofgartens zu München, lithographiert und herausgegeben von einigen der Maler derselben. Ausschnitte verschiedener Szenen bei Raczynski, Bd. 2, S. 219, 248, 268.

135 Bei Rottmanns Serie der italienischen Landschaften handelt es sich – wenn auch weniger streng – um einen Zyklus. Die Ansichten beginnen im Norden und enden im Süden, wobei ihre Bedeutung „in der allmählichen Zusammenführung von Vergangenheit und Gegenwart, von früherer Kultur und überdauernder Natur“ liegt. „Diese Vereinigung wird auf dem Weg zum Süden in die entfernteste Vergangenheit möglich“, Eschenburg 1978, S. 76. Vgl. Bierhaus-Rödiger 1979, S. 126–148.

136 Der Auftrag für den Zyklus von 38 historischen Landschaften aus Griechenland wurde 1832, dem Jahr der Thronbesteigung Ottos I. als König von Griechenland, erteilt. Zwischen 1832 und 1850 auf Steinplatten ausgeführt, kam er jedoch nie am vorgesehenen Ort, sondern in der Neuen Pinakothek zur Aufstellung, da man Beschädigungen, wie sie am Italienzyklus aufgetreten waren, fürchtete. Vgl. Cornelia Stabenow, in: Neue Pinakothek München, Erläuterungen zu den ausgestellten Werken, München 1981³, S. 287f. Zur Ausführung im Hofgarten kamen nur die kleinen Szenen Peter Hess' aus der griechischen Geschichte. Sie waren eingebunden in eine gemalte, von Klenze entworfene Wandgliederung, so daß über jeder Landschaft in einer Ädikula jeweils eine Historienszene steht. Hugo Decker: Carl Rottmann, Berlin 1957, S. 41. Bierhaus-Rödiger 1977, S. 2149–2151. Zu den Historienszenen aus dem griechischen Befreiungskampf s. Reinhardt 1977, S. 311f. Dort jedoch keine historische Einordnung der

Arkaden des Hofgartens"[137]. An ihnen läßt sich jedoch exemplarisch zeigen, auf welche Weise tradierte Themen und Bildmuster der Historienmalerei, verbunden mit einer allegorischen Kommentierung, im Interesse des königlichen Auftraggebers überformt wurden und sich mit einem neuen Öffentlichkeitsanspruch zum integrativ-obrigkeitlichen Geschichtsbild verbanden.

Der im Norden an die Residenz angrenzende, mit einem Arkadengang nach Westen und Norden abgeschlossene, zwischen 1613 und 1617 angelegte Hofgarten[138] war ursprünglich der höfischen Gesellschaft vorbehalten gewesen. Seit seiner ständigen Öffnung im Jahr 1790 galt er jedoch als beliebtes städtisches Ausflugsziel und Flaniercarré. Durch den nach Plänen Leo v. Klenzes von Johann Ulrich Himbsel neu erbauten Bazar[139] an der nördlichen Westseite des Hofgartens mit seinen auch nach innen geöffneten Kaffeehäusern und Kaufläden, wie durch das um 1816[140] errichtete triumphbogenartige Hofgartentor als Verbindung neuer Verkehrsachsen, wurde der Garten in den Publikumsverkehr des Geschäftslebens einbezogen. Der nach innen geöffnete Bogengang verband also zugleich das Bazargebäude mit der Residenz. So „bildeten diese Arcaden einen öffentlichen Spaziergang, wie er sich ganz besonders für einen dem öffentlichen Leben gewidmeten Kunstschmuck eignete"[141].

Die Arkadenfresken waren im Unterschied zu denen der Residenz, der Glyptothek oder der kurz darauf ausgemalten Pinakothek nicht „hinter Portiers, Schilderhäusern und Marmortreppen versteckt"[142] und damit nicht nur einem motivierten und gebildeten Bürgertum zu bestimmten Öffnungszeiten, sondern „dem Volke zu jeder Zeit und Stunde bequem zugänglich"[143]. Diese als „ganz öffentliche" und dem Publikum „selbst gewidmete"[144] Malerei mit ihrer Öffnung ins alltägliche städtische Leben ließ die Arkadenfresken zum Paradebeispiel der von den 'Neudeutschen' programmatisch angestrebten Wiederverbindung von Kunst und Leben werden und brachte dem Stifter, König Ludwig, das Image ein, er werde die Kunst wieder „an den täglichen Verkehr knüpfen und gleich dem Gelde in allgemeinen Umlauf bringen"[145]. Der Anbringungsort schien der didaktischen Unterweisung mittels bildender Kunst größtmögliche Chancen zur

ungewöhnlichen, da „mehr genremäßig als im großen historischen Styl aufgefaßt(en)" Szenen. MARGGRAFF 1846, S. 366. Vischer bewertete sie als neuen vorbildlichen Typ der Historienmalerei, da Hess zu einer „genreartigen Behandlung" gelangt sei, bedingt durch „die besten profanhistorischen Stoffe", die „Revolutionen", VISCHER 1846, S. 178.

137 Lion FEUCHTWANGER: Exil, Frankfurt 1981³, S. 700. Feuchtwanger nutzt den Zyklus in der Erinnerung eines Münchner Emigranten während der NS-Zeit in Paris als Beispiel pathetisch-obsoleter Verhaltensweisen, wie sie der heuchlerischen Geschichtsschreibung der Schulbücher entsprochen habe. WASEM 1981 gibt in ihrer Dissertation lediglich einige Rahmenbedingungen sowie das Bildprogramm an. Eine kritische Auseinandersetzung fehlt, vgl. ebd., S. 222–225.

138 Zur Geschichte des Hofgartens: Kurt HENTZEN: Der Hofgarten zu München. Entwicklungsgeschichte einer historischen Gartenanlage, München 1959.

139 Das Gebäude wurde 1822/1824 bis 1826 von Johann Ulrich Himbsel im Auftrg mehrerer Geschäftsleute errichtet. Seine Rückfront bildete die Innenwand des betreffenden Arkadenabschnittes; s. BIERHAUS-RÖDIGER 1977, S. 2149. Die Läden hatten schon damals sowohl zum Odeonsplatz als auch zum Hofgarten hin Eingänge.

140 Die Datierung schwankt zwischen 1816 und 1822; AUSST.-KAT.: WITTELSBACH 1980, Bd. III 2, Nr. 1101 A (S. 579/580).

141 FÖRSTER 1874, Bd. 1, S. 393/394.

142 VISCHER (1846), 1922², Bd. 5, S. 178.

143 MARGGRAFF 1846, S. 346; Vischer spricht von „öffentlichen Hallen allem Volke zugänglich". VISCHER (1846) 1922², Bd. 5, S. 178.

144 SCHOTTKY 1833, S. 264.

145 Das Fest in Gaibach, in: INLAND 1829, Nr. 209/210, S. 835.

Entfaltung ihrer Wirkung im Profanbereich zu eröffnen. In der euphorischen Münchner Presse hieß es sogar, diese öffentlichen Fresken bedeuten „für die bildenden Künste das, ... was die Buchdruckerkunst für die Wissenschaft“ sei[146]. Die Wiederbelebung solchermaßen uneingeschränkt öffentlicher Kunst wurde im Jahr nach der Fertigstellung in einem Artikel über Kunst und Staat als Ausdruck „einer freyeren, auf den Principien von Gerechtigkeit und Würde des Menschen sich entwickelnden Staatsverfassung“[147] gefeiert, denn „alle bildende Kunst wurzelt, wächst und bringt Früchte auf dem Grunde des öffentlichen Lebens“[148]. Dieses „Prinzip der Öffentlichkeit“ garantiere in Bayern der „constitutionelle Staat“[149], wie er seit der Verfassungsproklamation von 1818 durch König Max I. Joseph in Bayern zum Wohle aller Wirklichkeit geworden sei.

Die Zeit davor – d.h. also vor den Befreiungskriegen und der Neuordnung Europas durch den Wiener Kongreß – wird dagegen als dekadente Epoche unter dem Einfluß des französischen Hofes gebrandmarkt, in der „die Kunst nur als ... Pflegekind des Reichthums erschien, und beschämt von dem Gnadensold eines stolzen Luxus lebte ..., ihre Genüsse ein Vorrecht der vornehmen Klassen“[150] gewesen seien. In dieser Abkapselung der Kunst vom „Volk“ habe sich die „Einwirkung des französischen Hofkunststyls“ so weit durchsetzen können, daß ihr der nationale Stil zum Opfer gefallen sei. Daher habe in jener Zeit die Kunst auch nicht ihre eigentliche Aufgabe wahrnehmen können, nämlich „eine jener besseren Seiten unseres Nationalcharakters ... Tiefe, Gedankenreichthum, Sinnigkeit und keuschen Ernst zu offenbaren oder anzuregen“[151]. Jetzt dagegen – in der konstitutionellen Monarchie Bayerns – könne die Kunst endlich „mit Wirksamkeit in die Öffentlichkeit trete(n)“. Doch setze eine solche Wirksamkeit voraus, „auch *ein* geistiges Interesse mit derselben (zu) haben“[152]. Das heißt, der Aufstellungsort von Kunstwerken als ein potentiell jedermann zugänglicher war zwar eine notwendige, nicht aber eine hinreichende Bedingung für ihre Bestimmung als ‘öffentliche’. Verlangt wurde, daß öffentliche Kunst einen alle betreffenden und für alle verständlichen Inhalt haben sollte.

Diesen gemeinsamen Bezug konnte neben der Religion nur die ‘vaterländische’ Geschichte stiften[153]. Der Geschichtszyklus der Hofgartenfresken erfüllte in den Augen der Zeitgenossen diese Forderung und führte den „Besitz *einer* Geschichte“ als den „größte(n) Reichtum eines Volkes“ vor[154]. Geschichte wurde als das einheitsstiftende Band verstanden, das – ähnlich wie die Religion – Fürst und Volk zusammenschweißen konnte. In einer Vergangenheit, die zum

146 Inland 1830, Nr. 167/168, S. 683.

147 Der Beginn dieser Entwicklung wurde in den Befreiungskriegen gesehen, seitdem einige Völker „ehrenhafte Siege“ errangen, s. Kunst und Staat 1829, S. 46.

148 Kunst und Staat 1829, S. 45.

149 Inland 1829, Nr. 312/313, S. 1254.

150 Inland 1829, Nr. 310, S. 1243; s.a. Hormayr 1830, S. 6: die Kunst habe damals nur unter „Maitressen und Jagdjunkern“ ein Dasein gefunden.

151 Marggraff 1846, S. 2.

152 Inland 1829, Nr. 310, S. 1243; ähnlich der Artikel „Über die Epochen der bildenden Kunst in Bayern“, in: Inland 1829, Nr. 235/236, S. 941.

153 Vgl. Kunst und Staat 1829, S. 47: „Die bildenden Künste dürfen wieder frey dem Vaterlande und der Religion dienen“, nachdem sie vom verwerflichen Luxusleben befreit sind. Rückblicke auf die diesjährige Kunstausstellung, in: Inland 1829, Nr. 358, S. 1436: „Die Selbständigkeit (der Kunst, M.W.) kann und wird aber erreicht werden, wenn unsere Künstler sich zunächst die Verherrlichung der Religion, und daneben der Geschichte ihrer Nation zur Aufgabe machen.“ Dies sind nur wenige Beispiele der allenthalben vertretenen Aufgabe der Historienmalerei.

154 Inland 1829, Nr. 311, S. 1249.

„heiligen Dom geschichtlicher Erinnerung“[155] geronnen ist, gibt es keine inneren Konflikte, sondern nur Gemeinschaft. Eine solchermaßen durch Kunst „geheiligte“ Geschichte taugt, wie die Religion, als Erziehungsinstrument.

Die Artikelserie anläßlich der Fertigstellung der Hofgartenfresken beginnt daher mit einer Grundsatzposition:

> „Geschichte und Religion sind der classische Boden, auf welchem die Künste am herrlichsten, unerschöpflichsten gedeihen ... Aber nicht nur die Künste gelangen dadurch zur wahren Lebendigkeit und Vollendung, sondern auch das Volk wird fähiger werden, ... seinen Geist, sein Gemüth und seine Sitten zu veredeln, besonders wenn es seine Geschichten, seine Thaten sind, welche ihm die bildlichen Darstellungen vergegenwärtigen“[156].

Im Profanbereich galten folglich erst diejenigen öffentlich aufgestellten Werke, die Geschichte zu ihrem Gegenstand hatten, als „Nationalgüter und Vehikel der deutschen Bildung“[157]. Sie sollten jene oben genannten Eigenschaften des Nationalcharakters zur Entfaltung bringen.

In solcher Veröffentlichung von Geschichte als Vergegenwärtigung einer gemeinsamen Vergangenheit sahen selbst Kritiker der Cornelius-Schule die Bedeutung der Hofgartenfresken und setzten sie in unmittelbare Nachfolge der „atheniensischen Poikile“, denn seit der klassischen Antike seien „wohl keine Hallen mehr geöffnet worden, in welchen der Bürger Leben und Thaten seiner Vorfahren durch den Zauber der Kunst wieder ins Leben gerufen“ sehe[158]. Welches diese Geschichten und Taten der Vorfahren der Bürger – andere Autoren sprechen von denen des „bayerische(n) Volk(es)“[159] – sein sollten, die im Hofgarten veröffentlicht wurden, entschied allerdings in erster Linie der Geldgeber König Ludwig. Doch ist klar, daß die Auswahl der Themen für den Historienzyklus auf diese öffentliche Funktion hin berechnet war.

Der Arkadenzyklus und die höfischen Vorbilder

„16 Arcaden“ sollten, wie es in dem Vertrag vom Februar 1828 zwischen Leo von Klenze als königlichem Hofbauintendanten und dem Leiter des Freskenprojektes Peter von Cornelius, inzwischen Direktor der königlichen Akademie in München, heißt, „mit historischen *alfresco* Malereyen aus der bayerschen Geschichte allegorischen Figuren und anderen Zierden, welche sowohl die beyden Seiten und Schlußwände, Bogen, Tympani und Plafonds verzieren sollen“[160], ausgemalt werden. Damit nahm man offenbar Bezug auf das Programm der ursprünglichen Arkadendekoration aus dem frühen 17. Jahrhundert, als der Hofgarten noch der Aristokratie vorbehalten war. Hier sollen Peter Candids Szenen aus der bayrischen Geschichte, „besonders

155 Inland 1830, Nr. 167/168, S. 683.

156 Inland 1829, Nr. 310, S. 1243.

157 Schottky 1833, S. 44. Der Autor handelt über die neue, „eigenthliche Historienmalerei“, deren bedeutendste Entfaltung er in München durch Cornelius und dessen Schule, durch Schnorr und Hess in teils vollendeten, teils begonnenen Werken sieht, worunter somit auch die Hofgartenfresken fallen.

158 Inland 1829, Nr. 263/264, S. 1060.

159 Schottky 1833, S. 260.

160 Vertrag vom 21.2.1828; abgedruckt als Aktenstück Nr. XIV, in: Förster 1874, Bd. 1, S. 491. Der Historienzyklus war jedoch schon Ende 1826 beschlossene Sache, wie aus einem Schreiben des Ministeriums an die Hofbauintendanz vom 28.12.1826 hervorgeht, s. Wasem 1981, S. 223. Die Arbeiten begannen auch schon in dieser Zeit.

aus dem Leben Ottos des Großen und Herzog Ludwig IV."[161], zu sehen gewesen sein. Die älteren Historienbilder seien jedoch schon vor der Öffnung des Hofgartens für das Publikum, nämlich „bereits seit 1779 gänzlich verloschen"[162] gewesen.

Über das Programm der höfischen Ausstattung herrscht Unklarheit[163]. Vermutlich handelte es sich um diejenigen Szenen, die Peter Candid im Auftrag des Kurfürsten Maximilian I. entwarf, nach denen in der Münchner Werkstatt des Wirkers Hans van der Briest die Bildteppiche für die Abb. 21, 22
Residenz hergestellt wurden[164]. Das Bildprogramm erhielt um 1630 eine Ergänzung durch Skulpturengruppen der Taten des Herkules von Kaspar Riedl. Letztere ersetzte man 1780 durch Holzstatuen derselben Thematik von Roman Anton Boos[165].

Insofern war zwar für den neuen Historienzyklus mit seinen allegorischen Begleitfiguren ein höfisches Vorbild am selben Ort vorhanden gewesen, doch in keiner der von Maximilian I. in Auftrag gegebenen erhaltenen Folgen aus der Geschichte des Hauses Wittelsbach ging es um eine dynastische Entwicklungsgeschichte. In der Otto-v.-Wittelsbach-Serie Candids wurde der Dynastiegründer als Vorbild und Wahlverwandter des Auftraggebers verherrlicht; ein weiterer Geschichtszyklus von Hans Werl, ehemals im alten Herkulessaal (bis auf ein Bild erhalten)[166], thematisiert „gedenckwürdige Geschichten" aus dem 14. und 15. Jahrhundert, nicht aber *die* Geschichte des Herrscherhauses als kontinuierliche Entwicklung. Zwar spielte im 17. Jahrhundert dynastische Kontinuität eine Rolle, nicht aber im Sinne eines historistischen Entwicklungsdenkens.

Trotzdem gibt es Vergleichbarkeiten mit dem Freskenzyklus des 19. Jahrhunderts. Förster berichtet, der König habe Cornelius' Vorschlag, die nunmehr öffentlich zugänglichen Arkaden mit einem Freskenzyklus aus der Geschichte Bayerns zu schmücken, „mit der Zusatzbestimmung

161 Hentzen 1959, S. 22.

162 Marggraff 1846, S. 345, beruft sich auf einen Vortrag, den Graf Armasperg 1831 in der Ständeversammlung hielt.

163 Hentzen 1959, S. 22, geht – ohne Nachweis – davon aus, daß die 1621 gemalten Darstellungen „wieder als Vorbilder für die Herstellung großer Gobelins durch holländische Künstler" dienten. Marggraff 1846, S. 345 nennt nur die „Thaten Ottos von Wittelsbach und in allegorischen Figuren die zwölf Monate" als Themen, also die nach Candids Entwürfen entstandenen Teppichserien. Volk-Knüttel bezieht sich auf die Beschreibung M. Wenings von 1701, der 32 Gemälde, darunter die zwölf Monate, die Taten Ottos v. Wittelsbach und zumindest die Krönung Ludwigs IV. zum Kaiser erwähnt; Volk-Knüttel 1976, S. 82.

164 Volk-Knüttel 1976, S. 86. Möglicherweise sollen auch die neuen Arkadenfresken mit ihrer Rahmung und Fransenbordüre am unteren Rand auf die Teppich-Vorbilder hinweisen. Daß es sich bei der ursprünglichen Arkadenausstattung tatsächlich um die Kartons für die Teppiche gehandelt haben soll, wie Volk-Knüttel annimmt, scheint jedoch schon wegen der offenen Arkaden unwahrscheinlich.

165 1780 wurden die angeblich ebenfalls nach Zeichnungen Candids um 1630 von Kaspar Riedl ausgeführten Skulpturen durch die Folge von acht Herkulesgruppen des Hofbildhauers Roman Anton Boos ersetzt. Ruth Johannen: Roman Anton Boos. Kurfürstlicher Bildhauer zu München, in: Münchner Jahrbuch 1937/1938, NF Bd. 12, S. 297; s. auch: Ausst.-Kat.: Bayern 1972, S. 468, Nr. 1544–1546; Volk-Knüttel 1976, S. 87.

166 Der Augsburger Humanist M. Welser hat im Auftrag Maximilians I. das Programm ausgearbeitet: 1. Schlacht bei Ampfing 1322; 2. Herzog Ludwig v. Bayern zieht in den Kreuzzug 1222; 3. Herzog Ludwig v. Bayern wird römischer König 1314; 4. Herzog Wilhelm v. Bayern besiegt die Friesen 1316; 5. Herzog Johann v. Bayern gewinnt das Bistum von Lüttich zurück 1408; 6. König Ottokar v. Böhmen wird bei Mühldorf geschlagen 1258; 7. König Ottokar v. Böhmen wird zum Rückzug gezwungen 1266; 8. Herzog Otto v. Bayern wird König von Ungarn 1314; 9. Herzog Albrecht v. Bayern weist die böhmische Königskrone zurück 1440; 10. Herzog Ludwig v. Bayern schlägt Kaiser Friedrich 1462. Nr. 1 und 6 waren an den Schmalseiten des alten Herkulessaales der Residenz über die ganze Breite angebracht. Ausst.-Kat.: Wittelsbach II 2, 1980, S. 212 ff. Vgl. den Stich von W. P. Zimmermann von 1614 zur Anbringung, Brigitte Knüttel: Zur Geschichte der Münchner Residenz 1600–1616, in: Münchner Jahrbuch, Bd. 18, 1967, S. 187–194.

genehmigt, daß aus den acht Jahrhunderten seit der Gründung der Wittelsbachschen Dynastie je zwei Ereignisse, und zwar ein kriegerisches und ein friedliches, zur Darstellung in Fresco für die 16 vorhandenen Räume ausgewählt würden“[167]. In diesem Balanceakt zwischen Kriegs- und Friedensszenen folgte man dem Vorbild der zehnteiligen Serie Peter Candids aus dem Leben des Abb. 18 Dynastiegründers. Förster, der das erste Fresko entwarf und ausführte, wurde nach eigenen Berichten von Cornelius, dem „historische Genauigkeit ... das letzte (war), ... worauf (er) ... Werth gelegt“[168], mit der „Auswahl der für die Ausführung geeignetsten Gegenstände“ betraut[169]. Andere Quellen berichten, der König habe die „Gegenstände“ selbst ausgewählt[170]. Wie dem auch sei, der thematische Spielraum dürfte für die Künstler äußerst begrenzt gewesen sein, denn der König überwachte das Programm persönlich und griff korrigierend ein[171].

Die Geschichte der Wittelsbacher als Geschichte Bayerns

Den Kernpunkt des Ausstattungsprogramms bildet also der Zyklus von 16 Historienbildern auf Abb. 18–20, 23 der zum Odeonsplatz hin geschlossenen Rückwand der Arkaden. 12 große Felder von je 10 Fuß Breite und 8 Fuß Höhe dienen den Szenen aus der älteren Geschichte vom 12. bis zum Abb. 24–27 17. Jahrhundert, während vier kleinere Flächen von je 7 ½ Fuß Breite und 5 ½ Fuß Höhe[172] über den Durchgängen zum Odeonsplatz Ereignisse des 18. und 19. Jahrhunderts thematisieren. Wie ihre mehrfach überarbeiteten Reste[173] noch heute zeigen, sind sie durch die offenen Bögen vom Hofgarten sichtbar. Die jedem der 12 großen Historienbilder zugeordneten ‘allegorischen Figuren’ in den gegenüber liegenden Bogenansätzen der Arkadenpfeiler (im Krieg zerstört) waren dagegen nur von innen, für den Flaneur im Arkadengang, sichtbar. Sie korrespondierten direkt mit dem jeweils entsprechenden Historienbild auf der Rückwand. Beide Teile wurden Anh. 2 zudem durch eine Deckendekoration, die zumindest teilweise auf König Ludwig zurückgeht[174], miteinander formal und inhaltlich verbunden. Entsprechend der Arkadenbreite in Segmente geteilt, erschien dort zu jedem Bild ein von Eichenlaubkränzen gerahmtes, mitunter durch Wappen ergänztes, kommentierendes Motto, das zugleich als Sehanleitung diente (zum Gesamtprogramm s. Anhang 2).

Der mit Ausnahme der vier kleineren Szenen aus der jüngsten Zeit, die über den zwei seitlichen und zwei mittleren Eingängen liegen, streng chronologisch geordnete Zyklus, in dem sich Schlachten- und Zeremonienbilder abwechseln, beginnt in dem an die Residenz angrenzenden Teil der Arkaden mit den zeitlich frühesten Darstellungen. Er ist also konzeptionell auf den Abb. 18 König, nicht auf die Öffentlichkeit bezogen. Dem entspricht als Thematik der ersten Szene die

167 FÖRSTER 1874, Bd. 1, S. 394.

168 Ebd., S. 395.

169 Ebd., S. 394.

170 KUNSTBLATT 1829, Nr. 1, S. 1; ebenso MARGGRAFF 1846, S. 346.

171 FÖRSTER 1874, Bd. 1, S. 394–395. Auf direkte Eingriffe Ludwigs weist auch ein Brief Cornelius’ hin, der die gewünschten Änderungen als vollendet meldet, ebd., S. 444–445.

172 KUNSTBLATT 1829, Nr. 1, S. 4.

173 Nach der Restaurierung von 1897 wurde ein Teil des Arkadengangs im 2. Weltkrieg zerstört. Die Personifikationen auf den Arkadenpfeilern und eines der Fresken über dem Durchgang – ›Die Schlacht von Arcis-sur-Aube‹ – hat man bei der 1964 abgeschlossenen Restaurierung im Zuge des Wiederaufbaus der Hofgartenarkaden nicht rekonstruiert. Über die ursprüngliche Farbigkeit läßt sich beim heutigen Zustand schwer etwas aussagen.

174 Brief Cornelius’ an den König vom 8. 8. 1829, s. FÖRSTER 1874, Bd. 1, S. 445.

›Befreyung des deutschen Heeres im Engpaß von Chiusa durch Otto den Großen von Wittelsbach, 1155‹ von Ernst Förster. Das Fresko zeigt den Dynastiegründer in derselben Szene wie das sechste Bild der nach Candid ausgeführten Teppichfolge aus dem Leben Ottos v. Wittelsbach[175]: Beim Rückzug von Friedrich Barbarossas Kaiserkrönung in Rom befreit der Bayer mit seinen Leuten das von Raubrittern bei Verona in einen Hinterhalt gelockte Heer durch die Eroberung der nahezu uneinnehmbaren Felsenburg. Wie Candid gestaltet Förster den Bannerträger des deutschen Kaisers als monumentale Zentralfigur auf einem Felsenplateau über der Etsch. Doch wird im Vergleich zur zwei Jahrhunderte älteren Darstellung die unterschiedliche Auffassung deutlich. Statt der vielfigurigen Szene des Wandteppichs, in der der Aufbruch des Wittelsbachers mit seinem Gefolge prozessionsartig über die gesamte Bildbreite entfaltet und im Hintergrund zugleich minutiös geschildert wird, wie die Vorhut die Felswand mit Leitern und Seilen emporklimmt, um von oben in die Verschanzung der Feinde einzubrechen, verzichtet Förster in dem gestauchteren Bildformat[176] weitgehend auf erzählerische Momente. Er gestaltet die Szene als Drama zwischen dem Titelhelden und dem gegnerischen Führer Alberich. Nicht der Auszug in die Schlacht, sondern der Moment des Sieges ist dargestellt. Das gesenkte Schwert in der Rechten, die Reichsfahne in der Linken, schreitet der Wittelsbacher von der Bildmitte nach links, so zum Auftakt des gesamten Bildzyklus die Leserichtung angebend. Sein Kontrahent Alberich ist vor ihm am Rande des Felsenabgrundes in die Knie gesunken, ergibt sich wie die noch Überlebenden, während sich andere im Todeskampf winden. Jedenfalls ist der Sieg des Wittelsbachers gewiß und damit auch die Rettung des Heeres unter Barbarossa. Alberichs „goldstarrendes Gewand neben dem eisenumgebenen Ottos“[177] charakterisiert, ganz dem Klischee der deutschtümelnden Haltung nach den Befreiungskriegen entsprechend, die deutsche und die welsche Art, jene einfach, zweckdienlich und ernst, diese dem Luxus und äußeren Schein verfallen. Die Gegenüberstellung von deutschem Kettenhemd über bayrisch-blauem Gewand und welschem Brokat aus Purpur und Gold als völkerpsychologische Charakterisierung spielte dagegen in Candids Darstellung, in der die deutschen Helden ihre prächtigen Renaissancerüstungen vorführen, noch keine Rolle. Sie ist Bestandteil der aktuellen vaterländischen Geschichtsbelehrung. Abb. 21

„Diese That“, so die markige Besprechung und historische Erläuterung anläßlich der Eröffnung der Arkaden über die erste Szene, habe „nicht weniger gerettet, als das deutsche Heer, den deutschen Kaiser und die deutsche Ehre“[178]. Als adäquaten Ausdruck für den Verdienst des Wittelsbachers um der größeren Gemeinschaft willen, habe der Künstler „mit Scharfblick den Moment“ gewählt, „wo der Wittelsbacher siegreich die Fahne des Reiches schwingt, und der Jubel des geächteten deutschen Heeres an den Felswänden emporwirbelt“[179]. Die suggestive Beschreibung veranschaulicht die innerbildlich nur angedeutete Situation: Vom deutschen Heer ist nur der Kaiser am rechten Bildrand tief unterhalb als winzige Figur zwischen Felsen zu sehen, doch offenbar im Begriff zum Sieger emporzureiten. Das zwar untergeordnete Randmotiv, das die Bedeutung des Begründers des Wittelsbacher Hauses betont, der als siegreicher Retter der Nation in die Geschichte tritt, leitet jedoch vom rechten Bildrand zur nächsten Szene über. Der Fortgang der Ereignisse kündigt sich an.

175 Volk-Knüttel 1976, Kat. Nr. 7, Tf. 1 und Abb. 89–90.

176 Die Teppiche nach Candid messen inclusive der Borte 4,05 × 6,58 m, die Arkadenfresken ca. 2,50 × 3,30 m.

177 Inland 1829, Nr. 314, S. 1261.

178 Inland 1829, Nr. 310, S. 1256.

179 Inland 1829, Nr. 314, S. 1260.

Abb. 19 Das nächste dem Waffensieg folgende Fresko vom Akademielehrer Clemens Zimmermann zeigt die offizielle Anerkennung des Wittelsbacher Helden, der dem deutschen Heer aus der Klemme geholfen hatte, durch die ›Belehnung Pfalzgraf Otto von Wittelsbach mit dem Herzogthume Bayern durch Friedrich Barbarossa, 1180‹. Auch dieses Ereignis war schon Gegenstand der
Abb. 22 Bildteppich-Folge nach Peter Candid[180]. Wieder zeigen sich gegenüber der älteren Darstellung analoge Veränderungen, d. h. Zuspitzungen auf die Beziehungen der Hauptpersonen untereinander, wie sie schon der Vergleich zwischen Bildteppich und Fresko für die vorausgehende kriegerische Szene ergab. In Candids Serie folgt der Befreiung des kaiserlichen Heeres bei Verona jedoch nicht, wie hier, direkt die Belehnungsszene, sondern zwischen beiden steht des Wittelsbachers Vorsprache bei Papst Hadrian IV. in Rom. Gegenüber dem päpstlichen Empfang, der als Innenraumszene erscheint, findet das Belehnungszeremoniell der älteren Folge auf einem öffentlichen Platz vor vielen prächtig gekleideten Zuschauern statt. Da aber die Szene vor dem Papst der Befreiung des Heeres folgt, ist sie in Leserichtung von links nach rechts ausgerichtet, während die nachfolgende Belehnungsszene von der Aktion her spiegelbildlich aufgebaut ist.
Abb. 19 Zimmermann orientierte sich formal am Aufbau der älteren Papstszene, doch berücksichtigte er die veränderte Stellung seines Freskos im Bildzyklus. Er baute die Szene 'seitenverkehrt' auf, um so die Zusammengehörigkeit der beiden ersten Darstellungen zu unterstreichen. In dem überschaubaren Interieur thront Barbarossa an der rechten Seite, während der Bayer, der von links gekommen zu sein scheint, vor ihm kniet, in seiner Linken die bayrische Standarte, die
Abb. 18 Schwurhand zum Lehnseid erhoben. Die Verzahnung mit dem vorausgehenden Kampfbild wird aber nicht nur durch die Leserichtung, sondern auch durch die Kleidung des Wittelsbachers betont. Im Unterschied zum reichen Hermelinmantel des Candidschen Bildteppichs trägt Otto in Zimmermanns Fresko einen betont schlichten – natürlich wieder bayrisch-blauen Mantel, der an Armen und Beinen das Kettenhemd freigibt. Dadurch ist unschwer erkenntlich, daß hier der Retter des deutschen Heeres und Sieger der vorausgehenden Szene geehrt wird.

Klerus und Ritter umstehen in gebührendem Abstand die Zentralgruppe, während die „harmlose Classe von Zuschauern, welche sich von der Neugierde … getrieben, bey solchen Feyerlichkeiten einzufinden pflegen …" als Zierbilder dienen müssen[181]. Doch ist auch hier jeder Versuch vermieden, durch erzählerische Begleitmotive, wie Candid sie in einem Negerjungen mit seinem domestizierten Tiger oder der Rückenfigur des Reiters im Sinne höfischer Prachtentfaltung des Barock vorführt, die starre Zeremonie zu beleben. Auch die Zuschauer sind in strenger Haltung auf die zentrale Szene ausgerichtet.

Auch wenn die ausführlichen Besprechungen als Anleitung zur 'richtigen' Betrachtung des Historienzyklus in erster Linie den geschichtlichen Stoff dieser wie der übrigen Darstellungen feiern, so wird doch die physiognomische Gestaltung der statuarischen Gestalten, die sich nicht, wie in den Zeremonienbildern Candids, durch eine elegante Körpersprache artikulieren, positiv hervorgehoben. In der Blickbeziehung, nicht in der als höfisch verdächtigen Körpergestik, kulminiert die deutsche Innerlichkeit des frühen 19. Jahrhunderts, die das staatsrelevante Ereignis in erster Linie emotional lesen will. In der Besprechung des Kunst-Blatts heißt es:

> „Das Bild, auch wenn es das Äußerliche des Vorgangs nicht getreu wiederzugeben vermag, stellt uns die Gesinnung dar, welche darin wirkte; das edle Gefühl, die Begeisterung, die jene That begleiteten,

180 VOLK-KNÜTTEL 1976, Kat. Nr. 10, Abb. 93–96.
181 INLAND 1829, Nr. 325, S. 1305.

sprechen ... auf's Neue an unser Herz; es führt uns noch einmal lebendiger, als selbst die Rede vermag, in die Mitte der Begebenheiten hinein"[182].

Es geht also um das beim Betrachter zu evozierende Gefühl, das einzig in der Lage ist, historische Distanz zu überwinden. „Die Kunst – und nur sie – verpflanzt die Geschichte aus dem Gedächtnisse in's Herz, aus den Gelehrtenstuben in die Gemüther ... des Volkes"[183]. Das Pathos karger Schlichtheit sollte auf die „inneren Werte" lenken. „Das Gefühl der Freundschaft", das in Barbarossas Zügen zu lesen sei und die „schöne männliche Rührung" Ottos sind das, was die 'neudeutsche' Malerei der tradierten Darstellung einer „ceremonielle(n) Stellung"[184] entgegenzusetzen bestrebt war.

Gegenüber der Prachtentfaltung höfischen Lebens für die Augen der eigenen Hofgesellschaft Abb. 21, 22 wie zur Zeit Herzog Maximilians I., als die Candidschen Arbeiten entstanden, wurde nun die „innere Schönheit und Würde" der Wittelsbacher für die Öffentlichkeit inszeniert. Erst dadurch konnten die Herrscher der Vergangenheit zu bürgerlichen Lehrstücken werden. In der Aktualisierung der Gefühlswelt steckte ein Stück Kontinuität, das es – angeregt durch den Historienzyklus – einzulösen galt. Dies war für die Belehnungsszene von besonderer Wichtigkeit, galt sie doch Abb. 19 als Geburtsstunde der institutionalisierten vaterländischen Geschichte, denn mit der „Rückkehr der Fürstenwürde an den Bayerischen Stamm ... beginnt wieder die wahre Nationalität, weil nur unter dem eingeborenen Herrscher das Volk seiner wahren Selbständigkeit und politischen Bedeutung theilhaftig und bewußt werden kann"[185].

Ohne im einzelnen auf die ermüdende Folge immer gleichartiger siegreicher Kämpfe der Wittelsbacher Helden, die mit feierlichen Staatsakten abwechseln (vgl. das Programm, Anhang 2), eingehen zu wollen – schrieb doch schon Anton Springer 25 Jahre nach Fertigstellung des Historienzyklus, „die Lectüre des in Programmen veröffentlichten Inhalts ... gewähre kaum einen mindern Genuß als die Anschauung"[186] – soll im folgenden versucht werden, das didaktische Programm zur 'Volkserziehung' in seinem ideologischen Kern genauer zu fassen.

Das Schlachtenbild: Gemeinschaft von Fürst und Volk

Zeremonienbilder, wie die Belehnung Ottos mit dem Herzogtum durch Barbarossa, das in der Abb. 18, 19 Folge des vorausgehenden Schlachtenbildes als die vertragsmäßige Einlösung des im Kampf errungenen Sieges erscheinen mußte, demonstrierten, daß sich Kriege, auch wenn sie verlustreich waren, gelohnt hatten. Der Historienzyklus wurde – im Andenken der Opfer für die vaterländische Gemeinschaft – zur Gedenkstätte, nicht nur retrospektiv, sondern auch im Hinblick auf künftiges Handeln. Hier zeigt sich, inwieweit 'Volk' und Herrscher über den Begriff der vaterländischen Geschichte miteinander verknüpft und nahezu identisch gesetzt wurden. Der in den Freiheitskriegen mobilisierte Patriotismus sollte an die Treue zum Landesfürsten gekoppelt werden.[187]

182 INLAND 1829, Nr. 1, S. 1. Ähnlich in der Beurteilung der „Welt des Gemüthes" für die Geschichtsvergegenwärtigung, der nichts besser entsprechen könne als der Maler: INLAND 1829, Nr. 364, S. 1460.

183 HORMAYR 1830, S. 10.

184 INLAND 1829, Nr. 325, S. 1305.

185 INLAND 1829, Nr. 321, S. 1288.

186 SPRINGER 1856, Bd. 12, S. 701.

187 „Daher erkennt das Volk sich selbst gepriesen in den Thaten seines Fürsten, und die Liebe zu dem angestammten Regentenhause nährt am sichersten und dauerndsten das Nationalgefühl und die Liebe zum Vaterland." INLAND 1829, Nr. 1, S. 1; vgl. auch HORMAYR 1830, S. 7.

Die Arkadenfresken lieferten sozusagen den historischen Beweis der Gemeinschaft, indem sie die Verbundenheit in der Geschichte erlebbar machten. „Denn zwischen dem Volk und ihnen (den Fürsten, M. W.)" – so der vom beteiligten Maler Wilhelm Röckel veröffentlichte Führer in Abgrenzung zu „dem Kosmopoliten" – „besteht ein natürlicher Verband, dessen Wurzeln in einen und denselben Boden schlagen, geheiligt, wie Blutsverwandtschaft, durch dieselbe Religion, dasselbe Gesetz"[188].

Vor allem die Schlachtenbilder hatten in der Gemeinschaftsstiftung ihre spezifische Aufgabe. Gegen immer neue äußere Feinde – so lehrt es das monumentale Bilderbuch der Hofgartenfresken Abb. 20, 24 –, von den einfallenden Böhmen im 13. über die Österreicher im 14., die Preußen im 15. Jahrhundert bis hin zu den Türken, die aus dem Nebel der Geschichte leibhaftig als Bedrohung Bayerns beschworen wurden, hatten alle unter Führung der Wittelsbacher zusammengestanden. Der äußere Feind zwang zur inneren Integration, zu gemeinsamem und damit zu vaterländischem Handeln. Das Moment kriegerischer Kollektivhandlungen wurde in den Schlachtenbildern – bei Wahrung der gesellschaftlichen Hierarchie – insofern betont, als z. B. in Szenen wie Carl Stürmers ›Einsturz der Innbrücke bei Mühldorf mit den darüber fliehenden Böhmen‹ oder Karl Hermanns Abb. 20 ›Sieg Kaiser Ludwigs des Bayern über Friedrich den Schönen von Österreich‹ auch jene kraftstrotzenden „volkstümlichen" Kämpfer ohne Titel oder namentliche Überlieferung zur Bildgeltung gelangten[189]. In der so gesehenen Geschichte, in der Herrscher und Beherrschte gegen den äußeren Feind gemeinsam antraten, ließ sich aktueller Nutzen schlagen. Der Kontinuität einer acht Jahrhunderte währenden Folge von Siegen sollte sich so schnell keiner entziehen können, zumal erst die jüngste Geschichte den Erfolg eines gemeinsamen Vorgehens aller Deutschen gegen die französische Okkupation gelehrt hatte.

Nach dem Wechsel vom napoleonischen Verbündeten zu den Alliierten im Anschluß an den gescheiterten Rußlandfeldzug[190] konnte Bayern für sich reklamieren, durch seine Teilnahme an den letzten Entscheidungsschlachten an der Aube, seinen Beitrag zur Niederlage Napoleons und damit zur Befreiung deutscher Lande geleistet zu haben. Der Bündniswechsel und damit die 'nationale Sache' galt als besonderer Verdienst des ehemaligen Kronprinzen, der im Unterschied zu seinem Vater der Allianz mit Frankreich skeptisch gegenüber gestanden hatte. Die Schlacht von Arcis-sur-Aube von 1814, in Schinkels Befreiungsdenkmal auf dem Kreuzberg als Personifi- Abb. 26 kation memoriert, erscheint unter Hervorhebung des bayrischen Anteils als letztes Schlachtenbild (zerstört) des Geschichtszyklus über dem nördlichen Durchgang zum Odeonsplatz.

Der Moduswechsel im zeitgenössischen Ereignisbild

Gesamtkonzeption und Auffassung dieses zeitlich jüngsten Schlachtenbildes unterscheiden sich Abb. 26, 27 von allen anderen ebenso deutlich wie das letzte Zeremonienbild von seinen Vorgängern. Dietrich Monten, von dem die beiden letzten Szenen stammen, war – obwohl Düsseldorfer – kein

188 Röckel 1829, S. 3–4.

189 Hormayr konzediert in seiner Besprechung zwar dem Maler, Carl Hermann, seine ›Schlacht bei Ampfing‹, sei „ein schönes Denkmal für die Ergebenheit und den Muth braver Bürger", allein es frage sich, „welche besondere Bedeutung" der „gemeine Mann", wie der im Vordergrund dargestellte „aus dem Arme blutende Krieger haben soll". Inland 1829, Nr. 364, S. 1461. Dagegen betont Röckel 1829, S. 22, die Bedeutung der „Bürger von München", die in der Schlacht ihren Landesherren gerettet hätten, und denen im Bild ein Denkmal gesetzt sei.

190 Zur Bündnispolitik vgl. die Aufsätze des Abschnittes „Bayern im Napoleonischen System", in: Ausst.-Kat.: Wittelsbach 1980, Bd. III 1, S. 221 ff.

Cornelius-Schüler. Für die Schlachtenszene orientierte er sich an den älteren königlichen Bataillemalern, vor allem an Peter Hess' auf authentischen Zeichnungen vor Ort beruhenden Monumentalgemälden. Hess hatte den Feldzug von 1813 bis 1815 begleitet und im Anschluß sein Ölgemälde der Schlacht von Arcis-sur-Aube für den damals schon geplanten, aber erst im Festsaalbau der Residenz (1832–34) eingerichteten Schlachtensaal ausgeführt[191]. Zwar zeigt Monten nicht den erhöhten Betrachterstandort des Hess'schen Schlachtenpanoramas, doch ist die Schlacht in dem leicht hochgeklappten Hintergrund mit den Türmen des brennenden Arcis sichtbar. Wie für Hess typisch sind auch in Montens Fresko im Vordergrund genrehafte Szenen mit der Betreuung Verwundeter geschildert. Als einzigem Fresko des Hofgartenzyklus wird hier kein Wittelsbacher als Zentralfigur herausgearbeitet. Im Zentrum steht der von Generälen begleitete, seiner militärischen Strategie wegen gerühmte Feldmarschall Wrede, der in Feldherrenpose und Physiognomie direkt aus einem Reiterporträt Karl Stielers übernommen wurde[192]. Doch nimmt der General bildlich nicht dieselbe Stellung ein wie die Wittelsbacher in den früheren Bataillen. Vor allem ist nicht der emotionsgeladene Stellvertreterkrieg auf oberster Ebene dargestellt, sondern eine Mischung aus nüchternem Schlachtenpanorama im Hintergrund und Genremotiven im Vordergrund, zwischen denen sich die distanzierte, beobachtende Gruppe des Generalstabes bewegt. Daß Monten aber durchaus einen pathetischen Helden darzustellen vermochte, wenn er auch nicht im Sinne des „feierlichen Ernstes" der Cornelius-Schule ausgefallen sein mag, beweist sein Schlachtenfresko aus dem 18. Jahrhundert, die Erstürmung der türkischen Stellungen vor Belgrad mit der Zentralfigur des jugendlichen Kurprinzen Karl Albrecht.

Abb. 26
Abb. 24

Für die Entscheidung, in der letzten Szene kein Personendrama darzustellen, müssen bestimmte Gründe ausschlaggebend gewesen sein. Ein entscheidender ist, daß Monten hiermit der modernen Kriegsführung entsprach, deren Mangel „an künstlerischer Idealität" (Vischer) von unterschiedlichen Seiten beklagt wurde. Es wurde auch sofort Kritik an Montens Darstellung laut, da „der Kampf zahlloser Massen, die in strategischen Bewegungen sich verbreiten ... die ganze einförmige tactische Ordnung ... kein Gegenstand für die bildende Kunst" abgebe[193]. Dem „Kampf der Tausende" hatte die Cornelius-Schule in den vorausgehenden Bataillen das Personendrama gegenübergestellt, das sich zwar für längst vergangene Kriege anwenden ließ, jedoch nicht mehr den Realitätserfahrungen der napoleonischen Schlachten entsprach, die gerade erst 15 Jahre zurücklagen. Von daher war es wohl kaum Cornelius' Anliegen, zeitgenössische Szenen einzubeziehen. Röckels Führer zu den Arkadenfresken bestätigt, es sei König Ludwig gewesen, der „die Geschichtsbilder des Vaterlandes bis in die neueste Zeit fortzuführen befahl"[194]. Und vermutlich war es auch der Wunsch des Auftraggebers, keinem Cornelius-Schüler, sondern Monten die zeitgenössischen Szenen zu übertragen. Seine Orientierung an Hess, in dessen führender Stellung als königlichem Schlachtenmaler[195] sich Ludwigs Auffassung vom zeitgemäßen Kriegsbild dokumentierte, mußte ihn für die modernen Szenen geeigneter erscheinen lassen als die idealistischen Cornelius-Anhänger. Mit seiner Bildkonzeption stand Monten zwar in der

Abb. 26

191 1816 vollendet, eine weitere Version von 1826; vgl. Reinhardt 1977, S. 283 zu den Schlachtenbildern des Saales. Die Autorin wertet Monten, der sich anfangs an Peter Hess orientiert habe, als flach und modisch; ebd., S. 290.

192 Karl Stieler in Zusammenarbeit mit Albrecht Adam (von dem das Pferd stammt) Öl/Lwd. 342 x 295 cm, Ausst.-Kat.: Wittelsbach 1980, Bd. III 2, Nr. 540.

193 Inland 1830, Nr. 170, S. 696.

194 Röckel 1829, S. 7–8.

195 Reinhardt 1977, S. 290.

Tradition der süddeutschen Bataillemaler seit Beginn des Jahrhunderts (Kobell, Adam, Hess)[196], aber er durchbrach das Schema der Hofgartenfresken mit seinen idealisierten Helden.

„Gewundert, warum nur hier kein Sprosse des erlauchten Hauses aufzufinden" sei, „obschon es bekannt, daß Prinz Karl Eugen, König Ludwigs Bruder, an diesem Tage mit ausgezeichneter Tapferkeit gefochten"[197], hat sich über dieses letzte Schlachtenbild des Zyklus auch ein Korrespondent des Berliner Kunstblattes. Der seit 1828 in königlichen Diensten tätige österreichische Historiker Freiherr von Hormayr, der schon 1830 einen über 300seitigen historischen Führer zu den Fresken herausgab und der vermutlich auch beim Programmentwurf zu Rate gezogen wurde, erkennt darin allerdings eine bewußte Konzeption: „kein Schwall kampfberühmter Namen" und „keine Aufzählung jeder einzelnen Großthat" sei hier beabsichtigt gewesen, denn dieses „Bildes hohe Bedeutung ist – der Gesammtantheil Bayerns am großen Befreiungskriege"[198].

Der Verzicht auf die Herausstellung des Fürsten als militärischer Leitfigur zugunsten einer reportierenden Darstellung – Förster zählt diesen Typ des Schlachtenbildes bezeichnenderweise zum Genre, da er „erzählend" sei[199] – bot jedoch die Möglichkeit, gemeinsames Handeln stärker zu betonen. Der Moduswechsel in der Bildsprache scheint nicht zufällig hier aufzutreten, bezeichnete diese Szene doch die nationale Kollektivtat und damit jenen Neubeginn, der die Hoffnung auf einen Nationalstaat in greifbare Nähe rücken ließ. Dem Appell an Gemeinsamkeit entsprach das Motto aus Karl Theodor Körners Schlachtenlied, das im Eichenlaubkranz zu
Anh. 2 Ehren des 1813 Gefallenen an der Decke prangte: „Hört ihr's, schon jauchzet es donnernd entgegen, Brüder hinein in den blitzenden Regen". Die beschworene brüderliche Verbindung aller Deutschen gegen Napoleon wurde allerdings im Kontext des Hofgartenzyklus zur Verbindung aller Bayern, ungeachtet ihrer Standesunterschiede. Hier werde „Bayerns Volk und Heer" in seinem Beitrag „für das große Ziel der Weltbefreiung" geehrt[200].

Vom Hofzeremoniell zur Massenversammlung

Gegenüber den auf gemeinsame Aktion ausgerichteten Schlachtenbildern wurden die Zeremonienbilder von Zeitgenossen auch hinsichtlich der bildnerischen Gestaltungsmöglichkeiten als
Abb. 19, 23 schwieriger eingestuft. Die allein fünf Kniefälle vorführenden Staatsakte schienen gegenüber den aktionistischen Schlachtenbildnern mit Siegern und Besiegten nur bedingt die von der Historienmalerei geforderte emotionale Ergriffenheit „zur Begründung, zur Befestigung eines vaterländischen Hochgefühls"[201] vermitteln zu können. Hier bestand die Gefahr, in die Nähe des Geschichtsschreibers zu rücken, dessen Aufgabe es lediglich war, „die Völker mit ihrer Vorzeit bekannt (zu machen)" und die eigentliche Potenz historischer Malerei, „die Phantasie

196 Vgl. Peter Jaeckel: Schlacht und Schlachtenbild, in: Ausst.-Kat.: Wittelsbach 1980, Bd. III 1, S. 272–279; Siegfried Wichmann: Die *peintres de batailles* unter König Max I. Joseph und Ludwig I. von Bayern, ebd., S. 403–413.

197 Kunstblatt 1829, S. 366.

198 Hormayr 1830, S. 277. In dieser positiven Bewertung zeigt sich übrigens, daß Hormayr nicht gleichzeitig der Autor der Artikelserie im Inland sein kann, wie Droste 1980, S. 101, annimmt.

199 Förster 1830, S. 283. Förster unterscheidet zwischen den in seinem Verständnis echt historischen Schlachtenbildern, für die er das Beispiel der ›Konstantinschlacht‹ angibt, und solchen, „deren Gegenstand historisch, deren Darstellweise aber so allgemein ist, daß man sie immer zu dem Genre gerechnet hat". Man habe jedoch von den „redenden Künsten" noch andere Bezeichnungen übernommen, so die lyrische, epische, erzählende und chronikartige Darstellung.

200 Hormayr 1830, S. 298.

201 Inland 1829, Nr. 311, S. 1249.

mit dem Zauber einer scheinbaren Gegenwart“ zu entflammen[202], zu vernachlässigen. Denn in den Zeremonienbildern „lassen sich ... die großen Schwierigkeiten für den Künstler nicht verkennen“.

„In diesen Stoffen spielen keine Leidenschaften, keine Affecte, keine Contraste, ... und die ruhige, edle Haltung, welche allen Personen nothwendig eigen seyn muß, ... scheint an das Leblose, Ausdrucksarme, Unpoetische zu streifen, die Menschen stehen hier gewissermaßen als Organe irgend einer Idee, und der Künstler ist ebenso sehr in Gefahr, sich durch allegorische Bedeutung zu verwirren, ... als zu einer Sammlung von Portraiten zu verirren, welche allen poetischen Zauber verdrängen“[203].

Die Probleme waren jedoch nicht allein gestalterischer, sondern auch inhaltlicher Art. Ließ sich für das Schlachtenbild geltend machen, daß im Heer auch der gemeine Soldat mitgekämpft und damit seinen Beitrag für das Vaterland geleistet hatte, so war diese Gemeinsamkeit in den Zeremonienbildern schwieriger herzustellen. In den Staatsakten, wie der besprochenen Belehnung des Dynastiegründers, empfing der Fürst den Lohn für den gemeinsamen Sieg. Auch in den übrigen Zeremonienbildern, den Vermählungen und Krönungen, handelte es sich stets um die zur Erhaltung oder Erweiterung der Einflußsphäre des Hauses Wittelsbach wichtigen Akte. Abb. 19, 23

Wiederum bildet das aus der jüngsten Zeit und bedingt auch das aus dem 18. Jahrhundert stammende eine Ausnahme. In ihnen wird die Stiftung solcher Staatseinrichtungen offiziell besiegelt, die eine, wenn auch eingeschränkte Partizipation der Öffentlichkeit herstellten, wie sie in Folge der Aufklärung und der Französischen Revolution den absolutistischen Staat veränderten. Als Friedensakte liegen sie in der Mitte des gesamten Arkadenabschnitts über den beiden Durchgängen. Die von Philipp Foltz stammende ›Stiftung der Akademie der Wissenschaften durch Maximilian Joseph II., im Jahre 1759‹ korrespondiert der – wie die ›Schlacht von Arcis‹ ebenfalls von Dietrich Monten ausgeführten – ›Stiftung der Verfassung durch Max I. Joseph, im Jahre 1818‹. Abb. 25 Abb. 27

Zwar wiederholt sich vom Bildmotiv her gesehen in der Akademiestiftung die zeremonielle Handlung der älteren Szene, doch ist jetzt nicht mehr der Wittelsbacher der kniefällig Empfangende, sondern der thronend Gebende, während Geheimrat und Kammerpräsident Graf v. Törring für die umstehenden Wissenschaftler die Urkunde erhält[204]. Doch handelt es sich nicht einfach um eine Fortschreibung der Rollen auf einer veränderten sozialen Stufe. Der zeremonielle Kniefall scheint überholt, das gebeugte Knie Törrings läßt sich auch ganz real durch seinen Schritt auf die unterste Stufe des Thronpodestes begründen. Auch wenn der aristokratische Kammerpräsident die Urkunde in Empfang nimmt, so ist hier doch inhaltlich zum ersten Male das Bürgertum – vertreten durch die umstehenden Wissenschaftler – Adressat der Privilegien. Die zeitgenössischen Besprechungen streichen dies in bezeichnender Weise heraus: Der Stoff des Foltzschen Bildes gilt als „Pforte einer bessern Zukunft für Bayern“, denn hier habe „das bayrische Volk ... die Urkunde seines geistigen Adels“[205] erhalten. Die Höflinge und bürgerlichen Wissenschaftler in ihren modischen Zopfperücken werden sprachlich suggestiv als Vertreter des ‘Volkes’ bezeichnet, das soeben geadelt wurde. Dieser ‘Adel des Geistes’, auf den das Bürgertum in Ermangelung des Besitzadels so stolz war, wird unter den Ägiden der Justitia-Statue, die den

202 Inland 1829, Nr. 310, S. 1243.
203 Inland 1829, Nr. 325, S. 1304.
204 Zu den dargestellten Personen s. Marggraff 1846, S. 356.
205 Inland 1829, Nr. 263/264, S. 1060.

König im Hintergrund begleitet, verliehen. Die Anerkennung und Würdigung der Wissenschaften – zugleich als Befreiung von klerikalen Einschränkungen gefeiert – durch ein königliches Privileg kam einer Standeserhebung ihrer Vertreter gleich, in der das tradierte Bildschema trotz der Kennzeichnung des Untertanen- und Abhängigkeitsverhältnisses zugleich als Würdeform erscheint. Entsprechend dem entstehenden Geschichtsbedürfnis des 18. Jahrhunderts, vertreten durch die beiden Mitinitiatoren der Akademie, Georg v. Lori und Dominik v. Lindenbrunn[206], wurde im Deckenmedaillon das Motto der neuen Zeit, dem der Historienzyklus insgesamt diente, verkündet: „Ohne Geschichte des Vaterlandes giebt es keine Vaterlandsliebe".

Was sich in der Szene der Akademiegründung inhaltlich ankündigt, setzt sich im abschließen-
Abb. 27 den Bild der Verfassungsstiftung durch König Max I. Joseph auch in eine andere Bildauffassung um. Gerade durch die Verwandtschaft der beiden letzten Stiftungsszenen, die sich zu beiden Seiten des zentralen Hofgartentores befinden, lassen sich ihre Unterschiede genauer benennen. Während die Akademiestiftung in einem intimen herrschaftlichen Raum stattfindet, dem König eine überschaubare Gruppe von Männern gegenübersteht, zeigt Montens Verfassungsübergabe einen nur ausschnittweise sichtbaren, riesigen Saal, den von Klenze errichteten Ständesaal im ehemaligen Redoutenhaus, der einschließlich der Emporen dicht mit Menschen gefüllt ist. Hier gibt es nun erstmals keine devoten Untertanengesten mehr. Diese Massenszene, obwohl von der Regie des Raumeinblicks der Akademiestiftung vergleichbar, orientiert sich an anderen
Abb. 29 Vorbildern. Zum einen ist hier Lorenzo und Domenico Quaglios populäre Memorialgrafik anläßlich der Eröffnung der ersten Ständeversammlung 1819 zu nennen[207], die als Massenszene, wenn auch zeremoniell geordnet, an französische Darstellungen, etwa Davids berühmten Ballhausschwur, denken läßt. Zum anderen lieferte für die kompositorische Gesamtanlage wiederum
Abb. 28 Peter Hess das direkte Vorbild. Er hatte anläßlich der Grundsteinlegung für das Max-Joseph-Denkmal 1824 die Festdekoration mit der Szene der Eröffnung der Ständeversammlung entworfen, die ein Stich von Th. L. Weller überliefert[208]. Gegenüber beiden Vorlagen – die Brüder Quaglio zeigen den Moment, in dem der König den Eid des Kronprinzen auf die Verfassung entgegennimmt, Hess dagegen die Eröffnungsansprache an die Ständeversammlung – wählte
Abb. 27 Monten das publikumswirksamste Ereignis. Im Fresko inszenierte er den kollektiven Schwur von Kronprinz, König, Ministern und Abgeordneten unter den Blicken der neugierigen Bürger auf den Emporen. Das Zentrum, auf das sich alle Schwurhände richten, ist die vom König gehaltene Verfassung selbst. Die Trennung zwischen Hof und Abgeordneten, die sich bei Hess in zwei Blöcken gegenüberstehen, wird bei Monten durch die Personenanordnung verschliffen, die Gemeinsamkeit durch den Verzicht auf höfische Roben unterstützt. Als Verbindung zum betrachtenden Publikum der Hofgartenfresken schaut der einstige Kronprinz, inzwischen König und Auftraggeber der Fresken, als einziger aus dem Bild heraus. Über ihn wird die Verfassung als Grundlage der Beziehung zur bürgerlichen Öffentlichkeit gedeutet.

Während in den Darstellungen bis zur Gründung der Akademie der Wissenschaft Bürgerliche
Abb. 19, 23 ohne militärischen Rang auf den architektonisch ausgegrenzten Emporen die Rolle passiv

206 Zur Bedeutung Loris und Lindenbrunns wie zur Geschichtswissenschaft allgemein gegenüber der klerikalen Wissenschaftsfeindlichkeit s. Hormayr 1830, S. 231–260.

207 Lorenzo und Domenico Quaglio: ›Eröffnung der 1ten Staende Versammlung des Königreichs Baiern, den IVten Februar MDCCCXIX‹, Lithographie, 47,5 × 61,0 cm, München, Stadtmuseum.

208 Theodor Leopold Weller nach Peter Hess' Festdekoration zur Grundsteinlegung des Max-Joseph-Denkmals am 16. 2. 1824: ›Die Eröffnung der ersten Ständeversammlung am 4. 2. 1819‹ („In der Mitte der Seinen"), Mittig/ Plagemann (Hrsg.) 1972, S. 331.

assistierender Zuschauer spielen, ändert sich dies in den beiden letzten Zeremonienbildern. Sind es in der Akademiestiftung noch die wenigen auserwählten Wissenschaftler, so zeigt sich wie in der Szene aus den Befreiungskriegen auch beim Verfassungsschwur eine nicht näher ausgewiesene Menge an der Handlung beteiligt. Das Verdienst aller an den Befreiungskriegen scheint durch einen einsichtigen Fürsten mit konstitutionellen Rechten belohnt.

Konzeptionell wurde damit, trotz der Konstanz der mit scheinbar naturgesetzlicher Regelmäßigkeit auftretenden Kriege als Bedingung vaterländischer Machtsicherung, eine Entwicklung zur konstitutionellen Monarchie aufgezeigt. Diese erste Verfassung eines deutschen Staates, die eine bürgerliche Partizipation, wie sie zunächst in der gemeinsamen Beratung aller deutschen Staaten vorgesehen war, erheblich einschränkte, sicherte letztlich die Monarchie gegen weitergehende Demokratiebestrebungen ab. Denn „wer den Regierungen die Herrschaft sichern will", heißt es in Hormayrs Erklärung der Fresken unumwunden, „muß sie mit dem Genius der Zeiten zu versöhnen verstehen! Nur dadurch können die neuerwachten Kräfte geordnet und manche überschäumende Ideen der herrschenden Gewalt selbst dienstbar werden"[209]. Ein Mißachten der durch die große Revolution ausgelösten Forderungen sei „ein ebenso unkluges, wie unrühmliches Vergessen der den Völkern in der Stunde der Noth gegebenen Verheißungen":

> „Lohn sollte ihnen werden für ausgestandene Leiden, Lohn für blutige Anstrengungen und schmerzliche Opfer zur Zertrümmerung des Fremdlingsjoches, Ersatz und Sicherheit sollte ihnen werden gegen ... Niederhalten der Nationalbildung und jedes freieren Ideentausches"[210].

Demgemäß erscheint denn auch die Verfassungsübergabe, deren Bedeutung durch spektakuläre Memorialakte wie den Bau der Konstitutionssäule in Gaibach und ihre bildliche Verbreitung[211] verankert wurde, als Lohn für die Schlacht gegen Napoleon.

Optisch wird die Zusammengehörigkeit beider Szenen durch Montens Verzicht auf dominierende Idealfiguren deutlich. Die distanziertere Bildsprache unterscheidet sich von den Gestaltungsmitteln der Cornelius-Schule. Hier ist ein Umschlag zu verzeichnen, der im zeitgenössischen Verständnis als genrehafte Historie klassifiziert wurde, die eine Art Reportagestil bedeutete[212]. Damit wird der in der Geschichtsschreibung problematisierte Kontinuitätsbruch durch die Französische Revolution zwar thematisch wie von der Bildform her reflektiert, doch zugleich mit der Monarchie versöhnt und damit in geschichtliche Evolution verwandelt. Die Monarchie selbst stellt ihre Entwicklungsfähigkeit unter Beweis. Abb. 26, 27

Bemerkenswert ist allerdings, daß diese Szenen in den kleineren Wandfeldern über den Durchgängen nur einen untergeordneten Stellenwert hatten, so daß es auch Zeitgenossen so vorkam, „als halte man wirklich die Erscheinungen älterer Zeit ... für großartiger"[213]. Für die

209 Hormayr 1830, S. 302. Zur kontroversen zeitgenössischen Beurteilung der Verfassungsgebung s. Ausst.-Kat.: Wittelsbach 1980, Bd. III 2, S. 314 ff.

210 Hormayr 1830, S. 302–303.

211 Nach Klenzes Entwürfen ließ ein persönlicher Freund Ludwigs, Graf Schönborn-Wiesentheid, auf dem Sonnenberg bei Gaibach am Main die sogen. Konstitutionssäule errichten. Zu Peter Hess' Ölbild der Grundsteinlegung vom 26. 5. 1821 für denselben Auftraggeber s. Ausst.-Kat.: Wittelsbach 1980, Bd. III 2, Nr. 606. Eine ausführliche Besprechung im Kunstblatt 1824, Nr. 31, S. 122 f. Es wurden außerdem verschiedene Gedenkmünzen und Medaillen auf die Verfassung herausgegeben. Vgl. auch die allegorischen Reliefs am Max I. Joseph-Denkmal, s. Eschenburg, in: Mittig/Plagemann (Hrsg.) 1972, S. 50 ff., Abb. 15.

212 Vgl. Förster 1830, S. 231.

213 Berliner Kunstblatt 1828, S. 366–367.

Entscheidung, die Szenen der jüngsten Vergangenheit in den – durch die Architektur bedingt – kleineren Wandfeldern anzubringen, dürften allerdings weniger politische Erwägungen des Auftraggebers ausschlaggebend gewesen sein als viel eher Widerstände seitens der künstlerischen Leitung. Außerdem waren die aktuellen Themen, die nach zeitgenössischen Berichten schon während der Ausführung regen Zulauf durch ein neugieriges Publikum hatten[214], bei dieser Anordnung den öffentlichen Eingängen zum Hofgarten zugeordnet. Sie verklammern die Szenen der älteren Geschichte.

Cornelius dürfte an diesen Motiven das geringste Interesse gehabt haben, nicht nur der leidigen „Hosenfrage", d. h. der als unmalerisch verpönten zeitgenössischen Kleidung wegen[215], auf die der König jedoch größten Wert legte, sondern auch wegen der Kollision von seiner eigenen 'idealen' Auffassung und dem königlichen Verlangen nach historischer Akribie. Förster jedenfalls, der als Sprachrohr Cornelius' zu sehen ist, beklagt, daß in den Hofgartenfresken „historischer Wahrheit zu Liebe ... der Styl, wenn nicht vernachlässigt, doch minder beachtet, in der Schilderung der Neuzeit natürlich geradezu verleugnet" wurde[216]. Schuld daran waren in Försters Einschätzung die königlichen Eingriffe, „Zeugnisse seiner, selbst in Kleinigkeiten streng historischen Gewissenhaftigkeit".

> „Als ihm (dem König, M. W.) die Zeichnung Montens zum 16. Bilde ... vorgelegt wurde, schrieb er dazu: ‚Der Entwurf der Beschwörung der Verfassung gefällt mir, und daß ich in ... Uniform erscheine ... Die Uniformen sind, wie sie bei der Eröffnung getragen wurden, zu zeichnen'"[217].

Selbst die Farbe ihrer Knöpfe kontrollierte er[218]. Das heißt, die Kontrolle Ludwigs über die historische 'Richtigkeit' schränkte die 'ideale Auffassung', wie Cornelius sie in den mythologischen Stoffen der Glyptothek oder den allegorisch durchsetzten Künstlergeschichten in den Loggien der Pinakothek verwirklichen konnte, ein. Dadurch habe man sich – wie Förster bedauert – von Cornelius entfernt. Die junge Cornelius-Schule „mußte ... um Fühlung mit dem Meister zu behalten, sich mit den allegorischen Figuren begnügen, die Krieg und Frieden, Abb. 31 Fürstentugenden, bayrische Flüsse und Bayern selbst u. a. m. neben den bayrischen Geschichten zu vertreten hatten"[219].

Personifikationen als Tugendkanon

Der Idealismus Corneliusscher Prägung, dem es zwar auf Geschichte als stoffliche Vorgabe, nicht aber auf faktische Details ankam, und die 'Realien' der Wittelsbacher Geschichte waren

214 Ebd., S. 366.

215 Benjamin Wests ›Death of General Wolfe‹ (1770, Ottawa, Nat. Gal.) gilt als eines der frühen Historienbilder, das den Helden in zeitgenössischer Kleidung zeigt; s. Wind 1938/1939. Die Kleiderfrage blieb aber bis ins späte 19. Jh. umstritten. Zu Cornelius' Position vgl. Förster 1874, Bd. 1, S. 395 f.

216 Förster 1874, Bd. 1, S. 396.

217 Förster 1874, Bd. 1, S. 394–395.

218 Förster zitiert aus dem Schreiben des Königs anläßlich seiner Begutachtung von Montens Entwurf der ›Verfassungsübergabe‹: „Die Knöpfe waren damals von allen ... Reg. durchgängig gelb". Dies sei in der Ausführung des Bildes zu beachten, Förster 1874, Bd. 1, S. 395.

219 Förster 1874, Bd. 1, S. 396. Offenbar war Ludwig im Unterschied zu den Künstlern an den Personifikationen nicht sonderlich interessiert. Jedenfalls heißt es in einem Schreiben Cornelius' an den König vom 18. 9. 1829 (Förster 1874, Bd. 1, S. 444–446), die Künstler hätten beschlossen, die ›Bavaria‹ über den Eingang zur Residenz „gratis zu malen".

also nicht ohne weiteres vereinbar. Von daher mag es nicht allein Arbeitsüberlastung gewesen zu sein, die Cornelius davon abhielt, an diesem Zyklus, der es „nothgedrungen und naturgemäß" erforderte, „in Rüstkammern und Trachtenbüchern historische Wahrheit von Helmen, Panzern, Lanzen und Schwertgriffen, Waffenrücken, Galakleidern und Uniformen, geistlichen und weltlichen, männlichen und weiblichen Bekleidungen zu suchen"[220], persönlich mitzuarbeiten. Die Personifikationen aber, von denen Förster schreibt, daß einzig sie die Verbindung zu Cornelius' Kunst aufrecht erhielten, waren innerhalb dieser Schlachten- und Historienbilder nicht zu integrieren. Im Unterschied zu den Bonner Fakultätenbildern sprachen hier nicht allein ästhetisch-konzeptionelle Bedenken gegen die unmittelbare Verknüpfung zweier Realitätsebenen, sondern dies widersprach innerhalb historischer Szenen in den Augen vieler Zeitgenossen der angestrebten Authentizität und Glaubwürdigkeit der Ereignisse. Die Absage an die idealisierten Heroen, wie sie sich in Montens Szenen ankündigte, und die eher ausschnitthafte Bildinszenierung, wie sie noch stärker in dem allerdings zehn Jahre späteren 39teiligen Zyklus aus dem griechischen Befreiungskampf von Peter Hess[221] im angrenzenden Teil der Hofgartenarkaden Abb. 21, 22
zum Ausdruck kam, bekundeten eine neue Auffassung vom Historienbild. Die idealen Gestalten, die innerhalb mythologischer Szenen, der Sage oder Dichtung in der Glyptothek, der Pinakothek oder dem vielfältigen Ausstattungsprogramm des Königsbaus der Residenz[222] auftraten, hatten im Kontext des modernen, zeitgenössische Ereignisse thematisierenden Historienbildes keinen Platz mehr.

Den vier Szenen aus der neueren Geschichte wurde im Hofgartenzyklus überhaupt keine Personifikation zugeordnet. Für die zwölf Szenen aus der Vergangenheit bildeten jedoch die auf Anh. 2
den gegenüberliegenden Zwickelfeldern der Arkadenbögen dargestellten Idealgestalten eine visuelle Lesehilfe. In Ergänzung zu den Leitsprüchen im Deckenornament zogen sie die Lehre aus den historischen Szenen, d. h. sie bewerteten die Zentralfiguren.

Im Alten Herkulessaal der Residenz war den Historienbildern aus der Geschichte des Hauses Wittelsbach eine Reihe monumentaler Teppiche mit den Taten des Herkules gegenübergestellt, eine Zuordnung, die wohl auch für die ehemalige Dekoration der Hofgartenarkaden mit Candids Szenen aus der bayrischen Geschichte und den Herkulesstatuen Riedls anzunehmen ist[223]. Eine solche Verbindung von Historienbildern, meist militärischen Siegen, und mythologischen Heldentaten, besonders aus dem unerschöpflichen Herkulesstoff, war in höfischen Ausstattungsprogrammen des Barock beliebt[224].

Allerdings ist weder im Alten Herkulessaal der Residenz noch in der Arkadenausstattung des 17. Jahrhunderts eine unmittelbare Zuordnung bestimmter Herkulesszenen zu einzelnen Historienbildern wahrscheinlich. Soviel sich aus einem Stich P. Zimmermanns, der den Zustand

220 Förster 1874, Bd. 1, S. 396.

221 Ende der 30er Jahre entstanden, wurden die Szenen 1841 bis 1844 von Chr. Nilson ausgeführt. Vgl. auch Anm. 136; die Folge beginnt mit dem Gesang des blinden Rigas, der zum Befreiungskampf aufruft und endet mit der Ankunft des bayrischen Königssohnes als König Otto I. von Griechenland 1833. Die Kartons befinden sich im Stadtmus. München, Maill. Slg.

222 Vgl. Wasem 1981.

223 Vgl. o. S. 71.

224 Als eines der berühmtesten Beispiele gilt der Thronsaal des Schlosses Buen Retiro in Madrid. Dort korrespondierten den 12 Historienbildern – unter ihnen Velazquez' berühmte ›Übergabe von Breda‹ – 10 Herkulesszenen Zurbarans. Die Historienbilder stellen ausschließlich Siege aus der Regierungszeit Philipps IV. dar. Vgl.: Jonathan Brown/ J. H. Elliot: A Palace for a King. The Buen Retiro and the Court of Philipp IV., Yale 1980.

des Alten Herkulessaales von 1613 wiedergibt[225], entnehmen läßt, wie auch nach Auskunft der z. T. erhaltenen Skulpturengruppen des Hofgartens[226], wurden aus dem Herkulesmythos nur solche Heldentaten ausgewählt, die zu dem berühmten Dodekathlos zählten. Durch sie ließen sich in erster Linie Siege bzw. die für kriegerische Szenen reklamierten Eigenschaften eines Herrschers, kaum aber zeremonielle Handlungen wie Hochzeiten, Belehnungen usw. mythologisch überhöhen. Wie Zimmermanns Illustration nahelegt, scheint es sich denn auch um eine von den darüber angebrachten Geschichtsbildern Hans Werls unabhängige Reihe von Herkulesteppichen gehandelt zu haben, die ganz allgemein das Wittelsbacher Haus und den aktuellen Regenten mit der Tapferkeit und der Stärke des in den Kreis der Unsterblichen aufgenommenen Heros in Parallele setzten. Gegenüber den apotheotischen Überhöhungen des Barock boten die Personifikationen in Korrespondenz zu einzelnen im Historienbild verewigten Ereignissen die Möglichkeit, nicht nur die illustre Reihe von Helden in der Wittelsbacher Ahnengalerie differenzierter bewerten zu können, sondern auch einen Tugendkanon für den patriotischen Bürger aufzustellen.

Abb. 31 Ergänzt wurden die Tugendpersonifikationen durch Fluß- und Landespersonifikationen, die auf den bayrischen Staat nach dem Wiener Kongreß Bezug nahmen. Da sich für erstere allerdings weder die Fresken noch die Kartons erhalten haben, muß die Erörterung von der Rezeption ausgehen. Für den gesamten allegorischen Apparat waren für die Kritik vor allem zwei Aspekte von Bedeutung: Der erste betrifft das zeitliche Verhältnis von Geschichtsbild und Personifikation, der zweite die Frage, inwieweit der 'internationale' Charakter der Personifikationen überhaupt einen Beitrag zur nationalen Identität leisten könne.

In den Bogenfeldern des zentralen Durchgangs zum Hofgartentor, im rechten Winkel zu den beiden neueren Zeremonienbildern, kamen Wilhelm Kaulbachs – heute noch erhaltenen –
Abb. 31 Personifikationen von Rhein und Donau sowie Main und Isar zur Darstellung[227]. In dem seit der Antike vertrauten Schema lagernder Flußgötter dargestellt und mit tradierten Attributen ausgestattet, erscheinen ihre Physiognomien jedoch individuell gestaltet. Als alterndes und als jugendliches Paar einander zugeordnet, weisen diese Flußpersonifikationen den Herrschaftsbereich des Wittelsbacher Hauses topographisch aus. Sowohl die räumliche Nähe von Main und Isar zum angrenzenden, allerdings im Maßstab viel kleineren Historienbild der Verfassungsübergabe als auch die Initiale Ludwigs zwischen den Flußgöttern bezeichneten das Gebiet als gegenwärtiges Königreich. Waren Donau und Isar als Flüsse des bayrischen 'Stammlandes' schon in den Nymphenburger Gartenskulpturen des frühen 18. Jahrhunderts verewigt, so konnten ihre Partner erst seit den Gebietsgewinnen durch den Wiener Kongreß für Bayern vereinnahmt werden[228]. Auf die politische Signifikanz der Flußgötter gingen auch die zeitgenössischen Bespre-

225 Anläßlich der Vermählungsfeierlichkeiten der Schwester Maximilians I. im Jahre 1613 im folgenden Jahr entstanden; s. AUSST.-KAT.: WITTELSBACH 1980, Bd. II 2, Nr. 210/VIII. Auf Zimmermanns Stich sind folgende Szenen erkennbar: Herkules und Cacus, H. und der nemeische Löwe, H. und die lernäische Hydra, H. verfolgt die kerynitische Hirschkuh, H. trägt das Himmelsgewölbe (?).

226 Man nimmt an, daß Boos' Reihe von acht Herkulesskulpturen die ältere Folge Riedels thematisch wiederholt. Bei den erhaltenen Gruppen handelt es sich um Herkules und Atlas, H. und Cerberus, H. jagt die stymphalischen Vögel. Vgl. AUSST.-KAT.: BAYERN 1972, S. 468 f.

227 Eine Bleistiftstudie zu Rhein und Donau, 31 × 45 cm, dat. 1827, befindet sich in der Staatl. Gr. Slg. München, Inv.-Nr. 32482; ein Ölbild der Donau vor verändertem Hintergrund, 55,5 × 45 cm, in der Bayr. Staatsgemäldeslg. München; der Karton zum Fresko, 240 × 192 cm, in der Staatl. Kunsthalle Karlsruhe, Inv.-Nr. 24.

228 Bayern mußte Tirol an Österreich abtreten, erhielt jedoch Franken und die Pfalz.

chungen und Erklärungen ein, die angesichts der im Meditationsgestus dargestellten Donau und des sinnierenden bärtigen Rheins auf eine zukünftige großdeutsche Lösung spekulierten: Vater Rhein werde ohnehin „der nach dem Oriente gerichteten Nebenbuhlerin" mit ihren „sanguinischen Hoffnungen ... über kurz oder lang ... die Hand reichen müssen"[229]. Die Donau selbst scheine „voll prophetischen Sinnens ... das Bild einer glücklichen Zukunft zu erblicken"[230].

Diese Projektion einer gewünschten zukünftigen Entwicklung in die Figurenkonstellation der statuarischen Flußpersonifikationen erfolgte auf dem Hintergrund des entwicklungsgeschichtlichen Zyklus und im zeitgenössischen Bewußtsein, daß die bildlich aufgezeigte Evolution noch nicht abgeschlossen sei, sondern die Voraussetzung bilde, „um einst den Aufschwung wagen zu dürfen, in die Geschichte des gesammten deutschen Volkes"[231]. Der *Begriff* des Flusses, der zunächst einmal zwischen Erscheinung und Bedeutung ermittelt werden mußte, als Topos immerwährender gerichteter Bewegung, fungierte als Metapher geschichtlicher Entwicklung. Doch vertraten die Personifikationen nicht nur den Begriff, d. h. sie kennzeichneten nicht nur die vier Flüsse, sondern in ihrer Zuordnung und Charakterisierung durch Haltung, Gestik usw. eröffneten sie die gedankliche Ergänzung und Weiterführung der im Geschichtszyklus aufgezeigten Entwicklung in die Zukunft. Allerdings – und darin zeigt sich die Überlebtheit einer personifizierten Natur – äußerten sich solche Überlegungen nur auf einer distanziert-ironischen Ebene[232].

Daß die anachronistischen Flußpersonifikationen überhaupt zu derartigen aktuellen Geschichtsreflexionen führten, hatte noch eine gestalterische Voraussetzung. Kaulbachs Figuren erschienen den Zeitgenossen nicht als abstrakte Wesen, sondern sie wurden 'nationalphysiognomisch' gelesen. Besonders in der Gestalt der Isar sei es dem Künstler dank genauer Naturstudien gelungen, den „naiven liebenswürdigen Trotz", der „an die Eingeborenen jener schönen Täler erinnert, aus welchen die Isar mit keckem aber offenem Ungestüm hervorrauscht", zum Ausdruck Abb. 31
zu bringen. Sogar ihre „Liebe zur Freyheit"[233] sei überzeugend getroffen. In der Personifikation des Flusses wurden also die Charaktereigenschaften der bayrischen Maid, der Alpenbewohner schlechthin, entdeckt. Die in Kaulbachs individueller Gestaltung erzielte 'Nationalisierung', durch die allein die Personifikation in Beziehung zur vaterländischen Geschichte treten könne, sah man dagegen in Hiltenspergers ›Bavaria‹, die an der südlichen Schmalseite der Arkaden über dem Eingang zur Residenz thront, nicht erreicht. Trotz ihrer Attribute und König Ludwigs Wahlspruch „gerecht und beharrlich" auf ihrem Schild ermögliche diese ›Bavaria‹ keine Identifikation, weil sie das „Studium der Nationalphysiognomie" vermissen lasse. „Da aber so viele Völker die edelsten Eigenschaften miteinander gemein haben", sei dies unabdingbar, um „dem Charakter und Geist eines Volkes" gerecht zu werden, der „sich ja zuletzt doch immer wieder stets in seinen Gestalten aus(drückt)"[234]. „Die kosmopolitischen Ansichten einer ganz falsch aufgefaßten Humanität" hätten ohnehin „das Gefühl der Nationalität schon sehr erschüttert" und in der Kunst zu „einer gewissen europäischen Allgemeinheit" geführt[235], der es Einhalt zu gebieten gelte. „Jene psychologischen Züge aufzusuchen, durch welche der moralische Begriff

229 Inland 1830, Nr. 187, S. 770.
230 Röckel 1829, S. 40.
231 Röckel 1829, S. 10.
232 Vgl. Inland 1830, Nr. 187, S. 770; Nr. 194/195, S. 800–801; Röckel 1829, S. 40.
233 Inland 1830, Nr. 194/195, S. 800.
234 Inland 1830, Nr. 187, S. 770.
235 Kunst und Nationalität 1829, Nr. 186/187, S. 744.

in der sinnlichen Gestalt hervortreten soll“[236], scheint auch in den übrigen den Historienzyklus begleitenden Personifikationen der Cornelius-Schule kaum gelungen zu sein.

Als übergeordnete Leitmotive für das Gesamtprogramm als der mit scheinbar historischer Gesetzmäßigkeit auftretenden Folge von Schlachten- und Zeremonienbildern waren die Personifikationen von Krieg und Frieden je einem Abschnitt des vom Hofgartentor zweigeteilten Zyklus zugeordnet. Da trotzdem jedem der 12 chronologisch frühesten Historienbilder je eine eigene Personifikation entsprach, traten in den beiden mittleren Zwickelfeldern zwischen den Arkadenbögen je zwei Figuren auf. Der ersten, von Förster stammenden Szene des Gesamtzyklus, der Befreiung des deutschen Heeres durch Otto v. Wittelsbach, stand die ebenfalls von
Anh. 2 Förster gemalte Personifikation der Stärke gegenüber. Der im Eichenkranz gerahmte Leitspruch an der Decke gab unmißverständlich an, wem diese Stärke zukam: Die kaiserlichen Worte „An Euch, Pfalzgraf, ist es, diese Schmach zu retten“ ließen sich nur auf die Zentralfigur, Otto v. Wittelsbach, beziehen. Die folgenden Schlachten wurden durch die ihnen zugeordneten Personifikationen unterschiedlich bewertet: Stürmers ›Sieg der Bayern über die Böhmen bei Mühldorf‹ waren ›Krieg‹ und ›Strenge‹ unter dem Motto „Tritt mich nicht, ich leid's fein nicht“ gegenübergestellt. Damit wurde die Schlacht als nationale Verteidigung gegen die Angreifer ausgewiesen. Demgegenüber hieß die personifizierte Moral der dritten kriegerischen Szene, der Niederlage Ludwigs des Schönen bei Ampfing, ›Mäßigung‹. Das Motto nennt den Grund der ungewöhnlichen Temperantia: „Willkommen Vetter, ich freue mich, Euch zu sehen“.

Im Gegensatz zu den Gestaltungsmöglichkeiten der Zeremonienbilder waren die aus ihnen zu ziehenden Lehren vielfältiger. Der Belehnung Ottos v. Wittelsbach mit dem Herzogtum Bayern durch Barbarossa korrespondierte die Personifikation der Treue, dargestellt durch „ein lanzenbewehrtes Weib, eine Schlange tödtend, die von einem Hunde verfolgt wird“[237], als Voraussetzung für die Belehnung. Selbst gegenüber dem als Vorbild kaiserlicher Würde gefeierten Barbarossa blieb also die bayrische Perspektive gewahrt. Der folgenden Vermählungsszene war das Glück zugeordnet, der Kaiserkrönung Ludwigs in Rom der Überfluß.

Die Personifikationen waren nach den zeitgenössischen Beschreibungen in ihrer Gestaltung und attributiven Kennzeichnung völlig traditionell. Ihnen kam die Aufgabe zu, die im Historienbild zeitlich an das dargestellte Ereignis gebundene Lehre in eine fortdauernde zu transformieren. Damit sollte der Exemplum-Charakter, der durch die fortschreitende Geschichte, die sich im Zyklus als sukzessive Höherentwicklung bis zur Verfassungsproklamation in der Gegenwart präsentierte, verloren zu gehen drohte, gerettet werden. Doch fanden all diese Versuche, dem Gehalt des Historienbildes noch einmal auf der Ebene antikisch gekleideter Figuren Ausdruck zu verleihen, kaum Lob. Die von der Cornelius-Schule entworfenen Leitbilder entsprachen offenbar nicht der eingangs erörterten Forderung nach einer Nationalisierung der Tugenden durch jene psychologischen Züge, die dem ›Hercules bavaricus‹ auch eine urbayrische Treue zur Seite stellen sollte.

So hatte diese Reihe von Personifikationen zwar die Aufgabe, einen Tugendkanon der bayrischen Fürsten zu bilden und damit auch Normen für den idealen Bürger zu setzen, doch konnte die 'Kartonkunst' der Cornelius-Schule damit offenbar nicht mehr überzeugen. Im Lob, das Kaulbachs Flußgötter im Unterschied zu den „kalten Abstractionen“ erhielten, zeigte sich die

236 INLAND 1830, Nr. 180, S. 740.
237 HORMAYR 1830, S. 57.

beginnende Ablösung des Cornelius-Ideals durch einen neuen Idealismus, der auch die abstrakten Allegorien und Personifikationen mit dem Illusionscharakter der Wirklichkeit auszustatten suchte und in der Folgezeit in Kaulbach die neue Leitfigur fand.

Resümee

Der Münchner Historienzyklus mit seinen allegorischen Kommentaren erweist sich also trotz – oder gerade wegen – der allenthalben betonten uneingeschränkten Öffentlichkeit des Hofgartens thematisch wie ikonographisch als Domäne des Wittelsbacher Hauses[238]. Die solchermaßen veröffentlichte Geschichte diente als didaktisches Instrument zur Propagierung der Monarchie als einer mit allen traditionellen Herrschertugenden ausgestatteten, doch gleichermaßen entwicklungsfähigen Führungsinstitution, der es nicht nur gelang, mit dem 'Zeitgeist' Schritt zu halten, sondern sich sogar – wie die Schlußszene mit der Konstitutionsversammlung demonstriert – als Abb. 27 dessen unmittelbar ausführendes Organ zu beweisen. Dieses liberalmonarchistische Programm aus der Zeit unmittelbar vor 1830 war also trotz der vorgeführten dynastischen Tradition auf eine sich auch politisch verstehende Öffentlichkeit hin berechnet. Es suchte nachzuweisen, daß sich die gesellschaftliche Entwicklung in der Aussöhnung zwischen absolutem Herrschaftsanspruch des Monarchen und dem neuen Anspruch auf Demokratie in der konstitutionellen Monarchie verwirklicht habe. Das Programm erwies sich als ein durch und durch bayrisches: Mit dem Alleingang in der Verfassungsproklamation hatte König Max I. Joseph, König von Napoleons Gnaden, nicht nur demonstriert, daß die taktisch geschickte Flucht nach vorn die Monarchie sicherte, sondern auch deutlich gemacht, daß er keinen Nationalstaat, sondern einen Bundesstaat anstrebte[239]. Diese Position vertrat König Ludwig, der zwar nach den Unruhen von 1830 deutlich konservativer wurde, ebenso. Das Bildprogramm mit seinem Rekurs auf den bayrischen Beitrag zur deutschen Geschichte, beginnend mit der Rettung des legendären Barbarossa Abb. 18 und des deutschen Heeres durch einen Wittelsbacher, sollte im Bewußtsein der Öffentlichkeit die Position Bayerns für jene zukünftig anstehende Entwicklung stärken, die in der Verbindung von Donau und Rhein angedeutet wurde. Dazu hatten auch die tradierten Tugenden ihren Beitrag zu liefern.

Unter dem geschichtsbeflissenen Sohn Ludwigs, Max II. Joseph, den Golo Mann den „lernbegierige(n) Schüler Leopold von Rankes" nennt[240], entstand die mit 140 Historienbildern wohl umfassendste „vaterländische Geschichtsgalerie" des 19. Jahrhunderts für das ehemalige Bayerische Nationalmuseum[241]. Unter den Auspizien der personifizierten Kunst und der Geschichte wurden die Fresken seit den frühen 60er Jahren ausgeführt, und zwar in Rankes konservativ-evolutionärem Sinn, von der Gründung Augsburgs durch die Römer über die endlose Reihe Wittelsbacher Heldentaten und ihrer Belohnung bis in die Gegenwart. Dieser Zyklus trug deutlich konservativere Züge als der in den Hofgartenarkaden, was sich z. B. in der Gegenüber-

238 Gervinus schrieb in einem Plädoyer für die Kunstvereine: „Wir werden es vielleicht noch erleben, daß in München mit dem Könige zugleich die Kunst stirbt." Denn König Ludwig habe es trotz seiner Kunstförderung versäumt, „das zu deutschem Eigentum zu machen, was jetzt als Eigenthum von Baiern, von München, vom Hofe dasteht". G. G. Gervinus: Venetianische Briefe ..., in: Blätter für literarische Unterhaltung, 1839, Nr. 214, S. 867.

239 Vgl. Karl Arndt: Denkmaltopographie als Programm und Politik, in: Mai/Waetzoldt 1981, S. 171.

240 Golo Mann: Gedanken zum Ende der Monarchie in Bayern, in: Ausst.-Kat.: Wittelsbach 1980, Bd. III 1, S. 473.

241 Vgl. Friedrich Pecht: Die Fresken des bayrischen Nationalmuseums in München, in: ZfbK, Bd. 3, 1868, S. 194–200. Fotografische Aufnahmen aller zerstörten Fresken bei Foto Marburg.

Abb. 30, 27 stellung beider Szenen der Verfassungsübergabe zeigt. Im Unterschied zu Montens Fresko im Hofgarten wurde hier nun ein Ausschnitt gewählt, der ausschließlich den Hof beim Schwur auf die Verfassung wiedergab. Das letzte Bild des Zyklus zeigte schließlich Karl Theodor v. Pilotys ›Königin Maria bei der Belagerung von Gaeta im Jahre 1861‹, eine Szene, in der die Tochter des Wittelsbacher Hauses handlungslos inmitten von bourbonischen Kanonieren und Verwundeten steht. In der realen Geschichte hatte zur Entstehungszeit des Freskos schon die Gegenseite unter Garibaldi den Sieg für die Republik davongetragen. In diesem Zyklus wurde nicht mehr versucht, Geschichte als Entwicklung zu einer Beteiligung der Stände an der Regierung zu interpretieren. Friedrich Pecht schrieb bissig: „Hausgeschichte ist noch keine Landesgeschichte", und selbst wenn dem Fürsten in der Kunst ein „gewisses Recht" auf Repräsentation zukomme, „so muß er doch jedenfalls mit dieser Gesellschaft und ihren Interessen beschäftigt erscheinen"[242]. Selbst dieser Schein war hier abhanden gekommen. Im Bayerischen Nationalmuseum fand die höfische Geschichte ihr Refugium.

Das stilistische Spektrum der monumentalen Enzyklopädie reichte von den verspäteten Cornelius-Schülern bis zu Pilotys theatralischem Kolorismus. Die Unterschiede in der Behandlung prallten mitunter kraß aufeinander, doch standen diese Stilbrüche in keinem Bedeutungszusammenhang mehr mit dem Inhalt. Mit seinen – in Pechts großzügiger Zählung – „150 Staats-Aktionen" stellte dieser Historienzyklus ein selbst für den gebildeten Museumsbesucher kaum mehr kommensurables monumentales Bilderbuch dar.

Vergleichbare Bildprogramme aus der Herrschaftsgeschichte

Dem Arkadenzyklus analog konzipierte Bildprogramme aus der Herrschaftsgeschichte des jeweiligen Landes mit erläuterndem Tugendkanon gehörten in der Folgezeit nahezu zur Standardausstattung von Residenzen. Im Gegenwartsbezug aber unterschieden sie sich ebenso wie die Geschichtsgalerie des Bayerischen Nationalmuseums von dem auf städtische Öffentlichkeit zielenden Programm des Hofgartenzyklus, der die Monarchie als entwicklungsfähig und zeitgemäß präsentierte. Zweierlei Gründe spielen für diese Unterschiede eine Rolle: Zum einen waren die Zyklen solchermaßen privater oder allenfalls im Sinne des Sitzes staatlicher Repräsentation 'öffentlicher' Gebäude in aller Regel nicht auf die Legitimation der Funktionstüchtigkeit der eigenen Dynastie in der Gegenwart ausgerichtet – sie hatten dies gar nicht nötig; zum zweiten vergegenwärtigten sie im Rückgriff auf herausragende Vorfahren der eigenen Dynastie zwar auch das zukünftige Leitbild einer Monarchie, jedoch ohne den im Hofgartenzyklus proklamierten Souveränitätsanspruch, sondern je nach politischer Einstellung im Hinblick auf eine Reichseinigung unter Preußens oder Österreichs Führung. Ihr ideelles Substrat wurde – obwohl insgesamt zunächst die Tendenz zur Darstellung geschichtlicher Ereignisse zunahm – zumeist, wie im Münchner Hofgartenzyklus, durch Personifikationen verbildlicht.

Eine repräsentative Öffentlichkeitsfunktion kam z. B. dem Thronsaal des Dresdner Schlosses insofern zu, als hier die Landtage durch den sächsischen König eröffnet wurden. Auf diese Stellvertreteröffentlichkeit zielte sein historisch-allegorisches Ausstattungsprogramm. Der von Friedrich August beauftragte Düsseldorfer Maler Eduard Bendemann arbeitete zwischen 1839 und 1855 an der Ausstattung dreier Säle des Schlosses. Während der Konzert- und Ballsaal

242 Pecht (wie Anm. 241), S. 197/198.

Szenen aus der griechischen Mythologie und Geschichte thematisierte[243], war das Programm des Thronsaales, an dem die Arbeiten 1846 abgeschlossen werden konnten, auf die mittelalterliche Herrschaftsgeschichte[244] gerichtet: Die vier historischen Szenen zeigen ausschließlich Begebenheiten aus dem Leben Heinrich I., dem ersten König des Deutschen Reiches aus sächsischem Hause. Da die Fresken zugleich Heinrich im Verhältnis zu den vier Ständen darstellen sollten, mußten unterschiedliche Strukturen der ausgewählten geschichtlichen Begebenheiten in Kauf genommen werden. Während der Ritterstand im ›Sieg Heinrichs über die Ungarn bei Merseburg‹ und die Geistlichkeit in der ›Bekehrung des Dänenkönigs Kanut zum Christentum‹ der traditionellen Anforderung historischer Einmaligkeit und Bedeutsamkeit entsprachen, waren Bürger und Bauern nicht auf ein konkretes Ereignis zu fixieren.

> „Den Bürgerstand bezeichnet das Große Bild der Gründung einer Stadt, ... die Bauern dagegen sehen wir im vierten Bild im Vordergrund beschäftigt, den Zehnten der Ernte ... zu entrichten, während im Mittelgrunde ein Theil der Bevölkerung des offenen Landes in die eben gegründeten festen Städte ... einzieht“[245].

Heinrich der Vogler als Herr der vier Stände bedient sich also ihrer spezifischen Möglichkeiten, er selbst erscheint als der Ausgleich ihrer Möglichkeiten. Drückte sich in den historischen Szenen die Hierarchie der Stände aus, so wurde ihre potentielle Gleichrangigkeit in den nebeneinander stehenden Vertretern von Rittertum, Klerus, Bürgertum und Bauernstand eher betont. Diese „vier Stände zu friedlicher Gemeinsamkeit im *Staate geeint*“[246] sollten das Pendant zur Verkörperung dieses Staates durch eine thronende Saxonia auf der gegenüberliegenden Wand bilden, die direkt über dem realen Königsthron dargestellt war. Zu beiden Seiten bildeten 18 „vorbildliche Gesetzgeber und Könige“ die Traditionskette für den leibhaftigen König in ihrer Mitte. Ein unter der Decke umlaufender Fries mit der Entwicklungsgeschichte der Menschheit[247], dessen wichtigste Szenen im Mittelalter spielten und die Tätigkeiten der vier Stände illustrierten, exemplifizierte an der Thronwand die vier Kardinaltugenden, unter deren Ägide ein mittelalterlicher Herrscher zum Wohle aller regierte. Gerechtigkeit, Weisheit, Tapferkeit und Mäßigung als Eigenschaften Heinrichs im Dienste der Stände beschworen – lassen die Monarchie als die fortdauernde, ausgleichende Gerechtigkeit der verschiedenen Gesellschaftsgruppen erscheinen. Zur Verallgemeinerung der sozialen Charakteristik diente die Typisierung, während die Personifikation des Landes durch die Zuordnung zum Thron zur Monarchie als Staatsform transformiert wurde. Umgekehrt sollte ihre scheinbare soziale Neutralität auf den Thron übertragen werden.

243 An der westlichen Wand befand sich rechts und links der Tür: ›Die Hochzeit des Peleus mit der Nereide Thetis‹; in der Lünette darüber: ›Prometheus‹; die ›Hochzeit Alexanders des Großen mit der Tochter des Dareios‹; in der Lünette darüber: ›Das Gastmahl des Plato‹; auf der östlichen Wand: ›Zug des Apollon auf den Parnaß‹; Lünette: ›Orakel in Delphi‹; daneben: ›Der Zug des Dionysos‹; Lünette: ›Eleusinische Mysterien‹. Über der Tür: Personifikation der Poesie. Auf den Pfeilern zwischen den Fenstern: sechs Allegorien der freien Künste. Umlaufend über den Fenstern ein Fries mit Darstellungen des Lebens in der Antike, von der Geburt bis zum Tod. Eine Reihe von Entwürfen befindet sich im Kunstmuseum Düsseldorf, s. Ricke-Immel 1980, S. 20ff.; 1858 erschienen 12 Blätter mit Radierungen nach Bendemanns Arbeiten von Hugo Bürkner, zu denen der Dresdner Historiker Johann Gustav Droysen, der wahrscheinlich auch am Programm mitgearbeitet hatte, die Erklärungen lieferte, s. Droysen o. J., wiederabgedruckt in: Droysen 1893, S. 2.

244 Ricke-Immel 1980, S. 11ff.

245 Die Wandgemälde von Eduard Bendemann im K. Schlosse zu Dresden, in: Dt. Kunstblatt 1853, Nr. 1, S. 4.

246 Droysen 1893, Bd. 2, S. 154.

247 Vgl.: Der Fries im Thronsaale des königlichen Schlosses zu Dresden al fresco gemalt von Eduard Bendemann (mit Radierungen von Hugo Bürkner), Leipzig 1847.

Im Ausstattungsprogramm des Dresdner Thronsaales, in dem sich die Stände versammelten, wurde also im Unterschied zu den öffentlichen Hofgartenfresken keine Entwicklungsgeschichte vertreten, sondern das Exemplum des Mittelalters vorgeführt. Die Konstanz der Verhältnisse wird in den überhistorischen Verallgemeinerungen deutlich.

In den noch eingeschränkter 'öffentlichen' Gebäuden trat das didaktische Moment der Legitimation des Herrschaftsanspruches noch weiter zurück, freilich nicht der Anspruch auf die Monarchie als dem auch zukünftigen Leitbild. Die 16 Szenen aus der Geschichte des württembergischen Fürstenhauses, die der Stuttgarter Hofmaler Anton v. Gegenbaur in drei Phasen zwischen 1836 und 1854 im Auftrag des württembergischen Königs Wilhelm I. in der Residenz, dem Stuttgarter Neuen Schloß, ausführte, thematisierten ausschließlich Begebenheiten – meist Siege und Zeremonien – aus dem 14. und 15. Jahrhundert[248]. Die Supraporten der fünf ausgemalten Säle zeigten Siegeskränze verteilende Viktorien, eine um den toten Fürsten trauernde Württembergica, Trophäen usw., also vergleichsweise allgemeine Bedeutungszuweisungen. Der Verzicht auf die 'großen' Herrscher des Mittelalters zugunsten der württembergischen Herzöge, die wohl aus konfessionellen Rücksichten Wilhelms I. auf die der vorreformatorischen Zeit begrenzt blieben, bedeutete jedoch keinen Verzicht auf eine politische Stellungnahme. Zwar zeigen – wie Chapeaurouges Untersuchungen ergeben haben – die Bilder der ersten Phase eine „ambivalente Haltung des Kaisertums“[249], in der Belagerung der Burg Hohenzollern kommt jedoch die antipreußische Position Wilhelms I. deutlich zum Ausdruck[250]. Auf Entwicklungsgeschichte wurde hier weitgehend verzichtet, es ging auch nicht um Exempla, und selbst die allegorischen Versatzstücke übernahmen hier kaum die Aufgabe, geschichtliche Kontinuitäten zu schaffen bzw. in die Gegenwart zu verlängern.

Und noch ein letztes Beispiel: Auch König Friedrich Wilhelm von Preußen, der die Rhein-Ruine Stolzenfels 1823 von der Stadt Koblenz zum Geschenk erhielt, ließ den kleinen Rittersaal der nach Plänen Friedrich Schinkels und August Friedrich Stülers bis 1842 ausgebauten Burg[251] vom Cornelius-Schüler Heinrich Stilke zu einem ausschließlich durch mittelalterliche Herrscher, die einen Tugendkanon exemplifizierten, ausgestalten. Jedes der sechs in spitzbogig geschlossenen Wandfeldern sitzenden Historienbilder sollte durch eine historisch vorbildliche Handlung sowohl

248 Thematische Schwerpunkte bilden Szenen aus dem Leben von Eberhard dem Greiner und Eberhard im Barte, vgl.: ERKLÄRUNG DER VON HOFMALER GEGENBAUR IN DEN ZIMMERN DES KGL. RESIDENZSCHLOSSES IN STUTTGART AL FRESCO AUSGEFÜHRTEN GEMÄLDE AUS DER GESCHICHTE DES WÜRTTEMBERGISCHEN REGENTENHAUSES, Stuttgart 1842; eine erweiterte Ausgabe ist Wilhelm LÜBKES Schrift: Die Fresken aus der Württembergischen Geschichte in dem Königl. Residenzschlosse zu Stuttgart, ausgeführt von A. v. Gegenbaur, Stuttgart o. J. Zu den Skizzen und Entwürfen der Stuttgarter Staatsgalerie s. GAUSS 1976.

249 CHAPEAUROUGE 1977, S. 136, geht davon aus, daß die Szenen, die Eberhard im Barte und Maximilian I. sowie Eberhard den Greiner bei der Rettung Karls IV. zeigen, „kaiserfreundlich“ seien, die ›Belagerung Stuttgarts‹ und ›Eberhard der Greiner vor Heinrich VII.‹ stellten dagegen die Kaiser als Feinde dar. Es läßt sich jedoch ebensogut annehmen, daß hier lediglich auf das Selbstbewußtsein der Württemberger abgehoben wurde.

250 Es handelt sich um die Szene der Belagerung der Burg Hohenzollern und Gefangensetzung des Grafen Friedrich v. Zollern durch Henriette v. Mömpelgard. CHAPEAUROUGE 1977, S. 136 referiert die auch von den Biographen des 19. Jh.s stammende Geschichte, daß bei einem Besuch Friedrich Wilhelms IV. 1856 das anstößige Bild verhängt worden sei.

251 RATHKE 1975, S. 46–102; alle Abb. bei Werner BORNHEIM gen. Schilling: Schloß Stolzenfels, Führer der Verwaltung der Staatlichen Schlösser Rheinland-Pfalz, H. 4, 1980[3], Abb. 53–57.

habsburgischer wie staufischer Herrscher[252] wie auch Johanns v. Böhmen eine Herrschertugend veranschaulichen. Da es zwischen den einzelnen Szenen jedoch weder eine dynastische Folge noch eine stringente Verbindung gab, hier vielmehr Wahlverwandtschaften zusammengefügt wurden, war ein Sinnzusammenhang der dargestellten Ereignisse – vom Opfertod Hermanns v. Siebeneichen bis zum Brautempfang durch Friedrich II. – nur schwer herzustellen. Dies hatten vielmehr die Personifikationen der Tugenden zu übernehmen[253]. Die Folge der weiblichen Figuren, die Personifikationen der Treue, Gerechtigkeit, Standhaftigkeit, Liebe und Tapferkeit, sind mit den jeweiligen Historienbildern aufs engste verzahnt, indem sie von einem unterhalb der Szenen durchlaufenden Fries in die Mitte eines jeden Wandfeldes hineinragen. Insofern stellen die Personifikationen die direkten Bildunterschriften dar, zugleich bilden sie jedoch auch das eigentliche Programm, den Tugendkanon, den die Historienbilder, die keinen zeitlichen Zyklus bilden, erläutern. Sie beziehen sich auch optisch auf den jeweiligen Herrscher als Zentralfigur. Überflüssig zu betonen, daß sich Friedrich Wilhelm IV. als Auftraggeber diesem Tugendkanon verpflichtet wissen wollte.

Das moralische Substrat einer historischen Szene durch eine Personifikation vorzuführen, war seit der Renaissance vertraut und blieb auch weiterhin in der Monumentalmalerei erhalten. Besonders wenn weit zurückliegende Ereignisse thematisiert wurden, die nicht in eine Entwicklungsgeschichte eingebunden waren, wurde hiermit die Fortexistenz der moralischen Lehre angedeutet. Hatte der Klassizismus und speziell Goethe in den Weimarer Preisaufgaben versucht, aus 'klassischen' Konstellationen die allgemein-menschliche Situation herauszufiltern, so entstand mit dem Historismus das Problem, den zeitlich gebundenen Szenen fortwirkende Bedeutung zu verleihen. Von daher ist von besonderem Interesse, welcher Geschichtskonstruktion die Personifikation bzw. Allegorien zugeordnet sind.

Neben allegorisch kommentierten Zyklen entstanden allerdings auch rein historische bzw. solche aus der germanischen Mythologie. Darstellungen der 'großen' Herrscher des Mittelalters oder der schon quasi-historisch betrachteten Helden der Nibelungen als die Partikularstaaten übergreifenden und damit nationalen Leitfiguren erschienen jedoch an und für sich schon so bedeutend, daß sie für sich zu sprechen schienen und kaum einer allegorischen Bedeutungszuweisung bedurften. Geschichte erhielt hier in Umkehrung der Tendenz, das germanische Heldenepos zu vergeschichtlichen, ihrerseits eine gleichsam allegorische Bedeutungsebene. Vor allem in den Gestalten des Arminius, in Barbarossa und Karl dem Großen remythisierte sich Geschichte in dem Maße, wie sie wissenschaftlich rekonstruierbar erschien. Arminius, der den übermächtigen Römern militärisch trotzende Germanenfürst, war schon in der Lutherzeit zum antipapistischen Kämpfer befördert worden und fungierte in der Zeit der Befreiungskriege und dann wieder um 1870 vornehmlich als Befreier, war also eine Identifikationsfigur gegen den äußeren Feind. Ab den 40er Jahren wurde er allerdings von innenpolitisch zugkräftigeren Figuren wie Karl dem Großen als dem mittelalterlichen Reichseiniger und Barbarossa als dem Wiederhersteller der

252 Es handelt sich um Johann v. Böhmen, Hermann v. Siebeneich, Rudolf v. Habsburg, Gottfried v. Bouillon, Friedrich II.

253 „die 'Treue' durch Hermann v. Siebeneich, der sich für Friedrich II. opferte; die 'Gerechtigkeit' durch Rudolf v. Habsburg, der den ... Landfrieden wiederherstellte; die 'Standhaftigkeit' durch den Einzug der Kreuzritter Gottfrieds v. Bouillon in Jerusalem; die 'Liebe' durch die Begegnung Friedrichs II. mit der englischen Königstochter am Rhein bei Stolzenfels ...; die 'Tapferkeit' im Tod Johanns v. Böhmen bei der Schlacht von Crécy", Rathke 1975, S. 98.

alten Kaiserrechte verdrängt. Sie bildeten – verstärkt durch den ihnen anhaftenden Reinkarnationsmythos – die Leitfiguren der künftigen Reichseinigung. Damit transformierten sich die historischen Figuren zugleich zur Personifizierung (um nicht zu sagen zur Personifikation) des Reiches; besonders wenn sie als thronende Herrscher dargestellt wurden und damit auch einem üblichen Darstellungsschema der Personifikationen entsprachen, das seinerseits wieder vom Kult- und Herrscherbild herrührte, und diese Nähe z. T. wahrte, wie z. B. die Bonner Aulafresken zeigen.

Exkurs: Zur Personifikation der Nation

Monumentalmalerei: Germania und die mittelalterlichen Kaiser

Die Verbildlichung des real-politisch nicht existenten deutschen Reiches in der schon von Tacitus mit Würde und Sittlichkeit ausgestatteten Personifikation der Germania wurde im 18. Jahrhundert wiederentdeckt. Gekrönt wie die mittelalterlichen Reichspersonifikationen, erschien Germania zunächst in der Titelillustration zu Schönaichs 1753 publizierter Schrift Hermann oder das befreyte Deutschland[254]. Hermann, auf den zerbrochenen Insignien des Römischen Reiches stehend, beendet die römische Knechtschaft, indem er die königliche Germania von ihren Fesseln befreit. Obwohl Germania – ähnlich wie Arminius – auch während der napoleonischen Besetzung und in der Zeit der Befreiungskriege als Verkörperung der Einheit gegen den äußeren Feind neue Bedeutung gewann[255], trat sie außerhalb der Illustrations- und Flugblattgrafik zunächst nicht als unmittelbar politische Figur auf.

Häufig dagegen erscheint sie innerhalb der Ikonographie der bildenden Künste in Verbindung mit Italia als Ausdruck der kulturellen Nord-Süd-Beziehungen bzw. als Verweis auf eine gleichwertige künstlerische Entwicklung diesseits und jenseits der Alpen. So ist Germania z. B. als Italias Schwester in Friedrich Overbecks berühmtem Tafelbild ›Italia und Germania‹ aufgefaßt. Als Pendantfiguren erscheinen die beiden Länderpersonifikationen auch in Philipp Veits monumentalem Fresko ›Die Einführung der Künste in Deutschland durch die Religion‹, das zwischen
Abb. 35 1834 und 1836 im Städelschen Kunstinstitut entstand[256], in den beiden Seitenteilen des Tripty-

254 „Hermann löset nach dem Siege über die Römer, der bis dahin gefesselten Germania die Ketten ab, wobey ihm die Kattische Princessin Thusnelda, seine Verlobte, Gesellschaft leistet; die deutschen Kriegsleute aber das eroberte römische Lager verbrennen." Kupferstich von Joh. Christoph Sysang nach Anna Maria Werner, in: Chr. O. v. Schönaich: Hermann oder das befreyte Deutschland, Leipzig 1751.

255 Dies vor allem in der Literatur und Dichtung, vgl. Hermand 1979, S. 172–241. Hermands z. T. summarische Einschätzungen der Germania-Darstellungen lassen sich in dieser Weise nicht halten. Auch die für den Michel – ohne genauere Untersuchung – behaupteten generell restaurativen Absichten sind unzutreffend. Michel kann ebenso eine Jakobinermütze oder ein Gewehr tragen; vgl.: Historische Dokumentation 19. Jh., Historisches Museum Frankfurt, Frankfurt/M. o. J., Nr. 37. 0. 1. 1. Die Beispiele zeigen sowohl für Michel wie für Germania eine Indienstnahme durch unterschiedliche politische Interessen.

256 Dreiteiliges Wandbild. Der Mittelteil wird links von der Personifikation der Italia, rechts der Germania flankiert. Die Seitenbilder je ca. 284 × 191 cm, das Mittelbild 284 × 611,5 cm, ausgeführt im Auftrag des Städelschen Kunstinstitutes, 1877 abgenommen und in den Neubau überführt; s. Hans-Jochaim Ziemke: Die Gemälde des 19. Jh.s. Kat. des Städelschen Kunstinstituts Frankf. a. M., Frankfurt 1972, S. 449–453; wiederabgedruckt in: Beilage zum Ausst.-Kat.: Nazarener 1977.

chons. Gegenüber der Italia als Repräsentantin geistlicher Macht erscheint Germania als Vertreterin weltlicher Herrschaft:

> „Unter einer Eiche, auf das Buch des Gesetzes hinweisend und das Schwert der ausübenden Gerechtigkeit auf ihrem Schoße haltend. Der Schild mit dem Reichsadler und die Krone Karls des Großen bezeichnen das Kaisertum, die Wappen der sieben Kurfürsten die Form der Reichsverfassung"[257].

Anders als in der Vorzeichnung[258] trägt Germania allerdings die Kaiserkrone[259] nicht auf dem Kopf, sondern sie liegt vielmehr zu ihren Füßen. Darin ist m. E. eine bewußte Aktualisierungsmöglichkeit enthalten[260]. Germania verkörpert zunächst den weltlichen Schutz im frühen Mittelalter für die Christianisierung, wie sie das Mittelbild als Erblühen der Künste durch die Religion darstellt.

Neben dieser zeitlichen Bindung der Germania durch das Mittelbild läßt die Personifikation darüber hinaus eine zweite Lesart zu: Germania, der die Reichskrone zusteht, trägt diese *noch* nicht. Gemäß dem Mittelbild wäre damit auf vorkarolingische Zeit verwiesen, aber zugleich auch auf die gegenwärtige. Veit formuliert in der Zuordnung der Attribute zur Germania – ähnlich wie später Lorenz Clasen u. a.[261] – seine aktuellen monarchistischen Hoffnungen. Für die gegenwartsbezogene Lesart spricht, daß sich mit der sogenannten Karlskrone wie von selbst die Frage verband: „Wer soll unser Kaiser sein?"[262] und daß im Hintergrund des Bildes Arbeiten am Kölner Dom erscheinen, dessen Weiterbau als Nationaldenkmal zur Entstehungszeit des Freskos betrieben wurde.

Auf dem zehn Jahre später ebenfalls von Philipp Veit angefertigten Germania-Transparent für die Nationalversammlung in der Frankfurter Paulskirche[263] fehlt dagegen die Krone. Germania trägt den herrschaftsneutralen Eichenlaubkranz, den sie innerhalb der Ikonographie der bildenden Kunst als Ehrung trug und der ihr als politische Repräsentantin zur geographischen Verortung zukam. Anstelle der Kaiserkrone im Fresko liegt zu ihren Füßen nun eine gesprengte Abb. 34

257 J. D. Passavant (1836), zit. n. Detlef Hoffmann: Germania zwischen Kaisersaal und Paulskirche, in: Ausst.-Kat.: Trophäe oder Leichenstein 1978, S. 123.

258 Bleistift, Sepia, um 1832, Mainz, Mittelrheinisches Landesmuseum.

259 Es handelt sich um die Wiener Kaiserkrone, die damals jedoch für die Karls des Großen gehalten wurde. Vgl.: Hoffmann (wie Anm. 257), S. 128.

260 Hoffmann (wie Anm. 257), S. 128, bezeichnet den Entwurf als „märchenhaft". „Krone und Szepter wirken wie Schmuckstücke, nicht wie Symbole von Herrschaft". Die lockere Zeichnung hat zwar nichts Monumentales, doch dürfte dies eher auf einen medial ursprünglich anderen Zusammenhang hinweisen. Die politische Bedeutung bleibt dagegen erhalten. Eine weitere Zeichnung Veits mit dem von einer gewaltsamen Spaltung bedrohten Doppeladler, die Hoffmann selbst publiziert hat (S. 106), in der eine Adlerkralle die Kaiserkrone, die andere die phrygische Mütze hält, weist auf die Bedeutung, die Veit diesen Zeichen politischer Herrschaft beimaß.

261 Lorenz Clasens monumentales Ölgemälde ›Germania auf der Wacht am Rhein‹, 200 × 159 cm, 1860, Krefeld, Kaiser-Wilhelm-Mus., zeigt Germania mit gezücktem Schwert als kampfbereite Walküre, die adleräugig über den Rhein späht. Zum Krönungsmantel trägt sie den Eichenlaubkranz, während, wie in Veits Fresko, die „Karlskrone" zu ihren Füßen liegt. Veits thronende Germania hat Caspar Scheuren später variiert: die Krone schmückt jetzt den dekorativen Rahmen über dem „Gloria"-Schild zu Ehren des Sedantages (Ill. Ztg. Bd. 67, 1876, S. 191).

262 Unter diesem Titel erschien ein Gedicht Otto v. Reicherts, dem die vermutete Karlskrone als Illustration diente, s. Fliegende Blätter, Bd. VI, Nr. 140.

263 Das Transparent befindet sich heute in Nürnberg, German. Nationalmus. Die Innenansicht der Paulskirche mit Veits Transparent wurde in der zeitgenössischen Grafik verbreitet. Ein Foto der Rekonstruktion der Dekoration anläßlich des 75. Jahrestages der Ersten Deutschen Nationalversammlung 1923 bei Hoffmann (wie Anm. 257), S. 129.

Handschelle. Aufrecht stehend hat sie das Schwert zum Zeichen ihrer Wehrhaftigkeit erhoben, während sie in der anderen Hand das gigantische Banner mit den Nationalfarben trägt. Gesprengte Fesseln statt der Krone, aber kein Zeichen der Herrschaftsform sind Ausdruck der aktuellen politischen Situation: Das auf Emporenhöhe über dem Rednerpult der Paulskirche angebrachte Transparent vermied auch in den die Germania flankierenden Devisen der dreiteiligen Monumentaldekoration sorgfältig jeden Hinweis auf die Staatsform[264], unter der Germanias neue Freiheit realisiert werden sollte. Gerade sie war Gegenstand der ausgetragenen Debatten. Jeder Hinweis – Krone oder Jakobinermütze – hätte hier als Provokation erscheinen müssen.

Innerhalb der Monumentalmalerei blieb Germania als *politische* Figur allerdings bis in die 50er Abb. 73 Jahre hinein die Ausnahme. Wenn sie auftrat, wie z. B. in Kaulbachs weltgeschichtlichem Zyklus im Treppenhaus des Berliner Neuen Museums (s. u.), dann erschien sie *neben* einem historischen Herrscher. In diesem Falle war ihr 'Partner' der als Reichseiniger gefeierte Friedrich Barbarossa. Das Fehlen der Germania in der Monumentalkunst mag damit zusammenhängen, daß die Landesherren der sogenannten Mittelstaaten – als Auftraggeber für Monumentalmalerei – keinen Anspruch auf die Führungsposition in einem neuen deutschen Reich erheben und somit Germania auch nicht in ihren dynastiegeschichtlichen Programmen vereinnahmen konnten. Oder daß einzelne Länder, wie das Ergebnis der Paulskirchenverhandlungen von 1848 erwies, ähnlich wie Bayern gar nicht an einem Nationalstaat interessiert waren bzw. wie Württemberg dem sogen. Triasgedanken anhingen, um ihre Privilegien zu schützen. Von daher wären ohnehin nur Österreich und Preußen in Frage gekommen, Germania als Personifikation mit Zukunft für sich zu beanspruchen, was allerdings in der umstrittenen politischen Situation einem Affront gleichgekommen wäre. Die Mittelstaaten hielten sich dagegen in ihren Monumentalzyklen an die jeweiligen Landespersonifikationen; Bavaria, Borussia, Saxonia oder Württembergica erlebten eine Hochkonjunktur.

Germania dagegen zeigte sich in der Monumentalmalerei vor allem nach 1871; dann allerdings als gepanzerte und bewaffnete germanische Walküre. Sie gebietet, wie in Anton v. Werners ›Das neue Reich‹ von 1872[265], über gerüstete Germanen oder, wie noch in Hermann Prells Ausstattung Abb. 36 des Thronsaales der deutschen Botschaft in Rom, im Palazzo Caffarelli[266], über die personifizierte Wehrkraft. Gegenüber dem Thronsessel bildet die heroische Germania dort den Abschluß eines „nationalmythologischen" Bildprogramms mit den martialischen Kämpfen sagenhafter germanischer Helden. Dieser Germania-Typ, wie er in zahllosen Varianten, von der Ruhmeshalle mit der ›Wiederaufrichtung des Deutschen Reiches‹ im Berliner Zeughaus[267] bis zur gußeisernen

264 Das in einen dreiteiligen architektonischen Rahmen eingepaßte Germania-Transparent wurde von zwei eichenlaubumrahmten Devisen flankiert: „Des Vaterlands Größe / Des Vaterlands Glück / O schafft sie, o bringt sie / dem Volke zurück."

265 Entwurf für den „vierteilig gedachten Siegesdenkmalsfries": (›Herausforderung‹, ›Waffenbrüderschaft‹, ›Der deutsche Kaiser‹, ›Das neue Reich‹), dat. 1872, vgl.: Anton v. WERNER: Erlebnisse und Eindrücke 1870 bis 1890, Berlin 1913, S. 71.

266 Franz Hermann MEISSNER: Hermann Prells Wandgemälde im Thronsaale der deutschen Botschaft zu Rom, Dresden o. J. mit Abbildungen der gesamten Ausstattung. Der Auftrag des Kaisers erging 1890. Meissner feiert Prell als den Schöpfer eines „neuen nationalen Monumentalstils". Die „nationalmythischen Bilder" erscheinen ihm als Entsprechung zu Richard Wagners musikalischen Werken.

267 Die Ausstattung, an der auch andere Künstler beteiligt waren, erfolgte zwischen 1879 und 1890. In den vier großen Bogenfeldern unterhalb der Kuppel mit dem Triumphzug waren ›Reich‹, ›Walhalla‹, ›Frieden‹ und ›Krieg‹ dargestellt, jeweils die Personifikation im Zentrum und eine Heldenversammlung zu beiden Seiten. Das Kompositionsschema ist noch immer entfernt an Raffaels ›Schule von Athen‹ orientiert.

Germania auf dem Niederwalddenkmal[268] auftritt, dokumentiert gegenüber den äußeren Feinden eine wahrhaft eiserne Kampfbereitschaft.

Konsensfähiger und mit der Aura einer verklärten Vergangenheit ausgestattet waren demgegenüber schon lange vor der Reichsgründung die großen mittelalterlichen Herrscher, vor allem Karl der Große und Friedrich Barbarossa, die das Leitbild des zukünftigen Nationalstaates gleich in Form einer erprobten starken Monarchie lieferten.

Als monarchistische Vorbilder erschienen sie nicht nur an den Wänden von Schloß Heltorf[269] oder der Münchner Residenz[270], sondern selbst in der „nicht an kirchlichen oder höfischen Wänden klebende(n), sondern freiere Räume beschreibende(n) Malerei"[271]. So in dem vom Kunstverein für die Rheinlande und Westphalen als bürgerlichem Kunstförderer subventionierten Karlszyklus von Alfred Rethel im Aachener Rathaus. Wie das Schlußbild des Aachener Zyklus oder des in den 60er Jahren von Wilhelm Kaulbach und seinem Schwiegersohn A. v. Kreling im Herrenhaus Bredeneck geschaffenen Karlszyklus[272] und viele weitere Beispiele, vor allem auch in der Literatur und in populären Dichtungen zeigen, galt es nur noch, Barbarossa im Kyffhäuser oder Karl den Großen im Untersberg aus ihrem jahrhundertelangen Schlaf wiederzuerwecken[273]. Das Bild vom 'König im Berg', vor allem durch die Deutschen Sagen der Gebrüder Grimm popularisiert, besaß solche Prägekraft, daß es die beiden Kaiser vereinnahmte[274]. Besonders Barbarossa, der im Unterschied zu Karl dem Großen keine konkurrierende französische Indienstnahme zu fürchten hatte, der seinen Enkel Friedrich II. aus dem Kyffhäuser verdrängte[275], wurde zum kryptischen Regenten, dessen Auferstehung unmittelbar bevorstand. Den Reinkarnationsmythos nutzten zwar vereinzelt auch demokratisch gesinnte Künstler, wie etwa der Schweizer Martin Disteli in seiner Bildfolge von 1843[276], doch die Indienstnahme für einen republikanischen Einheitswunsch blieb die Ausnahme. Der monarchistische Gehalt war durchschlagender.

268 Vgl. Tittel 1979.

269 Barbarossa-Zyklus im Auftrag des Grafen v. Spee, vgl. Anm. 120; Chapeaurouge 1977, S. 120–125 kommt zu dem Ergebnis, daß die Darstellungen nicht erkennen lassen, ob der Auftraggeber, der Barbarossa als Leitfigur der Reichseinigung versteht, eine großdeutsche oder kleindeutsche Lösung bevorzugte.

270 Barbarossa-Zyklus von Julius Schnorr von Carolsfeld im Königsbau der Münchner Residenz. Der Auftrag König Ludwigs erging 1835, die Ausführung dauerte von 1837 bis 1842, vgl. Chapeaurouge 1977, S. 128–131; Nowald 1978.

271 Püttmann zit. n. Pogt 1980, S. 74.

272 Arndt 1976, S. 298, Ulrich Schulte-Wülwer: Die Bilder zur Geschichte und Sage Karls des Großen von August v. Kreling und Wilhelm v. Kaulbach für den Altonaer Kaufmann Bernhard Donner, in: Nordelbingen, Bd. 46, 1977, S. 62–94. Der Zyklus wurde 1860–1868 ausgeführt.

273 Vgl. Klaus Schreiner: Friedrich Barbarossa: Herr der Welt, Zeuge der Wahrheit, Verkörperung nationaler Macht und Herrlichkeit, in: Ausst.-Kat.: Die Staufer, Bd. V, Stuttgart 1977, S. 521 ff.

274 Die Entwicklung der zunächst nur lokal verbreiteten Sagen zu solchen von nationaler Bedeutung in der Romantik resümiert Graus 1975, S. 338–353 am Beispiel des Kyffhäuser.

275 Graus 1975, S. 345. Im Dreißigjährigen Krieg wurde der Kyffhäuser zu einem Versammlungsort der aufständischen Bauern. Dies dürfte u. a. mit dem als Gegner des Papismus verehrten Friedrich II. zusammenhängen, den man hier umherwandeln glaubte. Die Verwechslung von Friedrich II. und seinem Großvater Barbarossa leitete die Barbarossa-Umdichtung ein, die sich mit steigendem nationalem Interesse durchsetzte.

276 Grote 1976, Abb. 2–6, vgl. auch Fliegende Blätter, Bd. XXII, Nr. 516, wo ein Knabe dem erwachenden Barbarossa bedeutet, die Raben flögen noch über den Berg, was heißen sollte, er müsse noch 100 Jahre im Berg warten.

Dem Wiedererwecken der Kaiser für eine Monarchie als künftiger Staatsform der geeinten Nation eine Demokratie entgegenzusetzen, wie etwa Heinrich Heine in seiner Aufforderung an „Herrn Rotbart“: „Geh leg dich schlafen, wir werden uns / auch ohne Dich erlösen“[277], vermochten im Medium des Bildes nur die Agitationsgrafik und die Karikatur mit ihrer aktuellen und tagespolitisch flexiblen Bildsprache. Im gesamten Bereich der Monumentalmalerei haftete dagegen das personifizierte Reich der herrschaftlichen Bildrhetorik an. Germania und die Kaiser waren hier die Partner.

Bildpresse: Germania und Michel

In der Bildpresse als der zunächst bescheidenen Form einer Gegenöffentlichkeit, in der sich die politischen Zukunftsträume einer geeinten Nation ‘von unten’ artikulierten, erschien Germania nicht nur in einem anderen Kostüm, sondern auch in anderer Begleitung.

Mit der Forderung nach einem Nationalstaat verbanden Teile des Bürgertums eine demokratische Regierungsform. Statt einer Krone konnte Germania hier nicht nur einen Eichenlaubkranz aufsetzen, sondern noch zu ganz anderem Kopfputz als Ausdruck ihrer politischen Gesinnung greifen: Wie die vormärzlich-republikanische Druckgrafik und vor allem die Karikatur, die für kurze Zeit trotz der teilweise straffen Pressezensur eine gewisse Gegenöffentlichkeit bildeten, in zahlreichen Beispielen zeigen, eiferte *diese* Germania ihren französischen Schwestern, der ‘Liberté’, der ‘République’ und der ‘Marianne’[278], nach. Statt Krone oder Eichenlaub trug Germania hier die Phrygische Mütze[279]. In ihrer Kopfbedeckung manifestierte sich die Position zur Staatsform[280].

Doch fehlte in Deutschland weitgehend eine progressive ikonographische Tradition im Bereich der allegorischen Bildsprache, wie sie sich in Frankreich seit der Revolutionszeit nicht nur im Bereich der Grafik und Tafelmalerei, sondern vor allem in den öffentlichen Monumenten und den *tableaux vivantes* der massenwirksamen Revolutionsfeiern herausgebildet hatte[281] und damit Personifikationen wie ‘Die Freiheit’, ‘Die Gleichheit’, ‘Die Republik’ u. a. nicht nur dem Bildungsbürgertum vertraut waren. Eine solche politische Ikonographie bildete sich in Deutschland erst seit den Befreiungskriegen heraus und blieb im wesentlichen auf die Grafik beschränkt.

Germanias Begleiter war hier kein mittelalterlicher Staufer, sondern der deutsche Michel[282], der zwischen den Befreiungskriegen und der Märzrevolution aus seinem biedermännischen Schlaf

277 Heinrich Heine: Deutschland. Ein Wintermärchen. Stuttgart 1978, S. 44. Weiter heißt es dort: „Die Republikaner lachen uns aus /Sehn sie an unsrer Spitze / So ein Gespenst mit Zepter und Kron’ / Sie rissen schlechte Witze.“

278 Zur Ikonographie der Liberté s. Trachtenberg 1976, bes. Kap. 3; zur République und zur Marianne: Agulhon 1973; Agulhon 1979; Chaudonneret 1987.

279 Vgl. Vollmer 1983, Abb. S. 263, 437; Eulenspiegel 1848, Nr. 28, S. 110.

280 Vgl. die vier Varianten der Kopfbedeckung als Ausdruck verschiedener Staatsvorstellungen: „Deutschland unter einem Hut“, in: Fliegende Blätter, Bd. VI, Nr. 143, S. 181; üblicherweise reichen in den Karikaturen die verschiedenen Vertreter politischer Gruppen Germania ihren bedeutungsvollen Hut, um ihre Gesinnung auszudrükken (vgl. u. a. Fliegende Blätter, Bd. VI; Nr. 150).

281 Agulhon 1973, bes. S. 8 ff.; Jean Starobinski: 1789. Die Embleme der Vernunft, Paderborn usw. 1981, S. 51; zur Grafik (u. a. mit Darstellungen der Revolutionsfeiern) Ausst.-Kat.: L’art de l’estampe et la révolution française (Mus. Carnavalet), Paris 1977, Nr. 42, 47, 49.

282 Zu den verschiedenen Bedeutungen, die sich in der Figur des Michael überlagern und je nach Situation betont werden können (Erzengel Michael, Hl. Michael, J. Michael E. v. Obentraut = Heerführer im 30jährigen Krieg u. a.), s. Grote 1967.

zumindest zeitweise erwachte und seine Schlafmütze mit der Jakobinermütze vertauschte[283]. Von niederer Abkunft war diese 'Nationalfigur' sozusagen die Verkörperung des Genremilieus und von daher für die offizielle Malerei nicht hoffähig. Seine bildliche Verbreitung beschränkte sich also von vornherein auf den Bereich der Bildpresse, vor allem auf die Karikatur.

Michel, der Repräsentant des Volkes, tritt als Germanias Befreier[284], als ihr Bräutigam[285] und manchmal auch als ihr wehrhafter Verteidiger[286] auf. Er macht Metamorphosen zu antiken Heroen durch, als ›Herkules am Scheideweg‹ muß er zwischen einer befreiten Germania und der preußischen Monarchie wählen, oder er mistet den Augiasstall aus[287]; aber er rückt mitunter auch in die Nähe von Hecker und Blum[288]. Michel repräsentiert also im Unterschied zur Germania nicht die Staatsform, sondern das Volk, das diese zu wählen bzw. zu erkämpfen hat. Daneben kann er aber auch als zaudernder, träger oder thumber Michel auftreten[289], dessen Unentschlossenheit und Naivität im Gegensatz zur kämpferischen 'Marianne' seine Unterlegenheit schon vor 1848 anzeigt. Germania als Michels Partnerin spiegelt dessen Aktivitäten. Als Verkörperung der staatlichen Ebene der Nation ist sie auf ihn angewiesen. Daher kann sie im Vormärz als republikanische, freiheitliche Jungfrau auftreten, deren Darstellung sich z. T. auch stilistisch an ihren französischen Vorbildern orientiert[290], als deutsche Freiheitsgöttin erscheint sie in ›Heckers Traum‹[291]. 1848 dann als Schwangere, der die versammelte Reaktion per Kaiserschnitt einen Greis entbindet[292]. Ab 1848 schließlich wird sie zur zahnlosen alten Vettel[293], die keine eigene Kraft mehr aufbringt und höchstens noch erfolglos versucht, den inzwischen wieder entschlafenen Michel aufzurütteln. Ohne ihn ist die demokratische Germania hilflos.

In der Bildpresse des Vormärz übernahm es also die Personifikation der Nation, zukünftige historische Entwicklung zu formulieren. Sie war aber nur so lange Ersatz für die ausstehende geschichtliche Veränderung, bis das Scheitern der Paulskirchenverhandlungen besiegelt war. Das Fehlen einer bürgerlichen Revolution in Deutschland hatte jedoch zur Folge, daß es kaum Ereignisse der jüngeren Geschichte gab, die von demokratischer Seite für sich beansprucht werden konnten. Zugleich fehlten für Großprojekte auch entsprechende Auftraggeber, die finanzkräftig und durchsetzungsfähig zugleich waren.

Die entstehenden Kunstvereine waren im Hinblick auf öffentliche Großprojekte konsenspflichtig. Der einzige Stoff aus der jüngsten Geschichte, an den sich weitergehende Hoffnungen des patriotischen Bürgertums knüpften, waren die Befreiungskriege. Von den hochfliegenden

283 Michel ist eine der beliebtesten Figuren des Vormärz. Die bildliche Metamorphose von der Zipfelmütze zur Jakobinermütze zeigt den jeweiligen Stand seiner Aktivitäten. Vgl.: „Metamorphosen", in: Eulenspiegel 1849, Nr. 12, S. 47; zahlreiche Beispiele in Zeitschriften wie Laterne, Fliegende Blätter u. a.

284 Vgl. z. B. Fliegende Blätter, Bd. VI, Nr. 157.

285 Vgl. z. B. Eulenspiegel 1850, Nr. 14; 1849, Nr. 43.

286 Vgl. z. B. Fliegende Blätter, Bd. VI, Nr. 150.

287 Vgl. Fliegende Blätter, Bd. VI, Nr. 140. Mit der Jacobinermütze auf dem Kopf säubert Michel den Augiasstall alias Paulskirche (Flugblatt), Abb. bei Vollmer 1983, Nr. 170.

288 Vgl. z. B. Fliegende Blätter, Bd. VI, Nr. 157, Bd. XI, Nr. 260.

289 Eulenspiegel tritt in der gleichnamigen satirischen Zeitschrift als Michels Lehrmeister auf, worin sich das Selbstverständnis des Blattes gegenüber seinen Lesern (als den „Micheln") ausdrückt. Vgl. auch Grote 1967, S. 38–46.

290 Die Mehrzahl der Lithographien in der Stuttgarter „Laterne" orientiert sich eng an französischen Arbeiten.

291 Abb. bei Vollmer 1983, Nr. 86.

292 ›Der Kaiserschnitt‹, Abb. bei Vollmer 1983, Nr. 112.

293 Dieser Typ ist weit verbreitet, vgl. z. B. Fliegende Blätter, Bd. VI, Nr. 137; Eulenspiegel 1848, Nr. 4, Nr. 5, Nr. 9, Nr. 16, Nr. 35; Vollmer 1983, Nr. 130, 370.

Monumentalprojekten etwa eines Schinkel kamen jedoch auffällig wenige zur Ausführung. Zwar wurde das Kreuzbergdenkmal[294] im Gedenken an die Siege über Napoleon errichtet, doch zeigen sich im Vergleich zu den nicht ausgeführten Entwürfen[295] auch die Bedingungen seiner Realisierung: die Neutralisierung der Volkserhebung durch die Siegesgenien der verschiedenen Schlachten. Auch die langwierigen Auseinandersetzungen um den Bau eines Völkerschlachtdenkmals und des einzigen Arminius-(=Hermann)Denkmals, das zwar 1819 geplant, aber erst 1875 vollendet werden konnte[296], lassen die verschiedenen Intentionen ahnen, die aus den Siegen über Napoleon abgeleitet wurden. Aus Sorge vor „unangenehmen politischen Kundgebungen, wie sie beim Hambacher Fest vorgekommen waren"[297], unterband man sogar die Feierlichkeiten bei der Grundsteinlegung des Hermann-Denkmals. Jedenfalls waren die mit den Befreiungskriegen geweckten Hoffnungen und die in ihnen gemachten Erfahrungen einer gemeinsam handelnden Nation mit den Ergebnissen des Wiener Kongresses, der Gründung des Deutschen Bundes und einer blühenden Restauration keineswegs erfüllt[298], und es wurde – schon seit dem Wartburgfest von 1817, verstärkt aber nach den Unruhen von 1830 – befürchtet, die Erfahrungen einer Volksbewaffnung von 1813/15 könnten unkontrollierbare Folgen für die Fürsten haben. Das heißt, auch bei der Wahl der Stoffe aus der längst vergangenen Geschichte waren die Auftraggeber von Großprojekten vorsichtig: Helden wie Arminius waren ambivalent und ebenso weitreichend zu beerben wie die Personifikation der Germania.

Zwar können die Personifikationen und Allegorien im besonderen Maße gedankliche Konstrukte, noch nicht Wirkliches, Wünsche und Träume vergegenwärtigen, doch ist ihre Wirksamkeit an die hinter ihnen stehende Bedeutungsebene geknüpft. Sie sind angewiesen auf Geschichte, sei es die realgeschichtliche Situation, auf die sie direkt bezogen werden, sei es das mitgelieferte Geschichtsbild. Erst darin erweist sich ihre Konkretisierung. Das heißt, erst im Kontext eines neuen Geschichtsbildes kann auch die Allegorie andere als herrschaftskonforme Aufgaben erfüllen. Von daher ist Friedrich Theodor Vischers vormärzliche Bestandsaufnahme über den Zustand der jetzigen Malerei (1842) einleuchtend:

> „In der Zeit selbst liegt das Übel. Ich fasse es in der Mitte und sage: unsere Zeit hat keine Gegenwart, sondern nur eine Vergangenheit und eine Zukunft. Wir *ringen nach neuen Lebensformen;* sind sie erst da, so wird die Kunst ihren Stoff haben"[299].

Daraus resultiert für Vischer das gegenwärtige Dilemma der Künstler, denn „künftige Taten kann er nicht malen, und gegenwärtige gibt es nicht." Folglich bleibe als Vorbild, „woraus die

294 Das Denkmal wurde im März 1821 eingeweiht, obwohl von den 12 Siegesgenien für die verschiedenen Schlachten erst zwei ausgeführt waren. Der Gesamtentwurf stammt von Schinkel; an den Figuren arbeiteten u. a. Rauch und Tieck mit. Vgl.: AUSST.-KAT.: SCHINKEL (Berlin/DDR) 1982, Nr. 4.18, 4.19.

295 Vgl. Schinkels Entwürfe zu einem Dom als Denkmal für die Befreiungskriege (1814/15), Entwurf zu einem Denkmal für Hermann den Cherusker (1814/1815), Entwurf zu einem Brunnen als Denkmal für die Befreiungskriege und den zugehörigen Entwurf für ein Sockelrelief (1814–1817). Alle Zeichnungen in: AUSST.-KAT.: SCHINKEL (Berlin/DDR) 1982, Nr. 4.9, 4.11–4.15, 4.24.

296 UNVERFEHRT 1975.

297 UNVERFEHRT 1975, S. 321.

298 Daran erinnern Illustrationen, Gedichte usw. wie „Die Todten von Leipzig", EULENSPIEGEL 1848, Nr. 23, wo es zur Illustration einer ihre toten Kinder betrauernden Germania heißt: „Die Fürsten haben gebrochen / Was sie schwuren mit bleichem Mund / Wann bettet man uns Betrogne / In einen freien Grund?"

299 VISCHER (1842), 1922, Bd. 5, S. 38.

Zeit selbst ihre großen Lehren für die Zukunft nimmt", woraus „die werdelustige Zeit die Kraft zu neuem Leben schöpft: die Vergangenheit, die *Geschichte*"[300]. Erst auf der Grundlage einer veränderten, tatkräftigen Gegenwart könne auch eine neue Historienmalerei entstehen. Ihre Träger sieht Vischer in einer sozial anderen Schicht als den bisher Geschichtsfähigen. Die Bauern etwa in den italienischen Genrebildern L. Leopold Roberts[301] schienen ihm zukunftsträchtig. „Man bringe solche Naturen in Handlung und wir haben das historische Gemälde." Solange sie aber nicht selbst zur „That" gelangen, solange bleiben sie dem Genrebild verhaftet; aber sie sind „schwanger mit historischem Geiste"[302]. Aus dem Interesse an einer gegenwärtigen Veränderung erklärt sich auch Vischers Blick auf die Geschichte. Sie soll nicht nivellierend betrachtet werden, Geschichte zu studieren, „das heißt nicht: wir studieren, wann man in England die Wölfe ausrottete, oder wie viele Seelen das Hausruckviertel zählt; nein, es heißt: wir leben uns in die großen kritischen Momente der Geschichte ein"[303]. Demnach seien für die Malerei, wie Vischer an anderer Stelle schreibt, „die besten profan-historischen Stoffe Revolutionen".

Da aber die Allegorie bzw. die Personifikation selbst zunächst sozial indifferent ist, also auch solche Umbrüche nur im Bewußtsein über deren Bedeutung allegorisch zu vermitteln ist, mußte es fortschrittlich gesinnten Vormärzlern in bezug auf Malerei in erster Linie um die Entwicklung eines neuen Historienbildes gehen, konnte doch erst in diesem Kontext auch die Allegorie potentiell neue Aufgaben übernehmen. In Deutschland scheiterten die politisch-sozialen Veränderungen. In Frankreich aber mit seiner Juli-Revolution gab es auch in der gegenwärtigen Geschichte Stoff für ein neues Historienbild, in dem sich auch die Allegorie in einer umstrittenen Rolle versuchte.

Delacroix' ›Liberté‹ im Kontext eines neuen Geschichtsbildes

Daher soll Delacroix' berühmtes Bild ›Die Freiheit führt das Volk an‹[304] als Beispiel einer solchen neuen Verbindung von Zeitgeschichte und Personifikation herangezogen werden, obwohl es weder in den Bereich der Monumentalmalerei gehört, noch in Deutschland direkte Folgen hatte. Doch wurde Delacroix' ›Liberté‹, die 1831 im Salon ausgestellt war, von der deutschen Kunstkritik beachtet. Vor allem aber erhellt die Beurteilung der Verbindung von Personifikation und historischer Szene im Vergleich zur Monumentalmalerei einige Beurteilungskriterien für letztere. Abb. 37

Nicos Hadjinicolaous detaillierte Untersuchung der (mit Ausnahme von Heinrich Heines Bericht für das Kunstblatt) ausschließlich französischen Pressestimmen des Ausstellungsjahres

300 Vischer (1842), 1922, Bd. 5, S. 40.

301 Robert war im 19. Jh. überaus populär; vgl. Pierre Gassier: Léopold Robert, Neuchâtél 1983. Vischer schreibt über einen der Bauernburschen in Roberts Bild, es sei „ein Cincinnatus an ihm verloren gegangen", Vischer (1841) 1844, S. 195.

302 Vischer (1841) 1844, S. 195. Streng genommen spricht Vischer von den *dargestellten* Bauern, aber er setzt voraus, daß ihre lebendigen Vorbilder „Anlage zur Größe" haben.

303 Vischer (1842) 1922², Bd. 5, S. 40.

304 Zur Genese und Quellengeschichte; Hélène Adhémar: La Liberté sur les barricades de Delacroix, étudiée d'après des documents inédits, in: GBA, 96. Jg., 6. Série, Bd. 43, 1954, S. 83–92; G. Hamilton: The Iconographical Origins of Delacroix's 'Liberty Guiding the People', in: Studies in Art and Literature for Belle da Costa Greene, Princeton 1954, S. 55–66; Hélène Toussaint: La Liberté guidant le peuple de Delacroix (Les dossiers du département des peintures 26), Paris 1982; außerdem Günter Busch: Die Freiheit auf den Barrikaden, Stuttgart 1960; L. Johnson: The Paintings of Eugène Delacroix, a Critical Catalogue, 1816–1831, Bd. 1, Oxford 1981, Nr. 114.

zeigt, in welchem Maße die Verbindung von aktueller, umstrittener Zeitgeschichte und Personifikation die Zeitgenossen irritierte[305], und bis heute wird das Verhältnis von realgeschichtlicher Bildebene und Personifikation unterschiedlich bewertet und gerade in jüngster Zeit erneut diskutiert[306]. Der loyal-bayrische Kunsthistoriker Rudolf Marggraff, ab 1843 Professor für Kunstgeschichte in München und Verfechter von Cornelius und dessen Münchner Schule, würdigt die Loggien der Pinakothek, in denen „sich die leitenden Grundgedanken ... über Wesen, Ursprung und Fortgang der Malerei" in „allegorischen Figuren ... verknüpfen"[307]. Während er Cornelius' „tiefere poetische Erfassung des geistigen Gehalts ... mit Hülfe symbolischer und allegorischer Gestalten" ausdrücklich lobt, verwirft er jedoch die „Vermischung des Wirklichen mit dem Allegorischen" in der zur Abgrenzung herangezogenen Delacroixschen ›Liberté‹ als „unwahr und falsch". Hier wird ihm „die Allegorie ... zum frostigen Scheinwesen des geistigen Inhalts, wenn man sich ihrer bedient, wie etwa Eugen Delacroix, der mitten unter hemdsärmlichen Nationalgardisten auf den Trümmern der Barrikaden die Freiheitsgöttin erscheinen läßt; aber sie mag ihren Platz finden neben individuellen Gestalten, die durch Charakter und Haltung als Repräsentanten ihrer Gattung, folglich selbst als eine Art allegorischer oder vielmehr symbolischer Figuren sich kund geben"[308]. Als Repräsentanten verschiedener Volksgruppen aber läßt er die Barrikadenkämpfer nicht gelten, da sie einem geschichtlich nicht durch memoriable Individualleistungen ausgewiesenen Stand angehören. Es ist die anonyme Hemdsärmeligkeit des Delacroixschen Geschichtsbildes, der in Marggraffs Beurteilung die Geschichtswürdigkeit abgesprochen wird. In dieser Argumentation gehört die Darstellung nicht zu den Historienbildern. Hierin liegt der eigentliche Grund für die Kritik an der Allegorie, die als Bedeutende auf etwas Unbedeutendes verweist.

Ein weiteres Argument der Pressekritik des *juste milieu*[309], das auch in Deutschland vertreten wurde, richtete sich gegen die „Schmutzigkeit" der ›Freiheit‹. „Das Ganze", so der Literat F. A. Maercker in seiner Vorlesung über die Pariser Kunstausstellung von 1831, „ist wenig ansprechend; es ist schmutzig in der Farbe, ohne recht charakteristischen Ausdruck der Köpfe; und besonders hat der Maler die Idee der Freiheit nicht gefaßt"[310]. Daß es dem Autor um die Freiheit sehr zu tun war, zeigt seine „Nachschrift", in der er die Freiheit als „Ringen im Geiste" bezeichnet, die „das Reich Gottes auf Erden" sei.

> „Wenn aber in Frankreich ... das politische Interesse jetzt alles andere in den Schatten stellt, so möchte es dem Deutschen Pflicht sein, sein Auge nicht von der Religion zu wenden, noch von der im Geiste zu erringenden Freiheit."

305 Hadjinicolaou 1979 wertet die Reaktionen der französischen Presse des Jahres 1831 auf Delacroix' Bild unter Berücksichtigung ihrer politischen Positionen aus. Umfangreiche Materialien in der Diss. des Autors: La lutte des classes en France dans la production d'images de 1829–1831 (MS, Écoles des Hautes Études en Sciences Sociales, Paris 1980).

306 Hofmann 1975, S. 68, hält die ›Liberté‹ für die Inkarnation der Aktion, ohne daß sie selbst in eine spezielle Handlung verwickelt wäre. Hobsbawm 1978, S. 124, sieht in der ›Liberté‹ das „Volk" repräsentiert. Zur Personifikation in einer „sozialistischen Ikonographie" s. Hobsbawm: Symboles 1978, S. 4–18, rezensiert von Maurice Agulhon: propos sur l'allégorie politique, in: Actes de la recherche en sciences sociales, 1979, S. 27–32. Zu heutigen Bewertungen vgl. auch Hadjinicolaou 1979, S. 4 ff.; Timothy J. Clark: Der absolute Bourgeois. Künstler und Politik in Frankreich 1848 bis 1851, Reinbek bei Hamburg 1981, bes. S. 21 ff.

307 Marggraff 1846, S. 413.

308 Rudolf Marggraff: Ein Blick auf Peter von Cornelius und die Freskomalereien in den Loggien der Pinakothek, in: Münchner Jahrbücher für bildende Kunst, 1. Heft, Leipzig 1838, S. 101.

309 Hadjinicolaou 1979, S. 23, zu den verschiedenen Vorwürfen.

310 F. A. Maercker: Über einige Gemälde der diesjährigen Kunstausstellung zu Paris. Vorlesung gehalten im Berliner wissenschaftlichen Kunstverein, Berlin 1831, S. 24. Den Hinweis verdanke ich Peter Märker, Darmstadt.

Sie allein sei „seiner Natur“ gemäß[311]. Kein Wunder, daß die ›Liberté‹ mit dem Gewehr in der Hand nicht Maerckers „Idee der Freiheit“ entsprach.

In Delacroix' Gemälde drohten die seit 1789 in Allegorien wie der ›République‹ und der ›Liberté‹ kristallisierten bürgerlichen Ideale 'von unten' neu besetzt und damit – aus bürgerlicher Sicht – in den Dreck der Straße gezogen zu werden. Die unmittelbare Verbindung zum Barrikadenkampf von 1830 bestimmt die zunächst als sozial indifferent erscheinende und von daher als Ideal für alle propagierbare Personifikation der Freiheit neu. Sie erfährt durch den konkret historischen Bezug ihre neue *soziale* Definition. Der konservativen Presse, die sehr wohl *ihre* Freiheit, aber nicht die von 1830 meinte verteidigen zu müssen, erschien diese als heruntergekommene, schmutzige Hure gegenüber der 'wahren', die kein Gewehr, sondern eine Fackel trug. Die publizistischen Ausfälle gegen die Darstellung der ›Liberté‹ rückten diese in die Gosse[312]. Die Nähe zu ihren Kombattanten, ihre Aktivität und damit auch ihre soziale Charakterisierung war unannehmbar. Indem sie vom Podest herabgestiegen war, wurde ihre Bedeutung in Frage gestellt. Im Unterschied etwa zur Personifikation in Delacroix' ›Griechenland auf den Trümmern von Missolunghi‹[313], auf die sich alle sozialen Gruppen, solange sie nicht türkenfreundlich waren, beziehen konnten, war der eigentliche Irritations- und Kritikpunkt konservativer Rezensenten der soziale Abstieg des Ideals.

Aber auch die politische Linke hatte Probleme mit Delacroix' Blick auf die Juliereignisse. Während verschiedenen französischen links-oppositionellen Blättern die Idealisierung der Personifikation nicht weit genug ging (La Tribune, Le National)[314], äußerten Heinrich Heine und einige französische Rezensenten Zweifel, ob in der Zentralfigur überhaupt eine Allegorie gemeint sei. Heine spricht von einer seltsamen „Mischung aus Phryne, Poissarde und Freiheitsgöttin, daß sie eigentlich letztere bedeuten solle, ist nicht ganz bestimmt ausgedrückt, diese Figur scheint vielmehr die wilde Volkskraft, die eine fatale Bürde abwirft, darzustellen“[315]. Auch für Heine, den Sympathisanten der Revolution von 1830, scheint eine Freiheitspersonifikation andere Konnotationen hervorzurufen als Delacroix' kämpferische Heroine mit dem Gewehr in der Hand inmitten jener oppositionellen Alltagsgestalten, die in den Pariser Straßen kämpften. Die 'Volkskraft' als Personifikation ohne tradierten Stammbaum ist offenbar besser mit der Szene zu vereinbaren. Heine inszeniert sarkastisch das Gespräch einer „kleine(n) Karlistin“ mit ihrem „noble(n) Papa“ angesichts des Delacroixschen Bildes, in dem es um „die schmutzige Frau mit der roten Mütze“ geht. Diese habe, wie der Aristokrat seiner Tochter erklärt, „mit der Reinheit der Lilie ... nichts zu schaffen. Es ist die Freiheitsgöttin“. Auf den kindlichen Hinweis, sie habe „auch nicht einmal ein Hemd an“, erwidert der Papa: „Eine wahre Freiheitsgöttin, liebes Kind, hat gewöhnlich kein Hemd und ist daher sehr erbittert auf alle Leute, die weiße Wäsche tragen“[316]. Der Royalist, wie Heine ihn prototypisch karikiert, lehnt also nicht nur die Delacroixsche ›Freiheit‹, sondern den ganzen Typus der Freiheitspersonifikation, unter deren Auspizien schon die Revolution von 1789 gestanden hatte, ab.

311 Maercker (wie Anm. 310), S. 31.

312 Hadjinicolaou 1979, S. 23–25, „Dieu! qu'elle est sale“ (L'Avenir), „La plus ignoble courtisane des plus sales rues de Paris“ (La Tribune).

313 Johnson (wie Anm. 304), Bd. 1, Nr. 98.

314 Hadjinicolaou 1979, S. 20f.

315 Heine schrieb 1831 eine Rezension für das Kunstblatt; hier zit. n. Meine süsse Augenweide, Dichter über Maler und Malerei, hrsg. von Wolfgang Tenzler, Berlin (DDR) 1981, S. 375.

316 Heine 1831 (wie Anm. 315), S. 377.

Indem Delacroix die seit den Revolutionsfeiern verbreitete Personifikation der Freiheit – die hier durch ihre Attribute und ihre Aktivität eher in die Nähe der 'Marianne'[317] rückt – nutzt, kann er der Szene des Barrikadenkampfes ein Höchstmaß an Bedeutung verleihen. Das wurde auch durchaus so verstanden, denn aus der „ganzen Classe von Gemälden, welche die neue Ordnung der Dinge betrifft"[318], die 1831 ausgestellt waren, wird auch von den Kritikern stets dasjenige Delacroix' herausgestellt. Die Personifikation verschafft den unbekannten Helden der Juli-Revolution erst ihre historische Hoffähigkeit. Umgekehrt erhält die Personifikation von ihnen auch ihre soziale Definition. Sie ist nicht das unabhängig vom sozial-historischen Kontext existierende immerwährende Ideal, sondern die durch die realgeschichtliche Situation definierte Verallgemeinerung jener Werte, für die 1830 gekämpft wurde.

Von daher ist es auch nicht allein die künstlerische Gestaltung, die das von der Genese her Heterogene zusammenfügt, auch nicht die bis heute diskutierte Nähe der Personifikation zu den dargestellten Barrikadenkämpfern durch körpersprachliche Ausformung oder jene als „Verschmutzung" gehandelten farblichen Besonderheiten[319], sondern angesichts der in Frankreich wie in Deutschland virulenten Auseinandersetzungen um die Bestimmung von Historien- und Genremalerei ist die Funktion der Personifikation gegenüber den zeitgenössischen Gestalten relevant: Die 'Liberté' benötigt gerade eine gewisse Distanz zu den übrigen Personen, um das 'alltägliche' Geschehen aus den Pariser Julitagen, wie es in den graphischen Bildreportagen illustrativ festgehalten wurde, zum geschichtswürdigen Besonderen zu erheben und damit vom Genre zu entbinden und den Akteuren den Adel der geschichtlichen Darstellenswürdigkeit zu verleihen. Daß Delacroix, indem er ein zeitgenössisches historisches Ereignis behandelt, auch ein adäquates Verhältnis zu den Idealen der revolutionären Kräfte herstellte, die allerdings je nach Standpunkt des Rezipienten unterschiedlich bewertet wurden, scheint mir sein Verdienst auszumachen, weniger die explizite persönliche Stellungnahme zu den Ereignissen. Er hat die Veränderung gegenüber 1789 erkannt und ausgedrückt.

Während die nach der Februarrevolution 1848 in der Zweiten Republik vielfach entstandenen Darstellungen der 'République', der 'Liberté' usw. isolierte Personifikationen zeigten[320], die allenfalls als unzeitgemäß empfunden wurden, aber keinesfalls beunruhigten, war Delacroix' Verbindung von Zeitgeschichte und Personifikation so irritierend, daß sie der Öffentlichkeit entzogen wurde[321]. Hier war eine soziale Verbindung zustande gekommen, wie sie etwa Germania und Michel in der deutschen Bildpresse eingingen, die aber durch ihren realgeschichtlichen Bezug um so wirkungsvoller war. Von den Befürwortern Corneliusscher Wandmalerei mußte dieses Bild konsequenterweise abgelehnt werden, um die Allegorie als übergeschichtliches Ideal retten zu können.

317 Vgl. Agulhon 1973, S. 5–34.

318 Maercker 1831 (wie Anm. 310), S. 23.

319 Hadjinicolaou interpretiert die Farbigkeit der ›Liberté‹ als Nähe zum Proletariat. Auch Heine betonte den „Staub, der die Figuren wie graues Spinnweben bedeckt" und dadurch „die wirkliche Physiognomie der Julitage" wiedergebe. Er gibt jedoch keine künstlerischen Gründe an, sondern notiert, in keinem anderen Gemälde sei die Farbe so „eingeschlagen" wie hier. Heine 1831 (wie Anm. 315), S. 376.

320 Vgl. Clark (wie Anm. 306), Kap. 2, mit den Abb. der ›Republik‹ von Landelle, Cambon usw.; Boime 1971; neuerdings Chaudonneret 1987.

321 Louis Philippe kaufte das Bild, um es dann im Magazin verschwinden zu lassen, vgl. Adhémar (wie Anm. 304), S. 88.

KAPITEL III

Mythos und Geschichte

Die Entwicklungsmodelle Schinkels und Kaulbachs in den Bildprogrammen des alten und neuen Museums in Berlin

Je umfassender der Anspruch auf Entwicklungsgeschichte gestellt wurde, um so entscheidender gestaltete sich für ihre Verbildlichung das Verhältnis von zeitlich fixiertem Besonderen und fortwirkendem Allgemeinen. Auf gänzlich verschiedenartige Weise wurde diese Relation in zwei monumentalen Bildprogrammen gelöst, die unmittelbar nach dem Regierungsantritt Friedrich Wilhelm IV. in Berlin in Angriff genommen wurden. 1841 begann die Ausführung der von Schinkel zwischen 1828 und 1834 entworfenen Fresken in der Vorhalle des Schinkelschen Museumsbaus am Lustgarten[1]. Ein Jahr später entstand die Konzeption für die Ausstattung des Abb. 38, 39 direkt neben diesem sogenannten 'alten' Museum gelegenen, von Friedrich August Stüler zwischen 1841 und 1855 errichteten neuen Museumsbaus unter Mitwirkung des Königs. Mit Abb. 69 den beiden öffentlichen Monumentalprojekten sowie weiteren Bauvorhaben zur Neugestaltung Berlins begab sich der neue preußische König in Konkurrenz zu dem als Förderer neudeutscher Kunst bisher unangefochtenen Ludwig I. von Bayern, seinem Schwager, dessen 'neues München' als deutsche Kunstmetropole galt. Für die Monumentalmalereien beider Berliner Museen gewann der preußische König Münchner Künstler. Als erster kam, wohl nicht zuletzt wegen der inzwischen aufgetretenen Differenzen mit dem bayrischen König, der Altmeister neuer deutscher Monumentalmalerei, Peter v. Cornelius[2], nach Berlin. Er hatte neben den Entwürfen für den nie verwirklichten 'Campo Santo' der Hohenzollern die Ausführungen des von Schinkel entworfenen Bildprogramms für den Lustgartenbau zu betreuen. Die Arbeiten, um deren Realisierung durch Cornelius sich Schinkel schon 1829 – allerdings vergeblich – bemüht hatte[3],

1 Erbaut zwischen 1824 und 1830 nach Entwürfen aus den Jahren 1822/1823. Zu den Fresken: Rave 1981, Bd. 1, mit den Quellen; Kauffmann 1963; Ausst.-Kat.: Schinkel, Berlin (DDR), 1980, S. 146–152; Ausst.-Kat.: Schinkel, Berlin (DDR), 1982, S. 91–100; Volk 1981, S. 98–101; Börsch-Supan 1981, S. 36–46; Schulze 1984, S. 45–54. Die Fresken wurden 1945 stark beschädigt, 1953 abgenommen. Danach versuchte man offenbar eine Restaurierung, vgl. die Notiz in: Weltkunst, Bd. 25, 1955, H. 10, S. 6, wo es heißt, mit „der Konservierung der Schinkel-Cornelius-Fresken" sei begonnen worden". Ausführender sei der Gemälderestaurator Leonhardi aus Frankfurt/Main. Beim Wiederaufbau des Museums fanden sie jedoch keine Berücksichtigung. Foto des Zustandes nach der Zerstörung bei Rave 1981, Bd. 1.

2 Cornelius kam am 2. Juni 1841 in Berlin an. Rave 1981, Bd. 1, S. 63.

3 Minister v. Altenstein, der Cornelius in Rom für die Leitung der Düsseldorfer Akademie gewonnen hatte, scheint sich auch hier für Cornelius eingesetzt zu haben. Die persönlichen Verhandlungen in München führte der Geheime Oberfinanzrat Stotzmann. Schinkels enttäuschter Brief, nachdem ihm Stotzmann die Ablehnung Cornelius' mitgeteilt hatte, bei Rave 1981, Bd. 1, S. 62.

begannen zehn Jahre nach Eröffnung des Museums. Schinkel war es jedoch nicht mehr vergönnt, dies mitzuerleben[4].

Abb. 69 Auch für die Ausmalung des Stülerschen Neubaus, der durch eine zweigeschossige Galerie mit dem alten Museum verbunden wurde, gewann Friedrich Wilhelm IV. in Wilhelm Kaulbach einen Münchner Künstler. Kaulbach, anfangs Mitarbeiter bei den Bonner Fakultätenfresken, dann bei den Münchner Hofgartenarkaden und weiteren Freskenzyklen für Ludwig I. beteiligt[5], hatte sich inzwischen vom Cornelius-Schüler zu dessen Konkurrenten gemausert. Von Kaulbach wurde im neuen Museum nicht nur die umfangreichste Ausstattung, welche „die Geschichte des Museumsbaus hervorbrachte“[6], sondern auch das vom Geschichtsanspruch her umfassendste Bildprogramm realisiert, daß sich von allen anderen Museumsausstattungen des 19. Jahrhunderts abhebt. Der Auftrag, im Treppenhaus nicht etwa die Geschichte der Kunstförderung, wie Kaulbach sie dann an den Außenwänden der Neuen Pinakothek darstellte, oder der Kunstentwicklung, wie Cornelius sie für die Loggien der Alten Pinakothek entworfen hatte, sondern die gesamte Entwicklungsgeschichte der Menschheit, also *Universal*geschichte in sechs „Hauptmomenten“ zu verbildlichen, erscheint ebenso vermessen wie bezeichnend für das Selbstbewußtsein Preußens um die Jahrhundertmitte.

Geschichte als das Credo der neuen Zeit, das gerade von Kaulbach vehement vertreten wurde[7], fand hier seine umfassendste Darstellung. Um einen Faden der Entwicklung offenzulegen, kam man nicht ohne abstrakte Bezüge und Verweise aus, die sich innerhalb der Monumentalmalerei – etwa im Unterschied zu den textbegleitenden Illustrationsfolgen für Geschichtsbücher – nur durch allegorische Bedeutungsebenen lösen ließen.

Doch zunächst zu Schinkels Freskenprogramm, das nahezu programmatisch den Übergang vom Klassizismus zur Romantik bezeichnet. Es ist also nicht nur zeitlich, sondern auch konzeptionell das ältere Programm, indem es Entwicklung mythisch thematisiert, nicht aber auf historische Ereignisse Bezug nimmt. Abb. 38, 39 Wie Schinkels Zeichnungen für die ›Sammlung Architektonischer Entwürfe‹[8] zeigen, hatte er die Freskierung der in zwei Raumtiefen parallel verlaufenden Wände hinter dem ionischen Säulenportikus von vornherein – wenn auch ursprünglich in anderer

4 Er starb am 9. Oktober 1841. Der königl. Erlaß an Cornelius als Leiter der Ausführungen stammt vom 2. Juni 1841. Im September 1840 ließ der neue König dem kranken Schinkel mitteilen, die Ausmalung der Museumsvorhalle werde gewiß stattfinden, und erhoffte damit „einen günstigen Erfolg auf Schinkels Krankheitszustand“. Daher darf man annehmen, daß Schinkel das Projekt, dessen Ausführung er mehrfach durchzusetzen versucht hatte, noch immer am Herzen lag. Vgl. RAVE 1981, Bd. 1, S. 63.

5 So an der Ausstattung des Neuen Königsbaus mit einer Bildfolge zu Klopstocks Hermann-Gedichten im Thronsaal der Königin und zu Werken Goethes in verschiedenen Zimmern. FÖRSTER 1860, Bd. V, S. 150 ff.; WASEM 1981, S. 97 ff.

6 PLAGEMANN 1967, S. 123; die stereochromischen Malereien (s. u. Anm. 130) wurden im 2. Weltkrieg zerstört.

7 Das von Kaulbach überlieferte Diktum „Geschichte müssen wir malen, Geschichte ist die Religion unserer Zeit, Geschichte allein ist zeitgemäß“, charakterisiert seine Haltung treffend; zit. n. GURLITT 1907[3], S. 292. Vgl. auch den programmatischen Titel des Historismus-Bandes der Ulmer Vereinstagung: „Geschichte allein ist zeitgemäß“, s. BRIX/STEINHAUSER 1978.

8 Zuerst in Bl. 27 der ›Sammlung Architektonischer Entwürfe‹ von 1823 zu erkennen. Schinkel machte in seiner „Denkschrift“ aus demselben Jahr den Vorschlag: „Die Halle kann mit der Zeit auf der hinteren Wand mit einer Reihe von Mauergemälden verziert werden, etwa mit einem Zyklus aus der Bildungsgeschichte des Menschengeschlechtes ...“, zit. n. AUSST.-KAT.: SCHINKEL, Berlin (DDR) 1982, Nr. 6.3; vgl. auch die später erschienenen Stiche aus demselben Sammelwerk; BÖRSCH-SUPAN 1981, Abb. 1, 2. Für die Ausstattung der oberen Halle vgl. die berühmte Zeichnung und den 1831 als Tf. 103 desselben Werkes erschienenen Stich, AUSST.-KAT.: SCHINKEL, Berlin (DDR), 1982, Nr. 6.14.

Form[9] – geplant. Der mittlere Teil dieser Vorhalle ist durch die doppelläufige Treppe, die im Obergeschoß auf einer Art Aussichtsplattform mündet, mit einer doppelten Säulenstellung tiefer geöffnet als die seitlichen Teile der Vorhalle. Die besondere Raffinesse der Freskierung dieses architektonisch bis heute gerühmten Eingangsbereiches mit seiner „durchsichtige(n) Säulenhalle", die „in das doppelläufige Treppenhaus Einblick und umgekehrt von dessen Innerem Abb. 40
Ausblick ins Freie"[10] gewährt, bestand darin, daß die Malereien zwar auf einer Horizontalen über die gesamte Höhe des Obergeschosses liefen, jedoch in zwei räumlichen Ebenen. Diejenigen des Mittelteils lagen tiefer im Baukörper. Die Freskierung war damit in hohem Maße geeignet, die überzeugend einfache architektonische Gliederung des Baus zu betonen. Mit ihrer Länge von knapp 30 m und einer Höhe von 4 m lockte sie von außen in das Innere des Baus, führte über die zurückliegende obere Treppenhalle allmählich in den Baukörper, in das Museum hinein. Mit dem Hinweis, durch die Fresken werde der „Porticus in eine Poikile verwandelt"[11], stellte man sich – wie bei den Münchner Hofgartenarkaden – in die Nachfolge der berühmten Stoa Poikile der Athener Agora, womit vor allem der öffentliche Charakter der Kunst betont werden sollte. Auch die exponierte Lage des Museums schien den Athener Hallen vergleichbar, galt doch der Platz am Lustgarten mit dem angrenzenden alten Dom und der gegenüberliegenden Residenz als schönster und bedeutendster Platz des zu erbauenden 'Spree-Athen'.

Die Ausführung der Fresken unter Cornelius' Aufsicht leitete zuerst Carl Hermann, der aber schon 1842 zurücktrat[12]. Die Fortführung wurde von Carl Stürmer, Karl Eggers, Felix Schadow, Hermann Schultz u. a. übernommen. Die Arbeiten in der unteren Halle waren 1847 abgeschlossen[13], die der anschließend begonnenen oberen Halle gerieten wegen Finanzschwierigkeiten während der 48er Revolution ins Stocken, als auch Kaulbachs Monumentalprojekt im neuen Museum vorübergehend gefährdet war[14]. Die Stirnwände der oberen Halle, für die Schinkel keine Entwürfe mehr angefertigt hatte, wurden entgegen bisherigen Annahmen ausgeführt[15], Abb. 41

9 Wie Schinkels Ansichten zeigen, war in der unteren Vorhalle zunächst an Einzelszenen, die den Säulenabständen entsprachen, gedacht. Soweit sich die Motive erkennen lassen, stammten sie aus demselben mythischen Zusammenhang. In der oberen Säulenhalle sind Helios und Selene zu sehen. Vgl. BÖRSCH-SUPAN 1981, S. 38.

10 KAUFFMANN 1963, S. 152.

11 KUNSTBLATT vom 14. 9. 1841, Nr. 73.

12 Das KUNSTBLATT vom 4. 5. 1843, Nr. 36 nennt als Grund für den Rücktritt, daß nach Hermanns Ansicht „die Schinkel'schen Compositionen mit den Grundbedingungen der Freskomalereien nicht übereinstimmen." Möglich ist aber auch, daß Hermann, der zu diesem Zeitpunkt an der Stichfolge ›Die Geschichte des deutschen Volkes in fünfzehn großen Bildern‹ zu arbeiten begann, die ab 1852 erschien, und ausschließlich auf historische Ereignisse Bezug nahm, nicht nur Schinkels „unhistorische" Darstellungen als ungeeignet empfand, sondern auch Zeit für sein eigenes Vorhaben benötigte.

13 „Enthüllt wurden sie am Geburtstag des Königs, den 15. Oktober 1847." RAVE 1981, Bd. 1, S. 64.

14 In einem 1848 zu datierenden Brief an den Generaldirektor der Berliner Museen v. Olfers spricht Kaulbach über „die unangenehmsten Gerüchte über unsere Kunst-Angelegenheiten". Er könne „ein so großes Werk ... unmöglich liegen lassen" und bietet praktisch unentgeldliche Arbeit an „bis eine spätere Zeit allen Verhältnissen wieder eine festere Basis gegeben hat". München, Stabi, Kaulbach-Archiv IV, Olfers.

15 Riemann erwähnt nur die oberen Langwände, deren Ausführung sich bis 1861 hingezogen hätte, AUSST.-KAT.: SCHINKEL, Berlin (DDR) 1982, Nr. 6.17. BÖRSCH-SUPAN 1981, S. 46, hat Schinkels Notizen zu den vermutlich vier weiteren geplanten Bildern der oberen Halle zusammengestellt (während die Literatur des 19. Jh.s nur von zwei weiteren geplanten Bildern spricht). Auf die nicht mehr zu Schinkels Konzeption gehörigen Fresken geht er nicht ein. SCHULZE 1984, S. 200–201, zählt nur die Themen der Sockelbilder aus der unteren Halle auf (Herkules- und Theseus-Sage), mit denen die Cornelius-Schüler das Programm ergänzten. Zwei alte Fotos belegen jedoch, daß zumindest die Stirnwände der oberen Halle ausgemalt wurden (Foto Marburg + 1190689 und + 1061873).

vermutlich waren sie aber erst mit den Sockelbildern der Vorhalle, die die Cornelius-Schule ausgeführt hatte, zu Beginn der 60er Jahre vollendet[16]. Sie gehören wie die Sockelbilder der unteren Halle[17] zu den selbständigen Ergänzungen der Cornelius-Schule.

Die Schlußphase der ersten Etappe der Ausführungsarbeiten fiel zeitlich mit dem Beginn der Kaulbachschen Wandmalereien im benachbarten neuen Museum zusammen, die nach vorausgehenden Planungs- und Entwurfsarbeiten 1847 vor Ort aufgenommen wurden. Die von ihrer Funktion her vergleichbaren Zyklen, die in beiden Museen im repräsentativen Eingangsbereich
Abb. 69 – der offenen Vorhalle im Schinkelschen, dem geschlossenen Treppenhaus im Stülerschen Bau – dem Museumsbesucher als programmatische Einstimmung auf die Sammlungen als Arsenal der Geschichte zuerst gegenübertraten, fordern zu einem Vergleich heraus. Hier wurden im räumlichen Nebeneinander fast gleichzeitig nicht nur zwei ungleichzeitige Vorstellungen von Monumentalmalerei, sondern auch zwei unterschiedliche Geschichtskonzepte wenn auch nicht entworfen[18], so doch realisiert. Ihre Unterschiede beleuchten vor allem die sich in der Nachfolge der Klassizisten verändernde Auffassung von Entwicklungsvorstellungen sowie historischer und allegorischer Bildsprache.

Die Schwierigkeiten für einen solchen Vergleich liegen allerdings auf der Hand: Während zumindest die Entstehungsgeschichte der eigenhändigen Schinkel-Entwürfe in jüngster Zeit Beachtung fand[19] und damit auch begonnen wurde, den Maler Schinkel zur Kenntnis zu nehmen, auch wenn die entwicklungsgeschichtlichen Vorstellungen, die für Schinkels Malerei insgesamt von Bedeutung sind, ausgespart blieben, fehlt trotz überreichen Quellenmaterials jegliche Bearbeitung des Kaulbachschen Projekts[20].

Anh. 3 „Schinkels Malereien stellen die Entwicklungsmomente der Cultur“ dar und „bezeichnen somit den Zweck jenes Gebäudes in seiner erhabensten Bedeutung“, jedoch indem sie „auf die einzelnen Momente der Geschichte oder Tradition“ als der nur „äußeren zufälligen Verhältnisse des Lebens“ vollständig verzichten. „Ihre Gestalten haben nur in sich selbst und in ihrem Zusammenhange, nur als Personifikation allgemeiner Ideen, ihre Bedeutung“[21]. Ähnlich hatte schon Karl Philipp Moritz in seiner Götterlehre die mythologischen Dichtungen dem Geschichtszugriff und Realitätsvergleich entzogen: Die mythischen Gestalten „machen gleichsam eine Welt für sich aus und sind aus dem Zusammenhang der wirklichen Dinge herausgehoben“[22]. Ohne
Abb. 42–47 Angabe von Ort und Zeit oder historisch-konkreter Personen erschienen Schinkels Freskenent-

16 Im Zusammenhang mit dem umstrittenen Umbau des Museums, der zu Disputen zwischen Olfers, der den Umbau betrieb, und Waagen, dem Leiter der Galerie im Alten Museum, führte, dachte man wohl an eine Ergänzung der Ausstattung. Rave 1981, Bd. 1, S. 64, erwähnt – ohne Quellenangabe –, Olfers habe 1864 Recherchen über Schinkels Pläne für die restlichen Bilder anstellen lassen.

17 Die Themenfolge der kleinen Bilder bei Schulze 1984, S. 200–201.

18 Datierung der Entwürfe: ›Jupiter und die neue Götterwelt‹ 1828; ›Entwicklung des Lebens auf der Erde‹ 1831; ›Uranus und der Tanz der Gestirne‹ Nov. 1831; ›Trauer am Tumulus‹ Jan. 1832; ›Aufopferung für andere bei gefahrvollem Naturereignis‹ Mai 1833; ›Aufopferung für andere in Abwehr menschlicher Roheit‹ 1833 (?). Die Entwürfe sind mit Ausnahme der beiden kleinsten für die Schmalwände (Tanz der Gestirne, Trauer am Tumulus), die sich in Ostberlin befinden, seit 1945 verschollen.

19 Vgl. Anm. 1.

20 Die Auflistung des Programms bei Plagemann 1967, S. 123–124; Lehmann/Riemer sparen die Geschichtsmalerei weitgehend aus und referieren lediglich die Erläuterungstexte Dunckers, der die Stiche im 19. Jh. herausgab. Die Programmentwürfe, umfangreiche Korrespondenz usw. im Kaulbach-Archiv, München, Stabi (nicht publiziert).

21 Kugler 1842, S. 112.

22 Moritz (1795) 1966, S. 1.

würfe ebenso wie viele seiner Tafelbilder – wie Kugler es nannte – „gewissermaßen als eine Parallele der Wirklichkeit“[23].

Dagegen standen die Historienbilder in Kaulbachs Zyklus der Weltgeschichte als das ‘moderne’ Konzept. Sie verfuhren nicht parallel zur Wirklichkeit, sondern suchten vergangene Wirklichkeit heraufzubeschwören. Hier entfalteten sich „Charakterbilder ganzer Völker und Zeiten“[24]. Das Programm zielte nicht allein auf die Explikation des Museums als Sammelstätte von Kunst- und Kulturgütern – auch wenn hier Zeugnisse verschiedener „Völker und Zeiten“ zu sehen waren –, sondern auf die diese hervorbringenden weltgeschichtlichen Ereignisse. Es rekurriert auf die im zeitgenössischen Geschichtsverständnis wichtigsten ‘Wendepunkte’, um in historischer Sukzession eine kontinuierliche Höherentwicklung aufzuzeigen. Abb. 70–78

Volker Plagemann hat darauf hingewiesen, daß sich in Schinkels Programm „noch“ ein relativ allgemeiner Inhalt ausdrücke, der es mit den Glyptotheksfresken des Cornelius’ verbinde, während spätere Museumsausstattungen – in der Nachfolge Klenzescher Konzeptionen – enger auf die Funktion des Baus als Herberge von Kunstsammlungen Bezug nehmen[25]. Das läßt sich allerdings nicht als Gesamttendenz für das 19. Jahrhundert behaupten. Es trifft zunächst für München zu, wo sich Klenze durchsetzte, der als Architekt natürlich vom Bau her argumentierte. Hier wurde im Anschluß an die Glyptothek in den Loggien der Pinakothek die Entwicklungsgeschichte der Kunst als Parallele zur ausgestellten Sammlung verbildlicht. Für die auf der Grundlage von Gärtners Plänen erbauten Neuen Pinakothek entstand – ebenfalls in direktem Bezug zu den beherbergten Sammlungen des 19. Jahrhunderts – Kaulbachs umstrittenes Programm zur Erneuerung der Kunst durch König Ludwigs Mäzenatentum[26].

Auch Moritz von Schwinds Fresken in der Karlsruher Kunsthalle, deren Programm mit der ›Einweihung des Freiburger Münsters unter Herzog Berthold dem Zähringer‹ im Hauptbild und einem Begleitprogramm von Personifikationen von Kunst und Wissenschaft und deren Protektion durch den Staat vom Architekten Heinrich Hübsch stammt[27], thematisieren das Mäzenatentum. Sie sind also auf den Bau mit der ehemaligen fürstlichen Sammlung bezogen. Die genannten Beispiele scheinen also die Tendenz zur baubezogenen Thematik zu belegen. Allerdings will in diese Entwicklungslinie ausgerechnet das größte Projekt eines Bildzyklus, eben Kaulbachs Universalgeschichte der Menschheit im neuen Museum, ebenso wenig hineinpassen wie spätere Ausstattungen, etwa im Leipziger Museum[28] oder im Dresdner Albertinum mit Hermann Prells Mythen[29], um nur einige Beispiele zu nennen. Es scheint, daß sich in den Monumentalzyklen der Museen weniger eine Veränderung von einer allgemeinen zu einer baubezogenen Thematik abzeichnet, als vielmehr eine Veränderung dessen, was unter Entwicklungsgeschichte verstanden wurde. Doch auch dies nicht unabhängig von den konkreten Auftragsverhältnissen und den herangezogenen Künstlern. Thematisch gesehen ist Kaulbachs Programm in bezug auf ein Museum noch ‘allgemeiner’ als Schinkels ahistorischer Mythos vom Abb. 94–96

23 Kugler 1842, S. 112.
24 Stüler 1860, Bd. 1, Text zu Tf. XVII.
25 Plagemann 1967, S. 125.
26 Förster: Die neue Pinakothek in München, in: Dt. Kunstblatt 1853, S. 419f. zählte zu den Gegnern der als „Spott“ gewerteten Darstellungen. Vgl. auch Mittlmeier 1977, bes. S. 60f.
27 Moritz v. Schwind wurden Themen und Technik im Vertrag von 1838 vorgeschrieben. Vgl. Schulze 1984, S. 76f.
28 Jordan (1872), S. 841–858.
29 Vgl. Johannes Kleinpaul: Das neue Treppenhaus im Albertinum zu Dresden, in: Die Kunst, Bd. 9, 1904, S. 377–383.

Werden der Kultur. Wie die zeitgenössische Diskussion um die beiden Berliner Museumszyklen zeigt, ging es denn auch weniger um die Frage, wie spezifisch ein Programm auf seinen Bestimmungsort bezogen war, sondern vielmehr darum, inwieweit es als geschichtliches verstanden und akzeptiert wurde.

Die konzeptionellen Unterschiede zwischen Schinkels und Kaulbachs Entwicklungsvorstellungen drücken sich auch in der jeweils gewählten Bildform aus.

Fries und Zyklus: die Bildform als Programm

Abb. 38, 39 Schinkel konzipierte sein Bildprogramm entgegen den frühen Zeichnungen für die ›Sammlung Architektonischer Entwürfe‹ mit den Einzelszenen entsprechend den Säulenabständen des Portikus in den Gouacheentwürfen als fortlaufenden Bilderfries. Der Eingang in der Mittelachse des
Abb. 44–47 Baus teilte die Wandfläche der äußeren Vorhalle ebenso wie die der inneren Treppenhaushalle in je zwei gleiche Teile. Schinkel nutzte diese Gliederung für je zwei antithetisch aufeinander bezogene Abteilungen. Die entstehenden Bildbänder waren in besonderem Maße geeignet, einen Verlauf als kontinuierende Folge darzustellen. Auf diese Weise war der Fries schon seit der Antike genutzt und von klassizistischen Bildhauern wie Schadow oder Thorwaldsen in ihren Relieffriesen[30] wiederentdeckt worden. Im Unterschied zum eingegrenzten Bildfeld lag die spezifische Möglichkeit des Frieses in der Veranschaulichung einer kontinuierlich fortschreitenden Entwicklung im Unterschied zu den kulminierten Höhepunkten in Einzelbildern. Im Fries ließ sich das Prinzip des Auseinander-Hervorgehens und des Aufeinander-Folgens darstellen. Ohne das Orts- und Zeitwechsel angebende tiefenräumliche Szenarium war der Fries mit der Figurenfolge vor einem flachen Grund die Erzählform für verallgemeinerte Abläufe, nicht für ereignishafte Szenen.

Mythologischen Sujets kam der Fries insofern entgegen, als er in Analogie zum „Epos der Alten mit seinem mythologischen Stoff und seiner friesartigen Erzählform“, in der „die Allegorie nach der gängigen Meinung ihren vorbildlichen Ausdruck“ gefunden hatte[31], zu verfahren erlaubte. Seine horizontale Struktur diente im Unterschied „zur vertikalen Struktur der Bibel“[32] nicht nur einer kontinuierenden Erzähltechnik, sondern ermöglichte auch die Darstellung von Metamorphosen. So zeigt auch Schinkel – um nur ein Beispiel aus seinen eigenen Erläuterungen
Anh. 3 zu zitieren – den Identitätswechsel einzelner Figuren: „Das Leben der Selene geht später in das der Diana über, es erscheinen Gestalten der Jagd, zugleich als Sternbilder des Schützen und Löwen“[33]. Dieselbe Figur tritt also innerhalb eines Bildzusammenhanges in unterschiedlichen Funktionen auf, sie verändert ohne fixierbaren Orts- und Zeitwechsel ihre Bedeutung.

Durch Schinkels Fries erhielt die Museumsvorhalle ihre inhaltliche Präzisierung, diente sie doch in den Augen der Zeitgenossen nicht nur ganz allgemein als Purgartorium auf dem Weg ins innere Heiligtum der Kunst, sondern der mythologische Fries, der Verzicht auf eine raum-

30 Vgl. z. B. den von Schinkels Lehrer Friedrich Gilly entworfenen, von Johann Gottfried Schadow ausgeführten Relieffries für Heinrich Gentz' Neues Münzgebäude in Berlin, Schadows Relief-Fries am Potsdamer Schauspielhaus usw., vgl.: Hans Mackowsky: Die Bildwerke Gottfried Schadows, mit einer Einleitung von P. O. Rave, Berlin 1951, Abb. 57.

31 Pochat 1983, S. 38.

32 Pochat 1983, S. 38, unter Berufung auf Auerbach 1971[5], S. 19ff, der die homerische von der biblischen Erzählstruktur abgrenzt. Ein vergleichbarer Gegensatz zeigt sich zwischen Schinkels und Kaulbachs Bildstrukturen.

33 Zit. n. Förster 1837, S. 97.

zeitliche Verortung stellte seinerseits eine *Vorform* der im Innern des Museums zu sehenden *Geschichte* der Kunst dar:

> „Wenn eine geschichtlich geordnete Sammlung von Kunstwerken das unmittelbarste und großartigste Bild einer allgemeinen Kulturgeschichte darstellt, so muß der Gedanke, uns in der Vorhalle dieser Geschichte den ihr vorangehenden Mythus vom Ursprunge und von der ersten Entwicklung der Natur- und Menschenkräfte darzustellen, wahrlich als der glücklichste gepriesen werden“[34].

Die zeitlich geordneten Sammlungsgegenstände und das Bildprogramm wurden also von geschichtsbewußten Kritikern ihrerseits in ein historisches Verhältnis zueinander gestellt, beide Teile zu einem zeitlichen Kontinuum ergänzt.

Demgegenüber war Kaulbachs Zyklus der „hauptsächlichsten Epochen der Weltgeschichte“ mit seinen sechs Hauptszenen auf den architektonisch ungegliederten, über 35 m langen Hauptwänden des Treppenhauses durch ein gemaltes Wandgliederungssystem in abgeschlossene Bildfelder geteilt. Die tiefenräumliche Anordnung und topographische Charakterisierung der Einzelszenen lieferten die historischen Determinanten. Die Bildfelder selbst waren in ihrer Vertikalgliederung mit zwei übereinanderliegenden Bildzonen ‘hierarchisch’ strukturiert, sozusagen als Ausdruck christlicher Geschichte. In ihrer Anordnung entsprachen sie der Chronologie historischer Ereignisse. Zwischen den gigantischen Historienbildern des Hauptzyklus verschränkten sich, durch entsprechende Ausgrenzung der Bildfelder markiert, drei weitere Zyklen, die sich jedoch schon größenmäßig unterordneten und von ihrem Programm auf die sechs Hauptbilder bezogen waren. Obwohl durch Personifikationen als nicht-historische Figuren von dem Zeitbezug der Historienbilder unterschieden, unterlagen sie doch durch ihre Zuordnung derselben linearen Zeitachse. Optisch erschienen sie durch ihre Übereinanderordnung und ihre Begrenzung durch Arabeskenbänder als breite Pilaster, die dazu dienten, die Hauptszenen voneinander zu trennen. Die Schwierigkeit bestand angesichts eines von der babylonischen Sprachverwirrung bis zur Reformation reichenden Zeitraumes, aus dem die Sujets bezogen waren, in der Verbindung der Einzelszenen zu einem Zyklus im Sinne einer optisch ablesbaren zeitlichen Folge. Es mußten also Motive gefunden werden, die innerhalb einer Szene jenes „Minimum von Vorher und Nachher“ erahnen ließen, das „aus Begebenheiten ein Ereignis macht“[35]. Statt der „unverbundenen Kettenringe einzelner Historienbilder“ war es „die *Kette* selbst“, die als „Nerv der Aufgabe“[36] angesehen wurde. Dies gelang nicht ohne allegorische und symbolische Verweise innerhalb der Hauptszenen. Darüber hinaus hatten die Zwischenzyklen mit ihren Personifikationen die Aufgabe, das Beziehungsgeflecht der verschiedenen Epochen zueinander herzustellen.

Abb. 69
Abb. 70–77
Abb. 70
Abb. 71
Abb. 78

Über dem durch die Ausgrenzung und Anordnung der einzelnen Bilder geschaffenen Wandgliederungssystem Kaulbachs lief – einem Architrav vergleichbar – ein schmaler Puttenfries unter der Decke ringsum. Thematisch nahm er zwar einzelne Konstellationen der Hauptszenen auf, karikierte und überspitzte sie, war jedoch nicht einer absoluten Chronologie der Zeitachse unterworfen.

Abb. 70, 72

Hier zeigt sich also, daß Kaulbach in der Wahl der Bildform differenzierte. Während den zeitlich verankerten Epochendarstellungen das abgegrenzte Wandgeviert zugewiesen wurde,

34 Kugler 1833, S. 1.
35 Koselleck 1973, S. 561.
36 Schasler 1854, S. 18.

wählte er für die von der Enge historischer Zeit unabhängigen bzw. spielerisch mit ihr umgehenden Themen den Fries als adäquate Bildform.

1. Schinkels antithetischer Bilderfries

Die mythischen Götter und das Entstehen linearer Zeit

Abb. 42–45 Schinkel stellt Götter- und Menschenleben – Franz Kugler spricht von einem makrokosmischen und einem mikrokosmischen Bereich[37] – an den unteren Lang- und Stirnwänden der Museumsvorhalle gegenüber. Die im Anschluß an die Langwände 1831/32 entworfenen fast quadratischen
Abb. 42, 43 Szenen für die Stirnwände[38] markieren mit dem Urzustand der Welt und der Trauer um den irdischen Tod Anfangs- und Endpunkt des Programms der unteren Vorhalle. Im oberen Treppen-
Abb. 46, 47 haus standen sich die 1833 entworfenen, erst nach 1848 ausgeführten Szenen mit dem Kampf der Menschheit gegen Naturgewalten und gegen Krieg gegenüber. Als Abschluß für die Stirnseiten der oberen Halle hatte Schinkel ursprünglich „die Überlieferung der ... im gesellschaftlichen Verbande gewonnenen Resultate an die nachfolgenden Geschlechter – in der Wissenschaft auf der einen Seite, in der Kunst (Architektur) auf der anderen“[39] vorgesehen. Doch entstanden
Abb. 41 hierzu keine Entwürfe mehr. Die Stirnseiten wurden erst erheblich später von den Cornelius-Schülern selbständig ausgeführt. Eine erste thematische Konzeption Schinkels zeigt nur die
Abb. 40 Zeichnung von 1829, die den berühmten Ausblick von der oberen Plattform durch das Treppenhaus wiedergibt. Hier weisen sowohl die Stirnwand als auch die Wandabschlüsse zum Lustgarten hin Wandmalereien auf[40].

Abb. 44 Der – konzeptionell – erste Teil der Fresken in der unteren Halle links des Eingangs erscheint als Paraphrase von Motiven aus Hesiods Theogonie und Ovids Metamorphosen. Nicht die Kämpfe, sondern nur die friedlichen Momente sind aufgenommen. Den Auftakt bildet an der
Abb. 42 schmalen Stirnwand die kreisförmig geschlossene Komposition mit dem ›Tanz der Gestirne um Uranos‹, die in das quadratische Wandfeld eingeschrieben ist. Wie in Karl Philipp Moritz' Götterlehre, aber im Unterschied zu Hesiods Theogonie, sind Schinkels Uranfänge männlich. Gaias erster Sohn erscheint als sanftmütige gigantische Halbfigur. Er bildet das Zentrum eines regenbogenfarbigen Kreises, auf dem die personifizierten Gestirne des Zodiak ihre Bahn ziehen, unterstützt von einem Reigen schwebender Planetenkinder auf derselben Kreisbahn. Das Chaos erscheint als wohlgeordnete Harmonie. Das bis auf die Regenbogenbahn noch lichtlose All kreist um Uranus als Zentrum. Solche uranfängliche Ordnung in der geschlossenen Kreisform kennt keine Weiterentwicklung im Sinne eines Ausbrechens aus der Kreisbahn – also auch kein Raum-Zeit-Verhältnis. Das Chaos ist in sich selbst befangen. Hier wie in der Gesamtkonzeption gibt es auffällige Parallelen zu Schellings Philosophie der Mythologie und Religion. Obwohl diese Schellingschen Vorlesungen erst ein Jahr nach Schinkels Tod 1842 veröffentlicht wurden, sind doch Einflüsse, wenn nicht über eine persönliche Bekanntschaft, so doch über die Kenntnis früherer Arbeiten des Philosophen möglich[41]. Jedenfalls wurde eine Verbindung zwischen Schin-

37 KUGLER 1842, S. 115–116.

38 Gouache, je 43,2 × 47 cm, Berlin (DDR), Staatl. Mus.

39 ARNIM 1836, S. 118. Fast identisch bei Kugler 1842, S. 119.

40 Zu den knappen Notizen Schinkels für die obere Halle s. BÖRSCH-SUPAN 1981, S. 46.

41 Schinkel war durch seine enge Freundschaft mit dem Schelling-Schüler K. W. F. Solger (gest. 1819) zumindest mit den frühen Werken Schellings vertraut. Außerdem war Schelling schon vor seiner Berliner Zeit häufig Gast des Kronprinzenpaares, wo neben Ranke und Niebuhr auch Schinkel verkehrte.

kels Fresken und Schellings Philosophie in der zeitgenössischen Presse sogleich kritisch registriert[42]. Bei Schelling heißt es über das Chaos als „Einheit der Urpotenzen": „Ganz richtig ... würden wir sagen: der Punkt sey der Kreis in seinem Chaos"[43]. Der geschlossenen Bewegung im Kreis entsprechen „die ältesten Götter, die Sternengötter". Sie „waren bewegliche, aber ihre Bewegung war keine fortschreitende, daher = Unbeweglichkeit"[44].

Nach dieser in sich befangenen Kreisbewegung als dem Uranfang entfaltete sich in dem Friesband der anschließenden Langwand der Museumsvorhalle eine lineare Bewegungsrichtung Abb. 44
durch jene „Weltkräfte, deren Schöpfung die Zeit und der Raum sind"[45]. Die mythischen Kämpfe um die Vorherrschaft der Götter sind schon ausgestanden: Saturn als einer der aufständischen Söhne des Uranus, als „das dem Leben feindliche und zerstörende Princip ... welches den Uranus der Herrschaft beraubt und seine eigenen Kinder verschlingt", ist mit den Titanen auf dem Rückzug ins Dunkel, „Jupiter beginnt den Lauf der neuen Welt, das belebende Feuer und Licht verbreitend"[46]. Damit ist das Generalthema des gesamten Friesabschnittes angeschlagen: Das Werden des Lichtes als des Raum und Zeit schaffenden Faktors. Zeus entsendet die lichtverbreitenden Dioskuren, Selene lenkt von Sternbildern begleitet ihren Himmelswagen, während Prometheus unbemerkt das Feuer rauben kann. Die unter dem riesigen Mantel der Nacht Erwachenden, der Traumgott Hypnos, der Friede und viele elfenhafte Paare streben, während der Krieg ebenso wie die Kunst noch weiterschläft, dem sich immer weiter ausbreitenden Licht zu.

> „Die Nebelfrau und die Tauschwestern walten ihres Amtes. Schon wird die Erde sichtbar, die zu ermessen, Logos der Geist des Erkennens mit dem Senklot sich anschickt ... Auf das Erscheinen des befruchtenden Lichtes deuten Gestalten mit Samen und Blütenstaub, Blumen und Früchten ... Da naht der geflügelte Erosknabe, Allsieger im Kampf, seinen Bogen spannend auf das Geheiß des hellen Morgengestirns"[47].

Begleitet von den Grazien erscheint als letzter schließlich Apoll auf seinem Sonnenwagen als endgültiger Sieger des Lichtes über die Finsternis.

Mit Ausnahme von Saturn und der Nacht mit ihren Kindern sind fast alle der über 70 Figuren zählenden Komposition als dem Licht zustrebend dargestellt. Sie bewegen sich also in Leserichtung des Zyklus von links nach rechts und damit auf die Mittelachse des Baus dem Eingang zu. In immer neuen Varianten fliegen und schweben die elfenhaften Gestalten aus dem sich allmählich aufhellenden nachtblauen Himmel ins helle Morgenlicht.

Von den Uranfängen mit der Kreisbahn der Gestirne um ihr Zentrum im separaten Wandfeld Abb. 42
entwickelt sich hier eine Bewegungsrichtung. Von der Nacht zum Licht ist das Werden als Abb. 44
einheitlicher, gerichteter Prozeß thematisiert. Schelling ist der „Begriff des *Prozesses*" konstitutiv für die Mythologie, da der „mythologische Prozeß" dieselben Stufen durchlaufe wie „ursprüng-

42 Allg. Ztg. 1844, Nr. 319, S. 2551. In der scharfen Kritik heißt es: „Die Fresken ... nehmen sich ... aus wie ein Titelbild zur Schelling'schen Offenbarungsphilosophie ... Man kann in der That glauben, daß die berühmten Schelling'schen Potenzen, welche die Grundlage seiner gegenwärtigen Offenbarungsphilosophie bilden, hier in der Halle des Berliner Museums al fresco versinnbildlicht werden sollen."

43 Schelling (1842) 1943, S. 466.

44 Schelling (1842) 1943, S. 522.

45 Kugler 1833, S. 2.

46 Waagen (1844), S. 385. Waagen betont, daß er sich auf Schinkels eigene Aussagen berufe.

47 Schinkel, zit. n. Rave 1931, S. 30–31.

lich die Natur"[48]. In diesem Prozeß der Weltwerdung, wie ihn der Mythos gestaltet hat, sieht Schelling eine von der Geschichte grundsätzlich unterschiedene Zeitdimension. Darauf ist im Zusammenhang mit dem zweiten Friesteil noch zurückzukommen.

Das Arsenal der Vorbilder

Themen wie der Sieg des Lichtes über die Finsternis in den Gestalten griechischer Mythologie sind so weit verbreitet, daß es kaum möglich ist, direkte Vorbilder für Schinkel auszumachen. Theodor Fontane berichtet zwar, Anton Pesnes Deckenbilder in Schloß Rheinsberg hätten Schinkel inspiriert[49], doch können diese barocken Kompositionen mit dem Lichtsieg Apolls allenfalls thematisch und in Einzelmotiven anregend gewesen sein[50]. Die Gesamtkonzeption des Frieses ist Schinkels eigenes Werk, dagegen erweist er sich in einzelnen Motiv- und Formadaptionen als kunstgeschichtlich so universell gebildet und zugleich so souverän in der Umarbeitung von Vorbildern, daß sich immer nur annäherungsweise Orientierungspunkte benennen lassen. Er verfügte über die Kenntnis antiker Skulpturen ebenso wie über die der Malerei aus Renaissance und Manierismus. Er hatte die Fresken Michelangelos und Raffaels studiert, kannte aber auch Giulio Romano und Guido Reni wie die Gebärdensprache eines Poussin. Und selbstverständlich war er mit dem Formenrepertoire und den Themen seiner klassizistischen Vorgänger und Zeitgenossen nicht nur in Deutschland, sondern auch in Frankreich und England vertraut[51]. So erscheint – um nur einige Beispiele herauszugreifen – Saturn, der auf geflügelten Schlangen mit zwei Titanen ins Dunkel entweicht, als Umformung der Laokoon-Gruppe. Die weitausgreifende Armbewegung, die Kopf- und Rumpfdrehung des athletischen Körpers sind der alten Laokoon-Rekonstruktion nachempfunden, während die viel kleineren, wild gestikulierenden Titanen als abgelöste, freie Variation der Söhne scheinen. Doch berücksichtigt Schinkel bei der Gestaltung Saturns – ebenso wie bei anderen Göttern – Charakteristika, wie sie den einzelnen Göttern aufgrund der Denkmalkenntnis des Altertums im frühen 19. Jahrhundert zugeschrieben wurden. Neben der eigenen Anschauung auf seiner Reise nach Paris und England, seinen beiden Italienreisen – auf der letzten begleitete ihn der spätere Leiter der Galerie im alten Museum G. F. Waagen – und seinen Besuchen vieler Museen dürften auch die Illustrationen in dem Bilderbuch für Mythologie, Archäologie und Kunst seines ehemaligen Lehrers Alois Hirt[52] als Zusammenfassung antiker Denkmalkenntnis eine Rolle gespielt haben[53]. Schinkel berücksichtigt z. B. stets

48 SCHELLING (1842) 1943, S. 737, 744.

49 Theodor FONTANE: Wanderungen durch die Mark Brandenburg, (1861), hrsg. von Walter Keitel, Bd. 1, Darmstadt 1961, S. 273. Der preußische Kronprinz Friedrich (d. Gr.) hatte 1734 Schloß Rheinsberg in Ruppin zum Geschenk erhalten. Der Hofmaler A. Pesne malte es nach dem Umbau aus.

50 Zu den Deckenbildern im Konzertsaal: ›Apoll vertreibt die Finsternis‹ und im Treppenhaus: ›Prometheus raubt das himmlische Feuer‹ sowie ›Die Nacht entflieht, Apoll steigt am Firmament auf‹ (1742), s. Margareta KÜHN: Antoine Pesne und die friderizianische Raummalerei. Mythologie und Landschaft, in: Antoine PESNE. Mit Beiträgen von E. Berckenhagen u. a., Berlin 1958, S. 55 f., Abb. 131–133. Auch der erste preußische Konservator v. Quast sah in Pesnes Fresken ein Vorbild für Schinkel, vor allem was die Farbigkeit betrifft, s. Kühn ebd., S. 56. Einzelne Genien zeigen zwar vergleichbare Motive, aber die Verkürzungen in Pesnes Deckenbild und die ganze Auffassung der Räumlichkeit sind grundverschieden.

51 Schinkels Denkmalkenntnis läßt sich u. a. aus seinen Tagebüchern und Briefen von den beiden Italienreisen 1803/1804 und 1824 und der Frankreich- und Englandreise 1826 ersehen; vgl. WOLZOGEN 1862/1863, Bd. 1, 2; RIEMANN (Hrsg.) 1982.

52 Zwischen Hirt und Schinkel kam es wegen des Museumsbaus zum Zerwürfnis, s. RAVE 1981, Bd. 1, S. 32 ff.

53 Hirt gibt zu den systematisch gruppierten Darstellungen ikonographische Charakteristika an.

Hirts genaue Angaben über die Haartracht. So kommt etwa Zeus, nicht aber Saturn, eine freie Stirn zu.

In der Gesamtanlage des Frieses hat Schinkel sich wohl von Peruzzis Fries in der Salla della Prospettiva der Farnesina, den er – wie damals üblich – für ein Werk Giulio Romanos hielt[54], inspirieren lassen. Er hatte ihn während seiner 2. Italienreise 1824 gesehen und ausdrücklich hervorgehoben[55]. Der als Architrav über der illusionistisch dargestellten Scheinarchitektur der Wände umlaufende Fries wird dort von monochrom gemalten Karyathidhermen, die optisch als Gebälkträger fungieren, gegliedert. Sie illusionieren, wenn auch vergleichsweise miniaturhaft, die im Berliner Museum tatsächlich architektonisch gegebene Situation: Die Säulen des Portikus gliedern hier für den herankommenden Besucher den dahinter durchlaufenden Fries. Abb. 49, 50 Abb. 38

Auch Peruzzis Thematik, „eine Art poetische Weltgeschichte“[56], zeigt eine freie Verwendung antiker Quellen, neben griechischen Texten vor allem von Ovids Metamorphosen[57]. Besonders aber die östliche Wand von Peruzzis Fries scheint Schinkel auch szenische Anregungen gegeben zu haben. Auf Selenes nächtlichen Besuch bei dem schlafenden Endymion links folgt dort der Aufstieg Auroras mit ihrem Himmelswagen, begleitet von dem personifizierten Morgenstern, bis schließlich in der folgenden Szene der von Horen umgebende Helios den Abschluß bildet.

Auch wenn die Bedeutung der Szenen mit dem Lichtwerden wohl nicht ausgeschöpft ist[58], so wird doch hier ein Themenbereich angeschlagen, der – seinerseits von der Endymion-Selene-Thematik antiker Sarkophage angeregt[59] und durch den Sonnenwagen ergänzt – von Schinkel zum Entstehungsmythos der Welt vereindeutigt wurde. Das heißt nicht, daß eine direkte Übernahme vorliegt, wohl aber belegen auch Einzelfiguren, daß Schinkel über die motivischen Anregungen hinaus auch von der manieristischen Formensprache einzelner Figuren, ihrer Gestik und mitunter auch ihrer ‘unklassischen’ Körperdrehung beeinflußt wurde. So scheint z. B. der eigenartig in die Fläche gedrehte Körper eines Flußgottes in der Apoll-und-Daphne-Gruppe des Peruzzi-Frieses das Vorbild für die Haltung des Zeus’ bei Schinkel abgegeben zu haben. Hinter Schinkels Helios schließlich steht zwar – im Unterschied zu Peruzzis Lichtgott – der Apoll vom Belvedere als Gesamtauffassung (wobei die von Hirt benannten Unterschiede, die offenen Haare und die breitere Thoraxbildung gegenüber Apoll, Beachtung fanden)[60], doch zeigt die Gruppe der aus den Wolken auftauchenden, ihn begleitenden Horen mit ihren sehnsuchtsvoll ausgreifenden Armen ganz offensichtliche Anklänge an den Farnesina-Fries. Abb. 49 Abb. 44 Abb. 48 Abb. 50

Andere der schwebenden Genien, besonders die harfenspielende Dreiergruppe, von denen mehrere Studien im ehemaligen Schinkel-Museum aufbewahrt wurden[61], erinnern eher an die

54 Die ältere Literatur zusammenfassend schreibt Förster 1880, S. 88, der Fries werde entweder „Schülern des Raffael im allgemeinen oder dem Giulio Romano im besonderen zugewiesen.“ Er selbst neige dem neuen Vorschlag von J. A. Crowe und G. B. Cavacaselle (1876) zu, ihn für Peruzzis Arbeit zu halten.

55 Wolzogen 1862, Bd. 1, S. 266.

56 Förster 1880, S. 89.

57 Förster 1880, S. 88–94. Förster hat die Textquellen zu jeder der 15 Szenen zusammengestellt. Er konnte – und damit läßt auch Frommel die Sache auf sich beruhen – kein konsequentes Programm entdecken. Chr. Luitpold Frommel: Baldassare Peruzzi als Maler und Zeichner. Beiheft zum Römischen Jahrbuch für Kunstgeschichte, Bd. 11, 1967/1968, S. 90.

58 Unterhalb Auroras ist Cephalus, die verwundete Procris auffindend, dargestellt.

59 Das nimmt auch Förster für Peruzzi an, s. Förster 1880, S. 95.

60 Hirt 1805, S. 36. Vgl. auch Moritz (1795) 1966, Tf. zu S. 36.

61 Wolzogen 1864, Bd. 4, Nr. 1125, 1126; Genius mit einer Lyra schwebend, Federskizze, Nr. 1227. Vgl. auch den Entwurf zu einer Einladungskarte der Singakademie mit einem harfespielenden Genius in Sternengloriole.

neoklassischen Ossian-Träume der französischen Schule (Girodet-Trioson, Ingres). Wieder andere wie diejenigen, die fruchtspendendes Wasser auf die Erde gießen, zeigen auch in ihrer
Abb. 51 ausgreifenden Gebärdensprache Verbindung zu Wilhelm Tischbeins ›Nebelnymphen‹ für Goethes Idyllen[62]. Auch die auf ihren Rossen himmelwärts sprengenden Dioskuren verraten weniger die Kenntnis der von Schinkel immer wieder zitierten antiken Rossebändiger (so auch als Skulpturen auf der Ummantelung der Rotunde) als vielmehr Anklänge an Davids Reiterporträt Napoleons.

Die halb liegende Gestalt der Nacht, die ihren riesigen Mantel emporhebt, hat dagegen kaum noch etwas mit dem im Klassizismus häufig gestalteten Motiv der Nacht mit ihren Kindern, wie z. B. Carstens sie in der Tradition der Schutzmantel-Madonna darstellte, zu tun. In ihrer lasziven Haltung und den beiden unkindlich dargestellten Wesen zu ihrer Seite zeigt sie eher eine
Abb. 52 Verbindung zu Prud'hons ›Entführung der Psyche‹ von 1808[63]. Die letzte Gruppe schließlich, über einer fernen Insel, die, quasi extra-terrestrisch gesehen, unter Apoll am Horizont erscheint, ist motivisch Guido Renis von Schinkel sehr geschätztem Deckenbild im Palazzo Rospigliosi nachempfunden[64]. Die Insel selbst zeigt in ihrer Felsformation Anklänge an C. D. Friedrich[65]. Die irisierende Farbgebung des Gesamtfrieses mit ihrem langsamen Übergang vom nachtblauen Himmel um Saturn bis zum Morgenrot um Helios in ihrer gläsernen Reinheit scheint aus Runges ›Morgen‹ zu stammen (mit Runge verbindet Schinkel offenbar noch mehr, doch dazu später).

Dergleichen Hinweise auf Form- und Motivübernahmen ließen sich weiter fortsetzen. Doch dürfte Schinkels Verfahren mit den genannten Beispielen hinreichend deutlich werden. Wichtiger dagegen ist die Art dieser Kompilation, in der er weder die Vorbilder formal direkt übernimmt noch deren Gehalte, sondern sie souverän nach seinen eigenen Vorstellungen umformt, neu ordnet und nutzt. Das Verfahren der Bildadaptionen scheint ein ähnliches zu sein, wie das des Herausbrechens einzelner Teile aus den literarischen Vorlagen. Die Theogonie dient zwar als Grundlage, aber keineswegs im Sinn einer Programmvorlage, die es nur noch zu illustrieren gilt. Vielmehr scheint Schinkel auch in seiner Malerei den für die Gedanken über Baukunst formulierten Prinzipien zu folgen:

> „Ist das ein Verdienst, die Reinheit jedes Stiles aufzufassen, so ist es noch ein größeres, einen reinen Stil im Allgemeinen zu erdenken, der dem Besten, was in jedem anderen geleistet, nicht widerspricht."

„Mehr noch, das Verdienst dieses neuen, anzustrebenden Stiles als die Summe aller Vorgänger" werde „mehr in der konsequenten Anwendung einer Menge im Zeitlaufe gemachter Erfindungen" liegen, „die früherhin nicht kunstgemäß vereinigt werden konnten"[66].

Der Versuch, die unterschiedlichen Anregungen zusammenzubringen, geschieht zunächst über die reliefhafte Körperlichkeit der streng konturierten Figuren, deren sanfte Gebärden jedoch

62 Herbert W. KAISER (Hrsg.): Johann Wolfgang Goethe: Wilhelm Tischbeins Idyllen, München 1970.

63 Charles STERLING/Hélène ADHÉMAR: Mus. Nat. du Louvre. Peintures. École française, XIXe siècle, Bd. 4, Paris 1961, Nr. 1507. Die seitenverkehrte Wiedergabe der Lithographie von 1824, die Schinkels Darstellung verwandt ist, bei Pierre GAUTHIEZ: Les artistes célèbres, Prud'hon, Paris o. J. gegenüber S. 8. Die immer wieder variierte bacchantische Liegefigur etwa in Poussins Münchner ›Midas und Bacchus‹ oder in Tizians Bacchanal ›Die Andrier‹ unterscheidet sich dagegen in der Körperauffassung von Schinkels Figur der Nacht.

64 Tagebuchnotiz vom 29. 08. 1824, s. RIEMANN (Hrsg.) 1982, S. 179.

65 Vgl. bes. das um 1824 entstandene ›Felsenriff am Meeresstrand‹, Karlsruhe, Staatl. Kunsthalle.

66 SCHINKEL 1967, S. 148.

gänzlich unklassisch sind. Wichtiger noch war Schinkel die Vereinigung zu einer Idee. Er betonte, seine Entwürfe seien „in technischer Hinsicht immer nur ganz laienhaft", in der Konzeption und „sittlichen Wirkung" fühlte er sich ihrer jedoch als etwas ganz und gar Neues sicher. Er war überzeugt, „die Kunst auf andere Gegenstände angewendet zu haben, als es im allgemeinen jetzt bei uns der Fall ist"[67]. Daß es um keine Illustrationen eines antiken Stoffes ging, sondern – wie Förster schrieb – um „ganz moderne Bilder zwischen alte Vorstellungen gewebt"[68], wird in der Programmfortsetzung evident. In der Modernität sah Gustav F. Waagen auch die Verbindung Schinkels zu Carstens und Schick[69].

Irdisches Leben und zyklische Zeit

Auf der gegenüberliegenden Seite, also rechts vom Eingang, entfaltet sich als Gegenstück zur Götterwelt die irdische Seite mit dem menschlichen Leben. Der Sieg des Lichtes im ersten Friesabschnitt hat die Dimensionen der Zeit geschaffen. Während sie in Peruzzis Farnesina-Fries durch den Helios begleitenden Chronos personifiziert auftritt[70], thematisiert Schinkel Zeit als etwas Grundsätzliches, das allen Figurationen übergeordnet ist. Gegenüber dem linearen Entwicklungsprozeß des linken Friesteiles entsteht nun ein neuer Entwicklungsabschnitt, der durch einen veränderten Bildrhythmus zum Ausdruck kommt. Die Herrschaft des Lichtes bringt Jahres- und Tageszeiten hervor, innerhalb derer sich menschliche Entwicklung phylogenetisch wie ontogenetisch abspielt. Diese Entwicklung schließt mit dem Tod als dem Ende irdischen Lebens und dem Verweis auf einen Neuanfang. Es scheint eher die bewußte inhaltliche Antithese zweier verschiedenartiger Zeitvorstellungen zu sein als ein „Bruch" im Konzept zwischen dem ersten und zweiten Friesabschnitt, wie Börsch-Supan ihn aufgrund der Unruhen von 1830 annimmt[71], die Schinkel zu der unterschiedlichen Bildrhythmik und der Integration von Tod und Neubeginn veranlaßte. Die Thematisierung qualitativ verschiedener Zeitvorstellungen als epochenbildende Faktoren verbindet Schinkel grundsätzlich mit Schellings Modell einer Gliederung der Welt seit ihren Uranfängen.

Abb. 45
Abb. 50
Abb. 45

Gegenüber der Helios-Gruppe links des Eingangs ist rechts das Erwachen der Menschheit dargestellt. Gleichsam in Nahsicht erscheint jetzt die im letzten Teil der Theogonie am Horizont liegende Insel, an deren frühlingsgrünem, vom Morgenlicht angestrahltem Ufer eine erwachende

Abb. 53

67 Brief Schinkels an Rumohr vom 1.7.1829, zit. n. Rave 1981, Bd. 1, S. 61.

68 Förster 1837, S. 97; vgl. auch Kugler 1848, S. 143.

69 Waagen (1844), S. 392–393. Auch Kugler wertete zunächst Schinkels Entwürfe als „Vollendung" der von Carstens und Schick vertretenen Richtung, s. Museum 1833, Nr. 41, wieder abgedruckt in: Kugler 1854, S. 49.

70 Förster 1880, S. 97, bezeichnet den geflügelten Greis als Chronos, Vater der Horen und Ausdruck der „schleichenden Zeit".

71 Börsch-Supan 1981, S. 43–44, geht aufgrund der verschiedenen Rhythmisierung davon aus, Schinkel habe keinen Gesamtplan gehabt, sondern 1831, zwei Jahre nach dem Entwurf des ersten Teils, neu angesetzt. Er versucht, dies mit einem nicht datierten Notiz-Konvolut zu belegen, das er als Grundlage des ursprünglichen 2. Teiles annimmt, in dem noch keine Todesthematik auftritt. Erst der Neuansatz von 1831 habe im zweiten Friesteil und im abschließenden Stirnbild zu dieser Thematik geführt. Er macht neben dem „Kräfteverfall" Schinkels vor allem den „Schock, ... den die Juli-Revolution 1830 auslöste" für die konzeptionelle Veränderung verantwortlich. Letzteres bleibt eine Vermutung. Die unterschiedliche Rhythmisierung in den beiden Freskenabschnitten ist auffällig, muß aber als beabsichtigt verstanden und erklärt werden. Die von Börsch-Supan angeführten Notizen für einen ursprünglich beabsichtigten 2. Friesteil lassen ebensowenig eine Komposition mit einer linearen Ausrichtung vermuten; auch dort ist der Parnaß als Zentrum benannt (ebd., S. 43).

Sybille ruht. Schäfer als Ausdruck der frühen Kulturstufe der Menschheit (wie im Farnesina-
Fries) umlagern sie. Von hier an entfalten sich die verschiedenen Tätigkeitsbereiche der Men-
schen, doch nicht im Sinne einer linearen Aufeinanderfolge, sondern durch das Licht in eine
Abb. 45 b rhythmische Ordnung gebracht. Zentrum des Friesabschnittes bildet der im Mittagslicht liegende
Helikon mit Pegasus und den Musen. Unter ihren Ägiden entfalten sich die künstlerischen
Fähigkeiten der Menschen, zu denen jedoch simultan weitere Tätigkeiten treten. Entsprechend
gibt es hier kompositionell keine lineare Ausrichtung in eine Leserichtung wie in dem zum Licht
strebenden Teil der Kosmogonie. Die Simultaneität der Bereiche drückt sich kompositionell in
dem Übereinander der verschiedenen Gruppen aus. In der oberen Zone des ersten Bilddrittels
übt sich eine Gruppe von fünf Männern im Bogenschießen, die – auch wenn jede Einzelfigur
Abb. 67 leicht abgewandelt wurde – ganz offensichtlich von dem Fresko der ›Arceri‹ inspiriert ist, das
Schinkel 1824 in Rom in der „Villa des Raphael"[72] als eine „herrliche Composition" beein-
druckte[73]. Die von Panofsky als *desiderio naturale* vorgeschlagene Deutung[74] der von einer
schwebenden Frauengestalt angeleiteten Schützen könnte auch hier, neben dem einfachen Bild-
sinn des Wettkampfes und der Jagdvorbereitung, eine Rolle spielen, da unterhalb dieser Szene
Abb. 45 a, 54 der *desiderio della bellezza = desiderio con cognizione* dargestellt ist: Links unterhalb des Helikon sitzt
vor einem sonnenbeschienenen Felsen ein Mädchen, dessen Profil ein Jüngling im Schattenbild
nachzeichnet. Entgegen der in der klassizistischen Kunst mit ihrer Priorität der Linie weit
verbreiteten Debutates-Erzählung[75] des Plinius ist hier nicht die Episode wiedergegeben, in der
die Töpfer-Tochter das Schattenbild des Geliebten zur Erinnerung festhält. Zwar ist der Kern
der Erzählung, daß die Zeichnung die Mutter der Künste sei, beibehalten, tritt sie doch in der
Szenenfolge des Frieses als erste Kunstgattung im Morgen der Menschheit auf, aber in durchaus
'moderner' Auffassung sind die Rollen vertauscht: Der schöpferische Urakt kommt hier dem
Mann zu. Die Frau ist zum Modell geworden. Das Motiv hat Schinkel offenbar besonders
Abb. 54 interessiert, wie das farbenprächtige Bild, in dem er die Szene wiederholte, belegt[76].

72 Aus der sogen. Villa des Raffael – eigentlich Casino Olgiati Bevilacqua –, die 1849 zerstört wurde, waren die 1831 von Francesco Borghese erworbenen Fresken abgenommen worden. Sie befinden sich heute in der Villa Borghese und werden der Schule Raffaels zugeschrieben. Paolo della Pergola: Galleria Borghese. I Dipinti, Bd. 2, Rom 1959, Nr. 180. Vgl. Wolzogen 1862, Bd. 2, S. 9, Anm. 1, wonach das Fresko der ›Arceri‹ erst in den 40er Jahren in die Villa Borghese gelangte.

73 Tagebucheintragung vom 4.10.1824, Wolzogen 1862, Bd. 2, S. 9.

74 Panofsky behandelt die seiten„verkehrt" dargestellte Kopie nach einer Zeichnung Michelangelos in Windsor, die möglicherweise durch ein kleines Stuckrelief im Goldenen Haus Neros angeregt wurde. Im Gegensatz zum Fresko der Raffael-Schule zeigt sie allerdings die Schützen ohne Bogen. Panofskys Deutung basiert auf Pico della Mirandolas Unterscheidung des bewußten und unbewußten Triebes. Die Schützen haben keine Bögen, da sie selbst gleichsam als Pfeile des *desiderio naturale* zu verstehen seien. Da aber spätere Kopien die Pfeile ergänzten, wäre es denkbar, daß diese Auffassung nicht mehr verstanden wurde, trotzdem aber Mirandolas Darlegung noch mitschwang. Panofsky 1980, S. 237 ff. Jedenfalls fällt in Schinkels Version auf, daß die schwebende Frauengestalt, die dem hintersten Krieger den Arm führt, aus dem Fresko übernommen wurde und daher hier wohl nicht nur die Jagd thematisiert ist. Anzunehmen ist eine Bedeutung etwa in dem Sinne, daß Naturkräfte zum Ziel führen. Dem wäre die Kunstbildung gegenübergestellt.

75 Zur Verbreitung des Motivs s. Robert Rosenblum: The Origin of Painting: A Problem in the Iconography of Romantic Classicism, in: Art Bull., Bd. 39, 1957, S. 279–290; Hans Wille: Die Erfindung der Zeichenkunst, in: Beiträge zur Kunstgeschichte, eine Festgabe für H. R. Rosenblum zum 9. Okt. 1960, München 1960, S. 279–300.

76 Gouache, 26 x 29 cm, dat. 1830, Wuppertal, Von der Heydt Mus. Wille (wie Anm. 75), S. 293, wertet das Bild Schinkels als eine „letzte, fast schon posthume Zusammenfassung romantischen Gedankengutes", in der von der Debutates-Erzählung kaum noch etwas übrig geblieben sei. Raczynski 1841, Bd. 3, S. 147, berichtet, Schinkel habe das Blatt für Klenze angefertigt und danach sei der von ihm publizierte Stich J. C. Thäters entstanden.

Jenseits des Helikon, d.h. in der Jahres- und Tageszeitenfolge später als die Zeichenkunst, Abb. 45c entsteht die Plastik. Ein Bildhauer, in dem Zeitgenossen ein Porträt des mit Schinkel befreundeten Christian Daniel Rauch zu erkennen glaubten[77], wird von einem geflügelten Genius zu dem Relief eines ebensolchen erwachenden Genius inspiriert. Solche Inspiration steht im Bündnis mit der Natur, denn diese „selbst führt gefällig auf Verzierungen hin und der Arcanthus schlingt sich in der Nähe jener Werkstatt um die Formen des korinthischen Capitäls“[78]. Hier – wie in der gesamten Bildhauergruppe – zeigt sich sowohl vom Motiv wie von der Figuration her eine Verwandtschaft mit Schinkels Tonreliefs, die zu Beginn der 30er Jahre für die Bauakademie Abb. 56–58 entstanden[79]. Sie stehen ihrerseits in z.T. enger Verwandtschaft zu Rudolf und Gottfried Scha- Abb. 60 dows Skulpturen – etwa der ›Spinnerin‹ oder dem ›Ruhenden Eros‹[80]. Im Hintergrund aber Abb. 59 erhebt sich die Krönung der Künste, die Architektur, als klassischer Tempel, in dem sich die Künste, ganz im Sinne Schinkelscher Praxis vereinen (vgl. auch Schinkels Tafelbild ›Griechen- Abb. 55 lands Blüte‹).

Dieser Friesteil endet mit einer formal auf Mantegnas Musen zurückgehenden, aber von Abb. 45c zahlreichen Künstlern über Reni, Poussin bis hin zu Mengs immer wieder neu variierten Gruppe von „Nachtelfen“, „tanzend bis zum letzten Schritt der irdischen Laufbahn“[81]. Der „Tanz des Lebens“, wie etwa Poussin ihn als Ausdruck der Vergänglichkeit darstellte[82], thematisiert auch Abb. 68 bei Schinkel die zeitliche Begrenztheit irdischen Genusses. Doch ist es nicht mehr Chronos selbst, der die Leier zum Tanz spielt, sondern ein weißhaariger Alter, der zu seinen Klängen sinnend über das Meer in den Himmel schaut, als suche er dort eine neue Zukunft. Vom Ufer stößt denn auch ein Steuermann den Nachen ab, dessen Insasse sich wehmütig von den Musen verabschiedet. Doch fährt der Kahn nicht in den Orkus, sondern – wie die abschließende Szene auf der Stirnwand der Museumsvorhalle zeigt – nur aus dieser Welt hinaus.

Die Stirnwand, räumlich dem Dom zugewandt, schließt den Zyklus mit der ›Trauer am Abb. 43 Tumulus‹. Das Grab als der irdische Tod bringt jedoch nicht nur das Ende, sondern birgt auch den Neubeginn in sich. Die um den Vater trauernden Kinder sind selbst Ausdruck des irdischen Fortlebens, während am Himmel die lichte Gestalt der Morgenröte mit den Lichtgenien den neu aufsteigenden Tag kündet. Fast scheinen diese immateriellen Schwebefiguren Wilhelm Tischbeins Abb. 51 ›Idyllen‹ entnommen, in denen sich die Nebelnymphen[83] vor der aufgehenden Sonne auflösen.

Das quadratische Abschlußbild korrespondiert dem gegenüberliegenden ›Chaos‹ als dem Uranfang. Beide verbindet ein strenger kompositorischer Aufbau. Gegenüber der Kreisbewe- Abb. 42, 43 gung des Tanzes um Uranus ist hier ein pyramidaler Bildaufbau kennzeichnend. Die Spitze dieser Grabes-Pyramide bildet die nach oben weisende Morgenröte, die in ihrer Aufwärtsbewegung eine Fortführung der Entwicklung auf einer anderen Ebene bezeichnet.

77 Kunstblatt 1847, Nr. 61, S. 243.

78 Waagen (1844), S. 390.

79 Rave (1942), Tf. 7, zeigt den Baumeister, der von einem Genius bekränzt wird als Parallele zum Bildhauer (ebd., Tf. 8) mit seinem Gehilfen. Tf. 14 zeigt die „Erfindung“ des korinthischen Kapitells durch Kallikrates, der ein in Kapitellform wachsendes Pflanzenbüschel entdeckt. Rave sieht hier eine Beziehung zu Goethes Vorstellung der Urpflanze, ebd., S. 43ff.

80 Johann Gottfried Schadows ›Ruhender Eros‹ von 1798, Berlin, Nat. Gal., scheint auch das Modell für den Genius bei einem sterbenden Krieger in Schinkels ›Blick in Griechenlands Blüte‹ abgegeben zu haben.

81 Arnim 1836, S. 115.

82 London, Wallace Collection; die von Panofsky 1980, S. 124, festgestellte Charakterisierung der weiblichen Figuren als Armut, Arbeit, Reichtum, Üppigkeit als eine Art vermenschlichtem Rad der Fortuna spielt hier keine Rolle.

83 Vgl. Anm. 62.

Abb. 45 Dieser Friesteil der Menschheitsentwicklung ist also in dreifachem Sinne zyklisch angelegt: Zum einen zeigt er den Wechsel der Jahreszeiten, zum zweiten den der Tageszeiten und zum dritten das Menschenleben vom Erwachen bis zum Tod. Doch ist diese zyklische Bewegung keine in sich geschlossene, immer wiederkehrende, wie sie die Kreisform des Eröffnungsbildes darstellt, sondern eine in Etappen fortschreitende. Thematisch drückt sich diese Höherentwicklung – die Kulturwerdung – in der Entfaltung der Kunst aus. Kompositorisch wird sie vor allem in der Gliederung durch das Licht sinnfällig. Von dem letzten Abschnitt der Kosmogonie strahlt das Morgenlicht herüber, entwickelt sich über dem Musenberg zum Mittag und endet im Schatten des Abends. Den zyklischen Neubeginn auf einer höheren Ebene bezeichnet dann das letzte separate Bild mit der über dem Tumulus erneut aufsteigenden Morgenröte.

Die Parallelität von Mensch, Natur und Kosmos, wie Schinkel sie auch schon in früheren Landschaftszyklen thematisiert hat und die vor allem durch die Lichtmetaphorik zum Ausdruck kommt, verbindet ihn mit Philipp Otto Runges Zyklus der Tageszeiten[84] und mit Caspar David Friedrichs Landschaftszyklen[85]. Für solche romantischen Entwicklungsvorstellungen ist die Überlagerung von kulturellem Fortschrittsdenken im Sinne einer Höherentwicklung und der zyklischen Regeneration von Natur, die zugleich natur- und menschheitsgeschichtliche Epochen einschließt[86], bestimmend. Eingebunden ist das zugrundeliegende Epochenmodell, das aber nicht auf historisch-konkrete Zeit rekurriert, sondern ein universelles Prinzip darstellt, in eine religiöse Erneuerungsvorstellung. Auch das Motiv der Wiedergeburt, das in Runges ›Morgen‹ in Gestalt der vom irisierenden Morgenlicht durchdrungenen Aurora auftritt, findet sich in Schinkels transparentem Genius der Morgenröte wieder.

Im Unterschied zu den Romantikern formulierte Schinkel aber diese Entwicklung nicht in der zeitgemäßen Kunstsprache einer auch auf der Erscheinungsebene zu lesenden Landschaft, sondern in dem vom Klassizismus bestimmten Motivrepertoire mythologischer Figuren. Dafür mag die Stileinheit mit dem Gebäude als 'klassischem Tempel' ausschlaggebend gewesen sein, doch gibt es auch in Schinkels Malerei aus den 30er Jahren vergleichbare Vorstellungen, in denen sich die Immaterialität einer 'Idee' personifiziert ausdrückt[87], nicht in der Materialität realer Erscheinungen. Insofern läßt sich im Fries für die Museumsvorhalle eine Verquickung von Klassizismus und Romantik feststellen, die jedoch in der Zeitspanne der Ausführung der Fresken nach Schinkels Tod, in den 40er Jahren, nicht mehr als zeitgemäß empfunden wurde und nur noch allegorisch deutbar schien (s. u.).

Verwendeten Runge und Friedrich den Bilderzyklus als Sequenz aufeinanderfolgender Bilder, so kam der Fries als kontinuierende Bilderzählform ohne statisch begrenzende Bildeinteilung dem Kontinuum dieser Entwicklungskonzeption entgegen. Die antithetische Einteilung der

84 Zu Runges zyklischen Vorstellungen s. Träger 1975, bes. S. 156ff. Dagegen Hanna Hohl: Das Universum der Zeiten, in: Ausst.-Kat.: Runge 1977, S. 188–203.

85 Peter Rautmann: Der Hamburger Sepiazyklus. Natur und bürgerliche Emanzipation bei Caspar David Friedrich, in: Hinz/Kunst usw.: Bürgerliche Revolution und Romantik. Natur und Gesellschaft bei Caspar David Friedrich, Gießen 1976, S. 73–110.

86 Waetzoldt sieht in Runges ›Morgen‹ Hinweise auf vorchristliche Zeit, im Tag das Zeitalter des alten Bundes usw. Stephan Waetzoldt: Philipp Otto Runges „Vier Jahreszeiten“. Maschinenschriftl. Diss., Hamburg 1951, S. 97ff.

87 Z. B. in der 1834 datierten Gouache: ›Die Nacht zieht über den Golf von Neapel‹ (Kriegsverlust) mit der Inschrift aus Goethes Faust: „Wenn auch ein Tag uns klar vernünftig lacht / Im Traumgesicht verdunkelt uns die Nacht“. Eine lichte Gestalt vom Typ der Morgenröte deckt – ähnlich wie die Nacht des ersten Friesteiles – eine Vielzahl von Gestalten mit ihrem riesigen Mantel zu (oder auf? als Morgenröte?).

Weltepochen in ein 'goldenes' und ein 'silbernes' Zeitalter, wie Zeitgenossen es ausdrückten[88], blieb dabei dennoch erhalten.

Die Pendants der oberen Treppenhaushalle

Fortgesetzt wurde Schinkels Programm in der oberen Treppenhaushalle durch die Pendantbilder des 'ehernen Zeitalters'[89], die erst nach 1848 ausgeführt wurden. Zwischen dem zentralen Eingang zur Galerie der Rotunde und den beiden seitlich gelegenen Eingängen zur Gemäldegalerie hatten sie trotz ihrer Länge von je ca. 8 m kaum noch den Charakter eines Frieses. Zwar wurde in den vielfigurigen Szenen mit ihren wiederum reliefartig in die Fläche gebreiteten Körpern ein Handlungs*verlauf* auszudrücken versucht, doch thematisierten sie als aufeinander bezogene Pendants wenn auch keine historisch-konkreten Ereignisse, so doch archetypische Begebenheiten. Im Unterschied zu dem Fries der unteren Halle stand hier ein Handlungs*moment* im Zentrum. Sie stellten die Bewährungsprobe menschlicher Gemeinschaft dar im Kampf gegen eine feindliche Natur und gegen angreifende Feinde. Rechts vom Eingang wurde das tradierte Sintflutthema zur ›Aufopferung für andere bei gefahrvollem Naturereignis‹ umgestaltet. Die Szene zeigt die Rettung vor den reißenden Wassermassen eines Stromes durch mitmenschliche Hilfe. Die in der rechten Bildhälfte am Ufer Angekommenen ziehen ein Boot mit Geretteten an Land, während diese wiederum die noch im Wasser Treibenden herausziehen. Dadurch entsteht eine Horizontalbewegung von links nach rechts, die am rechten Bildrand in den Dankes- und Umarmungsszenen aufgefangen wird. Abb. 46, 47

In den z. T. extremen Körperdrehungen drückt sich die physische Anstrengung der Männer, die Frauen und Ältere retten, aus, während psychische Anspannung, Schmerz, Angst und Freude über die Rettung vornehmlich durch die Gebärdensprache der Frauen und Kinder vermittelt wird. Auch hier hat Schinkel neben der an Modellzeichnungen im Aktstudium erinnernden Zentralfigur des erschöpften Jünglings wieder auf 'klassische' Bildtopoi zurückgegriffen. So orientiert sich etwa die im Profil gezeigte Frau, die ihr Wickelkind aus dem Boot ans rettende Ufer reicht, an dem Motiv aus Raffaels Borgo-Brand, das – thematisch enger verknüpft – auch in Poussins Sintflut erscheint. Im Unterschied aber zu Poussin läßt schon die kompositorische Anlage mit der sich von links nach rechts bewegenden Menschenkette erkennen, daß statt der gottgesandten Vernichtungsflut Rettung durch menschliche Hilfe möglich ist. Abb. 63, 64

Auch in dem links vom Eingang ausgeführten Pendant, der ›Aufopferung für andere bei feindlichem Angriff‹, in dem berittene Barbaren eine friedliche Gemeinschaft überfallen, wird menschliche Selbsthilfe, nicht göttliches Eingreifen thematisiert. Während die von links im Widerschein ihres vernichtenden Feuers kommenden Reiter in die Behausungen einbrechen, in der Mitte der Kampf mit den lanzenbewaffneten Verteidigern tobt, nahen von rechts schon die bewaffneten Retter. Abb. 46

Auch in dieser Szene zeigt sich eine theatralische, bis zur Torsion gesteigerte, kaum noch durch die Handlung zu rechtfertigende Körpersprache. Besonders die zentrale Gruppe mit den zu einer Kampflinie gegen die Eindringlinge formierten Körpern zeigt eigenartige Körperstellungen, die z. T. aus anderen Zusammenhängen stammen und hier nicht ganz integriert sind. So hat Schinkel die Figur des schon von den Barbaren getöteten Jünglings, der rittlings auf dem

88 Arnim 1836, S. 117.
89 Arnim 1836, S. 118.

abschüssigen Boden liegt – eine letztlich auf den Barberinischen Faun zurückgehende, immer Abb. 61, 80 wieder variierte und durch Prud'hons ›Justitia‹-Bild weit verbreitete Figur[90] –, auch für das etwa Abb. 62 gleichzeitig um 1833 entworfene Relief für die Berliner Bauakademie als ›Sterbenden Genius der Baukunst‹ verwendet und vermutlich auch dafür entworfen[91]. Dort, in dem schmalen umgrenzten Feld mit der eingepaßten Gestalt, will die extreme Torsion des über einer gebrochenen Säule liegenden toten Körpers allerdings etwas bedeuten. Sie zeigt in Analogie zur zerborstenen Säule als Ende der klassischen Baukunst auch das Ende dieser Epoche an.

Insgesamt gelingt in diesen Szenen der oberen Treppenhaushalle die Integration der aus verschiedenen Zusammenhängen stammenden Figurenkonstellationen kaum. Der neben dem Toten zum Lanzenstoß ausholende Krieger zeigt von der Haltung her Verwandtschaft mit Jean-Antoine Gros' säbelziehendem in dem Monumentalbild der ›Einschiffung der Herzogin Angoulême à Pouillac‹[92], doch scheint die Muskelbildung eher an einem ruhigen Thorax studiert. Die auf den Baum kletternde Rückenfigur – ebenfalls ein in der zeitgenössischen französischen Abb. 65 Malerei auftretendes Motiv (David, Girodet-Trioson)[93] – und die davor im Klagegestus die Arme emporreckende Rückenfigur einer Frau – die wiederum an Raffaels Borgo-Brand und an Poussins klagende Mutter im Salomonischen Urteil erinnert – bleiben dagegen unverbundene Nebenfiguren. Waren in den Friesteilen des Untergeschosses Größenunterschiede der einzelnen Figuren als Bedeutungsgröße durch die Gewichtung einzelner Götter oder Personifikationen legitimiert, verstärkte der auch hier auffallende Unterschied im Maßstab der Figuren die Heterogenität der Gesamtkomposition. Zwar gibt es einzelne gelungene Gruppen, wie die aus der klassizistischen Vorstellung eines geschlossenen Konturs entwickelte Mutter mit ihren beiden Kindern, doch gelingt es kaum, die verschiedenen Gruppen auf das zentrale Handlungsmoment zu beziehen. Vielmehr illustrieren sie additiv die verschiedenen Emotionen und Verhaltensmöglichkeiten. Dieses 'eherne Zeitalter', in dem sich die kulturelle Entwicklung, die in der unteren Halle gezeigt wurde, zu bewähren hatte, wurde als „die Entwickelung des moralischen Elementes im Leben", die „den Verband zu Volk und Staat vordeuten"[94] solle, verstanden.

Abb. 46, 47 Börsch-Supan vermutet, daß die gesamte Thematik der oberen Halle letztlich durch Schinkels Erfahrungen mit der Juli-Revolution geprägt sei. Das erstmals 1831 in Stich*worten* notierte Thema eines kriegerischen Überfalls, das dort mit dem Grabhügel der unteren Vorhalle in Verbindung steht, aber schließlich zur eigenen Szene ausgebaut wurde, wertet Börsch-Supan als „Erschütterung seines (d.i. Schinkels, M.W.) Geschichtsbildes". Diese Erschütterung hänge „vermutlich mit dem Schock ..., den die Juli-Revolution 1830 auslöste", zusammen. Der

90 Eine Reihe von Adaptionen des Barberinischen Fauns in Todesdarstellungen, insbesondere des späten 18. und des 19. Jh.s, die sich durch Schinkels Beispiel ergänzen ließen, bei Seymour Howard: A Model of Early Romantic Necrophilia, in: Stil und Überlieferung des Abendlandes. Akten des 21. Internat. Kongresses für Kunstgesch. in Bonn, 1964, Bd. 1, Tf. I, 59–61. Zu Prud'hons ›Justitia und die Rache verfolgen den Mörder‹, ein Bild, das durch Kopien und zahlreiche Reproduktionsstiche verbreitet wurde, s. Sylvain Laveissière: Prud'hon. La Justice et la Vengeance divine poursuivant le crime (Les dossiers du département des peintures 32), Paris 1986.

91 Vgl. Rave (1942), S. 37.

92 Öl/Lwd., 320 × 504 cm, 1819 im Salon ausgestellt, heute in Bordeaux, Mus. des Beaux-Arts, Abb. in: Alvar Gonzales-Palacios: David e la Pittura Napoleonica, Mailand 1967, Tf. 26.

93 So in dem seinerzeit sehr bekannten, auch von Raczynski 1836, Bd. 1, S. 71 abgebildeten Detail aus Girodet-Triosons ›Sintflut‹, Paris, Louvre; vgl. auch Davids Krieger, der in ›Leonidas an den Thermophylen‹ (1814, Paris, Louvre) die Inschrift in den Felsen meißelt.

94 Arnim 1836, S. 118.

„endgültige Abschied von den optimistischen Perspektiven der Romantik war wohl der eigentliche Anlaß, der oberen Galerie eine neue Bildthematik zu geben und in ihr einen moralischen Appell an den Gemeinsinn mit einer defensiven und konservativen Tendenz vorzutragen“[95].

Nun ist es nicht unproblematisch, diese im Prozeß der Entstehung des Gesamtprogramms gemachten Notizen als zunächst abgeschlossene Ergebnisse zu betrachten. Erst eine bildliche Umsetzung erreicht eine gewisse Verbindlichkeit der Vorstellungen. Insofern scheinen diese Äußerungen eher die sich im Vorfeld der Bildfindungen notierten Möglichkeiten zu spiegeln[96].

Darüber hinaus aber läßt sich schwerlich annehmen, daß die sich 1830 in Preußen nur in rudimentären Ansätzen äußernden sozialen Proteste für Schinkel so entscheidend gewesen sein sollen, daß sie zu einer Programmänderung führten[97]. Zumindest gibt es dafür kein Indiz. Die in vorgriechischer Nacktheit und zu Pferde über eine friedliche Gemeinschaft hereinbrechenden Horden als Ausdruck oder Warnung vor sozialen *innen*politischen Konflikten zu deuten, wäre Zeitgenossen vermutlich grotesk erschienen. Dagegen hatten die napoleonischen Eroberungen und die Freiheitskriege für Schinkel entscheidende Bedeutung. Sie dürften als verallgemeinerte Erfahrung einer Bedrohung durch *äußere* Feinde für die Darstellung grundlegend gewesen sein, zumal Schinkel in seinen Entwürfen für einen Brunnen als Denkmal der Befreiungskriege eine vergleichbare Thematik vorgesehen und in der ›Vorbereitung zum Kampf‹[98] auch in antikisch-verallgemeinerter Form ausgedrückt hat. In dem im öffentlichen Bewußtsein verankerten Verteidigungskrieg gegen einen äußeren Feind dürfte viel eher der Anknüpfungspunkt Schinkels für das Thema des Freskos als einem Kunstwerk im öffentlichen Raum zu suchen sein.

Abschließend waren für die beiden Stirnwände und möglicherweise auch für die Rückseite der Portikuswand Darstellungen geplant, die, wie Zeitgenossen übereinstimmend berichten, die „höchsten Ergebnisse der Bildung in andern Beziehungen, nämlich in der Kunst und in der Wissenschaft“[99], darstellen sollten. Doch sind diese Entwürfe nicht mehr zustande gekommen. Unter Friedrich Wilhelm III. scheint das gesamte Freskenprojekt undurchsetzbar gewesen zu sein, und vermutlich hat die Aussichtslosigkeit Schinkel von der weiteren Ausarbeitung der Entwürfe abgehalten[100]. Bevor er dann von der Ausführung seiner Entwürfe nach dem Regierungsantritt des der Monumentalmalerei weitaus gewogeneren Friedrich Wilhelm IV. erfahren konnte, war er schon schwer erkrankt.

95 Börsch-Supan 1981, S. 44. Kritiklos übernommen von Schulze 1984, S. 53.

96 Da der rechte Teil des unteren Frieses im Januar 1831 ohne kriegerische Thematik bildlich entworfen wurde, aus demselben Monat aber auch die schriftliche Notiz *mit* der Einbeziehung stammt, kann die undatierte alternative Notiz auch dazwischen – als endgültige Festlegung vor dem Bildentwurf – entstanden sein.

97 Börsch-Supan geht davon aus, daß die gesamte Todes-Thematik und die Kampf-Darstellungen erst aufgrund der Juli-Ereignisse in das Bildprogramm aufgenommen wurden. Schon 1825 hatte aber Schinkel auf der Rotundenummantelung als Gegenstücke zu den Dioskuren Kampfszenen vorgesehen, und schon 1824 hatte Rauch einen Löwenkämpfer für die Treppenwangen konzipiert, der allerdings erst 1849 von seinem Schüler – A. Wolff – als Pendant zu A. Kiß' ›Kämpfende Amazone‹ ausgeführt wurde. Vgl. Ausst.-Kat.: Schinkel, Berlin (DDR) 1982, Nr. 6.4.

98 Zeichnung für ein Relief am Sockel des geplanten Befreiungsbrunnens, Abb. in: Ausst.-Kat.: Schinkel, Berlin (DDR) 1982, Nr. 4.15.

99 Waagen (1844), S. 392; Arnim 1836, S. 118; Kugler 1842, S. 119.

100 In einem Schreiben vom 28.12.1829 an den Preußischen Gesandten Stotzmann in München, den Schinkel um Vermittlung bat, um Cornelius nach Berlin zu holen, heißt es: „Ganz oben ist Abneigung gegen Fresko-Malerei ...“ Rave 1981, Bd. 1, S. 62.

Ursprünglich hatte Schinkel für die der Kunst gewidmete Szene wohl an Homer gedacht, wie Abb. 40 die schon erwähnte Zeichnung der oberen Treppenhaushalle aus dem Jahr 1829 zeigt. Was schließlich zur Ausführung gelangte, muß vorläufig offen bleiben. 1863 rügte die Deutsche Bauzeitung die von der Cornelius-Schule als separate Sockelbilder in 18 kleinen Szenen dargestellten mythischen Szenen der unteren Halle auf vernichtende Weise als „Verunstaltung der Vorhalle durch die derselben hinzugefügten bösen Bilder aus der Theseus- und Herkules-Sage“[101]. 1864 habe man, wie Rave aufgrund der Archivalien feststellte, nach Notizen Schinkels für die Ausführung Abb. 41 der fehlenden Szenen in der oberen Halle geforscht[102]. Jedenfalls waren die Szenen 1867 ausgeführt[103], doch läßt sich aufgrund des schlechten fotografischen Bestandes nicht klären, welche Themen man wählte.

Der Mythos als Allegorie

Schinkels Entwürfe wurden zunächst überwiegend positiv, mitunter sogar enthusiastisch beurteilt[104]. Franz Kugler widmete seine Zeitschrift Museum nicht nur dem Schinkelschen Bau, dessen Außenansicht er als Impressum verwandte, sondern trat im ersten Artikel der ersten Nummer 1833 in einer ausführlichen Würdigung der Entwürfe nachdrücklich für deren Ausführung ein. Werke wie diese – seien sie erst ausgeführt und damit veröffentlicht – zählten für ihn zu den „wichtigsten Bildungsmittel(n) für den menschlichen Geist“[105]. Auch in seiner 1842 erschienenen Schrift über Schinkel trat er noch nachdrücklich für die inzwischen begonnene Ausführung ein, vermittle der Bau doch ohne sie „fast den Eindruck einer Ruine“[106]. Auch Bettina v. Arnim, G.F. Waagen, Ernst Förster u.a. gehören zu ihren Verfechtern. Selbst Graf Raczynski widmete den Entwürfen eine ausführliche Besprechung, obwohl er die langen zum Verständnis notwendigen Explikationen, die den sinnlichen Eindruck der Malerei vernebeln, für einen Fehler hielt, den alle derartigen Arbeiten aufwiesen. Damit meinte er ihre „allegorische Darstellungsweise“[107]. Als er 1841 Kaulbach, den er persönlich protegierte, abriet, von München nach Berlin zu gehen, schrieb er, Schinkels Kompositionen seien zwar „sinnreich als Dekorationszeichnungen“, unter dem Gesichtspunkt öffentlicher Malerei aber lehnte er sie ab. Er wertete sie als „idyllisch, weich, ich möchte beinahe sagen schwach“, kurz, „nicht das Werk eines Historienmalers“[108]. Nur Historienmalerei aber hatte in Raczynskis Augen – und damit stand er zu diesem Zeitpunkt keineswegs allein – eine Berechtigung, als öffentliche Kunst zu gelten.

Während der Ausführungsarbeiten der Fresken am Museum meldete sich z. T. heftige, nunmehr auch öffentlich vorgetragene Kritik, die sich nicht allein auf die mangelnden Fähigkeiten

101 DBZ 1863, Nr. 3 vom 14. Jan.; eine vernichtende Kritik dieser „Reihe bunter Kartenblätter“ auch bei Schasler 1867, S. 144.

102 Rave 1981, Bd. 1, S. 64.

103 Schasler 1867, S. 142.

104 Neben dem Direktor des alten Museums, Gustav Friedrich Waagen, mit dem Schinkel gemeinsam in Italien reiste, und Franz Kugler war es vor allem Bettina von Arnim, die eine literarische Lobeshymne auf die Entwürfe schrieb. Zuerst in Fürst Pückler-Muskaus Andeutungen über Landschaftsgärtnerei erschienen, aber wegen „der Kostbarkeit dieses Prachtwerkes“ nochmals in Kuglers Zeitschrift Museum abgedruckt, s. Arnim 1836.

105 Kugler, 1833, S. 12.

106 Kugler 1842, S. 120.

107 Raczynski 1841, Bd. 3, S. 147, an anderer Stelle heißt es, sie seien „allégorique et mythologique à-la-fois“, ebd., S. 146.

108 Raczynski an Kaulbach, 12.5.1841, s. Müller 1893, S. 328.

der ausführenden Künstler bezog. Das nicht auf geschichtlichen Ereignissen basierende, sondern „gewissermaßen als eine Parallele der Wirklichkeit“[109] außerhalb historischer Zeit angesiedelte Bildprogramm entsprach in seiner romantisierenden Antikenrezeption nicht mehr den Anforderungen an zeitgenössische Monumentalmalerei.

Zentraler Kritikpunkt war der allegorische Sinn des Freskenprogramms. Die dem Mythos entliehenen Gestalten sprachen nicht mehr unmittelbar und direkt, sondern sie schienen eine allegorische Deutung zu verlangen, weil sie für sich nicht mehr verstanden wurden. Das Bewußtsein, in einer von der Antike grundsätzlich verschiedenen Epoche zu leben, stellte die Allgemeingültigkeit und die Aktualisierbarkeit des Mythos ebenso in Frage wie die klassizistische Formensprache der Bilder. „Die antike Weltanschauung ... ist zwar eine tiefe und bedeutsame, aber sie ist nicht die absolut berechtigte, die allein gültige ... auch in künstlerischer Beziehung nicht“[110]. Der nicht mehr geglaubte Mythos erschien als Allegorie, der aber die Verweiskraft fehlte.

Schinkels Vorstellungen von der ‘Idee’ universeller Entwicklung, die vom Mythos in das Christentum überging, fußten auf dem Schelling-Schüler K. W. F. Solger, mit dem ihn bis zu dessen Tod 1819 eine enge Freundschaft verband[111]. Akut war die Mythos-Diskussion bis in die 20er Jahre, bewegte sich aber nach dem Erscheinen von Creuzers Mythologie der alten Völker stärker auf der Ebene der historischen Erforschung mythologischer Vorstellungen. Schellings Philosophie der Mythologie aber, als deren unmittelbarer Ausdruck Schinkels Fresken verstanden – und abgelehnt – wurden[112], verfolgte das Problem der Entstehung der Mythologie als Prozeß des Bewußtseins weiter. Für ihn hatte die „Mythologie keine Realität außerhalb des Bewußtseins“[113]. Als ‘Absolutes’ war sie nur der Phantasie zugänglich. Damit fielen Besonderes und Allgemeines in der Mythologie zusammen. Das Ende des Mythos lag dort, wo er in Allegorie umschlug. Trotzdem blieb ihm der Charakter der Universalität. Das machte mythologische Bilder auch für die Kunst noch immer interessant. Schinkels „Kunstreligion“ als universelle Bildsprache, wie Bettina v. Arnim sie so nachdrücklich lobte[114], erschien aber seit den 40er Jahren als das Gegenteil, als elitär und unverständlich. Ihre „metaphysisch-philosophische Tendenz“[115] widersprach dem Anspruch auf historische Besonderheit einer jeden Epoche, wie sie der Historismus als das ‘moderne’ Geschichtsbewußtsein forderte.

Die vielleicht eindeutigste Konsequenz aus solcher Einsicht zog Karl Hermann, zunächst mit der Ausführung der Schinkel-Fresken betraut, durch seinen Rücktritt vom Projekt, um sich statt dessen der Ausführung seines „Bildzyklus aus der deutschen Geschichte und deren Entwicklung unter dem Einflusse der Religion“ als Alternativprogramm zu widmen[116].

Wieder war es Vischer, der Schinkels Fresken als allegorisches Konstrukt am heftigsten

109 KUGLER 1842, S. 112.

110 SCHASLER 1867, S. 143.

111 Wolzogen schreibt, sein Schwiegervater Karl Friedrich Schinkel sei „vorzugsweise von Fichte und Solger imprägnirt gewesen“; zit. n. AUSST.-KAT.: SCHINKEL, Berlin (DDR), 1981, S. 43.

112 Vgl. ALL. ZTG. 1844, Nr. 319, S. 2551.

113 SCHELLINGS SCHRIFTEN zur Gesellschaftsphilosophie, ausgewählt und eingeleitet von Manfred Schröter, Teil IV, Jena 1926, S. 725.

114 ARNIM 1836, bes. S. 116f.

115 SCHASLER 1867, S. 143.

116 Hermanns ›Geschichte des deutschen Volkes in fünfzehn großen Bildern‹ erschien 1852 mit einem erläuternden Text von Dr. R. Foss, s. DT. KUNSTBLATT 1853, Nr. 40, S. 353f., Nr. 47, S. 370f. Die vom KUNSTBLATT 1843, Nr. 36, gehegten Hoffnungen auf eine Monumentalausführung, „vielleicht als Schmuck offener Hallen, in der Weise der Münchner Hofgarten-Arcaden“ gingen freilich nicht in Erfüllung.

kritisierte. Im Gegensatz zu dem Historienzyklus im Münchner Hofgarten beschimpfte er sie als „die unerträglichen Allegorien der Allegorien, diese theogonischen Kulturgeschichte-Rätsel, diese kulturgeschichtlichen Theogonie-Zähnezerbrechungen am Berliner Museum, die man in der Nähe nicht und in der Distanz nur mit Gefahr, rücklings über den Unterbau der Vorhalle abzustürzen, sehen kann“[117]. Die ganze hier beschworene kosmische Welt, die nicht auf die greifbaren Ergebnisse der Taten großer Männer, wie das 19. Jahrhundert die Entstehungsgeschichte der Kultur sehen wollte, rekurrierte, wurde zunehmend unverständlich und als subjektiv und undemokratisch abgelehnt. Es ging in Vischers Kritik nicht mehr um die Bedeutung einzelner Personifikationen; der Mythos erschien insgesamt als Allegorie, deren „allzu abstracte(r) Grundgedanke uns kalt (läßt)“. Daraus resultierte ein weiterer Vorwurf, der Schinkels Fresken ebenso traf wie den gesamten Klassizismus und der auch schon gegenüber den Personifikationen des Münchner Hofgartenzyklus geäußert wurde. Dem Mythos wie den Personifikationen eignete Internationalität und das hieß „Entsagung ... auf eigene Nationalität“[118]. Die griechischen Mythen dienten dem gesamten Abendland als gemeinsames geschichtliches Erbe, vermochten daher aber gerade nicht jenes „Gepräge nationalen Gemeingefühles“[119] auszudrücken wie das Geschichtsbild.

1848 veröffentlichte das Kunstblatt eine vehemente Kritik desselben Franz Kugler, der zuvor der eifrigste Befürworter der Ausführung der Schinkelschen Entwürfe gewesen war: „Fremd und selbst phantastisch treten sie (die Fresken, M. W.) dem Bedürfnisse des Volkes gegenüber“, denn „sie tragen nicht dasjenige in sich, was ihnen eine volksthümlich monumentale Bedeutung gibt“[120]. Kuglers Gesinnungswandel kam nicht von ungefähr. Für das, was er und mit ihm viele andere inzwischen als „volksthümlich“, weil national ansahen, hatten die belgischen Maler Louis Gallait, Edouard de Bièfve und N. de Keyser, deren Historienbilder 1842/43 einen wahren Siegeszug durch Deutschland antraten[121], neue Maßstäbe gesetzt. Kugler, der die neue belgische Geschichtsmalerei gegen den Cornelius-Anhänger Förster verteidigte, sah hier den Beginn einer „demokratischen“ Malerei[122].

> „Nur wo ein kräftiges Gemeingefühl im Volke waltet, wo dasselbe eine nationale Existenz hat, da gewinnen auch die künstlerischen Darstellungen ... sieghafte Existenz ... Und weil seit der jüngsten Zeit auch in Deutschland das Gemeingefühl des Volkes, das nationale Bewußtsein ... erwacht ist, so mußten jene ... Bilder, in denen man die verwandte Stimmung erkannte, auch bei uns mit so entschiedenem Beifall aufgenommen werden, ... eben weil sie uns etwas brachten, was uns mehr oder weniger noch fehlte“[123].

Dieses Nationalgefühl zu binden vermochten aber „jetzt, da andere Zeitrichtungen aufgekommen sind“, nicht die abstrakten Gestalten des antiken Mythos, sondern nur die „frische Energie“,

117 Vischer 1922², Bd. 5, S. 178.

118 Carrière 1874², S. 428.

119 Kugler an Förster (1843), zit. n. Busch/Beyrodt 1982, S. 194.

120 Kugler 1848, S. 143 (veröffentlicht unter dem Pseudonym T. L. S., wieder abgedruckt in: Kugler 1854, S. 633 ff.).

121 Die wichtigsten Positionen der deutschen Kritik bei Busch/Beyrodt 1982, S. 184–206.

122 Sendschreiben an Herrn Dr. Ernst Förster in München über die beiden Bilder von Gallait und Bièfve (1843), zit. n. Busch/Beyrodt 1982, S. 192–196. Vischer registrierte den Positionswandel sofort. Kugler habe begriffen, daß sich die Kunst „aus dem aristokratischen Bann unpopulärer Ideale zum Geschichtlichen und Demokratischen zu bewegen hat“. Vischer (1843) 1844, Bd. 2, S. 4.

123 Kugler an Förster (1843), zit. n. Busch/Beyrodt 1982, S. 196.

mit der Gallaits und Bièfves individuelle Gestalten „ins Leben treten". Die Belgier hatten es also im zeitgenössischen Verständnis geschafft, eine naturalistische Darstellungsweise mit einem historisch-nationalen Stoff zu vereinen.

Gegenüber dem Geschichtsbild, das als Ausdruck der Gemeinschaft und der Objektivität galt, erschienen jetzt Schinkels Fresken, denen 15 Jahre zuvor noch Universalität und Verständlichkeit für alle zugebilligt worden waren, als „subjective Ahnungen" einer „romantischen Durchgangsepoche", die dem „persönlichen Gedanken so viel freien Spielraum gab"[124]. Subjektivität aber war nicht mit Öffentlichkeit zu vereinbaren. Förster hatte schon 1837 zu bedenken gegeben, viele würden „diese subjective Art künstlerisch zu bilden" als „Maß- und Gesetzlosigkeit der Phantasie" ansehen und „am wenigsten fürs öffentliche Leben" billigen. Doch trat er selbst nachdrücklich für die Ausführung ein, von der er sich einen „mächtige(n) Impuls für die Zeitgenossen" erhoffte[125]. Er nahm in Kauf, „daß man lange Zeit mit dem Buche in der Hand vor die Bilder treten muß, um ihre Deutung zu gewinnen"[126].

Die Hoffnung auf Belehrung und Erziehung durch öffentliche Malerei, auf Versöhnung durch Kunst, blieb zwar weiterhin bestehen, aber es wurden konkretere Inhalte gefordert als sie die Reflexion über die mythische Weltentstehung und eine sozusagen weltbürgerliche Entfaltung der Menschheit als Gattung liefern konnten. Gerade nach 1848 wurde das Pochen auf Gemeinsamkeit – nicht der Menschheit, sondern der Nation – erneuert, jetzt allerdings weniger in Abgrenzung gegen einen äußeren Feind als gegen eine innere Spaltung.

Nach Abschluß der Fresko-Arbeiten an Schinkels Museumsbau durch die Cornelius-Schule fragte Max Schasler erbittert nach der Berechtigung gegenüber „den Millionen der Lebenden (in) Gegenwart und Zukunft, die – ohne ... gelehrte Bildung zu besitzen – doch wohl den Anspruch machen dürfen", öffentliche Kunstwerke zu begreifen. „Wem ist denn die Schuld ... beizumessen, dem Künstler und seinem Werk, oder etwa dem Volke, für das dieses Nichts ist als ein buntes Durcheinander ... ohne tieferen Sinn und Zusammenhang"[127].

Obwohl es in Museumsausstattungen auch in der Folgezeit noch vereinzelt Adaptionen des Mythos gab, blieben sie zunächst die Ausnahme, bevor dann zum Ausgang des Jahrhunderts unter anderen Voraussetzungen eine Remythisierung einsetzte[128]. Zum Zeitpunkt von Schaslers Kritik an Schinkels Programm war Kaulbachs weltgeschichtlicher Zyklus im angrenzenden neuen Museum ebenfalls gerade vollendet, und es ist offensichtlich, daß darin das zeitgemäße – von Schasler hoch gelobte – Gegenprogramm öffentlicher Monumentalmalerei gesehen wurde.

124 Kugler 1848, S. 143/144.

125 Förster 1837, S. 99.

126 Förster 1837, S. 99.

127 Schasler 1867, S. 143.

128 In Leipzig stellte Theodor Grosse im Auftrag des Kunstvereins zwischen 1864 und 1871 in drei Kuppeln der loggienartigen Museumshalle antiken Mythos und christliche Schöpfung gegenüber. Obwohl Grosse als einziger von 18 Konkurrenten den Mythos einbezog, wurde sein Entwurf ausgewählt. Jordan 1872, S. 841 betont, einem solchen Unternehmen „kommt der Kunstgeschmack unserer Tage nur zögernd entgegen ... Unser Interesse ... wendet sich überwiegend der geschichtlichen Aufgabe zu". Im Treppenhaus des Dresdner Albertinums führte schließlich Hermann Prell in den 90er Jahren als Plafondbild den ›Sieg der Lichtgottheit über die Erde‹ und den ›Sturz der Titanen und Giganten‹ aus. Doch ging es hier insgesamt um ein grundsätzlich anderes Verhältnis zum Mythos als in Schinkels Fresken. Die mythische Entstehungsgeschichte handelt vor allem vom Kampf. Ähnlich wie in Klingers Prometheuszyklus steht das darwinistische Prinzip, der Sieg des Stärkeren, im Vordergrund. In dieser Mythenrezeption werden die antikischen Götter und Helden zu Vorläufern der 'männlichen' Germanen.

Auch hier waren Wissen oder Erklärungstexte zum Verständnis der Inhalte nötig, aber diese Kenntnisse wurden als 'volksthümliche' gehandelt, weil sie sich auf Geschichte und Religion bezogen, deren Grundlagen nicht nur in Gymnasien, sondern in den allgemeinbildenden Schulen vermittelt wurden.

2. Kaulbachs Weltgeschichte in sechs Etappen

Gegenüber Schinkels abstrakten 'Ideen' eines universellen Entwicklungsprozesses enthielt Kaul- Anh. 4 bachs Monumentalunternehmen sechs historische Entwicklungsstationen. Mit der ersten Szene, Abb. 71 der ›Zerstörung des babylonischen Turmes‹, einem Ereignis, das wiederum Schelling als Wendepunkt und prinzipielle Trennung zwischen Vorgeschichte und Geschichte ansah[129], setzte Kaulbach nicht nur zeitlich an einem völlig anderen Punkt an als Schinkel, sondern er thematisiert auch Entwicklung als etwas grundsätzlich anderes. Hier ging es nicht um den Anfang der Welt, sondern um den Anfang der Geschichte, die sich in zeitlich und örtlich definierten Ereignissen fortsetzte und durch individuelle Handlungsträger bestimmt war.

Mit je ca. 6x7,5 m stellten die sechs historischen Szenen das Kernstück des Programms im Abb. 70 neuen Museum dar, das sich über die Höhe des zweiten Geschosses auf den beiden Langwänden des Treppenhauses auf einer Länge von über 75 m entfaltete. Es wurde an den Stirnwänden von je zwei gigantischen Personifikationen der Künste ergänzt. Die Hauptszenen verzahnten – wie schon erwähnt – u. a. vier allegorische Zwischenzyklen.

Das in stereochromischem Verfahren[130] ausgeführte Unternehmen betrachtete Kaulbach als sein Lebenswerk[131], arbeitete er doch, abgesehen von den durch erhebliche Kontroversen mit dem König und dessen Ratgebern bei der Themenwahl für das letzte Bild bedingten Unterbrechungen, nahezu 20 Sommer[132], von 1847 bis 1865, an der Ausführung des Zyklus. Während Schinkel in seinen zur moralischen Reflexion gedachten Bilderzählungen[133] den zugrunde gelegten griechischen Mythos nicht historisch relativierte, sondern aus dem Stoff eine Allegorie der Entstehung der Welt, des Werdens aller Kultur und eine Mahnung ihrer Gefährdung durch Katastrophen und Krieg machte, orientierte sich Kaulbach offenbar sehr genau an einer Epocheneinteilung, wie sie die historistische Geschichtsschreibung seit dem Beginn des Jahrhunderts

129 Vgl. Jähnig 1975, S. 51 f.

130 „Die Stereochromie … ist eine jüngere Schwester der Frescomalerei, von der sie sich im wesentlichen dadurch unterscheidet, daß die Farben nicht … auf den frisch aufgeworfenen und noch feuchten Kalk aufgetragen werden müssen, sondern daß die ganze zu bemalende Wandfläche mit Kalk beworfen wird, dessen oberste Kruste man nach dem Trocknen abreibt, damit sie eine körnige Basis für den Pinsel darbietet". Dadurch läßt sich die Arbeit beliebig unterbrechen und zeitlich ausdehnen. Daher kann „der stereochromische Maler sein Gemälde retouchieren, ja herunterwaschen und von Neuem … malen … Im Übrigen besteht das Verfahren … darin, daß die Wasserfarben … nach gänzlicher Vollendung mit einer Auflösung von Kieselerde, 'Wasserglas' genannt, fixiert werden". Schasler 1854, S. 31. Kaulbach verwendete ein spezielles, von dem Chemiker Fuchs in München entwickeltes Verfahren, um dessen Patentierung es lange Debatten gab. Prinzipiell erlaubte das Verfahren kleinteiligeres Arbeiten, Übereinanderlegen von Farbschichten usw. und kam daher der Ölmalerei näher.

131 Vgl. den 1848 zu datierenden Brief an Olfers, München, Stabi, KA IV, Olfers.

132 Inklusive der Vorarbeiten dauerte das Unternehmen noch länger. Während der Ausführung blieb Kaulbachs Familie in München, wo er selbst die Winter mit Entwurfsarbeiten verbrachte, jedoch auch zeitweise an anderen Projekten, wie den Fresken für den Außenbau der neuen Pinakothek, arbeitete.

133 Von „sittlicher Wirkung" auf diejenigen, die seine Entwürfe sahen, spricht Schinkel in einem Gesuch an den König aus dem Spätherbst 1828, s. Rave 1981, Bd. 1, S. 61.

zusammenstellte. Die Wahl von sechs Szenen in Analogie zu den sechs Schöpfungstagen, die Joseph Görres – mit dem Kaulbach nach eigenen Aussagen „Geschichts-Studien halber verkehrte"[134] – betont[135], sollten jedoch gleichwohl den Absolutheitsanspruch dieser Weltgeschichte hervorheben.

Für das als „Darstellung der gesammten Culturentwicklung aller Völker und Zeiten in ihren geschichtlichen Hauptphasen"[136] angesehene Programm stand die chronologische Anordnung als gleichsam naturwüchsiges Prinzip außer Frage, denn „eine denkende Betrachtung der Geschichte gruppiert leicht nach den nacheinander zur Geltung gekommenen historischen Völkern"[137]. Damit war eine universalgeschichtliche Entwicklung gemeint, die aus eurozentrischer Sicht den abendländischen Traditionsstrang aufzeigte und in der nationalen Geschichte als höchster Entwicklungsstufe mündete. Dies kam den Vorstellungen jener Kreise entgegen, die im Klassizismus Internationalismus witterten und denen Schinkels Fresken im Museum am Lustgarten nicht 'vaterländisch' genug erschienen. Insofern war Kaulbachs Universalgeschichte ein 'modernes' Gegenprogramm. Lieferte die historische Folge als „organische Entwickelung" das durchgängige Ordnungsprinzip, so war jedoch die Auswahl von nur sechs jener weltgeschichtlich „bedeutungsvollen Knotenpunkte ..., zu denen sich die ... Fäden des weltgeschichtlichen Dramas zusammenschürzen"[138], schwierig. Die schließlich ausgeführten, aber noch bis zur Jahrhundertwende in ihrer Bedeutung umstrittenen Themen wurden ihrer Anordnung nach (die sich von der Reihenfolge ihrer Entstehung unterscheidet[139]) in dem 1842 zwischen dem „bevollmächtigten Agenten seiner Majestät des Königs von Preußen, Herrn Carl Waagen", und dem „Königlich Bayerischen Hofmaler, Herrn Wilhelm Kaulbach", in einem „Interims-Contract", der im Juli 1843 vertraglich besiegelt wurde, folgendermaßen festgelegt:

1. Die Zerstörung des Babylonischen Thurmbaus
2. Das alte Hellas in seiner höchsten Blüthe
3. Die Zerstörung Jerusalems durch Titus
4. Die Hunnenschlacht
5. Der Einzug Gottfried von Bouillons in das befreite Jerusalem oder ein noch näher zu bestimmender Gegenstand aus der Zeit Carls des Großen oder der Hohenstaufen
6. Ein noch näher zu bestimmender, den ganzen Cyclus bedeutsam abschließender Gegenstand

Mit Ausnahme der ›Zerstörung Jerusalems‹ und der ›Hunnenschlacht‹, die beide unabhängig vom Berliner Zyklus schon vorher entstanden waren und einfach übertragen werden sollten,

134 Undatierter, zu Beginn des Projektes geschriebener Brief an den „General-Director sämmtl. Museen" v. Olfers in Berlin; München, Stabi, KA IV, Olfers.

135 Görres 1830, T. III, S. 77.

136 Schasler 1854, S. 17.

137 Eggers 1850, S. 393.

138 Schasler 1854, S. 6.

139 Die Reihenfolge der Freskoausführung: ›Turmbau zu Babel‹ 1847–1848; ›Zerstörung Jerusalems‹ 1849–1850; ›Blüte Griechenlands‹ (Karton) 1852; ›Hunnenschlacht‹, ›Kreuzfahrer‹ (Karton) 1854; ›Reformation‹ (Karton) 1862. Die Kartons im Maßstab 1:1 sind in den Staatlichen Museen Berlin/DDR erhalten, waren jedoch bislang nicht zugänglich. Im Zuge der Vorarbeiten zum geplanten Wiederaufbau des neuen Museums wurden sie 1988 photographiert. Nach Auskunft des Generaldirektors der Staatlichen Museen zu Berlin, Günter Schade, wird derzeit merkwürdigerweise über eine Neuherstellung der Wandbilder auf der Grundlage der Kartons diskutiert (Gespräch am 29.6.1988 anläßlich eines Vortrages über „Wiederaufbau und inhaltliche Gestaltung des neuen Museums" in Hamburg).

hatten sie doch Kaulbachs Ruhm als Historienmaler begründet, müßten für die übrigen Szenen noch „nähere Beredungen" stattfinden[140]. Über das Thema des letzten Bildes gab es jahrelange Querelen – vor allem mit dem zunächst für die Beratung zuständigen Generaldirektor aller Berliner Museen, v. Olfers; ausgeführt wurde aber schließlich Kaulbachs Vorschlag ›Das Zeitalter der Reformation‹. Abb. 78

Den Zusammenhalt derart verschiedener Themen hatte neben den Zwischenzyklen vor allem eine durchgängige formale Bildstruktur zu leisten: Gemeinsam ist allen sechs Historienbildern ihre Zentrierung auf eine durch geschichtliche oder legendäre Überlieferung namentlich benennbare Zentralfigur, um die herum sich eine Vielzahl von Begleitmotiven ordnet. Es geht also trotz – oder gerade wegen – der weltgeschichtlichen Perspektive um personalisierte Geschichte, um die Geschichte konstituierenden 'großen' Männer, vom alttestamentarischen König Nimrod in der ersten Szene bis zu Martin Luther im Abschlußbild. Gemeinsam ist auch allen Darstellungen mit Ausnahme der letzten ein zweizoniger Bildaufbau, eine formale Teilung als Ausdruck einer inhaltlichen Trennung in eine obere (überirdische) und eine untere (irdische) Bildzone. Diese hierarchische Teilung in ein oben und unten, die Vischer schon in Overbecks Triumph der Religion als anachronistisch verworfen hatte, behielt Kaulbach auch in den untergeordneten Zwischenzyklen und Arabeskenstreifen bei. Sie entsprach Görres' Geschichtsvorstellung mit ihrer Schichtung in eine göttliche und eine natürliche Ebene[141]. Menschliches Handeln korreliert einem göttlichen Plan, der seinerseits historisch relativiert wird, indem die jeweiligen religionsgeschichtlich differenzierten Gottesvorstellungen dargelegt werden. Abb. 71–78

Der Beginn der Kulturgeschichte

Der Zyklus der Historienbilder beginnt mit der „Zerstörung des babylonischen Thurms als Anfang der Kulturgeschichte überhaupt, durch Versinnbildlichung der Sprachen- und Rassentrennung"[142]. Dieses Ereignis markierte laut Schelling den Wendepunkt zwischen vorgeschichtlicher Zeit als „der noch unzertrennten und einigen Menschheit" und geschichtlicher Zeit als der „vollbrachten Trennung der Völker"[143]. Im „Übergang von jenem homogenen Seyn zu dem höheren und entwickelteren" lag für ihn der Umbruch, der „so wenig von selbst als z. B. der Übergang von der unorganischen zur organischen Natur" entstanden sei[144]. In der Völkerscheidung sah Schelling in Abgrenzung zu zeitgenössischen Geschichtsforschern, denen er vorwarf, keinerlei Kriterien für ihre Suche nach dem Ursprung der geschichtlichen Zeit zu besitzen, den „Anfang der Geschichte", verstanden als Beginn der Hochkulturen. Kaulbach, der sich bei seinen umfangreichen Kompilationen geschichtlichen Materials u. a. auch mit Schelling beschäftigte und in Berlin persönlichen Kontakt zu ihm hatte[145], ging es in dem ersten, den Geschichtszyklus Abb. 71

140 München, Stabi, KA VI, 1, Interims-Contract vom 27. 6. 1842, besiegelt am 15. 3. 1843.

141 Görres 1830, T. I, bes. S. 11; T. II, S. 31–32.

142 Zit. n. Plagemann 1967, S. 123; vgl. auch Schasler 1854, S. 32.

143 Zit. n. Jähnig 1975, S. 51. Görres setzt die „erste Weltzeit der wieder begonnenen Geschichte" bei der Teilung in drei Stämme nach der Sintflut an. Görres 1830, T. III, S. 88–89.

144 Zit. n. Jähnig 1975, S. 51.

145 In einem undatierten, für den Berliner Zyklus benutzten Notizbuch findet sich der Hinweis auf „Schellings Jahrbuch 1813 bey Schrei über die Weltgeschichte"; München, Stabi, KA VI, 6 a Historische Materialien.
1847 berichtet Kaulbach in einem Brief an seine Frau über den Besuch beim „alten Schelling, der sich jetzt schon seit vielen Jahren damit beschäftigt, das große Welt-Ei auszubrüten", zit. n. Dürck-Kaulbach 1918, S. 203. Wie

einleitenden Bild genau um den von Schelling herausgestellten Aspekt der Individuation der Völker als Beginn der Geschichte, nicht um den Turmbau als kulturelle Leistung[146].

Die Darstellung zeigt als Zentralfigur den thronenden Nimrod vor einem lediglich angedeuteten babylonischen Turm, der im Begriff ist, zusammenzustürzen. Seine Gerüste brechen, ein Teil der Arbeiter flieht, Nimrods Götzenbilder sind gestürzt, und sein mit Reißzeug und Turmplan ausgewiesener Baumeister wird im Vordergrund von zwei Arbeitern gesteinigt. Ursache dieses gewaltigen Umsturzes ist in Kaulbachs Darstellung das leibhaftige Auftreten Jehovas[147]. Von zwei rächenden Engeln begleitet erscheint er mit Einhalt gebietender Geste über Nimrod in einer Licht- und Wolkengloriole. Obwohl nicht der Reihenfolge biblischer Erzählung entsprechend, bilden die in drei Gruppen gegliederten, in der unteren Bildhälfte radial von Nimrod als dem Bildzentrum wegstrebenden Männer, Frauen und Kinder den wichtigsten, weil folgenreichsten Teil der Darstellung. Hier vollzieht sich die von Schelling als Geschichtsbeginn gewertete Rassentrennung. Sie, nicht der bildlich untergeordnete Turmbau ist auch in Kaulbachs Szene inhaltlicher Ausgangspunkt für den gesamten Bildzyklus, interpretiert als Folge des mit einem Donnerschlag in die Geschichte eintretenden Jehova.

Die völkerpsychologisch eindeutig charakterisierten biblischen Stämme der Semiten, Hamiten und Japhetiten verlassen den verfluchten Ort und streben – als bildlicher Ausdruck der Rassentrennung – in unterschiedliche Richtungen auseinander. Links die durch ein Ochsengespann, andere Haustiere und Feldfrüchte als agrarisches Volk charakterisierte Gruppe der Semiten, die patriarchalisch organisiert unter der Leitung ihres priesterlichen Oberhauptes friedlich davonzieht. Die mittlere, auf den Betrachter zukommende Gruppe der Hamiten ist durch gebückte Haltung, fratzenhafte Physiognomien und devoten Götzendienst bis an die Grenze der Karikatur negativ gekennzeichnet. Rechts dagegen sprengt eine dynamische Gruppe nackter Jünglinge auf feurigen Pferden in Leserichtung des Bildzyklus, d. h. in Richtung des zweiten Bildes, das Homer unter den Griechen zum Thema hat.

Die alttestamentarische Charakterisierung der drei Stämme (Mose I, 9, 22–28) wurde im 19. Jahrhundert u. a. von dem mit Kaulbach befreundeten, zeitweise an der Münchner Universität lehrenden Philosophen Ernst von Lasaulx im Sinne einer weltgeschichtlichen Rassenentwicklung reaktiviert und bis in die eigene Gegenwart beerbt. Wie Hegel sprach Lasaulx den Nachfahren der dumpfen Hamiten, den Afrikanern, jede Geschichtswürdigkeit ab. Ihre „vorherrschende Passivität" habe sie von „jeder selbsttätigen Mitwirkung in dem Prozeß der Menschengeschichte

die Korrespondenz Kaulbachs mit v. Olfers zeigt, wurden sowohl die Entwürfe als auch die Kartons in Berlin vom König und einer Reihe von herangezogenen Fachleuten begutachtet. Für die Beurteilung des Entwurfes zu ›Babel‹ nennt v. Olfers direkt A. v. Humboldt. Mit den Entwürfen wurde um 1843/1844 begonnen, die Ausführung erfolgte 1847/1848.

146 Zwar wurde der babylonische Turmbau häufig von Historikern als „Anfang der Cultur der Menschheit" bewertet (vgl. das von Kaulbach benutzte Werk: Arnold Ludwig Heeren: Historische Werke, Bd. 11, Göttingen 1821, S. 151 f.), aber für sie ist der Turmbau, nicht die Völkertrennung, die Kulturleistung.

147 Der König war – wie v. Olfers schreibt – „gegen jede Erscheinung Jehova's, wo er nicht ausdrücklich als eine Erscheinung, z. B. bei Abraham, bezeichnet ist." Er schlug vor, statt seiner die Cherubim als Strafende darzustellen. München, Stabi, KA IV, Olfers, Schreiben an Kaulbach vom 16. 11. 1844.
Kaulbach verteidigte jedoch seine Vorstellungen und begründete sie mit dem „Stil ... des Alten Testamentes, es war am Anfang der Welt ein anderes Verhältnis Gottes zu den Menschen ... er war ihnen unendlich viel näher", Dürck-Kaulbach 1918, S. 301–302.

ausgeschlossen"[148]. Als „geborene Knechte", die sie „wahrscheinlich auch in Zukunft bleiben" würden, verdienten sie, historisch gesehen, keine Beachtung. Kaulbachs fratzenhafte Charakterisierung entsprach genau diesem um die Jahrhundertmitte verbreiteten Bild völkerpsychologischer Typisierung. Eben darauf zielte in der Folge auch die Mehrzahl der Rezensenten, die Kaulbachs mittlere Gruppe als dem „dumpfen Büffel" gleich, in „der unzugänglichen Verstocktheit" und „blöden Verehrung" der Götzen verharrend, beschrieb[149]. Entsprechend der eurozentrischen Sicht der Geschichtsphilosophie sparte er folglich die „ungeschichtliche Hamitenhorde"[150] aus der fortschreitenden „Weltgeschichte" der nachfolgenden Historienbilder aus.

Dagegen charakterisierte Kaulbach die in griechischer Nacktheit dargestellten Japhetiten in Übereinstimmung mit Lasaulx als die Dynamischen und Zukunftsträchtigen. Nach Lasaulx bestimmten sie „in ihrem Antagonismus gegen die Semiten ... vorzugsweise de(n) Prozeß der Weltgeschichte"[151], gingen doch aus ihnen die Arier hervor, die er als „geistig flüssiger, erfinderischer und naturfrischer als die ... mehr stationäre, zähe und trockene Individualität der Semiten"[152] beschreibt. In Kaulbachs Japhetiten erkannten die zeitgenössischen Betrachter diese Eigenschaften als die ihrer völkischen Ahnherren wieder. Sie sind es, „welche weit in die fernsten Zeiten, bis in unsere eigene Gegenwart die Weltgeschichte zu machen bestimmt sind"[153]. So wundert es kaum mehr, wenn es schließlich ohne Umwege über historische Ahnenketten heißt: „Der deutsche Reitersmann vor dem Babelthurm wird also der Staatsmann der deutschen Nation sein"[154]. Damit war die Funktion dieser Historisierung der Bibel als Auftakt des Geschichtszyklus mit aller Deutlichkeit benannt: die allmähliche Germanisierung der Welt und die daraus resultierende Verpflichtung für die Zukunft, die Schaffung einer deutschen Nation.

Kaulbachs Interpretation der Zerstörung des babylonischen Turmes war in der Bildebene insofern neu, als sie nicht nur die Chronologie der mosaischen Erzählung veränderte, sondern auch den Neubeginn nicht als göttliche Strafe gegenüber einer anmaßenden Menschheit erscheinen ließ, sondern als Befreiung vom Despotismus. Damit unterschied er sich radikal von Cornelius und den Nazarenern. Cornelius' Karton desselben Themas für den geplanten 'Campo Santo' der Hohenzollern demonstriert nachdrücklich den göttlichen Fluch[155]. Auch Julius Schnorr von Carolsfeld, der sich in der Illustration der Szene für seine Bilderbibel in der Charakterisierung der Rassen stark an Kaulbach orientierte[156], hielt sich an die alttestamentarische

148 LASAULX (1856), S. 105. Lasaulx, ein Verehrer Schellings und Görres', gehörte zum Münchner Freundeskreis der Familie Kaulbach, so daß Kaulbach dessen Ansichten auch vor der Veröffentlichung kennen konnte. Auch von Hegel vor allem in der Philosophie der Geschichte vertreten, vgl. HEGEL: Werke, Bd. 12, Frankfurt 1970.

149 EGGERS 1850, S. 354; vgl. auch ILL. ZTG. 1854, S. 339; SCHASLER 1854, S. 54 f.; Erläuterungstext zur 1872 erschienen Stichfolge nach dem Berliner Zyklus, s. KAULBACH'S WANDGEMÄLDE 1872, o. S.

150 KAISER (1866), S. 19; er wertete demgegenüber die Semiten als „vorgeschichtlich", nur die „Japhetiten oder Arier" galten ihm als geschichtliches Volk.

151 LASAULX (1856), S. 106.

152 LASAULX (1856), S. 107.

153 EGGERS 1850, S. 353.

154 KAISER (1866), S. 28. Ähnlich die ILL. ZTG., 1854, S. 355; KAULBACH'S WANDGEMÄLDE 1872, o. S. (Erklärung zur Tafel: ›Der Babelthurm‹) mit einer Defiliation bis zu den Germanen.

155 Cornelius: ›Der Untergang von Babel‹, Karton, Teil des sechsteiligen Zyklus für die geplante Grabstätte am neuen Dom. Beginn der Konzeption 1843. Nach Cornelius' Angaben thematisierte der Zyklus die „höchsten Schicksale des Menschengeschlechts und der ewig gültigen Weltanschauung der heiligen Bücher des Christenthums.", zit. n. KUHN 1921, S. 219.

156 Julius Schnorr von Carolsfeld: ›Turmbau zu Babel und Sonderung der Stämme Sem, Ham und Japheth‹, Holzstich für die 240 Illustrationen umfassende BIBEL IN BILDERN (entstanden 1852–1860), Leipzig 1860.

Erzählung und sparte das Befreiungsmotiv aus. Kaulbachs eigenmächtige Uminterpretation der heiligen Vorlage, auf die er stolz war[157], wurde im Jahr nach der mißlungenen Revolution politisch verstanden. Kaulbach, der selbst für eine nationale Einigung eintrat, aber keineswegs demokratisch gesinnt war, triumphierte, daß ihm vorgeworfen wurde, er „übersetze die Bibel in Demagogie“[158]. Zu einem öffentlich ausgetragenen Streit kam es aber erst nach Adolf Helfferichs Kritik von 1853. In dem lange anhaltenden Disput standen sich nun Verfechter von Religion und Geschichtsphilosophie gegenüber. Helfferich sah in Kaulbachs Monumentalgemälde die Bibel auf den Kopf gestellt, denn „der Grundidee, nämlich der Unterbrechung des Turmbaus durch Sprachverwirrung, ist willkürlich eine andere substituirt und das Verhältnis von Ursache, Wirkung und Zweck völlig zerstückt.“

> „Der Bau erscheint nicht als das Werk freier Verabredung unter den Menschen, sondern als die von einem Tyrannen befohlene Fronarbeit ... Eben darum wirkt das Herniederfahren Jehovas allein als Strafgericht für den Despoten, dagegen als eine Befreiung für die Völker – ganz gegen den Sinn der Erzählung“[159].

Helfferichs Kritik rief die Verfechter Kaulbachs zur Feder, die die Bibel hinsichtlich ihrer historischen Zuverlässigkeit einer Kritik unterzogen.

Max Schasler bezeichnete von vornherein die mosaischen Angaben als „mythisch“ und „sagenhaft“[160]. Daraus resultierte für ihn eine geringere Verpflichtung auf Genauigkeit als aus einer geschichtlich gesicherten Quelle. Auch Kaulbach muß die alttestamentarischen Angaben so verstanden haben, ordnete er doch dem ersten Bild als Supraporte die Personifikation der Sage leitmotivisch zu (s. u.). Schasler, der sich explizit gegen Helfferich wandte[161], würdigte Kaulbachs Interpretation als Novum gegenüber einer ikonographischen Tradition des babylonischen Turmes, die sich bisher lediglich auf „zahme Illustrationen zum Alten Testament“, auf ein „möglichst phantastisches Architekturstück“ oder auf „die Bauthätigkeit der alten Völker“ beschränkt habe. Er wertete Kaulbachs Szene als die einzig *geschichtlich* adäquate, da nur sie die historische Konsequenz aus der „Sage“ vom Turmbau ziehe.

Die Völkertrennung als „das erste historisch bedeutsame Ereignis in dem Leben des jetzigen Menschengeschlechts“[162], für deren „ideelle Bedeutung ... der Bau selbst nur Markstein ... oder vielmehr der Anfang aller Culturentwicklung ist“, beruhe „nicht blos in der Sprach-‚Verwirrung‘“. Ihre Bedeutung sei auch „nicht blos in der planlosen ‚Zerstreuung‘ der Völker“

157 Kaulbach, der für die religionsgeschichtlichen Themen Bedenken des „katholisierenden“ Königs fürchten mußte, schrieb 1847 über den babylonischen Turmbau an seine Frau: „Der Herr v. Olfers und G. Rat Stüler streichen sich den Bauch bei jedem Lob, welches mir der König erteilt, denn sie bilden sich ein, daß sie die erste Veranlassung zu meiner großartigen Auffassung der Geschichte gegeben hätten – die Esel.“ DÜRCK-KAULBACH 1918, S. 199.

158 Weiter heißt es in dem Brief an seine Frau vom August 1849 „Das Babel schneidet den Berlinern ins Fleisch!!“ Seine Kritiker hält er für „Abonnenten der Kreuzzeitung. ... sehr stark schwarz-weiß gefärbt“, zit. n. DÜRCK-KAULBACH 1918, S. 284.

159 HELFFERICH 1853, S. VIII–IX.

160 SCHASLER 1854, S. 51. Die Sage hält er für eine Überlieferungsform, der ein historischer Kern zugrunde liegt: eben die „Zerschlagung des Menschengeschlechts in Racen“ als den Anfang der Nationen, was ihm gleichbedeutend ist mit dem Beginn der Kultur.

161 SCHASLER 1854, S. 49–51 widerlegt die Vorwürfe mit Bibelzitaten, die er allerdings auf ihre zeitgenössische Relevanz befragt.

162 SCHASLER 1854, S. 49.

zu sehen, sondern darin, daß sie sich als eine naturgemäße *Scheidung*, als eine in der Bestimmung der „menschlichen Natur tief begründete organische *Gliederung*, mit einem Worte als ein *Fortschritt* und als eine wahrhafte *Befreiung* der Völker von der ihnen aufgedrungenen todten, fortschrittslosen Gemeinsamkeit sich herausstellt“[163].

Hier wird klar dargelegt, daß auch die entfernteste Begebenheit bewußt unter dem Blickwinkel der Gegenwart betrachtet wird. Nur dadurch gelangt sie zu geschichtlicher Bedeutung. Unter dem nationalen Blick, der an einer ‘natürlichen’ gottgewollten Rassenselektion die eigene Überlegenheit zu zeigen bestrebt war und zugleich den Fortschritt in der Gesamtentwicklung demonstrieren wollte, erschien die Charakterisierung der Ausgangslage, sozusagen beim historischen Nullpunkt, für den Fortgang der Geschichte entscheidend. Von hier aus ließ sich die historische Kontinuität des Abendlandes entwickeln. Ohne diese Bedeutungszuweisung wäre – wie Schasler meinte – die Darstellung des babylonischen Turmbaus völlig unerheblich.

Der Historiker und Apologet des preußischen Staates Johann Gustav Droysen begründete – ganz unabhängig von jeglicher Historienmalerei – prinzipiell die Notwendigkeit geschichtlicher Selektion, da sich eine diffuse Begebenheit „erst durch die Auffassung als zusammenhängender Vorgang, als ein Komplex von Ursache und Wirkung“ entwickelt, als das „Bedürfnis jede(r) Gegenwart ... sich ihr Gewordensein, ihre Vergangenheit von neuem zu rekonstruieren“[164]. Jede Zeit stellt neue Fragen, und ermittelt „Wirkungen, die die Zeitgenossen nicht ahnten ... und wenn solche Wirkungen aus diesen Anfängen gefolgt sind, so haben wir das Recht und die Pflicht, schon in den Anfängen die Keime davon, die Impulse dazu zu vermuten“[165]. Es hängt also von den im nachhinein gesehenen Verknüpfungen von Ursachen und Folgen ab, inwiefern sich aus einer beliebigen Begebenheit Geschichte konstituiert.

Um die Folgen und damit den Fortschrittsgedanken des gesamten Zyklus, der in Luther, dem deutschen Erneuerer, gipfelte auch innerhalb der einzelnen Szenen zu veranschaulichen, mußte Kaulbach die raum-zeitliche Einheit, wie sie das historische „Ereignisbild“ forderte, aufgeben. Denn eine solche „real historische Darstellungsweise, welche die Aufgabe hat, die Spitze der Handlungen in ihrer ganzen Schärfe ... zu geben“, aber „das Voraufgegangene und die Resultate nur andeuten kann“, hätte es „also nur mit 6 Momenten zu thun gehabt“[166]. Sie allein schienen weltgeschichtliche Kontinuität nicht herstellen zu können. In Kaulbachs Bildern ist daher nicht nur „das einzelne geschichtliche Ereignis selbst“ wichtig, „sondern die Ideen in der Weltgeschichte die immer in einem erschütternden Einzelereignis ins Licht getreten sind, sich dann aber weiter in einem unendlichen Nachklange von Erscheinungen und Folgen fortgesetzt haben“[167]. Kaulbach sei die Umsetzung der Triebfedern der Geschichte gelungen, und damit komme ihm das Verdienst zu, die Geschichtsmalerei von der „äußerlichen Darstellung des Thatsächlichen“ befreit zu haben. Allein solche „ideale Auffassung der Geschichte“ ermögliche es, „von der individualisierenden Einzelgestaltung zur Erfassung des Zusammenhangs zwischen dem Einzelnen, von der Darstellung bloßer Individuen und Ereignisse zu dem sie treibenden ... Geiste ... zu gelangen“[168]. Traditionellerweise hatte hier die Allegorie ihre Domäne. Doch Kaulbach löste diesen geschichtsphilosophischen Anspruch bildlich durch einen Kompromiß.

163 SCHASLER 1854, S. 52.
164 DROYSEN (1858) 1960, S. 83.
165 DROYSEN (1858) 1960, S. 91.
166 EGGERS 1850, S. 394.
167 ILL. ZTG. 1854, S. 339.
168 ILL. ZTG. 1854, S. 339.

Der Schwierigkeit, eine zeitliche Folge innerhalb einzelner Szenen darzustellen, ohne den Rahmen des historischen Ereignisbildes völlig zu sprengen, begegnete er durch z. T. sophistisch ausgeklügelte Handlungsbezüge einzelner Figurengruppen, durch allegorische Aufladung von Personen oder durch die Verknüpfung von Ungleichzeitigem. Auf diese Weise suchte er jenes „Minimum von Vorher und Nachher", das erst den „Sinnhorizont" einer Begebenheit konstituiert[169], im statischen Bild anzudeuten. Jedenfalls unternahm Kaulbach den Versuch, analog zu Droysens Kritik am Dogma der „objektiven Tatsachen", die „Folgewirkung der Dinge"[170] zu verbildlichen, und zwar so, daß „durch eine Figur" – wie Eggers über die ersten Bilder schrieb – „ein ganzes Volk, durch die Bewegung der Verlauf des Schicksals desselben angedeutet" werde[171]. Das Bestreben, den Wirkungszusammenhang herzustellen, die Wahl der „Wendepunkte" der Geschichte, verstanden als ständige Fortschrittsbewegung im Sinne einer Befreiung zum eigenverantwortlichen menschlichen Handeln, rückte Kaulbachs Weltgeschichte in der Rezeption an die Seite der Hegelschen Geschichtsphilosophie[172]. Dies obwohl z. B. der babylonische Turmbau von Hegel anders bewertet wurde[173]. Was Schellings Philosophie der Mythologie für Schinkels Fries am alten Museum war, nämlich ein Begriffsgerüst, auf das die bildlichen Darstellungen projiziert wurden, bedeutete Hegels Philosophie der Geschichte für die Wahrnehmung des Kaulbachschen Zyklus, obwohl sich keineswegs nachweisen läßt, daß sich Kaulbach direkt mit Hegel beschäftigt hatte.

Nachfolgend sollen die beiden auf derselben Langwand anschließenden Szenen kurz behandelt werden, die den Bereich der alten Geschichte abschließen, bevor die sie verbindenden Zwischenzyklen thematisiert werden. Erst danach folgt die Untersuchung der gegenüberliegenden Wand mit den drei Hauptszenen aus nachchristlicher Zeit und ihren Verbindungsstücken.

Die Antike als vergangene Kultur

Das zweite Hauptbild behandelte mit Homer im Zentrum die ›Blüthe Griechenlands‹[174] als den Höhepunkt kultureller Entwicklung in der „alten Welt". Als friedliches „Zustandsbild" ohne konkret-geschichtliches Ereignis bildete es das Zentrum der Langwand und zugleich die Zwischenstation zwischen zwei Katastrophendarstellungen, die die vielbeschworenen „Wendepunkte" der Geschichte markierten. Zwischen der ›Völkerscheidung‹ als Geschichtsbeginn und der folgenden ›Zerstörung Jerusalems‹ als dem Ende der alten Geschichte ist die Szene zugleich Ausdruck des Sieges, den die zukunftsträchtigen Japhetiten des Eröffnungsbildes verhießen. Abb. 72

Homer steht im Bildzentrum, die Linke zur Ansprache erhoben, die Lyra in der Rechten, in einem soeben am Ufer anlegenden Nachen. Eine nachdenkliche weibliche Gestalt, die kumäische Sibylle als Repräsentantin der Vorzeit, von der Homer kündet, hält das Ruder. Am Ufer haben sich in einem Halbkreis Menschen versammelt, um deren namentliche Identifikation die gebildete

169 KOSELLECK 1973, S. 561.

170 DROYSEN (1858) 1960, S. 91; dazu JAUSS: Kunst und Historie, in: ders. 1970, bes. S. 182.

171 EGGERS 1850, S. 394.

172 Vor allem vertreten vom GRENZBOTEN 1851, Nr. 13, S. 481–493; FRENZEL 1864, S. 243f.

173 Hegel behandelt den babylonischen Turm in der Ästhetik unter der Überschrift „Architekturwerke zur Vereinigung der Völker". Den Turmbau reiht er ein in „das Sichobjektivwerden dieser aufgelösten früheren und die Realisation einer neuen erweiterten Einigung". Insofern wird der Bau, nicht seine Zerstörung, als Fortschrittsmoment gewertet. HEGEL: Ästhetik hrsg. von Friedrich Bassenge, 2 Bde., Berlin 1985, Bd. 2, S. 31.

174 Als drittes Bild des Zyklus ausgeführt; Studie 1,48 × 1,75 m, dat. 1849, Antwerpen, Königl. Mus.

Welt schon bei Fertigstellung des Kartons stritt. „Da haben sie ... sich abgequält, jede Gestalt darauf zu taufen, wo dann freilich einer und derselbe in den verschiedenen Erklärungen auch verschiedene Namen erhalten hat“[175].

Tatsächlich hat Kaulbach zwar einige Attribute verteilt und – mit v. Olfers Hilfe[176] – in Details auch klassische Bildprägungen benutzt, doch reichen sie kaum zur eindeutigen Kennzeichnung. Mit den situativ erscheinenden Körpergesten, den übereinander geschlagenen Beinen usw. scheinen die Versammelten ebensowenig wie die etwas kümmerliche Gestalt Homers[177] das „plastische Ideal“ der Griechen zu verkörpern. Allerdings sind die Versammelten durch Buch, Lyra etc. als kulturell Tätige bestimmt. Die unterschiedliche Haartracht und Kleidung deutet ihre Herkunft aus verschiedenen Zeiten und Gegenden an. Im Hintergrund naht eine Gruppe derberer, von den ‘bedeutenden’ Männern des Vordergrundes abgesetzter Jäger, Fischer und Krieger. Die Heterogenität der Homer Zuhörenden will jedoch auch darauf hindeuten, daß die griechische Antike ‘Kultur für Alle’ hatte[178].

Homer, der ‘Vater aller Künste’, faßt mit seinen Gesängen die vorausgehende Geschichte zusammen und inspiriert die zukünftige kulturelle Entwicklung, die sich im Bau des Parthenon andeutet. Er repräsentiert nicht nur griechische Kultur schlechthin, sondern vermittelt mit seinen Heldengesängen Vergangenheit und Zukunft. Dieser Bezug wird durch eine die Gesamtszene umklammernde Konstellation deutlich, die auf den Trojanischen Krieg und die Verewigung seiner Helden anspielt. Dem Kahn folgt eine Gruppe von Nixen, aus deren Mitte die Meeresgöttin Thetis emporschwebt, die Urne mit der Asche ihres Sohnes Achill schmachtend an die Brust gedrückt. Achill, dem griechischen Helden des Trojanischen Krieges, hatte Homers Ilias ein Denkmal gesetzt. Von Thetis’ vorwärts schwebendem Körper geht eine aufsteigende Linie über den im Mittelpunkt stehenden Homer bis zu der Bildhauergruppe vor dem Parthenon-Tempel auf erhöhtem Terrain am linken Bildrand. Phidias arbeitet hier nicht wie in Kaulbachs ursprünglichem Entwurf am Kultbild dieses Tempels, der Athena Parthenos[179], sondern an einem bewaffneten Helden, an Achill. Damit wird auch in der Bildanordnung die Zeitdimension als Beziehung zwischen Vergangenheit und Zukunft angedeutet. Dem ankommenden Homer folgt Thetis mit ihrem Gemahnen an den Helden des Trojanischen Krieges, sozusagen als Inspiration der Homerischen Gesänge. Diese wiederum bestimmen die Arbeit des Bildhauers. Das Denkmal, das Homer Achill und damit der Vorgeschichte der Griechen gesetzt hat, materialisiert sich in dem Bildwerk des Phidias. Damit fungiert Homer als Mittler zwischen Vergangenheit und Gegenwart.

Durch die Kunst bleiben nicht nur die Helden der Vergangenheit lebendig, sondern sie ermöglicht auch den Göttern, ihren Platz im Diesseits einzunehmen. Der in blasseren Farben – sozusagen als Vision – ausgeführte Götterreigen in der oberen Bildhälfte, den Phidias im Begriff

175 DT. KUNSTBLATT 1852, S. 153.

176 Zu Beginn der 50er Jahre, als Kaulbach noch guten Kontakt zu v. Olfers hatte, nimmt er brieflich öfters auf dessen Vorschläge für das Griechenland-Bild Bezug. Zu Vorlagen vgl. auch v. Olfers an Kaulbach vom 16.11.1851, München, Stabi, KA IV, Olfers.

177 Vgl. auch die Studie zu ›Homer‹, 39,8 × 20,8 cm, München, Stadtmus., Inv. Nr. MS II 2559, die eher an einen ausgemergelten Dante denken läßt. Kritik an der Gestalt z. B. im DT. KUNSTBLATT 1852, S. 154.

178 Auf diesen Aspekt geht SCHASLER 1854, S. 63 ein.

179 Das DT. KUNSTBLATT 1852, S. 154 bedauert, daß Kaulbach die „Pallasformen, wie er sie anfangs hatte“ nicht beibehielt. Vor dem 1849 datierten und als „erster Entwurf“ bezeichneten Karton im Antwerpener Museum, der schon Achill zeigt (SCHOONBART/CARDYN 1981, Nr. 1576), muß es also noch einen früheren gegeben haben. Die Änderung geht auf v. Olfers zurück. s. undat. Brief München, Stabi, KA IV, Olfers.

ist zu schauen, wird von Eros angeführt, den die Grazien haschen. Es folgen der lichtumstrahlte Apoll mit den Musen und schließlich Zeus und Hera, Pallas Athene und Merkur. Über den bündnisverheißenden Bogen der Iris, der sich im Hintergrund aus dem Rauch eines Opferaltars entwickelt, zieht der Götterhimmel in den Tempel ein. Die Götter entspringen dem Opfer, das von Kriegern, offensichtlich für einen errungenen Sieg, dargebracht wird. Damit wird noch einmal vorgeführt, daß die Kunst wie die im Gegensatz zu Jehova freundlichen Götter aus den Kämpfen der Geschichte hervorgeht.

Der ganze Götterhimmel ebenso wie die Kunst ist im Unterschied zu Schinkels Fries nicht als überzeitliches Ideal, nicht als Analogie für gegenwärtige Ideale aufgefaßt, sondern eingebunden in eine wechselnde Folge von Epochen; sie sind historisch relativiert. Da diese Historisierung auch die Gottesvorstellungen einschloß, wurde auch von einem „religionsgeschichtlichen Cyklus" gesprochen[180], ein umstrittener Punkt, über den noch im Zusammenhang mit dem letzten Bild zu sprechen sein wird.

Trotz der nicht in Analogien verfahrenden Konzeption des Bildes war kein Ereignis im Sinne eines datierbaren Geschehens zugrunde gelegt. In dieser „Schule Griechenlands"[181] hatten also die dargestellten Figuren die Aufgabe, bestimmte Vorstellungen, Ereignisse usw. zu repräsentieren bzw. anzudeuten, womit ihnen Verweischarakter zukam. Gerade diesem Bild wurde daher vorgeworfen, ein „allegorisches Gemälde" zu sein, das nur vorgebe, die im Klassizismus beliebte Szene „Homer singt den Griechen" wiederzugeben. „Auf der unbegrenzten Weide der Einbildungskraft", so Helfferichs vernichtende Kritik, „werden die eigenen Einfälle und die fremden Erinnerungen eingefangen und zusammengetrieben"[182]. Die Allegorie habe sich scheinheilig unter dem Mantel der Personen eingeschlichen.

Der 'Wendepunkt' von der alten zur neuen Zeit

Das dritte und letzte Bild der ersten Langwand mit der ›Zerstörung Jerusalems‹, einem Thema, das als selbständiges Ölgemälde schon 1837 unabhängig vom Berliner Zyklus in München konzipiert und ausgeführt worden war[183], zeigt strukturelle Parallelen zur Völkertrennung im ersten Bild. Abb. 74

Wieder ist es eine Katastrophe, die einen 'Wendepunkt' in der Geschichte markiert, nämlich das Ende der alten Welt und den Beginn christlicher Zeit. Die Römer als Erben der Griechen erobern unter Titus Jerusalem: Die Stadt liegt in Trümmern, der Tempel mit der Bundeslade steht in Flammen, die siegreichen römischen Feldzeichen sind gesetzt. Doch bildet die Eroberung nur den in die obere Bildzone verlagerten, als Hintergrund zu lesenden Anlaß des Geschehens. Im Zentrum steht nicht der römische Sieg, sondern der Untergang des jüdischen Volkes.

Stoffliche Grundlage bildet Flavius Josephus' Geschichte des jüdischen Krieges, aber schon Helfferich bemerkte mißbilligend, daß der Maler eine Reihe unzusammenhängender Greuel

180 Dt. Kunstblatt 1852, S. 153.

181 Dt. Kunstblatt 1852, S. 154. Nahezu jedes Bild des 19. Jh.s, in dem Vertreter unterschiedlicher Zeiten vereint erscheinen, wurde in Anlehnung an Raffaels ›Schule von Athen‹ tituliert.

182 Die ins „Maßloose zersplitterte" Stofffülle und die nicht in der Erscheinung aufgehende Bedeutung ist ihm Ausdruck der Allegorie, Helfferich 1853, S. XIX.

183 1836 von der Fürstin Radziwill in Auftrag gegeben; 1837 wurde der Karton begonnen, 1838 war die Farbskizze fertig (Thieme-Becker). 1841 wurde das Bild von König Ludwig übernommen, der die monumentale Ausführung anordnete, s. Kat.: Neue Pinakothek, München 1981, S. 148f. Die Übernahme dieser Komposition sowie der der ›Hunnenschlacht‹ war im Vertrag mit dem preußischen König geregelt.

nebeneinandergestellt habe, wie A. Friedrich Gfrörer sie in der Vorrede seiner Flavius-Josephus-Ausgabe[184] zusammengefaßt habe: „Während die siegestrunkenen Legionen ihre Adler in die Thore des brennenden … Tempels“ tragen, erscheint gleichzeitig eine Mutter, die „vor Hunger ihr eigenes Kind schlachtet“, eine Alte, die sich selbst aufzufressen beginnt usw. Im Zentrum schließlich versetzt sich Eleasar selbst den tödlichen Dolchstoß. All dies sei historisch zu verschiedenen Zeitpunkten belegt und könne nicht in einem Bild erscheinen[185].

Die Verbindung Eleasars als Hauptfigur zum semitischen Patriarchen der ersten Szene ist durch Gewand, Bedeutungsgröße und Körperhaltung betont. Mit dem Tod des obersten Priesters ist das Ende der Juden als Volk besiegelt. Sie scheiden aus der Geschichte aus.

Doch ist Titus' Vernichtungswerk offenbar nicht nur ein militärischer Sieg, sondern die Erfüllung einer höheren Prophezeiung. In der oberen, himmlischen Bildzone erscheinen auf Wolkenbänken die vier Propheten, die aufgeschlagenen Bücher der Weissagung vorzeigend. Wie im ersten Bild sind es Racheengel, die mit Flammenschwertern herniederfahren, um das Gott verleugnende Volk zu strafen.

Analog zum Auszug der Stämme im Bild der Völkerscheidung ziehen im Vordergrund verschiedene Gruppen in entgegengesetzte Richtungen aus dem Bild hinaus. Links flieht Ahasver, der „ewige Jude“[186], von „den Furien des bösen Gewissens“ verfolgt, entgegen der Leserichtung des Bildzyklus und damit auch dem Fortgang der Weltgeschichte entgegengesetzt, aus der zerstörten Stadt. Gehetzt und seine Brust zerfleischend, ist er der Verfolgte, der die „nimmer endende Pilgerschaft in alle Weiten der Welt an(tritt)“[187] und der doch seinem Schicksal nicht entrinnen könne.

Ahasver mit den Furien im Nacken wurde zum meistbesprochenen Motiv des ganzen Bildes; dies aus zweierlei Gründen. Zum einen nutzte Kaulbach hier ein tradiertes Bildschema der Rache und Verfolgung: Schon in der Paradiesvertreibung mit einem rächenden Gott in den Lüften hatte die Renaissance einen Bildtopos der Vertreibung formuliert. Vor allem aber Klassizisten wie Blake und Flaxman hatten im verbreiteten Thema der Verfolgung Orests durch die Erynnien ein Darstellungsschema entwickelt[188], das als Ausdruck des von seinem Gewissen geplagten Mörders auch unabhängig von der literarischen Vorlage verallgemeinerbar war. Prud'hons schon
Abb. 80 damals berühmtes Bild ›Gerechtigkeit und Rache verfolgen den Mörder‹[189], das auf Horaz' Vers

184 A. Friedrich Gfrörer: Flavius Josephus' Geschichte des jüdischen Krieges oder vom Untergang des jüdischen Volkes und seiner Hauptstadt Jerusalem, Stuttgart/Leipzig 1836.

185 Helfferich 1853, S. XII. Für den Autor hat sich Kaulbach damit als „ungeschichtlich“ disqualifiziert.

186 Die populäre Form der Legende berichtet von Ahasver, der mit der Menge Christi Kreuzigung forderte. Bei der Kreuztragung habe der Ungläubige verhindern wollen, daß Christus vor seinem Haus ausruhte, woraufhin Christus ihn zur Wanderschaft bis auf den jüngsten Tag verdammte. Die zuerst 1602 als Buch erschienene Legende war im 19. Jh. auch durch literarische Verbreitung (z. B. Eugène Sues berühmter „Juif errant“) bekannt; s.: Grande Encyclopédie, Paris o. J.; Eggers kritisierte, daß der 'ewige Jude' als literarische Figur erst im Mittelalter kreiert wurde, hier jedoch bei der römischen Zerstörung erscheine. Eggers 1850, S. 402.

187 Ill. Ztg. 1854, S. 339.

188 Vgl.: John Flaxman: ›Orest von den Erynnien verfolgt‹, in: Ausst.-Kat.: Flaxman 1979, Abb. 167, S. 199; Abb. 93, 94; Flaxman nach Blake: ebd., Abb. 85.

189 Entstanden 1808 für den Pariser Justizpalast, seit 1826 im Louvre. Eine auffällige Affinität besteht in der Figur des Mörders zu dem Fliehenden in Rubens' Skizze zur ›Apotheose Heinrichs IV.‹. In den 40er Jahren war Prud'hons ›Justitia‹ so bekannt (vgl. o. Anm. 90), daß die Revue Comique (Bd. 2, 1849, S. 79) das Bild zu einer Karikatur auf den Bestand des Musée National Français einsetzte. Der Mörder hat gegenüber Prud'hons Darstellung eine jüdische Physiognomie erhalten.

„raro antecedentem scelestum deseruit pede poena claudio" Bezug nimmt und in dessen Nachfolge auch Rethels Variationen des Themas zu sehen sind[190], demonstriert diese Verallgemeinerung. Prud'hon äußerte sich selbst zu seinem Bild in diesem Sinne: „Es gehört zu jedem Volk und paßt in jede Zeit, verkündigt und erklärt sich selbst und zeigt zu gleicher Zeit die Ursache und ihre Wirkung"[191]. Diese allegorische Formulierung des schlechten Gewissens und der gerechten Strafe stand gewissermaßen zur Verfügung und konnte auch überindividuell – wie von Kaulbach – als Verfehlung eines Volkes gefüllt werden[192].

Zum andern war gerade die Deutung der Juden als die mit einer zweiten Erbsünde behafteten Menschengruppe in der Mitte des 19. Jahrhunderts von besonderer Aktualität. Teile der jahrhundertelang in den Handelsbereich abgedrängten Juden hatten sich auch in Deutschland zur Finanzmacht entwickelt, die von nationalistischen Kreisen argwöhnisch betrachtet wurde. Vor diesem realgeschichtlichen Hintergrund betont die Kritik die Aktualität Kaulbachscher Geschichtsinterpretation:

> „Auch zu uns, zur Gegenwart steht das Ereignis der Zerstörung Jerusalems in lebendiger Beziehung: sie beraubte das Volk Israel seiner Heimath. Was von ihm am alten Glauben festhielt, ward zerstreut und fluchbeladen in ihre Gewalt gegeben"[193].

Kaulbachs Vorführen dieser nur zu gerne angenommenen Begründung für die Verdammnis der Juden spiegelt auch die zeitgenössische Karikatur, indem sie den Verfolgungstopos übernimmt, Abb. 81
den 'ewigen Juden' aber zum Gelddieb macht, den die preußischen Büttel jagen[194].

Als Pendant zu Ahasver zieht auf der rechten Bildseite eine christliche Familie, unberührt von Abb. 75
dem Vernichtungswerk um sie herum, seelenruhig aus der zerstörten Stadt hinaus. Sie wird von drei Engeln beschützt, die als messianisches Zeichen den leuchtenden Kelch über die kleine Christengemeinde halten. Als Keim zukünftiger Entwicklung bewegt sich die Gruppe in Leserichtung des Bildzyklus und markiert zugleich den Beginn der neuen Welt. Analog zum Auszug der Japhetiten in dem Bild der Völkerscheidung bezeichnet die Gruppe die zukünftigen Handlungsträger von Geschichte, für die die Zerstörung der Stadt zugleich Befreiung bedeutet.

Das Schema der Schutzengel, die den Gottesfürchtigen durch alle Gefahr leiten, von Kaulbach später in einem Gemälde variiert und im späten 19. Jahrhundert zum Standardmotiv in Chromoli-

190 Alfred Rethel: ›Justitia‹, Bleistiftskizze, ehemals Dresden, Kupferstichkabinett; Ölversion, in der allerdings eine aufrecht in den Lüften schwebende Justitia den Flüchtigen verfolgt. Eine weitere Version, nunmehr mit der Gestalt der Nemesis mit Schwert und Stundenglas, 1836–1837, ehemals Petersburg, Privatslg.; Abb. in: Alfred Rethel: Des Meisters Werke, hrsg. von Josef Ponten (Klassiker der Kunst), Stuttgart/Leipzig 1911. Ein Stich nach der ›Justitia‹ schon bei Raczynski 1836, Bd. 1, S. 165.

191 Zit. n. Donat de Chapeaurouge: „Das Auge ist ein Herr, das Ohr ein Knecht". Der Weg von der mittelalterlichen zur abstrakten Malerei, Wiesbaden 1983, S. 104.

192 Vgl. auch die drei Erynnien in Kaulbachs ›Macbeth‹ und in der ›Shakespeare-Galerie‹, s. Fritz v. Ostini: Wilhelm von Kaulbach, Bielefeld/Leipzig 1906, Abb. 43.

193 Förster 1844, S. 95.

194 Fliegende Blätter, Bd. 22, Nr. 513, innerhalb der satirischen Beschreibung des Neuen Museums in „Herrn Graf's Tagebuch ...". Vgl. auch die Karikatur im Neuen Freien Kikeriki 1873, Nr. 20: Der Jude ist zum personifizierten Börsenkrach geworden, den drei „Börsendämonen" verfolgen.
Auch der Mörder in Prud'hons ›Justitia und die Rache verfolgen den Mörder‹ wurde in der Karikatur zum Juden gestempelt, vgl. Anm. 189.

thografien fürs Schlafzimmer verbreitet[195], gefiel auch dem König so gut, daß er es sogleich als Dekorbild für eine Vase übernehmen wollte[196].

Die beiden Gruppen des verfolgten Juden und der beschützten Christenfamilie sind konzeptionell und kompositorisch aus dem zentralen Bildgeschehen ausgegliedert. Ihr Pendantcharakter wird durch die drei Schutzengel und die drei Rachedämonen betont. Dadurch erhalten die Gruppen zugleich explizit allegorischen Charakter. Sie verweisen auf göttliche Gnade und Rache, und zwar für alle Zukunft. Die durch das Motiv der Flucht aus der Stadt nur vordergründige Vermittlung von historischer und allegorischer Bildebene stand im Zentrum zeitgenössischer Kritik. Im Unterschied zu den ausziehenden Gruppen der Völkerscheidung beschränkte sich Kaulbach hier nicht allein auf die völkerpsychologische Typisierung, sondern verbildlichte deren künftiges Schicksal zusätzlich durch Sendboten einer anderen Welt.

Damit, so Helfferich, falle Kaulbach „aus der Geschichte ... in die Allegorie“[197]. Doch „ohne Übergang und Vermittlung löst sich die Geschichte nicht in Allegorie auf, sondern beide treten ... sozusagen als absolute Momente nebeneinander“[198]. Wurden diese „allegorischen Anbauten“[199] überwiegend als dem Ereignischarakter der Szene widersprechend kritisiert, obwohl in ihnen andererseits gerade die weltgeschichtlichen Folgen der Zerstörung Jerusalems gesehen wurden, so hatte Förster anläßlich der frühen Ölversion Grundsätzlicheres zu bedenken gegeben:

> „Die Wirklichkeit, einmal zur Macht gelangt, läßt sich keines ihrer Rechte nehmen, und verlangt vollständige Befriedigung unter Beseitigung alles Unwahren und Unwahrscheinlichen. Sind einmal die symbolischen Gestalten, die Phantasiebilder einer Welt ohne Raum und Zeit, geworden, wie unser Einer, so hängt sich die Materie mit all ihrer Last an sie ... oder es tritt wenn sie sich nicht fügen, jene barocke Verbindung von Wirklichkeit und Fabel ein, die mit ihrer augenfälligen Unmöglichkeit das Gemüth kalt läßt“[200].

Zunächst arbeitete Förster jedoch gerade die allegorische Bedeutungsdimension der einzelnen Gruppen heraus: Nicht nur in den Schutzengeln meinte er die Verkörperung von Glaube, Liebe
Abb. 75 und Hoffnung zu sehen, sondern auch in den Christen selbst. In der Mutter mit den beiden Säuglingen auf dem Esel erkannte er das tradierte Caritas-Motiv, im singenden Knaben den Glauben und in den jüdischen Kindern am Weg der wegziehenden Christen die Hoffnung[201]. Als höchste Steigerung abstrakter Bedeutungshaltigkeit meinte er sogar, daß in der Mutter „die Kirche und in den beiden Knaben der Protestantismus und Katholizismus dargestellt sey“[202].

195 Vgl. AUSST.-KAT.: DIE BILDERFABRIK. Dokumentation zur Kunst- und Sozialgeschichte der industriellen Wandschmuckherstellung zwischen 1845 und 1973 am Beispiel eines Großunternehmens (bearbeitet von Wolfgang Brückner), Histor. Mus. Frankfurt/M. 1973.

196 Durch v. Olfers übermittelter Wunsch des Königs, München, Stabi, KA IV, Olfers, undatierter Brief.

197 HELFFERICH 1853, S. XIV.

198 HELFFERICH 1853, S. XV.

199 Anton Gubitz: Rezension der Arbeit Helfferichs, in: DT. KUNSTBLATT 1853, S. 440.

200 FÖRSTER 1844, S. 94. Als Beispiel solchen Mißlingens führt der Autor Rubens' Medicizyklus und „fast Alles, was das 17. Jahrhundert an mythologischen, allegorischen und kirchlichen Darstellungen geleistet“ habe, an. In modifiziertem Wortlaut auch bei FÖRSTER 1860, Bd. V, S. 158.

201 FÖRSTER 1844, S. 102; vgl. auch MARGGRAFF 1839, S. 190.

202 FÖRSTER 1844, S. 102.

Allerdings – und darum ging es dem Cornelius-Schüler Förster vor allem – drohe diese Bedeutungsdimension durch Kaulbachs Darstellungsweise verloren zu gehen. Denn im Unterschied zur Münchner „Kartonkunst" sei es die Farbe, „die das Bild mit dem Schein eines wirklichen Ereignisses" vor uns stelle. Wenn wir aber „vor der Wirklichkeit zu stehen glauben, so ist der Hohepriester nicht mehr das Hohepriesterthum, Ahasver nicht mehr das Sinnbild seines Volkes". Damit aber habe sich „die höhere Kunst aus ihren eigenen Gränzen hinausgearbeitet, aus der geschichtlichen Poesie in die prosaische Geschichte". Zwischen den solchermaßen formulierten „rein geistigen Anforderungen der Kunst und den sinnlichen der Welt" kam es aufgrund ihres unterschiedlichen Realitätsbezuges zum Konflikt. „Die dem Naturalismus sich nähernde Ausführung"[203] Kaulbachscher Gemälde diente einerseits einer suggestiveren Vergegenwärtigung von Geschichte, kollidierte jedoch andererseits mit einer über das Ereignis hinausgehenden Bedeutungszuweisung.

Damit unterschieden sich Kaulbachs Inszenierungen grundlegend von den belgischen Historienbildern. Der Anspruch auf Entwicklungsgeschichte schlechthin verhinderte eine episodenhafte Einzelinszenierung, wie sie etwa Piloty in der Nachfolge der Belgier mit seinem ›Seni vor der Leiche Wallensteins‹ verfolgte. Der Versuch, durch ein abstraktes Beziehungsgeflecht die Erscheinungen als Sukzession miteinander zu verknüpfen, läßt sich schon an der Lichtführung Kaulbachs erkennen, die vor einem diffusen Hintergrund immer neue Figurationen schlaglichtartig hervorhebt und damit den additiven Charakter deutlich macht. Die Widersprüche aber kulminierten für Zeitgenossen in dem Verhältnis von realen und allegorischen Gestalten, die sich in der suggestiven Körperlichkeit nicht voneinander unterscheiden. Zwar heißt es im Kunstblatt 1850 über die Gruppe des 'ewigen Juden', die Dämonen seien „erklärende(s) Gefolge", ohne die Ahasver nicht identifizierbar sei[204], doch weist auch diese Entschuldigung gerade auf die verletzte Erwartungshaltung hin.

Rudolf Marggraff dagegen, der Delacroix' ›Liberté‹ wegen der Vermischung von allegorischer und historischer Darstellungsebene innerhalb eines Bildes verurteilt hatte, sieht hier umgekehrt die Verbindung von Geschichtsbild und „sinnbildlicher" Darstellung als äußerst geglückt und wehrt sich gegen die Kritiker der Allegorie. Gerade Gestalten wie „die allegorischen Figuren der Engel" seien „durch die individualisierende Gestaltungskraft der Kunst zu geschichtlichen geworden"[205].

Wie die zitierten Beispiele zeigen, blieb sowohl die terminologische Bestimmung der Allegorie als auch die Bewertung der Kaulbachschen Monumentalgemälde umstritten. Zwar stand das Unterfangen, an den Museumswänden *Weltgeschichte* zu verbildlichen, durchweg an der Spitze der Bewertungsskala, doch blieb das Verfahren, wie die Bedeutung von Geschichte zu versinnlichen sei, kontrovers. Das Pro und Kontra der Allegorie maß sich in erster Linie am Zweck innerhalb der Darstellung, d. h. inwieweit Geschichte damit glaubhaft wurde, sie in der Lage war, dem Geschichtsbedürfnis zu dienen. Gerade Marggraffs Ablehnung der Delacroixschen ›Liberté‹ und seine Stellungnahme für Kaulbachs Vermischung der Realitätsebenen weist jedoch auf das Kernproblem der Geschichtsdarstellungen, auf die Frage nämlich, was als geschichtswürdig akzeptiert wurde.

203 Förster 1860, Bd. 5, S. 159.
204 Eggers 1850, S. 402.
205 Marggraff 1839, S. 187 zur monumentalen Ölversion.

Die Begleitzyklen

Abb. 70 Anh. 4 Das komplizierte System von Zwischenzyklen, Arabeskenbändern und einem Fries war – wie die Hauptszenen – ebenfalls darauf angelegt, der 'Idee' der Geschichte im Sinne fortschreitender Höherentwicklung, Ausdruck zu verleihen. Doch im Unterschied zu jenen thematisierten die kleineren Zyklen keine historischen Ereignisse, sondern sie sollten in der Abfolge von Repräsentanten und Personifikationen kulturellen Fortschritt anzeigen.

Die in ihren drei Hauptbildern besprochene Langwand wurde an beiden Seiten durch zwei Supraporten über den Eingängen zu den Sammlungsräumen abgeschlossen. Links – am Ausgangspunkt des Gesamtzyklus – stand die Personifikation der Sage, rechts die der Geschichte. Abb. 82, 83 Diese im Maßstab größten Gestalten der Langwand markierten die Grundlagen, aus denen Kaulbach die Stoffe für die Entwicklungsgeschichte der alten Welt bezog. Der Fortschritt von der Sage zur Geschichte umspannte die Entwicklung von Babel bis Jerusalem, während für die gegenüberliegende Wand mit Szenen aus christlicher Zeit keine solche Fortschrittsthematik gefunden wurde. Hier bildeten Kunst und Wissenschaft die Klammer.

Die Sage galt zwar allgemein als Vorform der Geschichte, doch das alte Problem, daß die Personifikation bildlich konkreter ist als der Begriff, zeigte sich hier deutlich. Kaulbachs ›Sage‹[206] erschien als junge Walküre, was in bezug auf das erste Hauptbild des Zyklus, die babylonische Völkerscheidung, historisch völlig unsinnig war. Doch sollte hier offenbar schon gleich zum Auftakt die weltgeschichtliche Mission der Germanen angedeutet werden.

Auf einem Hünengrab sitzend, schaut die Walküre blicklos in die Ferne, wo sie das zu sehen scheint, was ihr Odins Raben ins Ohr flüstern, offenbar nichts Gutes. Prophetisch hat sie die Hand erhoben, um das zu bannen, was sich im angrenzenden Babelturm als Weltuntergang und Geschichtsanfang zugleich gestaltet. Im Gegensatz zur buckeligen greisen ›Sage‹ in Schnorr v. Carolsfelds Heldensaal der Münchner Residenz zeigt sie in Blick und Gestik eher Verwandtschaft zu Cornelius' Kassandra im Heroensaal der Glyptothek. Flankiert wurde sie von zwei nachträglich zugefügten Kandelabern, die aus Figuren von Märchen und Sage, dem Dornröschen und Siegfrieds Kampf, gebildet wurden. Ihre Thematik läßt sich noch weniger mit der nachfolgenden Wand in Verbindung bringen und stammt aus einer Phase, als Kaulbach an den Schmalwänden des Treppenhauses Szenen aus nordischen Sagen unterbringen wollte[207].

Abb. 83 Die Gestalt der Geschichte als Abschluß der alten Welt wendet sich, im Profil sitzend, der Neuzeit zu. Sie schreibt in das vom „Genius der Zeit gehaltene Buch der Weltgeschichte"[208], während am Boden noch die unbeschriebenen Blätter der Zukunft liegen. Im Unterschied zur ›Sage‹ ist sie – als Allusion auf die 'Wahrheit', aber auch ihre griechische und somit historische Herkunft bezeichnend – mit entblößtem Oberkörper dargestellt. Die zuerst für die ›Geschichte‹ entworfenen Kandelaber zeigen in ihrem Figurenprogramm Längsschnitte durch die Geschichte von Krieg und Frieden[209].

206 1851 erhielt Kaulbach von Raczynski den Auftrag, die „allegorische Gestalt der Sage" in Öl zu wiederholen. Vgl. MÜLLER 1891, S. 228.

207 v. Olfers schrieb am 14.4.1850 an Kaulbach, er könne sich „für die Rückwände ... Gestalten aus der deutschen Heldensage nicht gut denken, so sehr ich ... den Nibelungen und dem Gral ergeben bin". Er schlug statt dessen die Personifikationen der Künste vor, die ausgeführt wurden. München, Stabi, KA IV, Olfers.

208 SCHASLER 1854, S. 6.

209 Der Kandelaber des Krieges enthielt – Schinkels Kreuzbergdenkmal vergleichbar – Stadtpersonifikationen, die an die Siege der Befreiungskriege erinnerten. Die Bekrönung bildete Friedrich Wilhelm II. auf einem Schild stehend.

Im Unterschied zu den Hauptszenen waren die isolierten Personifikationen von Sage und Geschichte auf Goldgrund gemalt, eine Entscheidung, die vermutlich auf den Architekten zurückging. Stüler, der von v. Olfers zur Begutachtung Kaulbachscher Entwürfe herangezogen wurde, bemerkte, daß dadurch eine „entschiedene Sonderung von den Hauptbildern" entstehe, „ohne die zerstreuende Wirkung des nebenbefindlichen"[210]. Damit wurde auch die Irrealität der sich reliefartig vom Goldgrund abhebenden Figuren gegenüber den Hauptszenen hervorgehoben. Moritz Carrière, dem Münchner Verfechter Kaulbachs, waren die allegorischen Gestalten direkter Ausdruck der „in der Geschichte waltenden Culturmächte"[211], jener „leitenden Ideen", die den „Charakter der Völker und Jahrhunderte" zum Ausdruck bringen. Als versinnlichte Begriffe schienen sie ihm notwendig, um dem „Geist der Geschichte einen idealen Leib" zu geben. Durch das, was er „personificirende Idealbildung" nannte, könne erst der notwendige Gedanke auf die Ebene der Erscheinung gebracht werden. Darin sah er auch die Verbindung zu einzelnen Motiven innerhalb der Hauptszenen, die ihm, wie der fliehende Ahasver oder die Christenfamilie, als „Verkörperung eines geschichtsphilosophischen Gedankens"[212] galten. Carrière verstand darunter vor allem das Motiv kulturellen Fortschritts, das Kaulbach in der Verzahnung von historischen Gestalten und personifizierten 'Ideen' auf immer neuen Ebenen nahezu zwanghaft zu gestalten suchte.

Auch auf den gemalten 'Pilastern' zwischen den Hauptszenen, die sich durch senkrecht rahmende monochrome Arabeskenbänder von ihrer Umgebung abhoben, zeigte sich dies erneut. Auf halber Höhe teilte ein horizontaler reliefartiger Grisaillestreifen mit der Darstellung von Eroberungszügen das Binnenfeld in zwei fast quadratische übereinanderliegende Bildfelder. Sie waren ebenso wie die Arabeskenbänder[213] jeweils einer Kulturepoche gewidmet, und zwar so, daß im unteren Feld eine historische bzw. quasi-historische Gestalt erschien, darüber aber eine die Epoche charakterisierende Personifikation. Zwischen dem ›Babylonischen Turmbau‹ und dem Griechenland-Bild schwebte Isis als verhüllte Gestalt über Moses, zwischen der zentralen Homerszene und der ›Zerstörung Jerusalems‹ Venus als strahlende enthüllte Göttin über Solon. In der Vertikalen wurden, wie auf den senkrechten Arabeskenbändern, Zugehörigkeiten thematisiert, in der horizontalen Leserichtung des Zyklus dagegen ergab sich wieder das Entwicklungsschema. Die „dunkle" Isis wurde von der „hellen" Venus abgelöst[214]. Moses, von kindlichen Eleven begleitet, hat, in Michelangelo-Pose inszeniert, den Fuß auf das zertrümmerte goldene Kalb gesetzt, ist also als Überwinder der vorausgehenden Ordnung hervorgehoben. Auch Solon ist als Neuerer dargestellt, indem er über den drakonischen Gesetzestafeln brütet, offenbar um sie zu verändern.

Abb. 72, 76
Abb. 88–90
Abb. 72
Abb. 72, 88

Analog zu der ersten und dritten Historienszene wurde also der Versuch unternommen, in den Gestalten von Moses und Solon Umbruchsituationen anzudeuten, die im Neuen noch das

Im Friedens-Kandelaber erscheinen Schinkel, Rauch und Cornelius; vgl. die ausführliche Beschreibung in der National-Ztg. 7.4.1852, Nr. 166.

210 Stüler 1860, Text zu Tf. XVII.

211 Carrière 1856, S. 1018.

212 Carrière 1856, S. 1018.

213 Eine ausführliche Darlegung der Gliederungsprinzipien der jeweils acht Szenen jedes Arabeskenstreifens – von den Gelehrten im untersten Bereich bis zu den „theogonischen Grundvorstellungen" im obersten Bereich – bei Schasler 1854, S. 77–83. Man gewinnt fast den Eindruck, daß Schasler an der Konzeption beteiligt war. Auf jeden Fall war v. Olfers beratend tätig, vgl. Kaulbach an v. Olfers, 6.3.1850, München, Stabi, KA IV, Olfers.

214 Schasler 1854, S. 57f., 66f.

Vorausgehende erkennen lassen. Die Einteilung in zwei übereinanderliegende Zonen bezeichnet auch hier, wie in den Hauptszenen, das durchgängige Anliegen Kaulbachs, nicht nur die 'Fakten', sondern auch die historisch bedingten Vorstellungsgehalte in Allegorien anzudeuten, um damit – wie Schasler und Carrière es nannten – „Culturgeschichte“ darzustellen.

Die Entwicklung in christlicher Zeit

Anh. 4 Die gegenüberliegende Langwand mit drei Monumentalszenen aus christlicher Zeit war formal entsprechend der schon behandelten gegliedert. Zwischen den Personifikationen von Wissenschaft und Poesie, die als Leitmotive und Kennzeichen christlicher Kulturentwicklung die Abb. 73, 76 Historienbilder flankierten, folgten die ›Hunnenschlacht‹, die ›Kreuzfahrer vor Jerusalem‹ und Abb. 78 schließlich die umstrittene ›Reformation‹. Die ›Hunnenschlacht‹ war – wie die ›Zerstörung Jerusalems‹ – ebenfalls schon in der Münchner Zeit unabhängig von dem Berliner Auftrag entstanden. Ein kleiner Karton und die daraufhin von Kaulbachs Entdecker und Gönner, dem preußischen Diplomaten, Kunstkenner und -schriftsteller Graf Anastasius Raczynski, bestellte, aber nur monochrom ausgeführte monumentale Fassung[215] hatten Kaulbachs Ruf als idealistischer Historienmaler begründet. Das mag neben der Arbeitsersparnis dazu beigetragen haben, die Szene in das Berliner Monumentalprogramm zu übertragen, doch fällt die ›Hunnenschlacht‹ konzeptionell aus der Reihe der übrigen 'Epochendarstellungen' des Berliner Museums heraus, obwohl sie kompositorisch mit ihrer zweizonigen Gliederung eingebunden erscheint.

Die himmlischen Regionen werden hier nicht von jeweils geglaubten Göttern bevölkert, sondern von den 'Geistern' der gefallenen Krieger. Historischer Anknüpfungspunkt war die Schlacht zwischen den Römern und Hunnen auf den Katalaunischen Feldern im Jahre 471. Doch im Unterschied etwa zu Rethels Illustration der Hunnenschlacht in Rottecks Allgemeiner Geschichte[216] hat Kaulbach nicht die übliche Schlachtendarstellung gewählt, sondern die Geisterschlacht der Gefallenen, wie sie in den Fragmenten des Damascius überliefert ist. Demnach hätten die „Seelen den Kampf noch drei ganze Tage“ fortgesetzt, und sie „fochten mit gleicher Wuth wie im Leben. Man sah … Schattenbilder aufeinander losstürzen“[217]. Angeblich hatte Klenze, angeregt durch Chateaubriand, Kaulbach auf den Stoff aufmerksam gemacht[218]. Andere behaupten, es sei der Münchner Berater Kaulbachs, Ernst von Lasaulx, gewesen[219]. Jedenfalls verlegte Kaulbach die Schlacht in die Wolken und zudem vor die Tore Roms[220], obwohl die Hunnen nie bis nach Rom vorgedrungen waren.

215 Der erste kleine Karton, der Raczynskis Interesse erregte, war 1834 vollendet. Daraufhin bestellte der Graf eine Ölfassung. Ausgeführt wurde 1834–1937 lediglich die Untermalung (heute in Posen). Die gleichfalls für Raczynski als Ersatz für die geplante große Ölversion entstandene Farbskizze der Stuttgarter Staatsgalerie (s. Christian v. Holst: Kat. Malerei und Plastik des 19. Jh.s, Stuttgart 1982, S. 92–93; dort im Zusammenhang mit der Entstehung der monochromen Version vermutet) verblieb jedoch in Kaulbachs Besitz. Vermutlich hat er diese 1852 in Berlin als Entwurf für das Wandbild gezeigt, vgl. Dt. Kunstblatt, 15. 10. 1853, S. 371. Die ausführliche Entstehungsgeschichte bei Müller 1891.

216 Die Zeichnung Rethels, um 1840, zeigt wie die meisten Szenen für Rottecks Werk einen Ausschnitt aus einem größeren Zusammenhang mit einer Zentralfigur. Vgl. Ricke-Immel 1980, Bd. 1, Abb. 1088.

217 Müller 1891, S. 123.

218 Kunstblatt 1834, Nr. 79, S. 313, in bezug auf den Karton von 1834; ebenso Müller 1891, S. 125.

219 Pecht 1879, S. 70; dem folgt Koetschau 1929, S. 64.

220 Das Grabmal Hadrians, die spätere Engelsburg, bestimmt die vage Silhouette der Stadt.

Als Auftakt der zweiten Langwand thematisiert die ›Hunnenschlacht‹ den „Kampf der neuen gegen die alte Welt“[221]. Doch ist bildlich nicht der Sieg der Römer und ihrer Verbündeten – der Franken und Westgoten – dargestellt, im Gegenteil: Attila erscheint als dynamischer Angreifer in der Lichtgloriole seiner Fackel. Das hinter den Verbündeten emporgehaltene, noch heller leuchtende Kreuz antizipiert den Sieg des Christentums über die Barbaren. Es ist hier im Unterschied zu den übrigen Bildern kein Gott dargestellt, der unmittelbar in die Geschichte eingreift; lediglich sein Zeichen kündet den Sieg.

Als Einzelbild wurde die ›Hunnenschlacht‹, außer von Cornelius, dessen Religiosität schon Abb. 73
die Bevölkerung des Himmels mit mordenden Horden ablehnen mußte, meist euphorisch besprochen. Friedrich Liszt ließ sich von Kaulbachs Bild sogar zu seiner 11. Symphonischen Dichtung anregen[222]. Innerhalb des Historienzyklus im Berliner Museum erntete sie jedoch z. T. heftige Kritik, und zwar nicht nur von Gegnern Kaulbachs. Schasler, Kaulbachs glühender Befürworter, konnte den „sagenhaften Vorgang“ nicht in der „den Schein der Naturwirklichkeit erheuchelnden“ Farbe gutheißen und verwies auf Raczynskis monochrome Version[223]. Eggers bemängelte zum einen die Sonderstellung des bildlich als irreal interpretierten Geschehens, der Sage innerhalb historischer Zeit. Zum anderen aber kritisierte er die Inkonsequenz des Stoffes innerhalb des Fortganges eines entwicklungsgeschichtlichen Zyklus. Nach dem „gewaltige(n) Auflösungsprocess einer ganzen Welt“, nämlich der heidnischen alten Welt, in der Zerstörung Jerusalems und der darin zum Ausdruck gebrachten „Auflösung der Kulte“, müsse nun „Christenthum und Germanenthum die nächste Verbindung“ sein. „Wohin“, so fragte Eggers, „gehen denn die bei der Zerstörung Jerusalems fortziehenden Christen? In die germanische Welt!“ Folglich müßte „Karl der Grosse mit seinen Paladinen“ als „der erste Held der germanischen Welt und zugleich der erste christliche Glaubensheld“ den Stoff abgeben. Eggers schlug daher vor, das von Kaulbach schon in einem Tafelbild behandelte Thema, den Sieg Karls des Großen über Wittekind, darzustellen[224]. Damit hätte sich Eggers zufolge das zweite Manko der Darstellung von selbst behoben, und es wäre der Anspruch erfüllt worden, „unmittelbar in den ursprünglichen Stoff der Geschichte hineingreifend, real-historisch zu komponieren“[225].

Dem Vorwurf, hier sei die Entwicklung der Germanen als der unbezweifelten Träger des Christentums zu wenig explizit zum Ausdruck gekommen, begegneten andere Autoren, die sich wie die Begleittexte zu Dunckers Stichfolge direkt auf Kaulbach beriefen[226], mit dem Hinweis, die Machtverschiebung innerhalb der Völker sei in den beiden Knaben „sinnbildlich“ ausgedrückt, die den römischen Heerführer Aetius stützten. Damit habe Kaulbach zugleich die Morschheit des zerfallenen römischen Reiches angezeigt[227]. Spätere Autoren identifizierten dann die blonden Knaben nicht nur als „kraftstrotzende Germanensöhne“, sondern ganz direkt als „Deutsche“, die die „sinkende greisenhafte Größe des Römerthums“ ablösten[228]. Bildlich

221 Kugler 1854, T. 3, S. 279.
222 Vgl. Lehmann/Riemer 1978, S. 54–56.
223 Schasler 1880, S. 90.
224 Eggers 1850, S. 402.
225 Eggers 1850, S. 402.
226 Kaulbach's Wandgemälde 1872. Der Begleittext zu der von Duncker herausgegebenen Kupferstichfolge wurde „unter den Auspicien des Meisters“ veröffentlicht und stammt von W. Dempwolff. Da Duncker schon sehr früh gute Kontakte zu Kaulbach hatte und dessen Arbeiten herausbrachte, sind die Angaben glaubwürdig.
227 Kaulbach's Wandgemälde 1872, Text zur ›Hunnenschlacht‹, o. S.
228 Müller 1891, S. 129.

allerdings ließ sich der Sinn der Gruppe auch anders deuten. Daß die Knaben den greisen Aetius stützen, bleibt bei den Schwebefiguren ambivalent. Aetius schützt jedoch die beiden Knaben mit seinem Schild gegen die angreifenden Hunnen. Es ist offensichtlich, daß sich mit wachsendem Nationalismus auch die Interpretation des hier Bedeuteten zugunsten des germanischen Anteils in der Geschichte verschob.

Abb. 76 Im folgenden, mittleren Monumentalbild der zweiten Langwand mit den Kreuzfahrern vor Jerusalem wird der Sieg der Germanen als den Sachwaltern des Christentums besiegelt. Die als „Christliche Iliade“[229] gepriesene Darstellung zeigt einen euphorisierten Zug von Kreuzfahrern, denen sich nicht nur der Blick auf die heilige Stadt eröffnet, sondern auch eine himmlische Vision. In zwei Bildebenen formiert sich der Zug zu einem Oval, über dem Christus flankiert von Evangelisten, Märtyrern und Maria erscheint. Gottfried von Bouillon, der sich im Mittelgrund dem Zentrum nähert, die Dornenkrone auf dem Kopf und gepanzert zu Pferde, wirft die Arme mit den Herrschaftsinsignien gen Himmel, andere fallen in die Knie etc. Vor ihm tragen sechs Priester die Lade des neuen Bundes in Form einer gotischen Kirche mit der Hostie in der Monstranz darüber. Neben den verschiedenen Gläubigkeitsbezeugungen ging es aber hier vor allem um die durch den Glauben gestiftete Gemeinsamkeit von Priestern, Laien, Königen, Fürsten, Rittern, Büßern, Troubadours usw., kurz, um die Gemeinschaft des als ‘germanisch’ verstandenen Abendlandes gegenüber den Ungläubigen. Der Eroberungszug der Kreuzritter führt über erschlagene Sarazenen, während Neger als Lasttiere für die germanischen Frauen dienen. Die mosaische Prophezeiung, der Stamm Cham solle Knecht seines Bruders sein, im ersten Bild durch die fratzenhafte Charakterisierung des ausziehenden Stammes von Kaulbach angelegt, wird hier noch einmal aufgenommen. Von den drei Stämmen sind nur die Enkel der Japhetiten, die Germanen übriggeblieben. Sie erweisen sich in der Eroberung Jerusalems als Sieger der Geschichte.

Als „Zustandsbild“, das eher eine Epoche zusammenfasse, denn ein Ereignis als Wendepunkt
Abb. 72 behandle, entspreche das Bild des Mittelalters dem der gegenüberliegenden Wand mit ›Homer unter den Griechen‹. Schasler u.a. bezweifelten die Relevanz des Stoffes, da die Kreuzzüge „bekanntlich so gut wie resultatlos blieben“[230]. Der Historiker Arnold Hermann Ludwig Heeren jedoch, dessen Werk Kaulbach zu Rate gezogen hatte, bezeichnete dagegen die Kreuzzüge und ihre Folgen als eine der „großen Revolutionen“[231], die zwar „nicht auf einmal eine bessere Welt“ geschaffen hätte, „aber sie bereiteten sie vor“, da sie „die erstorbene Menschheit aus dem Schlummer aufschüttelten“[232].

Eggers, der stets Kaulbachs Gesamtprogramm mit dem abschließenden Reformationsbild verteidigte, relativierte demgegenüber die religiöse Bedeutung der Kreuzzüge. „Hier ist nun jene Vereinigung der entgegengesetzten Religionen, von der wir sprachen, vollbracht. Der Mensch ist mit dem einen Gott vermittelt, welcher in liebender Nähe auf Erden gewandelt hat.“ Aber, so Eggers weiter, es sei doch nur der Christus, „wie die Menschen ihn zu fassen streben. Es sind eben Kreuzfahrer ..., sie suchten den Herrn und erkannten ihn nicht“[233]. Eggers’

229 ILL. ZTG., 3.6.1854, S. 357. Kaulbach hatte sich selbst so geäußert, als er nach Fertigstellung des Kartons v. Olfers das Konzept beschrieb, vgl. München, Stabi, KA IV, Olfers, Brief vom 27.1.1848.

230 SCHASLER 1854, S. 34–35.

231 HEEREN 1821, S. 347.

232 HEEREN 1803, T. 1, S. 10.

233 EGGERS 1850, S. 403.

distanzierter Blick auf die blutigen Eroberungszüge des Mittelalters und seine protestantische Perspektive gegenüber den verzückten Gestalten eines naiven Katholizismus dürften einen Aspekt von Kaulbachs Intentionen getroffen haben. Das eigentliche 'Erkennen' eines immanenten Gottes sollte dem letzten Bild als höchste Stufe menschheitsgeschichtlicher Entwicklung vorbehalten bleiben. Als noch viel größere „Revolution" bewertete Heeren und nach ihm nicht nur Hegel, sondern auch der zum Katholizismus konvertierte, zu Kaulbachs engen Münchner Freunden zählende Joseph Görres die Reformation[234]. Von Kaulbach als Abschluß des Zyklus geplant, wurde diese Szene über Jahre hinweg zum Zankapfel verschiedener Fraktionen.

Der Streit um das Thema des Abschlußbildes

Das von Kaulbach von Anfang an als Abschluß des Zyklus vorgeschlagene, im Vertrag aber noch nicht benannte Reformationsthema hatte schon zu einem Zeitpunkt, als gerade die ersten Bilder in Ausführung begriffen waren, aber noch keine Bildentwürfe aller Szenen existierten, entschiedene Gegner. Der gewichtigste unter ihnen war der Initiator und oberste Auftraggeber, Friedrich Wilhelm IV. selbst, gefolgt von seinem Vertrauten, dem Generaldirektor sämtlicher Berliner Museen, J. v. Olfers, der das Programm begutachtete und Kaulbach zu beraten hatte. Es dürften weniger akademisch-historische Argumente, als vielmehr Gründe der Staatsraison gewesen sein, die den um konfessionellen Ausgleich zwischen den reformierten preußischen Stammlanden und den katholischen Rheingebieten bemühten und sich als zukünftigen Repräsentanten aller Deutschen träumenden König zur hartnäckigen Ablehnung des Reformationsthemas bewegten.

Die Auseinandersetzungen spielten sich also zunächst völlig unabhängig von künstlerischen Fragen auf der Sujetebene ab, galt es doch ein Thema mit 'welthistorischem' Anspruch zu finden, auf das sich auch die eigene Zeit beziehen konnte. Die Argumente erhellen die Aufgabe und Bedeutung, die um die Jahrhundertmitte öffentlicher Historienmalerei beigemessen wurde. An ihnen lassen sich zugleich die verschiedenen Positionen zur Geschichte als Beziehung von Vergangenheit und Gegenwart ablesen.

Eggers berichtete schon 1850, das „sich ... von selbst als Schlußstein des ganzen Cyklus" ergebende Reformationsbild sei „neuerdings" in Frage gestellt. „Womit" aber, so Eggers, „sollte denn sonst abgeschlossen werden, wenn nicht mit der Reformation? Zieht man die Vernunftgöttin der Französischen Revolution vor oder will man gar beim Mittelalter stehen bleiben? Beides wäre eine wirklich unglaubliche Verkehrtheit"[235]. Eggers benannte damit explizit den Konflikt, zwischen dessen Polen die Reformation als Kompromiß fungieren konnte: Luther bot sich als integrierendes Leitbild an, das Fortschritt und Obrigkeit vereinte und so brisantere Themen wie die Französische Revolution und ihre jüngsten Berliner Kindes-Kinder von 1848 neutralisieren konnte, ohne im fernen Mittelalter, das die katholischen Nazarener zu ihrer Epoche erkoren hatten, verharren zu müssen.

Max Schasler bewertete zwar in seinem 1854 erschienenen umfangreichen Aufsatz über den ersten Teil der Museumsfresken sowohl „die Reformation Luthers" als auch die inzwischen offenbar als Alternative vorgeschlagene „Eroberung Amerikas" als „für die Entwickelung und Ausbreitung der Cultur von immenser Wichtigkeit und unberechenbarer Tragweite", doch

234 Görres 1830, S. 104ff.
235 Eggers 1850, S. 403.

wäre noch umstritten, ob überhaupt eines der beiden Themen ausgeführt werden sollte. Im Unterschied zu Eggers hielt Schasler beide Vorschläge nicht für eng genug mit der Gegenwart verknüpft. Nach seiner Ansicht stand zu befürchten, daß „wieder die ganze moderne Culturentwickelung" ausgeklammert bleiben würde. Denn „diese ist ... wesentlich industrieller Natur, und es ist bereits von anderer Seite[236] nicht ohne Grund darauf hingewiesen worden, daß als das passendste Thema für das letzte Bild, die symbolisch-historische Darstellung der in der *Londoner Weltindustrie-Ausstellung* zur Thatsache gewordenen *commerciellen Völkereinheit* bezeichnet werden könnte"[237]. Mit diesem aktuellen Thema, das als Provokation für die traditionelle Historienmalerei erscheinen mußte, wäre die Warenzirkulation des internationalen Marktes zum völkerverbindenden Gegenpol der Völkerscheidung in der Eröffnungsszene geworden. Schasler griff damit den Vorschlag der Nationalzeitung vom Juli 1851 auf, der den begeisterten Eindruck der ersten Londoner Weltausstellung spiegelte: „In diesen Tagen", so die National-Zeitung, „da ein Gegenstück zum babylonischen Baue, die riesige Industriehalle in London, alle Völker zum ersten Male vereint, die in grauer Vorzeit durch denselben Bau, welchen sie als Einigungszeichen auszuführen gedachten, in alle Winde zerstreut wurden", werde der Fortschritt der Menschheit in der Gegenüberstellung von Babelturm und Kristallpalast deutlich. Während „alle Tempel der Vorzeit ... bis zu den Domen des Mittelalters" vom Menschen nur gebaut wurden „zu seiner eigenen Demüthigung", sei der Londoner „Tempel der Menschheit" ein Befreiungszeichen aus dem Joch der Religion, „damit die Menschheit in ihm zu Bewußtsein komme, wie mächtig und erhaben sie in ihrer Gesamtheit ist"[238]. Abgesehen davon, daß Kaulbachs Intention des Babelturmes mißverstanden wurde, die ja nicht in Hegels Sinn eine „Gemeinschaftsarchitektur" der Völker propagierte, sondern die Befreiung von dem erzwungenen Bau, wäre mit dem Vorschlag der liberalen National-Zeitung England die Führungsrolle zugebilligt worden[239]. Letzteres war allenfalls für das Industriebürgertum akzeptabel, dem England das wirtschaftliche Vorbild lieferte.

Statt der zum internationalen Markt getragenen Waren sah Kaulbach im 'Geist der Reformationszeit' das Signum der Neuzeit. In der Reformation lagen doppelte Bezüge zur Rassentrennung: Zum einen galt sie konservativen Katholiken als zweites Babel, das die Einheit der Kirche gespalten hatte. Zum anderen – und daran war Kaulbach vor allem gelegen – wurden Völkerscheidung und Reformation als Momente der Befreiung gewertet. Zugleich ließ sich in der Reformation der deutsche Beitrag hervorheben. Diese Faktoren, die die Logik der Kaulbachschen Geschichtskonstruktion nahezu zwangsläufig mit sich brachte, waren wohl der Grund, daß sich Kaulbach mit keinem der auch in der Folgezeit vorgeschlagenen Themen je bildlich auseinandersetzte, sondern eigensinnig am Reformationsthema festhielt.

236 Damit meinte er den Bericht in der National-Ztg., 10.07.1851.

237 Schasler 1854, S. 35.

238 National-Ztg., 10.7.1851; weiter heißt es dort: „Und während die Kreuzritter aller Länder sich die undankbare Mühe geben, die Völker wieder unter der Einheit ihres junkerlichen Regiments zu beugen, während die römische Hierarchie den ohnmächtigen Versuch macht, der Eine verheißende Schaafstall zu werden, der alle Gläubigen der Erde aufnimmt, hat der moderne Geist schon seinen eigenen Einigungs-Tempel vollendet, indeß jene ihre Sisyphus-Arbeit Tag für Tag erneuern, welcher Humor der Geschichte."

239 Die National-Ztg., 10.7.1851, löste die Nationen-Konkurrenz, indem sie Deutschland und England als „Kinder derselben Mutter" bezeichnete, ihnen aber verschiedene Eigenschaften zusprach: „Die Diesseitigkeit alles Lebens ... die der deutsche Forschergeist wissenschaftlich festgestellt hat, ist durch den thatkräftigen Sinn des Engländers praktisch ins Dasein geführt worden."

Selbst 1857, als er schon an der Ausführung der ›Kreuzfahrer‹, dem auch in der Reihenfolge der Entstehung vorletzten Monumentalgemälde arbeitete, war der Streit um das Thema des Abschlußbildes noch in vollem Gange. In einem Brief an seine Frau klagte Kaulbach, daß er sich „mit Olfers und Konsorten“ herumstreiten müsse[240]. Doch auch sein einflußreicher Gönner, Graf Raczynski, dieser „sehr katholische Aristokrat“, gehörte, wie Kaulbach weiter berichtete, „in diesem Punkte zu meinen entschiedenen Gegnern“, gebe es doch nach Meinung des Grafen „drei Dinge“, die man in Berlin fürchte, „das ist: der Protestantismus, eine nähere Verbindung mit England ... und das dritte: die Konstitution und was damit zusammenhängt“[241]. Vor solchermaßen in „politische und religiöse Zwiste“ eingreifenden Themen hatte Raczynski seinen Schützling schon vor der Auftragsübernahme gewarnt[242]. Auch Cornelius lehnte das Reformationsbild als „ein zu guter Katholik“ ab[243]. Den greisen Alexander von Humboldt dagegen, der mit dem König persönlich bekannt war, wußte Kaulbach auf seiner Seite. Er scheint ihn auch in seine taktischen Planungen zur Durchsetzung des Reformationssujets einbezogen zu haben[244]. Abb. 76

Als im Oktober 1858 die Allgemeine Zeitung schließlich berichtete, der Streit um das letzte Bildthema sei beigelegt, es werde nicht die Reformation, sondern ›Die Einführung des Landfriedens durch Rudolph von Habsburg‹[245] dargestellt, ging der Streit zwischen Künstler und Auftraggeber erst richtig los. Tatsächlich hatte v. Olfers – in Übereinstimmung mit den Wünschen des Königs – schon 1857 „Die Erneuerung des Landfriedens unter Maximilian I.“[246] als letztes Bildthema bestimmt. Dagegen wehrte sich Kaulbach so energisch, daß es schließlich zum Bruch mit v. Olfers kam und dieser die weitere Betreuung des Projektes verweigerte und an den neuen preußischen Kultusminister v. Bethmann-Hollweg delegierte[247]. Kaulbach fand das angeordnete Thema, wie er v. Olfers und weitere einflußreiche Männer in Berlin wissen ließ[248], „wenig weltgeschichtlich ... und kaum für Deutschland von einiger temporärer Bedeutung“. Kurzum, er könne seine „Zustimmung zum Maximilianischen Reichsfrieden nicht geben, da er keines jener

240 Zit. n. Dürck-Kaulbach 1918, S. 319.

241 Zit. n. Dürck-Kaulbach 1918, S. 320.

242 Raczynski an Kaulbach 1845: „Vermeiden Sie die Tages-Manien und die politischen und religiösen Zwiste in den zu wählenden Gegenständen.“ „Tragen Sie zur Aufregung nicht bei ... Es wird Sie niemand verdächtigen, sich zu derselben nicht erhoben zu haben, es wird vielmehr ein jeder einsehen, daß Sie dieselbe überragen, daß Sie der ewige ... von der Gegenwart Unabhängige sind.“ Zit. n. Dürck-Kaulbach 1918, S. 172.

243 Brief Kaulbachs an seine Frau, 1857, Dürck-Kaulbach 1918, S. 319.

244 „Ich sehe den alten A. v. Humboldt sehr häufig, und der stimmt mit mir in der Frage des letzten Bildes vollständig überein, und ich hoffe, ich werde mit seiner Hilfe durch einen fein angelegten Plan als Sieger aus diesem Kampfe hervorgehen.“ Kaulbach an seine Frau 1857, Dürck-Kaulbach 1918, S. 320. Als A. v. Humboldt 1859 starb, war noch immer nichts Definitives entschieden.

245 Allg. Ztg. 26.10.1858. Das Blatt bezieht sich auf einen Bericht in der Voss'schen Zeitung.

246 In einem vermutlich 1858 datierten Brief schreibt Kaulbach an v. Olfers: „Sie bezeichnen mir die Verkündigung des Landfriedens in Worms als den Gegenstand“. Michael Echter, sein Mitarbeiter, habe ihm davon Mitteilung gemacht, „aber ich hoffte“ – so Kaulbach diplomatisch –, „daß es noch nichts Feststehendes, sondern etwas der Erwägung und Besprechung zu Unterbreitendes sei“. München, Stabi, KA IV, 1, Olfers. Vgl. auch Förster 1860, Bd. V, S. 173.

247 Der erste Brief v. Bethmann-Hollwegs an Kaulbach, in dem er auf den Konflikt mit v. Olfers Bezug nimmt, datiert vom 27.4.1859. München, Stabi, KA VI, 6a, Bethmann-Hollweg. Am 26.5.1859 heißt es in einem knappen Schreiben v. Olfers' an Kaulbach, er habe ihm „bereits im Jahre 1856“ auf höchsten Befehl „den Gegenstand dieser Bilder ... im Allgemeinen mitgetheilt“. Nach dem Stand der Dinge bitte er nunmehr „nach den directen Anweisungen des Ministeriums ... zu verfahren“, München, Stabi, KA VI, 6a, Olfers.

248 Z.B. in einem Brief an den Kultusminister v. Bethmann-Hollweg vom 5.6.1859, in dem Kaulbach v. Olfers' Vorschläge lächerlich macht. München, Stabi, KA VI, 6a, Bethmann-Hollweg.

Grundelemente darstellt", die er für die Neuzeit relevant erachtete, nämlich wissenschaftliche Naturerfassung, Erschließung der Welt, und die Wiederentdeckung „der eigenen menschlichen Vergangenheit" unter den Prämissen einer neuen religiösen Selbstverantwortung des Menschen[249]. Kaulbach sprach auch den naheliegenden Grund des Konfliktes an: „Sie scheinen – seien wir offen – ... von einem Reformationsbilde eine Partei- oder Tendenzarbeit zu fürchten." Er versicherte dagegen, „eine solche wäre ganz unstatthaft" und nicht beabsichtigt. Kaulbach kannte die Berührungsängste des Königs mit jeder Form von religiösen Reformansätzen noch aus dem Konflikt um die Aufnahme Schleiermachers in das Bonner Fakultätenbild der Religion.
Anh. 4 Tatsächlich aber strebte Kaulbach offenbar die große Synthese an, in der auch der Katholizismus, dem er ebenfalls eine Erneuerung und Befreiung vom Dogmatismus attestierte, Platz hatte. Nach ausführlichen inhaltlichen Erörterungen seines geplanten Reformationsbildes und der wiederholten Berufung auf Raffaels ›Schule von Athen‹ als dem großen Vorbild, schloß Kaulbach selbstbewußt: „Ich habe es zu verantworten, was und wie gemalt wird"[250], womit er offenbar die Abhängigkeit angesichts eines monumentalen Staatsauftrages nicht ganz richtig einschätzte.

Auch als ihm anstelle des Maximilian-Themas „Die Einweihung des Kölner Domes" angetragen wurde und ihn seine Berliner Mitarbeiter Echter und Muhr vor der beabsichtigten Veröffentlichung eines „Prospektes" durch v. Olfers warnten[251], der auf diese Weise ein *fait accompli* schaffen wollte, gab Kaulbach nicht auf. Sein Hauptargument war die Folgerichtigkeit des universalgeschichtlichen Entwicklungsganges. Anfangs- und Endpunkt des Zyklus müßten – wie Kaulbach immer wieder betonte – aufeinander Bezug nehmen, und zwar so, daß geschichtlicher Fortschritt evident werde. Nicht nur, daß es Kaulbach „nie einfallen wird" – so seine Mitarbeiter – „den 4ten Wilhelm dem Nimrod gegenüberzustellen"[252], selbst wenn man den Kölner Dom als Einheitssymbol der deutschen Nation verstehen mochte, sondern die Beschränkung auf ein punktuelles Ereignis mußte innerhalb des Kaulbachschen Geschichtskonzeptes verfehlt erscheinen. Es bot wohl kaum die Möglichkeit, es sei denn um den Preis unfreiwilliger Komik, jene allegorische Bedeutungsdimension zu unterlegen, mit der Kaulbach den Einzelszenen epochalen Charakter zu verleihen suchte[253]. Ihm ging es um jenen vielbeschworenen 'Geist' der Neuzeit als höchster Form kulturgeschichtlicher Entwicklung, als Höhepunkt der Geschichte seit ihren Anfängen. Die Reformation, die dem ersten Bild des Zyklus gegenüberstand, war, wie Kaulbach betonte, „auf dieses berechnet". Hier sollte die kulturgeschichtliche Mission der Deutschen ihre Einlösung finden, die „wie ein gewaltiger Strom aus dem Herzen des deutschen Volkes hervorbrach und zerstörend, aber auch befruchtend und neugestaltend durch alle Länder ging"[254].

In der Reformationszeit, verstanden als den „Aufgang einer neuen Kultur", wollte er Religion, Wissenschaft und Kunst zu einem die Neuzeit kennzeichnenden Bedeutungsgefüge zusammenmontieren. Hier sollte die in der Völkerscheidung zerschlagene „ursprüngliche Einheit ... in

249 München, Stabi, KA IV, 1, Olfers, nicht datierter Briefentwurf (1858).

250 Ebd.

251 Julius Muhr und Michael Echter in einem undatierten Brief an Kaulbach: „Hr. v. Olfers ... nimmt ... Änderungen vor, die Ihnen unmöglich genügen werden – das alte Lied vom letzten Bild wird erneuert – also schon im Prospect soll es heißen, daß den Schluß der Köllner Dom bildet". München, Stabi, KA III, Echter.

252 München, Stabi, KA III, Echter.

253 Kaulbach an v. Bethmann-Hollweg, 27. 5. 1859: „Die Einweihung des Kölner Doms ..., die noch in der Zukunft liegt, dürfte auf die Geschichte der Völker wenig Einfluß haben und nicht von der Art sein, daß gerade das Wesen der Jahrhunderte ... dadurch symbolisiert würde". München, Stabi, KA VI, 6 a, Bethmann-Hollweg.

254 Kaulbach an v. Bethmann-Hollweg, 5. 6. 1859, München, Stabi, KA VI, 6 a, Bethmann-Hollweg.

der Fülle des besonderen Lebens wiedergewonnen“[255] werden. Dies entsprach dem um die Jahrhundertmitte von Historikern wie Droysen vertretenen Geschichtsverständnis, das in der Reformation gerade nicht die Spaltung der Christenheit sah, sondern einen die Konfessionen übergreifenden sittlichen Aufschwung, der zu neuer Völker (nicht Staaten-)einheit führen könne, ohne „die Unterschiede der Völker auszutilgen, wohl aber sie durch größere Formen der Gemeinsamkeit ... zu überbauen“[256].

Nicht nur die Hegelschen Freigeistes Verdächtigen bewerteten die Reformation als ‘Hauptrevolution’, sondern auch Kaulbachs unmittelbare historische Gewährsmänner hatten ihre Bedeutung als Grundstein der Neuzeit herausgestellt: Schon Heeren, der in den Kreuzzügen das Fundament „zu einer neuen Ordnung in Europa“ sah, wertete die Reformation als zweite, noch einschneidendere „moralisch-politische“ Revolution[257]. Görres sah zwar nach seiner Konvertierung zum Katholizismus in der Reformation eine „wiederholte Sprachverwirrung“, doch lag darin die Analogie zur babylonischen Völkerscheidung, die zu immer neuen Individuationen der Völker führte, folglich positiv bestimmt war.

> „Im Verlaufe aller dieser Scheidungen und Zerreißungen ist das dritte Zeitalter eingetreten, in dem so die natürliche Scheidung wie die ethische Zerreißung in das dritte Gebiet des menschlichen Daseyns, das physisch-ökonomische, in dem die rein irdische Wurzel desselben beschlossen ruht, übergeht. Es hat im Beginne dieser Zeit unter den emsigen Forschern die Erde zur Kugel sich abgerundet, die Wahrheit hat das ganze Gebiet der Phantasie erobert“[258].

Diese Entwicklung der Menschheit zur Naturerkenntnis und zur moralischen Selbstverantwortung innerhalb der göttlichen Ordnung war das Anliegen des ganzen entwicklungsgeschichtlichen Zyklus. Die Emanzipation vom autoritären Gottesbild hin zur Selbstdisziplinierung unter Anerkennung der Hierarchie entsprach auch Kaulbachs persönlichem politischen Ideal, wie sich z. B. aus seinen Befürchtungen, die gesellschaftliche Ordnung könnte umgestoßen werden, aus der Zeit von 1848 ersehen läßt[259]. Zu der sittlichen Verpflichtung des Subjekts hatte Luther, der Reformator auf deutschem Boden, den Grundstein gelegt.

Die Reformation als den jüngsten ‘Wendepunkt’, durch den man denjenigen der Französischen Revolution umgehen konnte, als „diejenige Epoche der Geschichte ..., in welcher unsere heutigen Zustände nach den verschiedensten Richtungen hin wurzeln“[260], wurde zwar jüngst für das „gottlose“ 20. Jahrhundert neu entdeckt, und die Leitfigur gab just Kaulbachs „Luther“[261]

255 Programm-Entwurf Kaulbachs in mehreren Abschriften, München, Stabi, KA VI, 6a, Historische Materialien 1.

256 Droysen (1858) 1960, S. 219 wertete die Reformation als Überwindung des Dualismus von „Kirche und Weltlichkeit“.

257 Heeren 1803, Bd. 1, S. 10; s. auch ders. 1821. Die Auffassung von der Gegenwart als Vollendung der Reformation auf der Grundlage der „Freiheit des Gewissens“ und eines „mehr durch sittliche als durch vorgeschriebene Gesetze geführte(n) Lebens“ war zu Beginn des Jahrhunderts verbreitet: vgl. Reimer an Niebuhr 1819, Märker 1974, S. 32/33.

258 Görres 1830, S. 104–105.

259 1848 grenzte er sich eindeutig vom „Gesindel“ ab, rief aber Gottes Hilfe an, damit in Frankfurt die Einheit beschert werde. Kämpfe lehnte er ab und setzte auf vernünftige Einsichten. Vgl. Dürck-Kaulbach 1918, S. 260 ff.

260 Dobbert 1869, S. 3.

261 Vgl. den Ausst.-Kat.: Luther und die Folgen für die Kunst, hrsg. von Werner Hofmann, Hamburger Kunsthalle 1983. Bis hin zu Mondrians ungegenständlichen Bildern werden die Folgen des ‘abstrakten’ Wortes als dem Zentrum der lutherischen Reform verfolgt. Daraus resultiert allerdings, daß alles, was nach der Reformation in der Bildkunst

ab, unter der reaktionären Kamarilla-Politik Friedrich Wilhelm IV. ließ sich jedoch das Reformations-Thema nicht durchsetzen. Trotz aller wissenschaftlicher Untermauerungen und Kaulbachs Versuch, Preußens historische Verpflichtung als „Spitze des Protestantismus" in Europa und als „Morgenröthe der Cultur-Sache" herauszustellen[262], blieben Friedrich Wilhelm IV. und v. Olfers unnachgiebig. Kaulbach beteuerte zwar, er wolle keine Politik, sondern „nur Geschichte" malen, aber das Thema schien nicht opportun. Erst als 1858 der Prinzregent Wilhelm für seinen Bruder die Regentschaft übernahm und die „neue Ära" kurze Zeit liberale Hoffnungen weckte, kam unter dem neuen Kultusminister v. Bethmann-Hollweg Bewegung in die festgefahrene Angelegenheit des Abschlußbildes im neuen Museum.

Kaulbach hatte sich der Zustimmung der unumstrittenen Autorität in Sachen Reformation, des konservativen preußischen Historikers Leopold von Ranke, der zudem die Vorstellung der Individuation der Völker als Fortschrittskriterium teilte, versichert. Auch Heinrich v. Sybel, den er in München konsultierte, wußte er auf seiner Seite[263]. Im Januar 1859 signalisierte v. Bethmann-Hollweg im Auftrag des Prinzregenten, daß das Thema der Reformation akzeptabel sei, und ließ Kaulbach sogar wissen, die Darstellung dürfe, was die Konfession betreffe, „nicht allzu paritätisch" sein, sondern „müsse durchblicken lassen, ... daß es von einem evangelischen Fürsten gestiftet sei"[264]. Als Vermittler wurde der Jurist, preußische Obertribunalrat und Kunsthistoriker Carl Schnaase eingeschaltet. Er wandte sich an Kaulbach mit der Vorbemerkung, daß er weder als „Partisan des 'Landfriedens'" noch der „'Einweihung' auftrete"[265], aber in Übereinstimmung mit dem Ministerium korrigierende Vorschläge zu dem bis dahin von Kaulbach nur schriftlich unterbreiteten Programmentwurf zum Reformationsbild (vgl. Anhang 4) machen wolle[266]. Kurz darauf wurde Kaulbach im Namen des Prinzregenten vom Minister aufgefordert, möglichst bald einen Entwurf einzusenden[267]. Kaulbach hatte zwar schon Skizzen, aber bis dahin offenbar noch keinen vorzeigbaren Gesamtentwurf angefertigt, denn es dauerte noch bis zum Dezember 1859, bis er endlich ein Foto des Entwurfes nach Berlin schickte[268].

geschah, auch deren „Folge" ist. Der Einschnitt wird dadurch beliebig. Kaulbachs Luther, die Zentralfigur des schließlich 1862–1864 ausgeführten Bildes, gab in der lebensgroßen Reproduktion des Denckerschen Stiches die Leitfigur im Foyer der Ausstellung ab.

262 Kaulbach an Freiherr v. Bergh, 29.11.1858, München, Stabi, KA VI, 6a, van Bergh.

263 Kaulbach berichtet, Ranke und Sybel hätten den „Landfrieden unter Kaiser Maximilian" als „Thatsache ohne ersichtliche historische Bedeutung" bezeichnet. Kaulbach an v. Bergh, 29.11.1858, München, Stabi, KA VI, 6a, van Bergh. Ranke bewertet in seiner Deutschen Geschichte der Reformation (1839–1847) die Reformation als Auslöser einer Entwicklung, die zur „Selbstverantwortlichkeit" führe. „Die geistige Freiheit wurde zur sittlichen Verpflichtung", zit. n. L. v. Ranke: Grundriß der Geschichte, bearbeitet von H. Gundel u.a., 2 Bde., Stuttgart o.J., Bd. 1, S. 191.

264 Schnaase, der sich auf Bethmann-Hollweg beruft, an Kaulbach, 5.1.1859, München, Stabi, KA VI, 6a, Schnaase, S. 5.

265 Schnaase an Kaulbach, 5.1.1859, München, Stabi, KA VI, 6a. Schnaase, S. 1.

266 Schnaase stand allerdings dem Reformationsbild insgesamt skeptisch gegenüber. Sein aus christlicher Sicht formulierter Vorschlag zielte nicht auf Diesseitigkeit im letzten Bild, sondern neben der Darstellung beider Kirchen wünschte er den „prophetischen Schluß ... auf das himmlische Jerusalem mit seinen Türmen und wachenden Engeln und mit eingehenden Gläubigen, darin Christus thronend ..." Schnaase an Kaulbach, 5.1.1859, München, Stabi, KA VI, 6a, Schnaase, S. 4. In der später gebildeten Kommission konnte er sich aber nicht durchsetzen (s.u.).

267 v. Bethmann-Hollweg an Kaulbach, 27.4.1859, München, Stabi, KA VI, 6a, Bethmann-Hollweg.

268 Dies geschah am 15.12.1859, wie aus dem Schreiben v. Bethmann-Hollwegs an Kaulbach vom 5.3.1860 hervorgeht, München, Stabi, KA VI, 6a, Bethmann-Hollweg. Kaulbach hatte schon 1857 stolz an seine Frau berichtet, Minister Mühler und Geheimrat Pinder hätten von seiner „Kapazität" gesprochen, „das Religiöse mit dem Geschichtlichen

Offenbar um sich gegenüber den vorhergehenden Querelen mit dem König abzusichern, setzte der neue Minister daraufhin eine wahre Experten-Maschinerie in Gang, die den Entwurf zu begutachten hatte. Außer Schnaase und dem Philosophen, Philologen und „vortragenden Rath beim Kultusministerium" Moritz E. Pinder gehörte der Kommission als gewichtigste Persönlichkeit Leopold von Ranke an, der ein mehrseitiges Gutachten verfaßte[269]. Das Ergebnis der Begutachtungen wurde Kaulbach in einer 21seitigen *Pro memoria*[270] zugesandt. Unter der Bedingung, daß er die Kritik des Sachverständigen-Gremiums berücksichtige, in die natürlich auch die Wünsche der „allerhöchsten Personen" eingegangen waren, wurde schließlich im März 1860 vom Prinzregenten das Reformationsbild bewilligt[271].

Die Kernpunkte der Kritik waren nicht künstlerischer Art, sondern betrafen historische Sachverhalte und die ideologische Beurteilung der Folgen der Reformation. Der eingereichte Entwurf war zwar bisher nicht zu ermitteln, doch lassen zwei Skizzen in der Graphischen Abb. 84, 85
Sammlung in München[272] in Verbindung mit der Kritik Rückschlüsse über Kaulbachs erstes Bildkonzept zu. Die im wesentlichen auf drei Änderungswünsche hinauslaufende Kritik des *Pro memoria* sei hier kurz zusammengefaßt.

1. Die Gestalt Luthers zeigen die ersten Münchner Skizzen mit entzückt emporgeworfenen Armen. Im eingereichten Entwurf muß er zwar schon, wie im ausgeführten Wandbild, die Bibel Abb. 78
emporgehalten haben, doch erschien er den Gutachtern noch „zu ekstatisch". Luther erinnere dadurch an „die Darstellung des erzürnten Moses mit den Gesetzestafeln, auch an das Emporhe- Abb. 86
ben der Monstranz"[273]. Anderen jedoch, so vermerkt das Gutachten ausdrücklich, sei diese „unwillkürliche Vergleichung bedeutsam". Man stellte dem Künstler daher die Abänderung anheim. Die schließlich ausgeführte Gestalt Luthers, die im Unterschied zu den Skizzen gesetzter erscheint, dürfte ein Kompromiß sein.

2. sollten aufgrund von Rankes detaillierter Kritik verschiedene Personen, u. a. Melanchthon und Bugenhagen, ausgetauscht werden[274]. Auch für die Gruppe der Naturwissenschaftler machte Ranke Vorschläge, wer noch aufgenommen oder weggelassen werden sollte bzw. wem welche historische Bedeutung zukam[275]. Diese Hinweise wurden von Kaulbach berücksichtigt, und Abb. 79
vermutlich ist es ihm völlig gleichgültig gewesen, welche *Figur* welche Person darstellen sollte,

zu verbinden ... denn dadurch allein sei es nur möglich, auf die guten Sitten und die ‚Büldung' einzuwirken". Dürck-Kaulbach 1918, S. 318. Kaulbach ging, wohl um vollendete Tatsachen zu schaffen, gleich mit dem Entwurf an die Öffentlichkeit. Am 10. Jan. 1860 schickte er den berühmten belgischen Historienmalern Guffens und Swerts ein Foto. Das Begleitschreiben ist abgedruckt bei Riegel 1882, S. 148 f. Gleichzeitig begann Duncker den Karton zu stechen.

269 Brief Rankes an v. Bethmann-Hollweg vom 22. 1. 1859, in: Hans F. Helmholt: Ein bisher ungedrucktes Gutachten Leopold von Rankes zu Kaulbachs 'Zeitalter der Reformation', in: Beweise des Glaubens im Geistesleben der Gegenwart, hrsg. von Emil Pfenningsdorf-Dessau, Gütersloh, Bd. 43, 1907, S. 254–257. Ranke verstand seine Kritik unter der Voraussetzung, daß das „Ganze" eine „geniale Konzeption ... verräth" ebd., S. 255.

270 München, Stabi, KA VI, 6 a, Bethmann-Hollweg, Pro memoria.

271 v. Bethmann-Hollweg an Kaulbach, 5. 3. 1860, München, Stabi, KA VI, 6 a, Bethmann-Hollweg.

272 Federzeichnung, 20,2 × 33 cm, undatiert, München, Staatl. Gr. Slg., Inv. Nr. 32484; Federzeichnung, 31,6 × 47,5 cm, dat. 1858, München, Staatl. Gr. Slg., Inv. Nr. 32483.

273 München, Stabi, KA VI, 6 a, Bethmann-Hollweg, Pro memoria, S. 2.

274 „Nicht Melanchthon, der nicht ordinirter Geistlicher war, sondern Bugenhagen wird das Abendmahl den Sächsischen Fürsten zu spenden haben", München, Stabi, KA VI, 6 a, Bethmann-Hollweg, Pro memoria, S. 3.

275 Z. B. sei „Lord Baco ... der ... große Begründer der inductiven Wissenschaften" zu wenig betont. Nochmals wiederholt in einem Brief Rankes an Kaulbach vom 22. 1. 1860, München, Stabi, KA VI, 6 a; vgl. auch Helmholt (wie Anm. 269) zu Details.

solange er nicht die Komposition verändern, sondern lediglich Physiognomien austauschen mußte.

3. aber, so das Hauptanliegen des *Pro memoria*, sollte die Gruppe unterhalb der Reformatoren
Abb. 84, 85 – die undatierte Münchner Skizze zeigt hier eine sich zentrierende Gruppe von Kriegern, die 1858 datierte einen einzelnen Gepanzerten, dessen Krummbeinigkeit karikierende Züge trägt – gänzlich verändert werden. Kaulbach muß im eingereichten Entwurf, ähnlich wie in den Münchner Skizzen, Hinweise auf die Religionskriege einbezogen haben. In seinem Schreiben vom Juni 1859, also einem halben Jahr vor der Einsendung des Entwurfes, hat er dem Ministerium schon die Absicht erläutert:

> „Um nun die Komposition künstlerisch, ihre Grundidee historisch abzuschließen, stürmt in die Vorhalle (der Kirche, M. W.) hinein eine Gruppe von Bewaffneten ... in der Tracht des Dreißigjährigen Krieges, und auf ihren Schwertern heben sie das Pergament des Westfälischen Friedens mit seinen Siegeln empor, durch welchen endlich nach furchtbaren Kriegen und Leiden die Gleichberechtigung der Konfessionen und die religiöse Duldung erkämpft ist“[276].

Im eingereichten Entwurf scheint es nur noch ein „Kriegsmann“, den Vertrag auf sein Schwert gespießt, als Repräsentant dargestellt, gewesen zu sein. Den Verfassern der *Pro memoria* aber schien dieser „Mißton kriegerischen Zwistes die Harmonie des Ganzen zu stören“[277]. Kaulbach nahm sich das Harmoniebedürfnis der Berliner zu Herzen. Als sich Pinder Mitte 1860 erkundigte, wie es denn um die Änderungen stünde, schrieb Kaulbach, er habe „mannigfache Studien ... in der Richtung gemacht“ und halte „es nun für notwendig, daß anstatt der Gewalttätigkeit und Zänkereien jener Zeit, welche der Kriegsmann bezeichnete, ein Akt der Versöhnung beider Konfessionen“ dargestellt werden müsse, „und zwar in einer Andeutung des späteren Westfälischen Friedens“[278]. Jedenfalls sollte eine „Gruppe von Staatsmännern, Katholiken und Protestanten“ erscheinen, die sich zum Vertragsschluß die Hand reichen[279]. Nun war es zwar kompositorisch gleichgültig, welcher Vertragsschluß besiegelt wurde, historisch jedoch keineswegs. Von daher dürfte es wohl kein Zufall gewesen sein, daß schließlich nicht der Westfälische Friede, der
Abb. 77 die Religionskriege voraussetzt, sondern der Augsburger Religionsfriede von 1555 durch den Handschlag eines katholischen und eines protestantischen Vertreters unter der Zeugenschaft Melanchthons zur Darstellung kam.

Die Ausführung des Bildes schleppte sich – trotz der nach dem Tod Friedrich Wilhelms IV. immer dringlicheren Mahnungen auf Vollendung des Zyklus – noch bis 1865 hin. ›Das Zeitalter der Reformation‹ wurde schließlich von Julius Detmers ohne Kaulbachs Anwesenheit in Berlin ausgeführt.

276 Kaulbach an v. Bethmann-Hollweg, 5.6.1859, München, Stabi, KA VI, 6a, Bethmann-Hollweg.

277 München, Stabi, KA VI, 6a, Bethmann-Hollweg, Pro memoria, S. 4–5; weiter heißt es dort: „Wenn auch der Gedanke ... an die folgenden Religionskriege zu erinnern, eine nicht zu verkennende Berechtigung hat, so darf doch der Repräsentant des Krieges nicht eine so hervorragende Stelle erhalten wie hier“, ebd., S. 8; „überhaupt dürfte die ganze mit dem Kriegsmanne verbundene Gruppe noch einer Prüfung und Änderung zu unterwerfen sein, zuerst in der Beziehung auf den Gedanken, während alle anderen Gruppen durch etwas Positives verbunden sind, ... muß der Zwiespalt der Confessionen als völlig gelöst ... erscheinen“, ebd., S. 9. Insgesamt sei so „gerade unter der in der Chornische vor sich gehenden heiligen Handlung die Entweihung und der Mißbrauch des Religiösen, Krieg und Fanatismus repräsentirt“, ebd., S. 14.

278 Kaulbach an v. Bethmann-Hollweg, 3.4.1860, München, Stabi, KA VI, 6a, Bethmann-Hollweg.

279 Kaulbach an Pinder, 22.8.1860, München, Stabi, KA VI, 6a, Pinder.

Dieser zähe und langwierige Streit um das letzte Bildthema, dessen Hauptgegner Friedrich Wilhelm IV. und sein Vertrauter v. Olfers waren, wurde typischerweise um das der Gegenwart nächste Bild geführt. Er zeigt in aller Schärfe die Kämpfe, die um das Verständnis der Geschichte und im besonderen um die Bestimmung der Neuzeit von den verschiedenen Positionen aus geführt wurden. Er zeigt aber auch in drastischer Weise, welchen 'Apparat' das öffentliche Geschichtsbild des Historismus benötigte und in welchem Maße diese Malerei von der Staatsraison abhängig war.

Das schließlich ausgeführte Wandbild zählte zu den meist diskutierten Werken der Malerei in der 2. Jahrhunderthälfte in Deutschland, und zwar sowohl unter künstlerischen als auch unter konfessionellen und politischen Gesichtspunkten[280].

›Das Zeitalter der Reformation‹ als Fazit weltgeschichtlicher Entwicklung

Kaulbach hatte die Szene, wie die Münchner Skizzen belegen, von vornherein als rein irdische Begebenheit, unter Verzicht auf die in allen vorausgehenden Szenen im oberen Teil angelegte göttliche Mission, geplant. Das ausgeführte Wandbild zeigt das Innere einer gotischen Kirche, die den Versammlungsort für die neuzeitliche Welt bildet. Im Gegensatz zu der verbreiteten Behandlung von Szenen aus dem Leben Luthers, der „protestantischen Historie“, ist keines der signifikanten 'Ereignisse'[281] thematisiert. Anders als etwa Karl F. Lessing in seiner berühmten ›Verteidigung Luthers auf dem Reichstag zu Worms‹ oder auch seiner ›Hussitenpredigt‹ wollte Kaulbach, wie er an die belgischen Historienmaler Guffens und Swerts schrieb, keine „specielle Handlung zum Vorwurf“ gewählt haben, da diese „den Totaleindruck jener Zeitepoche geschwächt haben“[282] würde.

Abb. 84, 85

Abb. 78

Kompositorisch ist das Bild wieder in zwei übereinanderliegende Zonen geteilt, doch anstelle der überirdischen Region, die zuvor den jeweiligen Gottheiten zukam, wird die zweite Ebene, die als erhöhter Chor durch Stufen getrennt ist, von Menschen gefüllt. Luther steht denkmalhaft erhöht auf einem Podest über der Treppe im Bildzentrum. Er hält das 'Wort' in Form der aufgeschlagenen deutschen Bibel empor, doch verweist dieses Wort auf keinen leibhaftigen Gott mehr, sondern es vertritt ihn. Bildlich ist der Bezug zu Christus in Leonardos ›Abendmahl‹ bezeichnend, das an der hinteren Chorwand als Bild im Bild erscheint. Luther verlängert das göttliche Wort in die Profangeschichte und gibt das Motto an, unter dem sich die illustre Gesellschaft von Gelehrten, Künstlern und Staatsmännern im Kirchenraum versammelt hat. Von daher erhält Luther eine der Personifikationen der Bonner Fakultätenbilder vergleichbare Funktion. Er ist nicht Handlungsträger wie in Lessings Historienbildern, sondern er verkörpert – wie auch die übrigen „Männer aus drei Jahrhunderten und fünf Reichen“[283] – Bruchstücke

280 Um nur die wichtigsten Arbeiten zu nennen: Morgenblatt 1863, Nr. 2, S. 45–48; Nr. 17, S. 405–408; National-Ztg., 21.1.1866, 28.1.1866, 7.2.1866; Franz Löher: W. v. Kaulbachs Darstellung des Reformationszeitalters, in: Historisch-politische Blätter für das katholische Deutschland, hrsg. von E. Jorg und F. Binder, 1862, S. 654–667; Wach 1867 (mit den umfangreichsten historischen Erläuterungen); Meyer (1863) 1895, S. 229–253; Dobbert 1869; Karl Frenzel: Büsten und Bilder, Hannover 1864, S. 242–251; Frick 1871, Kaulbach's Wandgemälde 1872; Karl Frenzel: Die Wandgemälde Wilhelm von Kaulbachs im Treppenhaus des Neuen Museums zu Berlin, Berlin 1872 (war mir nicht zugänglich); Kaiser (1866) 1879; Kaiser 1878, Riegel 1882, S. 146ff. Woltmann 1874.

281 Zu Luther-Darstellungen im 19. Jh. vgl. Ausst.-Kat.: Luther und die Folgen für die Kunst, hrsg. von Werner Hofmann, Hamburger Kunsthalle 1983, Kat.-Nr. 384b, 386–390 (bearbeitet von F. Gross).

282 Schreiben vom 10.1.1860, zit. n. Riegel 1882, S. 148f.

283 Morgenblatt 1863, Nr. 2, S. 46.

einer Gesamt*idee*, die Stück für Stück erschlossen, gedeutet und zusammengefügt werden muß. Kaulbach, der sich selbstverständlich wieder auf Raffaels ›Schule von Athen‹ berief[284], schrieb, er habe „gleichsam einen Parnass" geschaffen, „auf welchem die Heroen jener Zeit, geistig untrennbar ... jeder mit seiner Zunge redend", vereint seien, „jeder nur ein Stein zu dem gewaltigen Bau"[285] liefernd. Die dargestellten Personen sind also trotz ihrer suggerierten physischen Präsenz nur Bausteine einer Idee, sie werden zu allegorischen Figurationen.

Die Dreiteilung des Kirchenschiffes in Chor und zwei Seitenkapellen korreliert der Gliederung der Vertreter von Religion, Wissenschaft und Kunst. Die Kirche als architektonische Form ist zum Haus der Welt geworden, das Kaulbach selbst die „neue Weltanschauung" nannte[286]. Unter Befolgung von Rankes Kritik spendet rechts von Luther Bugenhagen, links Calvin den herbeieilenden, z. T. schon knienden weltlichen Herrschern, Ratsherren und Ständevertretern das Abendmahl in beiderlei Gestalt[287], während weitere Reformatoren assistieren. Bezeichnenderweise blieb Thomas Müntzer ausgespart. Weiter hinten, im Halbrund des Chorgestühls, haben in formaler Anlehnung an Raffaels ›Disputa‹ die Vorläufer der Reformation, von Wicliff über Hus bis zu Savonarola Platz genommen. Vor Leonardos ›Abendmahl‹ bilden sie die Fortsetzung der den christlichen Glauben bezeugenden Jünger. Im Chorgestühl gleichgeordnet, bilden sie Luthers – nicht nur formalen – Hintergrund.

In der linken Chorkapelle zeichnet Kopernikus, umgeben von Wissenschaftlern wie Galilei, Kepler, Tycho Brahe u. a., die Bahnen der Gestirne und damit das neue Weltbild an die Kirchenwand. In der rechten Chorkapelle, die der Kunst gewidmet ist, vergegenwärtigt Dürer als Freskomaler (!)[288] die Apostel, während Gutenberg „den ersten gedruckten Bilderbogen hoch empor(hält)"[289]. Leonardo, Michelangelo und Raffael, letzterer eine Miniaturausgabe seiner ›Schule von Athen‹ in der Hand haltend und damit das Vorbild Kaulbachs thematisierend, treten hinzu. Als Verkörperungen von Wissenschaft und Kunst sind sie 'Bausteine' des neuen Weltbildes. Sie bezeichnen zugleich Spezifika der von ihnen vertretenen Gebiete: die bildende Kunst holt das zeitlich Ferne, die Vergangenheit, in die Gegenwart (Dürer malt die Apostel), während die Wissenschaft das räumlich Ferne, den Kosmos, vergegenwärtigt.

Auf der unteren Bildebene, im Vordergrund, wird dies nochmals in pittoresken Gestalten verdeutlicht: Das zeitlich Vergangene, die Antike, und das räumlich Entfernte, der neu entdeckte Kontinent Amerika, werden zitiert und der neuen Zeit einverleibt. Ein jugendlicher Petrarca im
Abb. 77 Dante-Kostüm und Pico della Mirandola graben – unterhalb der Künstlerkapelle – aus einem antiken Sarkophag mit einem Relief des Menschenbildners Prometheus die antike Hinterlassenschaft, Homers Schriften, wie die Buchrücken bezeugen, aus. Damit interpretiert Kaulbach die

284 Kaulbach an Guffens und Swerts, 10. 1. 1860, wo er, die „Schranken (des) speciellen Zeitbegriffes" überschritten zu haben, verteidigt: „wie ja auch Raffael in seiner Schule von Athen sich in dieser Beziehung ganz ungebunden bewegte", zit. n. Riegel 1882, S. 149. In der Rezeption ist der Vergleich zum Standard erhoben worden; Kaiser 1878, S. 5, der sich auf französische Autoren beruft, spricht dann von der „Schule von Athen des Protestantismus".

285 Kaulbach an Guffens und Swerts, 10. 1. 1860, zit. n. Riegel 1882, S. 149.

286 „Erst aus dem Zusammenwirken dieser Elemente (d. i. Wissenschaft, Kunst und Religion, M. W.) konnte sich eine neue Weltanschauung gestalten", Kaulbach an Guffens und Swerts, 10. 1. 1860, zit. n. Riegel 1882, S. 149.

287 Ausführlichste Beschreibung aller Darstellungen mit einem Porträtplan bei Wach 1867; s. auch Dobbert 1869; Meyer (1863) 1895; Kaiser (1866) 1879.

288 Schon im Pro memoria hieß es: „In der Gruppe der Künstler ist es Manchen aufgefallen, daß Dürer als Repräsentant der Freskomalerei erscheint". München, Stabi, KA VI, 6 a, Bethmann-Hollweg, Pro memoria, S. 6.

289 Kaulbach's Wandgemälde 1872, o. S., Erläuterungstext zu ›Das Zeitalter der Reformation‹.

in der Stanza della Segnatura unterhalb des Parnaß als Grisaille dargestellte, in der manieristischen Malerei mehrfach variierte Szene der Rettung der Homerischen Gesänge durch Alexander den Großen, der sie in den Sarkophag des Achill legen läßt[290], auf signifikante Weise neu. Formulierten die Vorbilder die Rettung antiken Kulturgutes und wußte sich die Renaissance selbst als dessen Wiederentdeckerin, setzt Kaulbach dies voraus und spinnt den Geschichtsfaden weiter: Mit ihrer Wiederauffindung durch die Humanisten inspiriert die antike Hinterlassenschaft die im Bild versammelten Dichter von Shakespeare bis Cervantes. Ein anderer, „der bayerische Horaz, der Jesuit Jacob Balde“[291], bringt die Laute einer antiken Muse, die mit anderen Skulpturentrümmern am Boden liegt, wieder zum Klingen. Abb. 87

Auf der gegenüberliegenden Seite – unterhalb der 'Kopernikanischen Kapelle' legt Kolumbus trotz seiner Ketten triumphierend die Hand auf den Globus, auf dem Sebastian Münster mit einem Zirkel akribische Weltvermessungen betreibt. Weitere Naturforscher, mit Folianten und Büchern ausgestattet, bilden einen verehrungsvollen Kreis um Kolumbus. Als Pendant zu dem wiederentdeckten antiken Lapidarium der rechten Bildseite ist den Weltentdeckern links ein Stilleben aus indianischen Trophäen, exotischen Pflanzen und einem Papagei zugeordnet. Zwischen den beiden Gruppen der Wissenschaftler und Künstler, durch seine Position in der Bildachse betont, schreibt als sinnender Greis Hans Sachs, 'der erste bürgerliche Dichter', seine Verse. Die ursprünglich so umstrittene Gruppe unterhalb Luthers, jetzt 'Männer des Friedens', wird dadurch in den Mittelgrund gedrängt und verliert an Bildbedeutung. Die Dreiergruppe, mit dem auf Luther weisenden Melanchthon in der Mitte, zeigt den symbolischen Händedruck von Eberhardt von Tann, dem protestantischen Minister Augusts von Sachsen, und Ulrich Zasius, dem katholischen Reichskanzler. Die zwischen ihnen liegende besiegelte Urkunde interpretiert durch entsprechende Aufschrift den Handschlag als „Augsburger Religionsfrieden, 1555“. Abb. 78 Abb. 77

Ohne im einzelnen die „72 historische(n) Porträtköpfe“[292] auch nur benennen zu wollen, wird aus der Gruppierung und der An- und Zuordnung der verschiedenen Personengruppen klar, daß es um anderes geht als um ein Ereignis aus der Reformationsgeschichte. Das absichtsvolle Bedeutungsgeflecht ist darauf angelegt, den Nachweis zu liefern, daß die in Luther gipfelnde Reformationszeit alle früheren Epochen und alle Gebiete der Welt in sich vereint, indem sie sie nutzt. Abb. 79

„Der feste Glaube an die fortschreitende Vervollkommnung des menschlichen Geschlechts“[293] war innerhalb des Gesamtzyklus als entwicklungsgeschichtliches Modell quasi in Vorwegnahme der Theorie Darwins gefaßt. In immer neuen Kämpfen konnte sich der Mitteleuropäer als Mensch schlechthin durchsetzen. Die Rassenselektion – angefangen von der Völkerscheidung beim Sturz des babylonischen Turmes, bei dem die Hamiten im Nichts verschwanden, über die Zerstörung Jerusalems, bei der die Juden aus dem geschichtlichen Entwicklungsgang ausgeglie-

290 Als Pendant rechts vom Fenster erscheint ›Augustus verhindert die Testamentsvollstrecker des Vergil am Verbrennen der Manuskripte der Äneis‹. Beide Szenen werden Penni nach Entwürfen Raffaels zugeschrieben, s. Pier Luigi De Vecchi: Raffael. Das malerische Werk, Freiburg 1983, S. 245.

291 Kaulbach's Wandgemälde 1872, o. S. Erläuterungstext zu ›Das Zeitalter der Reformation‹. Zur Identifikation Baldes' mit der Laute s. Günther Hess: Fracta Cithera oder Die zerbrochene Laute: Zur Allegorisierung der Bekehrungsgeschichte Jacob Baldes im 18. Jahrhundert, in: Haug 1979, S. 605–625.

292 Der Begleittext der Dunckerschen Stichfolge betont den Aufwand der nach historischen Vorlagen gearbeiteten Portraits, s. Kaulbach's Wandgemälde 1872, o. S. Die ausführlichsten biographischen Angaben bei Wach 1867.

293 Kaulbach's Wandgemälde 1872, o. S. Einleitung.

dert wurden – mündete in der nationalen Leitfigur Luthers. Die zwar schon in der italienischen Frührenaissance angelegte Erneuerung wurde erst, so legt das Bild nahe, durch Luther vollzogen. Die Position, daß der 'Geist' der Renaissance auch in Italien reformatorisch gewesen sei, wurde in der zeitgenössischen Literatur in langwierigen Debatten ausgetragen, die nachzuweisen suchten, daß auch Raffael und Michelangelo „protestantisch dachten“[294]. „Dem deutschen Volke“ aber war es, wie F. Th. Vischer betonte, „vorbehalten, erst auf dem Wege des Denkens von dem Standpuncte der Jenseitigkeit sich zu befreien, auf den Boden der weltgeschichtlichen Anschauung zu stellen“[295]. Auf diese von Hegel als „Rückkehr aus dem Jenseits der Autorität“[296] bezeichnete Selbstverantwortlichkeit des im historischen Läuterungsprozeß zur Vernunft gelangten „freien Individuums“ zielte auch Kaulbachs Weltgeschichte, die in Luther gipfelt.

Der Hegel-Schüler Vischer folgerte aus solcher Beurteilung der Reformation ganz direkt, daß daher erst die Deutschen „in der modernen Zeit den Beruf der reinen Geschichtsmalerei ... übernehmen“ konnten, d.h. „das Absolute nicht in den Wolken, sondern als bewegte Seele der Weltgeschichte“[297] darzustellen. Kaulbach billigte er im Gegensatz zu Cornelius zu, „den ungeheuren geschichtlichen Geist, so mit Flammenschrift in ihm leuchtet“ zu besitzen, der „wahrlich keiner mythischen Nachhilfe zu seiner höheren Deutung braucht“[298]. Dennoch zeigt auch das Reformationsbild nicht die „Spitze und Schneide des Moments“. Mehr noch, Kaulbachs ›Reformationszeitalter‹ ergibt nur einen Bildsinn, wenn die noch so 'historisch getreu' nachempfundenen Einzelgestalten nicht nur als Personen, sondern als Repräsentanten aufgefaßt werden. Sie stehen an Stelle der „historischen That“.

Trotz ihrer detailrealistischen Gestaltung, ihrer zeittypischen Kostüme und individuellen 'Charakterköpfe', die allzu oft zu Klischees gerieten, sind sie Mosaiksteine eines Gesamtgefüges, das nur als Gedankengebäude existiert. Einzig die formale Anordnung stellt den Versuch dar, das Weltgebäude optisch in Unterbau und Überbau zu gliedern. Im Unterschied zu den vorausgehenden Szenen bezeichnet nicht die Leserichtung von links nach rechts das Vorher und Nachher, sondern im Abschlußbild firmieren die seitlichen Vordergrundgruppen als 'Basis' für die oberen – eher 'geistigen' – Bereiche, deren Zentrum die emporgehaltene Bibel ist. Die Mission des Evangeliums wendet sich in der frontalen Ausrichtung Luthers direkt an das Publikum. Die Fortsetzung der Geschichte liegt außerhalb des Bildes. Die Betrachter sind die Erben. Doch ist diese Geschichte Konstruktion, die sich erst in der 'Idee' konstituiert, für die das empirische Material der Daten und Personen, der Kostüme und Physiognomien nur die Zutaten liefert. Vermittlung leistet der Begriff, sinnbildlich im 'Wort' emporgehalten. Luther selbst wird zur Personifizierung, zur „Apotheose der Reformation“[299] wie Zeitgenossen es ausdrückten. Doch an dieser Personifizierung haftete zugleich der Anspruch authentischer und damit 'objektiver' Geschichte.

Der vielleicht provokante Vergleich mit Gustave Courbets berühmtem Atelierbild, das der

294 Der Hegel-Schüler Hermann Hettner, Kunsthistoriker in Dresden, hatte Raffel für den Protestantismus reklamiert. Darauf antwortete der ebenfalls von Hegel beeinflußte Carrière mit demselben Anliegen für Michelangelo, vgl. ZfbK 1869, S. 329–335.

295 Vischer (1842) 1844, S. 283.

296 Hegel: Vorlesungen über die Geschichte der Philosophie III, in: ders. 1971, Bd. 20, S. 49.

297 Vischer (1842) 1922², S. 836.

298 Vischer (1841) 1844, S. 192.

299 Löher 1862 (wie Anm. 280), S. 663.

Künstler bewußt mit der programmatischen Kontradiktion *allégorie réelle*[300] titulierte, mag jedoch gerade in diesem Zusammenhang erhellend sein. Auch der Realist Courbet stellte eine fiktive Versammlung dar, die schon von Zeitgenossen als „Personifizierung unserer Epoche“[301] verstanden wurde. Die Versammelten repräsentieren nach Courbets Worten „eine Phase von 7 Jahren meines künstlerischen und geistigen Lebens“[302], was gleichbedeutend war mit der Regierungszeit Louis Napoleons. Courbets Atelier als Versammlungsort der isoliert dargestellten Einzelfiguren, der Repräsentanten sozialer Gruppen links[303], der persönlichen Freunde rechts, zeigt, daß sie einzig durch die Person des Malers vermittelt sind. Zentralfigur ist nicht der historisch legitimierte und entrückte Held wie Luther im Reformationsbild, auch nicht die Personifikation der Kunst oder ähnlichem, sondern der Maler selbst. Die Projektion seiner persönlichen Erfahrung konstituiert die Zusammensetzung der Personen, nicht die – wie in Kaulbachs Reformation, den Bonner Fakultätenbildern oder Ingres' ›Apotheose Homers‹ – zum „Andenken“ geronnene, längst „abgestorbene Erfahrung“. Im Andenken, das die lebendige Erfahrung zugunsten enzyklopädischen Wissens ersetzt, dessen Äquivalent in gewisser Weise das Faktensammeln der Geschichtsbücher darstellt, „hat“ – wie Walter Benjamin es nennt – „die zunehmende Selbstentfremdung des Menschen, der seine Vergangenheit als tote Habe inventarisiert sich niedergeschlagen“[304]. Im Warenhaus der Vergangenheit, zu dem die Geschichtsbücher Zugang verschaffen, lassen sich die Personen aus ihrem Kontext isolieren. Kaulbachs müheloses Austauschen der von Ranke beanstandeten Figuren und die Art der Geschichtskompilation, wie sie sich in seinen Notizkonvoluten ablesen läßt[305], zeigen diese relative Beliebigkeit.

Das neuerliche Zusammenfügen der Bruchstücke, bei Courbet nur über das Subjekt des Künstlers vermittelt, ergibt allerdings nicht wieder den historischen Zusammenhang, aus dem sie gerade isoliert wurden, sondern die Allegorie einer vergangenen Epoche. Courbet weist sich selbst als Produzent der *allégorie réelle* aus. Dem Wahrheitsanspruch einer objektiven Geschichte – wie Kaulbach ihn vertritt – setzt Courbet den subjektiver Erfahrung entgegen. Doch auch sein 'Versöhnungsangebot' ist universeller Art: Die Natur, im Landschaftsbild auf der Staffelei thematisiert, steht der Versöhnung durch das Wort des Evangeliums bei Kaulbach gegenüber. Der Gegensatz von konkretem Naturbild und abstraktem Wort mag den unterschiedlichen Charakter der 'wirklichen Allegorie' Courbets und der allegorischen Geschichtskonstruktion Kaulbachs am sinnfälligsten machen.

Die Objektivität der Geschichte und die Subjektivität ihrer Konstruktion in Kaulbachs Epochenbild, von Zeitgenossen in Analogie zu Hegel als „Philosophie der Geschichte“ bezeichnet, wurde

300 Das Bild entstand 1854/1855 im Hinblick auf die Pariser Weltausstellung. Zum programmatischen Untertitel s. Herding 1978, S. 226.

301 So Charles Perrier in seinem Aufsatz Über den Realismus (1855), s. Herding 1978, S. 108.

302 Untertitel des Bildes, s. Herding 1978, S. 226.

303 Zur Entschlüsselung der links Dargestellten als konkrete Personen, die die Lesart als Repräsentanten jedoch nicht aufhebt, s. Hélène Toussaint: L'atelier du peintre, allégorie réelle ..., in: Ausst.-Kat.: Gustave Courbet, Paris (Grand Palais) 1977, S. 241–277; „Mit der kritischen Zustimmung zu Hélène Toussaints Vorschlägen“, Herding 1978, S. 231.

304 Benjamin GS 1980 I 2, S. 681.

305 Vgl. München, Stabi, KA VI, 6, 1 mit den aus unterschiedlichsten Zusammenhängen stammenden Exzerpten und Notizen aus Geschichtsbüchern. Darunter auch von anderer Hand geschriebene bzw. an Kaulbach gerichtete Notizen, die ihn auf bestimmte Charakteristika historischer Persönlichkeiten aufmerksam machen.

extrem verschieden bewertet. Bewußt allerdings war nahezu allen Rezensenten die allegorische Dimension dieses Geschichtsbildes. Vom künstlerischen Standpunkt argumentiert das Morgenblatt und rühmt, daß Kaulbach der „Einheit der Idee" wegen zu Recht auf „die beiden falschen, äußerlichen ... Einheiten, der Zeit und des Ortes" verzichtet habe. Obwohl es „zwar nicht richtig" sei, „zu behaupten, der Künstler habe ... direkte Allegorien gemalt", sei doch „die Allegorie ... den Menschen manchmal in die Glieder gefahren"[306]. Der „Typus der Ideen, welche sie repräsentieren sollen, hat das Individuelle, menschlich Persönliche bis auf ein Minimum verdrängt"[307].

Mit dem Anspruch auf Universalgeschichte, der Verbindung von Glauben, Staat, Wissenschaft und Kunst zu einem Epochenbild, das jenen von Lessing benannten Rahmen durchbrach, drohte eine Überfrachtung des geschichtlichen Stoffes mit der als subjektiv bewerteten 'Idee der Geschichte'.

Von historisch argumentierender Seite wurde neben den Anmerkungen über das Fehlen einzelner Personen dieser Konflikt zwischen Geschichte als einer Sammlung unumstößlicher Fakten und dem philosophischen Diskurs als dem Subjektiven herausgestellt:

> „Da die Darstellung eines rein historischen Moments, etwa des Reichstags zu Worms, die Bedeutung der Reformation als einer Umgestaltung des gesammten geistigen Lebens nicht genügend zum Ausdruck gebracht hätte, das idealistische Moment vielmehr sehr hätte zurücktreten lassen; so schuf der Künstler eine Composition rein ideeller Art, verlor nun aber den historischen Boden unter den Füßen, seine Gemälde wurden ein Gedankenbild, mehr oder weniger eine Allegorie"[308].

Demgegenüber hat die energische Ablehnung des Reformationsbildes seitens der Redaktion des Christlichen Kunstblattes evidente Gründe. Dem u. a. von Carl Schnaase und Julius Schnorr v. Carolsfeld herausgegebenen Blatt war nicht der Gegenstand der Reformation, sondern die Historisierung des Glaubens Stein des Anstoßes. Schnaase, der schon zuvor Kaulbachs Programmentwurf für das Reformationsbild kritisiert und die Darstellung des himmlischen Jerusalem als zukünftige Verheißung für das Abschlußbild gefordert hatte[309], schien vor dem Ideal einer religiösen Kunst – umgekehrt – der christliche Gehalt durch Geschichte verstellt. Statt der gewünschten Unmittelbarkeit der christlichen Botschaft sei hier eine „Kunsthieroglyphe"[310] entstanden, deren Entschlüsselung lediglich den Begriff bringe. Dies widersprach dem Interesse an einer durch sinnliche Unmittelbarkeit rührenden Heilsbotschaft.

In extremem Gegensatz zu dieser christlichen Argumentation beurteilte die bürgerlich-liberale National-Zeitung Kaulbachs Zyklus von gesellschaftspolitischer Seite und wertete ihn, obwohl sie monierte, in der Versammlung der Reformation fehlten die Führer des Bauernkrieges, vor allem Thomas Müntzer, insgesamt als „demokratisch"[311]. Diese Bewertung basierte auf einem Verständnis von Geschichte, als dem jedermann zugänglichen und verständlichen, daher objektiven Wissen. Allein die Geschichte besaß in den Augen der National-Zeitung jene Objektivität,

306 Morgenblatt 1863, Nr. 2, S. 46.

307 Morgenblatt 1863, Nr. 2, S. 46.

308 Frick 1871, S. 89; Der zweiteilige Aufsatz des Potsdamer Gymnasiallehrers Frick erschien zwar im Christlichen Kunstblatt, aber die Redaktion, die sich explizit davon distanzierte, veröffentlichte in der Nr. 10 vom 1. 10. 1871, S. 153–159 eine Erwiderung und eigene Beurteilung der Kaulbachschen ›Reformation‹.

309 Vgl. Anm. 266.

310 Christliches Kunstblatt 1871, Nr. 10, S. 159.

311 National-Ztg. (Morgen-Ausg.), 21. 1. 1866, S. 1. Es bestehe sogar eine Verwandtschaft zu Schillers Wallenstein.

die im Gegensatz zur „griechischen ... und christlichen Mythologie“ mit Recht Anspruch auf Öffentlichkeit erhob[312]. Dem Mythos dagegen konnte nur geglaubt werden. Entfiel diese Grundlage, war seine Bedeutung nur noch „gelehrter Bildung“ zugänglich. Diese Argumentation führte zur Ablehnung von Schinkels Monumentalfresken in der Vorhalle des alten Museums. Ihre Unverständlichkeit wurde als „undemokratisch“ gewertet; folglich kam dieser Kunst für wenige kein Öffentlichkeitscharakter zu.

Kaulbachs „Völkergeschichte“ hielt die National-Zeitung dagegen interessanterweise der „Durchschnittsbildung im Ganzen“ für angemessen[313]. Auch wenn andere Autoren demgegenüber eine „Vorlesung über die Männer der Geschichte“ im Reformationsbild zum Verständnis für notwendig hielten[314], schien das dadurch gewonnene Wissen doch erstrebenswert, der Allgemeinbildung zuträglich. In solcher Bewertung des Kaulbachschen Geschichtszyklus – als Gegensatz zur Mythenmalerei – dokumentierte sich das bürgerliche Selbstbewußtsein von einer neuen Allgemeinbildung. Diese Bildung, die auf den „Realien“ fußte, fand in der Realschulbewegung der 50er Jahre ihren Ausdruck. Im Unterschied zumindest zum antiken Mythos, als der sich aller ‘Fakten’ entziehenden, zeit- und ortlosen *Vor*-Geschichte, dessen Behandlung im Geschichtsunterricht der Realschulen explizit ausgeschlossen wurde[315], erschien Geschichte als Manifestation einer empirisch erfahrbaren Gesetzmäßigkeit. Der Mythos dagegen, der keine Nationen und daher auch kein ‘Vaterland’ kannte, der weder die Individuation der Völker noch einen nationalen Leistungsnachweis vorführen konnte, lieferte der geschichtsbeflissenen zweiten Jahrhunderthälfte keine Vorbilder.

Im Verständnis, daß „nur die Geschichte ... in der Zukunft noch den Künsten eine tiefgreifende, bedeutsame Aufgabe stellen“ könne[316], mußte Kaulbachs Programm als das moderne, publikumswirksame gelten, demgegenüber Schinkels Mythos-Paraphrasen hoffnungslos veraltet erschienen.

Im Unterschied zu dem als unverständliche Allegorie verworfenen Mythos konstatierte die National-Zeitung zwar, daß auch Kaulbachs Zyklus und speziell das Reformationsbild allegorische Züge trüge, doch wertete sie diese als unmittelbaren Ausdruck des deutschen Nationalcharakters. Der nämlich sei dadurch gekennzeichnet, daß er „die Realität ... in Begriffe auflöst“[317]. Gerade dies komme insbesondere im Reformationsbild zum Ausdruck, dessen Gestalten zugleich Repräsentanten verschiedener Begriffe seien. Solange die Allegorie sich also mit der Geschichte vermählt, sich die ‘Ideen’ mit historischen Kostümen und Physiognomien füllen, solange scheint sie akzeptabel, ja sogar ‘volkstümlich’ zu sein.

Kommentierung durch Personifikationen und Arabeskenfries

Die in den Zwischenzyklen der ‘Pilaster’ – formal entsprechend der gegenüberliegenden Wand – auftretenden Kolossalgestalten historischer Herrscher und ihnen zugeordneter Länderpersoni- Abb. 88–91

312 National-Ztg. (Morgen-Ausg.), 18. 2. 1866, S. 3.

313 National-Ztg. (Morgen-Ausg.), 21. 6. 1866, S. 1.

314 Dobbert 1869, S. 39.

315 Vgl. Realschulprogramm 1859, S. 56. Hauptanliegen des Geschichtsunterrichtes an Realschulen war die Behandlung der „wichtigsten historischen Persönlichkeiten“ zur „charakterbildende(n) Einwirkung auf die Jugend“ sowie eine Hinführung zur „pragmatischen Auffassung der Begebenheiten“, ebd. Die Aufgaben und Ziele des Geschichtsunterrichtes sind gegenüber anderen Unterrichtsfächern detailliert beschrieben.

316 National-Ztg. (Morgen-Ausg.), 18. 2. 1866, S. 3.

317 National-Ztg. (Morgen-Ausg.), 18. 2. 1866, S. 2.

fikationen verstärken eher den Charakter disparater Bruchstückhaftigkeit, als daß sie die Szenen zusammenfassen. Dennoch wird auch durch sie die entwicklungsgeschichtliche Konzeption, wie sie innerhalb der Abfolge der Zentralbilder als Germanisierung der Welt zum Ausdruck gelangt, nochmals nachdrücklich hervorgehoben. Während zwischen Hunnenschlacht und Kreuzzug die Abb. 76, 91 Personifikation der ›Italia‹ über Karl dem Großen erscheint, folgt zwischen Kreuzzug und Abb. 76, 89 Reformationsbild der Sprung zu ›Germania‹ und der preußischen Dynastie. ›Italia‹ vereint durch ihre Attribute vorchristliche und christliche Zeit. Die von einem Knaben getragenen Abb. 91 Liktorenbündel und das von ›Italia‹ erhobene „Schwert, durch welches das alte Rom groß geworden“[318], stehen der von dem Pendantknaben getragenen Tiara und „dem Schlüssel des neuen Rom“ gegenüber[319]. Es sind lediglich diese Attribute, die der in „zeitloser“ Gewandung völlig emotionslos dargestellten Frauengestalt „in ihrer medusenhaften Strenge“[320] Bedeutung verleihen. In extremem Gegensatz dazu sitzt ein vergleichsweise winziger, verzweifelt trauernder Christus in einem eingeblendeten Rundbogen unterhalb der Italia auf seinem Kreuz. Durch diesen Verweis auf die Kreuzigung und die Beziehung zu dem im darunterliegenden Wandfeld dargestellten Karl dem Großen wird die allegorische Ebene der alten und neuen Roma-Italia verzeitlicht. Doch bleibt auch diese Verzeitlichung abstrakt. Historischer Wandel, der innerhalb einer Figur zusammengefaßt werden soll – vom römischen Imperium zum Gottesstaat – bleibt an konventionelle Zeichen gebunden, die sich als Bilderrätsel darbieten.

Vollends grotesk aber wird das allegorisch-historische Kombinat zwischen den letzten Pilasterstreifen mit einer ›Germania‹, der die Reichskrone vom Kopf zu rutschen droht, während sie Bücher wälzt. Der solchermaßen ausgedrückte Realitätsverlust zugunsten deutscher Forscherverbissenheit grenzt trotz der monumentalen Form an die Karikatur. Den historischen ‘Unterbau’ dieser ›Germania‹ sollte ursprünglich Friedrich Barbarossa bilden, der im Kyffhäuser als „schlafende(r) Zukunftskaiser“[321] seiner Wiedererweckung harrt. Kaulbach aber „überraschte Deutschland i. J. 1864, als er zuletzt der erwarteten Gestalt“ Barbarossas „die herrliche Erscheinung des Abb. 89 nationalen Preußenkönigs Friedrich's des Zweiten, dem Helden der deutschen Sage den Helden der deutschen Aufklärung unterschob. Friedrich d. Gr., der Gründer des Pelagianischen Weltstaates, wo jeder nach seiner Façon selig werden sollte, steht allein ... in dem vollen Lichte der Zukunft“[322]. Er wendet sein Profil dem von oben kommenden Licht des Reformationsbildes zu. Die späte Veränderung von Friedrich Barbarossa zu Friedrich dem Großen – erst nach dem Tod Friedrich Wilhelms IV. vorgenommen – zeigt trotz aller Bemühungen um einen ‘logischen’ Geschichtsverlauf den ganzen Bruchstückcharakter des Zyklus. In diesem Geschichtskonzept, in dem sich die Dargestellten wie Statisten auswechseln ließen, ging es einzig um den Nachweis, daß sich historische Entwicklung in Deutschland erfüllt. Auch die energische Haltung des Alten Fritz, der den Degen fest in der Hand hält, kann der Germania-Personifikation die wackelnde Krone nicht retten. Doch ist angesichts der politischen Lage, zwei Jahre vor dem preußisch-österreichischen Krieg um die Vorherrschaft in Deutschland, klar, daß der Preußenkönig in Verbindung zur Germania Preußens Anspruch auf die deutsche Krone legitimieren sollte. Im

318 Eggers 1853, S. 305 mit einer ausführlichen Beschreibung des Kartons.

319 Eggers 1853, S. 305, hält die ›Italia‹ für „eine der herrlichsten Leistungen des Künstlers“. Ihre „Züge sind jung, aber nicht blühend, sie sind wie von Marmor oder Erz, versteint, befestigt. Sie lächeln nicht und sie weinen nicht in ihrer medusenhaften Strenge. Sind haben Alles erlebt und kennen Alles, ihnen ist Alles dagewesen.“

320 Eggers 1853, S. 305.

321 Kaiser (als Vortrag 1866 gehalten) 1879, S. 29.

322 Kaiser (1866) 1879, S. 29.

Unterschied zu Barbarossa, der schon 1848 auf sein Wiedererwecken wartete, formulierte er in Verbindung mit der personifizierten Nation nicht nur den allgemeinen zukünftigen Einigungswunsch, sondern auch Preußens Anspruch auf die Führung in einem Neuen Deutschen Reich. Diese Entscheidung für „Preußens größten Fürsten und Kriegshelden" traf Kaulbach offenbar unabhängig vom Berliner Ministerium, doch konnte er dessen Zustimmung voraussetzen[323].

Einzig in dem über dem Historienzyklus an den beiden Langwänden architravartig entlanglaufenden monochromen Arabeskenfries[324] verzichtete Kaulbach auf die penetrante historische Bedeutsamkeit. Ironie und Bildwitz, die er schon in seinen Illustrationen zu Reineke Fuchs unter Beweis gestellt hatte, bestimmen den Berliner „Cyclus humoristischer Randglossen"[325], in dem aus Rankenornamenten entwachsende Kinder Weltgeschichte spielen. Kaulbach kommentiert und persifliert hier zwar den Gang durch die Weltgeschichte, doch so, daß der Bruchstückcharakter der arabesken Szenen in der Ironie präsent bleibt und von der Arabeske selbst thematisiert wird. Die kontinuierliche Erzählform des Frieses wird durch das fortlaufende Rankenornament unterstützt, das immer neue Figurationen gleichrangig einbindet und damit auch voneinander sondert. Abb. 91

Diese 'Weltgeschichte' als Kinderspiel – von einigen Kritikern als das beste im ganzen Treppenhaus des Berliner Museums gewürdigt[326], von anderen als Denunziation des großen Zyklus verurteilt[327] – rekurriert auf völlig verschiedenartige Geschichtsmodi: auf Sage, Mythos, Märchen und Geschichte gleichermaßen. Entsprechend stehen auch die unterschiedlichen Modi der Bildsprache, Blütenkinder mit historischen Köpfen, mythologischen Attributen oder Personifikationen im arabesken Rankenspiel nebeneinander, ohne daß die Realitätsebenen, auf die sie verweisen, miteinander kollidierten. Nicht der 'Geist der Weltgeschichte', sondern die Form des Frieses und die fortlaufenden Ranken stiften die Verbindung von Szene zu Szene; nicht die Interpretation weltgeschichtlicher Epochen, sondern der Bildwitz ist ausschlaggebend.

Die Leserichtung des Frieses verläuft entsprechend dem des Historienzyklus, auf den er sich nicht nur inhaltlich kommentierend, sondern auch von der optischen Gliederung her bezieht. Jeweils in der Mitte eines jeden Pilasterstreifens stoßen zwei Rankenvoluten gegeneinander und erwecken damit die Allusion eines Kapitells. Über der Personifikation der Sage beginnt der Fries gleich mit zwei nebeneinanderstehenden Versionen der Menschwerdung: zum einen mit der mythischen Menschenformung durch einen Prometheus-Putto, während Minerva dem Kinder-Kind die Psyche in Form einer Miniatur-Statuette verleiht. In der anschließenden Volute erscheint zum anderen als „ironisches Gegenbild der Naturschöpfung"[328] ein Storch „über den beiden Welteiern", aus denen sich ein aktives Männer-Kind und ein bewunderndes Frauen-Kind heraus- Abb. 72 Abb. 91a

323 Kaulbach an v. Bethmann-Hollweg, 10.11.1864, München, Stabi, KA VI, 1.

324 Vgl. EGGERS 1853, S. 268–270, 276–277, 369.

325 SCHASLER 1854, S. 85.

326 EGGERS 1853, S. 268 hält den Fries für den Teil, der „sich wohl am unbestrittensten der allgemeinen Gunst" erfreut. Vgl. auch ders. 1850, S. 346f.; KAISER (1866) 1878, S. 14, bewertet den Fries als „Krone von Kaulbachs Weltgeschichte, eine Perle der Kunst".

327 „Dies Streben nach den Tiefen der geschichtlichen Erkenntniß verbindet sich ... mit der humoristischen Herabsetzung des Höchsten zur Posse". DIE DEUTSCHE GESCHICHTSMALEREI 1859, S. 345. WOLTMANN 1874, S. 444, nennt den Fries ein „gefährliches Spiel", hält ihn aber „in künstlerischer Hinsicht" für eine der „besten Leistungen" Kaulbachs. Vgl. auch FRENZEL 1864, S. 249.

328 SCHASLER 1854, S. 85.

schälen. Die Gleichzeitigkeit der durch signifikante Bildtopoi veranschaulichten unterschiedlichen Vorstellungswelten der Menschwerdung zeigt schon die Relativität der verschiedenen Weltmodelle an, die Kaulbach hier auf der Ebene ironischer Kommentierung vortragen konnte, die aber der Anspruch des Historienbildes auf Wahrheit verbot.

Im Fries folgen dann Szenen, die persiflierend auf die Monumentalbilder, auf die dazwischen liegenden Pilaster, die jeweils einem Land mit seinem Kulturkreis gewidmet sind, sowie die Personifikationen am Anfang und Ende jeder Wand Bezug nehmen. Über dem Babelturm erscheinen Jagdszenen König Nimrods, Episoden aus dem Kult der Ägypter über dem Pilasterstreifen usw. Der Niedergang Griechenlands wird in der Pandorabüchse ironisiert, und das Ende der ersten Wand als Abschluß der alten Welt durch Ananke, das blinde Fatum, das nun ausgespielt hat und durch die christliche Vorsehung abgelöst wird.

Die zweite Wand, die der Neuzeit, wird über der Wissenschaftspersonifikation mit einem mondsüchtigen fernrohrbewaffneten Putto eingeleitet, während ein Elektrodraht Erde und Mond verbindet, auf dem ein Bote reitet, der in Buchform „Ideen zu einem neuen Baustyle" direkt nach Berlin bringt[329]. Auch das Maschinenzeitalter tritt als dampfradbepackter Knabe auf, der in die Werkstatt der Kindergelehrten eindringt. Unter diesen betont zeitgenössischen Prämissen folgen die Kinderkämpfe der Neuzeit: Germanenkinder, von Kaukasus verstoßen, kämpfen gegen den römischen Adler, dann folgen die Kriege der inzwischen christlichen Indogermanen gegen die krummsäbeligen Türken und der Wissenschaft und Kunst gegen eine sie am Gängelband haltende päpstliche Macht, die sich den schon tot geglaubten römischen Adler zu Diensten gemacht hat.

Über dem Reformationsbild erscheinen, nach dem Versuch gelehrter Mönche, den Schleier des vielbrüstigen Standbildes der Natura zu lüften, die verschiedenen Unterfangen, zur Glückseligkeit zu gelangen, einschließlich des vergeblichen Versuches, die verschlossene Himmelspforte mit einer 'Elektrisiermaschine' zu sprengen. Schließlich treffen die Vertreter von Papsttum und Protestantismus auf drastische Weise zusammen und stoßen wie die Böcke die Köpfe gegeneinander, ohne daß einer als Sieger hervorginge.

Abb. 91 b Nicht eine Religion siegt, wie im Reformationsbild, sondern die Künste. Über der abschließenden Personifikation der Kunst als Endpunkt des Zyklus markiert ein aus Flammen aufsteigender Phönix die wahrhaft neue Zeit. Er wendet seinen Kopf in Richtung der den Fries beschließenden Kunst-Kinder: in der Mitte ein thronender Knabe mit Goethes Physiognomie, den Faust, das 'Nationalepos', in der Hand, von Mephistopheles und einem Engel flankiert, während links ein weiteres Puttenkind „Grimm's Ursprung der deutschen Sprache" im Schoß hält. Schließlich erscheint rechts ein drittes „mit einem Hauch von Humboldts Physiognomie". Es trägt den 'Kosmos' über seinem Kopf, während ein kleiner Herakles mit dem Löwenfell über dem Kopf zu warnen scheint, sich nicht zu übernehmen. Sprache als Form, Naturerkenntnis als Material dienen der dramatischen Dichtung, ohne ihre Selbständigkeit zu verlieren. Möge jeder seine Gedanken in diesem vielfältigen Beziehungsnetz „ausspinnen in *der* Weise, wie ihm der Faden dazu aus dem Bilde entgegenspringt"[330].

Das war bei der Assoziationen provozierenden, unterschiedliche Bedeutungsebenen nutzenden ironischen Ebene des Frieses möglich, ja sie forderte geradezu dazu heraus. Damit konterkarierte der Fries mitunter die Geschichtsinterpretation des Historienzyklus, dessen lineares Entwick-

329 Kunstblatt 1853, S. 268–270, mit der Besprechung des Frieses über der zweiten Langwand.

330 Eggers 1853, S. 369 mit einem Kupferstich der letzten Gruppe.

lungsmodell er nicht nahtlos übernahm. Durch den Verzicht auf historische Kausalzusammenhänge zugunsten der Nebeneinanderreihung von Einzelszenen, deren bewußt übertreibende, signifikante Bildlichkeit den Verweis auf das Bedeutete stets mitliefert, wird der Fries zu einem zwar sinnreichen, aber nicht monokausal belehrenden Spiel, in dem der Betrachter selbst seine Phantasie entfalten kann. Verstärkt durch die strenge Monochromie, diese „abstracte Gleichfarbigkeit“[331], und die Beschränkung auf ein reliefartiges Figur-Grund-Verhältnis kommt hier gar nicht erst der Konflikt mit einer suggerierten Situation auf, wie in den an historische Zentralfiguren gebundenen Monumentalgemälden.

Die ironische Brechung erweist sich als diejenige Ebene, auf der Allegorie, Personifikation und Mythos auch um die Mitte des 19. Jahrhunderts, als das Bedeutungsgefüge dieser Bildsysteme zusammengebrochen war[332], noch Funktionen hatten. Selbst Vischer, der vehemente Allegoriegegner, ließ sich – zumindest in seiner Spätzeit – „besonders gern die Allegorie in humoristischer Behandlung gefallen“[333].

Zu den Bildprogrammen späterer Museumsausstattungen

In keiner der nachfolgenden Museumsausstattungen wurde ein Programm von vergleichbarem Umfang, weder quantitativ noch den historischen Zeitraum der dargestellten Entwicklungsgeschichte betreffend, realisiert. Neben einzelnen von der Mythologie inspirierten Themen[334] dominierten nicht nur in Kunstmuseen, sondern auch in Kunstgewerbemuseen und städtischen Sammlungen die Darstellungen kultureller Entwicklung seit der Antike. Je nach Auftraggebersituation und lokalen Verhältnissen konnte mitunter auch die Epochenfolge auf die örtliche Situation bezogen werden. So zeigten etwa Eduard Steinles Fresken im alten Wallraf-Richartz-Museum – zwischen 1861 und 1864 ausgeführt – die Kulturetappen von der Spätantike über das

331 Schasler 1854, S. 19.

332 Busch 1985, S. 13ff. zum „Ende der Ikonographie“.

333 Vischer 1882, S. 4.

334 Eine dieser Ausnahmen stellte das Programm des Leipziger Museums von Theodor Grosse dar. Das Direktorium des Leipziger Museumsvereins schrieb im August 1861 einen Wettbewerb für die Ausmalung der Halle im 1. Geschoß aus. Alle eingesandten Entwürfe außer dem Grosses thematisierten entweder Stadtgeschichte, Handelsentwicklung, christliche Szenen oder Landschaft. Außer Grosse hatten sämtliche Künstler nicht die Kuppeln, sondern die Wände als Bildträger vorgesehen. 1862 schlossen sich in einer Generalversammlung die Aktionäre des Kunstvereins dem Votum des Museumdirektoriums für Grosse an. 1863 gewährte das Ministerium des Innern aus dem Kunstfond die Hälfte des Künstlerhonorars. 1864 begann die Ausführung in Fresko. Sie konnte aber wegen Grosses Berufung als Akademieprofessor nach Dresden erst Ende 1871 abgeschlossen werden. Im Bildprogramm stehen sich der Weltentstehungsmythos und die Schöpfungsgeschichte gegenüber. (Jordan) um 1872; Jordan 1872, S. 841–858. Eine weitere durch den Sammlungsgegenstand des Skulpturenmuseums bedingte Ausnahme stellte das Ausstattungsprogramm des Dresdner Albertinums dar. Hermann Prell begann mit der Ausmalung des Treppenhauses 1889. In der architektonischen Gliederung der Wand mit vorgeblendeten Arkadenbögen erschien die Malerei als Illusionsraum, so daß wir „in freie Gegenden hinausschauen, wie durch weite Fenster“. Johannes Kleinpaul: Das neue Treppenhaus im Albertinum zu Dresden, in: Die Kunst, Bd. 9, Freie Kunst, 1904, S. 337–381. Links des Treppenaufgangs waren der Raub der Europa und die drei Grazien dargestellt: dazwischen befand sich die Skulptur der Venus. Gegenüber – zwischen den Parzen und Tartaros – erschien als Gegenpart zur Venus die Skulptur des Prometheus. Bronzereliefs an den Wandfeldern zwischen den Durchgängen zu den Sammlungsräumen zeigten Perseus, Medusa und Prometheus, das Deckenbild den Titanenkampf, an dem sich Max Klinger, der Prell gut kannte, in seinem gleichnamigen Blatt aus der ›Brahmsphantasie‹ orientierte.

Mittelalter bis zum Einweihungsfest des Kölner Domes unter lokalgeschichtlichen Gesichtspunkten[335]. Gegenüber Kaulbachs Weltgeschichte trat in zunehmendem Maße die Kulturgeschichte ins Zentrum. Stellte Steinle in seinen Fresken noch Konstantin den Großen und Karl den Großen als thronende Herrscher in den Blickpunkt, um die jeweilige Epoche zu
Abb. 15 charakterisieren, so bildeten in späteren Programmen – etwa in Carl Gehrts Ausstattung des
Abb. 16 Treppenhauses der Düsseldorfer Kunsthalle[336] oder in Ferdinand Kellers Bildprogramm der Vereinigten Sammlungen in Karlsruhe[337] – jeweils einzelne Künstler oder Personifikationen der Kunst das Zentrum, um die herum sich die namhaftesten Künstler der Epoche gruppierten.

Auch dort, wo mythologische Szenen stellvertretend für die Antike standen – so im Schlesischen Museum in Breslau[338] oder dem Leipziger Museum[339] –, waren sie im Unterschied zu Schinkels Fresken am Berliner alten Museum der christlichen Zeit quasi typologisch gegenübergestellt.

Gemeinsam ist all diesen späten Entwicklungsgeschichte der Kultur thematisierenden Monumentalprogrammen, im Gegensatz zu Cornelius' Glyptotheksfresken, den Loggien der Alten Pinakothek oder auch Schinkels Berliner Fries, eine Körper und Raum illusionierende Darstellungsweise, die selbst Kaulbachs „idealistischen Illusionismus" bei weitem übertraf. Die mitunter als „Hinneigen zum modernsten Realismus"[340] kritisierte Malweise, verbunden mit der Negation 'klassisch' strenger Körperformen ließ die drei Parzen auf den nebelumwobenen Felsen von
Abb. 94 Prells Dresdner Albertinum-Zyklus ebenso sinnlich greifbar und nahe erscheinen wie die Darstellungen der zeitgenössischen Salonkunst-Odalisken. Durch ihre körperliche Konkretisierung und
Abb. 95 damit auch Verräumlichung konnten sich die Erzengel oder der heilige Georg der Prellschen Breslauer Fresken in ihrer 'männlichen Auffassung' mit den Kriegshelden von 1870/71 messen. Dadurch entstand jedoch eine Diskrepanz zwischen dem Anspruch auf stellvertretende Darstellung einer Epoche – im Unterschied zur Einzelepisode – und der vom Salonbild übernommenen
Abb. 15 Malweise. Die Darstellungen gingen in dekorativen Pomp (Gehrts) oder in martialischen Herois-
Abb. 95 mus (Prell) über.

335 Der Stifter des Museumsbaus für die von F. Wallraf der Stadt Köln vermachte Sammlung, der Kaufmann Johann H. Richartz, stellte auch das Geld für die Fresken zur Verfügung. Er hatte anfangs selbstbewußte Vorstellungen von den Themen und wünschte die Grundsteinlegung des von ihm gestifteten Museums und das letzte Dombaufest dargestellt zu sehen. Nach Querelen mit dem erzkatholischen Künstler kam es schließlich 1861 zur Ausführung des stadtgeschichtlichen Programms. Vgl. Plagemann 1967, S. 169–176; Rolf Andrée: Die Fresken Steinles im ersten Wallraf-Richartz-Museum, in: Museen in Köln Bull. 2/1963, H. 2, S. 155–160; Schulze 1984, S. 110–119, 266–272.

336 Die 6 Wandbilder und 16 Lünetten in der von Giese und Weidner 1882 erbauten Kunsthalle wurden nach längeren Auseinandersetzungen um die Preisvergabe schließlich von der Staatsregierung an Carl Gehrts vergeben. Das Bild der ersten Langwand, das Griechenland thematisiert, behandelt ›Phidias zeigt dem Volk das Modell des Olympischen Zeus‹. Auf der gegenüberliegenden Langwand steht ›Die Kunst der Renaissance‹ unter der Ägide der personifizierten Religion. Das Programm wurde 1891–1897 ausgeführt. Schulze 1984, S. 136–144, 291–296.

337 Beringer 1922, S. 69.

338 1889, als Prell mit der Ausmalung des Treppenhauses im Dresdner Albertinum begann, erhielt er auch den Auftrag, die Wandflächen in der Kuppelhalle des Schlesischen Museums in Breslau zu gestalten. Zwei triptychonartig zusammengefaßte Wandfelder stellen antike Welt (Parisurteil, Apoll, Musen und Dichter) und Christentum (Kampf des christlichen Ritters gegen die Mächte der Finsternis, gefaßt als Georgs Kampf gegen den Drachen, Christus am Brunnen des Lebens und Beatrice) gegenüber. Rosenberg 1895, S. 159–163; Julius Janitsch: Hermann Prell. Fresken im Treppenhaus des Schlesischen Museums der bildenden Künste zu Breslau, Berlin 1895.

339 Vgl. Anm. 333.

340 Kleinpaul (wie Anm. 334), S. 380.

KAPITEL IV

Personifikationen der Technik für die 'Kathedralen des Fortschritts'

Der Bahnhof: Massenerziehung durch Kunst?

Die Museumsbauten bildeten ähnlich den Theatern oder Opernhäusern die Hülle der in ihrem Innern zu genießenden Schätze. Als kunstvolle Gehäuse markierten sie nicht nur innerhalb des Stadtbildes den der Kunst geweihten Ort, sondern sie belegten, indem sie die Sammelstelle vergangener Kultur würdevoll hervorhoben, vor allem Geschichtsbewußtsein und kulturelle Kontinuität in der Gegenwart. Dies war zunächst Aufgabe der Architektur. Hier, wo die Trümmer der Geschichte beherbergt waren, schien es besonders naheliegend, daß sich ihre Formen an historischen Vorbildern orientierten, waren diese nun in der Antike oder der Renaissance zu finden. Die Monumentalmalerei aber hatte den Fortschritt der Kultur oder, wie in Kaulbachs Berliner Zyklus, die Voraussetzungen ihrer Entwicklungsgeschichte explizit darzulegen und zu interpretieren. Unabhängig von der durchaus verschiedenen Bewertung und Auswahl einzelner Epochen ging es in den Museumsprogrammen stets um kulturelle Entwicklung.

Gänzlich anders verhielt es sich dagegen mit den neuen öffentlichen Zweckbauten für Industrie und Verkehr. Hier gab es keinen per Geschichte sanktionierten Schatz im Innern und kaum architektonische Vorbilder, die den zeitgenössischen Funktionen entsprachen. Die Architektur mit ihrer Ausstattung hatte den Anspruch auf Geschichtsfähigkeit desjenigen Metiers, dem der Bau diente, erst einmal zu formulieren[1]. Ihre Aufgabe war es, die zunächst umstrittenen industriellen Neuerungen als kulturelle Leistung auszuweisen und zu popularisieren. Zu den wichtigsten der neu entstandenen Bautypen, die auf keine Vorgänger rekurrieren konnten, gehörte der Bahnhof[2].

Ebenso evident wie die Unterschiede in der Funktion von Bildungs- und Verkehrsarchitektur ist auch das jeweilige Verhalten der Besucher. Museen, Theater u. ä. – für die Mußestunden zuständig – wurden vom idealtypischen Bildungsbürger ohne Hektik mit entsprechender Zeit für den Genuß, der Lernen einschloß, besucht. Der Gang zum Bahnhof hatte dagegen andere Gründe. Seit seinem Entstehen[3] Inbegriff moderner Zweckarchitektur war der Bahnhof alles andere als ein Ort der Kontemplation. Als Umschlagplatz der Waren wie der Reisenden war er

1 Ihre Zurechnung zu den 'monumentalen' Bauwerken bedurfte der Begründung, vgl. Mnemosyne 1856, S. 187.

2 Funktionale Vorgänger für das Empfangsgebäude sind zwar die Straßen- und Poststationen, deren einzelne Bereiche für Reisende, Gepäck, Post, Wagen und Pferde waren jedoch architektonisch getrennt, vgl. S. W. Schadendorf: Von Europas Eisenbahnen, München 1963, S. 132; Ausst.-Kat.: Neureuther 1978, S. 34–35.

3 Das erste Bahnhofsgebäude, die Crown Street Station, wurde 1830 in Liverpool von John Forster und George Stephenson errichtet. Allgemein zur Entwicklung des Bahnhofsgebäudes: Kubinszky 1969; Caroll L. V. Meeks: The Railroad Station. An Architectural History, New Haven 1956.

nicht einmal Aufenthaltsort im traditionellen Sinn, sondern Durchgangsstation[4]. Hier, wo es um Minuten ging, wo die Eisenbahn zu einer abstrakt festgesetzten Zeit abfuhr – und zur Verwunderung vieler früher Reisender keineswegs wie die Postkutsche wartete, bis sich alle Reisenden eingefunden hatten – diktierte die Bahnhofsuhr[5] die Verweildauer. Alles, was für den Kunstgenuß traditionellerweise als notwendig erachtet wurde, fehlte: nämlich Muße als Bedingung ästhetischer Wahrnehmung. Trotzdem zeigten viele vornehmlich derjenigen städtischen Bahnhöfe, die im Staatsauftrag errichtet wurden[6], seit den frühen 50er Jahren nicht nur aufwendige, auf Repräsentation angelegte Fassaden mit Arkaden, Triumphbogen oder einer schloßartigen Frontgliederung, sondern auch monumentale Bildprogramme im Innern. Die architektonischen 'Pathosformeln' hatten ebenso wie die Malerei als traditionsreiche Formen der Hochkunst die Leistungen der neuen Ingenieurskunst, die in der Eisenbahn ihren Höhepunkt fanden, zu nobilitieren.

An den Bahnhofsbauten als genuin bürgerlicher Leistung wurde schließlich im weiteren Verlauf der Industrialisierung der kulturelle und gesellschaftliche Fortschritt gemessen: „Während im vorigen Jahrhundert alle idealen und realen Bedürfnisse des Volkes eine architektonische Fastenzeit ausstanden", weil die Baukunst nur „die dienstfertige Helferin der Aristokratie" war, „zeugen heute die gewaltigen Bauten für den Weltverkehr von der Machtstufe des Bürgertums", heißt es im Einführungsartikel des ersten Heftes der Zeitschrift für Kunstgeschichte[7].

Der Novitätswert der Eisenbahn enthielt aber zwangsläufig das Defizit der Geschichtslosigkeit. Schon von daher kamen für die Monumentalmalerei keine der in den Bildungsbauten üblichen entwicklungsgeschichtlichen Bildzyklen in Frage. Zudem setzten die Wahrnehmungsbedingungen in der Durchgangsstation Bahnhof Grenzen für die Rezeption derartiger Programme, die in der Regel eines Erläuterungstextes oder gebildeter Betrachter bedurften. Doch gänzlich ahnenlos mochte man sich – zumindest seitens der Auftraggeber – auch in den Bahnhofsausstattungen nicht geben. Der Bedeutung der Bahnhöfe als Ausdruck technischer Kultur der Gegenwart suchte man in Gestalt antikischer Götter, denen neue Aufgaben unterschoben wurden, und der Kreation neuer Personifikationen Ausdruck zu verleihen. Während in den tradierten Bautypen eine Historisierung der Monumentalmalerei festzustellen ist, wird im modernsten aller Kulturbereiche allegorisiert. Doch im Unterschied zu der heftig kritisierten mythischen Erzählung in Schinkels Fries am alten Museum wurden in den Bahnhofsmalereien zunächst versatzstückartig jene 'neuen Allegorien' für die technischen 'Wunder' des Industriezeitalters geprägt, die dann im ausgehenden 19. Jahrhundert in die umfassenden Programme industrieller Kulturentwicklung der Technischen Hochschulen integriert wurden.

Während in Deutschland seit den 50er Jahren eine Reihe von Bahnhöfen mit Monumentalmalerei ausgestattet wurde, sich jedoch keine grundsätzlichen kulturpolitischen Erörterungen darüber finden ließen, verhielt es sich in England und Frankreich umgekehrt. Um die Jahrhundertmitte gab es dort Dispute um Sinn und Zweck einer 'Erziehung durch Kunst' in diesen uneingeschränkt öffentlichen Gebäuden des modernen Massenverkehrs, doch scheint es zu keinen Ausführungen

4 SCHIVELBUSCH 1979, bes. S. 152ff.

5 Häufig im Mittelrisalit oder an einem Turm angebracht, so daß die Uhr eine Art Signet des Bahnhofs bildete. Zu den Vorschriften für Uhren vgl. Anm. 56.

6 Toni LEIBL: Anstoß zur Modernisierung. Der Eisenbahnbau als Rechts- und Verwaltungsproblem, in: AUSST.-KAT.: ZUG DER ZEIT 1985, Bd. 1, S. 95–100.

7 Wilhelm LÜBKE: Die heutige Kunst und die Kunstwissenschaft, in: ZfbK, 1866, S. 4.

gekommen zu sein. Von den in deutschen Staatsbahnhöfen realisierten Programmen unterscheiden sich allerdings die in England und Frankreich vorwiegend seitens der Künstler erwogenen Themen erheblich. Trotzdem sollen sie hier kurz umrissen werden, ist doch der ganze Bereich der Malerei in Bahnhöfen bisher weitgehend unerforscht.

John Ruskin, erklärter Gegner der Eisenbahnen wie der Industrialisierung insgesamt, äußerte sich in seinem 1849 erschienenen Buch Seven Lamps of Architecture als Kulturkritiker entschieden gegen jegliche künstlerische Ausstattung von Bahnhöfen[8]. Zu diesem Zeitpunkt war England nicht nur weitgehend durch die großen Eisenbahnlinien erschlossen, sondern in London war auch der gigantische Erweiterungsbau der North-Western-Railway, Euston Station, gerade abgeschlossen[9]. Für die neue große Wartehalle hatte der Architekt Philip Charles Hardwick, dessen Vater das ursprüngliche Stationsgebäude mit dem berühmten dorischen Eingangstempel erbaut hatte, einen monumentalen Landschaftszyklus vorgesehen[10], der allerdings nie zur Ausführung Abb. 97
kam. Lediglich acht Relieftafeln, die jedoch in der Attikazone so hoch angebracht waren, daß sie vermutlich kaum zu erkennen waren, stellten die wichtigsten durch die North-Western-Linie verbundenen Städte dar[11]. Die stereotypen Personifikationen, die entweder von einem Flußgott oder einem Merkur adjutiert wurden, bedurften der baulichen Wahrzeichen der Städte, um sich überhaupt voneinander unterscheiden zu lassen. Anstelle des vorgesehenen Bildzyklus erhielten die riesigen, architektonisch ungegliederten Wandflächen schließlich einen simplen Zementputz, der so eingefärbt wurde, daß er Granit simulierte. Vor diesem aktuellen Hintergrund ist Ruskins Plädoyer für eine radikal funktionalistische Architektur zu sehen: „Railway architecture has, or would have, a dignity of its own if it were only left to its work. You would not put rings on the fingers of a smith at his anvil“[12]. Ruskins Argumentation erwies sich zwei Jahre vor Joseph Paxtons legendärem Crystal Palace als – wenn auch ungewollt – weitsichtig, doch unterschied sich ihre Begründung von der späterer Funktionalismusvertreter. Im Gegensatz nämlich zur 'wahren' Architektur, die alle Künste vereint, also auch Skulptur, Relief und Malerei aufzuweisen hat, erschien Ruskin in den 'Kathedralen des Fortschritts' alles, was über die reine Notwendigkeit hinausging, deshalb überflüssig und absurd, weil der Zweck zwangsläufig verfehlt werde:

> „If there be any place in the world in which people are deprived of that portion of temper ... necessary to the contemplation of beauty, it is there. It is the very temple of discomfort, and the only charity that the builder can extend to us is to show us ... how soonest to escape from it“[13].

Ja, der Versuch, auf dem Bahnhof Geschmacksbildung zu betreiben, schien ihm nicht nur nutzlos, sondern sogar schädlich:

8 Ruskin (1849) 1903, Bd. 8, S. 159ff.

9 Euston Station, 1835–1839 von Philip Hardwick erbaut, mit gußeiserner Bahnsteighalle und den monumentalen dorischen Propyläen als Eingang, wurde nach dem Anschluß weiterer Linien von Hardwicks Sohn 1847–1849 umgebaut. Vgl. Geoffrey D. M. Block: London's Oldest Rail Terminus, in: Country Life, 17. 3. 1960, S. 554–556. In den 60er Jahren des 20. Jh.s wurde der Bahnhof trotz heftiger Proteste abgerissen.

10 Das Aquarell P. Ch. Hardwicks im Royal Inst. of British Architects zeigt oberhalb der umlaufenden Galerie eine Reihe gigantischer Landschaftsbilder, die wohl Besonderheiten der durchfahrenen Landschaft wiedergeben.

11 Abb. der Relieftafeln mit den Personifikationen von London, Manchester und Liverpool sowie der über dem Eingang angebrachten Britannica, von Wissenschaft und Industrie flankiert, in: ILN, 2. 7. 1849, S. 380–381.

12 Ruskin (1849) 1903, Bd. 8, S. 160.

13 Ruskin (1849) 1903, Bd. 8, S. 159.

„Will a single traveller be willing to pay an increased fare on the South Western, because the columns of the terminus are covered with patterns from Niniveh? He will only care less for the Ninevite ivories in the British Museum“[14].

Dabei setzt Ruskin selbstverständlich voraus, daß der Eisenbahnreisende auch ein Museumsgänger ist.

Obwohl gerade Ruskin die Erziehung breiter Schichten durch Kunst anstrebte, was ihn später zur Gründung der Working Men's Colleges veranlaßte, lehnte er dies durch die Kristallisationspunkte großstädtischen Massenverkehrs grundsätzlich ab. Im kunstvollen Bauen wie in der 'Kunst am Bau' witterte er – sofern es sich um Bauten des industriellen Lebens handelte – die Aufwertung des Zweckes, dem der Bau diente. Da sich für ihn Kunst und Industrie grundsätzlich ausschlossen, mußte er konsequenterweise auch die künstlerische Gestaltung und Ausstattung des Bahnhofes, des Inbegriffs technisch-industriellen Fortschrittes, ablehnen. Von daher ist Ruskins Plädoyer für eine funktionalistische Bahnhofsarchitektur lediglich das Resultat eines notwendigen Kompromisses: Wenn sich die Eisenbahn schon nicht abschaffen ließ, sollte ihr wenigstens keine Bedeutsamkeit durch die Bahnhofsarchitektur und ihre Ausstattung verliehen werden.

Demgegenüber sahen weniger retrospektiv orientierte Kunsttheoretiker, vor allem aber Künstler in Frankreich wie auch staatliche deutsche Auftraggeber gerade in den Bahnhöfen als den Schleusen und Konzentrationspunkten großstädtischer Massen unterschiedlicher sozialer Herkunft eine Chance, volkserzieherisch zu wirken. Dabei wurde der Malerei von Vertretern ideologisch konträrer Positionen eine besondere Rolle als Massenmedium zugedacht.

In Frankreich verkündeten nach 1848 die Gazetten der Zweiten Republik, der Staat werde die Nation mit „riesigen Wandgemälden in den Bahnhöfen verschönern“[15]. Aus dieser Zeit stammen wohl auch noch die nach dem Staatsstreich Louis Napoleons weiter diskutierten Projekte von Künstlern, die dem Realismus als demokratischer Kunst verpflichtet waren. Sie wollten, wie Gustave Courbet, die neuartige Möglichkeit nutzen, Menschen, die noch nie ein Museum betreten hatten, durch Monumentalmalerei in den Bahnhöfen zu erreichen und damit zugleich ihrer Kunst eine bis dahin ungeahnte Öffentlichkeit verschaffen. „Warum“, so fragt Champfleury in seinem 1857 publizierten Le Realisme, „sollte Courbet nicht ... die Bahnhöfe dekorieren?“ Und in extremer Gegenposition zu John Ruskin konstatiert er:

„Wenn Fresken irgendwo einen Sinn haben, dann dort, wo man sich das Warten durch die Betrachtung der großen Entwicklungen vertreiben könnte, welche die Dampfkraft mit sich gebracht hat. Das wären bestimmt interessantere Themen als die von Overbeck und Cornelius“[16].

14 RUSKIN (1849) 1903, Bd. 8, S. 160. Durch die Ausgrabungen 1842/1843 und 1846 ff. gelangten die berühmten Reliefs des Königspalastes von Ninive in das Britische Museum.

15 CLARK 1981, S. 47. In der Euphorie der Zweiten Republik wollte man Schluß machen mit den Museen, in denen die Kunst zu Grabe getragen werde. Clark zitiert aus Champfleurys Notizbüchern von 1847/1848: „Ein Museum ist nicht der Bestimmungsort von Kunstwerken; es ist einfach ein Ort zum Lernen, eine Sammelstelle, eine Kollektion von Altertümern, von Dingen, die aus irgendeinem Grund nicht an einem bestimmten anderen Ort untergebracht werden können. Es sind Invalide (sic!), schöne Dinge, die der Vormarsch der Zivilisation überflüssig macht“, CLARK 1981, S. 47. In merkwürdiger Diskrepanz zu diesen Vorstellungen steht die Auftragsvergabe für die Ausmalung des Pantheons an Chenavard (vgl. Kap. I, Anm. 20).

16 Zit. n. AUSST.-KAT.: NAZARENER 1977, S. 413; HERDING 1975, S. 170 zitiert Champfleury, der die Kunst in den Dienst der Industrie stellen wollte, und wertet dies gegenüber Thorés Vorstellung, die Bahnhöfe als Treffpunkte des Volkes auszustatten, als „affirmativ“.

Ein Jugendfreund Courbets, der Schriftsteller Etienne Baudry, läßt in seinem Buch Les Camps des Bourgeois[17] Courbet in einer fiktiven Künstlerversammlung argumentieren: „Die Bahnhöfe, die schon die Kirchen des Fortschritts sind, und die die Tempel der Kunst werden", seien die einzigen Stätten, in denen die Kunst leben kann. „Denn wo die Menge ist, da ist auch das Leben"[18]. Sich an den Architekten Jacques Ignace Hittorf wendend, läßt Baudry Courbet die Themen erläutern:

> „Geben Sie dem Künstler den Auftrag, die Geschichte unserer Departements darzustellen. Lassen Sie einen die Wälder, einen anderen die Ebenen, andere die Flüsse und Küsten malen. Der eine muß hinaufsteigen zu den hohen Gipfeln unter der grellen Sonne; der andere muß hinabsteigen in die dunklen Stollen der Bergwerke. Er wird Ihnen vom Leben des schwarzen Schwerarbeiters erzählen. Sie werden in die rote Feuersbrunst der Schmelzöfen sehen. Es wird nicht mehr nötig sein, ihnen die ewige Wiederholung griechischer Helme und römischer Togen nahezulegen. Statt die Maler mit dem Glauben an den nationalen Genius zu entmutigen, bewegen Sie sie, die Typen, die Eigenschaften, den Charakter, die Trachten, den Fleiß und die Arbeitsweise der Menschen auf die Leinwand zu bringen, deren Land sich von den Alpen zum Atlantik ausdehnt ... um den Menschen wahre Geschichte zu lehren durch wahre Malerei."

Damit war eine Malerei gemeint, „die sich von dem Joch alles Unwirklichen befreit".

> „Um wahrhaftig malen zu können, muß der Künstler seine Augen offen auf die Gegenwart richten: das heißt, er muß mit seinen Augen schauen und nicht mit dem Hinterkopf. Er muß die allegorische Fiktion, die Unsinn ist, fallen lassen. Der gute Merkur, der auf seinem Kaffesack sitzt, kann nicht den Kolonialhandel darstellen"[19].

Die bildliche Antizipation des Reisezieles bzw. der von der Eisenbahn durchfahrenen Landschaft – in den Bahnhöfen der touristisch attraktiven Strecken dann um die Jahrhundertwende unter anderen Voraussetzungen werbewirksam in monumentalen Malereien und Mosaiken realisiert[20] und in ihren fotografischen Derivaten bis heute weiterlebend –, verbunden mit den „Heiligen und den Wundern der modernen Gesellschaft"[21], blieb allerdings im Stadium der Planungen stecken. Obwohl Champfleury, vielleicht nicht ganz uneigennützig, berichtet, er habe sich seinerzeit – Mitte der 50er Jahre – bei seinem Freund Enfantin, damals „Verwalter einer großen Eisenbahngesellschaft", um die Realisierung bemüht, und obwohl offenbar auch Hittorf, der Architekt des Gare du Nord, sowie der Literaturkritiker Sainte-Beuve eingeschaltet waren, scheinen Courbets Überlegungen nicht bis zum Stadium bildlicher Entwürfe gediehen zu sein. Courbet, der zwar keine Gelegenheit ausließ, seine Malerei öffentlichkeitswirksam zu präsentieren, dürfte allerdings auch nach dem Ende der Republik kaum mehr eine Chance gehabt haben, einen offiziellen Monumentalauftrag auszuführen.

17 Zu Courbets Jugendfreund Baudry vgl. Herding 1975, S. 170, Anm. 132.

18 Zit. n. Herding 1975, S. 194f.

19 Originaltext bei Jack Lindsay: Gustave Courbet – His Life and Art, London 1973, S. 225 (Übersetzung M. W.).

20 Vgl. Kyburz 1974 zu Beispielen Schweizer Bahnhofsausstattungen um die Jahrhundertwende; Elizabeth Walter: Invitation au voyage. Le décor, in: Les Monuments historiques de la France, 1978, Nr. 6, S. 36–44 mit Beispielen der Jahrhundertwende und des frühen 20. Jh.s in Frankreich.

21 So faßte Sainte-Beuve in einem Brief an Charles Duveyrier vom 27. 4. 1862 die Themen, die Courbet für die Bahnhöfe im Auge gehabt habe, zusammen. Vgl. Pierre Courthion: Courbet raconté par lui-même et par ses amis, 2 Bde., Genf 1948/1950, Bd. 1, S. 164.

Doch ist das von Baudry referierte und von Champfleury an anderer Stelle modifiziert überlieferte Programm[22] insofern aufschlußreich, als es offensiv gegen das im Gewand griechischer und römischer Helden daherkommende Geschichtsbild und allegorische Tugendprogramm Stellung bezieht. Auch in Frankreich war die zeitgenössische Gegenwart – trotz der republikanischen Verheißungen – mit wenigen Ausnahmen wie etwa François Bonhommés Industriezyklus in der École des Mines[23] aus der Monumentalmalerei eliminiert. Wie in Deutschland wurden in erster Linie Historienbilder, darüber hinaus auch die nationalen Personifikationen als für öffentliche Wände tauglich befunden. Wenn Courbets Vorstellung von der 'wahren' Geschichte zitiert wird, die in der Gegenwart liege, zeigt die Erläuterung den Anspruch realistischer Konzeptionen, Landschaft und Genre in den Rang des Geschichtsbildes zu erheben. Die allegorische 'Fiktion' wird demgegenüber verworfen. Der 'gute Merkur', Prototyp der Handelsallegorisierung, hier als Stellvertreter für die zahllosen traditionellen Personifikationen angeführt, die vor allem in der Bauplastik auch die öffentlichen Gebäude Frankreichs überwucherten, wird als unfähig befunden, die Realität des zeitgenössischen Kolonialhandels auszudrücken. Courbet und die Befürworter des Realismus lehnten also jede allegorisierende Nobilitierung der Gegenwart ab. Sie suchten mit den Sujets des programmatischen Realismus, der gesellschaftlichen Wirklichkeit innezuwerden und über den Ort öffentlichen Massenverkehrs die Kunst mit dem Alltag zu vermitteln. Im Sprachgebrauch der damaligen Zeit wäre dies der Monumentalisierung des Genres, nicht nur im Größen-, sondern auch im Bedeutungsmaßstab gleichgekommen.

In Deutschland waren es nicht die erklärten Demokraten, die die volkserzieherische Funktion derartiger öffentlicher Monumentalmalerei vertraten, sondern – soweit sich dies bisher überblikken läßt – staatskonforme Architekten und Maler, die sich von der Ausstattung der Bahnhöfe, „einer solchen, täglich von Tausenden besuchten Stelle, ... den nachhaltigsten Einfluß auf die künstlerische Erziehung des Volkes" versprachen; „einen nachhaltigeren und größeren Einfluß jedenfalls als (durch) sämmtliche für Museen bestellte ... Bilder"[24].

Vor der Behandlung der einzelnen Bildprogramme sei noch kurz die Frage ihres Anbringungsortes in den weitläufigen Räumlichkeiten eines Bahnhofes erörtert. Die Bahnhofsarchitektur bildete sich sowohl in England als auch in Kontinentaleuropa funktional wie stilistisch auf zwei

22 1870 schrieb Champfleury an Courbet: „Für die demokratische Kunst, mit der ich Sie damals beschäftigt sah – freilich mehr mit dem Wort als mit der Sache –, entwarf ich Ihnen vor fünfzehn Jahren eine Art Programm. Ich skizzierte für Sie den Plan großer Gemälde, welche die Mauern der Bahnhöfe schmücken sollten. Die Natur, die Industrie, die Erinnerung an die großen Persönlichkeiten, die Arbeit – all dies sollte sich in einer mächtigen Komposition und in verschiedenen, der Architektur angepaßten Fresken verbinden, um das Auge des Reisenden zu erquicken ...
Aber ich habe nicht nur ein Programm für Sie entworfen, sondern ich sprach auch mit meinem Freund Enfantin darüber, dem ehemaligen Vater der saint-simonistischen Religion, damals Verwalter einer großen Eisenbahngesellschaft." Zit. n. HERDING, 1978, S. 65–66. Herdings Zweifel, daß Champfleury tatsächlich der Autor der genannten Programme war, ist berechtigt, da auch Sainte-Beuve in einem Schreiben an Duveyrier Courbets „Idee, die großen Bahnhöfe in neue Kirchen für die Malerei zu verwandeln, die großen Wände mit tausend Sujets ... zu bedecken, selbst mit den antizipierten Ansichten der bedeutenden Landschaften, die man durchfahren wird" erörtert, so daß anzunehmen ist, daß Bahnhofs-Ausmalungen in der Zweiten Republik breit diskutiert wurden und Courbet sich dazu äußerte. Zu Sainte-Beuve s. COURTHION (wie Anm. 21), Bd. 1, S. 163–164.

23 Vgl. Karl JANKE/Monika WAGNER: Das Verhältnis von Arbeiter und Maschinerie im Industriebild. Rekonstruktion einer Bilderfolge zur Schwerindustrie von François Bonhommé, in: Kritische Berichte, 4. Jg. 1976, H. 5/6, S. 5–26.

24 Der Autor plädiert damit für den „Schmuck monumentaler Wandgemälde" in der großen Korridor-Halle des Anhalter Bahnhofs in Berlin. F. (E. O. FRITSCH): Das neue Empfangs-Gebäude der Berlin-Anhaltischen Eisenbahn in Berlin, in: DBZ, 1. 2. 1879, S. 42.

Ebenen heraus: Während sich in den Bahnsteighallen der „Eisen- und Glasstil“[25] als funktionale Architekturform durchsetzte, bildeten die Empfangsgebäude – beim Kopf- wie beim Durchgangsbahnhof –, zur Stadtseite hin gelegen, eine Art Blende, die den Bahnsteighallen vorgelagert war. In diesen Empfangsgebäuden, in denen neben den Verwaltungsräumen, der Gepäckannahme, der Post, dem Telegrafenamt usw. auch die Schalterhalle und die Wartesäle der verschiedenen Klassen untergebracht waren[26], entfaltete sich das historistische Spektrum der Baustile[27]. Während am Außenbau meist Merkur, Industria oder die Personifikationen der durch die Eisenbahnlinie verbundenen Städte als Skulpturen die Dachbekrönung bildeten oder im Relief über den Eingängen die Funktion des Baus nach außen signalisierten, kamen als Anbringungsort für die Monumentalmalerei im Innern zunächst einmal die öffentlichen Räume des Empfangsgebäudes in Frage. Im Unterschied zu den Bahnsteighallen aus hölzernen oder eisernen Rippenkonstruktionen, die zunehmend mit Glas durchfenstert wurden, stellte die traditionelle Bauweise der Empfangsgebäude überhaupt erst einmal die Voraussetzung für Monumentalmalereien her, indem sie Wandflächen bot. Darüber hinaus kam jedoch auch die Anschlußwand zwischen Bahnsteighalle und Empfangsgebäude, die dem Reisenden bei der Ankunft zuerst in den Blick geriet, vereinzelt aber auch die gegenüberliegende Giebelwand, unter der sich die Tore für die ein- und ausfahrenden Züge befanden, in Betracht.

DIE 'NEUEN ALLEGORIEN'

Über die Häufigkeit monumentaler Malerei in Bahnhöfen des 19. Jahrhunderts und die Standardisierung ihrer Motive gibt H. Blümner in seiner Untersuchung Über den Gebrauch der Allegorie in den bildenden Künsten von 1881 implizit Auskunft, kann er doch davon ausgehen, daß die „Personifikationen der Dampfkraft, der Elektrizität usw. ... einem jeden in Erinnerung sein (werden)“[28]. Er erläutert die Schwierigkeiten der adäquaten Innenausstattung moderner öffentlicher Gebäude durch „malerischen Schmuck“ u.a. am Beispiel des Bahnhofs, „eine Aufgabe, die in unserer Zeit nicht selten vorkommt“[29]. Blümner empfiehlt, „anstatt einer Allegorie“, wie sie in Bahnhöfen üblich sei, lieber „eine wirkliche Handlung zu malen, ... aber natürlich mit richtiger Auswahl“. Doch läßt er keinen Zweifel, daß er – vor die Wahl gestellt – „eine allegorische Darstellung der Dampfkraft der sehr prosaischen eines dahinsausenden Bahnzuges oder einer sonstigen Darstellung des Eisenbahnlebens vorziehen“ würde. Er kann der einhelligen Empörung seiner gebildeten Leser angesichts der rein hypothetischen Annahme, der Realismus werde sogar in den idealen Bereich der Skulptur vordringen, sicher sein, wenn er die rhetorische Frage stellt: „Wie würde es aussehen, wenn man einen Bahnhof mit den Statuen eines Heizers, Lokomotivführers, Condukteurs u.dgl. ausstatten wollte!“[30].

25 SCHASLER 1880, S. 91 sieht zwar in den Bahnhöfen und Ausstellungshallen die einzige Ausnahme gegenüber dem Eklektizismus zeitgenössischer Architektur, doch gerade sie zeigten den jedem „freien Kunstschaffen abgewendete(n) Charakter der modernen Weltanschauung ... am prägnantesten“.

26 Zur Typologie des Bahnhofsgebäudes und seiner Räumlichkeiten s. Karl RADLBECK: Bahnhof und Empfangsgebäude. Die Entwicklung vom Haus zum Verkehrswegekreuz, Diss. München (TU) 1981.

27 Vgl. MÜLLER 1963; KRINGS 1981.

28 BLÜMNER 1881, S. 6.

29 BLÜMNER 1881, S. 79–80.

30 BLÜMNER 1881, S. 80–81.

Auch Jacob Burckhardt, ansonsten ebenfalls kein Freund der „massenhafte(n) Verwendung der Allegorien oder Abstracta“, ließ für die monumentale Ausstattung eine Ausnahme gelten, erschien ihm doch die Darstellung „ideale(r) Gestalten und Ereignisse“ als „Glück für die Kunst gegenüber dem sonst vordringenden Realismus“[31]. Blümner sah die Rettung aus dem Dilemma im Geschichtsbild. Doch blieben seine Vorschläge für künftige Monumentalmalereien in Bahnhöfen verdächtig allgemein: Es „lassen sich“, schreibt er lapidar, „Momente in der Entwicklungsgeschichte der betreffenden Technik ausfindig machen, welche sich zur malerischen Darstellung eignen“. Die Benennung entsprechender Momente bleibt er indes schuldig[32]; es scheint auch bis dahin in der Monumentalmalerei der Bahnhöfe keine Beispiele gegeben zu haben.

Die 'Entwicklungsgeschichte' speziell der Eisenbahn und der Telegrafie schien viel zu jung, um außerhalb einer unternehmerischen Selbstdarstellung von – staatlich sanktionierter – öffentlicher Bedeutung zu sein. Sie war ebenso an ihre Erfinder und Konstrukteure gebunden, denen zwar in zunehmendem Maße Denkmäler zugebilligt wurden, die jedoch damit noch keine Geschichtswürdigkeit im Sinne des Historienbildes erlangt hatten, wie an die Industrieunternehmer und die dort Arbeitenden. Die Produktionsgeschichte der Lokomotive als Verarbeitung des Naturstoffes zur Ware fand nur in der Ausstattung von Fabrikantenvillen ihren Niederschlag, so etwa in dem 7teiligen Monumentalzyklus, den Paul Meyerheim in den 70er Jahren für das prunkvolle, im Renaissancestil erbaute Palais Borsig des gleichnamigen Berliner 'Eisenkönigs' schuf[33]. Gegenüber solchen – schon aus Gründen des Besitzerstolzes – realitätsnahen Darstellungen der Technik dominierten in den Bahnhöfen die von Blümner als jedermann bekannt vorausgesetzten 'neuen Allegorien' der Dampfkraft und der Telegrafie als Verbildlichung der modernen technischen Kommunikationssysteme.

1. Königsberg: Technikpersonifikation und Herrscher

Zu den frühesten mit Malerei ausgestatteten deutschen Bahnhöfen gehörte derjenige von Königsberg[34], in dessen Empfangsgebäude die königlichen 'Absteigezimmer' eine Deckendekoration mit eingelassenen Bildfeldern der Königsberger Akademiemaler Maksymilian Antoni Pietrowski und Ludwig Rosenfelder[35] erhielten. Die von Schülern der Königsberger Akademie im stereo-

31 Burckhardt (1887) 1959, S. 323.

32 Blümner 1881, S. 80. Als einziges Beispiel verweist er auf Menzels ›Eisenwalzwerk‹.

33 Wagner 1980, S. 24 ff.; zur Architektur und zum Unternehmen Borsigs vgl. Dieter Vorsteher: Borsig. Eisengießerei und Maschinenbauanstalt zu Berlin, Berlin 1983. Auch in England und in Frankreich zeigt sich, daß die Industrialisierung als entwicklungsgeschichtliche Etappe nur in Privataufträgen Berücksichtigung fand. Zu William Bell Scotts Zyklus in Wallington Hall s. Klingender 1974, S. 156.

34 Das Interesse galt bisher vornehmlich der Bahnhofsarchitektur. Auch in neuen Arbeiten wird allenfalls auf die Skulpturen am Außenbau hingewiesen, vgl. Krings 1981, S. 472–473. Daher läßt sich nur schwer ein Überblick über ehemalige Ausstattungen gewinnen. Die Ursachen dafür liegen neben den vielen Umbauten in der durch den Rauch der Lokomotiven schnell eingetretenen Verschmutzung der Malereien und der Schwierigkeit, die riesigen Formate fotografisch festzuhalten. Doch kommen von vornherein nur Bahnhöfe größerer Städte in Betracht. In der ersten Bauphase bis zum Ende der 40er Jahre wurden neben den Eisenbahnstrecken meist nur provisorische Stationsgebäude errichtet. Erst in der anschließenden Bauphase ist mit Innenausstattungen zu rechnen. Königsberg war Endstation der Ostbahn und von besonderer Wichtigkeit für Preußens Handel.

35 Königsberg war bis in die 40er Jahre künstlerische Provinz. 1845 wurde auf Betreiben Kuglers Rosenfelder zum „Dirigenten“ bestellt, mit der Aufgabe, eine Akademie aufzubauen, 1849 erfolgte die offizielle Akademiegründung. Rosenfelder wurde Direktor, Pietrowski Professor für Historienmalerei. Vgl. Dioskuren 1856, Nr. 16, S. 157; 1857, Nr. 1, S. 3.

chromatischen Verfahren ausgeführten Gemälde waren zur Einweihung der „königl. Ostbahn, welche ... mit Verbannung der Zeit und des Raumes den Bewohner vom Rhein dem Altpreussen die Hand reichen läßt“[36], im August 1853 vollendet. Die Decke des mittleren Raumes der königlichen Wartesuite enthielt – umschrieben von zwei rautenförmigen Vierecken – je ein eingelassenes Rundbild. Obwohl diese Dekoration gerade im hochherrschaftlichen und damit nicht uneingeschränkt zugänglichen Bereich des Bahnhofes angebracht war, die Dekoration selbst mit dem Bahnhof zerstört wurde[37] und auch keine Entwürfe bekannt sind, läßt das überlieferte Programm eine Konzeption erkennen, wie sie dann bei späteren Bahnhofsausstattungen modifiziert in den öffentlichen Bereich übertragen wurde. Die von Franz Kugler stammende Besprechung dieses frühen Beispiels der Allegorisierung moderner Technik soll daher kurz referiert werden:

Das von Rosenfelder entworfene Deckenbild „stellt in allegorischen Figuren dar, wie die Eisenbahn auf geflügelten Wagen durch die königliche Macht herangeführt, und von einer dritten Figur, welche die Stadt Königsberg repräsentiert, empfangen wird.“ Das zweite Bild „ist eine Composition von Pietrowski, ebenfalls in allegorischen Figuren“.

> „Man sieht hier die Eisenbahn mit einem Füllhorn, welches die ersehnten Glücksgüter in sich birgt, die schlafende Industrie aufwecken; einige der schlummernden Künste sind erwacht und entfalten ihre Attribute, um reges Treiben zu beginnen, während andere noch schlaftrunken sich die Augen reiben ...“

Darüber hinaus stammen auch die vier Medaillons, „welche die vorzüglichsten Güter der Ostseeprovinzen ... den Ackerbau, die Pferdezucht, die Bernsteinlese und den Holzreichtum des Landes darstellen“[38], von Rosenfelder. Eine Girlande aus Blumen und Früchten faßte die Bilder ein. Damit waren – unter Berücksichtigung der besonderen Situation Königsbergs – die Wirkungen der Eisenbahn als Prosperitätsverheißung für die ostpreußischen Junker wie für das Bürgertum gefeiert[39].

Aus der Beschreibung geht hervor, daß die Eisenbahn nicht in ihrer prosaischen Erscheinung, sondern personifiziert Eingang in die Monumentalmalerei fand. Die geflügelten Wagen sind Zeichen der Geschwindigkeit, das Füllhorn verspricht Reichtum durch den nunmehr beschleunigten Handel. Die durch eine – wenn auch nicht näher charakterisierte – Gestalt personifizierte Eisenbahn konnte auch von einem König herangeführt werden, ohne diesen damit zum Lokführer zu degradieren. Eine personifizierte Technik negierte den Makel ihrer niederen Herkunft, so daß ein König mit ihr ebenso Umgang pflegen konnte wie mit dem vertrauten Heer tradierter Personifikationen. Er selbst wird via Eisenbahn zum Protektor der Industrie und zum Glücksbringer der Provinz.

Während sich im Staffeleibild allmählich erste Ansätze entwickelten, der Eisenbahn, die die Lebensverhältnisse und Wahrnehmungsweisen rapide veränderte, durch gestalterische Innovationen Ausdruck zu verleihen (s. u.), wurde die Eisenbahn in der Monumentalmalerei wie in der populären Karikatur und der politischen Grafik vornehmlich personifiziert. In den beiden letztgenannten Bereichen häufig als Metapher des Fortschritts, der Völkerverbindung und der

36 Kugler 1853, S. 436.

37 Vgl. Schilling 1952, S. 107.

38 Kugler 1853, S. 436.

39 An die Eisenbahnverbindung knüpften sich nicht nur Hoffnungen auf einen wirtschaftlichen, sondern auch auf einen kulturellen Aufschwung Königsbergs. Vgl. Dt. Kunstblatt 1856, Nr. 45.

Reichseinigung eingesetzt[40], mußte in der öffentlichen Monumentalmalerei zunächst einmal eine Bildmetaphorik entwickelt werden, die industriebürgerliches Selbstbewußtsein und staatliche Interessen miteinander vereinte, wurden doch in einzelnen Ländern wie Baden und Bayern die Eisenbahngesellschaften schon in den späten 30er Jahren staatlichen Kontrollen unterstellt bzw. ganz vom Staat übernommen.

Die Eisenbahn, von vielen Zeitgenossen, nicht nur von Industrialisierungsgegern wie John Ruskin argwöhnisch und zugleich fasziniert beäugt, wurde zuerst sprachlich mit tradierten Begriffen wie „Dampf-Ross", „Feuer-Ross" usw. überformt[41], worin zugleich ein Domestizierungsversuch wie eine metaphorische Überhöhung enthalten war. Die Karikatur hat diese Metaphern dann verbildlicht[42]. Für die Aufnahme in die Monumentalmalerei kamen diese harmlos-komischen Tier-Technik-Metamorphosen allerdings kaum in Frage. Doch war es von den dampfschnaubenden Rössern nur noch ein kleiner Schritt zu den erhabeneren Dampffurien und Feuerdämonen. Das personifizierte Movens der Eisenbahn, die Dampfkraft, als das neu geschaffene 'Element' bildete hierbei den Ausgangspunkt. Die Wirkung der quasi elementaren Kraft erzielte eine nur Götterboten vergleichbare Geschwindigkeit. Ziel war eine Aufwertung der Technik durch die Poetisierung des Prosaischen, die Schaffung eines Olymps der Gegenwart[43]. Das tradierte Mittel der Personifizierung hatte die neue Technik in die etablierten Wertvorstellungen zu integrieren.

Da viele der frühen Bahnhofsbauten als Zweckarchitektur ständigen Veränderungen durch Umbau, Erweiterung oder gänzlichem Neubau unterlagen, weitere im Krieg zerstört wurden, kann hier nur auf mehr oder weniger zufällig erhaltene Entwürfe bzw. rekonstruierbare Bildprogramme zurückgegriffen werden. Zu ihnen zählt der Würzburger Bahnhof, dessen gigantische Wandmalereien von dem Erbauer, dem Münchner Architekten Gottfried Neureuther, selbst konzipiert wurden[44].

2. Würzburg: Alte Zeit – neue Zeit und ihre Schöpfer

Neureuther, seit 1842 im Dienst der Bayerischen Staatsbahnen, hatte an den Bahnhofsbauten der Strecke Bamberg–Hof mitgearbeitet und erbaute sämtliche 29 Stationsgebäude der Westbahn von Bamberg nach Aschaffenburg. 1851 begann er mit der Projektierung des Würzburger Bahnhofes[45], bei dessen Errichtung er nach eigenen Angaben wagte, sich über die von „Aller-

40 Schon Goethe schrieb 1828 an Eckermann: „Mir ist nicht bange, daß Deutschland nicht eins werde, unsere guten Chausseen und künftigen Eisenbahnen werden schon das Ihrige tun." Zur Verbreitung in der Literatur des Jungen Deutschland, vgl. Hans W. KISTENMACHER: Maschine und Dichtung. Ein Beitrag zur deutschen Literatur im 19. Jahrhundert. Diss., München 1914, bes. S. 29ff. Bildbeispiele für die politische Fortschrittsmetaphorik, in: AUSST.-KAT.: KUNST DER BÜRGERLICHEN REVOLUTION VON 1830 BIS 1848/1849, Berlin (NGBK) 1972.

41 Marvin FISHER: The Iconology of „Industrialism", 1830–1860, in: American Quarterly, Bd. 13, 1961, S. 347–364; STERNBERGER (1938) 1974, S. 22ff.

42 Im Punch erschienen zwischen 1844 und 1847 eine Anzahl von Dampf-Ross-Montagen, zu Beginn der 50er Jahre wurden sie in den Fliegenden Blättern variiert.

43 Wichtigste Vorläufer einer Poetisierung der Technik, in der es von Metaphern und Anleihen an den griechischen Götterhimmel nur so wimmelt, sind Erasmus Darwins Schriften; so der Botanic Garden, s. DARWIN 1795[3] und ders.: The Temple of Nature, or the Origin of Society, London 1803.

44 Hufnagl ist bisher der einzige Autor, der in Zusammenhang mit der Architektur auch die Ausstattung behandelt; s. AUSST.-KAT.: NEUREUTHER 1978, S. 42–44; HUFNAGL 1979, S. 133–136.

45 Zu den Bahnhofsbauten Neureuthers s. HUFNAGL 1979, S. 117–168; zum Würzburger Bahnhof ebd., S. 131–139; AUSST.-KAT.: NEUREUTHER 1978, S. 40–48.

höchster Stelle“ erlassenen „äußerst rigorosen Bestimmungen“ hinwegzusetzen, die „eine künstlerisch architektonische Durchführung unmöglich gemacht“ hätten[46]. Nicht nur architektonisch war der Würzburger Bahnhof mit seinem Renaissanceformen aufnehmenden repräsentativen Empfangsgebäude relativ aufwendig gestaltet, sondern auch die Innenausstattung übertraf die der übrigen Stationen. Als einziger Bahnhof der Westbahn wurde er mit einem Bildprogramm ausgestattet[47]. Hier waren es nicht die Warteräume der gehobenen Klassen, die diese Wanddekoration erhielten, sondern die beiden Giebelinnenwände der Bahnsteighalle, also der von Funktion und Bautyp her modernste Teil der Architektur. Von Neureuther in engem Zusammenhang mit der architektonischen Gliederung entworfen, wurde sie von dem befreundeten Münchner Historienmaler H. Hövemeyer und dem Bamberger Dekorationsmaler H. Hammers 1856 in sgraffitoartiger Freskotechnik ausgeführt[48]. Ihre beschränkte Farbskala von Ocker, Braun, Schwarz und Dunkelrot hatte Neureuther mit der Farbigkeit der überwiegend in Gelbtönen gestrichenen Halle abgestimmt. Die nur „in Umrissen gezeichnete(n), durch wenige Schattenstriche rund gemachte(n) Darstellungen auf dunklem Grunde“[49] waren auf Fernwirkung berechnet. Die basilikale Bahnsteighalle mit der freitragenden eisernen Dachstuhlkonstruktion, durch deren offenen „Lichtgaden“[50] der Rauch der Lokomotiven abziehen konnte, war nach funktionalen Gesichtspunkten gebaut. Doch gerade diesen Teil, der gemeinhin vornehmlich nach seiner Materialökonomie und Zweckmäßigkeit beurteilt wurde, hob der Architekt durch Monumentalmalerei so hervor, als habe er damit die Kunstfähigkeit der modernen Eisen- und Glasarchitektur beweisen wollen. Die in der Würzburger Zeitung anläßlich der Fertigstellung der Fresken 1856 gestellte Frage, ob die Leser „es für schön und angemessen halten, daß in einer Einsteighalle, durch die in rastloser Bewegung, im Jagen und Ringen nach Genuß und Gewinn, die Menschenmenge fluthet, auch ein Gedanke erweckt werde, welcher für einen Augenblick die geistige Seite des Menschen anregt“, nahm Neureuther in seiner Publikation des Würzburger Bahnhofbaus, der wir die farbige Abbildung der freskierten Ausfahrtswand verdanken, selbst wieder auf[51]. Vermutlich hoffte er auf Zustimmung aus dem Publikum, um das Argument der Öffentlichkeit bei künftigen künstlerischen Ausstattungen gegenüber den staatlichen Aufsichtsbehörden einsetzen zu können. Die nachfolgend herangezogenen „Erklärungen der Allegorien“ aus der erwähnten Würzburger Zeitung[52] druckte Neureuther wieder ab und bezeichnete sie als „der Idee“ entsprechend, „welche ihn (i.e. der Unterzeichnete = Neureuther) bei der Composition der Dekoration geleitet hat“[53].

Abb. 98

Abb. 98

Über vier Arkadenbögen, durch die je ein Gleisstrang in die Bahnhofshalle führte, und je einer seitlichen Tür zu den Bahnsteigen zeigte die östliche, in Richtung der abfahrenden Züge liegende Giebelinnenwand über dem umlaufenden Gurt eine Vertikalgliederung in fünf ‘Schiffe’.

46 Neureuther in seinem 1877/1878 geschriebenen Lebenslauf, s. AUSST.-KAT.: NEUREUTHER 1978, S. 40. Er bezieht sich auf die Verordnung Max’ II. Joseph vom 9.9.1852 „die Gebrechen des Staatsbauwesens betr.“, die jede über den reinen Zweckbau hinausgehende baukünstlerische oder dekorative Ausführung unterband.

47 Begründet wird die Malerei damit, daß der Würzburger Bahnhof der bedeutendste der Westbahn sei. Vgl. MNEMOSYNE 1856, S. 187; HUFNAGL 1979, S. 133ff.; AUSST.-KAT.: NEUREUTHER 1978, S. 42ff.

48 Neureuther betont, daß durch die „uneigennützige Hilfe“ Hövemeyers die Malerei „mit unbedeutendem Kostenaufwande durchzuführen“ gewesen sei. NEUREUTHER 1860, Text zu Tf. VIII.

49 NEUREUTHER 1860, Text zu Tf. VIII.

50 Die Terminologie der Sakralarchitektur hat Hufnagl auf Neureuthers Bau übertragen, HUFNAGL 1979, S. 132.

51 MNEMOSYNE 1856, S. 192; NEUREUTHER 1860, Text zu Tf. VIII.

52 MNEMOSYNE 1856, S. 186–187, 190–192.

53 NEUREUTHER 1860, Text zu Tf. VIII. Möglicherweise hat Neureuther an dem früheren Zeitungstext mitgewirkt.

Das Mittelfeld über den beiden inneren Zugeinfahrten nahm ein großes Rosettenfenster ein, das durch ein gemaltes Ornamentband vergrößert wurde. „Radienförmig zucken blitzartig gezackte Strahlen von ihm durch den dunklen Grund." Die auf dunkelrotem Fond gemalten Strahlen interpretierten das real einfallende Licht und verbanden Fenster und Wandfläche. Das sakrale Motiv des Rosettenfensters im Zentrum der basilikal gestuften Giebelwand wurde als „Brennpunkt des Universums, welcher Licht und Bewegung nach allen Seiten erweckt"[54], gedeutet und in dieser Interpretation von Neureuther sanktioniert.

Rechts und links neben den gemalten Pilastern, die das Mittelfeld abgrenzen, „stehen hohe schlanke in Kapitellform endende Kandelaber; sie tragen ... ein Gebälke, welches in der Höhe der Seitenabteilungen (Dachabschlüssen der Seitenschiffe, M. W.) vorspringt ... Auf diesem Gebälk stehen als Karyatiden die hohen Leuchten des menschlichen Lebens, rechts die Kunst ... links die Wissenschaft"[55]. Sie tragen das Dach, unter dessen First sich ein Phönix erhebt.

Dem Rosettenfenster korrespondierte auf der gegenüberliegenden, an das Empfangsgebäude anschließenden Giebelwand das reich dekorierte monumentale Zifferblatt einer Uhr[56]. Es war „umgeben von einem Bande, auf welchem zwölf kleine gezahnte Räder sich bewegen, ... dazwischen stehen die Bilder des Thierkreises. Auf dem äußersten Rande dieses Bandes schleichen Schnecken". Ergänzt durch Arabesken, in denen u. a. die Personifikationen von Tag und Nacht eingebunden waren, „erscheint in diesem Giebel" – dessen Malerei bildlich nicht überliefert ist – „wandelnde Zeit und die Gegenwart versinnlicht"[57]. Zeit ist in dem Zifferblatt der Uhr als Ausdruck einer abstrakten, kosmische wie technische Abläufe gleichermaßen messenden Instanz verbildlicht. Solche Bedeutung gewann die Uhr gerade durch die Einführung der Eisenbahnzeit, wurde doch erst mit den exakten Zeitplänen des überregionalen Verkehrsnetzes der Eisenbahn eine einheitliche Zeit eingeführt[58].

Licht, Bewegung und Zeit waren also die abstraktesten Aussagen der aufeinander bezogenen Giebelwände der Bahnsteighalle. Die Modernität dieser immatierellen Trias inspirierte Anfang des 20. Jahrhunderts zu ungegenständlichen Bildkonzeptionen; hier dagegen erwies sie sich gerade in der gegenständlichen Ausdeutung, die das Neue vertraut machen sollte. Die Abstrakta erfuhren ihre Interpretation durch die Darstellungen in den seitlichen Giebelteilen der durch gemalte Pilaster gegliederten Wand. Zum Empfangsgebäude hin waren rechts und links der Uhr in Nischen hinter Balkonbrüstungen die Büsten des regierenden bayrischen Königspaares dargestellt, flankiert von personifizierten Herrschertugenden. „Sub Auspiciis Maximilian II Bavaria Regis MDCCCLVI", wie die Inschrift unterhalb des Zifferblattes besagt[59], war nicht nur der Bahnhof errichtet worden, sondern hiermit wurde auch ein Moment aus dem Zeitkontinuum fixiert.

Auch die gegenüberliegende Giebelwand in Richtung der abfahrenden Züge explizierte seitlich des Rosettenfensters die Zeit, und zwar alte und neue Zeit in der Gegenüberstellung von Postkutsche und Eisenbahn. Letztere wurden flankiert von den Porträts bürgerlicher Erfinder-

54 Mnemosyne 1856, S. 192.

55 Mnemosyne 1856, S. 192.

56 Laut der 1850 vereinbarten „Grundzüge für die Gestaltung von Eisenbahnen" war eine von „haltenden Zügen" aus sichtbare Uhr vorgeschrieben. Vgl. Krings 1981, S. 472.

57 Mnemosyne 1856, S. 191.

58 Zu dem komplizierten Prozeß der Zeitvereinheitlichung, der mit der Einführung von Streckenzeiten für jede Bahnlinie begann, s. Schivelbusch 1979, S. 43–44.

59 Mnemosyne 1856, S. 191.

Ingenieure. Die überlebensgroßen ganzfigurigen Porträts von George Stephenson, dem Erbauer der beweglichen Dampfmaschine, und dem bayrischen Konstrukteur Sömmering, „welcher den ersten Telegraphenapparat unter Anwendung der Electricität konstruiert hat“[60], befanden sich als illusionierte Nischenfiguren in den beiden äußeren Segmenten der Giebelwand. Die beiden stets in einem Atemzug genannten neuen Kommunikationssysteme – Eisenbahn und Telegrafie[61] – hätten nun konsequenterweise zwischen dem Erleuchtung spendenden Rosettenfenster und den beiden Erfinderporträts zur Darstellung gelangen müssen. Indessen erschien im linken Teil zwar die Allegorie der Dampfkraft, im rechten neben Sömmering jedoch eine Postkutsche. Zwar Abb. 98 b wurden die gemalten Torbögen, deren schwarze Binnenfelder Tunneleingänge simulierten, aus denen die zwei unterschiedlichen Gefährte frontal herauskamen, rechts von Telegrafenmasten flankiert, und von hier eilten kleine Merkurgestalten in entgegengesetzte Richtungen davon. Doch blieb diese Anspielung auf die telegrafische Kommunikation ein untergeordnetes Motiv. Aus dem „Tunnel“ selbst kamen „zwei Pferde … hervor und ziehen zwischen arabeskenartig dargestellten Hecken und Stauden den Wagen, gelenkt durch eine weibliche, das Posthorn blasende Figur. Die Harmlosigkeit dieses Verkehrsmittels“ stand dem der linken Seite gegenüber. Hier kam „aus dem Bogen der Dampfwagen hervor“.

> „Flügel an den Rädern deuten auf seine Schnelligkeit. Löwenköpfe auf den beiden Zylinderdeckeln bezeichnen das Unnahbare dieser Maschinerie in Bewegung. Aus dem Dampfkessel mit dem rauchenden Kamin streckt sich die Dampfkraft, personifiziert in einer furienartigen weiblichen Gestalt hervor, die die Kurbelstangen in Bewegung setzt, jedoch durch eine Kette an das Gestell der Maschine gefesselt ist“[62].

Alte und neue Zeit, nicht Dampfkraft und Telegrafie sind also gegenübergestellt. Es liegt nahe, daß Neureuther die inhaltliche Logik der Symmetrie der Dekoration opferte. Die gemalten Tunnelbögen über den äußeren Arkadenbögen der realen Architektur wiederholten deren Proportionen im verkleinerten Maßstab. Insofern fügte sich die Malerei dem Gliederungsprinzip der Architektur ein, ja sie vervollständigte es gewissermaßen. Dieses Verfahren ist typisch für den Architekten Neureuther. Die elektrische Telegrafie, deren Immaterialität und Unanschaulichkeit die Darstellung erschwerte, ließ sich nicht analog zu dem vom personifizierten Dampf getriebenen Eisenwagen verbildlichen, erlaubte also keine Pendant-Darstellung.

Doch nicht nur in Verbindung mit den beiden Erfinder-Porträts erscheint die Gegenüberstellung der aus den Tunneleingängen hervorkommenden Gefährte inkonsequent; ihre scheinbare Analogie erweist sich als vordergründig, ist doch ihr Realitätsgrad vollkommen verschieden und wird allenfalls durch die arabeske Einbindung versöhnt. Während die Postkutsche höchstens durch ihren weiblichen Postillion Anlaß gibt, eine über die Darstellung hinausgehende Bedeutung zu suchen, erscheint die Lokomotive als Symbiose menschlicher, tierischer und technischer Teile. Die äußere Ähnlichkeit ist auf die signifikanten Formen von Kessel und Schornstein beschränkt, die in den klaren Umrissen einer Ingenieurszeichnung erfaßt sind. Alles andere dieser Darstellung läuft auf eine Auslegung dessen hinaus, was genau unterhalb des Bildes sozusagen *live*

60 Mnemosyne 1856, S. 191.

61 Die unabhängig von der Eisenbahn in verschiedenen Ländern gleichzeitig entwickelte Nachrichtenübermittlung durch Elektrizität setzte sich erst mit der Eisenbahn schlagartig durch, indem ein Warnsystem für Notfälle geschaffen wurde. Vgl. Schivelbusch 1979, S. 32 ff.

62 Mnemosyne 1856, S. 191.

zu sehen war, wenn ein Zug in die Halle fuhr. In solcher Konfrontation dürfte sich Neureuthers Bildinszenierung jedoch eher grotesk ausgenommen haben.

Personifiziert wird also das Innenleben der Lokomotive, das eigentliche technische 'Wunder'. Die weibliche Gestalt, in die Formen des Kessels eingeschrieben, ist in ihm gefangen und mit eisernen Ketten an das Gefährt gefesselt. Nur ihre Arme greifen über die Kesselform hinaus und bedienen energisch das Gestänge der Maschine, das die Flügelräder in Bewegung setzt. Diese Personifizierung der Antriebskraft als 'Gott *in* der Maschine' wurde zum Bildtopos, der bis zur Jahrhundertwende in der Gebrauchsgrafik, den Bildpostkarten und der Werbung weiterlebte.

In der Erzeugung der Dampfkraft und ihrer Umsetzung in Geschwindigkeit, die die animalische Antriebskraft überwand, lag das Faszinosum. Dies bildlich darzustellen, erforderte eine Abstraktion von der gegenständlichen Erscheinungsebene, da die technische Seite der Antriebserzeugung selbst im Kessel verborgen lag, nur ihre Wirkung in der Geschwindigkeit des Zuges anschaulich wurde. Geschwindigkeit aber, nur als Raum-Zeit-Korrelation wahrnehmbar, stellte eine Herausforderung für die zweidimensionale Bildkunst insgesamt, nicht allein für die Monumentalmalerei dar. Außerhalb der Vedute und der memorialen Gebrauchsgrafik fand die Eisenbahn nur zögernd Eingang in die Malerei[63]. Menzels kleinformatiges Bild der Berlin-Potsdamer Eisenbahn von 1847 ist drei Jahre nach William Turners ›Rain, Steam and Speed‹ einer der frühesten Versuche, Charakteristika wie die neue Stadt-Land-Beziehung[64] oder die allenthalben als sensationell beschriebene Geschwindigkeit durch eine beginnende Konturen- und Gegenstandsauflösung[65] zur Anschauung zu bringen. Diese Malerei suchte, wie später auch Karikaturen auf den Wahrnehmungsverlust beim flüchtigen Blick aus dem fahrenden Zug, in der *bildnerischen* Abstraktion ein Äquivalent zur Geschwindigkeitswahrnehmung. Der auf Adaptionsträgheit des Auges beruhenden Unfähigkeit, bei schneller Bewegung einen Gegenstand zu fixieren[66], wurde durch eine Dynamisierung des Malprozesses und eine Entgrenzung der Gegenstandsformen entsprochen[67]. In diesen Abstraktionsansätzen kündigt sich erstmals seit der Renaissance die Loslösung von der statischen Ordnung der Zentralperspektive an. Die Monumentalmalerei dagegen, die noch immer Synonym für die vom Kontur bestimmte Form war, beschritt Wege anderer Art, wie das Neureuthersche Beispiel in Würzburg zeigt. Auch hier liegt der Darstellung der Dampfkraft ein Abstraktionsvorgang zugrunde, doch bewegt er sich in entgegengesetzter Richtung: Abstrahiert wird von der sinnlichen Erscheinung zugunsten der Verknüpfung von Zeichen heterogener Provinienz.

63 Eine Zusammenstellung der wichtigsten Bildbeispiele bei Wulf Schadendorf: Das Jahrhundert der Eisenbahn, München 1965; C. Hamilton Ellis: Railway Art, London 1977; Ausst.-Kat.: Zug der Zeit 1985, Bd. 2.

64 Diesen Aspekt behandelt Klaus Schrenk: Industriedarstellungen in der Mitte des 19. Jahrhunderts und Aspekte ihres gesellschaftlichen Charakters, in: Kritische Berichte, 3. Jg., 1975, H. 5/6, S. 13–31 an Menzels ›Berlin-Potsdamer Bahn‹.

65 Zur Geschwindigkeitsumsetzung bei Turner und in der Karikatur zwischen 1840 und 1860 s. Wagner 1985, S. 528–535; zu Turner und den Impressionisten s. Herding 1987, S. 455–457.

66 Die Bewertung der Auswirkungen der Geschwindigkeitswahrnehmung fiel unterschiedlich aus. So fürchtete die Bayerische Obermedizinalkommission, die Geschwindigkeit werde beim Reisenden wie bei demjenigen, der den vorbeifahrenden Zug sieht, „unfehlbar eine Gehirnkrankheit ... erzeugen", s. Treue/Manegold 1966, S. 84. Erste empirische Untersuchungen der Geschwindigkeitserfahrungen stammen von Psychologen in England, s. Wagner 1985, S. 533.

67 Vgl. Anm. 65.

Fessel und Flügel der Dampfkraft

Dem prosaischen „Triumphwagen des menschlichen Geistes"[68], der „Herrschaft über Raum und Zeit"[69] verhieß, sollte also eine seiner epochalen Bedeutung angemessene Darstellungswürde verliehen werden. Zwei Motive treten in Neureuthers Allegorie der Dampfkraft auf, die eine Interpretation des neuen Naturverhältnisses enthalten und die literarisch wie bildlich zum Topos wurden: Zum einen zeigte Neureuthers Gefährt statt der Räder Flügel, womit der Menschheitstraum, *ad astra* zu gelangen, umgemünzt und auf irdische Ziele gelenkt wurde. Das „rollende Flügelrad"[70], in dem Merkurs Tribut an die neue Zeit ebenso enthalten ist wie die Schwerelosigkeit des Vogelfluges[71], wurde nicht nur zum Emblem der Eisenbahn, sondern zum Signet des Jahrhunderts[72].

Zum anderen stellte Neureuther das personifizierte Movens der Eisenbahn als gefesselte Furie dar, womit er auf die durch Unterwerfung erzielten Sklavendienste der Natur verwies. Erst die Fesselung verleiht dem Wagen Flügel.

Der Architekt Gottfried Neureuther war nicht der erste, der den anthropomorphisierten Dampf in Ketten legte und zugleich mit Flügeln ausstattete. Wilhelm Kaulbach hatte schon 1853 Abb. 99
– während er mit der Ausmalung des neuen Museums in Berlin beschäftigt war – in einer „Zeichnung von größerer Ausdehnung"[73] (worunter wohl ein Karton zu verstehen ist) die Dampfkraft als gefesselten Sprößling der Kopulation von Wasser und Feuer dargestellt. Anders als Neureuther bezog er also die Genese der beflügelnden Kraft ein. Die ursprünglichen Verwendungsabsichten der verschollenen Zeichnung, deren Fotoreproduktion heute zur Illustration erotischer „Männerphantasien" dient[74], sind unklar. Jedenfalls entstand die Arbeit nicht – wie jüngst vermutet – als Entwurf für den Nürnberger Industriellen Cramer-Klett[75], für den auch

68 Johann Conrad Fischer: Tagebuch einer im Jahre 1814 gemachten Reise ... nach London ... Fischer beschreibt die Fahrt auf einem der frühen Kohlenzüge, zit. n. TREUE/MANEGOLD 1966, S. 135.

69 „Der Mensch bemächtigt sich immer mehr der Herrschaft über Raum und Zeit" hießt es im „Einladungsprospectus" zur Eröffnung der ersten deutschen Eisenbahnlinie Nürnberg–Fürth 1835, zit. n. TREUE/MANEGOLD 1966, S. 70. Zum Topos der „Vernichtung des Raumes und der Zeit" im 19. Jh., s. SCHIVELBUSCH 1979, Kap. 3. In der Karikatur erscheint häufig Chronos als Wagenlenker, s. FLIEGENDE BLÄTTER, Bd. 43, Nr. 1064; Bd. 26, Nr. 612, PUNCH 1845, S. 188.

70 Max Maria v. WEBER: Vom rollenden Flügelrad, Berlin 1882.

71 Nach Gründung der Reichsbahn konnten die Flügel mühelos zu denen des Reichsadlers umgestaltet werden; in Österreich verfuhr man nach demselben Prinzip mit dem Doppeladler. Vgl. z. B. die Einladungskarte des Vereins deutscher Eisenbahnverwaltungen, Wien 1869 und die meist aus den 70er und 80er Jahren stammenden Einladungs-, Erinnerungs- und Jubiläumskarten der Eisenbahnverwaltungen, Nürnberg, Verkehrsarchiv, Böttinger Slg.

72 So zeigt z. B. das zum Jahrhundertwechsel erschienene dreibändige Werk DAS 19. JAHRHUNDERT, Berlin 1900, als Frontispiz ein über den Erdball rollendes Flügelrad vor der aufgehenden Sonne und einem Regenbogen.

73 Eggers in: BEIBLATT ZUM DT. KUNSTBLATT 1853, Nr. 10, S. 320.

74 Abgebildet bei Klaus TEWELEIT: Männerphantasien, 2 Bde., Reinbek bei Hamburg 1980, Bd. 1, S. 264. Im Anhang ohne Nachweis als „Karton zu einem projektierten Wandgemälde für eine Industriehalle um 1880" ausgegeben.

75 Elke Pflugradt: Maschinenerotik bei van de Velde, Scholz, Klapheck, in: AUSST.-KAT.: NÜTZLICHE KÜNSTE 1981, S. 374, vermutet einen „Karton für ein Fresko", datiert ihn aber um 1859, wohl aufgrund der von Buddensieg im selben Katalog publizierten, 1859 datierten Zeichnung Kaulbachs ›Kampf der Alten und Neuen Zeit‹ (München, Gr. Slg.). Die Skizze, die Baldur, „der die Mitgartschlange bändigt und lenkt", darstellt, wird zu Recht in Verbindung mit Cramer-Klett gesehen. Der Eisenbahnlenker Baldur (= Cramer-Klett) kämpft gegen einen Reiter, der per Inschrift als „Aufseß" ausgewiesen ist, „zweifelsohne Hans Freiherr von und zu Aufseß ... der Gründer des Germanischen Nationalmuseums Nürnberg". Buddensieg fragt, ob der verschollene Karton der ›Erzeugung der Dampfkraft‹ „mit Kaulbachs Skizzen für Cramer-Klett von 1859 in Verbindung stehen (sollte)?" BUDDENSIEG 1981, S. 66, Anm. 44.

Abb. 100 Eugen Napoleon Neureuther, der Bruder des Architekten, ein Industrietableau mit Allegorien der Dampfkraft ausführte[76], sondern schon mindestens vier Jahre früher. Die Darstellung erscheint als direkte Umsetzung des Gedichtes Mythos vom Dampf, mit dessen Autor, Emanuel Geibel, Kaulbach persönlich bekannt war[77]. Schon Friedrich Eggers verwendete in seiner Besprechung der Kaulbachschen Zeichnung im Deutschen Kunstblatt von 1853 Geibels Gedicht als sprachliches Äquivalent[78].

Das Wasser, von Kaulbach als Flußgöttin mit dem traditionellen Attribut der Urne dargestellt, wird vom männlichen „Feuergeist" mit flammender Mähne und Feuerzungen statt der Merkurflügel an den Fersen im „unerhörten Minnespiel" (Geibel) bezwungen. In der traditionellen Rollenzuweisung – passive Flußgöttin, aktiver Feuergott – erscheint die Natur selbst triebhaft. Die wörtlich genommene Erzeugung der Dampfkraft ist im Gedicht als Vergewaltigungsszene vorgeprägt, doch benennt Geibel ausdrücklich den Menschen als Zwingherrn:

„Da fängt in erzgeriebnen Schranken
Der Mensch, der Schöpfung Herr, die zwei,
Daß dienstbar seines Haupts Gedanken
Ihr ungestümes Walten sei.
...
In's Brautbett zwingt er, die sich hassen
Zu unerhörtem Minnespiel.

Und sieh, aus ihrem dunklen Bunde,
Aus Lieb' und Abscheu, Brunst und Kampf
Erwächst in mitternächt'ger Stunde
Das starke Riesenkind, der Dampf"[79].

Der alte Topos von der „Vermählung der Kunst (im Sinne menschlicher Erfindung) mit der Natur"[80] wird neu beerbt, erfährt jedoch zugleich signifikante Modifikationen: Nicht die Kunst verbindet sich mit der Natur, sondern sie erweist sich darin, daß sie die unvereinbaren Elemente zusammenzwingt. Aus der einstigen Liebesheirat wurde nicht nur eine Zwangsverkuppelung, auch das 'Kind' veränderte sich. In den Maschinenbüchern des 17. Jahrhunderts war es der Leib der Kunst, der mit den Wundern der Mechanik schwanger ging und die Maschine als Erlöserin vom Fluch der Menschheit gebar[81]. Zwar pries auch das 19. Jahrhundert die Dampfmaschine als

76 Wagner 1980, S. 12ff.; Buddensieg 1981, S. 54ff.

77 So war Kaulbach z. B. Anfang der 50er Jahre zu einer Festversammlung zu Ehren Geibels geladen, s. Müller 1893, Bd. 1, S. 549. Geibels Gedicht ist abgedruckt in: Emanuel Geibels Werke, 4 Teile in einem Bd., hrsg. von R. Schacht, Leipzig o. J., S. 279–281 (freundlicher Hinweis von G. Wunberg, Tübingen). Es gab schon in den 30er Jahren von anderen Autoren, wie z. B. von J. A. Stumpf, Gedichte desselben Titels (vgl. Kistenmacher wie Anm. 43), doch kommt keines Kaulbachs Darstellung so nahe wie das Geibels.

78 Eggers in: Beiblatt zum Dt. Kunstblatt 1853, Nr. 10, S. 320.

79 Letzter Passus von Geibels Gedicht (s. Anm. 77), den auch Eggers in Beiblatt zum Dt. Kunstblatt 1853, Nr. 10, S. 320, zitiert.

80 Georg Philipp Harsdörffer schrieb den *Hymenaeus artis et naturae coniugio* als Einleitung zu Kaspar Schotts Magia Optica, Bamberg 1671, s. Stöcklein 1969, S. 33. Dort weiteres zum Maschinenbegriff des 16. und 17. Jahrhunderts.

81 Stöcklein 1969, S. 33 behandelt weitere biblische und antike Leitbilder, mit denen die Maschinenkunst gerechtfertigt wurde; zur Relativierung des „Sieges über die Natur" und die in die Maschine gesetzten Paradieserwartungen durch Bacon ebd., S. 33ff.

Salvator Mundi[82], doch war der apologetische Charakter offensichtlich, denn die 'Erlösung' traf nur den unternehmerischen Teil der Welt. Von der sozialen Problematik ließ sich aber gerade in der allegorischen Darstellung abstrahieren.

In den Monumentaldarstellungen ging es um den Nachweis jener 'Kunst', die in der Verkuppelung der Elemente und der Bändigung des illegalen Zwitterwesens liegt, das die Natur selbst entbindet. Bei Geibel heißt es über das erzwungene „Riesenkind" aus Wasser und Feuer:

„Wo der Mensch von Eisenschienen
sein unabsehbar Netz gespannt,
Da muß in hartem Fron er *dienen*,
Ein Herkules in Knechtsgewand"

Bildliche Gestalt gewinnt dieses 'Kind', das sich in Kaulbachs Zeichnung hinter der wilden Feuer-Wasser-Liebschaft aus Dampfwolken herausbildet, in einem sich dynamisch aus der Bildtiefe nach vorn bewegenden Jüngling. Mit seinen 'herkulischen Gliedern' und Fledermausflügeln scheint er von Luca Signorellis Höllendämonen inspiriert zu sein[83]. Seine sich aus den Dampfwolken nur schemenhaft herauslösenden 'Geschwister' – offenbar weiblichen Geschlechts – stürzen dagegen als Regentropfen ins Wasser zurück. Während der aus der Art geschlagene Dampfsprößling Rauchwolken ausstößt, bewegen sich seine raumgreifenden Gliedmaßen wie ein rhythmisch rotierendes Gestänge. Trotz seiner fest konturierten Körperlichkeit erscheint er schwerelos, getragen von den weit ausgespannten Fledermausflügeln. Seine Kraft und seine Dynamik werden durch eiserne Fußfesseln auf ein Eisenrad übertragen, das er durch die dem Antriebsgestänge einer Lokomotive nachempfundenen Bewegungen von Armen und Beinen antreibt. Weiter noch als in Neureuthers Würzburger Fresko sind hier die technisch-gegenständlichen Formen der Eisenbahn reduziert. Lediglich das eiserne Rad ist als signifikanter Rest übrig geblieben. Die Fessel als Bildmetapher des Transmissionsriemens überträgt die Eigenschaften des Naturkindes auf das Eisenrad. Sie bewirkt, daß sich der flüchtige Dampf zur Form verdichtet, sich nicht wie die übrigen anthropomorphisierten Dampfwolken wieder in Wasser auflöst. Die Fesselung bzw. die Gefangensetzung des Dampfes war Ausdruck des neuerlichen Sieges über die Natur. An ihm sollten sich alle gesellschaftlichen Gruppen beteiligt fühlen. Die in Frondienste genommene Natur, der unerschöpfliche Sklave, schien im Dienste aller zu stehen und war von daher für öffentliche Monumentalmalerei geeignet.

Abb. 99
Abb. 98

Als der Bruder des Architekten Neureuther, Eugen Napoleon, 1858 anläßlich des 10jährigen Bestehens der Maschinenfabrik Cramer-Klett in Nürnberg das Bild eines kleinen Industriekosmos aus Arbeitsdarstellung, Industrielandschaft und Industrieallegorie im Unternehmensauftrag schuf[84], war die Bildfindung der Dampfkraft von entscheidender Bedeutung. Ihre allegorische Darstellung – als Relief des Treppenaufganges gefaßt – nimmt an signifikanter Stelle in der Bildachse denjenigen Punkt ein, der in der Arabeske den Ursprung bezeichnet[85] und hier zum

Abb. 100

82 So z. B. die Priv. Schlesische Zeitung vom 3. 1. 1844, die durch den Einsatz der „Maschinenkräfte" ausgerechnet den schlesischen Webern eine Verbesserung ihrer Lage verspricht; vgl. Ausst.-Kat.: Nützliche Künste 1981, S. 98, Anm. 9.

83 Freundlicher Hinweis von Klaus Schwager, Tübingen. Vgl. das Fresko ›Die Taten des Antichrist‹ in der Briziuskapelle des Domes von Orvieto mit einem geflügelten Teufel in ähnlich raumgreifender Haltung.

84 Wagner 1980, S. 13 ff.; Buddensieg 1981, S. 59 ff.

85 Busch 1985, S. 125 ff. Für die vorab gewährte Einsicht in das Manuskript danke ich dem Autor.

Motor des Gesamtbildes wird. Wie die Skizzen zeigen, stand die Darstellung der Genese des Dampfes aus Feuer und Wasser durch Nixen, die aus ihren Urnen Wasser in die Flammen gießen, von vornherein fest. Wie aber der – Kaulbachs Zeichnung ähnliche – aus Wolken Gestalt gewinnende Dampf zur Antriebskraft der Fabrik werden sollte, entwickelte sich erst nach einigen Versuchen.

In der vermutlich frühesten Skizze[86] reckt er seine Glieder vor den Speichen des Rades, in einem zweiten Entwurf[87] ist er dem Gefangenen einer Tretmühle vergleichbar, indem er das Rad durch den Griff in die Speichen immerfort weitertreiben muß. Im ausgeführten Bild schließlich erscheint er als blinder vielarmiger Riese, der, hierin der vom Bruder entworfenen weiblichen Dampfpersonifikation im Würzburger Bahnhof vergleichbar, in jener Kreisform, die zugleich Gewölbe ist, gefangen sitzt. Er füllt sie völlig aus und droht, sie fast zu sprengen. Das angetriebene Rad, nun seinerseits mit Flügeln ausgestattet, erscheint in der Bildebene darüber und wird durch Transmissionsriemen in die Werkstätten verlängert, wo unzählige Arbeiter in Reih und Glied an den solchermaßen angetriebenen Maschinen arbeiten. In dieser unternehmerischen Perspektive ist der gefangene Dampfriese via Maschine Disziplinierungsfaktor für das Heer der Arbeiter in den Werkstätten. Beherrscht wird er durch die Ingenieure des Unternehmens, die ihn auf dem Treppenaufgang flankieren.

Im Unterschied zum Einsatz der Dampfmaschine in den Fabriken stand ihre Verwendung für die Lokomotive im Dienste einer uneingeschränkten Öffentlichkeit. Einem jeden – sofern er zahlen konnte – verfügbar, ließ sich die Eisenbahn als *pars pro toto* einer demokratischen Technik propagieren. Dafür war der Bahnhof der gegebene Ort. Wie die Beispiele zeigen, wurde auch hier nicht auf das potentiell bedrohliche Moment der zusammengezwungenen Elemente verzichtet. Auf die Ambivalenz von Beherrschung und Bedrohung, die in der vergleichbaren sprachlichen Metaphorik zur Bezeichnung der durch menschlichen Erfindungsgeist in die Sklavenrolle gedrängten Naturkraft steckt, ist schon mehrfach hingewiesen worden[88]. Dolf Sternberger hat in seinem inzwischen berühmt gewordenen „Panorama"-Buch von 1938 literarischen Beispielen aus dem letzten Drittel des 19. Jahrhunderts ein einleitendes Kapitel gewidmet[89]; demgegenüber blieb die bildende Kunst bisher unbeachtet. Das von Bloch als „Tierbändigerstandpunkt" bezeichnete kapitalistische Naturverhältnis[90], das die Gefahr in sich birgt, ein Frankensteinsches Monster zu erschaffen, das seinen Schöpfer vernichtet, wurde auch in der Bildkunst mitreflektiert, die Bedrohung jedoch zugleich entkräftet.

Die „Gewalt der Dämpfe" erklärt sich erst, „wenn man weiß, daß das Wasser in Dampfgestalt ... 1470 mal größeren Raum einnimmt" und „unglaubliche Wirkungen hervorgebracht werden ..., wenn die Dämpfe in einem engen Raum eingeschlossen werden, um durch ihre Ausdehnung jeden Widerstand zu besiegen"[91]. Eine drohende Katastrophe wurde als erhabenes Ereignis ständig mitbeschworen und führte schon angesichts des ersten Dampfschiffs auf dem Rhein zur Reflexion über das zerstörerische Potential der Dampfkraft: „Lissabons und Kalabriens

86 E. N. Neureuther: Entwurf zum Cramer-Klett-Bild, 29,2 × 45,2 cm, München, Staaatl. Gr. Slg., Inv. Nr. 1919:12; vgl. auch eine weiter ausgeführte Zeichnung ebd. Inv. Nr. 1919:13.

87 E. N. Neureuther: Entwurfsfragment zum Cramer-Klett-Bild, 49,7 × 97,7 cm, München, Stadtmus., MA IV, 1615/23.

88 Vgl. Fisher (wie Anm. 41).

89 Sternberger (1938) 1974, S. 23 ff.

90 Ernst Bloch: Das Prinzip Hoffnung, 3 Bde., Frankfurt 1985[5], Bd. 2, S. 813.

91 Kölner Ztg. vom 13. 7. 1816 über das erste Dampfschiff auf dem Rhein, zit. n. Treue/Manegold 1966, S. 95.

Zerstörung, die Ausbrüche der Vulkane sind Beweise, welche uns über die Allgewalt des Wassers, wenn es sich mit dem Feuer gattet, mit Grauen erfüllen"[92]. Wach gehalten und aktualisiert wurde die latente Furcht vor der Selbstbefreiung des Dampfes durch Berichte über Kesselexplosionen in Fabriken und Lokomotiven während des gesamten 19. Jahrhunderts. Auch Geibel warnt in seinem Gedicht mit apokalyptischen Visionen vor jenem Tag, an dem die Nachkommen der vergewaltigten „alten Götter der Natur" die Fesseln sprengen und sich am Menschen rächen[93]. Kaulbach, der sich aller Wahrscheinlichkeit nach von Geibels Gedicht anregen ließ, hat diesen Aspekt jedoch nur in der Fesselung des geflügelten Heros angedeutet. Eggers berichtet von der Absicht des „unerschöpflichen Kaulbach", „eine Reihe solcher Darstellungen zu schaffen, welche phantastischer Weise das Walten der Naturkräfte, ihr urfreies sowohl, wie ihr vom Geist beherrschtes veranschaulichen sollen"[94]. Obwohl es keine Anhaltspunkte gibt, daß Kaulbach noch weitere Entwürfe angefertigt hat, und offen bleiben muß, was der geschäftstüchtige Künstler damit vorhatte, ist kaum anzunehmen, daß er jene Katastrophenvorstellungen Geibels hatte explizit gestalten wollen. Wenn Kaulbach – was die kartonartige Zeichnung nahelegt – an eine monumentale Umsetzung dachte, kam für die Thematik nur ein Bahnhof in Betracht. Die Auftraggeber, die staatlichen Behörden oder auch die Eisenbahngesellschaften, konnten aber an keinen Katastrophen, sondern einzig an einem Sieg über die Natur interessiert sein. Gerade der aber erwies sich in dem gefahrvollen Unterwerfungsakt einer dynamischen Natur; die gemeisterte Gefahr diente dem Nachweis ingenieurtechnischen Ingeniums. Die Fesseln der unterworfenen Elemente und damit auch die Möglichkeit ihrer Sprengung deuten jene Ambivalenz an, die zum Reflexionshorizont gehörte, um die technische Leistung um so bedeutender hervortreten zu lassen. Abb. 99

Als mythischen Kampf zwischen ungebändigten und kontrollierten Naturkräften beschrieb Kaulbach auch das unmittelbare Erlebnis einer Eisenbahnfahrt bei Gewitter, das offenbar zur Beschäftigung mit dem Thema bzw. dem Gedicht Geibels beigetragen hat. In einem Brief an seine Frau heißt es 1852, während er mit den Arbeiten am neuen Museum beschäftigt war, nach einer seiner Pendelfahrten zwischen München und dem Berliner Arbeitsplatz:

92 Kölner Ztg. vom 13.7.1816, zit. n. Treue/Manegold 1966, S. 95.

93 „Wenn ihr dereinst in Eisenbande
Des letzten Eilands Wildnis schlugt,
Wenn prunkend ihr durch alle Lande
Die Fackel stolzer Weisheit trugt,
Wenn dann von euren Königssesseln
Ihr greifet nach des Himmels Schein:
Dann springen jählings unsere Fesseln
Dann bricht der Tag des Zorns herein.

Dann wird des Vaters Krone blitzen,
Und jeder Blitz ein Weltenbrand;
Dann wird bis zu der Berge Spitzen
Die Mutter ziehn ihr Schaumgewand;
Dann will ich selbst auf freier Schwinge
Durchs All, Zerstörung brausend, wehn,
Und überm Trümmersturz der Dinge
Aufjauchzen und ins Nichts vergehn."
Zit. n. Geibels Werke (wie Anm. 77), S. 281.

94 Eggers in: Beiblatt zum Dt. Kunstblatt 1853, Nr. 10, S. 320.

„Bald begann der Kampf mit den himmlischen Mächten: Schlag auf Schlag, Blitz auf Blitz schleuderte eine gewitterschwere Wolke auf die andere. Ja, es war, als wollte der uralte Kampf zwischen Göttern und Titanen sich wiederholen – und der Dampfwagen eilte unaufhaltsam ... immer weiter und weiter – es war herrlich! herrlich! unvergeßlich – so kämpfen nur Götter“[95].

Typischerweise drückte Kaulbach, für den Natur als Landschaft überhaupt keine Rolle spielte, seine unmittelbaren Sinneseindrücke als mythisches Kampfgeschehen aus, in dem bezeichnenderweise die alten Götter den neuen, olympischen unterliegen. Die Bedeutung des Siegers erweist sich erst an der Stärke des Gegners. Die Kraft der künstlich komprimierten Elemente Wasser und Feuer potenziert sich im gefesselten Dampf, der sich gegenüber der Elementargewalt der Natur als überlegen erweist. Die alles überwindenden Flügel gewinnt er erst durch die Fesselung. Beide bedingen einander.

In den allegorischen Konstruktionen formulierten die Bahnhofsmalereien Topoi zur Bewältigung und Akzeptanz des Industrialisierungsschubes. In ihnen ließen sich – wie es die Illustrierte Zeitung 1862 nannte – „die Gedanken der Neuzeit“ als Sieg über die Natur ausdrücken und die Errungenschaften „zum zweiten mal zum Gemeingut der Menschheit machen“[96].

Statt Kaulbach selbst war es sein Schüler und langjähriger Gehilfe bei den Arbeiten am weltgeschichtlichen Zyklus im Berliner Museum, der Historienmaler Michael Echter, der den Auftrag für die Monumentalausstattung eines Bahnhofs erhielt und sich dabei von Kaulbachs gefesselter Dampfpersonifikation anregen ließ.

3. München: Naturunterwerfung und Völkerverbindung durch Handel

Nachdem Friedrich Bürklein seinen vielbeachteten Münchner Bahnhofsbau von 1847–49 in den Jahren 1858–60 erweitert hatte, erhielt Echter auf „Veranlassung Bürkleins“[97] den Auftrag für ein relativ umfangreiches Ausstattungsprogramm mit monumentalen Fresken, die trotz der
Abb. 103–106 späteren Umbauten bis zur Zerstörung des Bahnhofs im 2. Weltkrieg erhalten blieben[98]. Aufgrund zahlreicher Holzstiche, einiger Fotos sowie zweier Gouache-Entwürfe und einer Reihe von
Abb. 101, 102 Reinzeichnungen[99] läßt sich das Programm rekonstruieren. Nach Ausführung von vier Friesen (s. u.) in den beiden Durchgängen zur Bahnsteighalle im Jahr 1861 folgten im Jahr darauf an der Ostseite der gewölbten Einsteighalle, über den Durchgängen zum Empfangsgebäude die
Abb. 104, 106 Personifikationen der Dampfkraft und der Telegrafie. Im Unterschied zu Neureuthers Würzburger Bahnhof wurde die gegenüberliegende Giebelwand, die auch hier ein Rosettenfenster

95 Zit. n. Dürck-Kaulbach 1918, S. 306. Interessanterweise wird von Turner ein ganz ähnliches Fahrterlebnis kolportiert, um seine Gegenstandsauflösung in dem Bild ›Regen, Dampf und Geschwindigkeit‹ zu erklären. Vgl. John Gage: Rain, Steam and Speed, London 1972, S. 16.

96 Ill. Ztg., 27.12.1862, S. 465, im Zusammenhang mit Michael Echters Allegorien der Eisenbahn und Telegrafie im Münchner Bahnhof (s. u.).

97 Marggraff 1908, S. 286. Zu Bürkleins Bahnhofsbau vgl. Süss 1954, S. 12–16.

98 Beim Erweiterungsbau wurde 1884/1885 die Abnahme der Fresken und ihre Übertragung in den neuen Bahnhof erwogen. Dies erübrigte sich jedoch, als Bürkleins Bau in großen Teilen erhalten blieb. Vgl. Praktisch- und chemisch-technische Mitteilungen für Malerei 1884/1885, H. 1/2, S. 3.

99 Die beiden Gouache-Entwürfe, je ca. 19x26,5 cm, befinden sich in der Böttinger-Slg. des Nürnberger Verkehrsarchivs; die Reinzeichnungen der Friese im Münchner Stadtmus., Maill. Slg.; Holzstiche in: Ill. Ztg., 27.12.1862, S. 465.

zeigte[100], nicht in das malerische Programm einbezogen. Dem Rosettenfenster korrespondierte auf der gegenüberliegenden Wand wiederum die Bahnhofsuhr. Sie wurde von einem weiblichen, nach beiden Seiten Lorbeerkränze austeilenden Genius getragen. Rechts und links davon waren zwei lünettenförmige Wandfelder unterhalb des Tonnendachs ausgegrenzt, in denen sich die Allegorie der Dampfkraft und der Telegrafie gegenüberstanden.

Es war Kaulbachs 'Dampfkind', das links der Uhr die Zentralfigur bildete. Die Blöße nun mit einem wallenden Tuch bedeckt und die dämonischen Fledermausflügel, die in dem kleinen Gouache-Entwurf noch zu sehen sind, zu engelhaft gefiederten umgebildet, stand diese Personifikation der Dampfkraft allerdings in einem anderen Kontext. Nicht ihre Genese aus Wasser und Feuer, sondern ihre geschichtliche Wirkung wurde thematisiert: Die Dynamik der Eisenbahn durchbricht die Zollschranken. Abb. 99 Abb. 104 Abb. 103

Während im Entwurf die dampfschnaubende Figur aus der Raumtiefe herabstürzt, was nicht den Eindruck linearer Bewegung vermittelt, hat sich Echter in der Ausführung eng an Kaulbachs Zeichnung orientiert. Noch stärker als dort wird die raumgreifende Horizontalbewegung durch Verkürzung dargestellt. Die Gliedmaßen signalisieren die stoßende Bewegung des Lokomotivgestänges. Wiederum ist der Dampf-Jüngling mit eisernen Zwingen gefesselt, diesmal an beiden Armen. An ihnen sind Zügel befestigt, die eine hoch aufgerichtete Frauengestalt, die sich von ihm tragen läßt, hält. In der Nürnberger Gouache hat sie zusätzlich ihren Fuß auf den Nacken des Dampfdämons gesetzt, damit das Moment der Knechtschaft betonend. Sie trägt im Fresko einen Herrschaftsstab mit dem Signet der Eisenbahn, dem geflügelten Rad, und auf ihrem Haupt formieren sich schlangenartige Locken zu einem Diadem. Minerva als diejenige Göttin, die im 19. Jahrhundert vorzugsweise als Beschützerin von Industrie und Handel auftritt, hat diesen neuen Pegasus fest im Griff. Abb. 103 Abb. 104, 99

Durch das Eisenbahnemblem wird Minerva zugleich zur Personifikation der Eisenbahn selbst, sozusagen zum statischen Gehäuse für die Dynamik der Dampfkraft. Es läßt sich hier – wie in vielen Personifikationen des 19. Jahrhunderts – kaum eindeutig sagen, ob der neue Kontext nun Minervas Aufgaben erweitert oder die alte Göttin in eine neue Personifikation transformiert. Soviel jedoch läßt sich feststellen, daß das aus zwei Figuren bestehende Gefährt einen beherrschten, d. h. gefesselten und einen herrschenden, d. h. lenkenden Teil aufweist.

Das groteske Gespann bricht in seiner dynamischen Bewegung durch eine Zollschranke, die unter ihm zersplittert. Dabei ist der 'alte Zopf', der Zolleinnehmer, mit seiner längst überholten Allongeperücke samt Tintenfaß zu Fall gekommen. Eingeklemmt in das spitzwinklige Dreieck, das ihm die Hälfte der durchbrochenen Barriere und die Begrenzungen des Bildfeldes lassen, muß er zusehen, wie „Thorzettel und Wanderbuch, Reisepaß und Controllregister, seines Lebens höchste Ideale, vor seinen bebrillten Augen in alle Winde zerstreut werden", wie es im Erläuterungstext zu den im Holzstich reproduzierten Fresken in der populären Illustrierten Zeitung aus dem Entstehungsjahr heißt[101]. Dieser 'trockene Pedant', die Verkörperung der alten Zeit, war in der liberalen Ära nach 1859 insofern von aktueller Bedeutung, als die Frage des Freihandels kontra Schutzzollpolitik durch die Auseinandersetzungen zwischen Preußen, Österreich und den Mittelstaaten im Zollverein akut war (1862 stimmte der deutsche Handelstag in München mehrheitlich für Preußens Freihandelsforderung). Damit verknüpft waren die von verschiedenen 'Handelsständen' erhobenen Forderungen auf ein allgemeines deutsches Eisenbahngesetz[102]. Abb. 104

100 Zur Bahnsteighalle s. Süss 1954, S. 37 ff.
101 Ill. Ztg., 27. 12. 1862, S. 465.
102 Vgl. Thomas Nipperdey: Deutsche Geschichte 1800–1866. Bürgerwelt und starker Staat, München 1983, S. 713 f.

Den zu erwartenden Segen verdeutlichen in Echters Fresko die begleitenden Putten: Während der linke Putto, mit der Axt ausholend, das Niederreißen der Grenzschranken bekräftigt, schüttet der rechte, in der Gefolgschaft der Eisenbahn-Minerva, sein Füllhorn aus: Reichtum infolge der durch die Eisenbahn aufgehobenen Zollschranken.

Formal wie inhaltlich ist auch der überwundene Bürokrat des Echterschen Freskos einer Gestalt Kaulbachs nachempfunden, die im Wandbild der ›Bekämpfung des Zopfes durch Künstler und Gelehrte unter dem Schutze Minervas‹ am Außenbau der Neuen Pinakothek den Akademismus in der Kunst verkörperte[103]. Auch hier leistet Minerva als Protektorin der Künste Schützenhilfe, allerdings für die Künstler, die zur Befreiung der von der alten Kunst gefangen gehaltenen Grazien angetreten sind.

Diese versatzstückhafte Integration Kaulbachscher Bruchstücke in einen neuen Kontext entspricht jener allegorischen Intention, die durch plakative Figurationen Bedeutsamkeit postuliert, aber weder auf einen historischen Handlungszusammenhang rekurriert, noch szenische Geschlossenheit anstrebt. Trotzdem bleibt die *message* nicht beliebig. Auf diese Art der Schrankenüberwindung konnte sich eine breite Öffentlichkeit, vor allem aber Handel und Gewerbe einigen. Nicht Völkerverbindung, auch nicht nationale Einheit, wie sie die politische Metaphorik der sozialistischen Agitationsgrafik verhieß, war hier bedeutet, sondern Handelsfreiheit. Bei dieser Allgemeinheit der Aussage konnten prägnante und bekannte Vorformulierungen für den Zweck der monumentalen Dekorationsmalerei an einem Ort wie dem Bahnhof als Durchgangsstation für ein breites Publikum nur willkommen sein.

Als Versatzstück lebte Echters gefesselter und geflügelter Dampf in der Gebrauchsgrafik weiter. Nach der Reichseinigung, als es keine Zollschranken mehr einzureißen gab, erschien er neben einem Arsenal von Bruchstücken wie Paketen, Briefen, einem geflügelten Zahnrad usw. z. B. auf einer Einladungskarte des Münchner Vereins der Verkehrsbeamten[104].

Als Pendant zur Dampfkraft war das Fresko links der Uhr dem zweiten, erst durch die Abb. 106 Eisenbahn zur praktischen Anwendung gelangten Kommunikationssystem, der Telegrafie[105], gewidmet. Auf sie hatten im Würzburger Bahnhof nur winzige Merkurgestalten und das Porträt Sömmerings verwiesen. Bis dato gab es offenbar keine Vorbilder, diesen unsichtbaren Mechanismus zu verbildlichen. Die Schwierigkeiten, das auf Elektrizität beruhende Nachrichtensystem darzustellen, waren noch erheblich größer als bei der Dampfkraft, deren noble 'Eltern' zu den Elementen zählten und dem 'Sprößling' von daher zumindest Dynamik mit auf den Weg gaben. Die Telegrafie war immateriell wie die „Hausse“ und die „Baisse“, deren Personifikationen Jacob Burckhardt in sarkastischer Überspitzung der Allegorisierungswut des späten 19. Jahrhunderts vorschlug, an den Börsen anzubringen, seien sie doch wie die „Dämonen des Kraches“ deren „eigentliche Abstracta“[106]. Sie gehörte zwar in der Gebrauchsgrafik der 80er und 90er Jahre zu

103 Der am Boden liegende Vertreter der Zopfzeit, durch Porträtzüge als G. de Lairesse, Inbegriff des Akademismus, ausgewiesen, wird von den Nazarenern, die Pegasus für sich gepachtet haben, überrannt. Von der anderen Seite nahen die Klassizisten unter dem Schutze Minervas zur Befreiung der Grazien (Ölskizze, München, Neue Pinakothek). Innerhalb des Freskenzyklus an der Neuen Pinakothek stand diese Szene am Anfang und bezeichnete die Situation, die Ludwig I. als Kunstförderer vorfand. Vgl. KAT.: NEUE PINAKOTHEK MÜNCHEN, München 1981[3], WAF 409, S. 152; MITTLMEIER 1977, S. 49–62; BUSCH 1985, S. 114–125.

104 Einladungskarte zum Gründungsfest des Vereins Verkehrsbeamter München, 16. 2. 1876, Nürnberg, Verkehrsarchiv, Böttinger-Slg. Noch 1884 verkörpert diese Mensch-Technik-Symbiose – nun in eiserner Rüstung von Merkur domestiziert – die Eisenbahn, s. A. v. SCHWEIGER-LERCHENFELD: Das eiserne Zeitalter, Wien usw. 1884.

105 Vgl. SCHIVELBUSCH 1977, S. 32ff.

106 BURCKHARDT (1887) 1959, S. 324.

den beliebtesten Personifikationen, doch mußten zunächst einmal charakteristische Attribute gefunden und Bildvorstellungen geprägt werden. Echters Telegrafie zeige, so die Illustrierte Zeitung, daß „trotz allem Jammer über die trockene Prosa unserer Tage eine unglaubliche Fülle von Poesie im modernen Leben" enthalten sei, die „blöden Augen verborgen" bleibe, vom Künstler aber nur entdeckt zu werden brauche. „Wer freilich im Locomotiv nichts weiter sieht als ein System von Hebeln, im elektromagnetischen Telegraphen nichts als Kupferdrähte und Walzen, der wird schwer von der Richtigkeit unserer Behauptung zu überzeugen sein." Um so größer sei daher das Verdienst Echters, „die breitgetretenen Wege des Hergebrachten und Vorgedachten verlassen zu haben"[107].

Diese Wertung bezog sich auf den bedeutenden Inhalt, kaum aber auf die äußerst konventionelle Figuration. Die Schwierigkeit, eine derart abstrakte Technologie sinnfällig zu personifizieren, zeigt sich auch in Echters Unsicherheit, welches Geschlecht der insgesamt als 'männlich' begriffenen Technik mit dem weiblichen Genus bildlich zukomme. Bricht als Zentralfigur in dem Nürnberger Gouache-Entwurf der Oberkörper einer gigantischen Jünglingsgestalt aus den Abb. 105
aufgetürmten Felsen, so ist es im Fresko der ebenso mächtige Oberkörper einer nackten Frau. Abb. 106
Für diese Änderung dürfte weniger der Genus in der Sprache ausschlaggebend gewesen sein als vielmehr – neben dem höheren Attraktionswert des weiblichen Oberkörpers – die 'sanftere' Technik des elektrisches Stromes gegenüber der Dampfkraft[108]. Beide stets in einem Atemzug genannten Kommunikationssysteme der modernen Industrie konnten so als Paar auftreten. Jedenfalls blieb auch in der Folge die Personifikation der Dampfkraft männlich, die der Telegrafie weiblich.

Die nach beiden Seiten horizontal ausgespannten Arme der Zentralgestalt werden von zwei zwergenhaften Bergleuten gestützt. Der Kontur der weiblichen Figur wird von züngelnden, flammenartigen Formen begleitet, die sich in den emporfliegenden Haarlocken fortsetzen. Von den Fingern ihrer linken Hand formieren sich die vorher divergierenden Linien zu einem geordneten 'Strom', der in halbkreisförmigem Bogen zur rechten Hand führt. Die mit Hilfe der Heinzelmännchen-Arbeiter entbundene Naturkraft findet ihre Anwendung in dem sich entlang des Bogens tummelnden Puttenreigen. Empfänger und Sender dieses „der malerischen Behandlung so mächtig widerstrebenden Apparat(es)"[109] bestehen aus zwei weiblichen Gestalten in zeitlosen Gewändern, die durch Abgründe voneinander getrennt an den äußeren Bildrändern sitzen. „Die linke flüstert dem ersten der fünf reizenden Knaben etwas ins Ohr, während der letzte derselben die Botschaft der Frauengestalt zur Rechten überbringt"[110]. Diese ist dabei, die empfangene Botschaft auf einen Papierstreifen zu notieren.

107 ILL. ZTG., 27.12.1862, S. 465.

108 Für die Personifikationen moderner Technik scheint insgesamt das männliche bzw. weibliche Image des Bezeichneten ausschlaggebend gewesen zu sein. Dabei dürfte auch eine Rolle gespielt haben, ob in dem jeweiligen Bereich vorwiegend Männer oder Frauen beschäftigt waren. BLÜMNER 1881, S. 82 konstatiert zwar, daß „in Folge der Eigenthümlichkeit ... aller Sprachen" die „Mehrzahl der abstracten Begriffe weiblichen Geschlechts" sei, folglich „auch die überwiegende Zahl der Allegorien Frauengestalten sein müssen". Er sieht aber „Übelstände" dort, wo Traditionen fehlen. Hier „verfahren die Künstler meist nach Belieben." Für die Mehrzahl der technischen Neuschöpfungen standen sprachlich mehrere Begriffe mit unterschiedlichem Genus zur Auswahl: der Strom, die Telegrafie, der Dampf, die Dampfkraft usw. Auch die Dampfkraft war in Neureuthers Würzburger Bahnhofsfresko weiblich, später wurde sie ausschließlich männlich dargestellt. Ganz offensichtlich setzte sich das Image des Bezeichneten, unabhängig vom Genus, durch.

109 ILL. ZTG., 27.12.1862, S. 465.

110 ILL. ZTG., 27.12.1862, S. 465.

Das Raum überspannende Kommunikationssystem der elektrischen Telegrafie, das sich unmitttelbar sinnlicher Anschauung entzieht, wird also in einem additiven Verfahren, sozusagen in der Sukzession seiner Funktionsabschnitte personifiziert. Diesem Ablauf korreliert der Prozeß der Entschlüsselung.

Technik jedenfalls hat in diesen Darstellungen nichts mit ihrer Entstehung durch zeitgenössische Arbeit zu tun. Allenfalls die mittelalterlich anmutenden Heinzelmännchen[111] übernehmen Geburtshilfe bei dem Versuch der aus dem Schoß der Erde hervorbrechenden Personifikation, ihre Arme erdumspannend einzusetzen. Bildnerisch gesehen wurde in diesem additiven Verfahren die allegorische Arabeske ins Monumentale übertragen. Thematisch aber war der Sachverhalt umgekehrt. Die Monumentalmalerei entwickelte zuerst das Repertoire einer personifizierten Technik. Von hier gelangten die Gestalten in den populären Verwendungszusammenhang der Gebrauchsgrafik, wo sie dann häufig in die Ornament-Groteske eingebunden wurden.

Schlüssiger, weil als arabesker Reigen inszeniert, fiel die Dekoration der beiden Durchgänge zu den Bahnsteigen aus. In jedem der beiden Gänge befanden sich je zwei 10 m lange, 1 m hohe Friese, die Eisenbahn und Telegrafie als internationale Kommunikationssysteme zur Gewerbeförderung darstellten[112]. In der südlichen Durchfahrt standen sich die Verbindung von Nord und Süd und von Ost und West gegenüber. Die Mitte eines jeden Frieses wird von der einem Rankenornament entwachsenden Sphinx gebildet. Ihrem gekrönten Haupt entspringt ein geflügelter Genius. Dieser Sphingengenius hält ein nach beiden Seiten sprühendes Blitzbündel als Zeichen für die elektrische Telegrafie in seinen Händen. Von beiden Seiten kommend, reichen sich zwei symmetrisch angeordnete Idealgestalten die Hand. Lorbeer im Haar, ein Horn am Gürtel und auf dem Gewand das Flügelrad, wenden sie den Kopf entgegen der Körperrichtung, um mit der anderen Hand eine lange Reihe von Vertretern verschiedener Regionen und Völker nach sich zu ziehen. Wie im Entwurf der Dampfkraft die Minerva halten die Idealgestalten mit dem Knie einen dampfschnaubenden Drachenkopf nieder. Sein Körper – unterstützt durch arabeske Ranken – bildet die Ornamentform einer Schlangenlinie, durch die die verschiedenen Gruppen verbunden werden. Die Rhythmik dieser wellenförmigen Bewegung ordnet die Figuren, die Produkte ihrer Region, den Wein vom Rhein, die gemästete Gans oder die erlegte Gams, mit sich führen: eine vergleichsweise archaische Ausdeutung des Warenmarktes. Die pittoresken Trachtenbüchern entnommenen Gestalten, der bacchantische Rheinländer, der derbe Gamsjäger, der Türke und der Grieche, sind friedlich durch die Eisenbahn-Schlange verbunden.

Abb. 101, 102

Der Fries endet rechts mit einer Rankenrocaille, in der ein Türke seinen Mokka nimmt, während ein offenbar noch nicht an die Eisenbahn-Schlange angeschlossener Afrikaner neugierig durch die Blätter der Ranken lugt. Ihm korrespondiert als Abschluß der linken Friesseite ein wartendes Indianerpaar.

Nach demselben Schema sind im gegenüberliegenden zweiten Fries wiederum verschiedene durch Trachten kenntliche Völkergruppen miteinander verbunden, wobei ein Eskimo und ein Chinese die abschließenden Gruppen bilden.

111 Im Entwurf sind die Arbeiterfiguren durch ihre Kleidung, besonders die Mützen, die jedoch in der Ausführung fehlen, als mittelalterliche Bergleute ausgewiesen.

112 2 Entwürfe, Feder, je 11,5 × 87 cm, München, Stadtmus. Z 1442, Z 1443; 2 Bleistiftpausen mit Übertragungsraster, je 5 × 43 cm, München, Stadtmus. Z 1444, 1–2; vgl. auch Praktisch- und chemisch-technische Mitteilungen für Malerei 1884/1885, H. 1/2, S. 3; Süss 1954, S. 56.

Der feuerspeiende Drache, der hier als harmloses Ornament auftritt, hat offenbar keine weitere Verbreitung in der Monumentalmalerei gefunden, war jedoch ansonsten eine der verbreitetsten Metaphern für die Eisenbahn, und zwar in Wort und Bild. Der Drache als Inbegriff einer dämonischen Natur wurde sowohl als Charakterisierung einer alle Lebensverhältnisse zerstörenden neuen Maschinerie[113] als auch im Sinne einer neuen Herrschaft über das Chaos verwendet. Mit der Unaufhaltsamkeit der Eisenbahnen setzte sich in den 50er Jahren die positive Bewertung des Drachenschemas durch. Die Technik als Drachenbezwinger konnte um so großartiger wirken, je wilder das Ungeheuer erschien.

Den ins Joch gespannten Drachen mochte, wie in Neureuthers Cramer-Klett Bild, Minerva[114] – aber auch Merkur – durch die Lüfte lenken. Auf dem Drachenwagen fahren anläßlich von Streckeneinweihungen die Stadtpersonifikationen[115], oder die Drachenschlange tritt, vom Industriebaron gelenkt, den Kampf gegen „Ritter und Feudalherrschaft“[116] an. In den 80er Jahren ist der allerlei Symbiosen eingehende Eisenbahn-Drache in der Karikatur und der Grafik dann Allgemeingut[117]. Das vielleicht grotesk-eindrucksvollste Gespann eines feuerschnaubenden dreiköpfigen Dämons, dessen heroischer Lenker mit Zügel und Peitsche das Untier bändigt, stammt von Franz Stuck und wurde in Gerlachs und Schenks berühmtem 'Musterbuch' neuer Allegorien[118] publiziert. Der frontal auf den Betrachter zukommende „entfesselte Höllendrache tobender Naturgewalt“ sprengt in seiner Dynamik den Bildrahmen. Im Unterschied zu mehreren im selben Werk erschienenen Allegorien auf die Eisenbahn[119], die jedoch weniger dramatische Tierbändigerszenen darstellen und auch nicht dem suggestiven Symbolismus huldigen, läßt sich für Stucks Bild keine Übernahme in andere Verwendungszusammenhänge nachweisen.

Abb. 107

Abb. 108

Abb. 109

Demgegenüber ist die Drachenschlange in Echters Münchner Fries zum Ornament stilisiert, das den Völkerreigen verbindet. Auf den entsprechenden Wänden der nördlichen Durchfahrt korrespondierten zwei Friese, die die 'Segnungen der Eisenbahn' für das heimische Gewerbe im selben ornamentalen Ordnungsschema darstellten. Die Symmetrieachse wurde jeweils von dem einem Akanthuskelch entwachsenden Friedensengel gebildet, unter dessen ausgebreiteten Armen sich Merkur und Industria die Hand reichen. Rankenornamente bilden analog zu den Wellenlinien der Drachenschlange die Verbindungen für Szenen des heimischen Gewerbefleißes. Nächst der Industria mit Spindel und Zahnrad zeigt sich letzteres Attribut in wundersamer Anwendung:

Abb. 102

Abb. 101

113 Vgl. den Stich aus der ILN 1851, Abb. bei Buddensieg 1981, S. 52, Abb. 10; G. Cruikshanks ›Railway Dragon‹, Abb. bei C. Ellis: Railway Art, London 1977, S. 30. Zur Sprachmetaphorik: Hans Werner Kistenmacher: Maschine und Dichtung. Ein Beitrag zur deutschen Literatur im 19. Jahrhundert. Diss., München 1914, S. 51 ff.

114 Minervas Verbindung zu Drachen und Wagen besteht auch durch den mit Vulkan gezeugten drachenfüßigen Erichtonius, der, um seine mißgestalteten Füße zu verbergen, kurzerhand den Wagen erfand. Vgl. Moritz (1795) 1966, S. 112.

115 Einladungskarte zur „Vollendung der Wien–Münchner Eisenbahn 1860“, Nürnberg, Verkehrsarchiv, Böttinger-Slg.

116 Skizze Wilhelm Kaulbachs zum ›Kampf der alten und der neuen Zeit‹, 1858, München, Staatl. Gr. Slg.; Buddensieg 1981, S. 59.

117 Vgl.: Das Buch der Erfindungen, Bd. VII: Gewerbe und Industrie, Leipzig 1892; A. v. Schweiger-Lerchenfeld: Das eiserne Jahrhundert, Wien usw. 1884.

118 Franz Stuck ›Die Dampfkraft‹, Lichtdruck nach einem Ölbild, in: Gerlach 1882, Tf. 140. Da das Bild 1884 datiert ist, muß es in einer späteren Lieferung des Tafelwerks herausgekommen sein.

119 Gerlach 1882: A. Seder ›Die neue Zeit‹, Tf. 1; E.F. Veith ›Das Verkehrswesen‹, Tf. 79; C. Burger ›Dampfkraft und Elektrizität‹, Tf. 141.

Keineswegs vom Dampfdämon, sondern von Menschenhand angetrieben, greifen verschiedene Räder einer Idealmaschine ineinander. Das soeben vom Schaf geschnittene Vlies läuft durch die Zahnräder und kommt als endlose Stoffbahn wieder heraus. In der abschließenden Szene sitzt offenbar ein Erfinder solcher Kunst in Denkerpose vor seinem Reißbrett, während ihm ein Postbote die versiegelte Inspiration oder die profanere Bestellung aus der Ferne übermittelt und damit auf den gewerbefördernden Einfluß der Eisenbahn verweist.

Unter den Auspizien Merkurs steht auf der linken Frieshälfte eine Szenenfolge, vom jüdischen Geldwechsler, über eine Gruppe, die Pakete wiegt, einem Buchhalter bis zur Verladung der Pakete. Gegenüber sind Bauhandwerk und angewandte Künste unter den sich schwesterlich verbündenden Personifikationen von Handwerk und Ingenieurskunst zu sehen. Hier wird gesägt, gehobelt, gefeilt, ein Steinmetz formt ein Kapitell und ein junger Maler pinselt die Ranke zu Ende, auf der er sitzt. Links der Zentralgruppe werden Vermessungsarbeiten durchgeführt, Häuser entworfen und gebaut. Man scheint eine vergrößerte Kinderenzyklopädie des Handwerks vor sich zu haben, so harmlos und brav gebärden sich die Söhne Merkurs und Industrias. Jede szenische Illusion wird vermieden, die Figuren stehen nebeneinander, fügen sich in das Dekorationsschema ein.

Der hervorgehobene Mittelpunkt der Friese bezeichnet keinen genetischen Ursprungspunkt mehr wie in der romantischen Arabeske. Fries und Arabeske sind nicht als Entwicklungsschema genutzt, sondern binden die Gruppen in ein dekoratives Nebeneinander. Damit ist jene 'Vernichtung' des Raumes angedeutet, die der Eisenbahn zugesprochen wurde, indem sie alle Teile der Welt gleichermaßen verfügbar erscheinen ließ.

Besonders in den arabesken Friesen zeigt sich die Tendenz zur pittoresken Verniedlichung der Technik. Dies wird vollends deutlich in der Sgraffito-Dekoration am Außenbau des von Jacob Graff stammenden, 1884 abgeschlossenen zweiten Erweiterungsbaus[120] des Münchner Bahnhofs. Im Attikageschoß des nördlichen und südlichen Verwaltungsgebäudes waren im Reflex auf Echters Friese die verschiedenen im Zusammenhang mit der Eisenbahn wichtigen Arbeiten wie Vermessen, Bauen, Postbeförderung bis hin zum Schweißen der Waggons als zwei- und dreifigurige Puttenszenen im ornamentalen Rankenwerk dargestellt[121].

4. *Karlsruhe: Technik in mythischer Gestalt*

Wurden Technikallegorien insbesondere in der Münchner Schule entwickelt, so zeigt sich doch unabhängig von deren stilistischer Ausrichtung das aufgezeigte Verfahren, die moderne Industrie durch Personifikationen zu nobilitieren und den Arbeitsprozeß in die Heroenwelt und in den Bereich himmlischen Kinderspiels zu verlegen, auch bei anderen Malern. Als Hans Canon[122], dessen an Rubens orientierte Malweise der Idealisierung der prosaischen Technik auf ganz andere Weise entgegenkam als die der Münchner Malerschule, den Auftrag für die Ausschmückung des

120 Zur Architektur s. Süss 1954, S. 56ff.

121 Die 28 maßstabsgetreuen Entwürfe in Nürnberg, Verkehrsarchiv, Böttinger-Slg. thematisieren den Bau der Eisenbahn, ihre Wirkung auf die Völkerverbindung (ein Neger und ein Eskimokind reichen sich über dem Flügelrad die Hand), die Belebung des Gewerbes, Post, Telegrafie usw.

122 Zur Biographie des eigentlich Johann v. Strasiripka heißenden Kürassier-Offiziers, der sich erst mit 26 Jahren zur Malerei entschloß, s. WURZBACH: Biographisches Lexikon des Kaiserthumes Österreich, Wien 1879; FRIMMEL 1922, S. 82–101; AUSST.-KAT.: CANON 1966.

Großherzoglichen Wartesaales in Friedrich Eisenlohrs 20 Jahre zuvor errichtetem Karlsruher Bahnhof erhielt[123], verfuhr er ikonographisch nach demselben Muster. Von diesem ersten Monumentalauftrag Canons sind bisher nur die drei Zeichnungen und die zwei kleinen bildmäßigen Ölskizzen der Karlsruher Kunsthalle mit Sicherheit dem Projekt zugehörig[124], das sich allerdings bisher nicht insgesamt rekonstruieren läßt[125]. Abb. 111, 112

Canons vermutlich als Ölgemälde ausgeführten Wandbilder zeigten, thematisch den Münchner Beispielen analog, ›Dampfkraft‹ und ›Telegrafie‹ als Personifikationen. Doch verfuhr Canon völlig anders als Kaulbach oder Echter, indem er die in voller Leiblichkeit ausgestalteten Figuren in ein landschaftliches Ambiente integrierte. Die Ölskizze zeigt die ›Dampfkraft‹ als männlichen Muskelprotz mit riesigen Flügeln, Dampf aus den Nüstern schnaubend, in weit ausgreifender, planparallel dargestellter Bewegung. Seine universelle Verwendbarkeit zu Wasser wie zu Lande beweist er gleichermaßen, indem er dem Meer entsteigt, noch einen Fuß im seichten Gewässer hat, während er schon mit dem anderen kräftig auf dem Land ausschreitet. Eine Barke hinter sich herziehend, stößt er gleichzeitig ein Eisenrad vor sich her, an das er wiederum gefesselt ist. Trotz derselben Attribute, der Fesseln und der Flügel, unterscheidet sich diese Allegorie der Dampfkraft nachhaltig von den Beispielen der Münchner Schule. Die attributiven Technikfragmente sind weitgehend zurückgenommen und die aktuellen Realitätsverweise, wie Echter sie in dem überrumpelten Zolleinnehmer betonte, getilgt. Die archaische Holzbarke, die dieser „Herkules im Knechtsgewand“[126] so mühelos hinter sich herzieht, und das keineswegs eisenbahnspezifische Rad legen andere Assoziationen nahe als die des modernen Verkehrswesens. Auch die

Abb. 111

Abb. 104

123 Friedrich Eisenlohr: Die Hochbauten der Badischen Eisenbahn, Karlsruhe 1864–1866; Hans Joachim Clewing: Friedrich Eisenlohr und die Hochbauten der Badischen Eisenbahn, Diss. Karlsruhe (TH) 1968. Canon lebte von 1860–1869 in Karlsruhe, anschließend bis Mitte der 70er Jahre in Stuttgart. Der Auftrag für die Wartesaal-Ausstattung ist nicht erhalten, die ersten Skizzen datieren 1863.

124 1904 wurden die beiden als Entwürfe bezeichneten Ölskizzen „durch Zufall in der Bibliothek der Großh(erzoglichen) Generaldirektion der Staats-Eisenbahnen ... aufgefunden“, Karlsruhe, GLA 56, Nr. 1265, dat. 8. 7. 1904. Sie wurden daraufhin an die Staatl. Kunsthalle Karlsruhe übergeben, wo sie sich noch befinden. Beide Öl/Lwd., je 40,5 × 55 cm, s. Kat.: Neuere Meister des 19. und 20. Jahrhunderts, Staatl. Kunsthalle Karlsruhe, bearbeitet von Jan Lauts u. Werner Zimmermann, Karlsruhe 1971, Nr. 1041, 1042 (dort falsche Maßangabe). Drei zugehörige Rötelzeichnungen in der Gr. Slg. der Staatl. Kunsthalle Karlsruhe.

125 Alle Bemühungen, Akten der ehemaligen Badischen Eisenbahn über den Auftrag zu finden, blieben erfolglos (GLA Karlsruhe, Archiv der Bundesbahn usw.). Bisher ließ sich die Anzahl der ausgeführten Szenen nicht mit Sicherheit bestimmen. Der Ausst.-Kat.: Canon 1966 geht (ohne Nachweis) von 10 Szenen aus. Angeblich waren 1916 „sechs davon im Finanzministerium in Karlsruhe und zwei im Konferenzsaal des Verwaltungsgebäudes der Generaldirektion der badischen Staatseisenbahnen angebracht“, ebd., S. 35. Dem folgt Kitlitschka 1981, S. 138. Die genannten Institutionen konnten allerdings die Angaben nicht bestätigen. Demgegenüber ist in der älteren Literatur nur von den beiden Gemälden ›Dampfkraft‹ und ›Telegrafie‹ die Rede sowie von sechs Nebenbildern mit „Kinderköpfen und Eroten“, s. Frimmel 1922, S. 89. Auch Arthur v. Schneider: Badische Malerei des 19. Jahrhunderts (1935), Neuaufl. Karlsruhe 1968, S. 123 nennt nur die beiden „allegorischen Wandgemälde“, die sich im Sitzungssaal der Reichsbahndirektion befänden. Zdrawka Ebenstein nimmt merkwürdigerweise (Ausst.-Kat.: Canon 1966, S. 35) an, das Tafelbild ›Putten beim Eisenbahnbau‹, Öl/Lwd. 155 × 280 cm, Wien, Österr. Galerie, sei eine der beiden „Allegorien des Eisenbahn- und Postverkehrs“ die, 1916 noch im Handel, dem Projekt zugehörig gewesen seien. Nun nennt aber Boetticher 1891 genau diese beiden Themen „mit Kinderfiguren“ unabhängig vom Karlsruher Projekt (Nr. 35, Maße mit dem Wiener Bild übereinstimmend). Von daher ist zu bezweifeln, daß das Wiener Bild zur Karlsruher Bahnhofsausstattung gehörte, zumal auch der Finder der Ölskizzen 1904 immer nur von den beiden Wandgemälden spricht (vgl. Anm. 124).

126 Emanuel Geibel: Mythos vom Dampf, in: Emanuel Geibels Werke, vier Teile in einem Bande, hrsg. von R. Schacht, Leipzig o. J., S. 280.

Landschaft, in den Münchner konturbestimmten Figurationen gar nicht vorhanden, hat Canon Abb. 110 gegenüber der Rötelzeichnung, die eine Industrielandschaft hinter dem die Fesseln sprengenden Heros zeigt, in einem historisch undefinierten Rohzustand belassen. Sie führt mit dem Wolkenhimmel, dem Meer und den Felsen Natur in ihrer elementaren Gestalt vor. All dies evoziert eher mythische Vorstellungen, eben jenen neuen Herkules, mit dem die Dampfkraft in der Literatur so häufig gleichgesetzt wurde. Kolorit und Malweise – zumindest der Ölskizzen – schließlich lassen die barocke Heroenwelt eines Rubens wieder auferstehen[127].

Abb. 112 Auch in der ›Telegrafie‹ wird die mythische Überzeitlichkeit betont. Die wie die Personifikation der Dampfkraft ebenfalls ganz körperlich dargestellte Frauengestalt sitzt am felsigen Gestade. In manieristischer Körperdrehung – dem Betrachter abgewandt – flüstert die Idealgestalt einem Putto eine Botschaft zu, während zwei andere schon dabei sind, sie durch ihren Flug „über Land und Meer“[128] in alle Himmelsrichtungen zu verbreiten. Einzig die trutzige Burg an der Küste, der einer der Putten gerade per Palmzweig eine Friedensbotschaft übermitteln will, vermittelt historische Assoziationen.

Erst die Zusammengehörigkeit der Szenen, die durch den gleichartigen Landschaftsraum mit dem düsteren Wolkenhimmel, dem weiten Horizont und der vegetationslosen Felsenküste betont wird, sowie der Anbringungsort in einem Bahnhof lassen aus der Flüsterbotschaft eine Allegorie auf ihre zeitgenössische telegrafische ‘Schwester’ werden.

Canon unterscheidet sich mit diesen Darstellungen von der Mehrzahl vergleichbarer Technikallegorien nicht nur der Monumentalmalerei. Indem er zugunsten einer malerischen Gesamtinszenierung weitgehend auf Attribute verzichtet, die Szenen dadurch entzeitlicht, weisen sie nicht den sonst üblichen Montagecharakter aus heterogenen Bestandteilen auf. Hier dürfte allerdings die Anbringung in dem fürstlichen Warteraum eine Rolle gespielt haben, denn im Unterschied zu den öffentlichen Bahnhofshallen war nicht auf populäre Verständlichkeit Rücksicht zu nehmen. Das zeigt sich etwa im Vergleich mit Canons personifizierten Wissenschaften des Wiener Naturhistorischen Museums mit ihren konventionellen Attributen[129]. Die im ausgehenden 19. Jahrhundert überaus verbreitete Personifikation der Telegrafie trägt zumeist eines jener Abb. 114 prosaischen Attribute wie die Telegrafenstange, die etwa Puvis de Chavannes seiner Personifikation der Physik in der Bostoner Bibliothek zuwies[130].

Eine mit Kabel, Telegrafenstange, Batterien oder einem von Kabeln umspannten Globus ausgestattete mehr oder weniger attraktive Dame wurde in den 80er Jahren zur Standardverkörperung der Telegrafie. Sie erschien gleich mehrfach variiert in Gerlachs ‘Musterbuch’[131], auf

127 HARTLAUB 1957 (o. S.) meint, „Rubens hätte so etwa einen Saturn gemalt“.

128 So der Titel einer populären Zeitschrift des 19. Jh.s, der programmatisch die Auswirkungen des neuen Kommunikationssystems nennt.

129 Die Arbeiten für das Stiegenhaus des Wiener Naturhistorischen Museums mit den 12 Lünettenbildern der personifizierten Wissenschaften und dem zentralen Deckenbild ›Kreislauf des Lebens‹ wurden 1883 begonnen, s. FRIMMEL 1922, S. 94 ff.; KITLITSCHKA 1981, S. 137–146.

130 Das umfangreiche Programm wurde 1895–1898 ausgeführt. Unter dem Generalthema „Les Muses inspiratrices acclament le Génie messager de lumière“ entstanden neben dem Zentralbild einer antikischen Landschaft mit dem Lichtgenius acht Personifikationen: Epos, Drama, Poesie, Philosophie, Geschichte, Astronomie, Chemie und Physik. Letztere erscheint als personifizierte Telegrafie: Öl/Lwd. 418 × 214 cm, Boston, Public Library, s. Camille MAUCLAIR: Puvis de Chavannes, Paris 1928, S. 105–113.

131 GERLACH 1882: C. Karger ›Die Elektrizität‹, Tf. 35; G. Veith ›Das Verkehrswesen‹, Mitte r. ›Telegraphie‹, Tf. 79; GERLACH NF 1896: R. Jettmer, Tf. 100; J. Taschner, Tf. 95; L. Widlizka, Tf. 99; G. v. Kempf, Tf. 101; ders., Tf. 110, alle „Elektrizität“ betitelt. Tf. 110 geht allerdings gegenüber allen anderen Darstellungen neue Wege, indem

zahllosen Bildkarten der Post[132], in der Memorialgrafik oder den Werbeannoncen und Aktien[133]. Diese von H. Blümner als „praktische" Attribute bezeichneten Fragmente – „praktisch deswegen, weil sie zu wirklicher Verwendung bestimmt sind"[134] – entstammen der Realität, auf die die Allegorie gerade verweisen sollte. Sie lösen die Allegorie auf. In diesen Darstellungen, wie sie auch in der Bauskulptur verbreitet waren[135], ebnet sich nicht nur – worauf Hess in seiner Untersuchung des Gerlachschen Musterbuches hinweist – sprachlich „die Differenz zwischen Sache und Bedeutung ein"[136], sondern auch bildlich. Die Personifikationen selbst verkörpern nichts mehr, sondern sie dekorieren die Telegrafenkabel.

Die herkulische Dampfkraft und die sanfte Telegrafie bildeten – mitunter durch den „Genius des Lichtes" (s. u.) ergänzt – ein Paar, das, mit eben solchen Attributen dekoriert, in den Festzügen[137] zum lebenden Bild wurde.

Bisher ist ungeklärt, ob zu Canons Ausstattung des Großherzoglichen Wartesaales im Karlsruher Bahnhof weitere Szenen, wie die der Putten beim Eisenbahnbau[138], gehörten; doch scheint Abb. 113
dies eher unwahrscheinlich, schon weil sich die Horizontlinie der beiden aufeinander Bezug nehmenden Karlsruher Bilder von der in der Puttenszene unterscheidet. Doch ist anzunehmen, daß die mit Vermessungen, Schienenverlegen und Spitzhackenschwingen beschäftigten pausbäkkigen Wichte, wenn nicht für Karlsruhe, so doch für einen ähnlichen Zusammenhang gedacht waren.

Hier wie in den Technikallegorien zeigt sich die bis zur Jahrhundertwende bestimmende Tendenz, in der Monumentalmalerei wie in der Gebrauchsgrafik die Bildwelt von der Erscheinung der zeitgenössischen industriellen Wirklichkeit zu entlasten. Dadurch konnten soziale Konflikte ebenso wie die als Naturzerstörung kritisierte industrielle Überformung der Land-

in einem mehrteiligen Tableau u. a. die Ungreifbarkeit der Moleküle sowie die Schockwirkung des Stromes auf einen Menschen dargestellt werden.

132 Die überwiegend aus den 90er Jahren stammenden Bildkarten zeigen meist eine antikische Frauengestalt neben einem Telegrafenmast samt einem Blitze sprühenden Posthorn; vgl. das Konvolut in Nürnberg, Verkehrsarchiv, Böttinger Slg. FXXX M. VI.

133 Zumeist eine Figurenkonstellation wie in Anm. 132 beschrieben, aber als Rahmendekoration eingesetzt, s. Nürnberg, Verkehrsarchiv, Böttinger-Slg. XXXIV, I mit Einladungskarten und Erinnerungsblättern an Jubiläen, Festveranstaltungen usw.

134 Blümner 1881, S. 65.

135 Vgl. z. B. die von J. Kassack ausgeführten Monumentalskulpturen ›Post‹ und ›Telegraphie‹ am Leipziger Postgebäude, Abb. in: Ill. Ztg. 1884, S. 11. Die Zeitung berichtet, Kassack habe zunächst „durchaus realistische Gestalten", nämlich einen Zugführer, einen Postillion, einen Arbeiter, der einen Brief abschickt, einen Kaufmann, der telefoniert usw. ausführen wollen, doch sei dies abgelehnt worden. Auf einen solchen Fall bezieht sich offenbar Blümner 1881, S. 80–81, wenn er empört fragt, wie es wohl aussehen würde, wenn auf einem Bahnhof die Skulptur eines Heizers stünde.
Auf Reliefdarstellungen der Telegrafie in Giebelfeldern der Postgebäude verweist Michaelis 1979, S. 104–107.

136 Hess 1975, S. 570.

137 In dem von Makart gestalteten historischen Festzug anläßlich der Silberhochzeit des österreichischen Kaiserpaares 1879 in Wien zeigte der Wagen der Eisenbahn den „Feuergott, welcher sich im Fluge mit einer Wassernymphe vermählt". Die Szene hat Ähnlichkeit mit Kaulbachs Karton von 1853. Heliogravüre, hrsg. von der Stadt Wien, vgl. Hartmann 1976, S. 34. Im Dresdner Festzug von 1889 gab es einen Wagen der Post und Telegrafie, im Hanauer von 1897 je einen der Elektrizität, der Chemie und des Maschinenbaus.

138 Wien, Österr. Gal., Öl/Lwd., 155 x 280 cm, Inv. Nr. 1836; nach Auskunft des Inventars wurde das Bild 1916 von der Generaldirektion der österr. Staatsbahnen erworben, vielleicht ein Hinweis auf die Ausstattung eines österreichischen Bahnhofs? Vgl. auch Anm. 125.

schaft[139] ausgespart werden. Besonders die personifizierenden Darstellungen in den Bahnhofshallen zielten darauf, das Bewußtsein von der Bedeutung der ingenieurstechnischen Leistungen in der Weise zu vermitteln, daß anthropomorphisierte Natur als Sklave im Dienste der Menschheit erschien und damit von den Sklavendiensten der für die Industrie Arbeitenden ablenkte. Dafür waren die Bahnhöfe als Orte eines industrialisierten Massenkommunikationssystems insofern besonders geeignet, als sich hier die moderne Technik für alle dienstbar erwies.

Von der Bildsprache her stellen die personifizierten Konstrukte den Versuch dar, die moderne Realität über die Kunst an die Vergangenheit anzubinden. Erasmus Darwin hatte schon im ausgehenden 18. Jahrhundert unter dem erklärten Programm, „die Phantasie in den Dienst der Wissenschaft zu stellen“[140], einen vergleichbaren Versuch auf poetischer Ebene gestartet, indem er modernste Erfindungen des anbrechenden Industriezeitalters, die Dampfmaschine wie den Blitzableiter, in mythischen Gestalten agieren ließ. Der „starke Arm“ des „mighty Hercules“ alias Dampfkraft werde bald die Barke und den Wagen ziehen, ja seine weiten Schwingen könnten sogar einen fliegenden Wagen durch die Lüfte tragen[141]. Darwin meinte, die in den Mythen zu Göttern und Heroen erhobenen Naturphänomene in seinen Dichtungen auf ihre ursprünglich an der Natur gewonnene Bedeutung zurückzuführen, indem er ihre Gültigkeit an den neuen Erfindungen erprobte[142]. Insofern lag seinen mythischen Anleihen nicht in erster Linie eine Nobilitierungsabsicht zugrunde, sondern das Bestreben, neueste Wissenschaft mit dem Erkenntnisstreben aller Zeiten zu verbinden, das einzig der Natur verpflichtet ist. Darwin warnte vor einer Verbildlichung der Personifikationen und mythischen Figuren in der Malerei. Die stets konkrete Bildkunst beraube die in der Poesie unbestimmt bleibenden Bilder ihrer stimulierenden Imaginationskraft; zudem könnten sie zu Kollisionen mit der Realität führen[143]. Gerade diese Konkretisierungen haben die monumentalen Bahnhofsbilder des 19. Jahrhunderts unternommen.

Trotz dieser Unterschiede aber verfolgen beide Verfahren das Ziel, die für Laien immer undurchschaubarer werdende Technik zu popularisieren. Der mit der Industrialisierung in der Realität längst vollzogene Bruch mit der Tradition wird durch die Formen der Kunst zu überbrücken gesucht. Darin liegt die prinzipielle Vergleichbarkeit. Implizit äußert sich darin auch das Problem der Moderne, nämlich ein künstlerisches Äquivalent zu den in der äußeren Erscheinung nicht mehr nachvollziehbaren Erkenntnissen in Wissenschaft und Technik zu entwickeln. Gelöst wurde dieser Konflikt erst in der abstrakten Kunst des 20. Jahrhunderts.

Darwins umfangreiches poetisches Werk wurde schon von den Romantikern belächelt, und ein Schmunzeln mögen auch die Dampffurien und Dampfdämonen der Bahnhofshallen bewirkt haben. Wie weit sie tatsächlich in einer solch hektischen Durchgangsstation wahrgenommen

139 Die Industrialisierung wurde – aus unterschiedlichen Gründen – in den Industrieländern schon früh kritisiert. Kritik kam auch im Landschaftsbild zum Ausdruck. Vgl. Wagner: 1979; Monika Wagner; Natursehnsucht und Naturzerstörung um 1800, in: Landschaftsbilder, Landschaftswahrnehmung, Landschaft. Loccumer Protokolle 3/1984, Loccum 1985, S. 51–86; Herding 1987, S. 442. Speziell die Telegrafenmasten monierten z. B. Castagnary und die Brüder Goncourt in dem 1857 im Pariser Salon ausgestellten Landschaftsbild Jearons ›La poste télégraphique électrique dans les rochers du Cap Griz-Nez‹ als unvereinbar mit der Natur, Sloane 1951, S. 100.

140 Darwin 1795[3], T. 1, S. III; dazu Klingender 1974, S. 29 ff.; Wagner 1979, S. 23 f.; Werner Busch: Joseph Wright of Derby. Das Experiment mit der Luftpumpe. Eine Heilige Allianz zwischen Wissenschaft und Religion, Frankfurt/M. 1986, S. 64 ff.

141 Darwin 1795[3], T. 1, S. 29–30.

142 Vgl. Klingender 1974, S. 41.

143 Busch (wie Anm. 140), S. 68. Darwin folgt in dieser Wertung der Literatur als Assoziations- und Imaginationsstimulans, so Edmund Burkes 1757 erschienener Enquiry into the Origin of our Ideas of the Sublime and Beautiful.

wurden, ist kaum zu prüfen. Wichtiger noch als die vermutlich eher begrenzte unmittelbare Wirkung auf ein eiliges Publikum ist demgegenüber, daß diese Bildprägungen der Monumentalmalerei in die Gebrauchsgrafik, die Postkarten, Plakate und Erinnerungsblätter, übernommen und bis zur Jahrhundertwende massenhaft verbreitet wurden.

Die Verdrängung der selbstgeschaffenen Realität zugunsten einer Selbstbespiegelung durch Heroen und Putten läßt sich modifiziert auch in den Ausstattungsprogrammen anderer dem industriellen Verkehrs- und Geschäftsleben dienenden Bauten verfolgen. In den Postämtern, Börsen, ebenso wie in den Bankhäusern und den Hallen der großen Kunst- und Gewerbeausstellungen des letzten Jahrhundertdrittels demonstrierten Staat und industrielles Bürgertum ihren Kunstsinn: Die Personifikationen oder „Göttergestalten der klassischen Welt" hatten „das Alltägliche mit dem Hauch edleren Lebens" zu durchdringen und damit „aus dem eigenen Kreise des Zufälligen und Vorübergehenden in die lichte Höhe des allgemein Gültigen und ewig Schönen" zu erheben, wie Hermann Riegel die Aufgabe der Kloeberschen Gemälde im Berliner Börsensaal beschrieb[144]. Oder die Erfindungsgeschichte und das Arbeitsleben kamen als Kinderspiel von Putten und Amoretten daher, und das nicht nur in den Arabesken wie am Außenbau des Münchner Bahnhofs. Nicht allein Canons barocke Putten vergnügten sich als Heinzelmännchen bei Schwerarbeit; in der Schaafhausener Bank in Köln, im Oberbergbauamt Halle[145], am Münchner Polytechnikum usw. spielten Kinder am Hochofen oder verrichteten unter Industrias Aufsicht spielend alle Industriearbeit. Abb. 123, 136, 139

144 Riegel 1868, S. 134–135: Im Börsensaal waren ›Ackerbau‹ und ›Handel‹ dargestellt. Das Bild des Handels zeigte die Entstehung des Geldes vom Abbau der Metalle bis zum Warenaustausch in der Durchdringung von allegorischen und realen Gestalten; ebd., S. 135ff.

145 Im Sitzungssaal des Oberbergamtsgebäudes in Halle/Saale führte F. Klein-Chevalier einen Zyklus der Metallgewinnung auf archaischer Stufe durch Kinder aus. 1904 wurden aus dem Staats-Fonds für Kunstzwecke die letzten Gelder für die Vollendung bezahlt. Vgl. JPKS 1904. Abb. in: Das Buch der Erfindungen, 5. Bd.: Bergbau und Hüttenwesen, Leipzig 1899, S. 3, 45.

KAPITEL V

Exempel zur Erziehung der Nation

1. Bendemanns Aula der Düsseldorfer Realschule

Einen neuen Schwerpunkt gegenüber der bisherigen Förderungspolitik monumentaler Malerei konstatierte Alfred Rosenberg 1882:

> „Die Ausschmückung von Gymnasial-Aulen spielt im Programm der Landeskunstkommission eine sehr hervorragende Rolle, weil man die pädagogische Wirkung der bildenden Künste auf die heranwachsende Jugend in vollem Umfange zu schätzen weiß. Früher war nach dieser Richtung nicht das mindeste geschehen“[1].

Tatsächlich setzte die vor allem in Preußen geförderte Erziehung durch Kunst an dem Ort, wo die künftigen Staatsbürger modelliert werden sollten, erst relativ spät ein. Dies ist angesichts der Bemühungen, alle möglichen öffentlichen Gebäude – selbst die Bahnhöfe – für das erklärte Ziel der Monumentalmalerei, belehrend und bildend zu wirken, zu nutzen, verwunderlich. Denn schließlich hatten die Erziehungswerke seit langem auf das Bild gesetzt[2], und die Kinderenzyklopädien der Zeit um 1800[3] mit ihrer anschaulichen Vermittlung zeitgemäßen Wissens hatten neue Leitlinien für die Schulfibeln des 19. Jahrhunderts formuliert. Gegenüber den Illustrationen der alten und neuen *mirabilia*, wie sie im Unterricht auch auf Schautafeln Verwendung fanden, ging es in der Aula jedoch um anderes. Dem Gemeinschaftsleben der Schule geweiht, wurden hier – im Unterschied zum Schulalltag in den Klassenzimmern – die festtäglichen Leitbilder sozusagen als Überbau für den Wissenserwerb verkündet. Daß die Monumentalmalerei erst relativ spät die Schulwände eroberte, läßt sich wohl z. T. mit den zunächst meist bescheidenen Schulgebäuden erklären, denen kein Repräsentationsanspruch zukam, wo eine künstlerische Ausstattung daher unnötig erschien.

Obwohl Rosenbergs Einschätzung stimmt, daß es dann im Schul-Bau-Boom der Gründerzeit vor allem die Gymnasien waren, deren Aulen mit Monumentalmalerei ausgestattet wurden,

1 ROSENBERG 1882/1883, S. 27.

2 Vgl. die umfangreiche Zusammenstellung bei Robert ALT: Bilderatlas zur Schulgeschichte, 2 Bde., Berlin/DDR 1965. Zur Zeit vor der franz. Revolution ebd., Bd. 1.

3 Seit ca. 1780 nahm in pädagogischen Schriften die Behandlung der „Realien“ gegenüber der christlichen Bildung stark zu. Entsprechend veränderte sich die Bildlichkeit. Vgl. z. B. J. B. BASEDOW: Elementarwerk. Ein Vorrath der besten Erkentnisse zum Lernen, Lehren, Wiederholen und Nachdenken, 3 Bde., Leipzig 1770. D. Chodowiecki lieferte für die Bildtafeln 100 Zeichnungen. Friedrich Justin BERTUCH: Bilderbuch für Kinder, 12 Bde., Weimar, Gotha 1790–1810. Vgl. auch Chodowieckis Titelkupfer zu Franz H. Ziegenhagens Verhältnislehre mit den programmatischen großen Wandbildern als Anschauungsmaterial, s. AUSST.-KAT.: CHODOWIECKI 1978, Nr. 146, 2.

gehörte zu den Pionierbeispielen einer Aulaausstattung gerade eine Realschule, die sich als neuer Schultyp zunächst einmal Ansehen gegenüber den tradierten Gymnasien verschaffen mußte. Offenbar war die Ausstattung der Aula mit Monumentalmalerei eines der öffentlichkeitswirksamen Mittel für solchen Prestigegewinn[4].

Der im Auftrag der Stadt Düsseldorf 1859–60 nach Plänen von Martin Gropius errichtete Neubau der Realschule[5] erhielt schon gleich nach Fertigstellung ein umfangreiches Bildprogramm in Form eines monumentalen Frieses in der Aula. In ihm wurde das Selbstverständnis des industriellen Bürgertums durch Tradition geadelt und zugleich der Staat als Protektor vorgeführt. Abb. 116, 120

Die Ausstattung wurde auf Betreiben des Direktors der Schule, Franz Heinen, einem der vehementesten Befürworter der Realschulbildung[6], bewilligt. Nach seiner Vorstellung sollte sich in der Malerei der Aula der Wissenshorizont, „welcher der veränderte Culturzustand der Menschheit fordert"[7], manifestieren und gegenüber dem „toten Wissen" der Gymnasien die Anforderungen des ökonomisch führenden Teils des Bürgertums auf eine Ausbildung für „die industrielle und commercielle Laufbahn"[8] vertreten.

Wie akut generell die Debatte über den unmittelbar erzieherischen Wert des Bildes auf den Un*ge*bildeten und in besonderem Maße auf das un*ver*bildete Kind war, erhellt die wohl einmalige, 1863 in der belgischen Abgeordnetenkammer vier Tage lang geführte Debatte[9] über den Wert des Bildes als Instrument nationaler Erziehung. Das Düsseldorfer Correspondenz-Blatt des Kunstvereins veröffentlichte sofort[10] die dort vorgetragenen Argumente für die Ausstattung öffentlicher Gebäude und rühmte die „Bewilligung nicht etwa kärglicher Brosamen, die vom Militärtische fallen, sondern ... namhafte Summen ... zur Förderung der monumentalen Malerei"[11]. Mit dem Abdruck erhoffte sich der Düsseldorfer Kunstverein offensichtlich eine Unterstützung der eigenen Forderungen nach einer großzügigeren staatlichen Kunstförderung.

Vorausgegangen war der hochoffiziellen kunstpolitischen Diskussion in Brüssel die Ausstellung einer Serie von Kartons für Wandmalereien in Elementarschulen von Joseph Gérard im Brüsseler Salon von 1860[12] sowie eine breite Diskussion um die Erziehungsmöglichkeiten derjenigen Teile der Bevölkerung durch bildende Kunst, die sich am wenigsten integrationsfähig im Sinne des noch jungen belgischen Staates gezeigt hatten. Kernpunkt der politischen Debatte war die Bildungsmission monumentaler Malerei für die niederen Klassen der Gesellschaft und daraus folgend die Erörterung wirksamer Anbringungsorte: Gefängnisse, Grundschulen und

4 Heinen (1867), S. 5, berichtet, viele Einheimische wie Durchreisende hätten die Wandbilder der Düsseldorfer Realschule (s. u.) besichtigt.

5 Heinen 1861, mit Aufriß und Grundriß des Schulbaus. Die Aula lag im 1. Stock. Zur Geschichte der Realschule s. Rothert 1888; Festschrift 1913.

6 Vgl. das Lehrprogramm der Düsseldorfer Realschule, Heinen 1863, S. 8ff., und die Schulreden des Direktors, in: Heinen 1860, S. 140ff.

7 Heinen 1860, S. 107.

8 Heinen 1860, S. 143/144.

9 Die Sitzungen der Chambre des Reprèsentants de Belgique fanden am 24., 25., 26. und 27. 2. 1863 statt. Das Protokoll von über 100 Seiten wurde noch im selben Jahr in Brüssel veröffentlicht, s. Peinture murale 1863.

10 Der Bericht erfolgte in mehreren Teilen, beginnend im April-Heft des Correspondenz-Blattes 1863.

11 Einleitung zur Berichterstattung über die Sitzungen in dem Artikel: Die Förderung der Kunst durch den Staat, in: Correspondenz-Blatt, April 1863, S. 12–13.

12 JBA, 15.12.1860, S. 158.

Fabriken[13]. Die Befürworter solcher Sozialharmonisierung durch Kunst erhofften eine Popularisierung wünschenswerter bürgerlicher Normen durch eine bildlich propagierte Verpflichtung auf eine gemeinsame Geschichte der Nation. Eine Klassenintegration schien um so aussichtsreicher, je früher die Leitbilder verinnerlicht wurden. Das Bild als nicht-verbales ideologisches Transportmittel erschien daher für Kinder besonders geeignet. Folglich drehte sich die weitere Diskussion in erster Linie um die Ausmalung von Elementarschulen bzw., um solche Projekte effektiver und billiger zu gestalten, um die grafische Reproduktion riesiger Zyklen[14], die in den Klassenräumen aufgehängt werden sollten. Der von Gérard 1860 im Entwurf ausgestellte Zyklus wurde zum Zeitpunkt der Abgeordnetendebatte gerade in der Grundschule von Brüssel-Ixelles auf die Wand übertragen; der zuständige Minister gab sich überzeugt, daß dieser Zyklus mehr zur nationalen Bildung beitragen werde „als alle Bücher, die man darüber schreiben könnte und die das Volk nicht liest“[15].

Auch die Initiatoren des Düsseldorfer Projekts, zu denen außer dem Direktor Heinen, der zugleich Mitglied des Kunstvereins für die Rheinlande und Westphalen war, auch der Düsseldorfer Oberbürgermeister Hammers[16] zählte, setzten wie die belgischen Abgeordneten auf die Unmittelbarkeit des Bildes. Es schien „einleuchtend, daß die Schule bei geeigneter Wahl des Gegenstandes sich von einem solchen Kunstwerk einen reichen Gewinn für ihre erziehlichen Zwecke versprechen dürfe, indem die frische Empfänglichkeit der Jugend für Eindrücke der Außenwelt diesen ja eine tiefe und nachhaltige Wirkung für das ganze Leben zu verleihen pflegt“[17].

Staatliche Bestrebungen wie in Belgien kamen in Deutschland erst nach der Reichseinigung zum Tragen und führten nicht nur zum Wandschmuck für ‘Schule und Heim’, sondern zumindest konzeptionell auch zur bildnerischen Ausstattung nahezu jeder größeren Schule[18], auch wenn die Ausführungen häufig an Finanzknappheit scheiterten. Das Düsseldorfer Pionierprojekt dagegen wurde als Erziehungseinrichtung für den Nachwuchs derjenigen, die auch die Kunstvereine ins Leben gerufen hatten und die bestrebt waren, ihre Kulturträgerrolle auch im Kampf um den Schultyp zu beweisen, finanziert. Der Verwaltungsrat des Kunstvereins befürwortete 1860 die Ausmalung der Aula des Neubaus. Daraufhin stimmte der Kunstvereinsausschuß am 28. 9. 1860 unter der Bedingung zu, daß die Stadt Düsseldorf ⅓ der auf 6000 Mark veranschlagten Kosten beisteuere[19]. Mit dieser Entscheidung für die Ausmalung einer Schulaula erweiterte der Verein, in dessen Status es lapidar heißt, sein Zweck sei es, „die Kunst zu befördern ... allgemeine

13 JBA, 15. 12. 1860, S. 181 ff.

14 In der Abgeordnetenkammer nahm der Minister des Inneren auf das „Werk“ Bezug, das „hoffentlich in sämmtlichen Schulen des Landes aufgestellt werden wird“, CORRESPONDENZ-BLATT, April 1863, S. 21. Gérard hatte drei Themen aus der frühen Geschichte Belgiens (von der römischen Eroberung bis zur Missionierung) als großformatige Radierungen herausgebracht, die offenbar als reproduzierbarer und daher billigerer Ersatz für Wandgemälde dienen sollten; Brüssel, Königliche Bibliothek, E. 10670 e.

15 PEINTURE MURALE 1863, S. 16; zit. n. der Übersetzung im CORRESPONDENZ-BLATT, April 1863, S. 21. Während der Ausstellung von Gérards Entwürfen 1860 war der Anbringungsort offenbar noch nicht geklärt, s. JBA, 31. 10. 1860; 15. 12. 1860. Im CORRESPONDENZ-BLATT, Febr. 1862, S. 50, heißt es, in Belgien sei, „um den nationalen Unterricht in Primärschulen zu fördern, ... als Anfang“ die Summe von 3000 Fr. bereitgestellt worden.

16 CORRESPONDENZ-BLATT, Nov. 1860, S. 3.

17 HEINEN (1867), S. 1.

18 Vgl. JPKS, wo regelmäßig über die Verwendung des Kunst-Fonds berichtet wurde, vgl. auch die entsprechenden Jahrgänge der DBZ.

19 CORRESPONDENZ-BLATT, Nov. 1860, S. 3.

Theilnahme für das Schöne anzuregen, und dahin zu wirken, daß die Kunst vorzugsweise dem Schmucke des öffentlichen Lebens sich widme"[20], sein Förderungsprogramm, hatte er doch bis dato fast ausschließlich Kirchen- und Rathausausmalungen finanziert[21].

Nachdem die Stadt Düsseldorf für die restlichen 2000 Mark der veranschlagten Summe wie für die Gerüste aufzukommen bereit war, konnte der im Kunstverein bei Finanzierungen von Unternehmungen derartiger Größenordnung übliche Wettbewerb im Novemberheft des Correspondenzblattes ausgeschrieben werden. In der „Einladung zur Preisbewerbung" heißt es: „Die Aufgabe ist die Ausschmückung der Aula der Düsseldorfer Realschule mit Gemälden, welche dem Zweck der Schule entsprechen und zu der Wirksamkeit derselben in angemessener Beziehung stehen"[22]. Von den vier eingegangenen Entwürfen wurde derjenige, der exakt das Bildungskonzept der Realschulen – „Die Schule hat ihre Stellung nicht außer, sondern in dem Leben" – zum Motto erhoben hatte, prämiert[23]. Er stammte von dem Düsseldorfer Akademiedirektor Eduard Bendemann. Für die geringe Zahl der Einsendungen dürfte die im Ausschreibungstext festgelegte Einschränkung der freien Konkurrenz, vor allem aber vorherige Kontakte zu Bendemann verantwortlich gewesen sein[24]. Unter den beiden ersten Entwürfen sollte nämlich derjenige bevorzugt werden, dessen Autor „Garantien einer tüchtigen Ausführung" gewähre[25]. Man wollte also bei dem Projekt möglichst wenige Risiken eingehen und bevorzugte Künstler mit Erfahrungen auf dem Gebiet der Monumentalmalerei. Über die verfügte der inzwischen 50jährige Bendemann, der u.a. schon die Zyklen im Ball- und im Thronsaal des Dresdner Schlosses ausgeführt hatte, unter den Bewerbern am ehesten.

Das ikonographische Programm, an dem Heinen mitwirkte, ist für das Selbstverständnis bürgerlicher Kreise bezeichnend, die in diesem Schultyp die zeitgemäße Verbindung von Gegenwartswissen und historischer Bildung sahen. Der bis auf die nördliche Fensterwand umlaufende Abb. 118–121 Fries mit einer Gesamtlänge von ca. 40 m bei einer Höhe von rund 2,20 m zeigte jene Kombination unterschiedlicher Realitätsebenen, die in der Verzahnung von Allegorie und Geschichte ein Lehrstück für die Gegenwart formulierte: eine „Verherrlichung der Hauptfactoren unseres Culturlebens: ‚Wissenschaft, Kunst, Handel und Industrie' unter Beachtung ihrer Bedeutung für die Realschule"[26], während Staat und Kirche erst in einem zweiten Anlauf nach der Reichsgründung in zwei Glasfenstern Berücksichtigung fanden.

Obwohl die Ausmalung der Aula zum 25jährigen Schuljubiläum 1863 fertig sein sollte, zog sich ihre Vollendung noch bis in das Jahr 1866 hin. Bei der Ausführung in Öl-Wachs-Technik,

20 Statut des Kunst-Vereins für die Rheinlande und Westphalen, in: Correspondenz-Blatt 1852.

21 Bis Februar 1861 wurden im „Verzeichniß der vom Kunst-Verein ... seit dessen Bestehen gestifteten und geförderten Kunstwerke zu öffentlichen Zwecken" 73 Objekte benannt. Davon waren 48 für Kirchen bestimmt, der Rest betraf Museumsankäufe sowie die Ausmalung des Aachener Rathaussaales (jedes der 7 Bilder wird als Extra-Förderung aufgelistet) und des Frankfurter Römers (erscheint viermal). Einzige Ausnahme bildet die jedoch ebenfalls durch religiöse Thematik bestimmte Ausmalung der Lehrhalle der Diakonissen-Anstalt in Kaiserswerth; s. Correspondenz-Blatt, Febr. 1861, S. 41–44.

22 Correspondenz-Blatt, Nov. 1860, S. 4–5.

23 Neben Bendemann beteiligten sich Adolf Schmitz und Franz Thelen. Alle Entwürfe wurden anschließend ausgestellt. Vgl. Correspondenz-Blatt, Mai 1861, S. 1.

24 Bendemann veranschlagte schon vor der Ausschreibung die Gesamtkosten für die Aulaausmalung, s. Correspondenz-Blatt, Nov. 1860, S. 3. Im selben Heft wurde aber erst die Ausschreibung veröffentlicht. Möglicherweise war die Auftragsvergabe vorher abgesprochen. Jedenfalls würde dies die geringe Beteiligung erklären.

25 Heinen (1867), S. 2.

26 ZfbK 1872, S. 112.

die ähnlich wie Kaulbachs stereochromes Verfahren ein der Ölmalerei angenähertes Arbeiten ermöglichte, waren Friedrich Geselschap, Roland Risse und Karl Breitling beteiligt[27].

Das Bildprogramm

Anh. 5 Abb. 116, 118–121 Für die vier zu thematisierenden Bereiche standen nur drei Wände zur Verfügung, da die nördliche Langwand der Aula durchfenstert war. Industrie und Handel teilten sich daher die südliche Langwand, während sich Wissenschaft und Kunst an den Schmalwänden gegenüberstanden. Der Fries wurde nicht für eine fortlaufende Bilderzählung oder zyklische Abfolge genutzt, da hier – und darin bildete das Programm eine bezeichnende Ausnahme, die sich letztlich durch das Selbstverständnis der Realschulen erklärt – keine Entwicklungsgeschichte thematisiert wurde. Alle vier Bereiche waren nach demselben Schema gegliedert und umfaßten drei Realitäts- oder besser gesagt Irrealitätsebenen, nämlich abstraktes Leitbild, historisches Vorbild und spielend lernende Putten. Leitmotivisch thronte in der Mitte eines jeden Abschnittes die Personifikation des jeweiligen Bereichs als traditionelle weibliche Gestalt in einem quadratischen Bildfeld. Abb. 121 Die Langwand wurde zusätzlich durch einen ebenso thronenden 'Wächter des Friedens' halbiert. Seitlich erschienen in symmetrischer Anordnung – von Porträtmedaillons und Girlanden gerahmt – schmale Puttenfriese, die verschiedene Tätigkeiten illustrierten. Personifikation und Puttenfries trennten gemalte Pilaster; Pilaster begrenzten auch seitlich jeden Abschnitt. Vor ihnen standen auf einer Art Plinthe lebensgroße, durch ihre Monochromie auf Denkmäler verweisende historische Figuren. Mit der Vierergliederung sollte offensichtlich an das alte Fakultätenschema angeknüpft und dem neuen Quartett Würde verliehen werden. Auch die thronenden Personifikationen hielten sich an die x-fach variierte Formel der Fakultätenpersonifikation, die sich immer wieder auf Raffaels Segnatura berief.

Abb. 119 Auf der östlichen Stirnwand der Aula, vor der das Katheder stand, auf die somit alle Blicke des Auditoriums bei den Schulfeierlichkeiten und öffentlichen Prüfungen gerichtet waren, thronte als zentrale Gestalt im mittleren Bildfeld die Personifikation der Wissenschaft. Auf ihrem Schoß liegt das obligate aufgeschlagene Buch der Erkenntnis, und als Zeichen wirksamen Forschens brennt eine Öllampe. Mit der Rechten weist sie nach oben, auf den sich hinter ihr ausbreitenden Sternenhimmel. Als Mischung aus Religion und Philosophie sollte diese Gestalt aber, wie Heinen ausführlich erläuterte, im Sinne der Realschulbildung „kein unfruchtbares, in sich verschlossenes Grübeln ohne Zweck und Ziel" verkörpern, sondern ihr Wissen „soll zur That werden, in Gestalt und Wesenheit auch in die Außenwelt treten"[28]. In unbeabsichtigter Ironie hat Bendemann dies durch den Inbegriff verstaubter Gelehrsamkeit, durch Feder und Papier, auf der Seitenwange des Thrones angedeutet.

Erläutert wird die Wissenschaftspersonifikation durch je einen Vertreter der Natur- und Geisteswissenschaften. Kopernikus hält das Modell seiner heliozentrischen Welterkenntnis, die um die Sonne kreisende Erde, wie eine Monstranz vor die Himmelstapete. Als Pendantfigur erscheint Leibniz mit einem Buch in der Hand. Links von Kopernikus wird die Stirnwand von einem weiteren Vertreter der Naturwissenschaften, dem Hofastronom Johannes Kepler, abgeschlossen. Das nach ihm benannte Fernrohr in der Rechten, lehnt er, in tiefstes Nachdenken versunken, an einem Pult. Zwischen diesen die experimentelle Seite der historischen Naturwis-

27 Heinen (1867), S. 3.
28 Heinen (1867), S. 18.

senschaften verkörpernden Vertretern gibt ein Bild im Bild Einblick in eine Werkstatt, in der Puttenkinder mit wissenschaftlichen Geräten herumexperimentieren. Als zentrale Gruppe führen zwei nackte Wichte Otto von Guerickes physikalisches Experiment vor, indem sie unter Anspannung aller Muskelkräfte versuchen, zwei luftleere Magdeburger Halbkugeln auseinanderzureißen. Andere betätigen sich an Fernrohr und Mikroskop, jenen Instrumenten, die für die empirische Erforschung des Makrokosmos und des Mikrokosmos standen. Wieder andere sind als Botaniker oder Geologen mit dem Sammeln von Pflanzen und Versteinerungen beschäftigt. Die Szene veranschaulicht die wichtigsten naturwissenschaftlichen Lehrfächer der Realschule: Physik, Chemie, Biologie und Geologie durch handelndes Lernen, d. h. durch das Experiment. Die Puttenkinder demonstrieren in Anlehnung an pompejanische Amoretten[29] schalkhaft mit der Gestik Erwachsener spielendes Lernen.

Zur Linken der zentralen Personifikation werden die Geisteswissenschaften vorgeführt. Den Auftakt bildet als Pendantfigur zu Kopernikus der 'letzte Universalgelehrte', Mathematiker und Philosoph, Gottfried Wilhelm v. Leibniz, Initiator der preußischen Akademie der Wissenschaften. Als Ausweis seiner Bedeutsamkeit trägt er über dem Kostüm noch eine barocke Draperie. Zwischen ihm und dem die östliche Stirnwand abschließenden Geschichtsforscher und klassischen Philologen Barthold Georg Niebuhr, der, wie die Aufschriften der Bücher belehren, Sage und Geschichte sondert, vereinigt die Puttenszene eine Vielzahl von Fächern: Mathematik, Geographie, Philosophie, Theologie, Medizin und Jura. Die Kennzeichnung erfolgt durch Attribute und Gestik.

Die drei in jedem Friesabschnitt wiederholten Ebenen, denen unterschiedlicher Verweischarakter zukam, von denen jedoch keine vorgab, unmittelbare Wirklichkeit abzubilden, waren strikt voneinander geschieden. Die Bedeutung der allegorischen Leitfigur, ihrer historischen Exemplifizierung und der illustrativen Puttenszenen wurde optisch durch die unterschiedliche farbliche Behandlung anschaulich. In Umkehrung von Goethes – im Hinblick auf die Bonner Fakultätenbilder formulierter – Forderung, die Personifikationen nicht mit „dem Schein des Lebens", d. h. der Farbe, auszustatten, sondern sie skulpturenhaft zu vergegenwärtigen, waren Bendemanns Personifikationen ebenso farbig gestaltet wie die Puttenszenen[30]. Dagegen kamen die historischen Vertreter in Grisaille als graue Eminenzen daher. Die Steinfarbe ordnete sie der Architektur zu. Als Mischung zwischen Karyatide und Denkmalfigur traten sie plastisch hervor; was durch den Schatten, den sie auf die Pilaster zu werfen schienen, betont wurde. Der Denkmalcharakter einiger dieser steinernen Zeugen der Geschichte zeigte sich auch in der Ähnlichkeit mit berühmten zeitgenössischen Denkmälern, die Bendemann zitierte.

Die farbigen Leitbilder der Personifikationen sollten dagegen als die ewig lebendigen verstanden werden, die, vermittelt über die Putten-Szenen, auch noch für die anwesenden Schüler in der Aula Verbindlichkeit beanspruchen konnten. Die Abstrakta wurden also in die Gegenwart verlängert, während der Geschichte nur Nachweischarakter zukam.

29 Vgl. z. B. die ›Amorini metallurgi‹ u. a. Szenen aus dem Fries der Casa dei Vetti in Pompeji aus dem 1. Jh., s. Friedrich Schnack: Welt der Arbeit in der Kunst, Stuttgart 1965.

30 Bisher ließen sich keine Skizzen, Entwürfe oder Kartons zu dem Fries auffinden; unter den z. T. sehr schlechten Fotoreproduktionen gibt es keine Farbaufnahmen, so daß hier nur der zeitgenössischen Literatur gefolgt werden kann. Ein großer Teil der Kartons und eine Reihe von Farbskizzen waren 1890 in der Berliner Nationalgalerie ausgestellt; vgl. Ausst-Kat.: Ausstellung der Werke von Eduard Bendemann in der Königlichen National-Galerie, Berlin 1890, Nr. 10, 11, 79–86; Gesamtentwurf zum Fries: Nr. 84, 85. Einzelne Arbeiten befanden sich damals in Privatbesitz, andere waren zum Verkauf angeboten.

Anh. 5 Die ausgeführte Ahnengalerie berühmter Deutscher – nach Möglichkeit mit lokalem Bezug[31], was jedoch nicht immer gelang –, deren Leistungen aus dem Realschulunterricht bekannt waren[32] und von Heinen in einem ausführlichen Begleitprogramm zu den Fresken dargelegt wurden[33], hatten die Erreichbarkeit des Ideals zu belegen. Diese für eine Monumentalausstattung des 19. Jahrhunderts auffällige Unterordnung von Geschichte, der Verzicht auf ein Entwicklungsmodell hatte sein Korrelat in dem Erziehungskonzept der Realschulen. Den Realschulen lieferte im Unterschied zu den Gymnasien „das Rüstzeug zum Wirken und Schaffen ... die Gegenwart, nicht die Vergangenheit"[34]. Die zeitlosen Putten eiferten dem überzeitlichen Ideal nach, indem sie die Erfindungen der Neuzeit wie im Schulunterricht experimentell nachvollzogen. Diese Verbindung kam in der farblichen Korrespondenz zum Ausdruck. Die zitierten Denkmäler als tote Vergangenheit propagierten jedoch die Leistung als 'Vermögen' des Bürgertums, die von der Weltgeschichte honoriert wurde: Wer immer strebend sich bemüht, wird nicht als Tellerwäscher oder Almosenempfänger enden, sondern zu einem Fugger oder Goethe aufsteigen. Daran hatten – so legt die Personenauswahl nahe – auch die preußischen Herrscher ihren Anteil, indem sie weitsichtig Industrie und Handel förderten.

Dem Gliederungsschema der Kathederwand entsprach auch die gegenüberliegende hintere
Abb. 118 Wand, die der Kunst gewidmet war. Für die Zentralgestalt der Poesie, der „blondgelockten Jungfrau, voll Anmuth und Liebreiz"[36] konnte Bendemann auf die schon für den Konzertsaal des Dresdner Schlosses gestaltete Poesie[36] zurückgreifen. Flankiert wurde sie von Goethe und Schiller, die, im zeitgenössischen Kostüm, Rietschels Weimarer Doppeldenkmal nachempfunden[37] waren und von dort auch ihre Attribute, Schriftrolle und Lorbeerkranz, bezogen. Jeweils eine Hand vor der Brust, stehen sie sich in einer Art Offenbarungseid gegenüber, mit ihren Werken das deutsche Herz rührend. Heinrich Heine dagegen, der verleugnete Sohn Düsseldorfs, wurde nicht einmal in ein Porträtmedaillon aufgenommen. Es folgten rechts und links, jeweils auf die Personifikation ausgerichtet, Puttenzüge, die singend und spielend Bilder, eine Skulptur (Schadows ›Natura‹) und das Modell eines romanischen Domes in einer Art Triumphzug mit sich führten. Zur Fensterseite hin beschloß Peter v. Cornelius, „Düsseldorfs reichbegabter Sohn", die Rechte auf einen Säulenstumpf mit der Aufschrift „Campo Santo" gestützt, den Fries. Auf ausdrücklichen Wunsch Heinens wurde Cornelius als einziger Lebender in das Düsseldorfer

31 Heinen (1867), S. 27–31, erläutert in einem ausführlichen Anmerkungsapparat die Bedeutung der ganzfigurig wie der im Medaillon dargestellten Personen. Rothert 1891, S. 41, führt alle in der Rheinprovinz geborenen gesondert auf, bemerkt aber, in der Auswahl sei „eine lokalpatriotische Neigung Heinen's wiederzufinden", Rothert 1888, S. 42.
Heinen selbst, der Mathematik, Physik und Geographie unterrichtete, wurde angeblich im Medaillon Erwin v. Steinbachs porträtiert.

32 Vgl. dazu die „Lehrverfassung" der Realschule, in Heinen 1861, S. 21 ff.; in: Heinens Erörterung „Über die Einrichtung von Schüler-Bibliotheken" finden sich fast alle Namen, die dann auch im Programm der Aula-Ausmalung auftreten, s. Heinen 1860, S. 136 ff.

33 Heinen (1867); erweiterte und neu bearb. Aufl., hrsg. von Rothert 1891.

34 Heinen 1860, S. 141.

35 Heinen (1867), S. 21.

36 Entwurf in der Gr. Slg. des Kunstmuseums Düsseldorf, s. Ricke-Immel 1980, Nr. 41.

37 1852–1856 von E. Rietschel errichtet, Bronzeguß, Weimar, Theaterplatz. Rauchs Skizze von 1849 zeigt antike Kostüme. Zu den Auseinandersetzungen um das Kostüm s. Hermann Maertens: Die deutschen Bildsäulen-Denkmale des 19. Jahrhunderts, Stuttgart 1893, Text zu Tf. 27. In Düsseldorf wird Goethe allerdings nicht wie in Rietschels Denkmal mit Kniebundhose dargestellt, sondern im Unterschied zu Schiller als Mann des 19. Jh.s mit Pantalons.

Programm aufgenommen[38]. Die ihm beigemessene Bedeutung als Stifter einer neuen deutschen Malerei erhellt erst seine Pendantfigur auf der entgegengesetzten Seite. Dort steht Dürer, in Habitus und Kleidung wiederum an einem öffentlichen zeitgenössischen Denkmal, an Christian Daniel Rauchs berühmtem Nürnberger Dürerdenkmal, orientiert[39], als Begründer der deutschen Renaissancemalerei.

Die südliche Langwand war, „dem Lehrziel einer Realschule entsprechend, dem Handel und der Industrie sowie der Gesetzlichkeit oder staatlichen Ordnung gewidmet, welche beiden Schutz und friedliches Gedeihen gewährleistet"[40]. Im Zentrum über dem mittleren Eingang thronte eine geflügelte Gestalt, nach oben schauend, offenbar höhere Weisungen erwartend. Den linken Arm auf 'Recht und Gesetz' gestützt, in der Rechten das Kreuz haltend, liegt das Schwert in Bereitschaft auf dem Schoß. In Verbindung zu den flankierenden Pilasterfiguren, die als einzige nicht dem Kanon bürgerlicher Denker und Erfinder entstammen, sondern „die beiden thatkräftigsten Herrscher Preußens, den großen Churfürsten Friedrich Wilhelm und König Friedrich den Zweiten"[41], darstellen, wird die Dreiergruppe zum Ausdruck göttlich legitimierter Staatsmacht. Die beiden Herrscher erscheinen als die historischen Sachwalter dieses 'Friedensengels' alias Staatsmacht. Als Begründer des preußischen Militärstaates bezeichnen sie zugleich die Bedingungen für Handel und Industrie.

Abb. 120

Abb. 121

Kurfürst Friedrich Wilhelm ist dem Handel zugewandt, der alte Fritz der Industrie. Den Handel repräsentiert in der linken Wandhälfte eine mit Perlen reich geschmückte Frauengestalt, die auf einem kostbar geschnitzten Thron sitzt, an dem ein Ruder lehnt. Den Arm aufgestützt, schaut sie in die Ferne, als erspähe sie etwas am Horizont. Sie wird von dem prächtig gekleideten, einen Geldsack vorweisenden Anton Fugger, dem erfolgreichsten Vertreter des frühen Kaufmannskapitals, und Martin Behaim, der seinen Beitrag zu den Voraussetzungen kaufmännischen Erfolges, den ersten deutschen Globus, als Attribut in den Händen hält, gerahmt. In Blickrichtung der Handelsgöttin erscheint im Fries ein von munter rudernden Puttenkindern fortbewegtes Schiff. Unter dem girlandengeschmückten Mast hält einer der Wichte ein Füllhorn als Zeichen reicher Gewinne durch den Handel mit dem „wilden" Kontinent[42]. Am eben verlassenen exotischen Ufer bleibt als Gegenwert eine kindliche Ausgabe Johannes' des Täufers zurück, der den Wilden christlichen Segen spendet. Die Religion wird noch immer als das im wahrsten Sinne des Wortes glaubhafte Alibi für die Kolonialwünsche des Handelsbürgertums ausgewiesen.

Abb. 120

Die Wandseite rechts des Friedensengels beherrscht Industria, für deren Sitzmotiv Bendemann Anleihen bei Michelangelos libyscher Sibylle machte. Statt des in der Mitte des 19. Jahrhunderts als Attribut Industrias üblichen Zahnrads bedient sie ein altertümliches Spinnrad. Das angesichts der Spinnmaschinen anachronistische Attribut läßt sie eher als Personifikation des alten *industria*-Begriffes im Sinne von Fleiß erscheinen, denn als Verkörperung zeitgenössischer Industrie. Dadurch konnte sich aber nicht nur der berühmte preußische Industriebefürworter Peter Chri-

38 Heinen bewegte den Ausschuß des Kunst-Vereins für die Rheinlande und Westphalen am 10.3.1861 zu dem Beschluß. CORRESPONDENZ-BLATT, Mai 1861.

39 1837–1840 in Nürnberg errichtet. Frontalität, Haartracht und Pelzkragen sind, wie in den meisten Dürer-Darstellungen des 19. Jh.s an Dürers berühmtem Selbstporträt von 1500 orientiert, vgl. Berthold HINZ: Dürers Gloria. Kunst, Kult, Konsum, Berlin 1971.

40 ZfbK 1866, Kunstchronik, Sp. 132.

41 HEINEN (1867), S. 16.

42 HEINEN (1867), S. 16, Anm. 9, S. 30, will hier den Großen Kurfürsten als Gründer der ersten preußischen Kolonie an „Guinea's Goldküste" verstanden wissen.

stian Beuth auf sie beziehen, sondern auch der Landwirtschaftspromotor Albert Thaer. Zwischen Beuth und Friedrich dem Großen als den preußischen Ahnherren des industriellen Rheinlandes entwickelte sich nach demselben Schema des Bildes im Bild unter dem Zentralmedaillon Friedrich Krupps die Eisenindustrie als Puttenszene. Links bedienen ein Mädchen und Junge das riesige Schwungrad einer Seilwinde, die Erz und Kohle aus einem Schacht fördert. Zur Bildmitte hin tragen drei schwerbeladene Wichte die gefüllten Körbe zu dem zentralen 'Hochofen', an dessen Abstichschacht sich weitere Schmiedegesellen zu schaffen machen. Rechts endet die den Produktionsablauf veranschaulichende Friesszene mit der klassischen Schmiedegruppe am Amboß, die rhythmisch auf das Werkstück einschlägt.

In Ergänzung der Szenenfolge der Stirnwände wird die Langwand an den äußeren Enden durch je ein kleines quadratisches Bildfeld mit einer aus dem Zusammenhang herausfallenden Kinderszene sowie einer weiteren Pilasterfigur beschlossen. Links zwischen den Pilasterfiguren des Anton Fugger und dem zur vorderen Stirnwand überleitenden Johann Gutenberg, der die gedruckte Bibel vorweist, erscheint eine Szene, in der eine kindliche Familie beim Hahnenruf erwacht. Läßt sich dieser Morgen als Beginn der Neuzeit und Geburtsstunde des Bürgertums – durch Fugger und Gutenberg – lesen, so ist das Pendant weniger schlüssig. Im rechten Teil korrespondiert eine Nachtszene. Zwei kleine Erwachsene schlafen auf dem Lager, hinter ihnen lehnt als Arbeitsgerät und Vanitasverweis eine große Sense an der Wand. Der in Bendemanns Malerei häufiger vorkommende, ins christlich-sentimentale gewendete romantische Kreislaufgedanke eines Werdens und Vergehens[43] will in dieses Entwicklungsvorstellungen außer acht lassende Programm nicht passen. Die Verbindung der Morgenszene zum Beginn der Neuzeit müßte nun in der Nachtszene ihre Parallele als Ende der Epoche haben. Heinens Erläuterungsprogramm des Aulafrieses belehrt den solches Vermutenden aber sogleich eines Besseren: Die letzte Szene „leitet ... den Betrachter aus dem Gebiet der geschäftigen, auf das Notwendige und Nützliche gerichteten Thätigkeit hinüber in das benachbarte Gebiet des Schönen, das Zauberland der freien Dichtung und des künstlerischen Schaffens“[44].

Als abschließende Pilasterfigur erscheint denn auch kein entwicklungsgeschichtlich neuer Vertreter, sondern Peter Vischer, der im 19. Jahrhundert als Synthese von Künstler und Techniker galt[45], mit dem Modell des Sebaldusgrabes. Er leitet über zur Kunst-Thematik der hinteren Wand mit Dürer als Anschlußfigur.

Zyklische Parallelen von Tageszeiten, Menschenalter und Menschheitsgeschichte als Rest eines romantischen Entwicklungsmodells gaben hier keinen Sinn mehr, weil das Gesamtprogramm nicht auf Entwicklung angelegt war. Im Unterschied zur Vierergliederung mit den zentralen Personifikationen der Bonner Fakultätenbilder ging es um keine entwicklungsgeschichtlichen Kontinuitäten. Von daher stehen sich in den Pilasterfiguren wie in den Porträtsmedaillons Vertreter verschiedener Jahrhunderte, jedoch stets der Neuzeit angehörende Personen gegenüber.

43 So z. B. in dem Fries Bendemanns für das Haus seines Schwiegervaters Gottfried Schadow, in den ›Vier Jahreszeiten‹ für das Berliner Haus seines Bruders, in dem Fries für das Düsseldorfer Haus Wilhelm v. Schadows, an dem auch andere Düsseldorfer Künstler mitarbeiteten, vgl. Markowitz 1973, S. 68, 79, Abb. 38.

44 Heinen (1867), S. 35; übernommen von A. Fahne in: ZfbK 1872, S. 115, obwohl er ausdrücklich die „symbolische“ Bedeutung des „Morgen“ als Beginn der Neuzeit hervorhebt, ebd., S. 113. Fahne kündigte die Reproduktion des gesamten Frieses in Holzstich an, doch scheint es bei den beiden dort abgebildeten Szenen (Wissenschaftspersonifikationen und Handel) geblieben zu sein.

45 Das erhellt sich gerade im Tauziehen um Peter Vischer d. Ä. als Modelleur oder Techniker, bei dem sich u. a. Heideloff und Kugler gegenüberstanden, vgl. Lexikon der Kunst, Bd. 5, Leipzig 1978.

Obwohl eine Reihe von ihnen auch in Kaulbachs Reformationsbild auftritt, innerhalb dessen es auch nur bedingt eine historische Abfolge gibt, unterscheiden sie sich in ihrer Rolle innerhalb des Gesamtprogramms. Die Realschule als neue bürgerliche Einrichtung, die gerade erst um die Gleichberechtigung mit den Gymnasien zu streiten begann[46], suchte sich ihre Wahlverwandten ausschließlich aus der Zeit seit der Renaissance, formulierte jedoch keine Kontinuitätsstränge, konnte sie sich doch auch nicht als deren alleinige Erbin betrachten. Die Verbindung zu den Erfindern, Wissenschaftlern, Kaufleuten und Künstlern der Vergangenheit bestand in der Kontinuität eines in Allgemeinbesitz übergegangenen Wissens. Die Aneignung führen die Putten z. T. in experimentellem Nachvollzug vor, als Exempel dessen, was die Schule selbst den Schülern weitervermittelte.

Dies entsprach dem Bildungskonzept der Realschulen, die „nach ihrer mehr der Gegenwart zugewandten Richtung ein größeres Gewicht auf eine wissenschaftliche Erkenntnis der objektiven und realen Erscheinungswelt“[47] legten als auf philosophische „Speculationen“ und all den „todten Gedächtniskram“[48]. Namentlich „das reiche historische Material“, so die Bestimmung in den erläuternden Bemerkungen zur Prüfungsordnung der preußischen Realschulen, „ist durchweg mit steter Rücksicht auf den Zweck der Schule angemessen zu begrenzen und das zur Mittheilung ... geeignete mit Vorsicht auszuwählen“[49].

2. *Bendemanns Dresdner Thronsaalfries*

Der Zeitbezug im Fries

Thematisch waren die Szenen bürgerlichen „Handels und Wandels“ schon in Bendemanns Dresdner Thronsaalfries[50] vorgeprägt, allerdings mit signifikanten Unterschieden. In Dresden Abb. 117
ergänzte der Fries das historische Programm mit Hauptszenen aus der Zeit des ersten Sachsenkönigs Heinrich I. und einer Galerie wahlverwandter königlicher Gesetzgeber. Der Fries behandelte die Entwicklungsgeschichte der Menschheit aus christlicher Sicht, von der Erschaffung des Menschen, seiner Vertreibung aus dem Paradies und der Entwicklung von Handwerk, Handel, Wissenschaft und Kunst bis zur Aufnahme des „Lebenspilgers ... in das Paradies“ durch einen

46 Zu den ersten Amtshandlungen des Kulturministers v. Bethmann-Hollweg unter der neuen Regierung des Prinzregenten Wilhelm gehörte die Verabschiedung der Unterrichts- und Prüfungsordnung der Real- und höheren Bürgerschulen am 6. 10. 1859. Damit wurde nach langen Kämpfen und ständigen Neuregelungen die Voraussetzung für den Zugang von Realschulabgängern zu Staatsämtern geschaffen, was einen Durchbruch für die Realschulen bedeutete. Vgl. Otto Schmeding: Die Entwicklung des realistischen höheren Schulwesens in Preußen bis zum Jahre 1933 mit besonderer Berücksichtigung der Tätigkeit des Deutschen Realschulmännervereins, Köln o. J., S. 52–58. 1859 gab es in Preußen 56 Realschulen 1. Ordnung, zu denen die Düsseldorfer gehörte.

47 Heinen 1863, S. 27.

48 Heinen 1860, S. 142. Heinen beruft sich hier auf die „Neuerer“ von Comenius bis Rousseau, deren Bedeutung er allerdings zugleich relativiert.

49 Erläuternde Bemerkungen zu der Unterrichts- und Prüfungs-Ordnung der Real- und höheren Bürgerschulen vom 6. Oct. 1859. Beilage zur Unterrichts- und Prüfungs-Ordnung der Realschulen und der höheren Bürgerschulen, 2. Aufl., Berlin 1859, S. 56.

50 Im 2. Weltkrieg zerstört, vgl. Markowitz 1973, S. 48, mit Abbildungen von Skizzen und Entwürfen in der Gr. Slg. des Kunstmus. Düsseldorf. Vollständig bei Ricke-Immel 1980, Nr. 6–20, mit einer Bibliographie. Der Historiker J. G. Droysen widmete Bendemanns Dresdner Wandbildern einen umfänglichen Begleittext, s. Droysen o. J.

Engel[51]. In dieser Kombination von Menschheitsentwicklung und Lebensaltern war Bendemann in seinem Element[52]. Nicht Putten traten im Dresdner Fries auf, sondern typisierte Personen in mittelalterlichem Kostüm. In der Abfolge des Frieses erschien Arbeit als Folge des Sündenfalls. Darin lag zwar ebenfalls eine überzeitliche Komponente, doch verband sich die Argumentation des Frieses mit den restlichen Wandbildern des Thronsaales[53]: Zur Zeit Heinrichs I., des ersten deutschen Königs sächsischer Herkunft, gelang die konstruktive Wendung des göttlichen Fluches: Wissenschaft, Handel und Gewerbe blühten. Der Dresdner Fries zeigte z. B. Förder-, Verhüttungs- und Schmiedearbeiten in derselben Abfolge wie der Düsseldorfer Realschulfries. Doch die historisierende Kleidung und das altertümelnde Ambiente ließen ihn zum Begleitmotiv der Hauptbilder werden, das die Entwicklung der Menschheit zu Fleiß und Wohlstand bis zur Zeit Heinrichs I. erläuterte.

Gegenüber dem Düsseldorfer Puttenfries sind Einzelheiten bemerkenswert: So zeigt die auch hier dargestellte Handelsszene mit anderen Kontinenten die Fremde nicht nur als Absatzmarkt und christliches Missionsfeld, sondern es wird auch der umstrittene Gegenwert, gefesselte Sklaven, die auf das Schiff geführt werden, vorgeführt. Das allerdings ließ sich nur historisch relativiert, in vergangenen Zeiten, darstellen.

Der Dresdner Fries diente also der Geschichte: Im Thronsaal, der auch der Ständeversammlung diente, stand die Kontinuität von Herrschaft außer Frage. Der bildliche Verweis auf die Prosperität durch Gewerbe und Handel in der Vergangenheit konnte demonstrieren, daß es unter der für die Gegenwart zum Vorbild gewählten Obrigkeit Heinrichs I. Wohlstand für alle Stände, für alle Berufsgruppen gab. Eingebunden in den Kreislauf christlichen Lebens, war angezeigt, daß sich Wohlstand auf der Grundlage von Arbeit unter einem weisen Herrscher immer wieder entfalten konnte.

Abb. 120 Da sowohl die Entwicklungsfolge als auch die historische Bezugsebene im Düsseldorfer Fries fehlten, erschienen dieselben Themen, etwa des Bergbaus und der Schmiede, mit denselben archaischen Arbeitsgeräten, von Putten vorgeführt, zeitlos. Als Exempel zeitgemäßer Arbeit waren sie überholt, nicht aber als Exempel praktischen Lernens, das sie schalkhaft demonstrieren, um sich damit Geschichte als Reihe zweckmäßiger Erfindungen einzuverleiben.

3. Der Erdteilfries in der Antwerpener Börse

In engem Zusammenhang mit dem Düsseldorfer Fries stand – nicht thematisch, sondern in der Kombination von Personifikation und Putten in Vertretung arbeitender Menschen – auch der Fries der Erdteile im Antwerpener Börsensaal[54]. Er war Bestandteil des sechs Historienbilder aus der Handelsgeschichte Antwerpens sowie drei ganzfigurige Darstellungen beispielhafter Entdecker (Christoph Columbus, Abraham Ortelius, und Gerhard Mercator) umfassenden Programms der 1855 begonnenen Monumentalausstattung. Obwohl das historische Gebäude kurze

51 DROYSEN o. J., Einleitung, o. S.

52 Bendemann galt im ausgehenden 19. Jh. als christlicher „Idyllenmaler", s. Ausst.-Kat. 1890 (wie Anm. 30), S. 1. Dazu hatten vor allem seine elegischen „Trauerbilder", etwa die berühmten ›Trauernden Juden im Exil‹ von 1832 (Düsseldorf, Kunstmus.) beigetragen.

53 RICKE-IMMEL 1980, Nr. 21, 22, 23; DT. KUNSTBLATT 1853, S. 4 ff.; vgl. auch S. 88–90 vorliegender Arbeit.

54 MERTENS 1858; DT. KUNSTBLATT 1853, S. 363 f., zu dem geplanten Projekt; RIEGEL 1882, S. 42 f.; verschiedentlich auch als *Chambre de Commerce* bezeichnet, da hier die Handelskammer ihren Sitz hatte.

Zeit später, im August 1858, abbrannte[55], fanden die gerade vollendeten Malereien eine über die Landesgrenzen hinausgehende Resonanz[56], schon weil die Maler Gottfried Guffens und Jan Swerts, beide Schüler De Keysers, sich sehr genau mit der deutschen Monumentalmalerei, der Düsseldorfer und Münchner Schule, auseinandergesetzt hatten[57]. Besonders der Fries der Erdteile wurde durch Reproduktionsstiche bekannt[58]. Vor allem in dem stark an Belgien orientierten Düsseldorfer Malerkreis, zu dem auch Bendemann als Vertreter der älteren Generation gehörte, der selbst u. a. im Jahre 1859 an der Ausstellung deutscher Kartons in Brüssel teilgenommen hatte[59], dürfte die monumentale Ausstattung der Handelskammer als einer zeitgemäßen Aufgabe im Dienste des Industrie- und Handelsbürgertums Beachtung gefunden haben.

Jedenfalls fanden sich in der Nachfolge der Antwerpener Börsenausstattung eine Reihe monumentaler Puttenfriese in vergleichbaren Einrichtungen des zeitgenössischen Geschäftslebens, die mangels vorzeigbarer Ahnen nicht historisch argumentierten. Außer Bendemanns Düsseldorfer Aulafries entstand kurz darauf – 1864/65 – der Fries des Düsseldorfer Malers Theodor Mintrop, eines Freundes des an der Realschulausmalung beteiligten Geselschap, für den Festsaal des Schaafhausener Bankhauses in Köln[60]. Abb. 122, 123

Im Antwerpener Börsensaal waren es entsprechend der weltweiten Handelsbeziehungen der Stadt die Personifikationen der vier Erdteile, die als weibliche Monumentalfiguren im Zentrum eines jeden Friesabschnittes thronten, während Puttenkinder im eifrigen Spiel die für den Handel wichtigsten Produkte herstellten. Trotz der wiederaufgenommenen barocken Ikonographie (der 5. Erdteil blieb ausgespart) scheinen die Personifikationen in ihrer strengen Frontalität Cornelius' Bonner Fakultäten verpflichtet. Innerhalb des Frieses, der auch hier keine Entwicklungsgeschichte thematisierte, waren sie – im Unterschied zu Bonn – nicht als Ursprung oder zeitlicher Beginn definiert, sondern markierten im dekorativen Schema den formalen Mittelpunkt. Sie ließen sich daher mit Mintrops kindlicher Industria ebenso austauschen wie mit Bendemanns Handels- oder Industriepersonifikation. Sie bildeten vornehmlich durch ihre Attribute nur den

Abb. 5

Abb. 123

55 Riegel 1882, S. 43. Das Correspondenz-Blatt, Jan. 1859, S. 19, bewertet die vernichteten Fresken als das „eigenthlich einzig monumentale Werk der neueren Malerei in Belgien".

56 Vgl. Anm. 54; Ernst Förster: Denkmale deutscher Bildnerei und Malerei, Bd. 4, Leipzig 1863; Ill. Ztg. 1861, S. 92–93.

57 Als Ergebnis ihrer Studienreise nach Deutschland überreichten sie dem belgischen Innenminister die Denkschrift Souvenirs d'un voyage artistique en Allemagne, in: Messages des Sciences historiques 1856, S. 409 ff.; neu erschienen in Gent 1857, Antwerpen 1858.

58 Großformatige Radierungen von O. Schwertgeburth, der bei den Ausführungsarbeiten auf der Wand beteiligt war, in: Peintures murales par G. Guffens & J. Swerts. Frise exécutée à la Chambre de Commerce d'Anvers ..., Antwerpen 1857; wieder abgedruckt wurden die Radierungen in: De Vlaamsche School, Tijdschrift voor Kunsten, Letteren, Wissenschappen etc., Antwerpen 1866/1867; Ill. Ztg. 1861, S. 92–93.

59 Bendemanns Kartons zu den Fresken im Ball- und Konzertsaal des Dresdner Schlosses waren ausgestellt. Außerdem wurden Arbeiten von Kaulbach, Hübner, Rethel, Lessing, Steinle usw. gezeigt, s. Revue Britannique. Recueil Internat., Brüssel 1860.

60 Mintrop war zunächst Autodidakt, erhielt aber 1844 u. a. auf Betreiben Geselschaps ein Stipendium an der Düsseldorfer Akademie, vgl. Ricke-Immel 1980, S. 176.
Die aquarellierten Skizzen befinden sich seit 1873 im Wall.-Richartz-Mus. Köln. Genaue Beschreibung und überschwengliches Lob bei J. Niessen: Führer in den geistigen Inhalt der Gemälde-Sammlung des Museums Wallraf Richartz in Köln, 4. Aufl., Köln o. J. (1877), Nr. 1018 a. Hier seien „in Kindergestalten mannigfache Hauptthätigkeiten der Menschheit in Situationen, wie sie die Wirklichkeit zeigt, oder in künstlerisch concentrirender und symbolisierender Weise componirt." Ohne auf das Programm einzugehen, findet der Fries als „eine übertriebene Thematik" Erwähnung bei Raev 1974, S. 68–69.

abstrakten Begriff, auf den sich die in den Kinderszenen vorgeführten Arbeiten, die stets auf dasselbe hinausliefen, bezogen: auf den Nachweis von spielerischer Arbeit, die Erfolg und Reichtum schafft.

Die Gestaltungsweise der durch dekorative Körpergesten bestimmten Friese ist dem Antwerpener, Düsseldorfer und Kölner Beispiel verwandt. Die fülligen Kindergestalten signalisieren im Deklamationsgestus der Erwachsenenwelt ihre jeweilige Tätigkeit und entfalten sich im Nebeneinander über die gesamte Frieshöhe, so daß trotz der malerisch suggerierten Plastizität der Figuren kein Illusionsraum entsteht, sondern die Figur-Grund-Konstellation des klassischen Frieses beibehalten wird. Gerade wegen der tradierten Abstraktion des Frieses zu einer linearen Figuration fällt allerdings die Modellierung der Körper und ihre plastische Gestaltung auf. Gegenüber der idealen Repräsentanz der Cornelius-Schule wird hier die physische Präsenz betont. Die Unterschiede charakterisieren nicht nur die Münchner und die Düsseldorfer Malerschule, sondern auch eine Gesamttendenz innerhalb der Wandmalerei des 19. Jahrhunderts. Bei zunehmender thematischer Bedeutung des Genres war dies der monumentale Kompromiß: Die Namenlosen zogen in Gestalt zeitloser, aber physisch präsenter Putten in die Monumentalmalerei ein.

Abb. 118–123

Da auch die Attribute meist den Charakter realer Gerätschaften annahmen, wurde die Grenze zur Allegorie fließend. Dennoch verstand die zeitgenössische Rezeption die Puttenszenen als „allegorisch"[61], waren sie doch Metaphern für Arbeit, die von denen, die sie nicht selbst auszuführen brauchten, im Spiel vergegenwärtigt wurde.

Abb. 117

Während die fortlaufende Erzählform des Frieses also im Dresdner Schloß zur Darstellung einer menschheitsgeschichtlichen Entwicklung genutzt wurde, bildete der Fries in der Antwerpener Handelskammer die überzeitliche Konstante gegenüber den Historienbildern, korrelierte diesen jedoch. In der Düsseldorfer Realschule wurden nur noch einzelne nationale Größen der Vergangenheit zitiert, während es in Mintrops Fries für das Kölner Bankhaus überhaupt keine historischen Anspielungen mehr gab. Dieser Verzicht auf Geschichte, der sich an weiteren Varianten belegen läßt[62], ist typisch für den industriebürgerlichen Privatauftrag und unterscheidet ihn – trotz aller Gemeinsamkeiten in den Friesmotiven wie in der Gestaltung – von öffentlichen Aufträgen. Dafür mag die fehlende eigene Ahnengalerie verantwortlich sein. Man gab sich in der Architektur wie in der Ausstattung 'zeitlos', d. h. man kleidete sich in das, was unter 'Renaissance' verstanden wurde. In öffentlichen Aufträgen von Einrichtungen für den Handel wie in den betont gegenwartsbezogenen Schulen neuen Typs dagegen bildeten die wahlverwandten Helden der Vergangenheit die Folie. Damit hatte es, auch wenn keine Entwicklungsgeschichte

Abb. 118–120, 122, 123

61 ZfbK 1870, S. 161; Rothert 1891, S. 14; auch Raev 1974, S. 68, übernimmt die Terminologie, allerdings verändert er sie, wenn er über Mintrops Fries schreibt: „Ein Puttenfries *mit* allegorischen Darstellungen". Konsequenterweise nannten die früheren Autoren die Putten selbst allegorisch, da sie auf wirkliche Arbeit nur verwiesen.

62 Adolf Schmitz, der sich auch am Wettbewerb um die Realschulausmalung in Düsseldorf beteiligt hatte, übernahm die Malerei in einem zweiten Saal der Schaafhausener Bank. In einer Serie von Lünettenbildern zwischen kindlichen Karyatiden stellte er Szenen aus Bergbau und Schwerindustrie dar, die Putten-Kinder bei der entprechenden Arbeit zeigen, vgl. Kölner Ztg., 28. 3. 1865; Raev 1974, S. 69–70. Ähnlich A. Baur, der 1871 die Villa des Commerzienrates Mevissen in Köln mit Szenen aus Handel und Industrie, in der Mitte eine Fortuna, ausstattete, vgl. ZfbK 1871, Kunstchronik, Sp. 438. Vergleichbar auch Ernst Roebers Programm für einen Saal im Hause von Emil Weyerbusch in Elberfeld. Der Verzicht auf Entwicklungsgeschichte zugunsten der Thematisierung des Produktionsablaufes läßt sich bei industriellen Auftraggebern auch dort verfolgen, wo eine realistische Malerei bevorzugt wurde, wie z. B. in Borsigs Berliner Villa mit Paul Meyerheims monumentalem Zyklus zur Entstehung der Lokomotive vom Rohstoff bis zur Ware, vgl. Wagner 1980.

thematisiert wurde, in den öffentlichen Gebäuden seine besondere Bewandtnis. Die 'patriotische Erziehung' lag in der gemeinsamen Verpflichtung auf Vorbilder. In der Düsseldorfer Realschule waren historische Vertreter von 'nationaler' Bedeutung in Beziehung zur Lokalgeschichte ausgewählt, auf die sich ein unternehmerisches Bürgertum im Einvernehmen mit dem preußischen Staat beziehen konnte.

Insofern hatte Bendemanns Kombination dreier verschiedener Realitätsebenen im Aulafries seine gezielte didaktische Funktion: Während die Personifikationen wie die anonymen Putten national weitgehend indifferent blieben, letztere für eine Industria auf belgischen Wänden ebenso arbeiten konnten wie für eine auf preußischen, stellten die Bruchstücke der Ahnengalerie die 'patriotische' Komponente dar.

Die Vollendung der Düsseldorfer Realschulaula nach der Reichsgründung

Als Abschluß der Ausstattung war für die Düsseldorfer Aula von vornherein ein figürliches Glasfenster zu Ehren der Religion als erzieherischem Faktor vorgesehen. Bendemanns Entwurf lag spätestens 1866 vor[63]. „Christus unter den Kindern“ sollte, wie aus Heinens Erklärung des Bildprogramms und dem abgebildeten Entwurf hervorgeht, „auf dem mittleren, dem Haupteingang gegenüber liegenden Fenster ... in bescheidenen Farben, welche die Gluth und Farbenpracht von Kirchenfenstern nicht erreichen sollen“ als „Glasgemälde“ ausgeführt werden[64]. Heinen wertete dies als Ergänzung der „nationale(n) Aufgabe“ der Wandgemälde durch den Hinweis auf „ein besseres Vaterland als die irdische Heimath“ und verwies auf die „erläuternden Bemerkungen zur Unterrichts- und Prüfungsordnung der Realschulen“ aus dem Jahre 1859, wo es heißt: „Die Realschulen sind vor allem deutsche und christliche Schulen“[65].

Der vorgelegte Entwurf konnte zunächst nicht realisiert werden, weil im Jahr der Fertigstellung der Wandmalereien der preußisch-österreichische Krieg um die Vorherrschaft in der künftigen Nation begann und keine Gelder mehr zur Verfügung standen[66]. Auch danach aufgebrachte Spenden flossen zunächst einmal in die Witwen- und Waisenkasse der Schule, bevor das von Bendemann entworfene Mittelfenster schließlich in veränderter Form 25 Jahre später – 1891 – durch seinen Schüler, den Historienmaler Peter Janssen[67], vollendet werden konnte.

Nach Preußens Sieg über Österreich und dem Nationaltaumel der Gründerjahre schien Bendemanns bieder-christlicher Entwurf nicht mehr ausreichend, entsprach er doch nur der zweiten Leitlinie schulischer Erziehung. Für die stattlich verordneten Schulfeiern, die zunehmend als Instrument nationaler Aufrüstung eingesetzt wurden, war mit dem Großen Kurfürsten und Friedrich dem Großen in den Wandbildern die staatliche Gegenwart unterrepräsentiert, Bendemanns Entwurf für das Glasfenster wurde zwar in seiner zentralen Szene – Christus mit den drei Abb. 121

63 Heinen (1867) bildet den Entwurf als Frontispiz ab und stellt ihn zum Schluß vor.

64 Heinen (1867), S. 33.

65 Heinen 1863, S. 27; Heinen (1867), S. 25. Heinen bezieht sich wörtlich auf die allgemeinen Grundsätze in der Unterrichts- und Prüfungs-Ordnung der Realschulen und der höheren Bürgerschulen, Berlin 1859², S. 42.

66 1867 wandte sich Heinen an das Kultusministerium, erhielt aber wegen der „Ungunst der Zeiten keinerlei Unterstützung“, Rothert 1891, S. 7.

67 Rothert 1891, S. 8; zu Janssen s. Bieber 1979.

um ihn versammelten Kindern – im wesentlichen beibehalten[68], doch erhielt die Szene ein Rahmenprogramm, das auch die vier übrigen Fenster einbezog und die christliche Lehre mit dem Staat verband.

„Von den Hauptfactoren des Kulturlebens“ seien in den Wandmalereien – so begründete Eduard Rothert 1891 die Ergänzungen durch die Glasfenster – „die allerwichtigsten, *Staat und Kirche*, noch nicht zum Ausdruck gebracht“ gewesen[69]. „Ein eigentümlicher, und wir dürfen jetzt sagen, ein glücklicher Zufall“, so Rothert weiter, „hat es so gefügt, daß nach der Herstellung der eigentlichen Wandgemälde im Frühjahr 1866 die Mittel für die Ausführung der Glasmalereien nicht mehr zu beschaffen waren“. Denn dadurch sei es erst ermöglicht worden, daß „zur Darstellung der Kirche in ihrer einfachsten Form ... nunmehr auch noch die Andeutung des wiederaufgerichteten Reiches hinzugefügt werden konnte“[70]. Dies geschah sozusagen in der Kurzformel staatlicher Repräsentation, durch Porträtmedaillons und Wappen. In die ornamentalen Weinranken oberhalb der Christusgruppe wurden die Köpfe von Moses – im Zentrum –, Bonifatius und Luther eingefügt. Unterhalb erschien auf einer neuen Glasplatte das von Eichenlaub und gekreuzten Schwertern umrankte Porträt Wilhelms II.[71] Dadurch standen sich in der Mittelachse, über Christus vermittelt, der alttestamentarische Gesetzgeber und der Kaiser des neuen Reiches gegenüber.

In den beiden äußersten der insgesamt sieben Fenster waren im Mittelfeld die beiden ersten deutschen Kaiser im Medaillon neben Reichswappen und Düsseldorfer Stadtwappen dargestellt. Lokale und nationale Bedeutung wurden wie in der Porträtauswahl der Malerei verknüpft als „Mahnung, das ganze Vaterland und nicht minder die engere Heimat in Ehren zu halten, nicht bloß in Worten, sondern auch ... mit Gut und Bluth“[72]. Verdeutlicht wurde dieses Anliegen in den angrenzenden Fenstern, in denen sich die Porträts „des eisernen Kanzlers Bismarck sowie des Schlachtenlenkers Moltke“ gegenüberstanden. Mit ihnen sollten „zwei Männer ..., die in erster Linie in hingebender ... Thätigkeit das einst so geschmähte Vaterland groß und einig gemacht“, geehrt werden[73].

Es folgten die Porträts der drei preußischen Herrscher seit Reichseinigung mit dem regierenden Wilhelm I. unterhalb der Christusfigur im Zentrum. Diese Einbindung der christlichen Lehrszene in ‘Preußens Gloria’ und die Berufung auf die ersten deutschen Kaiser bedeutete eine Aktualisierung des Verhältnisses von Christentum, Staat und Bürger, wie es mit dem ‘Friedensengel’ zwischen den beiden preußischen Herrschern aus der Vergangenheit im Wandfries angeschnitten war. In den transparenten Glasfenstern vermählten sich „das irdische und vergängliche Vaterland“ und „das himmlische und unvergängliche“[74]. Hier erwies sich, was es inzwischen hieß, daß die Schulen vor aller Bestimmung ihrer Lehrfächer und Lernziele „deutsche und

68 Die Veränderungen zeigen sich vor allem in der modernen Haartracht des Mädchens, von Christus selbst usw. Damit werden, dem Zeitgeschmack entsprechend, die noch vorhandenen Anklänge an nazarenische Kartonkunst getilgt.

69 ROTHERT 1891, S. 7.

70 ROTHERT 1891, S. 11.

71 Die Jahreszahlen 1838/1888 verschränkten die preußische Monarchie und die Geschichte der Realschule. Das Dreikaiserjahr 1888 war zugleich das 50jährige Schuljubiläum der 1838 gegründeten Realschule, die allerdings 1882 in ein Realgymnasium umgewandelt worden war.

72 ROTHERT 1891, S. 39.

73 ROTHERT 1891, S. 39.

74 ROTHERT 1891, S. 40.

christliche Schulen“ zu sein hatten. Auch wenn unklar ist, von wem die Erweiterung des Programms der Glasfenster initiiert wurde, zeigt sich deutlich, daß nun mit dem Stolz auf die endlich gelungene Einigung der Nation auch der starke Staat einherging. Er war gerade auch dem Industrie- und Handelsbürgertum willkommen, wie etwa die späten Koloniegründungen, die das Handelsbürgertum sicherten, belegen. Dieser Entwicklung entsprach der Zugriff des neuen Staates auf die ‘volkserzieherischen’ Einrichtungen, wie sie die Schulen darstellten. In der Düsseldorfer Realschule erhielten die ‘patriotischen’ Feiern, die, begleitet von Aufführungen wie der von Eduard Rothert verfaßten Germania, anläßlich der verschiedenen Staatsfeste, der Erinnerungstage an die Sedanschlacht, an die Kaiserproklamation, an Kaisers Geburtstag usw. in der Schulaula stattfanden[75], ihren deutschnationalen Bezugsrahmen.

Zur weiteren Entwicklung monumentaler Malerei in Schulen

Die Ausstattung der Aula in der neu erbauten Düsseldorfer Realschule dürfte das erste derartige Unternehmen zur ‘Erziehung der Nation’ in Deutschland gewesen sein. Doch änderte sich dies schnell. In den Jahren nach der Reichsgründung gab es keine Gruppe öffentlicher Gebäude, die so viele Neubauten aufzuweisen hatte, wie die der Schulen[76]. Die künstlerische Ausstattung wurde in den großen Neubauten fast zur Regel. Im Unterschied zu Düsseldorf, wo der Kunstverein der Hauptfinanzier war, erfolgten Ausschreibung und Auftragserteilung nun meist durch die „Landes-Kommission zur Begutachtung der Verwendung des Kunst-Fonds“[77]. In Preußen hatte allerdings die Förderung monumentaler Bildzyklen in den Aulen – vereinzelt auch in den Treppenhäusern wie z. B. im Berliner Sophiengymnasium, wo Max Lohde in Sgraffitotechnik Szenen aus Homer illustrierte[78] – schon Mitte der 60er Jahre eingesetzt.

Bis zur Jahrhundertwende läßt sich eine Differenzierung der Themenbereiche der Ausstattungsprogramme entsprechend der verschiedenartigen Schultypen festellen. Das soll nicht heißen, daß es ikonographisch festgelegte Standardprogramme gab, die für Gymnasien, Real-, Grund- oder Töchterschulen, für konfessionelle, staatliche oder private Schulen sozusagen abrufbar gewesen wären, denn selbstverständlich spielte auch eine wichtige Rolle, wie die lokale Einflußnahme aussah oder – nicht zuletzt – welcher Maler gewonnen werden konnte. Trotz dieser Einschränkungen läßt sich generell feststellen, daß in den altsprachlichen Gymnasien entsprechend der hier vermittelten Bildungsinhalte ‘historische’ Themen, insbesondere Motive aus der griechischen Geschichte, wozu auch Homers Ilias und Odyssee zählten, dominierten[79]. Abb. 125

75 Festschrift zur Feier des 75-jährigen Bestehens 1913, S. 28. Dort eine Auflistung aller in der Düsseldorfer Aula abgehaltenen „patriotischen Feste“, deren Beitrag zur Erziehung unentwegt betont wird.

76 DBZ 1874, Nr. 89, S. 357.

77 Vgl. die Berichte in den einzelnen Jahrgängen des JPKS.

78 Die Sgraffitomalereien mit Szenen aus dem Trojanischen Krieg waren 1867 vollendet, vgl. ZfbK 1867, Kunstchronik, Sp. 179; A. Gerstenberg: Die vereinigten Schulanstalten des Sophien-Gymnasiums und der Realschule ... zu Berlin, in: ZfBW 1870, S. 464–466; Max Lohde: Die Sgraffitobilder im Treppenhaus des Sophien-Gymnasiums zu Berlin. Entworfen und ausgeführt von Max Lohde, Berlin 1867. Lohde propagierte die Schule als „Pflanzstätte der Volksbildung“, ihre bildnerische Ausstattung sei von „unberechenbarem ästhetischen Bildungseinfluß“, ebd., S. 2.

79 Max Schmidt, Emil Neide und Heydeck führten in der Aula des Gymnasiums in Insterburg in den 80er Jahren einen Zyklus zur Odyssee aus, s. Rosenberg 1889, Bd. 3, S. 252. Teschendorff realisierte Darstellungen aus „dem griechischen Altertum“ im Gymnasium in Rendsburg, JPKS 1885, Kunst-Fonds.

Sie wurden mitunter der christlichen Welt oder der 'Geschichte' der Germanen im Nibelungenlied gegenübergestellt[80]. In den 80er Jahren kamen auch „historische Landschaften", vor allem Griechenlands, hinzu[81]. Der Mythos dagegen, etwa Hesiods Theogonie oder Ovids Metamorphosen, scheint in den Bildprogrammen nicht berücksichtigt worden zu sein.

In den Realschulen dagegen spielten Themen aus der älteren Geschichte so gut wie gar keine Rolle. Wenn Geschichte thematisiert wurde, ging es um nationale Stoffe aus der jüngeren Vergangenheit, mit denen sich auch das Industrie- und Handelsbürgertum identifizieren konnte, so z. B. Themen aus den Befreiungskriegen, wie sie in der Aula des Duisburger Realgymnasiums ausgeführt wurden[82]. Doch waren solche, als patriotisch bezeichneten Geschichtsbilder nicht spezifisch für die Realschule, wie z. B. Anton v. Werners Pendants von 1870 in der Kieler Gelehrtenschule zeigen[83]. Hier standen sich ›Luther vor dem Reichstag in Worms‹ und ›Die nationale Erhebung von 1813‹ als „Befreiung von der Fremdherrschaft auf religiösem Gebiet ... (und) der auf politischem"[84] gegenüber. Bei derart preußischen Themen spielten jedoch auch lokale Verhältnisse eine entscheidende Rolle[85]. Typisch für Realschulen dagegen war, wie Bendemanns Düsseldorfer Pionierprojekt zeigte, die Darstellung der spezifischen Unterrichtszweige, d. h. vor allem der naturwissenschaftlichen Fächer sowie ihrer Anwendungsgebiete „im Leben"[86]. Dies aber führte – wollte man Mathematik, Physik oder Chemie, Technik, Industrie und Handel nicht realistisch darstellen – aus Berührungsängsten mit einer inzwischen auch sozial definierten 'Prosa' des modernen Lebens zu Allegorien bzw. der Vermischung verschiedener Realitätsebenen, wie sie zuerst Bendemanns Düsseldorfer Realschulfries aufwies.

In zwei Berliner Doppelschulen, die jeweils ein Gymnasium und eine Realschule mit separaten Aulen vereinten, läßt sich die verschiedene Schulprogrammatik an den Bildprogrammen besonders deutlich ablesen: So erhielt die Aula der Dorotheenstädtischen Realschule 1875 „Allegorien

80 Johannes Schaller führte im Friedrich-Werderschen Gymnasium in Berlin je sechs Szenen zur Odyssee und zum Nibelungenlied aus, ZfBW 1878, S. 13. Nach Jordans Entwürfen wurden im ev. Gymnasium in Glogau (Schlesien) ›Griechentum‹ und ›Der deutsche Parnaß‹ gegenübergestellt, s. ZB 1912, S. 437–439 mit Abb.

81 Griechische Landschaften nach Tragödien des Sophokles wurden von Albert Hertel um 1885 im Vorraum der Aula des Berliner Wilhelm-Gymnasiums ausgeführt, vgl.: JPKS 1879, S. XVII. Im Gleiwitzer Gymnasium übernahm Dessler Landschaftsgemälde historischer Stätten des Altertums aus Rottmanns Münchner Griechenland-Zyklus (um 1885), s. JPKS 1885, Verwendung des Kunst-Fonds.

82 Aula des Realgymnasiums in Duisburg: ›Begrüßung Feldmarschall Blüchers und der heimgeführten Quadriga vom Brandenburger Tor in Berlin an den Toren Duisburgs im Jahre 1814‹, von Ludwig Keller, vor 1898, vgl. Schaarschmidt 1902, Abb. S. 365.

83 Anton v. Werner: Erlebnisse und Ereignisse 1870–1890, Berlin 1913, S. 1–4; Kunstreich 1963, S. 60–66.

84 Robert Dohme (1874), zit. n. Kunstreich 1963, S. 64.

85 In Kiel gab es heftige Kritik an dem „preußischen Thema" der Befreiungskriege, das ›Freiwillige vor Wilhelm III. 1813‹ zeigte. Statt dessen verlangte man ein Thema aus der schleswig-holsteinischen Geschichte, z. B. den „Untergang der Kieler Turner bei Bau 1848". Nach dem Sieg von Sedan allerdings scheint auch in Kiel das „preußische Thema" seine Legitimation erhalten zu haben, vgl. Kunstreich 1963, S. 64f.

86 Dorotheenstädtisches Gymnasium Berlin: Allegorien der Unterrichtszweige, von Chr. Becker, ZfBW, 28. Jg. 1878, S. 13. In Essen wurde 1869 die Ausstattung der Aula der Realschule mit „Allegorien der Unterrichtszweige" geplant, vgl. ZfbK, 1869, Beibl. Kunstchronik, S. 191. Im Festsaal der Stuttgarter Realschule wurden „Allegorien der Wissenschaften und Künste nebst Porträtmedaillons" ausgeführt, in der Realschule Chemnitz ein Programm aus Allegorien und Gelehrtenporträts von L. Gey, 1891; vgl. Boetticher 1891; Realgymn. Elberfeld: Handel, Erziehung, Frieden, von W. Spatz 1898.

der Unterrichtszweige", die Chr. Becker[87] ausführte, im direkt angrenzenden Friedrich-Werderschen Gymnasium dagegen zeigten Johannes Schallers Fresken sechs Szenen aus der Odyssee in Gegenüberstellung zu sechs Szenen aus den Nibelungen[88].

Vergleichbare Unterschiede zeigte auch die zweite Berliner Doppelschule: Lohdes Sgraffitofriese mit Szenen aus dem Trojanischen Krieg befanden sich im Sophien-Gymnasium, während die in demselben Baukomplex integrierte Realschule mit Allegorien der Unterrichtszweige ausgestattet wurde[89].

Insgesamt zeichnete sich – wie schon punktuell an der Erweiterung des Bendemannschen Programms durch die Porträtscheiben des Fensters abzulesen war – nach Reichsgründung die Tendenz ab, die staatliche Repräsentation zu verstärken. Damit wurde die Rolle der Schule als staatliche Erziehungsanstalt betont, deren Aufgabe nicht allein in der Wissensvermittlung lag, sondern auch in der Erziehung zum Staatsbürger. Daß dies als Untertanenverhältnis definiert war, machen die zahlreichen Kaiserstatuen deutlich, die auf Kosten des Preußischen Staats-Fonds in den Schulen aufgestellt wurden[90]. Darüber hinaus wurde das neu gegründete Reich zunehmend durch militärische oder paramilitärische Themen als starker Staat gefeiert. Dies konnten in den Gymnasien antike Athletenspiele übernehmen[91], in verschiedenen Schultypen dagegen die Hermannsschlacht[92] oder Szenen aus den Befreiungskriegen[93]. Mit diesen Themen, die sich nach Reichsgründung als Leistungsnachweis der schon immer starken Nation lesen ließen, veränderte sich die Auffassung der monumentalen Figur.

Der in penetranter Körperlichkeit dargestellte, gleichwohl entindividualisierte Held, auch wenn er als ›körperliche Erziehung der Griechen‹ tituliert wird, gibt das Vorbild für den neugermanischen Kämpfer, der nach solchem Leitbild seinen Körper für den Kampf stählt, um schließlich geradewegs in den Ersten Weltkrieg zu ziehen. Solche Antikenrezeption der 'hellenischen' Kindeskinder stellte um die Jahrhundertwende einen verbreiteten Typ gymnasialer Aula-Ausstattungen dar. Abb. 124

Zunächst aber versuchten die Realschulen mit ihren Ausstattungsprogrammen seit den 60er Jahren, in Abgrenzung zu den Gymnasien, die sich auf die Geschichte des Altertums berufen konnten, so etwas wie eine staatswürdige Form ihrer eigenen, auf industriellen Fortschritt gerichteten Interessen zu formulieren. Die gegenwartsbezogene Bildung in den Erziehungsstätten für den Nachwuchs des industriellen Bürgertums präsentierte sich – in Aussparung der sozialen Problemfelder – als Spiel zeitloser Putten-Kinder.

87 ZfBW 1878, S. 14.

88 ZfBW 1878, S. 13; vgl. auch Anm. 80.

89 Zu Lohdes Fries s. Anm. 78; zu beiden Schulen s. DBZ 1870, S. 405 ff.

90 Vgl. JPKS 1880–1890 Kunst-Fonds. Daraus ist ersichtlich, daß die Statuen – mitunter auch Gemälde – stets in der Aula aufgestellt wurden.

91 Königsberg: Aula des Städt. Gymnasiums: ›Olympische Spiele‹, von Bischoff und Dröstling, vollendet 1898; Wohlau: Aula des Gymnasiums: ›Erziehung der Jugend am Altertum‹, von H. Knackfuß, 1878/1879; Wurzen: Aula des Gymnasiums: ›Körperliche und geistige Erziehung der Jugend‹, Max Seeliger, um 1900.

92 Diese Themen traten wegen ihres Lokalbezugs häufig im Westfälischen auf. Minden: Aula des Gymnasiums: ›Herrmanns Heimkehr aus der Schlacht‹ von Thumann, 1885; Osnabrück: Aula der Realschule: ›Die Hermannsschlacht‹, ›Taufe Wittekinds‹, von L. Gey.

93 Aula des Realgymnasiums Duisburg: ›Begrüßung des Feldmarschalls Blücher und der heimgeführten Quadriga vom Brandenburger Tor in Berlin an den Toren Duisburgs im Jahre 1814‹, Ludwig Keller, vgl. Schaarschmidt 1902, S. 365.

KAPITEL VI

Mythos und Technik

Die Technischen Hochschulen

Die Technischen Hochschulen als Konkurrenten der tradierten Universität traten mit dem Anspruch auf, das zeitgemäße Wissen mit der Aneignung von Geschichte zu einem neuen Universum der Kulturwerdung zusammenzufassen. Dieses Selbstverständnis dokumentiert sich in einer Reihe von Ausstattungsprogrammen, in denen Kulturgeschichte als fortschreitende Erfindungsgeschichte seit der Antike formuliert wurde, jedoch nicht in Form des ereignisbezogenen Historienzyklus, sondern in Anknüpfung an mythische Bilder.

Im Unterschied zu den Realschulen wurde in den Ausstattungen dieser obersten Bildungseinrichtungen im Dienste des technischen Fortschritts sozusagen der eigene Stammbaum kreiert. Dies geschah gerade in Deutschland unter dem Autoritätsdruck der Universitäten als den einzigen universelle Bildung vermittelnden Institutionen[1]. Gegenüber der berühmten Pariser École Polytechnique, die von vornherein auch Anspruch auf Theoriebildung erhob und sich als „dépots connaissances humaines“[2] verstand, ging es in deutschen Landen zunächst „allein darum, Techniker bzw. genauer im damaligen Sprachgebrauch gefaßt: ‘Gewerbetreibende’ nach dem Maß des industriellen Bedürfnisses auszubilden, nicht aber die Technik in Form wissenschaftlicher Disziplinen zu entwickeln“[3]. Gegen diesen Makel ökonomischer Zweckgebundenheit hatten die polytechnischen Schulen auch noch in der Phase ihrer Umstrukturierung zu Hochschulen in den 60er Jahren[4] zu kämpfen. Karl Kamarsch, der Gründungsbeauftragte der Polytechnischen Schule in Hannover, trat in seiner 1856 erschienenen Schrift über diese Lehranstalt selbstbewußt die Flucht nach vorn an: „Gestehen wir es nur unverhohlen! – diese Schulen dienen den materiellen Interessen; wollen und sollen ihnen dienen“[5]. Doch zugleich stellte er die Maschinen-

1 Die Trennung von allgemeiner Bildung als dem höchsten Ziel und den technischen Fertigkeiten, die Spezialschulen zu vermitteln hatten, geht auf Wilhelm von Humboldt zurück. Zu dem daraus resultierenden Problem Bildung – Beruf s. Blankertz 1969, S. 45–51.

2 Die Revolutionsregierung faßte die verschiedenen Spezialschulen zunächst in der 1794 gegründeten *École Centrale des Traveaux Publics* zusammen, die ein Jahr darauf in *École Polytechnique* umbenannt wurde. Das Zitat stammt von J. Guillaume (Hrsg.): Procès – verbaux du comité d'instruction publique de la Convention nationale, 7 Bde., Paris 1891–1907, Bd. 4, S. 603, zit. n. Blankertz 1969, S. 62.

3 Blankertz 1969, S. 80, bezieht sich auf die Reorganisation der Karlsruher Polytechnischen Schule durch K. F. Nebenius 1832, das Gründungsdekret der Münchner Polytechnischen Central-Schule 1827 und das von Chr. W. Beuth 1821 in Berlin gegründete Technische Institut.

4 Die aus lokal unterschiedlichen Einrichtungen, aus Gewerbe- und Bauschulen, mitunter auch Realschulen hervorgegangenen polytechnischen Anstalten wurden erst in den 60er Jahren neu organisiert und zu universitätsähnlichen Hochschulen erhoben. Eine Tabelle für die Umstrukturierungen der deutschen polytechnischen Anstalten zu Hochschulen bei Blankertz 1969, S. 84. Karlsruhe, das auch mit der Gründung seiner polytechnischen Schule 1825 den Vorreiter gespielt hatte, machte 1865 den Anfang, vgl. Hotz 1972, S. 18.

5 Zit. n. Treue/Manegold 1966, S. 122.

bauer, Konstrukteure, Mathematiker, Chemiker und Physiker als die eigentlichen Gestalter des 19. Jahrhunderts den 'zweckfreien' Universitätswissenschaftlern gleich. Die polytechnischen Schulen „haben, ohne Doktordiplome ihre Doktoren, welche zwar nicht die Sprachen todter Völker, aber die Sprache der lebendigen Natur ergründen". Er forderte „neben der Universität die polytechnische Schule, die 'technische Universität'", denn „die ganze Welt gibt zu, daß sich die technische oder realistische Bildung der sogenannten gelehrten Bildung ebenbürtig an die Seite gestellt hat"[6]. Damit nahm er eine formal erst später vollzogene Gleichstellung[7], die allerdings von der öffentlichen Bewertung bis heute nicht eingeholt wurde, vorweg.

Die Umstrukturierung in wissenschaftliche Hochschulen, die der Technik ihren Platz im höheren Ausbildungssystem beimaß, in deren Folge die Studentenzahlen rapide stiegen, hatte eine Reihe von Erweiterungs-, Um- bzw. Neubauten zur Folge. Nicht nur in den Statuten der neuen Hochschulen[8], sondern auch in ihrer Architektur und vor allem in den Ausstattungsprogrammen der Repräsentationsräume manifestierte sich das neue Selbstbewußtsein, das sich an der Universalität universitärer Bildung maß, in öffentlichkeitswirksamer Form.

1. Sempers Züricher Modell

Stilbildend in seinem Formenvokabular der Neorenaissance und beispielhaft für die Verbindung von Architektur und Malerei[9] – ursprünglich waren auch Skulpturen vorgesehen – wirkte Gottfried Sempers berühmtes, zwischen 1859 und 1864 errichtetes Eidgenössisches Polytechnikum in Zürich[10]. Weithin sichtbar über der Stadt gelegen, bildet die fast 130 m lange Westfassade mit dem architektonisch reich gestalteten, erhöhten Mittelrisaliten und den begrenzenden Eckrisaliten die Schauseite. Als „Titelblatt für den ganzen Inhalt" und „Inbegriff des ganzen Bauwerkes"[11] sollte sie mit Skulpturen[12] und Sgraffitomalerei[13] geschmückt werden. Doch nichts davon kam zur Ausführung. Statt dessen wurden Sgraffitobilder an den architektonisch bescheideneren seitlichen Fassaden des gigantischen Baukomplexes zur Akzentuierung der Architektur und zur Abb. 126

6 Zit. n. Treue/Manegold 1966, S. 123.

7 Mit der Gleichstellung ging häufig die Umbenennung in Technische Hochschule einher (vgl. Anm. 4). Das Promotionsrecht wurde allerdings erst um die Jahrhundertwende verliehen, der Berliner TH als erster in Preußen 1899, s. ZB 1899, Nr. 83, S. 507, der TH Karlsruhe im Jahre 1900, s. Hotz 1979, S. 53, Anm. 26.

8 Im Programm der Polytechnischen Schule zu München für 1868–1869, München 1868, S. 1, heißt es: „Die Polytechnische Schule in München ist eine technische Hochschule und gewährt eine vollständige theoretische Ausbildung für den technischen Beruf und in den für allgemeine Bildung erforderlichen Kenntnissen ..."

9 Die DBZ 1880, Nr. 21, S. 109, lobt Sempers „Streben ..., mit Hülfe der Skulptur und Malerei nicht nur dekorativ zu schmücken, ... vielmehr anknüpfend an den Bauzweck, einen Gedanken zum Ausdruck zu bringen."

10 Vgl. DBZ 1880, Nr. 21; G. Lasius: Die Gebäude der Eidgenöss. Polytechnischen Schule, in: Festschrift zur Feier des 50jährigen Bestehens des Eidgenössischen Polytechnikums, Zürich 1905; Fröhlich 1974, S. 230ff.; ders.: Die Hauptetappen der Baugeschichte des ETH-Hauptgebäudes zwischen 1858 und 1930, in: Schweizerische Bauzeitung, Bd. 87, 1969, S. 751–756.
DBZ 1880, Nr. 21, S. 109, nennt als Vorbild „Wiederum eine italienische Reminiscenz, der Florentiner, rundbogige, sgraffito-geschmückte Palast Guadagni". Vereint wurden in Sempers Bau das schweizerische Polytechnikum, die Züricher Hochschule und die kantonalen Sammlungen.

11 DBZ 1880, Nr. 21, S. 111.

12 Fröhlich 1974, Nr. 300–1–34, 300–1–36 mit 20 Figuren im Mittelrisalit.

13 DBZ 1880, Nr. 21, S. 111. Daß sie nicht zur Ausführung kamen, mag mit der auf Fernsicht angelegten Fassade zu tun haben.

Funktionsbezeichnung der Räume eingesetzt. Hier zeigten sich erste Ansätze, den Traditionsbezug der Technischen Hochschule nach außen sichtbar zu manifestieren. Da sich im Unterschied zu den Künstlerikonographien an den historischen Museumsbauten, Rathäusern und ähnlichen Bautypen ein geschichtliches Selbstverständnis für die Ahnen der Techniker und Ingenieure erst herausbilden mußte, soll auch die Außendekoration mit einbezogen werden. Im architektonisch kaum hervorgehobenen Mittelrisaliten der Nordseite tritt mit den Personifikationen von Wissenschaft und Kunst, den „Emblemen der Künste, Handwerkszweige Technik und Wissenschaft sowie einer Folge von Porträtmedaillons“[14] jene typische Kombination von abstraktem Leitbild und Ahnengalerie auf, die fast alle Neubauten polytechnischer Anstalten als Minimalprogramm aufwiesen. Wissenschaft und Kunst, nicht etwa Handel und Gewerbe, bildeten das anspruchsvolle Motto sämtlicher technischer Hochschulen, das in Bendemanns Realschulfries mit Industrie und Handel vermittelt war. Die Personifikationen erscheinen in üblicher Weise als thronende Frauengestalten in gemalten Nischen unter den Stadtwappen. Sie kennzeichnen zugleich jene Räume, in denen das technische Wissen Gestalt gewann: die Zeichensäle.

Im darunterliegenden Geschoß halten Genien die Devisen bürgerlichen Aufstiegs: *Harum Palmam Feretis*. In einem unter den Fenstergesimsen durchlaufenden Fries sind schließlich die Medaillons jener Ziehväter aus Wissenschaft und Kunst von Lorbeer umgeben, durch die sich die technischen Hochschulen ihren Traditionsbezug schufen. Über dem Eingang markierte die Trias von Aristoteles, Perikles und Homer in der Mitte den Ausgangspunkt polytechnischer Bildung, schien doch in der Antike die Technik noch nicht von den Wissenschaften und der Kunst geschieden. Aristoteles, der den ‘Realien’ zugewandte Philosoph, Homer, der Geschichte in Kunst transformierte, und Perikles, der Repräsentant des idealen Staates bildeten das Zentrum. Zu beiden Seiten waren die Künstler und Wissenschaftler seit der Renaissance bis zu James Watt plaziert[15].

Das Prinzip, „die ideale Bedeutung an den Hauptpuncten des Gebäudes auszusprechen“[16],
Abb. 128 verfolgte Semper auch im Innern, wo neben dem Vestibül die Aula, „gleichsam das ‘Sanctuarium’ der ganzen Anlage“[17] in der Zentralachse hinter der anspruchsvollen Architektur des westlichen Mittelrisalits gelegen, die reichste Ausstattung erhalten sollte. Doch mußte auch hier auf wesentliche Teile, namentlich der Malerei, verzichtet werden, da die Gelder nicht bewilligt wurden. Nur
Abb. 129 die Entwürfe für die von korinthischen Pilastern gerahmten, halbrund geschlossenen Wandfelder lassen ahnen, welchen Raumeindruck die gemalten Ausblicke auf eine Agora bzw. ein Forum als eine Art volkstümlicher Schule von Athen[18] vermitteln sollten. Statt dessen blieben die Wandfelder bis heute leer; auch der 1889 von der Schweizerischen Kunstkommission ausgeschriebene Wettbewerb, an dem sich u. a. Ferdinand Hodler mit den monumentalen Entwürfen der ›Architektur‹ und der ›Ingenieurskunst‹ beteiligte[19], führte zu keinem Ergebnis. Lediglich das

14 Vgl. Fröhlich 1974, Nr. 300–1–685 bis 300–1–700 mit den Vorlagen für die Embleme; Nr. 300–1–701/702 mit den Personifikationen von Wissenschaft und Kunst; Nr. 300–1–743 bis 300–1–759 mit den Porträtmedaillons. Alle Entwürfe befinden sich in der Graphischen Slg. der ETH Zürich.

15 Die namentliche Nennung anhand der Vorlagen bei Fröhlich 1974, Nr. 300–1–743 bis 300–1–759.

16 ZfbK 1866, S. 241.

17 DBZ 1880, Nr. 21, S. 111.

18 Die Entwürfe ohne weitere Erklärung bei Fröhlich 1974, S. 267.

19 Je ca. 175 x 116 cm (Maßstab 1:3), Zürich, Privatbes., s. Jura Brüschweiler: Eine klassizistische Etappe in der Stilentwicklung Ferdinand Hodlers: „Die Architektur“ und „Die Ingenieurkunst“ 1889–1890, in: Palette, 42, 1973,

Deckenbild einer olympischen Götterversammlung anläßlich der Geburt Athenas aus dem Haupte des Zeus und vier Personifikationen in den Seitenszenen wurden von J. B. Ph. Emile Bin nach Sempers Entwürfen ausgeführt[20]. Abb. 127

Im Gegensatz zu den Bildprogrammen der Realschulen, in denen die Antike völlig ausgeklammert blieb, wurde in den Polytechnischen Hochschulen im Bestreben, eine neue Universalgeschichte der materiellen Kultur zu formulieren, der antike Mythos wiederbelebt. Mit der Geburt Athenas, der Protektorin des Gewerbes, war sozusagen der Nukleus der Entwicklung angegeben. Semper hütete sich jedoch, Entwicklungsgeschichte als Abfolge historisch-illustrativer Szenen darzustellen. Seine gleichwohl vorhandene Entwicklungsvorstellung kommt vielmehr in der Epochentrias: Antike – Renaissance – Gegenwart zum Ausdruck, wie sie sich auch im Gesamtkonzept von Architektur und Dekoration äußert. Nicht die Nachahmung der Vergangenheit – und hier trifft sich Semper mit Schinkel –, sondern die Übertragung ihrer Prinzipien auf die Bedürfnisse der Gegenwart war Sempers Anliegen[21]. Damit wurde der Anspruch der polytechnischen Schule formuliert, das Erbe der Kultur fortzusetzen. Semper, der am Züricher Polytechnikum selbst seit 1855 lehrte und der die Pläne der Ausschreibung maßgeblich mit entwickelt hatte[22], dürfte hier – zumindest was die Konzeption betrifft – ein Stück eigenes Selbstverständnis realisiert haben. Abb. 118–121 Abb. 127

2. *Neureuthers Münchner Polytechnikum*

Die Ausstattung als Rangfrage

Nahezu alle technischen Hochschulen, die in den folgenden dreißig Jahren in Deutschland gebaut wurden[23], orientierten sich stilistisch, in der Gliederung des Baukörpers, in der funktionalen Einteilung wie in dem Grundmuster der bildnerischen Ausstattung mehr oder weniger eng an dem Semperschen Bau; so auch die zwischen 1865 und 1868 errichtete[24] polytechnische Schule

S. 3–22. Die ZfbK 1890, Kunstchronik, S. 464, berichtet, es seien 27 Entwürfe eingegangen. Es wurde kein erster Preis vergeben; den zweiten erhielt Hans Sandreuter aus Basel.

20 Entwurf bei Fröhlich 1974, Nr. 300–1–466, die aquarellierte Federzeichnung, 67,1 × 27,6 cm, ist 1865 datiert.

21 Sempers Verhältnis zu Renaissance und Antike in Abgrenzung zu Schinkel: Eva Börsch-Supan: Der Renaissancebegriff der Berliner Schule im Vergleich zu Semper, in: Gottfried Semper und die Mitte des 19. Jahrhunderts. Symposion vom 2.–6. 12. 1974 in Zürich, Basel/Stuttgart 1976. Die Autorin kennzeichnet die Verschiebung des Bezugspunktes in der Renaissance folgendermaßen: „Während für Schinkel mit Bramante der beste Stil aufhörte, war umgekehrt für Semper ‚die Epoche zwischen dem etwas mageren und kalten Bramantesken Stil und dem auf Risalit- und Schnörkelwesen abzielende Borrominesken'" diejenige Epoche, „‚die sich neben der des Phidias allein vom Barbarentum ganz emanzipierte'", ebd., S. 165, Zitat im Zitat von Semper: Der Stil, Bd. 1, 1878, S. 479.

22 Die öffentliche Konkurrenz 1857 hatte 19 Entwürfe zur Folge, aber das Preisgericht, dem Semper angehörte, bestimmte keinen zur Ausführung. Der Regierungsrat beauftragte daraufhin den Staats-Bauinspektor Wolff und Prof. Semper mit der Ausarbeitung neuer Pläne. DBZ 1880, Nr. 21, S. 110–111.

23 Polytechnische Schule München von Neureuther, 1865–1868; Dresden von R. Heyn, 1872–1875; Aachen von R. Cremer, 1865–1870; Berlin-Charlottenburg 1879; Danzig 1904, Breslau 1910. Insgesamt bestanden 11 Technische Hochschulen. Vgl. Bernhard vom Broche: Hochschul- und Wissenschaftspolitik in Preußen und im Deutschen Kaiserreich 1882–1907, in: Peter Baumgart (Hrsg.): Bildungspolitik in Preußen zur Zeit des Kaiserreichs, Stuttgart 1980, bes. S. 19 ff.

24 Bau und Ausstattung wurden von Hufnagl 1979, S. 169–199, behandelt. Derselbe Autor stellt einen Teil der Entwürfe in der TUM, Architekturslg., der Kartons im Münchner Stadtmuseum und der Entwürfe in der Staatl.

Abb. 130 in München. Ihr Architekt Gottfried Neureuther, der u.a. den Würzburger Bahnhof mitsamt seinen Technikallegorien entworfen hatte, besuchte eigens Zürich, um sich über den aufsehenerregenden Neubau zu informieren, und traf mit Semper persönlich zusammen[25]. Neureuther übernahm von dort nicht nur die Formen der Neorenaissance – die für München eine Zäsur und das
Abb. 131 Ende des Rundbogenstils bedeuteten[26] –, sondern auch das Konzept, am Außenbau wie in den zentralen Repräsentationsräumen den Anspruch der Lehranstalt durch ein mit der Architektur verbundenes Programm dekorativer Malerei zum Ausdruck zu bringen. Auch Neureuther konzipierte für den Außenbau Sgraffitomalereien, und wie in Zürich war für die Aula das reichste Bildprogramm vorgesehen.

Doch auch in München setzte der Fiskus der geplanten Ausstattung engere Grenzen[27]. Den
Abb. 130 Streichungen fiel auch hier der für den Mittelrisaliten der Hauptfront vorgesehene plastische Schmuck zum Opfer. Trotz der Genehmigung der Entwürfe durch den Baukunstausschuß, dem u.a. Giebland, Bürklein und Riedel angehörten, griff der König persönlich ein, denn bezeichnenderweise fand er für einen solchen Bau die Prachtentfaltung der Fassade „reicher als ... angemessen“[28]. „Die Büsten von Aristoteles, Pythagoras und Plinius als den Stammvätern der aus Naturphilosophie, Mathematik und Naturbeobachtung entstandenen Polytechnik“[29], welche in die Ädikulen eingestellt werden sollten, wurden – wie fast die gesamte Bauplastik – ersatzlos gestrichen. Dazu gehörte auch die Giebelgruppe, die in ihrer letzten Entwurfsversion zeigen sollte, „wie die Wissenschaft Intelligenz und Reichthum verbreitet, den Aberglauben verscheucht und den Frieden erzeugt; wie der Geist des Schülers durch den rationellen Unterricht gebildet und durch die geflügelte Phantasie zu Erfindungen geweckt wird“[30]. Der Verzicht auf dieses wahrhaft akademische Lehrprogramm durch eine allegorische Skulpturengruppe ist Neureuther offenbar nicht leicht gefallen, denn er publizierte seinen Entwurf noch 1870[31], als die Hoffnungen auf seine Realisierung längst zerschlagen waren.

Gr. Slg. München vor, s. Ausst.-Kat.: Neureuther 1978, S. 63–93. Beide Arbeiten, deren Hauptinteresse jedoch der Architektur gilt, sind Ausgangspunkt vorliegender Untersuchung.

25 Der Vorschlag geht auf den Leiter der obersten Baubehörde bei der kgl. Regierung von Oberbayern, Friedr. Aug. Pauli, zurück. Hufnagl 1979, S. 176; die Reise fand vor Aufnahme der Entwurfsarbeiten im Jahr 1864 statt.

26 Daß „die Renaissance für unsere Zeit noch lebensfähig sei, giebt man ja von gewisser Seite nicht zu, und am wenigsten in München.“ Demgegenüber verteidigte der Autor, Julius Meyer, die Antike und das Cinquecento als Epochen „enger Wahlverwandtschaft“, die im „nächsten geschichtlichen Zusammenhang“ mit der Gegenwart stünden. Meyer 1868, S. 150.
Friedrich Pecht bewertete den Bau des Polytechnikums als Zäsur in der Bauentwicklung Münchens, da durch die Neorenaissance alle Schwesterkünste einschließlich des Kunstgewerbes zur Blüte gekommen seien. Klenzes Nachfolger Gärtner habe dagegen „die edelsten Absichten und Kräfte ... verschwendet ohne alle Frucht, weder für die Hebung der Architektur und Malerei noch der Gewerbe. Erst mit der Erbauung des Polytechnikums durch Neureuther ... beginnt eine neue Periode unserer so zerfallenen Baugeschichte“. Dieser habe „zuerst wieder gezeigt, daß er die Hülfe der Skulptur und Malerei richtig zu benützen ... vermochte.“ In: Beil. zur Allg. Ztg. 1874, Nr. 188, S. 2931.

27 Aufgrund zu niedriger Einschätzungen der künftigen Studentenzahlen mußte der Bau „bald nach dem Beginne schon um ein volles Viertel vergrößert werden“. ZfbK 1874, Kunstchronik, Nr. 16, S. 258. Fünf Jahre nach Eröffnung hatte das Polytechnikum „die Ludwig-Maximilian-Universität an Zahl der Zuhörer überflügelt“, schon während der Planung wurde klar, daß der Raumbedarf nicht reichen würde, so daß ein 26% größeres Areal bei nur 8% Mehrkosten zu überbauen war. Ill. Ztg., 7.2.1874, S. 104.

28 Bayr. Hauptstaatsarchiv Abt. I, MK 19602, 26.4.1866, zit. n. Ausst.-Kat.: Neureuther 1978, S. 68.

29 Ausst.-Kat.: Neureuther 1978, S. 74.

30 Neureuther 1872, S. 25.

31 Neureuther 1870, S. 270, mit einem Holzstich.

Julius Meyer nahm schon 1868 energisch gegen die finanziellen Kürzungen Stellung. Gerade bei einer Bauaufgabe, die er ob ihrer „echt weltlichen, realen Triebfedern" für „einen großen Zweck des Jahrhunderts" hielt[32], sah er Prinzipielles gefährdet. Die künstlerische Ausstattung, „welche ... die nackte Erscheinung des Bedürfnisses in die Idealität der Kunst erhebt", habe „jene deutsche Ansicht vom öffentlichen Bauwesen gestrichen, die immer da, wo es sich um die letzte Veredlung der praktischen Interessen durch die Kunst handelt, das Sparen nach Pfennigen als die höchste Pflicht des Staates betrachtet". Durch solche „Verwüstung" schien der ethische Auftrag der Schule in Frage gestellt:

> „Der Staat hat doch wohl nicht die Aufgabe, den Schülern jener Anstalt eine solche Auffassung ihres Berufes beizubringen, welche sie in der Arbeit nur eine Last und das Mittel des nothdürftigen Verdienstes erblicken läßt. Vielmehr soll er ihnen auch die ideale Seite versinnlichen, die das polytechnische Studium hat ... Denn dies ist zugleich die Erhebung des menschlichen Daseins über den Zwang der Noth und des Bedürfnisses durch die Beherrschung des Stoffs; und wie dieselbe real ermöglicht wird durch die exakte Wissenschaft, so erhält sie ihren idealen Ausdruck lediglich durch die Kunst"[33].

Die technische Wissenschaft als Ausdruck der Zivilisation hatte – um zur Kultur zu zählen – ihrerseits von der Kunst überhöht und interpretiert zu werden. In der 'Kunst am Bau' der Ausbildungsstätte der Techniker und Ingenieure maß sich die der Technik zugewiesene Bedeutung. An der Bewältigung dieser Aufgabe zeigte sich zugleich, inwiefern ein Architekt den Namen verdiente oder ob er nur ein „Konstrukteur"[34] war.

Neureuther, seit 1857 Professor „für Civilbaukunde" am Münchner Polytechnikum, ging es um beides. Doch was von seinem Programm der Fassadendekoration im Eingangsbereich blieb, waren lediglich die Begriffe des in Zürich durch die Personifikationen von Wissenschaft und Kunst versinnlichten Mottos, nämlich die Inschrift *Artibus Scientis*. Um dennoch den „einem so großen und bedeutungsvollen Baue" angemessenen Rang zu wahren[35] und um zugleich seine Funktion als Polytechnikum nach außen zu signalisieren, setzte Neureuther an den Seitenflügeln umfangreiche Sgraffitomalereien ein. Florian Hufnagl hat bereits ihr ikonographisches Programm umrissen[36]. Davon ausgehend soll hier jedoch die Art und Funktion der Technikallegorien erörtert werden, bevor die in mythischen Bildern vorgeführte Ausstattung des Innern untersucht wird. In München ist dies insofern von besonderer Bedeutung, als die technische Hochschule räumlich in das seit dem 2. Jahrzehnt des 19. Jahrhunderts errichtete Bildungsviertel mit den Museen und dem Gärtnerschen Universitätsbau eindrang. Besonders auf die direkt gegenüber liegende Alte Pinakothek mit ihrem kunstgeschichtlichen Loggienprogramm[37], in deren verlängerter Achse die Repräsentationsräume des Polytechnikums im Mittelrisaliten lagen, wurde Bezug genommen.

Abb. 130
Abb. 131–139

32 Meyer 1868, S. 150.
33 Meyer 1868, S. 150.
34 Zu der scharfen Abgrenzung s. Pecht 1874, Nr. 23, S. 330. Häufig wurden auch Ingenieur und Architekt auf diese Weise polarisiert. Gerade die „Schablonenausbildung" der Architekten an den THs wurde bis ins 20. Jh. hinein kritisiert. Vgl. Konrad Lange: Bernhard Pankok, in: Dekorative Kunst, Bd. 12, 1905, S. 129–160.
35 In einem Schreiben vom 11. 5. 1866 warnte Neureuther, der seine Architektur gefährdet sah, Ludwig II. vor noch weiteren Vereinfachungen der Fassade, da „das Gebäude dadurch einen Charakter der Ärmlichkeit erhalte". Zit. n. Hufnagl 1979, S. 180.
36 Hufnagl 1979, S. 169–204; Ausst.-Kat.: Neureuther 1978, S. 63–93.
37 Neureuther verwies selbst auf die Bedeutung dieser räumlichen Nähe; vgl. sein Schreiben an Ludwig II. vom Mai 1866, bei Hufnagl 1979, S. 180–181.

Die Fassadendekoration

Ahnengalerie und personifizierte Naturwissenschaften

Trotz des Verzichtes auf die Büsten der antiken polytechnischen Stammväter im Mittelrisalit
Abb. 131 durfte auch in München die Ahnengalerie berühmter Männer nicht fehlen. Sie gehörte auch in den späteren Bauten – in Aachen, Berlin, Dresden oder Karlsruhe – zur dekorativen Mindestausstattung.

„Die weiter sich rechts und links an diesen Risalit anschließenden Theile des Hauptbaus haben einen hohen Fries unter dem Hauptgesimse, welcher zum Theil ausgefüllt ist durch ornamentale Aufsätze über den Fenstern, in welchen sich je ein Medaillon befindet, das den Porträtkopf eines der bedeutendsten Männer der Vorzeit auf den Gebieten der Mathematik und der exacten Wissenschaften, der schönen Literatur, der Nationalökonomie, der bildenden Künste und der Technik enthält“[38].

Zu beiden Seiten des Mittelrisalits waren die deutschen Mathematiker des 18. Jahrhunderts den französischen gegenübergestellt. In den Eckrisaliten folgten die Dichter und Denker. In den zurückversetzten Seitenflügeln waren entsprechend ihrer Nutzung – dem Chemietrakt im Südflügel, der technisch-mechanischen Abteilung im Nordflügel – die „bedeutendsten Chemiker“ und die „berühmtesten Ingenieure und Mechaniker“[39] vertreten. Als plastisch gestaltete Terracotta-Tondi verbanden sie den Fries mit den Fensterbekrönungen[40].

Wenn auch idealiter mit dieser tönernen Ahnengalerie, die mit Ausnahme der Religion alle Bereiche umfaßte, der Anspruch auf umfassende Bildung durch historische Vorbilder formuliert wurde, um deren Nachweis sich die technischen Hochschulen noch immer bemühten[41], blieb der Medaillonfries doch in erster Linie dekoratives Element zur Belebung der Architektur. Spezifischer auf die das Polytechnikum auszeichnenden Unterrichtsfächer bezogen waren demge-
Abb. 131 genüber die Sgraffitomalereien, die im Obergeschoß der zweistöckigen Seitenflügel ausgeführt wurden. Im Chemietrakt kamen auf den als Ädikula gestalteten, schmalen Wandfeldern zwischen den Fenstern der südlichen Schmalwand die „Perioden der Wissenschaft der Chemie“ als vier stehende weibliche Personifikationen „mit erklärenden Emblemen und Attributen“[42] zur Anschauung. Je zwei auf den Dreiecksgiebeln der Ädikula sitzende Putten erläutern diese Attribute zusätzlich. Den Auftrag erhielten die Gebrüder Hövemeier[43], die auch die übrigen Sgraffitomalereien am Außenbau nach den Entwürfen Eugen Napoleon Neureuthers, des Bruders des Architekten, ausführten. Von Neureuther, dem durch seine Illustrations-Grotesken bekannt gewordenen Grafiker[44], stammt das Programm des gegenüberliegenden Flügels.

38 Neureuther 1870, S. 247.

39 Ebd.

40 Unterhalb, zwischen Fenstersturz und verkröpftem Architrav, war der jeweilige Name des Gelehrten eingelassen. Doch „die winzigen Maßverhältnisse“ machten „es selbst dem bewaffneten Auge kaum möglich ..., die darin eingegrabenen Namen zu erkennen“. Ill. Ztg. 1874, S. 106. Entwürfe für Fassadendetails mit den Medaillons in der Architekturslg. der TUM. Abb. in: Ausst.-Kat.: Neureuther 1978, S. 75; Stiche in: ABZ, 37. Jg. 1872, Atlas Tf. 6.

41 In München – wie in den übrigen THs – wurden neben den naturwissenschaftlichen Fächern Geschichte, Ästhetik, Kunstgeschichte und romanische Sprachen gelehrt. Vgl. Programm der Polytechnischen Schule zu München für 1868–1869, München 1868. Zum Vergleich mit anderen Anstalten s. Verzeichnis der technischen Hochschulen, Kunst-Akademien und Kunstschulen, Bergakademien ... Berlin 1889.

42 Neureuther 1870, S. 247.

43 Die Entwürfe sind nicht überliefert, ein unzureichendes Foto in der Architekturslg. der TUM, Nr. 7, 9.

44 Vgl. Ludwig 1971.

Dort markierte ein fünfteiliges allegorisches Programm den Teil des Gebäudes, in dem die Konstruktionssäle der technisch-mechanischen Abteilung lagen. In den Zwickeln zwischen den sechs Rundbogenfenstern und auf den schmalen rechteckigen Feldern zwischen den Fenstern kamen die in den Konstruktionssälen zusammenwirkenden Teilgebiete der Mechanik personifiziert zur Darstellung. Abb. 132–135

Der Bruder des Architekten, der sich in dem Industriebild für Cramer-Klett schon zuvor intensiv mit der Allegorisierung moderner Technik wie mit der Darstellung industrieller Produktion beschäftigt hatte, wurde im September 1868 mit den Arbeiten beauftragt[45]. Nicht nur der Anbringungsort und die wiederentdeckte Sgraffitotechnik sind von Sempers Züricher Vorbild inspiriert[46], sondern auch das Dekorationsschema mit den Personifikationen unter Festons und den ornamentalen Gebinden, die sich aus den Werkzeugen und Maschinenteilen zu mitunter abstrakt-skurril anmutenden Arrangements zusammensetzten. Abb. 100 Abb. 126

Gegenüber dem thematisch allgemeineren Programm Sempers, das mit der Verbindung von Wissenschaft und Kunst nur das Generalthema der polytechnischen Anstalten anschlug und darin auch auf die Klischees der sattsam bekannten Personifikationen zurückgreifen konnte, übertrug Neureuther das Schema auf spezifische Lehrfächer der technischen Hochschule.

Stellten sich die Naturwissenschaften 40 Jahre zuvor in den Bonner Fakultätenbildern noch unter die universitären Fittiche der Philosophie, so beanspruchten sie inzwischen Selbständigkeit. Allerdings treten sie hier nicht als zweckfreie Wissenschaften auf, sondern in ihrer technischen Anwendung. Die in den Zwickelfeldern nebeneinander gereihten Personifikationen repräsentieren Abteilungen der Mechanik. Durch Attribute und die illustrierende Tätigkeit von je zwei Putten ausgewiesen, bezeichnen sie Statik, Hydraulik, Mechanik, Aerodynamik und Dynamik. Die Mechanik, „von jeher das zentrale Fach einer Polytechnischen Schule“[47] und als Motor industriellen Fortschritts gefeiert, wird hier gebührend herausgestrichen. Die ›Mechanik‹ selbst thront in der Mitte und hält als Signum ihres Regimentes eine Kurbelwelle mit Zahnrädern szeptergleich in ihrer Rechten. Damit ist sie gekennzeichnet wie die 'Industria' des 19. Jahrhunderts bzw. umgekehrt, die 'Industria' des 19. Jahrhunderts ist die 'Mechanik'. Das Zahnrad erscheint als Inkunabel der Industrialisierung. Den mit mathematisch-physikalischen Formeln geschmückten Mantel ziert eine Spange in Form des – von Neureuther häufiger als Ornament eingesetzten – Transmissionsriemens[48]. Die beiden geflügelten Putten auf den Segmentbögen über den Fenstern führen spielerisch die Hebelgesetze auf elementarer – und historisch gesehen archaischer – Ebene vor: das Stemmen eines Felsbrockens durch einen Abb. 132–135 Abb. 133

45 Ein zusammenfassender Bericht über die Themen und Daten der an einzelne Künstler vergebenen Arbeiten ist erhalten, s. HUFNAGL 1979, S. 198. Die Kartons der Sgraffitomalereien befinden sich im Münchner Stadtmuseum, je ca. 235 × 150 cm, Inv.-Nr. M IV: 1615/28, 1615/31, 1615/34, 1615/35, 1615/38.

46 Vgl. Sempers Aufsatz Die Sgraffito-Dekoration (zuerst erschienen in: ZfbK, Beibl. Kunstchronik 1868, Nr. 6, 7, 8; wieder abgedruckt in: SEMPER 1884). Semper bezeichnete sich selbst als Wiederentdecker dieser in der Renaissance beliebten Technik, s. Karl Albert REGNET: Eugen Napoleon Neureuther's Sgraffitomalereien am Polytechnikum zu München, in: Ill. Ztg. 1876, S. 336. Als zweiter „Wiederentdecker“ wird stets der Architekt Emil Lange genannt. Vgl. die illustrierte Schrift: DIE ANWENDUNG DES SGRAFFITO FÜR FACADEN-DECORATIONEN NACH ITALIENISCHEN ORIGINALWERKEN DARGESTELLT UND BEARBEITET VON EMIL LANGE, LUDWIG LANGE UND JOSEPH BUHLMANN, München/Berlin 1867.

47 Joachim O. FLECKENSTEIN: Hundert Jahre Lehre und Forschung, in: Technische Hochschule München 1868–1968, München 1968, S. 100.

48 So z. B. als Bauornamentik in Neureuthers Industrietableau für Cramer-Klett in Nürnberg, vgl. WAGNER 1981, S. 13; ebenso an der Nordseite des nördl. Flügels vom Münchner Polytechnikum (s. u.).

Hebelarm und das Spalten mittels eines Keiles. Unterhalb der Zentralfigur, dort wo die Fensterbögen von dem Kämpfergesims aufgefangen werden, sind zwischen ornamentalen Blüten in der Mittelachse die Ausgangspunkte einer quantifizierenden Wissenschaft, Meßgeräte, Winkelmaß und Zirkel, angebracht.

Nach demselben Darstellungsschema verfährt Neureuther bei den seitlich angeordneten Unterabteilungen der Mechanik. In ihren Attributen allerdings wird technische Entwicklung als historischer Fortschritt signalisiert. In den rechts und links benachbarten Zwickelfeldern stehen
Abb. 134 sich ›Hydraulik‹ und ›Aerodynamik‹ gegenüber. Das archaische Wasserrad und das Segelboot demonstrieren die Nutzung der Elementarkräfte zur Bewegung. Sie stehen den neueren Erfindungen, Salomon de Caus' dampfgetriebenem Rad bzw. der Wasserturbine, gegenüber. Während die Putten seitlich der ›Aerodynamik‹ im Kinderspiel von Seifenblasen und Windrad Luftbewegung vorführen, sind sie im Bildfeld der ›Hydraulik‹ mit entwickelteren Techniken beschäftigt. Ein nackter Wicht mit Feuerwehrhelm führt eine Spritze vor, der andere eine hydraulische Zylinderpresse. Die Personifikation selbst blickt staunend auf die von ihr emporgehaltenen kommunizierenden Röhren, während ihre luftige Schwester auf den Plan einer Vakuumpumpe
Abb. 132, 135 weist, eine der Voraussetzungen für die Dampfmaschine. In den äußeren Wandfeldern sind ›Statik‹ links und ›Dynamik‹ rechts aufeinander bezogen. Sie enthalten zugleich den Gegensatz von Antike und Neuzeit. Die Statik als die Lehre vom Gleichgewicht, als potentielle Energie der Schwerkraft, bezieht ihre Attribute aus der Antike: Die dorische Säule und die Pyramide zeugen von der Kenntnis im Altertum. Die ›Dynamik‹ als Ausdruck kinetischer Energie ist umgeben von Attributen aus jüngerer Zeit, so von der Unruh, dem Pendel einer Uhr, dem gekoppelten Pendel, der Eisenbahn etc. Die assistierenden Putten führen im Wandfeld der ›Statik‹ die Gesetze der Schwerkraft, den freien Fall, und des Gleichgewichts durch einen Waagebalken vor. In dem Feld der Dynamik illustrieren sie die Überwindung der Schwerkraft durch die Kraft des Bogenschusses sowie ihre Nutzung durch die schiefe Ebene.

Auf die beiden Formen von potentieller und kinetischer Energie sind auch die Zeichen unterhalb der Personifikation als Gegenstücke aufeinander bezogen: Der nach unten gerichtete Pfeil gibt die Schwerkraft an, der eine senkrechte Wand emporkletternde Salamander symbolisiert deren Überwindung. Insgesamt wird also auf die Umsetzung von Kräften in Bewegung als das zentrale Bemühen des 19. Jahrhunderts verwiesen.

Das heterogene Arsenal der Attribute erscheint als Sammlung von Illustrationen aus einer Elementarlehre der Mechanik. Die verschiedenen Geräte haben den Charakter einfacher Demonstrationsmodelle, mitunter sind sie als technische Zeichnungen wiedergegeben und als Affiches angeheftet. Wie in einer Versuchsanordnung werden die Newtonschen Grundgesetze der Mechanik[49] vorgeführt. Tatsächlich wurden sie, wie auch alle dargestellten Experimente und Maschinen, in den Vorlesungen des ersten Ordinarius für Maschinenlehre am Münchner Polytechnikum, Carl von Linde, behandelt[50].

Bildlich sind die Fragmente so arrangiert, daß ansatzweise ein Ambiente um die Zentralfigur entsteht. Die Räumlichkeiten bleiben jedoch auf die Einzelobjekte beschränkt, die auf einem schmalen Bühnenraum angeordnet sind. Neureuther nutzte selbst das Dekorationsschema, um die gleichförmigen Sitzfiguren in ihrer jeweiligen Eigenschaft sinnfällig zu charakterisieren:

49 I. e. das Trägheitsgesetz und das dynamische Grundgesetz (Newtonsche Bewegungsgleichung).

50 Linde las über die Theorie der Kurbelbewegung, der Wasserräder, der Turbinen, der kalorischen Maschinen usw., vgl. FLECKENSTEIN (wie Anm. 47), S. 100 ff.

Sogar die Bänder der Festons signalisieren im Bildfeld der ›Dynamik‹ Bewegung, während die der ›Statik‹, durch Knoten beschwert, senkrecht nach unten fallen. Gestalterisch sind dagegen nur bescheidene Ansätze einer unterschiedlichen grafischen Behandlung zu erkennen. Neureuther, der ja in der grafischen Illustration zu Hause war, hat die Sgraffitotechnik wie einen Holzstich eingesetzt. Trotz des modifizierten Gebrauchs der Schraffen dominiert der Kontur. Der in parallelen Horizontalschraffen vereinheitlichte Hintergrund bindet die Gegenstände an die Fläche, d.h. an die Wandfläche der Architektur. Die Figurationen – darauf sind z.B. die Festons berechnet – erscheinen als Fortsetzung der Bauornamentik. Abb. 135, 132

In den vom Gesims abgetrennten, darunterliegenden, schmalen Wandfeldern zwischen den Fenstern erschien, eingebunden in Ornament-Grotesken, als *subscriptio* jeweils die Schrifttafel mit der Bezeichnung des Lehrfaches, während oberhalb zwischen den Fenstern des Mezzanin die Porträtmedaillons der Mechaniker und Ingenieure, die „das Dach dieses gewaltigen Lehrgebäudes tragen“[51], die historischen Exempel lieferten. Untereinander stehen diese ‘Embleme’ in einem zeitlichen Verhältnis zueinander, jedoch in keinem streng entwicklungsgeschichtlichen. Vielmehr wird altes und neues Wissen konfrontiert, wobei das alte die Basis des neuen ist. Auch innerhalb einzelner Wandfelder wird Fortschritt demonstriert, etwa vom Hebelgesetz zur Antriebswelle im Zentralfeld. Doch geht es im Unterschied etwa zu den Bonner Fakultätenbildern mit ihren Personifikationen nicht um die Kontinuität bestimmter Schulen innerhalb einer Disziplin. Es gibt keine katholische oder evangelische Mechanik, sondern nur die Erkenntnis von Gesetzen, deren Richtigkeit sich in der Anwendung erweist. Abb. 131

Die beiden grundlegenden Komponenten solcher naturwissenschaftlichen Erkenntis – Naturbetrachtung und das Erbe vergangenen Wissens, hier der Antike – wird in den beiden halben Zwickelfeldern, die das Wandfeld abschließen, formuliert. Links baut ein Putto auf dem ‘Buch der Weisheit’ ein Gebäude, dessen unterste Pfeiler aus Büchern bestehen – eines von Archimedes, dem Urvater der Mechanik, ein anderes von Aristoteles, dem ‘praktischen’ Philosophen. Das oberste Stockwerk des Baus besteht aus einem Fotoapparat, dem jüngsten Kind der Weisheit, während der Putto im Begriff ist, darüber noch einen Nußknacker für das Knacken künftiger Nüsse der Wissenschaft zu plazieren. Auf der gegenüberliegenden Seite bildet die Natur die Lehrmeisterin. Aus dem wörtlich verstandenen ‘Buch der Natur’ haben zwei Putten ein Blatt herausgeholt, über dessen Darstellung sie intensiv nachdenken. Das Bild eines Vulkans weist auf jene natürlichen Energien, die noch ungenützt sind. Weiteres Forschen im Mikrokosmos und Makrokosmos zeigen die Pendantfiguren zweier Putten mit Mikroskop und Fernrohr an. Abb. 138

Das Unterfangen, die bildlich so gut wie traditionslosen Fächer in der tradierten Würdeformel der Personifikation am Außenbau zu präsentieren, stellt den beflissenen Versuch dar, die neuen naturwissenschaftlichen Lehrfächer, deren Anwendung im 19. Jahrhundert alle Lebensbereiche entscheidend verändert hatte, dem alten Wissenschaftskanon gleichzustellen.

Der Alptraum von Allegoriengegnern wie Friedrich Pecht oder Hugo Blümner, die „unteilbare Wissenschaft“ in immer speziellere Gebiete zerlegt und durch immer gleiche Personifikationen ausgedrückt zu sehen[52], die sich allein durch den beigeordneten Destillierkolben oder das Zahnrad voneinander unterscheiden, war hier Wirklichkeit geworden. Allerdings hatte Neureu-

51 Hufnagl 1979, S. 74.

52 Blümner 1881, S. 78f. meint, „daß die Allegorien der Wissenschaften streng genommen absolut zu verwerfen sind ... Die Wissenschaft aber ist, trotz ihrer tausenderlei Zweige, im ganzen ein und dieselbe; es ist überall die gleiche Thätigkeit des Verstandes“.

ther das Pathos der Vorbilder durch das neckische Puttenspiel und die Einbindung in einen ornamentalen Rahmen gebrochen.

Der Nutzen der Mechanik: „selbstthätige Maschinen“

Die Nutzanwendung der Gesetze der Mechanik in modernen Maschinen wurde auf der angrenzenden westlichen Fassade in einer weiteren Folge von Sgraffitomalereien Neureuthers zur Anschauung gebracht. In den sechs Zwickelfeldern zwischen den Rundbogenfenstern des ersten Stockwerkes ersetzen sie gleichsam Einblicke in das Innere der Hochschulabteilung. Der im Februar 1869 erteilte Auftrag sah die „Vorgänge in den Werkstätten für Maschinenbau mit Allegorien in dekorativer Weise componirt“[53], vor.

Abb. 136, 137, 139

Inmitten einer Anhäufung moderner Maschinen hantieren dieselben zeitlosen Flügelwichte, die die Personifikationen der Nordseite flankieren. Wie dort lagern je zwei spiegelsymmetrisch auf den ornamental gerahmten Fensterbögen, während hier das Mittelfeld den Maschinen vorbehalten ist, davor aber, das Kämpfergesims als vorderste Raumbegrenzung und zugleich als Werkbank nutzend, stehen Putten an Schraubstöcken. Darin zeigt sich eine Übernahme der Einblicke in die Werkshallen der gemalten Architektur des Cramer-Klett-Bildes von 1858. Dort arbeiten vor den Maschinensälen mit der endlosen Reihung dampfgetriebener Maschinen einzelne Männer an Werkbänken[54]. Ähnlich wie dort bilden diese Werkbänke, an denen gefeilt, gehobelt oder gebohrt wird, auch am Polytechnikum eine Balustrade und den Raumabschluß nach vorn. Auch der die Zwickelfelder verbindende Ornamentstreifen mit dem stilisierten Antriebsrad in der Mitte und den Transmissionsriemen, die im flachen Bogen den begrenzenden Ornamentbändern folgen, bis sie in den Ecken von Zahnrädern aufgenommen werden, tritt schon im Cramer-Klett-Bild an der idealisierten Fabrikarchitektur auf.

Abb. 100

Die sechs Zwickelfelder zeigen eine Abfolge analog zum Produktionsablauf, beginnend mit dem Metallabbau in einem Bergwerk durch nackte Flügelwesen, ausgestattet mit modernen Sicherheitslampen, über verschiedene Stufen der Metallverarbeitung bis zum überseeischen Handel dank des Dampfschiffes. Auch hier konnte Neureuther auf Studien zurückgreifen, die er für das Jubiläumsbild der Cramer-Klettschen Fabrik angefertigt hatte. So zeigt etwa die Szene der Eisengießerei statt der ameisenhaft dargestellten Männer nun im Münchner Wandbild nackte Wichte, die das flüssige Metall in die Form gießen. Während in symmetrischer Anordnung zu beiden Seiten die Gußformen vorbereitet werden, ist ein weiteres Flügelkind am Schraubstock damit beschäftigt, die fertige Gußform, eine Pleuelstange, zu feilen.

Abb. 136

Abb. 137 Es folgt als nächste Szene eine Eisenschmiede, in der das von der personifizierten Mechanik der Nordfassade szeptergleich getragene Attribut, die Transmissionswelle, mit dem Kegelrad hergestellt wird. Schließlich führen die Wichte in den folgenden Bildfeldern auch noch im Spiel die Herstellung von physikalischen Geräten und Uhrwerken, von Musikinstrumenten und Geschützen (sinnigerweise innerhalb desselben Bildfeldes) vor, schließlich das Nieten, Bohren und Walzen beim Bau einer Lokomotive.

Abb. 139

Die Anordnung der solchermaßen mit entwickelter Technologie spielend produzierenden Putten samt der von ihnen bedienten Maschinen folgt stets demselben dekorativen Schema: In der Mittelachse steht erhöht die Maschine in signifikanter Frontal- oder Seitenansicht, den

53 HUFNAGL 1979, S. 198.

54 Vgl. WAGNER 1981, S. 14f., S. 23 zu dem Nürnberger Bild und den Puttenszenen am Münchner Polytechnikum.

schematischen Darstellungen der Lehrbücher entsprechend. Seitlich sitzen die Putten in dem niedriger werdenden Bildfeld am Webstuhl, an der Bohrmaschine oder auch am Amboß. Im Vordergrund wird am Schraubstock Hand an die gefertigten Maschinenteile gelegt.

Auf diesem Fassadenabschnitt ging es also gegenüber den personifizierten Lehrfächern der Mechanik um deren Anwendungsfelder im Maschinenbau. Hier erwies sich die Nützlichkeit der Theorie. Nun „läßt sich", wie die Illustrierte Zeitung schrieb, „kaum ein unpoetischerer, der malerischen Darstellung stärker widerstrebender Gegenstand denken als die Herstellung von Mühlen und Webstühlen, von Schaufeln und Rechen, von Locomotiven und Kesseln, von Kanonen und Schneidewerkzeugen aller Art, oder auch von Orgeln, Trompeten und Pauken." Doch habe sich Neureuther „mit Geschick aus der Affäre gezogen. Die geflügelten Knaben handeln so graziös mit ihren Werkzeugen, daß man seine Freude daran haben muß"[55].

Die Heinzelmännchen, Putten und Engelchen, die in der öffentlichen Monumentalmalerei Arbeit verrichteten, wie in Bendemanns Düsseldorfer Realschulfries, Mintrops Kölner Bank usw. waren geeignet, die „Grazie der Maschine"[56] zu belegen und damit zu demonstrieren, „welche Fülle menschlicher Bedürfnisse jetzt schon ohne physische Anstrengung ... geschaffen wird", weil durch „die Übertragung der körperlichen Arbeit auf die Maschinen die Befreiung der menschlichen Hand unaufhaltsam fortschreitet"[57]. Gerade mit der Pariser Weltausstellung von 1867 war der Maschinenbau in eine neue Phase getreten. Franz Reuleaux' vielbeachtete Berichte über den dort gezeigten Stand der Technik konzentrierten sich auf die „Maschine zur Herstellung der Maschine" und die damit einhergehende „Befreiung des Arbeiters von Anstrengungen" durch eben diese „Machinofaktur"[58]. Die „Selbstthätigkeit" der Maschinen wurde zum neuen Schlagwort, mit dem man – unter Berufung auf Aristoteles – die sozialen Probleme lösen zu können glaubte[59]. Neureuther, Mitglied der liberalen Partei[60], war bestens mit der industriellen Entwicklung vertraut und hatte schon seit langem für das Industriebürgertum gearbeitet. Von daher war ihm solche Fortschrittsideologie geläufig, wie schon sein Wahlspruch auf dem Titelblatt der Blätter für Kunst und Industrie belegt[61]. Jedenfalls konnten die Technikpersonifikationen wie die Puttenarbeiter an der Fassade des Münchner Polytechnikums eine saubere 'Machinofaktur' propagieren. Der konventionelle Apparat der Personifikationen mit einem zur Formel erstarrten neuhumanistischen Bildungsvokabular diente der Aufwertung

Abb. 118–120, 123

55 REGNET (wie Anm. 46), S. 336–337.

56 „Grazie" und „Eleganz" waren höchstes Lob für die Maschinen. Damit wurde beansprucht, daß sich Technik und „Kunst" in ihnen verbanden. Vgl. die Quellen bei TREUE/MANEGOLD 1966, S. 54f. und die Besprechungen der Londoner Weltausstellung in der ILL. ZTG. 1851.

57 Amtlicher Bericht über die Industrie-Ausstellung aller Völker zu London, 1851, T. 3, S. 775, zit. n. TREUE/MANEGOLD 1966, S. 204.

58 Franz Reuleaux: Berichte über die allgemeine Ausstellung zu Paris 1867, zit. n. TREUE/MANEGOLD 1966, S. 208. Reuleaux wurde 1868 Direktor der Berliner Gewerbe-Akademie. Seine Schriften, vor allem die Theoretische Kinematik (1875), wurden berühmt und an den deutschen Technischen Hochschulen diskutiert.

59 „Sagt nicht schon Aristoteles: wenn Meißel und Schiffchen von *selbst* sich bewegten, würde die Sklaverei nicht nöthig sein? Wohl, die neue Entwicklung des Maschinenwesens ist ein Streben auf dieser Bahn vorwärts und sie hat ... jene Bedingung der Freiheit des Arbeiters ... zu erfüllen begonnen". L. GROTHE: Bilder und Studien zur Geschichte des Industrie- und Maschinenwesens, Berlin 1870, S. 12.

60 Vgl. PECHT 1874, Nr. 188, S. 2931.

61 (Gottfried NEUREUTHER:) Blätter für Kunst und Industrie. Wandmalerei für Zimmer mit Details für Frescobilder. Lithographienfolge, 1857. Auf dem Titelblatt halten Putten Destillierkolben, Magneteisen, Zahnräder usw. unter dem Spruchband „Der Herrscherstab der Wissenschaft / Macht unterthan dir jede Kraft / Gibt Kunst dem Werke die Gestalt / Dann wirket es mit Allgewalt."

der technischen Wissenschaften, deren Nützlichkeit sich in den 'selbstthätigen Maschinen' der Puttenfabriken erwies. Wenn auch die Sgraffitotechnik zur Stilisierung zwang und damit der pathetische Illusionismus der späteren wilhelminischen Industrieverherrlichungen vermieden wurde, so stellten die Malereien doch angesichts einer sich inzwischen auch organisatorisch formierenden Arbeiterklasse eine eskapistische Selbstbespiegelung dar. In der Kombination von Erfindergalerie in dem Fries der Porträtmedaillons und Maschine kündigte sich jedoch eine neue „Kulturgeschichte" an, die im Bewußtsein, daß „jeder einzeln mehr gethan als sämmtliche Majestäten der Vergangenheit zusammengenommen", dem Industriebürgertum „Courfähigkeit" verschaffte[62].

Das Bildprogramm im Innern

Vom Feuerraub zur Dampfmaschine

Nach außen wurde also hauptsächlich gegenwärtige Technik im tradierten Darstellungsschema propagiert. Vielleicht sollten die weiblichen Personifikationen noch – wie in der Renaissance – an den Busen der Wissenschaft locken[63] und damit in die Ausbildungsstätte der Techniker; jedenfalls durchmaß der Weg vom Eingang bis ins Allerheiligste, in die Aula, ein entwicklungsgeschichtliches Bildprogramm, das sich in seiner historischen Spannweite mit dem der Universitäten messen konnte. Das sollte es auch. Im Innern des Polytechnikums manifestierte sich erstmals in der Monumentalmalerei des 19. Jahrhunderts eine Entwicklungsgeschichte der Kultur, deren Etappen nicht durch Religion, Geistesgeschichte oder Kriege bestimmt waren, sondern durch fortschreitende Naturaneignung.

Das Gesamtprogramm, dessen Konzeption der Architekt Gottfried Neureuther überwachte, das hauptsächlich von seinem Bruder entworfen und ausgeführt wurde, war auf sukzessive Steigerung angelegt. „Der Reichtum" der Ausstattung sollte „die Aula durch plastische und malerische Dekoration gleichsam als Pantheon der *modernen* Kultur erscheinen" lassen[64]. Doch
Abb. 140 dazu kam es nicht. Zwar erhielten Eingangsvestibül und Treppenhaushalle ihren Schmuck, doch – wie schon erwähnt – konnte das Bildprogramm der Aula ebensowenig realisiert werden wie die Skulpturengruppe des Mittelrisalits. Es fiel, trotz wiederholter Anläufe[65], wie in Zürich dem Rotstift zum Opfer[66].

62 L. Bucher: Kulturhistorische Skizzen von der Londoner Weltausstellung, Leipzig 1851, S. 269.

63 Gombrich 1975², S. 96f., zitiert den Florentiner Humanisten Argyropoulus, von dem er annimmt, daß auch Raffael ihn kannte, der die Wissenschaft als wunderschöne Pallas, Juno, ja als Venus oder Helena zu imaginieren empfiehlt, um die Lust an ihr zu steigern.

64 Neureuther 1870, S. 248.

65 1877 wurde unter dem Vorsitz Neureuthers eine Denkschrift an „die hohen deutschen Landesregierungen" und an das deutsche Parlament verfaßt zur „Pflege der Monumentalen Kunst an den öffentlichen Gebäuden". Dabei hatte er mit Sicherheit auch die Vollendung der Aula des Polytechnikums im Sinn. Kurz vor seinem Tod starteten Fr. Thiersch, H. Grässel u. a. eine Initiative zur Vollendung der Aula, für die sie eigene Entwürfe anfertigten, vgl. die Entwürfe in der Architekturslg. der TUM, Inv.-Nr. 31/9–7; 1972/236–246.

66 „... die bis jetzt durch zwei frühere Landtage genehmigte Summe" – so Neureuther – „beträgt nur 1,100,00 fl., während der erste Kostenanschlag für das Gebäude ... sich auf 1,212,000 fl. belief. Dieser Anschlag war aber nur für ein kleineres Gebäude berechnet." Damit weist Neureuther auf die Planänderung während der 1. Bauphase hin, die aufgrund zu niedrig berechneter Studentenzahlen nötig wurde (vgl. Anm. 27). Trotz der Vergrößerung um 26% stand also weniger Geld zur Verfügung als im ursprünglichen Kostenvoranschlag gefordert. Neureuther versichert,

Das Vestibül

Das Programm begann mit den in die Decke eingelassenen Bildfeldern[67] des zwei Geschosse einnehmenden Vestibüls, von dem aus der Hauptkorridor des Erdgeschosses erschlossen wurde und eine doppelläufige Treppe zur Aula emporführte.

> „Die Decke ... hat eine architektonische, der Konstruktion entsprechende Eintheilung von verschieden großen, vertieften, von Balken umrahmten Feldern in weißem Gipsstuck ... Fünf kreisrunde und zwei halbkreisförmige Felder sind auf stereochromischem Grund in Tempera gemalt und in Goldrahmen gefaßt. Das größere dieser kreisrunden Bilder in der Mitte stellt Prometheus dar, welcher mit dem unter dem Beistande der Athena den Göttern geraubten Feuer den von ihm gebildeten Menschen beseelt“[68]. Abb. 140

Mit der mythischen Schöpfung des Menschen, dem Prometheus das Feuer als Lebenselixier mit auf den Weg gibt, beginnt die „Parade der Kulturgewinne“[69] durch den *homo faber*. Abb. 141

Prometheus, als eine der Leitfiguren kultureller Entwicklung[70], wurde im 19. Jahrhundert nicht nur literarisch, sondern auch bildlich von verschiedenen Seiten in Anspruch genommen: Den „Bildner der Menschengestalt“ feierte – anknüpfend an die Renaissance-Tradition – die Monumentalmalerei der ersten Jahrhunderthälfte zunächst als Vater der freien Künste. Er findet sich daher in Ausstattungsprogrammen von Museen, insbesondere von Skulpturensammlungen[71]. In diesem Kontext lebte zwar Prometheus als Archetyp des Künstlers auch in der zweiten Jahrhunderthälfte weiter[72], doch traten weitere Rollen hinzu. Nicht der rebellische Feuerraub, sondern sein Umgang mit demjenigen Element, dessen Beherrschung in der neuen Kulturgeschichtsschreibung – im Gegensatz zur Geschichtsphilosophie – als Beginn menschlicher Kultur

die Kosten für die beabsichtigte künstlerische Ausstattung ließen sich niedrig halten. Aber „von der Höhe der Genehmigung wird es ... abhängen, ob jetzt überhaupt und in welcher Weise die innere Ausstattung der Aula durchgeführt werden kann.“ NEUREUTHER 1870, S. 248.

67 Eugen Napoleon Neureuther (und Gottfried Neureuther für die architektonischen Details?): Deckenuntersicht des Vestibüls, Feder über Bleistift, farbig aquarelliert, 92,5 x 62 cm, TUM, Architekturslg. Nr. 7.65.

68 NEUREUTHER 1870, S. 248.

69 BLUMENBERG 1979, S. 613 bezeichnet so die Bildergalerie der französischen Enzyklopädisten.

70 Zu Prometheus als literarischer Figur vgl. Claus TRÄGER: Prometheus – unmittelbare und mittelbare Produktion der Geschichte, in: Literaturgeschichte als geschichtlicher Auftrag. Werner Krauss zum 60. Geburtstag, hrsg. von Werner Bahner, Berlin (DDR) 1961, S. 187ff. Träger gibt neben einer Liste literarischer und musikalischer Bearbeitungen auch eine – allerdings sehr fragmentarische – der Bilderkunst von Tizian bis Klinger. Aus der Monumentalmalerei des 19. Jahrhunderts nennt er nur Cornelius' Glyptotheksfresko. Thomas METSCHER: Prometheus – Zum Verhältnis von bürgerlicher Literatur und materieller Produktion, in: Literaturwissenschaft und Sozialwissenschaft, Bd. 3, hrsg. von Bernd Lutz, Stuttgart 1974, behandelt vorwiegend Goethe und die Literatur um 1800. Blumenbergs umfassender Versuch einer kulturgeschichtlichen Analyse des Prometheus-Verständnisses von Hesiod bis Kafka erwähnt nur am Rande Beispiele aus der Bildkunst (im Zusammenhang mit Nietzsche z. B. Klingers ›Beethoven‹). BLUMENBERG 1979, S. 327–679.
Eine kunstgeschichtliche Bearbeitung liegt bisher nur für die Zeit von 1800 vor: PANOFSKY 1956; RAGGIO 1958, S. 44–62. Derzeit arbeitet Walter Winter (Universität Freiburg) an einer Dissertation über Prometheus-Darstellungen zwischen 1870 und 1914.

71 Zu Cornelius' Fresken im Vestibül der Glyptothek vgl.: BÜTTNER 1980, S. 203ff.; zur Skulptur an der Südfassade vgl. AUSST.-KAT.: GLYPTOTHEK 1980, S. 239f.

72 Chr. Griepenkerl, der 1868 den Wettbewerb für die Ausmalung des Treppenhauses im Oldenburger Museum gewann, stellte vier Szenen aus dem Prometheus-Mythos vor. Vgl. ZfbK 1878, Kunstchronik, Nr. 34, Sp. 548. Zu Peter Janssens Prometheuszyklus für den Corneliussaal in der Berliner Nationalgalerie (Auftrag: 1874) s. BIEBER 1979, Bd. ,1 S. 72ff. Stets ist Prometheus der 'Töpfer', während Pallas die 'Psyche' spendet.

Abb. 157 und damit der Geschichte angesehen wurde[73], prädestinierte ihn zum Lehrmeister und Ahnherrn des industriellen Bürgertums. Auf die pragmatische Rolle des Kulturbringers hatten ihn zwar schon die französischen Enzyklopädisten reduziert, und in dieser allgemeinen Bedeutung trat er auch in der Monumentalmalerei des 19. Jahrhunderts auf[74], doch mit der Industrialisierung, in der das Feuer eine zentrale Rolle spielte, gewann er speziell für die technischen Bildungsanstalten an Aktualität.

Zwischen Reichsgründung und Erstem Weltkrieg eroberte er dann in der Monumentalmalerei als Triumphator, als jener dionysische Feuerheld, den Nietzsche in der Geburt der Tragödie zum Leitbild des arischen Willensmenschen stilisierte, nicht nur die Wände der Ausstellungshallen von Industrie und Handel, sondern auch die der Universitäten[75]. Zeitlich parallel dazu trat der mythische Held erneut seine aufklärerische Erbschaft an. Nach Aufhebung der Sozialistengesetze taugte er als derjenige, der sich nimmt, was ihm vorenthalten werden soll, zum antibürgerlichen, revolutionären Leitbild. Dieser Prometheus erschien allerdings in anderen Medien als der Monumentalmalerei[76].

Als „der erste, Alles voraus erwägende Künstler" sah Förster die Prometheusgestalt in den Cornelius-Fresken der Eingangshalle der Glyptothek[77]. Gleichsam um den Titanen vor der Hybris eigener Schöpfungskraft zu bewahren, machte Cornelius ihn abhängig von Pallas, deren Geschenk, die Psyche, erst das Ebenbild der Götter, den Menschen, beseelt[78]. Anders dagegen

73 „Die bis jüngst zwischen einem geschichtlichen und einem ungeschichtlichen Weltalter angenommene ... Grenze ist nunmehr ... in eine unendliche, nach vielen Jahrtausenden zählende Schwankung gerathen", so Kapp 1877, S. 33; statt dessen wurde nun der Beginn der Geschichte mit der Schaffung von Werkzeugen und der Verfügung über das Feuer angesetzt. Die Beherrschung des Feuers hatte Philipp Buttmann schon 1828 als „Übergang von einem rohen zu einem gebildeten Volke" gedeutet, doch ging es ihm damit noch nicht um die Bestimmung des Geschichtsbeginns. Vgl. Karl Kerényi (Hrsg.): Die Eröffnung des Zugangs zum Mythos. Ein Lesebuch, Darmstadt 1982, S. 17.

74 Zur Rolle Prometheus' bei den Enzyklopädisten s. Blumenberg 1979, S. 430. In der allgemeinen Form des Kulturbringers und Erweckers der Menschheit tritt Prometheus z. B. auch in Bendemanns Dresdner Ballsaal auf, vgl. Ricke-Immel 1980, Nr. 36. In Friedrich Grosses Freskenzyklus im Leipziger Museum (1864–1871) entzündet Prometheus seine Fackel am Herd, s. Jordan 1872, S. 775.
Friedrich Preller d. J. entwarf den gefesselten Prometheus für das Vestibül des Dresdner Theaters, s. ZfbK 1876, n. S. 384; für den Sitzungssaal der Athener Akademie der Wissenschaft schuf Griepenkerl einen Prometheuszyklus (vollendet 1882), der ebenfalls mit Prometheus als dem unspezifizierten Kulturbringer beginnt, eine Fackel als Symbol der Erhellung in der Hand, vgl. Kunst für Alle, 1. Jg. 1886, S. 116 ff. Vgl. auch die Prometheus-Darstellungen Feuerbachs (gefesselter Prometheus) und Griepenkerls (Prometheus als Gründer des Herdes) in der Aula der Wiener Akademie, s. Kitlitschka 1981, S. 112 f.; Walter Cerny: Die Entstehungsgeschichte der Gemälde für die Aula der Wiener Akademie, in: Ausst.-Kat.: Anselm Feuerbach. Gemälde und Zeichnungen, Karlsruhe 1976, S. 99 ff.

75 Für die Wandelhalle des Leipziger Augusteums entstand F. Prellers gigantischer ›Prometheus‹, der mit einer Fackel von schroffen Felsen herabsteigt. Hugo Vogels ›Prometheus bringt den Menschen das Feuer‹, ursprünglich in der Industriehalle der Deutschen Abteilung der Brüsseler Weltausstellung 1910, wurde fast identisch auf die Stirnwand des Hörsaals in der Klinik der Charité in Berlin übertragen, Abb. in: Das akademische Deutschland, Bd. I, Berlin 1930, S. 81.

76 So tritt er z. B. im Wahren Jacob, Süddeutschen Postillion usw. neben dem neuen Herkules und dem Atlas auf. Vgl. auch G. G. Ludwigs Kritik der 1909 gedruckten Antrittsvorlesung Wandlungen des Prometheus von Jonas Fränkel, in: Die Neue Zeit, 31. Jg. 1912/1913, Feuilleton Nr. 56, 58, 59.

77 Förster 1874, S. 283.

78 Leo v. Klenze wandte sich energisch gegen eine Prometheus-Skulptur für den Außenbau der Glyptothek, die nach dem Wunsch des Akademiedirektors Robert v. Langer gleichzeitig Flamme und Schmetterling als Attribute erhalten sollte. Dadurch werde Prometheus „garnicht als Bildner bezeichnet, sondern ganz dem Sinn des Gebäudes zuwider

in der Entreeszene des Münchner Polytechnikums, in der Prometheus als omnipotentes Leitbild der künftigen Menschheit erscheint. Nicht die von Athena gespendete Psyche, sondern das Feuer, das Prometheus in einem Narthex geraubt hat, belebt – wie schon in der Renaissancemalerei[79] – den tönernen Menschen. Der aus dem emporgehaltenen Narthex dekorativ aufblitzende Feuerstern über dem Haupt des noch blinden[80] Mannes stellt eine Verbindung zu jenen galvanoelektrischen Experimenten her, die Neureuther innerhalb der Erfindungsgeschichte in den Kuppelmalereien des ersten Stockwerkes als vergebliche Versuche, den Lebensstoff herzustellen, wertet (s. u.). Athena ist im Deckenbild des Vestibüls an der Kreierung des Menschen nur mittelbar beteiligt, indem sie schützend ihren Arm ausbreitet und somit die Rache des im Hintergrund seine Blitzbündel schleudernden Zeus' abwehrt. Als Andeutung künftiger Gefährdungen sieht man im Halbdunkel hinter Prometheus' Rücken schon Pandora mit ihrer unheilverheißenden Büchse nahen. In dieser Raffung verschiedener Episoden des Prometheus-Mythos[81] geht es, im Unterschied etwa zu Cornelius' Glyptotheksfresken, in denen der Pandora-Szene ein eigenes Bild vorbehalten war, nicht um die Erzählung des Mythos, wie sie für eine Antikensammlung nahelag, sondern um den Ursprung menschlicher Kultur. Entsprechend fehlt auch die göttliche Bestrafung des Frevlers; nur Pandora läßt zukünftige Bewährungsproben ahnen. Abb. 141 Abb. 152

Nicht Prometheus' Schicksal wird weiter verfolgt, sondern der Kampf des Menschen, seine Bewährung in einer zunächst feindlichen Elementarnatur. Doch sollte die Fortsetzung der beginnenden Menschheitsgeschichte erst im oberen Stockwerk, im Treppenhaus und schließlich in der Aula dargestellt werden. In den vier kleinen Tondi im Vestibül gruppieren sich um den mit Feuer belebten Mann nur die eher sanftmütig erscheinenden weiblichen Personifikationen der Elemente[82], die auf ihren neuen Herrscher zu warten scheinen. Diese Ausgangssituation, der neue Nullpunkt der Geschichte, wird auch von den unter Bäumen lagernden Kindern in den seitlichen halbkreisförmigen Bildfeldern betont. Abb. 155

Obwohl in Neureuthers Prometheus-Szene ikonographisch sozusagen die Feuerprobe einer Menschheit begann, die im Ingenieur, der Feuerrosse baute, ihren Höhepunkt fand, blieb seine Bildsprache konventionell-dekorativ. Seine Stärken lagen in der Illustration, in der kleinteiligen Groteske. Vielleicht war dies der Grund, warum er sich gegenüber dem Architekten-Bruder hatte verpflichten müssen, eine Studienreise nach Italien zu unternehmen[83]. Die Körperdrehung der Athena, ihre flatternden Gewandfalten etc. lassen zwar das Studium jener „Freskomalereien von Giulio Romano, Corregio und anderer Meister" ahnen, die er „vor den Originalen"[84] studieren sollte, doch zeigt das erhaltene Aquarell gegenüber der Kreidezeichnung eine gewisse Unentschiedenheit zwischen der durch den Kontur betonten Stilisierung großflächiger Figurationen, die keine Verkürzungen zeigen, und dem durch Farbe und Lichtführung begünstigten tiefenräumlichen Arrangement. Abb. 140 Abb. 141

als Beleber des Bildes. Drittens" – so Klenze weiter – „kenne ich kein Werk, wo Prometheus selbst seine Bilder belebt, denn dies tut ... Minerva", zit. n. Ausst.-Kat.: Glyptothek 1980, S. 239.

79 Vgl. Panofsky 1956; Raggio 1958.

80 Interessanterweise zitierte Helmholtz 1855 in extenso Plato, der das Auge als „Organ des Feuers" bezeichnete. Hermann L. F. Helmholtz: Über das Sehen des Menschen, in: Populärwissenschaftliche Vorträge, gehalten zu Königsberg i. Pr. zum Besten von Kants Denkmal, Leipzig 1855, S. 35.

81 Raggio 1958, S. 60, stellt für die Zeit bis ins 17. Jahrhundert hinein fest: „This combination of the myth of Prometheus with that of Pandora is extremely rare."

82 Zur Tradition der Zuordnung der Elemente zu Prometheus s. Raggio 1958, S. 59.

83 Hufnagl 1979, S. 196.

84 Hufnagl 1979, S. 196.

Ikonographisch aber beginnt hier eine Entwicklung, die in der Nachfolge von Kants Stilisierung Benjamin Franklins zum neuen Prometheus das Selbstbewußtsein vom Ingenieur als dem Prometheus des 19. Jahrhunderts ausdrückte und schließlich die von ihm geschaffene Maschine selbst zum Mythos[85] werden ließ.

Die Treppenhaushalle

Fortgesetzt wurde das Bildprogramm in der prächtigen Treppenhaushalle des ersten Stockwerks.
Abb. 142 An drei Seiten liefen Arkaden mit Kuppelgewölben um, der zentrale Teil wurde von einem
Abb. 143 Muldengewölbe mit einem großen Oberlicht überspannt. Für die 14 Lünetten ließ der Architekt nach eigenem Programmentwurf von dem Historienmaler Jean Baptiste Berdelli Szenen „aus den poetischen Bildern der Griechen ..., in welchen die Natur und der Kampf ihrer Kräfte zu Idealgestalten personifiziert“[86] auftreten, malen.

Die Geburt der Athena, der Beschützerin des Gewerbes, und die Wiederaufnahme des Schmiedegottes Hephaistos in den Olymp standen sich in der Zentralachse gegenüber. Damit war das Thema des Vestibüls auf neue Weise aufgenommen. Die Rehabilitierung des ebenfalls mit dem Feuer vertrauten, von Zeus seiner Ungehorsamkeit und Häßlichkeit wegen aus dem Olymp geschleuderten Schmiedegottes war über dem Eingang zur Aula zu sehen. Der den Göttern ob seiner Beherrschung des Feuers als Waffenschmied unentbehrliche Hephaistos wurde von Dionysos in den Olymp geleitet, stellvertretend für den in seine Fußstapfen tretenden erfinderischen Techniker, der unter diesem Leitbild die geweihten Hallen der Aula betrat. Die Vorbildfunktion des Mythos – seit der Renaissance in zahlreichen Bildbeispielen verbreitet – relativierten allerdings die seitlichen Begleitbilder: Das „dahinrollende Glück auf der einen und die Schicksalsgöttinnen auf der anderen Seite“ warnten vor der Unzuverlässigkeit eines von den Launen der Götter abhängigen Erfolges[87].

Die Galerie der Treppenhaushalle

Abb. 142 Unter solchen mythischen Leitbildern entfaltete sich in den je vier Kuppeln der nördlichen und südlichen Galerie, durch die Aula und Bibliothek verbunden wurden, die Kultur-„Geschichte“ der Menschheit. Das Programm war der „Auffindung der ewigen Gesetze der Natur durch erleuchtete Forscher der späteren Zeit“, den „Entdeckungen und Erfindungen, welche sich weiter daran geknüpft, sowie“ der „Benützung derselben für die Verbreitung der Erkenntnis und des physischen Wohles über die ganze menschliche Gesellschaft“[88] gewidmet. Entwurf und Ausführung übernahm Eugen Napoleon Neureuther.

Die thematische Folge ist nur zum Teil überliefert, da zwar sieben der acht Aquarallentwürfe
Abb. 143 erhalten sind[89], die Fotos des vollendeten Treppenhauses[90] jedoch nicht den Blick in die Kuppelwölbungen zeigen.

Das ornamentale Gliederungsschema der Kuppel zeigt je vier Hauptszenen innerhalb konzentrisch umlaufender Bänder, die durch Zwischenszenen und Ornament-Grotesken verbunden

85 Vgl. Mumford 1974.
86 Neureuther 1870, S. 248. Entwürfe sind nicht bekannt.
87 Neureuther 1872, S. 27.
88 Neureuther 1872, S. 27.
89 München, Staatl. Gr. Slg. Inv. Nr. 26087–26095. Die Kuppelmalereien waren in Öl ausgeführt.
90 TUM, Architekturslg., Inv. Nr. 7.63; 7.64; 7.59 a; 7.47.

sind, sowie je vier Porträtköpfe in den Ecken. Derartige Dekorationsschemata waren nicht nur aus römischen Villen der Renaissance (Villa Madama) vertraut, sondern das direkte Vorbild lieferten die Loggien der gegenüber dem Polytechnikum gelegenen Alten Pinakothek. Thematisierten die in der direkten Verlängerung der Zentralachse des Polytechnikums liegenden Kuppelfresken Cornelius' die Entwicklungsgeschichte der bildenden Kunst in bezug auf die Sammlungen, so bot das Polytechnikum die Entwicklung der gesamten Kultur von der Welterkenntnis antiker Philosophie bis zu den Segnungen der Dampfmaschine. Die Kuppel links des Eingangs zur Bibliothek bringt als zeitlich früheste Darstellung die ›Grundelemente des Weltalls‹[91] als Verhältnis von Geist und Materie zur Anschauung. Im Kuppelzentrum steht die Erdscheibe, umgeben von den konzentrischen Ringen eines Wolkenkranzes und des Sternenhimmels. Natur erscheint in einem umlaufenden Band in allegorischer Gestalt. Die Personifikationen von Wasser, Feuer, Luft und Erde werden von Seepferden, feuerspeienden Drachen, Pfauen und Schlangen auf Wagen durch die entsprechenden Elemente gezogen. Durchbrochen wird dieses Band der Elemente durch die den Kirchenvätern nachempfundenen, von Mandorlaformen umschriebenen Sitzfiguren des Thales, Heraklit, Eurimenes und Aristoteles.

Abb. 1, 3

Abb. 144

Dieses ptolemäische Weltbild, verbunden mit animistischen Naturvorstellungen, ist in der folgenden – in Richtung Aula gelegenen – Kuppel[92] aufgegeben. Im Zentrum steht nunmehr die Sonne, umgeben von den Zeichen des Zodiak. Die Erde bewegt sich um das Sonnenzentrum, was durch die unterschiedlichen Mondphasen ausgedrückt wird. In vier darunterliegenden Szenen zeigt sich Natur nun nicht mehr allegorisch, sondern als Landschaftsbild im jahreszeitlichen Wechsel. Der Formung zum Landschaftsbild entspricht motivisch die Indienstnahme der Natur durch Ackerbau und Schiffahrt. Die neu erreichten Ufer sind durch eine tropische Sommer- und eine arktische Winterlandschaft dargestellt. Das heliozentrische Weltbild ist Grundlage der Eroberung vom Pol zum Äquator. In den zwischen den Landschaftsbildern liegenden Kuppelsegmenten führen Puttenkinder den Stand der Astronomie und Geographie durch Himmels- und Erdglobus, Fernrohr und Meßgeräte vor. Die Erfindungen ermöglichen den Schritt in die fremde Natur.

Abb. 145

Die weitere Abfolge des Programms ist unsicher, doch spricht einiges dafür, daß es die Entwürfe zur dritten Kuppel sind, die nicht mehr vorliegen[93]. Da Ornamentik und formale Aufteilung von je zwei Kuppeln zwar nicht gleich, doch eng verwandt sind, läßt sich annehmen, daß sie sich im Treppenhaus jeweils gegenüberstanden[94]. Demnach hätte vor der Aula die Erfindung des Buchdrucks der des Schießpulvers korrespondiert.

Abb. 146, 149

91 Entwurf, Feder über Bleistift, farbig aquarelliert, 39,5 × 39,5 cm, München, Staatl. Gr. Slg. Inv. Nr. 26093; das Foto der ausgeführten Kuppel (TUM, ArchitektursIg., Inv. Nr. 7.59 a) zeigt leichte Veränderungen: so etwa großflächigere Figuren; das Feuer wurde nun konsequenterweise Heraklit, der darin die bewegende Kraft des Alls sah, zugeordnet.

92 Entwurf, Feder über Bleistift, farbig aquarelliert, 39,5 × 39 cm, München, Staatl. Gr. Slg. Inv. Nr. 26092; das Foto der ausgeführten Kuppel (TUM, ArchitektursIg., Inv. Nr. 7.47) zeigt ebenfalls leichte Modifikationen: neben der Veränderung einiger Ornamentformen wurde z. B. das tradierte Motiv der Ernte für den Herbst, das wenig mit technischen Erfindungen zu tun hat, durch die Schiffahrt bei stürmischer See ersetzt.

93 Insgesamt befinden sich in der Staatl. Gr. Slg. München neun Kuppelentwürfe. Zwei davon stellen jedoch nicht ausgeführte Alternativentwürfe dar: zur 5. Kuppel: ›Erfindung des Schießpulvers‹, Inv. Nr. 26088; zur 8. Kuppel: ›Die Kunst‹, Inv. Nr. 26091.

94 Cornelius hatte in den Pinakotheks-Loggien ebenfalls für je zwei korrespondierende Kuppeln dasselbe Dekorationsschema verwendet, dort allerdings, um die Analogie von nördlicher und südlicher Kunstentwicklung auszudrücken.

Abb. 146 Der Entwurf zur ›Druckkunst‹[95] zeigt in einem kleineren inneren Kreis die Entwicklungsgeschichte menschlicher Kommunikation, angefangen von den homerischen Gesängen über die in Stein gemeißelten Hieroglyphen der Ägypter, die chinesische Papierschrift bis zur mittelalterlichen Schreibstube. Die halbkreisförmigen Hauptszenen scheinen dagegen Einblicke in neuere Druckwerkstätten zu geben. Sie zeigen den Bleiguß der Buchstaben, den Tiefdruck und den Zeitungsdruck durch jeweils signifikante Tätigkeiten an der im Zentrum stehenden Presse. Die Szenen entsprechen Handwerksillustrationen mit dem Schwergewicht auf den Geräten. Lediglich an der Szene des Zeitungsdrucks personifiziert ein entfliegender Genius die Nachrichtenvermittlung in alle Welt. In den vier Zwischenfeldern erscheinen je zwei Putten, die einen stilisierten Apfelbaum plündern und damit das Wort und dessen Verbreitung als Baum der Erkenntnis
Abb. 149 interpretieren. Die Kuppel, die der Erfindung des Schießpulvers gewidmet war und vermutlich auf der gegenüberliegenden Seite den zweiten Arkadengang eröffnete, ist formal nach demselben Schema organisiert. Interessanterweise liegen für diese problematischste aller Erfindungen zwei
Abb. 148, 147 verschiedene Gesamtentwürfe sowie mehrere Studien[96] vor. Doch kann – nicht nur aufgrund der graduell genaueren Ausführung, sondern aufgrund der Thematik – kein Zweifel bestehen,
Abb. 149 welcher der Entwürfe zur Ausführung gelangte. Der wohl ausgeführte Entwurf zeigt im Zentrum ein mittelalterliches Laboratorium, in dem eine Explosion die zufällige Entdeckung der Sprengkraft anzeigt. In den vier halbkreisförmigen Bildfeldern, mit denen monumentale Historienbilder zitiert zu sein scheinen[97], zwischen denen je ein Tropaion steht, wird die Anwendung der Erfindung auf der Jagd, zum Sprengen, im Land- und Seekrieg vorgeführt.

Abb. 147 Dagegen ist in der zu einem früheren Entwurfsstadium gehörenden Kohlezeichnung[98] die Laboratoriumsszene nicht für das Zentrum, sondern für eines der vier halbkreisförmigen Felder vorgesehen und findet sich dort auch in dem nicht ausgeführten Gesamtentwurf. Unter Anspielung auf den legendären Freiburger Mönch Berthold Schwarz, der in Deutschland als Erfinder des nach ihm benannten Pulvers galt, erscheint ein Franziskaner beim Experimentieren. Bei der Explosion entweicht ein Teufelchen, während das Andachtskreuz zu Fall kommt. Die unheiligen Folgen einer Erfindung künden sich an, die den Menschen mit der Feuerwaffe zeusgleich zum Herrn über Leben und Tod werden lassen. Ein zweites Bildfeld aus demselben Entwurfsstadium zeigt den ungleichen Kampf zweier Heere vor einer mittelalterlichen Burg. Die gepanzerten Ritter auf ihren Pferden unterliegen im aussichtslosen Kampf den Musketenschützen. Eine
Abb. 150 dritte Szene, die Eroberung Amerikas, demonstriert noch drastischer die Ungleichheit zwischen Menschen mit und ohne Feuerwaffen. Ein indianischer Häuptling bringt kniend dem fahnenhissenden Eroberer Geschenke dar, ein Mann und ein Kind liegen tot daneben, während eine
Abb. 151 Mutter mit Kindern flieht. Im nicht ausgeführten Gesamtentwurf wird diese Konfrontation noch verschärft, indem soeben an Land kommende Europäer auf die fliehende nackte Frau mit ihren Kindern schießen.

95 Entwurf, Feder über Bleistift, farbig aquarelliert, 39 × 39,2 cm, München, Staatl. Gr. Slg. Inv. Nr. 26089.

96 Entwurf, Feder über Bleistift, farbig aquarelliert, 40 × 40 cm, München, Staatl. Gr. Slg. Inv. Nr. 26087 (ausgeführter Entwurf); Inv. Nr. 26088 (nicht ausgeführter Entwurf). Fragment eines zerschnittenen Gesamtentwurfs, Feder über Bleistift, farbig aquarelliert, 10 × 33 cm, München, Stadtmus. Inv. Nr. MS IV, 1616; drei Kohlezeichnungen: ›Mönch im Laboratorium‹, 54 × 82 cm, Inv. Nr. MS IV 1615/21; ›Eroberung Amerikas‹, 53,5 × 74,7 cm, Inv. Nr. MS IV 1615/17; ›Kampf Feuerbewaffneter gegen Ritter‹, 51,2 × 92,5 cm, Inv. Nr. MS IV 1615/18, alle München, Stadtmus.

97 Im Unterschied zur Kuppel des Buchdrucks ist die Betrachterdistanz aufgehoben, indem die Szenen bis an den Rand des Kreissegmentes der Kuppel reichen, der ornamentale Rahmen scheint gegenüber der eher architektonischen Fassung der Buchdruck-Szenen ein Bild im Bild zu zitieren.

98 54 × 82 cm, München, Stadtmus., Inv. Nr. MS IV 1615/21.

Die vierte Szene ist nur im Gesamtentwurf ausgeführt: Eine Dampflokomotive bricht durch Felsmassen, die gesprengt werden; dargestellt wird also die friedliche Nutzung des Schwarzpulvers in der Neuzeit. Im Zentrum der Kuppel aber chrakterisiert eine Art besenreitender Dämon mit Nachtgetier den Ursprung der Erfindung als teuflisch. Es ist naheliegend, daß die Szenen für die Ausführung in einer technischen Hochschule verändert werden mußten. Im letzten Entwurf verlegte Neureuther die Laboratoriumsszene ins Zentrum und entband den Mönch von der Bürde der Folgen, indem er an seine Stelle einen unspezifizierten Alchimisten setzte. Zugleich entschärfte er damit die Folgen der Erfindung. Neu aufgenommen wurde die harmlose Hirschjagd, die Felssprengung modifiziert. Die Unterlegenheit der Ritter gegen die Feuerbewaffneten ist zwar beibehalten, aber das dramatische Moment des sich aufbäumenden Pferdes und des sterbenden Panzerrecken wurde aufgegeben. Anstelle der Eroberung Amerikas trat ein Seegefecht zwischen kanonenbestückten Schiffen und einem mit dem türkischen Halbmond gekennzeichneten Boot. Der gerade in Bayern bestgehaßte Feind mußte als legitimer Gegner erscheinen, zumal an der Schlacht nur Krieger beteiligt sind. Damit waren die kulturkritischen Momente, die der Einsatz von Feuerwaffen gegen wehrlose Frauen und Kinder oder gegen eindeutig Unterlegene beinhaltete und zumindest als moralisch verwerflich erscheinen ließ, beseitigt.

Abb. 148 Abb. 149 Abb. 151

Jedenfalls weisen die gerade zu dieser Kuppel vorliegenden Alternativentwürfe auf das Problem, die Konsequenzen der ungeheuer folgenreichen Entwicklung des Schießpulvers in der Erfolgsbilanz einer technischen Hochschule unterzubringen. Wohl nicht zufällig wurde – im Unterschied zur Pendantkuppel – jeder Hinweis auf die Vorgeschichte dieser Erfindung und ihre friedliche Nutzung etwa in China vermieden.

Abb. 146

Die beiden folgenden Kuppeln beschäftigen sich mit Errungenschaften der jüngsten Technikgeschichte. Die nächste Kuppel war der ›Electrizität‹ und dem ›Galvanisieren‹ gewidmet[99]: Im Zentrum steht Galvanis berühmtes Experiment der sich bewegenden Froschschenkel. Eine Sphinx und die Gerippe weisen auf den geheimnisvollen Charakter dieser Entdeckung der Elektrizität als vermeintlich tierischer Eigenschaft[100]. In den Hauptszenen werden die z.T. abenteuerlichen Experimente mit elektrischem Strom als Wiederbelebungsmittel und Lebenselixier vorgeführt[101]. Jeweils auf einer an zwei Pole angeschlossenen Metallplatte werden die Experimente, die Prometheus' Belebung des selbst geschaffenen Menschen nachzuahmen suchen, demonstriert. Ein kopfloser Mensch beginnt sich frankensteinartig zu bewegen und versetzt die Meister in Panik, eine Kranke oder Verstorbene ist an die Elektrisiermaschine angeschlossen, und schließlich soll ein Homunkulus elektrisch belebt werden. Daneben erscheint aber auch die mechanische Erzeugung von Elektrizität durch ein Schwungrad, worin das Prinzip des Antriebs einer Kraftmaschine steckt, die auch durch das Flügelrad darunter symbolisiert wird. In den durch laternenpfahlähnliche Säulen abgetrennten Zwischenfeldern wird die Elektrizität als Groteske

Abb. 152

99 Entwurf, Feder über Bleistift, farbig aquarelliert, 39,5 × 39,5 cm, München, Staatl. Gr. Slg. Inv. Nr. 26094.

100 Vgl. Galvanis berühmte Publikation von 1791 *De viribus electricitatis in motu musculari commentarius*, die in der umfangreichen Literatur über die Entdeckung und Erzeugung der Elektrizität im 19. Jh. immer wieder zitiert wurde, s. Allgem. Encyclopädie der Wissenschaften und Künste, hrsg. von J.S. Ersch und J.S. Gruber, 1. Section, Leipzig 1851.

101 Außer dem Räderwerk der Uhr und der beweglichen Dampfmaschine hat selten eine Entdeckung so viel Anlaß zur Spekulation gegeben wie die der Elektrizität. Auch hinter Mary Wollstonecraft-Shelleys Frankenstein stehen die verbreiteten Versuche, den Lebensfunken in der Elektrizität zu finden. Bezeichnenderweise waren Galvani, Volta und Soemmering selbst Ärzte, die dem „Geheimnis des Lebens" auf der Spur zu sein glaubten. Vgl. Ausst.-Kat.: Elektrizität 1981, S. 15.

allegorisiert. Blütenkelchwesen, deren elektrisierte Haare zu Berge stehen und in einem Kranz von Sternenfunken enden, schließen mit den funkenschlagenden Armen einen Stromkreis, der von je zwei Batterien ausgeht und über Drähte alle Szenen miteinander verbindet.

Abb. 145, 154 In der nächsten Kuppel schließlich, dem Pendant zur Eroberung der Welt durch Geographie und Astronomie, wird die ›Benützung der Dampfkraft‹[102] als neue Indienstnahme der Elemente und als Fortschritt gegenüber einer inhumanen Vergangenheit gefeiert. Unter den von Putten getragenen Fakultätsbezeichnungen – Theologie, Philosophie, Jurisprudenz und auch Historia[103] – entrollen im nächsten Ring je zwei Putten Darstellungen despotischer Herrschaft: eine Ketzerverbrennung in Anwesenheit kirchlicher Würdenträger, eine Hexenverbrennung, eine Vertreibung von Christen durch Barbaren und schließlich in Anspielung auf den Canossagang die Unterwerfung eines weltlichen Herrschers unter den Papst. Die schlechte Vergangenheit unter dem Regiment der alten – geisteswissenschaftlichen – Fakultäten, die zur Erinnerung entrollt wird, dient nur als Folie für eine harmonische Zukunft, die in den Hauptszenen des dritten Kreisbandes in bühnenartigen Ausblicken erscheint.

Der „Triumphwagen des menschlichen Geistes", die Eisenbahn und sein Pendant zu Wasser, das Dampfschiff, treten in je zwei Szenen auf. Feuerdrachen ziehen die Gefährte. Auf der Eisenbahn sitzt zum einen 'Industria' mit den Gewerbetreibenden, zum anderen 'Humanitas', in ihrem Gefolge ein Lehrer, der die Versammelten unterrichtet. In zwei weiteren Szenen geht der Dampfdrache eine Symbiose mit dem Schiff ein. Unterhalb der Vertreibungsszene der despotischen Vergangenheit sitzt Klio am Ruder und steuert zu hoffnungsvollen Ufern. In der Pendantszene steht ein Jüngling mit phrygischer Mütze und aufgepflanzter Fahne in der Mitte des Schiffes. In Kontrast zur darüberliegenden Verbrennungsszene symbolisieren seine emporgehobenen Arme nicht Überantwortung an Gott, sondern an das angesteuerte Ufer, an die Zukunft.

Die vier Zwischenfelder nehmen ein Motiv aus Gottfried Neureuthers Würzburger Bahnhofsausstattung wieder auf. In den Tunneleingängen erscheinen – als inzwischen geläufigste Metapher für die Eisenbahn – dampfschnaubende Drachen mit Fledermausflügeln und roten, diademartigen Lampen[104]. Indem solchermaßen Industria, Humanitas, Libertas und Klio an die Dampfkraft gebunden sind, wird der Ingenieur nicht nur als Beherrscher der Elemente gedeutet, sondern als der Kulturrevolutionär, als der neue Prometheus. Die Dampfmaschine als Zeichen des Fortschritts wird als ganz konkretes Mittel des Aufbruchs in ein neues Zeitalter der Freiheit und der Humanität interpretiert. Naturwissenschaften und Technik demonstrieren ihre Überlegenheit, indem sie die unfähige alte *universitas* transformiert haben. Ganz im Sinne des mechanistischen Fortschrittsglaubens des Industriebürgertums erscheint technischer Fortschritt als Synonym für eine bessere Welt.

Inhaltlich gesehen ist hier der Schlußpunkt in dem fortschrittseuphorischen Bildprogramm einer Entwicklungsgeschichte der Naturbeherrschung zu sehen. Doch folgte in der achten Abb. 153, 144 Kuppel, dem Pendant zu den ›Grundelementen des Weltalls‹, noch die Versöhnung in der Kunst[105]. Um die schwebende Personifikation im Zentrum sind alternierend vier Medaillons mit

102 Entwurf, Feder über Bleistift, farbig aquarelliert, 38,8 × 39 cm, München, Staatl. Gr. Slg. Inv. Nr. 26090.

103 Allerdings zählte die Geschichte nicht zu den vier Fakultäten, vgl. WIRTH, K. A./GOETZ, V., in: RDK, Stichwort: Fakultäten, die vier.

104 Vgl. auch Kaulbachs Zeichnung ›Kampf der alten und neuen Zeit‹, mit dem als Fortschritt interpretierten Drachenwagen, Fortuna im Gefolge, Feder, 34x41,5 cm, 1859, München, Staatl. Gr. Slg. Inv. Nr. 44891. Hier hat Kaulbach in einer Beischrift die „strahlenden Augen" ausdrücklich als „die Laternen" bezeichnet.

105 Entwurf, Feder über Bleistift, farbig aquarelliert, 37,2 × 37,0 cm, München, Staatl. Gr. Slg. Inv. Nr. 26095.

der Darstellung künstlerischer Arbeit und vier Puttenzüge mit den Ergebnissen dieser Tätigkeit angeordnet. Gegenüber dem nicht ausgeführten Entwurf einer mittelalterlichen Klosterwerkstatt – also christlicher Kunst – im Zentrum[106], der Verbindungen zu Cornelius' erster Pinakothekskuppel mit dem ›Ursprung der Künste in der Religion‹ zeigt[107], ist in der ausgeführten Version Abb. 3
Neureuthers jede historische Verankerung vermieden. Darin ist wohl der Versuch zu sehen, den Abb. 153
Elementen des Urzustandes der Welt in der ersten Kuppel, in der der Geist der Natur gegenübertrat, die Kunst als immerwährendes Pendant einer gestalteten Welt gegenüberzustellen. Doch bleibt diese Wendung, die Geschichte der Naturaneignung durch fortschreitende technische Entwicklung zum Schluß noch in Kunst zu überführen, wenig überzeugend.

Das Kuppelprogramm der Galerie führte also die Entwicklung einer von Prometheus inspirierten Menschheit als fortschreitende Aneignung der Natur durch den erfinderischen Mann vor. Gegenüber einer Kulturgeschichte, die sich – wie Kaulbachs Berliner Zyklus – durch die Entwicklung von religiösen und geistesgeschichtlichen Vorstellungen definierte, war diese Kulturgeschichte neu. Im Unterschied zum bildungsbürgerlichen Blick auf die Kulturwerdung spiegelte sich hier die der Naturwissenschaftler und Techniker. Obwohl unklar ist, wer außer dem Architektenbruder und Professor am Polytechnikum den Maler Neureuther beriet, sind offensichtlich aktuelle zeitgenössische Überlegungen seitens der Naturwissenschaften in die Konzeption des Programms eingegangen. Jedenfalls kommt in ihm jener große Umbruch der 60er Jahre zum Ausdruck, der auf der Grundlage naturwissenschaftlicher und archäologischer Forschung die Zeitrechnung der Bibel als Bestimmungsmoment der Kulturetappen der Menschheitsgeschichte außer Kraft setzte[108].

Noch ein zweiter Aspekt ist zu beachten. Schon 1855 hatte der Physiologe und Physiker H. L. F. Helmholtz die Wiederzusammenführung der seit Kants Tod getrennten Erfahrungswissenschaften und der Philosophie gefordert und selbst dazu Bausteine geliefert[109]. Wenn alles, der Mensch selbst wie die gesamte Natur, nach den Gesetzen der Mechanik funktionierte[110], war die Technik nur Natur in anderer Gestalt. Vom Menschen her formulierte Franz Reuleaux, dessen kinematische Arbeiten größten Einfluß auf die zeitgenössischen Naturwissenschaften hatten[111], diese Einheit. Die nach den Gesetzen der Natur vom Menschen geschaffene Maschine war die „Fortsetzung seiner selbst nach außen“[112]. All dies führte schließlich in Umkehrung von La Mettries *L'homme Machine*[113] zur Organismus-Vorstellung der Technik, so daß ihre entwickeltste

106 Entwurf, Feder über Bleistift, farbig aquarelliert, 39,9 × 39,6 cm, München, Staatl. Gr. Slg. Inv. Nr. 26091.

107 Zwar heißt der Titel: ›Bund der Religion mit den Künsten‹, doch die Anordnung lehrt die Bedeutung: „Weil aber der Anfang und Ausgangspunkt für die Kunst Italiens und des Nordens derselbe ist, so wurden die äußersten Loggien identisch angeordnet; die Kuppeln der äußersten westlichen und östlichen Loggia enthalten dasselbe Bild, nämlich die Herrschaft der Religion über die Künste“, SPRINGER 1856, S. 695.

108 „Angesichts der Höhlenfunde u. s. w. und der Sprachforschung schwindet die Grenze zwischen vorgeschichtlichem und geschichtlichem ins Unendliche“, KAPP 1877, S. 33–34. Hinzu kam Darwins 1859 erschienenes, auch die Vorstellung vom Geschichtsablauf radikal veränderndes Grundwerk von der Entstehung der Arten.

109 Vgl. HELMHOLTZ (wie Anm. 80). Darauf weist auch KAPP 1877 im Vorwort hin.

110 Vgl. H. L. F. HELMHOLTZ: Über die Erhaltung der Kraft, Berlin 1847.

111 Franz Reuleaux' Theoretische Kinematik – Grundzüge einer Theorie des Maschinenwesens, Braunschweig 1875 (zuvor schon als Aufsatz erschienen) und weitere seiner vorausgegangenen Artikel wurden als „Metaphysik der Maschinen“ gewertet, da sie die „bisher ungeahnten inneren Beziehungen zu den höchsten Aufgaben der Geschichte“ darlegten, s. KAPP 1877, S. 185.

112 KAPP 1877, S. 169.

113 Erschienen 1747, vgl. Arno BARUZZI: Mensch und Maschine, München 1973, bes. Kap. II und III zu den mechanistischen Theorien des 17. und 18. Jh.s.

Form, die „Locomotion“ der Dampfmaschine als „das getreue Abbild der organischen Lebendigkeit“[114] beschrieben wurde. Solchen Versöhnungsbestrebungen, die in eine „Philosophie der Technik“[115] oder gar eine Metaphysik der Technik mündeten, kam die Bildlichkeit des Mythos mit seinen animistischen Naturvorstellungen entgegen. Wenn schon die Götter Wagen besaßen, mit denen sie sich mühelos durch die Elemente bewegten, und so die Verfügbarkeit der Elemente demonstrierten, so hatte es die Menschheit dank der Wissenchaftler und Ingenieure mit dem Dampfwagen genauso weit gebracht. In der 'arbeitssparenden' Maschine zeigte sich, daß die Elemente nun den Menschen gehorchten.

Abb. 144 Neureuther hat eine solche Analogie formuliert. Der Darstellung der vier Elemente in der
Abb. 154 ersten Kuppel korrespondierte am Ende der Entwicklung der Drachenwagen. Als höchste Kulturleistung und Ausdruck der am Außenbau verherrlichten Mechanik wird die Dampfmaschine dem von Drachen, Schlangen, Seepferden und Pfauen gezogenen Wagen der Elemente gleichgesetzt und für die Menschheit in Dienst genommen. Technik und Natur bilden eine Symbiose, die nun allen verfügbar scheint. Nicht der 'Geist' ist als Kriterium der Höherentwicklung und Befreiung der Menschheit betrachtet, sondern die Umsetzung der Erkenntis in nutzbare Technik. Nun soll nicht behauptet werden, Neureuther habe Schinkels 'Philosophie der Mythologie' und Kaulbachs 'Philosophie der Geschichte' eine 'Philosophie der Technik' hinzufügen wollen. Trotzdem sollte hier offensichtlich mehr bzw. anderes dargestellt werden als eine Erfindungsgeschichte, wurden doch Naturwissenschaften und Technik als Movens kulturgeschichtlichen Fortschritts bestimmt. Sie sind es, die das Land der Zukunft als das der Freiheit erschließen[116].

Innerhalb einer durch Groteskenmalerei zusammengehaltenen Dekoration konnte Neureuther unterschiedlichste Bildmuster, konventionelle Allegorien, neue allegorische Konstruktionen, mythische Bilder, illustrierend genrehafte Szenen und selbst Anspielungen auf historische Ereignisse miteinander verbinden. Hier waren also schon vom Darstellungsschema her keine Daten, Ereignisse usw. gefordert. Dadurch konnte auch der Mythos auf andere Weise in Dienst genommen werden als in der überzeitlichen klassizistischen Mythendeutung oder Schinkels Überfüh-
Abb. 141 rung in eine zyklische Entwicklungsvorstellung. Zwar ist die Prometheus-Szene des Vestibüls Ausgangspunkt, aber dann wird der Mythos in eine verallgemeinerte Geschichte transformiert, die sich innerhalb einzelner Szenen mythischer Bilder bedient. Insgesamt liegt jedoch dem Ausstattungsprogramm ein lineares Entwicklungsmodell zugrunde.

114 Kapp 1877, S. 153; ähnlich sieht der Autor den Telegraphen als „größtmögliche Annäherung an das Gebiet der durchsichtigen Formen des Geistes“, ebd., S. 153.

115 So der Titel von Kapps Publikation, Kapp 1877; vgl. auch Ernst Machs Philosophie der Energie.

116 Daß die Technikentwicklung sozusagen „automatisch“ zur Demokratisierung führe, wurde von unterschiedlichen Fraktionen, nicht nur von sozialistischer Seite, vertreten. Rudolf Virchow, einer der politischen Gegner Bismarcks und Propagandist der „Volksbildung“, ging davon aus, daß „der Mensch die Herrschaft über die Natur und Hand in Hand mit ihr auch die Herrschaft über sich selbst erringt“. Dies führe zur „Entwicklung ... der sittlichen Erziehung des Menschengeschlechts“. Virchow in der Anthropologen-Versammlung um 1870, zit. n. Kapp 1877, S. 173.

Die Aula

Als 1872 die Malereien im Vestibül und Treppenhaus vollendet waren, stand die Aula ohne jede Dekoration. Resigniert schrieb Gottfried Neureuther im selben Jahr:

> „Der Schluß des ganzen in Plastik und Malerei darzustellenden Ideenganges, zu welchem die auf der Attika des Eingangs projektierten plastischen Gruppen den Prolog gebildet hätten, sollte in der künstlerischen Ausschmückung der Aula gegeben werden, deren Gegenstand die Darstellung und Ausbreitung der Kultur über die ganze Welt, der Sieg des Geistes und der Humanität über Unwissenheit und Barbarei sein sollte. Hier sollte der Jugend in Bildern von idealem Gehalte an Form und Gedanken gezeigt werden, nach welchem Ziele der menschliche Geist zu streben hat. Hier sollte dieselbe auch erkennen, daß ... dauernde Arbeit des Geistes und der physischen Kraft das Glück zum Verweilen zwingt, und daß die Arbeit, an welcher viele Köpfe und Hände sich betheiligen, notwendig ein größeres Ergebniss zur Folge haben muß, als die Errungenschaften der Einzelnen"[117].

Die Aulaausstattung kam nie zustande; lediglich der nach dem Schema des darunterliegenden Vestibüls gestaltete Deckenentwurf samt zugehöriger Kartons[118] läßt erkennen, daß in geraffter Form noch einmal ein Gang durch die Geschichte der Naturunterwerfung geplant war. Abb. 155

Anstelle der Prometheusszene im Vestibül war in der Aula der Kampf des Menschen gegen die von Zeus als Strafe für den Feuerraub gesandten Elementargewalten in einer Art Urhöhle vorgesehen. Die wie im Vestibül für die vier kleineren Bildfelder geplanten Personifikationen der Elemente zeigen das Feuer als Kulturkriterium nun männlich. Statt der Beschützerin des Herdes erscheint der Schmiedegott Hephaistos in seiner Höhlenwerkstatt. Seit der Renaissance Leitbild des produktiven Menschen[119], wird er zum Vater der Ingenieure. Während Ceres auf ihrem Schlangenwagen und die Göttin der Lüfte der Auffassung im Vestibül gleichen, symbolisiert Neureuther das Wasser hier durch die schaumgeborene Venus, Gattin des Hephaistos. Abb. 140
Botticellis berühmte Venus stand – wie schon für eine der Cornelius-Loggien[120] – Pate. Ein Putto mit Spiegel läßt sie zugleich zur Allegorie der Schönheit werden. In der Gegenüberstellung von Hephaistos und Venus wird also im konventionellen Muster der Personifikation der Elemente das Leitmotiv des Polytechnikums wiederaufgegriffen. Nützlichkeit und Schönheit bilden die Grundlagen von Wissenschaft und Kunst.

Die vorgesehene Wanddekoration ist vermutlich nicht mehr bis zum Entwurfsstadium gediehen. Lediglich ein Aufriß der Südseite[121] zeigt ein Standbild Ludwigs II. in einem von Doppelpilastern gerahmten Wandfeld, sonst jedoch überwiegend unfigürliche Ornamentik. Die Anfang der 80er Jahre von Thiersch unternommenen Versuche, die Kulturleistungen der Architekten und Ingenieure durch die Geschichte von herausragenden Bauleistungen in Verbindung mit illusionierten allegorischen Skulpturengruppen an den Wänden zu zeigen[122], gehört konzeptio-

117 NEUREUTHER 1872, S. 27.

118 Feder über Bleistift, farbig aquarelliert, 92,5 × 62 cm, TUM Architekturslg. Inv. Nr. 1972/232; ›Hephaistos‹, Entwurf für das Mittelbild, Kohlezeichnung, ∅ 128 cm, München, Stadtmus. Inv. Nr. MS IV 1615/59; zwei Entwürfe für die Zwickelfelder zur ›Erde‹, Kohlezeichnungen, je ca. 100 × 90 cm, München, Stadtmus. Inv. Nr. MS 1615/44, 1615/48.

119 Vgl. die zahlreichen Beispiele bei Maria POPRZECKA: Kúznia, Mit-Alegoria-Symbol, Warschau 1972.

120 In der 11. Kuppel der Loggien, die der venezianischen Malerei gewidmet war, bezeichnete die ›Geburt der Venus‹ Venedigs Entstehung aus dem Meer. BIELMEIER 1983, S. 164; BOETTGER 1972, S. 188 sieht dagegen in der Venus nur die Schönheit verkörpert.

121 Feder über Bleistift, 58 × 66 cm, dat. 1872, TUM Architekturslg. Inv. Nr. 1972/233.

122 TUM Architekturslg. Inv. Nr. 1972/246. Dazu gehört auch ein vereinfachter Entwurf der Decke mit den Personifikationen von Kunst und Wissenschaft im Zentrum (Inv. Nr. 1972/237).

nell schon einem späteren Typ von Ausstattungsprogrammen an, wie er im Berliner und Karlsruher Polytechnikum realisiert wurde.

Der Appell, mit dem sich Gottfried Neureuther nebst einem Komitee noch 1877 an die Öffentlichkeit wandte[123], vermochte ebensowenig auszurichten, wie drei Jahre zuvor Friedrich Pechts in der Allgemeinen Zeitung publizierte Attacken gegen die „kunst- und bildungsfeindlichen Büreaukraten"[124] in den Ministerien, die dem von ihm hochgerühmten Bau[125] des Münchner Polytechnikums, „der ein wahrer Sieg von Sedan für unsere Architektur war"[126], seine „würdige Vollendung" versagten. So blieb Neureuthers Ausstattung zwar Fragment, doch zeigte sie eine der typischen neuhumanistischen Bestrebungen, auf der Folie des griechischen Mythos die Einlösung der einst Göttern und Titanen vorbehaltenen Nutzung der Elementarkräfte durch die industrielle Kultur des technischen Zeitalters zu demonstrieren. Deren suggerierte Verfügbarkeit für alle sollte den Fortschritt durch die „exackten und technischen Wissenschaften" zu einem „reich entwickelten Leben" demonstrieren, wie es in keiner früheren Epoche möglich war.

Prometheus' Aufgabe war erfüllt. Die von ihm geschaffene Menschheit bewährte sich, indem sie durch „dauernde Arbeit des Geistes und der physischen Kraft das Glück zu verweilen zwingt"[127].

3. Die Aula des Dresdner Polytechnikums

Prometheus als Lehrmeister

In dem Momumentalzyklus der Aula des Dresdner Polytechnikums ist Prometheus nicht nur der Menschenbildner, sondern er übernimmt direkt die Rolle des Lehrmeisters. Der kurz nach dem Abb. 156 Aufstieg der Anstalt zur Hochschule[128] 1872–1875 von Rudolf Heyn errichtete Bau[129] erhielt neben

123 ZfbK 1877, Kunstchronik Nr. 7, Sp. 107. Neureuther war Vorsitzender einer Gruppe von „siebzehn angesehenen Künstlern, Architekten und Kunstfreunden Münchens", die in einer Denkschrift um breite Zustimmung „im ganzen Deutschland" für eine Petition „an die hohen Reichs- und Landesregierungen, das deutsche Parlament und die Landtage der deutschen Staaten" warben, mit der Bitte, „bei der Errichtung öffentlicher Bauwerke ... die Mittel (zu) gewähren, daß vorab diejenigen Gebäude, welche höheren Zwecken dienen und welche daher besonders geeignet sind, die Würde des Staates und des Gemeinwesens und die Bildung des Volkes ... zum Ausdruck zu bringen, in monumentaler Weise ausgeführt werden, daß somit auch der Plastik und Malerei ... der gebührende Anteil bei der Ausstattung ... gewährt werde." Ebd., Sp. 107.

124 „Fort mit den kunst- und bildungsfeindlichen Büreaukraten aus den leitenden Stellen und den Ministerien, die für die geistigen Interessen der Nation zu sorgen haben, und Ersatz derselben durch Männer der neuen Zeit ..."; ZfbK 1874, Kunstchronik Nr. 16, Sp. 258 (unter Berufung auf Pechts Artikel in der Allg. Ztg., s. Anm. 125).

125 Friedrich PECHT spricht – keineswegs ironisch – vom „Meister des Polytechnikums" und setzt mit dem Bau die architektonische Wende an. Vgl. die Artikelfolge Die bayerischen Stände und die monumentale Kunst, in: Beilage zur Allg. Ztg. 1874, Nr. 23, 24, 188.

126 PECHT 1874, Nr. 23, S. 330. In dieser Zeit wurde stets auf die Gelder aus den französischen Reparationszahlungen verwiesen, aus denen die Monumentalmalerei finanziert werden sollte.

127 NEUREUTHER 1872, S. 27.

128 Die Erhebung zur Hochschule 1870/1871 war – wie andernorts – Folge der Realschulreform. Vgl. FESTSCHRIFT DRESDEN 1875, bes. S. 19ff.

129 Vgl. DBZ 1874, Nr. 49, S. 194–196; Nr. 51, S. 201–203; Rudolf HEYN, in: Protokolle über die 82. Hauptversammlung der sächsischen Ingenieur- und Architektenversammlung, Dresden 1874, S. 96–102. Das Gebäude wurde im 2. Weltkrieg zerstört. Der Bau, mit zwei Innenhöfen und den Repräsentationsräumen in der Zentralachse angeordnet, war in der Gesamtanlage noch immer an Sempers Züricher Prototyp orientiert, vgl. d. Grundriß in DBZ 1874, Nr. 49, S. 196; MILDE 1981, Abb. 271, 272.

den plastischen Personifikationen der „sechs Hauptfachabteilungen" und Puttenfriesen an der Hauptfassade[130] eine reiche Aulaausstattung. Dabei spielte neben dem allgemeinen Repräsentationsbedürfnis des neuen Kaiserreiches und der wachsenden Bedeutung der Naturwissenschaftler und Techniker auch die großzügige Förderung öffentlicher Kunst in Sachsen[131] eine Rolle.

Ein Bildprogramm für die in ihrer prächtigen Ausstattung an der Spätrenaissance orientierten Aula[132] mit ihrer zweigeschossigen Wandgliederung und den Emporen[133] war von vornherein Abb. 157 vorgesehen, eine Ausschreibung erfolgte allerdings erst 1879[134]. Auszuführen waren ein Rundbild für die Decke sowie Wandbilder für die sechs geschlossenen Wandfelder der Arkaden des Obergeschosses. Der Dresdner Maler Anton Dietrich[135], Schüler Bendemanns und Schnorr v. Carolsfelds, der u. a. kurz zuvor die Aula der Dresdner Kreuzschule mit einem durch biblische und historische Taten exemplifizierten Tugendkanon ausgemalt hatte[136], gewann die Konkurrenz, an der sich 14 Künstler beteiligt hatten[137], mit einer Folge von Prometheus-Bildern. Obwohl „das Ministerium des Innern ... keinen der eingegangenen Entwürfe für den Zweck der monumentalen Ausschmückung der Aula ... als vollständig geeignet erachtet(e)"[138], konnte sich Dietrich schließlich gegen „eine Opposition, welche" – wie er selbst berichtet – „reale Darstellungen verlangte"[139], durchsetzen. Hierbei spielte der Einfluß von Hermann Hettner, Professor für Kunstgeschichte am Dresdner Polytechnikum, eine Rolle, dem die „griechischen Heroen ... nationaler ... als die altdeutschen" schienen[140].

130 Sie stammen von Friedrich Rentsch, der auch am Polytechnikum unterrichtete, vgl. FESTSCHRIFT DRESDEN 1875, S. 25.

131 Vgl. PECHT 1874, Nr. 23.

132 Die Karyatidhermen des Obergeschosses stammten ebenfalls von Fr. Rentsch; vgl. z. B. die Stuckdekoration G. Romanos im Palazzo Spada in Rom.

133 Hinter den offenen Arkaden lagen sogen. Logenzimmer, die durch Rolladen abgetrennt und damit auch anderweitig benutzt werden konnten. Vgl. DBZ 1874, Nr. 49, S. 194.

134 Die Konkurrenz wurde am 10. Juli 1879 ausgeschrieben (erwähnt in: ZfbK 1880, Kunstchronik Nr. 41, Sp. 664). In der Kunstchronik Nr. 22 vom 11. 3. 1880 ist schon vom „Resultat ... der Konkurrenz" die Rede. Die 14 eingegangenen Entwürfe waren „in den letzten Wochen" im Ausstellungsgebäude auf der Brühlschen Terrasse ausgestellt. BOETTICHER 1891 hat das Datum der Vollendung der Gemälde offenbar mit dem Abschluß der Aulaausmalung in der Dresdner Kreuzschule 1873 verwechselt.

135 Vgl. Wilhelm LOOSE: Lebensläufe Meißner Künstler, in: Mitteilungen des Vereins für Geschichte der Stadt Meißen, Bd. 2, Meißen 1891, S. 217–227. Die Angaben beruhen auf autobiographischen Mitteilungen Dietrichs.

136 Zwischen 1868 und 1873 entstanden die acht Wandbilder in der Aula der im neogotischen Stil erbauten Kreuzschule. Die Entwürfe waren bei der Eröffnung der Schule 1866 ausgestellt und fanden den Beifall des am Polytechnikum Kunstgeschichte und Stillehre vertretenden Hermann Hettner. Zum Programm s. LOOSE (wie Anm. 135), S. 224.

137 ZfbK 1880, Kunstchronik Nr. 22, mit einer summarischen Kritik der „im Allgemeinen auch in ziemlich ausgetretenen Geleisen" sich bewegenden Entwürfe, die „einen internen Zusammenhang ... wie eine geistvollere Bezugnahme auf die Bestimmung des Raumes, resp. Gebäudes ... zu wünschen übrig" ließen.

138 ZfbK 1880, Kunstchronik Nr. 41, Sp. 664.

139 LOOSE (wie Anm. 135), S. 225–226.

140 Hermann HETTNER: Drangsale und Hoffnungen der modernen Plastik, in: Kleine Schriften, Dresden 1884, S. 244. Hettner, ein Allegoriengegner, verdammte gleichzeitig jenen Teil der Künstler, der „in dämlicher Unverdrossenheit fortfährt, die Götter Griechenlands mit allen möglichen Symbolen und Attributen und unsere Feldherren und Gelehrten in ... halb griechischer Draperie oder wohl gar ... in edler Nacktheit zu bilden", ebd., S. 234. Stilistisch allerdings war Hettner an der „Klassik" orientiert und kritisierte den neogotischen Bau der Kreuzschule in Dresden, vgl. ders.: Der Bau der Kreuzschule; Neogotik oder Renaissance?, in: Kleine Schriften, Dresden 1884, S. 350–355. Hettner setzte sich nach eigener Auskunft Dietrichs für dessen Rückkehr nach Dresden ein, als dieser versuchte, in Berlin bessere Arbeitsbedingungen zu finden. An diese Rückkehr war offenbar der Auftrag für das Polytechnikum geknüpft, vgl. LOOSE (wie Anm. 135), S. 225 f.

Obwohl keine Entwürfe Dietrichs bekannt sind und die erhaltenen Fotos sowie ein Holzstich[141] nur bedingt die Situation erschließen lassen, ist doch ersichtlich, daß auch hier kein antiker Mythos illustriert wurde. Die Wandgemälde stellten „in idealer Form die verschiedenen Thätigkeiten des Prometheus als Bildner und Wohlthäter der Menschheit dar". Prometheus trat als „sinnbildliche Gestalt des schöpferischen Menschengeistes" auf[142]. Im Unterschied zu Neureuthers Münchner Ausstattungsprogramm wurde der Mythos jedoch nicht in Geschichte überführt. Zwar trat Prometheus in der ersten Szene als Menschenbildner auf, blieb dann aber der ewige Lehrmeister. Dies nicht nur auf archaischer Stufe, sondern er „lehrt den Gebrauch des Hebels als Seele der Maschine, lehrt Schmieden und Spinnen, Bauwerke aufrichten, Brücken schlagen und die Dampfkraft zum Nutzen der Menschheit sich unterthan machen"[143]. Dieser Prometheus wird zur Allegorie des Erfinders.

In irdische Tücher gehüllt, ist aus dem Giganten ein Schulmeister geworden, der im pathetischen Gestus die folgsamen Menschenkinder belehrt. Dabei geht jede rebellische Dimension, die den Prometheus-Lehrer der Sturm-und-Drang-Dichtung auszeichnete und die in Neureuthers Programm noch die Folie bildete, verloren. Die stets gelehrigen, aber nur bedingt 'erfinderischen Zwerge' bleiben untergeordnet. Prometheus als der Erfinder-Ingenieur ist dem Rest der Menschheit überlegen. Darin deutet sich ein Aspekt von Nietzsches Prometheus-Genie an. Wenn es bei Nietzsche heißt, daß Prometheus endlich entdeckt habe, „daß er das Licht geschaffen habe, indem er nach dem Lichte begehrte"[144], wird aus ihm der Willensmensch, der sich nimmt, was er braucht, der aber letztlich solitäres Genie bleibt[145].

Die späteren martialischen Prometheus-Gestalten Hugo Vogels, die auf der Weltausstellung ebenso wie im medizinischen Hörsaal der Berliner Universität die Wände beherrschten, haben den Lehrmeister dann bildlich zum arischen Genie umgeprägt[146]. In sie ist das Selbstbewußtsein des Erfinder-Genies eingegangen.

An den Polytechnischen Hochschulen blieb Prometheus weiterhin eine Instanz, auch wenn er mitsamt seinen „olympischen Kollegen" wie anläßlich der Festspielaufführung zur 100-Jahr-Feier des Berliner Polytechnikums 1899[147] überboten wurde, galt es doch zu zeigen, „wie wenig Prometheus mit dem Blitz umzugehen verstand, wie meisterhaft dagegen dies Werner Siemens gelang". Auch Hephaistos habe „lange nicht das geleistet, was unser Krupp vollbrachte"[148].

141 In: ARCHITEKTONISCHE RUNDSCHAU. SKIZZENBLÄTTER AUS ALLEN GEBIETEN DER BAUKUNST, hrsg. von Ludwig Eisenlohr und Curt Weigle, 1. Jg. 1885, Tf. 17.

142 ARCHITEKTONISCHE RUNDSCHAU (wie Anm. 141), Text zu Tf. 17.

143 LOOSE (wie Anm. 135), S. 226.

144 Friedrich NIETZSCHE: Vorspiel der Wissenschaft, in: Werke in drei Bänden, hrsg. von Karl Schlechts, München 1967, Bd. 2, S. 176. Vgl. auch Nietzsche: Die Geburt der Tragödie.

145 Über die „europäische Demokratie" heißt es bei Nietzsche, sie sei „vor allem ... eine Entfesselung von Faulheiten, von Müdigkeiten, von Schwächen." Für diese also nicht erhaltenswürdige Staatsform gebe es aber nicht nur die Gefahr der „Barbaren" aus der Tiefe, womit er auf das Proletariat anspielt, sondern „eine Art von erobernden und herrschenden Naturen, welche nach einem Stoffe suchen, den sie gestalten können. Prometheus war ein solcher Barbar." Friedrich NIETZSCHE: Aus dem Nachlaß der Achtziger Jahre, in: Werke in drei Bänden, hrsg. von Karl Schlechts, München 1967, Bd. 3, S. 845f.

146 Vgl. Anm. 75.

147 Die Jahrhundertfeier bezog sich auf die Gründung der Vorgängereinrichtungen, die Bauakademie und die Gewerbeschule, die durch den Neubau vereint wurden.

148 DIE KÖNIGLICH TECHNISCHE HOCHSCHULE ZU BERLIN. DIE JAHRHUNDERT-FEIER 1899, Berlin 1899, o.S. Das „antikmoderne Festspiel" stammte von Max Krause, dem Direktor der A. Borsigschen Berg- und Hüttenverwaltung in Berlin.

4. *Die Aula des Karlsruher Polytechnikums*

In der Aula des zwischen 1895 und 1898 errichteten Zentralgebäudes der Technischen Hochschule in Karlsruhe wurde das letzte umfassende historistische Ausstattungsprogramm realisiert[149]. War seitens des Architekten Joseph Durm „ursprünglich eine schlichte Ausstattung vorgesehen", so verfolgte eine Spendensammlung einstiger Schüler und namhafter Industrieller das Ziel, den Raum zu „seines hohen Zweckes Spiegel" zu gestalten und ihn „von den Strahlen der Kunst durchleuchtet"[150] zu präsentieren. Da weder die an den Formen der nordeuropäischen Spätrenaissance orientierte Fassade noch das Treppenhaus malerischen oder skulpturalen Schmuck aufwiesen, konzentrierten sich schließlich alle sonst auf den Außenbau und den Eingangsbereich verteilten Programmteile, von den Porträtmedaillons über die personifizierten Lehrfächer bis zu den Allegorien und eine Folge von Architekturveduten, auf die Aula. Durm, der das Gesamtprogramm entwarf, war von der Zustimmung des Großherzoglichen Ministeriums abhängig. In einem schriftlich vorgelegten Programmentwurf von 1896[151] sah der geübte Zeichner und Architekturmaler[152] für die Seitenwände u. a. vier Architekturveduten vor. Diesem sozusagen modernen Teil des Programms kamen in dem vielteiligen System der Wandgliederung die schmalen, von korinthischen Pilastern begrenzten Wandfelder zwischen den drei Fenstern und den gegenüberliegenden Türen zu. Die hochformatigen Felder sollten

Abb. 158 · Abb. 159 · Anh. 6

> „die älteren Hauptepochen der Baukunst in charakteristischen Bauwerken aufnehmen, mit zugehörigen, unter diesen anzuordnenden landschaftlichen Bildern aus dem Heimatlande der betreffenden Stilperiode, und zwar:
>
> | | |
> |---|---|
> | Athen (Akropolis) | (Griechische Baukunst) |
> | Rom (Forum) | (Römische Baukunst) |
> | Agia Sofia | (Byzantinische Baukunst) |
> | Florentiner Dom | (Italienische Frührenaissance) |
>
> Darunter eine griechische Landschaft, eine aus der römischen Campagna, eine kleinasiatische und eine aus Mittelitalien"[153].

Leitgedanke des historischen Architekten war also die stilistische Epochenabfolge, die auch den Kern der Stillehre innerhalb der Architektenausbildung darstellte[154]. Zugleich enthielt die Auswahl eine Gegenüberstellung von antiken und christlichen öffentlichen Gebäuden.

149 Vgl. DURM 1899; HOTZ 1979. Die Aula wurde im 2. Weltkrieg zerstört.

150 DURM 1899, S. 204. Zu den wichtigsten Spendern zählten die Lokomotivfabrik Henschel & Sohn in Kassel und die Gußstahlfabrik Krupp in Essen. Die Spendengelder flossen so reichlich, daß sie trotz üppigster Ausstattung nicht allein auf die Aula verwandt werden konnten, sondern in eine Studienstiftung überführt wurden.

151 Programmentwurf Durms, 1896; Karlsruhe GLA 235/30399, S. 2–3.

152 Der durch Studienreisen, auf denen zahllose Architekturzeichnungen entstanden (vgl. den Nachlaß in der Karlsruher Kunsthalle; KAT. DER STAATL. KUNSTHALLE KARLSRUHE, Kupferstichkabinett – Rudolf Theilmann und Edith Ammann: Die deutschen Zeichnungen des 19. Jahrhunderts, Karlsruhe 1978), mit der Baugeschichte der Antike und Renaissance bestens vertraute Architekturforscher hatte selbst zwei Bände des Handbuchs der Architektur (T. II: Baustile, Bd. 1: Die Baukunst der Griechen, Bd. 2: Die Baukunst der Etrusker und die Baukunst der Römer) verfaßt.

153 Programmentwurf Durms, 1896, Karlsruhe GLA 235/30399, S. 2; s. Anhang 6.

154 Vgl. Durms Beiträge zum Handbuch der Architektur (s. Anm. 152).

Durms Auswahl wurde allerdings geändert, wohl aufgrund ministerieller Einflußnahme[155]. Die Akropolis entfiel zugunsten der Tempelruinen in Theben, das republikanische Forum wurde durch den kaiserlichen Triumphbogen Konstantins ersetzt und der Florentiner Dom durch den Wormser Kaiserdom ergänzt[156]. Damit war der nationale, vor allem aber der imperiale Bezug der architektonischen Vorbilder gewahrt. Der gesamte Bereich stadtbürgerlicher Profanarchitektur blieb dagegen ausgespart.

Das Vorbild einer solchen monumentalen Architekturenzyklopädie lieferte die Reichshauptstadt mit der Aula der zwischen 1876 und 1884 errichteten Technischen Hochschule in Berlin-Charlottenburg[157]. (Abb. 162, Abb. 163) Dort bildeten die „Gebäude der verschiedenen Stile" in den Bogenfeldern der Stichkappen neben den erst 1904 fertiggestellten Wandbildern von ›Architektur‹ und ›Ingenieurskunst‹[158] den Hauptteil der Ausstattung. Auch wenn mit der Thematik die Bedeutung der Berliner Bauakademie als der älteren, in die TH eingegangenen Einrichtung gegenüber der Gewerbeschule herausgestrichen wurde, war die Auswahl der architektonischen Denkmäler durch preußische Staatsinteressen bestimmt. Rom war auch hier als kaiserliche Stadt durch einen Triumphbogen, den des Titus, repräsentiert. Preußens räumliche Ausdehnung wurde durch seine östlichste Bastion, die Marienburg, Inkunabel der Kolonisierung des Ostens, und im Westen durch das Benediktinerkloster Maria Laach in der ehemaligen Rheinprovinz betont; die Restaurierung beider Bauwerke war zudem in preußischem Staatsauftrag erfolgt[159].

In welchem Maße die Architekturvedute durch ihr Ambiente vereinnahmbar war – konnte sie doch ebenso zur Ehre des Besitzers wie der des Architekten gereichen –, erhellt die Programmänderung der rückwärtigen Wand der Karlsruher Aula. (Anh. 6) Die „Hauptwerke deutscher Baukunst im Großherzogtum ... das Heidelberger Schloß (deutsche Renaissance) und das Frei-

155 Dafür gibt es allerdings keine quellenmäßigen Belege. Daß das Ministerium und der Großherzog jedoch z. T. auf kleinkarierte Weise eingriffen, belegt ein Disput von 1899, als sich der Großherzog bei einem Besuch der Aula beschwerte, daß das Staatswappen keine Krone trüge. Durm machte klar, daß dann auch das Stadtwappen „eine Mauerkrone erhalten müsse". Durm an Rektor und Senat der TH, 5. 7. 1899, Karlsruhe GLA I 2304.

156 Die Maler waren Hermann Krabbes, Zeichenlehrer an der TH Karlsruhe, R. Baumeister, Manuel Wielandt, Rudolf Hellwag, s. Durm 1899, S. 206. Die darunter angebrachten kleineren Landschaftsbilder stammen von Edmund Kanoldt und dem stark von Rottmann beeinflußten Wilhelm Klose.

157 1877 wurde Richard Lucae mit der Ausarbeitung von Bauplänen für die TH beauftragt. Nach seinem Tod Ende desselben Jahres führte Friedrich Hitzig die Arbeiten weiter; zur Baugeschichte s. Rave/Wirth 1961, S. 240–254 mit Bibliographie. Für 2000 Studenten konzipiert, stellte die Berliner TH den größten Bau dar. Im Unterschied zu allen anderen vergleichbaren Bauten war die gesamte Ausstattung – auch die Bauplastik der Fassade – nicht allegorisch angelegt. Mit den Architekturveduten für die Aula wurde 1880/1881 Louis Spangenberg (1824–1893) beauftragt. Die Aquarellentwürfe für die Veduten befanden sich ehemals in der Slg. der Handzeichnungen in Berlin/DDR und gelten als verloren, Rave/Wirth 1961, S. 252.

158 Mit den beiden Szenen wurde 1880/1881 der Düsseldorfer Historienmaler Peter Janssen beauftragt. Bei Eröffnung der TH 1884 standen die Arbeiten noch aus. Da Janssen offenbar seinen Verpflichtungen nicht nachkam (er arbeitete zu dieser Zeit an zwei Schlachtenbildern für die Ruhmeshalle des Berliner Zeughauses), wurde 1885 ein Wettbewerb ausgeschrieben (JPKS 1885, Berichte der Landeskommission, Kunst-Fonds). Ausgeführt wurden die Szenen allerdings erst 1904 von dem Berliner Akademiemaler Ernst Hildebrandt. Offenbar kamen hier – in extremem Gegensatz zu Hodlers Entwürfen desselben Themas für die Aula der Semperschen ETH mit den monumentalen Idealgestalten – vielfigurige Vermessungs- und Bauszenen innerhalb von Landschaftsbildern zur Darstellung.

159 Die Marienburg, nach dem 7jährigen Krieg wieder preußisch, wurde nach einer ersten Renovierung nach den Napoleonischen Kriegen seit 1882 erneut restauriert. Maria Laach, seit 1802 säkularisiert, dessen Kreuzgang ebenfalls im preußischen Staatsauftrag 1859 restauriert worden war, galt des Kaisers persönliches Interesse. Auf seine Vermittlung hin wurde das Kloster kurze Zeit später – nach Ende des Kulturkampfes – von Beuroner Mönchen neu besiedelt.

burger Münster (romanische und gotische Baukunst)" sollten nicht nur das Großherzogtum in die Vergangenheit verlängern (Heidelberg und Freiburg gehörten erst seit 1805 zu Baden), sondern auch eine zentrale Bronzetafel mit den „Namen derjenigen Gelehrten und Künstler ..., die sich hervorragende Verdienste auf ihrem Gebiete und um die Hochschule erworben haben", flankieren[160]. Für das lünettenförmige Wandfeld darüber war „eine allegorische Darstellung des Ruhmes – eine Fama mit Trompete und Fackel von schwebenden Putten umgeben" vorgesehen. In dieser Konzeption verkündete Fama den Ruhm der Gelehrten wie der dargestellten Architektur. Abb. 160, 161

Bis zur Ausführung[161] änderte sich die Inschrift. In der *vor* der Ausführung entstandenen Lithographie war zu lesen: „Erbaut unter der segensr. Regierung des Großherzogs Friedrich im Jahr 1897"[162]. Fama kündete also gleichermaßen vom Durmschen Bau, der sich damit in die bildlich vergegenwärtigte Architektur einreihte, wie von der Leistung des Fürsten als Auftraggeber. Abb. 160

In der ausgeführten Version schließlich erschien das Andenken an die „Freunde und Gönner", die durch ihre Spenden die Ausstattung ermöglicht hatten[163], so daß Fama nunmehr vermittels der Stifter auf die Aula bezogen ist, die sich in eine Reihe mit Münster und Schloß stellt. Abb. 161

Die Lehrstücke monumentaler Architekturgeschichte wiesen sich also nicht per se als Leistung ihrer Konstrukteure aus, sondern – je nach Kontext – auch als die ihrer Auftraggeber. Es ist daher wohl kein Zufall, daß der Monumentalzyklus einer „Geschichte der Baukunst" im Festsaal des Architektenvereins in Berlin, von Hermann Prell[164] fast gleichzeitig mit der Aulaausstattung des Berliner Polytechnikums ausgeführt, keine vollendeten Bauwerke zeigte. Im ständischen Selbstbewußtsein wurde statt dessen je ein anonymer Baumeister ins Zentrum der Darstellung gerückt. Die entwicklungsgeschichtliche Folge, mit Personifikationen der Baukunst durchsetzt, begann beim fellgekleideten Halbwilden, der primitive Pfahlbauten errichtet, entwickelte sich über die Antike zur Gotik und Renaissance und endete beim „modernen Architekten bzw. Ingenieur im schwarzen Rock mit Zylinderhut und Zigarre über seinem Projekt sinnend"[165]. Seine Beteiligung an der Wiedererrichtung des Kaiserreiches kam im letzten Bild zugleich als monarchistisches Bekenntnis des Architektenvereins zum Ausdruck, indem zwei Gnome dem Konstrukteur zu Diensten sind, „die deutsche Kaiserkrone aus dem Innern der Erde wieder ans Tageslicht zu bringen"[166]. Abb. 164, 165

160 Programmentwurf Durms, 1896, Karlsruhe GLA 235/30399, S. 3, s. Anhang 6.

161 Die Architekturveduten malten Hesse aus Karlsruhe und Lugo aus München, die ›Fama‹ ein Prof. Wolf aus Venedig, s. DURM 1899, S. 206.

162 Fotos der Lithographie von ca. 1896 im Stadtarchiv Karlsruhe.

163 Zur Finanzierung: HOTZ 1979, S. 37–39.

164 Abb. in: DIE KUNST UNSERER ZEIT 1892, S. 45 ff. Die Einweihung des umgebauten Hauses fand 1876 mit einem „Festspiel" statt, an dem u. a. zahlreiche „allegorische Repräsentanten" des Bauwesens mitwirkten, s. DBZ 1876, S. 493–495; nach einer öffentlich ausgeschriebenen Konkurrenz, in der Prell den 1. Preis erhielt, wurde er 1879 mit dem Zyklus zur Geschichte der Baukunst beauftragt. Finanziert wurde der Zyklus z. T. aus Mitteln des Architekturvereins, 3000 Mark kamen aus der Stiftung für private Freskomalerei des mecklenburgischen Edelmanns v. Biel-Kalkhorst; auf Befürwortung von Max Jordan, Kunsthistoriker und Geheimer Rat beim Kultusministerium, steuerte der Kunst-Fonds 1879 einen Beitrag dazu. Vgl. DBZ 1884, S. 294–296, 306–308; Adolf ROSENBERG: Hermann Prell. Künstler-Monographie, Bielefeld 1901, S. 24 ff.

165 DBZ 1884, S. 296.

166 DBZ 1884, S. 296.

Diese Selbstdarstellung der Architekten, die ebenfalls die Stilfolge aufnahm, vermied also den fertigen Bau, der seinen Besitzer ehrte und darüber den Konstrukteur zu verdrängen drohte. Die daten- und namenlose Stilgeschichte der Baukunst, die im zeitgenössischen Verständnis dem Genre zuzuordnen war, erntete heftige Kritik, doch nicht etwa aufgrund der mitunter grotesken Dramatik Prells.

Grundsätzlich – so die Deutsche Bauzeitung – könne man zwar die „Geschichte der Baukunst auf zweierlei Art behandeln", nämlich zum einen „vom Standpuncte des Architecturmalers" und zum anderen „als Historienmaler auf einem entsprechenden architectonischen Hintergrunde". Prell, der diesen Weg wählte, habe jedoch „vom Standpuncte des Historienmalers ... gefehlt". In den Szenen sei der „zur Anschauung gebrachte Vorgang gar zu bedeutungslos"[167]. Hier war weder ein historisch ausgewiesenes Bauwerk noch ein Auftraggeber berücksichtigt.

Abb. 159 In Karlsruhe wurde außer den Architekturveduten, den Porträtmedaillons in den Zwickelfeldern der Tür- und Fensterbögen und dem friesartigen Band über Türen und Fenstern, in dem Putten die sechs Abteilungen der Hochschule illustrierten, noch ein Zentralbild an der Kathederwand ausgeführt. Durms Programmentwurf von 1896 zeigt Unentschlossenheit zwi-
Anh. 6 schen Lokalgeschichte und Allegorie: Die 4,30 m hohe Wandfläche sollte „entweder einen Vorgang aus der Geschichte der Hochschule oder eine allegorische figurenreiche Darstellung zum Vorwurf haben"[168].

Abb. 166 Seine undatierte Bildfassung[169] zeigt allerdings eine weitere Variante: Die Schule von Athen wurde in die Lieblingsstadt des Architekten, nach Florenz, verlegt, wo sich die klassische Welt mit den Humanisten auf einem Platz hoch über der Stadt ihr Stelldichein gibt (die Umdeutung des Vorbildes zu einer situativen Szene, in der Aristoteles und Plato gerade die Treppe heraufsteigen, entbehrt nicht einer gewissen – sicher ungewollten – Komik). Die in der Karlsruher Aula gegenüber den Architekturveduten und der Fama, zwischen den Büsten des Herzogpaares skurril anmutende Szene wurde nicht ausgeführt.

Es ist unklar, wie die Änderung zustande kam, doch muß Durm selbst beteiligt gewesen sein, denn er wehrte sich gegen eine Ausschreibung, um seine eigene Konzeption nicht zu gefährden. Er schlug statt dessen den Akademiemaler Ernst Schurth, einen Schüler Ferdinand Kellers, vor[170]. Schurth war ein Kompromiß, da Keller als wichtigster Karlsruher Monumentalmaler der Zeit, mit dem Durm schon bei der Ausstattung der Heidelberger Universitätsaula zusammengearbeitet hatte[171], mit den Fresken im Stuttgarter Kunstgewerbemuseum beschäftigt war[172].

167 DBZ 1884, S. 305 f.

168 Programmvorschlag Durms, Karlsruhe GLA 235/30399, S. 2–3.

169 Foto im Stadtarchiv Karlsruhe.

170 Schurth war seit 1885 Lehrer für „Figurenmalerei" an der Karlsruher Akademie, s. Beringer 1922, S. 71. Durm in einem Schreiben an das Ministerium der Justiz, des Kultus und des Unterrichts vom 1. 3. 1896: „Kräfte, die eine Figurenkomposition im großen Stile bewältigen können, sind allerdings hier nicht in großer Anzahl, aber in guter Qualität". Er nennt die Professoren Keller und Schurth sowie den „Historienmaler Gleichauf". „Für das Bild eine Konkurrenz auszuschreiben, halte ich nicht für ratsam, denn keiner von den gesamten Herrn, welche das Zeug für ein solches Werk haben, würde sich an einer solchen beteiligen ... Eine allgemeine Concurrenz in ganz Deutschland aber zu diesem Zwecke eröffnen, erscheint mir noch weniger wünschenswert der Kosten und des Erfolges wegen." Karlsruhe GLA 235/30399.

171 Keller hatte in der 1886 eingeweihten, von Durm umgebauten Aula als Monumentalbild den ›Einzug der Pallas in die Ruperto-Carola‹ an der Stirnwand ausgeführt. Das lünettenförmige Bild, von den Statuen der Fama und der Wissenschaft flankiert, zeigt die Gründung der Universität Heidelberg in der für Keller typischen Mischung von Personifikationen und historischen Personen innerhalb eines illusionistischen Raumzusammenhanges. Pallas Athene

In der heterogenen Mischung von detailgetreuen Architekturveduten, einer etwas müden Fama, Porträtmedaillons und Puttenfries war es konzeptionell offenbar problemlos möglich, Historie und Allegorie auszutauschen. Zur Darstellung an der Schauwand, hinter dem Katheder kam schließlich eine Versammlung monumentaler Personifikationen der wichtigsten Lehrfächer des Polytechnikums[173]. Vor der exedraartigen Architekturkulisse haben sich sieben weibliche Gestalten, die in ihrer antikisierenden Kleidung an Musen erinnern, auf dem Postament eines Obelisken versammelt. Die betont lässige Haltung der elegischen Gestalten und der Verismus ihrer Darstellung widersprechen ihrer symmetrisch-hierarchischen Anordnung, die eher an Begleitfiguren zeitgenössischer Denkmäler denken läßt. Kurzum, die Versammlung erscheint als 'lebendiges Bild', das den Obelisken als Symbol ewigen Ruhmes und immerwährender Weisheit mit der Bedeutung der technischen Künste beerbt. Abb. 160, 161 Abb. 167

Joachim Hotz hat in seiner Untersuchung der Aulaausstattung schon ihre jeweilige Bedeutung dargelegt, die durch signifikante Attribute, vom Bäumchen der Repräsentantin des Forstwesens über das Zahnrad des personifizierten Maschinenbaus, dem Kapitell und Zirkel der Architektur bis zum Destillierkolben der Chemie ausgewiesen ist[174]. Die beiden Frauengestalten im Zentrum auf dem Postament des Obelisken repräsentieren nach Hotz „die allgemeinbildenden Fächer, die als ‚Allgemeine Abteilung' innerhalb der Hochschule zusammengefaßt waren"[175]. Eine solche Abteilung wird allerdings im Puttenfries der Aula mit den Bezeichnungen der Lehrfächer nicht genannt. Mit den Utensilien der Malerei bzw. dem Buch der Wissenschaft ausgestattet, verkörpern sie vielmehr das Leitmotiv sämtlicher technischer Hochschulen, die Verschwisterung von Kunst und Wissenschaft. Während sich die übrigen weiblichen Personifikationen im lockeren Halbkreis um die Zentralgestalten herum gruppieren, schwebt über diesen in der Vertikalachse vor dem Obelisken die einzig männliche Gestalt mit weit ausgespannten Flügeln empor, die üppige Draperie zu einer Gloriole geformt. In emphatischem Siegergestus hält er ein strahlendes Licht, das die gesamte Szene zu erhellen scheint, während ein – in der Verkürzung mißratener – Genius den entsprechenden Lorbeerkranz bringt. Der solchermaßen hervorgehobene Lichtgenius dürfte als Vertreter der sechsten Abteilung der Hochschule zu verstehen sein[176]. Mit der strahlenden Lichtkugel in der Hand ist er als Elektrotechnik gekennzeichnet, in der seinerzeit die Errungenschaften der Physik gipfelten. Er erscheint ganz direkt als höchster Vertreter der polytechnischen Künste, markiert er doch kompositionell die Spitze der von den mittleren weiblichen Figuren gebildeten Dreiecksformation. Prometheus, der das göttliche Feuer vom Himmel holte, hat sein Pendant in der welterhellenden Elektrizität gefunden.

zieht auf einem Triumphwagen in die Stadt, hinter ihr folgen die Professoren. Ergänzt wurde das Aulaprogramm durch die Deckenmedaillons der vier Fakultäten des Karlsruher Malers R. Gleichauf. Vgl. Ruperto-Carola. Illustrierte Fest-Chronik zur V. Säkularfeier der Universität Heidelberg, Heidelberg 1886, bes. S. 128–136; Rosenberg 1889, S. 326.

172 „Schurth hilft zwar gegenwärtig dem Herrn Prof. Keller in Stuttgart seine Fresken im Kunstgewerbemuseum malen, wird aber bald damit fertig sein." Durm an das Ministerium, 1.3.1896, Karlsruhe GLA 235/30399.

173 Vgl. Hotz 1979, S. 41.

174 Hotz 1979, S. 39.

175 Ebd., S. 39.

176 In den vor der Ausmalung entstandenen Lithografien der Langwände werden Architektur, Chemie, Maschinenbau, Forstfach, Mathematik und Ingenieurfach benannt. Bis auf das Ingenieurfach sind alle weiblich personifiziert. In der Ausführung änderten sich einzelne Bezeichnungen und Anordnungen. Da sich unter den Medaillons auch Porträts von Siemens und Hertz als Leitsterne der Elektrotechnik befanden, dürfte mit der Physik oder Elektrotechnik als zentralem Anwendungsgebiet zu rechnen sein.

ZUR IKONOGRAPHIE DES ELEKTRISCHEN LICHTES

Fast könnte man meinen, die Anregung für das Karlsruher Bild stamme von einer der großen Attraktionen der ersten elektrischen Weltausstellung von 1881 in Paris, als dort der „wunderbar geisterhaft ... grell erhellte berühmte Obelisk von Luxor auf der Place de la Concorde" von den „Statuen zweier edel geformter Nymphen, welche in ihren Händen eine starke elektrische Lichtquelle emporhalten" des nachts beleuchtet wurde[177]. Das elektrisch erzeugte Licht als jüngster Anwendungsbereich der Elektrizität hatte 10 Jahre später seinen „Siegeszug ... über die weitesten Gebiete der Erde" schon fast beendet, „es glänzt bereits vom Nordpol bis zum Äquator"[178]. Als die gegenüber Gas und Petroleum perfekteste Form wurde die elektrische Lichterzeugung als vollendeter Sieg über die natürliche Ordnung von Tag und Nacht gefeiert. Die Transformation der „Kraft ... des atmosphärischen Blitzes, der Tod und Verderben unter die Menschheit schleuderte und früher als Ausdruck göttlichen Zorns gefürchtet war", in einen „dienstbaren Geist", der „heute in tausendfachen Apparaten gefangen" ist[179], ließ das Licht als *deus ex machina* erscheinen. Entsprechend fielen die bildlichen Nobilitierungen aus.

Die ähnlich wie die Eisenbahn auch für das breite Publikum folgenreiche Erfindung des elektrischen Lichts wurde von einer Bilderflut begleitet, die um die Darstellung von Wirkung und Bedeutung der optisch unscheinbaren Apparatur eines Dynamos bemüht war. Das fast ausschließlich personifiziert verbildlichte elektrische Licht findet sich ebenso auf der Aktie der Elektrizitätsgesellschaften wie im Monumentalgemälde.

In den Darstellungen überlagern sich verschiedene Bildtraditionen. Je nachdem, ob das Licht männlich oder weiblich personifiziert wurde, standen Helios/Apoll oder Veritas Pate. Schurths schwebender Lichtgott in der Karlsruher Aula ist lediglich in seinem Attribut, der gleißenden Lichtkugel, neuartig. Ansonsten variiert er das Schema des Lichtgenius mit Apollanklängen,
Abb. 168 wie es etwa hinter Julius Schmids Blatt[180] aus Gerlachs Musterbuch der Allegorien und Embleme steht. Dieser Typ des Lichtträgers war besonders in Frankreich als Genius der Freiheit verbreitet[181]. Die archaische Fackel brauchte nur mit der Glühlampe ausgetauscht zu werden, um damit zugleich die Technik mit dem Bodensatz aufklärerischer Bedeutung zu überhöhen, die ihr im
Abb. 167 Fortschrittsverständnis der Allianz von Industrie und Staat auch zukommen sollte. In Karlsruhe wird die Apoll-Assoziation durch die musenartige Versammlung der weiblichen Personifikationen betont, doch kann der männliche Lichtbringer auch als Helios den dynamogetriebenen Sonnenwagen lenken[182].

177 DIE ERSTE ELEKTRISCHE WELTAUSSTELLUNG, in: Die Gartenlaube 1881, Nr. 43, S. 114. Schon auf der Pariser Weltausstellung von 1878 stellte Werner Siemens sein kommerziell nutzbares Patent der elektrischen Lichterzeugung vor. Ein Jahr später war Edisons Glühfadenlampe entwickelt. Die Weltausstellung der Elektrizität von 1881 bedeutete den Durchbruch der Elektrizität auf den verschiedensten Gebieten, vor allem aber in der Lichterzeugung. Die zeitgenössische Literatur über die verschiedenen gleichzeitigen Entwicklungen und Anwendungen ist unüberschaubar. Zur kulturgeschichtlichen Bedeutung s. zuletzt SCHIVELBUSCH 1983; vgl. auch AUSST.-KAT.: GRÜNDERZEIT 1974, S. 101–105; AUSST.-KAT.: ELEKTRIZITÄT 1981.

178 Erich SALZMANN: Aus den Werkstätten des Lichts. Ein Blick auf die Berliner Lampenindustrie, in: Die Gartenlaube 1892, Nr. 32, S. 548.

179 DIE ERSTE ELEKTRISCHE WELTAUSSTELLUNG, in: Die Gartenlaube 1881, Nr. 43, S. 112.

180 Julius Schmid: ›Das Licht‹, in: GERLACH 1882, Tf. 32; vgl. demgegenüber das in derselben Figuration dargestellte Feuer, mit Blitzbündel statt der Fackel, das in einem engen Gehäuse gefangen sitzt und wieder auf die Antriebskraft der Dampfmaschine hinweist.

181 Vgl. TRACHTENBERG 1976, S. 66.

182 Vgl. die Geschäftsreklame der Helios Aktien-Gesellschaft für elektrischen Licht- und Telegrafenbau, Köln-Ehrenfeld

Im verbreitetsten Bildmuster dagegen erscheint die Elektrizität als weibliche Heroine im Schema der erhellenden Wahrheit. Vereinzelt schwingt auch die Ikonographie der fackeltragenden Personifikationen der République und vor allem der Freiheit[183] mit, wie sie durch das berühmteste der Beispiele, Bartholdys Freiheitsstatue, als späte Verheißung der neuen Welt populär wurde[184].

Während in 'klassischen' Bildprägungen, etwa in Cesare Ripas Iconologia, die Personifikation der Wahrheit – den Fuß auf den Erdball gesetzt – die Sonne als göttliche Autorität einbezieht, andere Beispiele aus der Renaissancemalerei auf diese verweisen[185], ersetzte im späten 19. Jahrhundert die Glühlampe das oberste Gestirn[186]. Ludwig Kandlers Gestalt des elektrischen Lichtes[187] z. B. demonstriert einen vergleichbar universellen Anspruch, wie ihn ehemals die Wahrheit geltend machte. In direkter Anlehnung an Runges Aurora, die tagbringend aus dem Ozean emporsteigt, berührt sie mit den Fußspitzen den Horizont des Meeres, über dem sich Blitze entladen. Meer und Gewitter weisen auf das Energiepotential der Natur, während die halb entblößte Lichtträgerin das „Energiesymbol des neuen Zeitalters"[188], den Dynamo, emporhält, der in himmlischen Zonen ein sonnengleiches Gestirn erzeugt. Die Trivialisierung der alten Bildmuster ging so weit, daß selbst fotografische Ateliers ihre Kundinnen mit einer Lampe ausstaffierten und sie vor einer Meerestapete als elektrische Licht-Wahrheit posieren ließen[189]. Diese neue Erleuchtung, als Fortschritt schlechthin gefeiert, diese zweite Schöpfung von Sonne, Mond und Sternen stammte aus den Fabriken von Siemens & Halske oder der AEG. Sie schmückten ihre Werbung mit der halbnackten Wahrheit, die zwecks schnellerer Eroberung des Weltmarktes per Flügelrad Helligkeit in Form des elektrischen Lichtes über den Globus verbreitet[190].

Abb. 171
Abb. 173
Abb. 174
Abb. 172

In diesen Beispielen zeigt sich nicht nur eine Nivellierung von Darstellung und Bedeutung wie in den nicht unmittelbar zweckgebundenen Arbeiten des späten 19. Jahrhunderts, in denen sich die Wahrheit selbst bespiegelt[191], sondern eine Umkehrung einstiger Bedeutungskonstitution. Nicht das göttliche Licht bürgt für die Wahrheit in der Welt, sondern die Welt ist Beleg für die Wichtigkeit des neuen Lichtes. Die alten Konnotationsreste sind jedoch erwünscht, um die

1888, in: Ausst.-Kat.: Elektrizität 1981, S. 97. Das groteske Gespann vertreibt die Mächte der Finsternis in Form des personifizierten Gaslichts. Ganz ähnlich das Blatt ›Der neue Tag‹, Mai-Festzeitschrift der SPD, s. Achten 1980, Abb. 127.

183 Vgl. Boime 1971, S. 68–80; Trachtenberg 1976, bes. S. 77 ff.; Rentmeister 1976; Schuster 1980; Chaudonneret 1987.

184 Trachtenberg 1976.

185 In Botticellis ›Verleumdung des Apelles‹ verweist die nackte, lichtbeschienene Wahrheit nach oben auf die Instanz eines jenseitigen Richters. Im Zusammenhang mit den 'Industrie-Ikonen' der Elektrizität s. Schuster 1980, S. 296, der in Botticellis Figur das Vorbild für Lefebvres ›Wahrheit‹ von 1870 sieht, die einen Spiegel emporhält. Allgemein zur *nuda veritas:* Warner 1985.

186 Vgl. Schuster 1980, S. 296 f.

187 Ausst.-Kat.: Gründerzeit 1974, S. 105; Ill. Ztg. 1884, S. 161, 163.

188 So bezeichnet John Desmond Bernal: Wissenschaft. Science in History, Bd. 2: Die wissenschaftliche und die Industrielle Revolution, Reinbek 1970³, S. 572 den Dynamo.

189 Trachtenberg 1976, Abb. S. 105. Das Foto stammt von Mora und zeigt Mrs. Vanderbilt 1883 (New York, Historical Soc.).

190 Cony Schmidt: Plakat für die Allg. Elektricitäts-Gesellschaft Berlin, Chromolithografie, Entwurf 1888. Zur Hundertjahrfeier der Berliner Strom-Erzeugung 1984 erschien das Plakat auf einer Berliner Briefmarke und auf versch. Werbeprospekten, so im Berliner Festspiele Journal 1984, S. 23.

191 So in Jules-Joseph Lefebvres ›Wahrheit‹ von 1870, in Otto Seitz' ›Wahrheit‹, Gerlach 1882, Tf. 113. A. Mießers ›Wahrheit‹, Gerlach 1882, Tf. 114. Vgl. auch Hess 1975, S. 169 f.

neue Erfindung für den Markt attraktiv zu machen: Das Licht der Wahrheit kehrt als Ware wieder[192], es ist käuflich geworden.

Die in der Warenwerbung spielerisch eingesetzten Verweise auf die tradierten Bedeutungen des Lichtes wurden zu Ende des Jahrhunderts erneut aktuell, als sich die sozialdemokratische Bildpresse derselben Muster bediente, um ihren Hoffnungen auf eine Epochenwende, den Abb. 188, 189 Aufbruch zur 'neuen Zeit' in Gestalt lichtbringender nackter Frauengestalten Ausdruck zu verleihen[193]. Unter dieser Fortschrittsperspektive wurde auf die Attribute der modernen Technik allerdings notwendigerweise verzichtet, waren sie doch an die kapitalistische Industrie gebunden.

Abb. 172, 177 Nicht nur in der Transformation der Wahrheit zur Glühlicht-Reklame und ihrer abziehbildhaften Verwendung für alle möglichen Werbezwecke[194] nutzte die Reklame eine tradierte Formel für ihr Gebrauchswertversprechen, das um Erhellung kreiste, sondern auch in jenem Griff nach Abb. 170 den Sternen, der den Morgenstern der Lichtgenien zum batteriegetriebenen Warenhausschlager werden ließ[195]. Mit den käuflichen Attributen der im Kostüm Apolls oder der nackten Wahrheit auftretenden Figurationen bricht jede allegorische Verweisdimension zusammen[196].

Blümner nennt derartige Attribute wie die elektrische Lampe, „welche eigentlich nichts Allegorisches haben", da sich die „Wesen" ihrer, „falls sie als wirkliche Personen handeln sollten, bedienen würden oder könnten", „praktische Attribute"[197]. Sie böten sich gerade bei Technikpersonifikationen an, da deren Ziel im Unterschied zu dem der Wissenschaften ein praktisches sei. Solche Attribute blieben „äußerlich", weil eine Charakterisierung dieser Figuren durch einen „seelischen Zustand" keinem Künstler gelingen könne[198]. Denn wie schließlich sollte die Seele der Elektrizität beschaffen sein?

Wenn schon keine Seele, so hatten die Gestalten ein Geschlecht, und das wurde spezifisch eingesetzt: Im werbenden Warenzusammenhang tritt das elektrische Licht weiblich auf. Hinter ihr steht die zum Markenzeichen erstarrte *veritas* als Kaufwertversprechen. Im technisch-wissen-Abb. 167 schaftlichen Kontext dagegen erscheint die Elektrizität männlich[199]. Ahnherr ist Prometheus, der Feuerräuber und Lichtbringer. Er demonstriert in den technischen Hochschulen, daß sich die jüngsten Erben des rebellischen Titanen – die Erfinder und Techniker – bewährt haben, daß Feuer und Licht als Vorrecht der alten Götter nun in Form der Elektrizität der Menschheit zur Verfügung steht.

192 Bei Benjamin heißt es: „Die Embleme kommen als Waren wieder"; BENJAMIN GS I 2, S. 681.

193 Vor allem in den Mai-Festzeitschriften waren die Lichtgöttinnen verbreitet, s. HOFFMANN/SCHMIDT-LINSENHOFF 1978, S. 363, 369, 375; Vgl. auch S. 270 vorliegender Arbeit.

194 Zum Beispiel in dem Plakat für die Pariser Société du Gaz Acétylène; Franz v. Stucks Adaption von Lefebvres ›Vérité‹ für die Werbung: „In Vino Veritas", s. Heinrich Voss: Franz v. Stuck. Werkkatalog der Gemälde, München 1973, Nr. 64/139.

195 Der Stern war ein weiteres Zeichen der Elektrizität. Zum sensationellen Erfolg entwickelte sich das elektrische Glühlichtdiadem, das, auf Ausstellungen vorgeführt, schließlich überall zu kaufen war. Die ILL. ZTG. 1884, Nr. 2120, S. 139, zeigt im Holzstich eine Ballettänzerin der Pariser Oper mit strahlendem Diadem und Busen; gespeist wurde diese Beleuchtung von einer verdeckt getragenen Batterie.

196 HESS 1975, S. 169f., hat dies auf sprachlicher Ebene für die Erläuterungen zu Seitz' ›Wahrheit‹, GERLACH 1882, Tf. 113, nachgewiesen, jedoch die bildliche Seite unberücksichtigt gelassen, vgl. S. 25–26 vorliegender Arbeit.

197 BLÜMNER 1881, S. 64.

198 BLÜMNER 1881, S. 81.

199 So schmückt z. B. ein männlicher Lichtträger mit Palmzweig und emporgereckter Kugellampe, der stark an Schurths Karlsruher Lichtgott erinnert, den Einband von W. BECK: Die Elektrizität und ihre Technik – Zerlegbare Modelle. Akkumulator, Telephon, Leipzig 1905. Ähnlich im BUCH DER ERFINDUNGEN Bd. 3, Leipzig 1896, S. 603ff.

Insgesamt formulierten die Bildprogramme der technischen Hochschulen ein neues Geschichtsverständnis. Sie stellten der von Daten und Namen bestimmten Ereignisgeschichte die Entwicklungsetappen materieller Kultur gegenüber, deren Zentrum nicht einzelne Erfinder und Wissenschaftler bildeten. Obwohl die Medaillons sämtlicher Bildprogramme sie verewigen, also auf den Beitrag der genialen Individuen verwiesen wurde, steht hinter den Hauptszenen der von Neureuther explizit formulierte Anspruch, daß viele Köpfe und Hände mehr bewirken als die noch so bewunderswerte Leistung eines Einzelnen[200]. Dieser Kollektivgedanke, daß alle gemeinsam am kulturellen Fortschritt arbeiten, ist typisch für die öffentlich-staatliche Variante des industriellen Fortschrittsoptimismus der zweiten Industrialisierungsphase in Deutschland.

Klarer auch als in allen anderen Programmtypen des 19. Jahrhunderts wurde in den technischen Hochschulen die Folgewirkung einer historischen 'Tat' zum Kriterium ihrer Bedeutung und damit ihrer Bildwürdigkeit erhoben. Droysens Forderung, Geschichte als Konstruktion unter dem Blickwinkel der Gegenwart anzuerkennen, fand hier ihren deutlichsten Niederschlag. Die Relevanz einer Erfindung erweist sich *nolens volens* in ihrer Nützlichkeit. Erst dadurch nimmt man sie überhaupt zur Kenntnis. Von der Erfindung zur Anwendung ist es jedoch oft ein langer Weg, der von vielen allmählich geebnet wird. Von daher ergab sich der Verzicht auf die Erfinder-Subjekte in den Hauptszenen öffentlicher Ausstattungsprogramme nahezu zwangsläufig als Folge eines sich als Sachwalter industriellen Fortschritts schlechthin verstehenden Staates. Wollte man nicht in den Labors und Werkshallen einzelner Firmen enden – was sich bei öffentlichen Aufträgen verbot –, bedurfte es einer verallgemeinerten Bildsprache. Die Anleihen nicht beim Genre, sondern bei mytischen Gestalten ermöglichten es, das Selbstverständnis der Industrie als der Kultur und Fortschritt schaffenden Kraft auszudrücken. Die industrielle Naturbeherrschung wurde so in die Nachfolge der die Elemente souverän beherrschenden Götter gestellt.

Nicht Landeroberungen durch Kriege oder geistige 'Revolutionen' galten hier als Kriterium fortschreitender Entwicklungsgeschichte, sondern die immer perfektere Unterwerfung der Natur, an deren Ende die Technik selbst zum neuen Gott stilisiert wurde.

200 Neureuther 1872, S. 27.

KAPITEL VII

Das Ende der Entwicklungsgeschichte

Öffentlichkeit und Lokalgeschichte

Allegorie und Geschichte stellten in den Monumentalausstattungen des ausgehenden 19. Jahrhunderts keinen Konfliktpunkt mehr dar. Bei zunehmendem Illusionismus näherten sich die Personifikationen den historischen Gestalten auch von der äußeren Erscheinung her an. Bezeichnend für die Austauschbarkeit ist Joseph Durms anfängliche Alternative, für die Aula des Karlsruher Polytechnikums entweder eine allegorische Darstellung oder ein Ereignis aus der Geschichte der Hochschule, also Lokalgeschichte, zu wählen.

Eine solche Austauschbarkeit mit institutionsgebundenen lokalen Ereignissen stand allerdings erst nach der Reichsgründung, als die Nation zumindest nach außen geeint war, zur Debatte. Das Ziel der einstigen 'vaterländischen' Thematik, die Erziehung *zur* Nation durch die Darstellung der 'großen Geschichte', war erreicht. Die nationale Glorie wurde sozusagen stellvertretend in der Ruhmeshalle des Berliner Zeughauses[1], der Goslarer Kaiserpfalz[2] und anderen Weihestätten des Kaiserreiches verewigt, während nun Lokalgeschichte und die Geschichte einzelner örtlicher Institutionen an Bedeutung gewannen.

Ein Tauziehen um Lokalgeschichte hatte vereinzelt schon im Vormärz begonnen, vor allem bei Rathausausstattungen der von Provinznestern zu Industrie- und Handelsstädten aufsteigenden Orten des Rheinlandes. Doch ließen sich diese lokalpatriotischen Interessen selbst bei Mitfinanzierung durch den Kunstverein der Rheinlande und Westphalen seinerzeit nicht durchsetzen. Lokale Bezüge waren nur unter der Bedingung ihrer nationalen Bedeutung berücksichtigenswert, wie z. B. Rethels Karlsfresken zeigen[3]. Auch das Programm der Elberfelder Rathausausstattung, vom Auftraggeber, dem Kunstverein und der Stadt, 1840 als „historische und

1 Der Umbau des Zeughauses durch Friedrich Hitzig war 1880 beendet. Friedrich Geselschap malte die Kuppel in den folgenden Jahren mit einem monumentalen Triumphzug aus, s. Max Jordan: Friedrich Geselschap, Bielefeld/Leipzig 1906, S. 15ff.; Anton v. Werner übernahm für die Seitenhalle die ›Erhebung zum Königtum‹ und die seinerzeit berühmte ›Kaiserproklamation in Versailles‹, Wilhelm Camphausen die ›Huldigung Schlesiens‹, Peter Janssen für die Feldherrenhalle u. a. die ›Schlacht bei Torgau‹ und die ›Schlacht bei Fehrbellin‹, H. Knackfuß und F. Roeber waren ebenfalls mit Schlachtenbildern beauftragt, vgl. Bieber 1979, S. 214ff.

2 Arndt 1976.

3 Der beschränkte Wettbewerb des Kunstvereins für die Rheinlande und Westphalen von 1839, zu dem lediglich fünf Düsseldorfer Maler eingeladen waren, forderte „die bedeutenden Momente aus dem Leben Kaiser Karls des Großen in historischer und symbolischer Auffassung ... mit möglicher Beziehung sowohl auf ihre allgemeine geschichtliche Bedeutung, als auch auf die Stadt Aachen". Nachdem sich auch König Wilhelm IV. persönlich und finanziell eingeschaltet hatte, begannen die Ausführungen Rethels 1847. Außer dem ›Bau des Aachener Münsters‹, einer Szene, die ursprünglich gar nicht vorgesehen war, spielten stadtgeschichtliche Momente keine Rolle. Vgl. Hoffmann 1968; Jenderko-Sichelschmidt: Historienmalerei 1979, S. 106.

symbolische Darstellung des öffentlichen Lebens der Deutschen von der frühesten Zeit an“[4] beschrieben und zur Ausführung an Hermann Plüddemann, Lorenz Clasen, Carl Mücke und Josef Fay vergeben[5], kam nicht ohne Hermann den Cherusker und Karl den Großen aus. Plüddemanns Bestrebungen, neben diesen Nationalheroen auch genreartige Szenen, Kaufleute beim Beladen der Schiffe, Weber bei der Arbeit in Manufakturen, zu integrieren[6], ernteten trotz der Friesform, in der solche Darstellungen als Begleitprogramm zulässig waren, heftige Kritik. Die Szenen widersprachen in einem selbständigen, nicht auf Historienbilder bezogenen Fries der Aufgabe öffentlicher Malerei[7]. Vielleicht lag darin der Grund für die Zerstörung der Malerei durch einen „Akt des Vandalismus“[8], kaum 20 Jahre nach ihrem Entstehen.

War es in Elberfeld die Alltäglichkeit der Genreszenen, die Anlaß zur Kritik gab, so hatten auch singuläre Ereignisse mit rein lokalgeschichtlichen Akteuren ohne gleichzeitige nationale Bedeutung bzw. ohne, daß die zentrale Rolle dem jeweiligen Landesfürsten überlassen wurde, vor der Jahrhundertmitte wenig Aussicht auf Erfolg. Das ergab sich bei Projekten, für die kein Kunstverein die Mittel bereitstellte, schon durch die Finanzierung aus den landesherrlichen Kassen. Als z. B. im Vormärz Professoren der Tübinger Universität in einem monumentalen Freskenzyklus für den Festsaal des zwischen 1841 und 1845 errichteten Universitätsneubaus planten, ihre eigene Akademikergeschichte zu verewigen, stießen sie bei den königlichen Behörden auf Widerstand, wollte doch der württembergische König als oberster Universitätsherr keineswegs auf die Repräsentation des Fürstenhauses verzichten. Das Programm – das auch aus anderen Gründen nicht zur Ausführung kam[9] – mutierte im Laufe der Auseinandersetzungen zu einer Folge von Besuchszeremoniellen der verschiedenen Fürsten in der Universität. Ein solcher Kompromiß zwischen Lokalgeschichte und der Geschichte des Fürstenhauses wurde im ausgehenden 19. Jahrhundert zum gängigen Schema. Beim monumentalen Historienzyklus stellte sich in der Debatte um Lokalgeschichte also die Frage, wer als Handlungsträger von Geschichte auftreten durfte.

4 ZfbK 1868, Kunstchronik Nr. 5, S. 40.

5 Die Arbeiten waren schon 1843 abgeschlossen; s. Kunstblatt 1844, Nr. 40, S. 165.

6 Plüddemann übernahm mit der zweiten Langwand die Darstellung der Zeit Karls des Großen. Das Kunstblatt 1844, Nr. 40, S. 170, kritisierte „diese Partie, in welcher Karl als Schiedsrichter zwischen einem Bauern und einem Edlen auftritt, und wo der erstere als Kläger gegen den letzteren Recht behält“. Plüddemann habe es in Übereinkunft mit dem Kunstverein unterlassen, „die Glanzpunkte des deutschen Reiches, die größten Kaiser und die wichigsten Bewegungen der Nation anzudeuten“. Schon Schnaase bemerkte, dem Gremium für die Ausschreibung sei die Festlegung des Programms schwer gefallen, da „Elberfeld eine Industriegründung ohne Geschichte und Tradition“ sei, s. Ricke-Immel 1980, Bd. 1, S. 259. Plüddemanns Entwürfe: ›Karl der Große als Gesetzgeber und Stifter der Kultur‹, ›Rittertum und höfisches Leben‹, ›Verfall des Rittertums‹, ›Handel und Mission‹ im Kunstmuseum Düsseldorf, s. Ricke-Immel 1980, Bd. 1, Abb. 938–7, Kat. 745–750.

7 „Plüddemann hat es weniger auf eine großartige als auf eine leichte Auffassung, in der Art einer anspruchslosen Erzählung, abgesehen, wozu ihn auch die größtentheils etwas untergeordneten Gegenstände veranlaßt haben mögen.“ Clasen dagegen habe „sich vom Genremäßigen der ... Aufgabe ... so fern als möglich gehalten.“ Kunstblatt 1844, Nr. 40, S. 171.

8 So die Überschrift eines Artikels der ZfbK 1868, Kunstchronik Nr. 5, S. 40–41. Jenderko-Sichelschmidt 1979, S. 111, Anm. 36, gibt 1869 als Datum der Zerstörung an. Die Kunstchronik (ebd.) berichtet aber schon im Jahr zuvor von den zerstörten Fresken. Desinteresse sei auch schon 1866 vorhanden gewesen, als der Sitzungssaal in einen Flur und 4 kleine Räume verwandelt wurde.

9 Zur Auseinandersetzung um das Programm, das nicht zuletzt an den ungeeigneten Räumlichkeiten scheiterte, s. Wagner 1983, S. 90–95.

Seitens der staatlichen Kunstförderung bemühte man sich nach der Reichsgründung insbesondere um die Provinzstädte. Vom Berliner Ministerium erging 1874 eine Direktive über die „Beförderung der monumentalen Malerei und Plastik" in den Rheinlanden mit der Aufforderung, „auch in den Provinzen Werke von Bedeutung ins Leben zu rufen", und der Anweisung, „namentlich solche Gebäude ins Auge zu fassen, welche dem öffentlichen Verkehr möglichst freistehen und die Augen der Öffentlichkeit auf sich zu ziehen im Stande sind"[10]. Daraufhin reagierte eine Reihe kleinerer rheinischer Städte. Im Verband mit städtischen und privaten Initiativen erfolgte nun eine verstärkte öffentliche Kunstförderung außerhalb der ehemaligen Residenzstädte. Vor allem in den gründerzeitlichen Rathäusern kam in den Ausstattungsprogrammen der lokale Aspekt in immer neuen Varianten zum Tragen[11]. Kennzeichnend ist in der Gesamttendenz die Annäherung von Genre, Historie und Allegorie in einer illusionistischen Malweise, wie sie sich in der Nachfolge der Düsseldorfer Malerschule ausprägte, aber auf vergleichbare Tendenzen etwa der Berliner Malerei traf. Von der Geschichtsauffassung zeigt sich trotz des Festhaltens an der Abfolge historischer Ereignisse jedoch keine Entwicklungsgeschichte mehr, wie sie als Fortschritt der Menschheit, der Nation etc. den bisher untersuchten Programmen zugrunde lag. Geschichte wurde – verstärkt durch den Illusionismus mit einer nahezu haptischen Vergegenwärtigung – zu einer Aufeinanderfolge einzelner Episoden. Statt der in den letzten Jahren ausführlich behandelten Rathausausstattungen der Gründerzeit[12], denen kein zusammenhängendes Geschichtskonzept mehr zugrunde liegt, auch wenn ihre jeweilige Szenenwahl durchaus lokal-politische Verhältnisse spiegelt[13], soll hier abschließend und stellvertretend für die Entwicklung des Geschichtszyklus in der Wilhelminischen Ära ein Bildprogramm untersucht werden, in dem solche Veränderungen gerade deshalb besonders deutlich werden, weil an weltgeschichtliche Entwicklungskonzepte der vorausgehenden Zeit angeknüpft wurde. Das Programm der Krefelder Textilschule durchmißt noch die beachtliche Zeitspanne von über 1200 Jahren und durchläuft in sechs Szenen fünf Länder, um dann jedoch in Lokalgeschichte zu münden. Trotz dieser raum-zeitlichen Spanne ging es hier letztlich um anderes als um Entwicklungsgeschichte.

1. *Albert Baurs ›Geschichte der Seidenindustrie‹ in der Königlichen Textilschule Krefeld*

Abb. 71–78 Hatte sich schon in Kaulbachs universalgeschichtlichem Zyklus des Berliner Museums eine Diskrepanz zwischen dem Illusionismus der Einzelgestalten und ihrer überindividuellen Bedeutung abgezeichnet, so verstärkte sich diese Tendenz in der weiteren Entwicklung. Die Personifi-
Abb. 167 kationen des Karlsruher Aulabildes kurz vor 1900 kamen im Illusionscharakter historischen Personen gleich. Diese Entwicklung innerhalb der staatsoffiziellen Malerei stellte den Geschichtszyklus vor ein weiteres Problem. Je mehr sich das Geschichtsbild der Dramaturgie eines momentanen Ereignisses beugte, also auch situative Handlungen wiedergab, um so schwieriger wurde

10 Schreiben vom 24. 2. 1874, Koblenz LH, Abt. 403, Nr. 14004.

11 Wappenschmidt 1981, mit umfangreichem Material für die Zeit nach der Reichsgründung.

12 Kranz-Michaelis 1976; Bieber 1979; Wappenschmidt 1981; die Aufsätze von Christa Schreiber und Heinz-Toni Wappenschmidt in: Mai/Paul/Waetzoldt 1982; Wappenschmidt 1984.

13 Wappenschmidt wehrt sich gegen die negative Beurteilung der späten Historienzyklen durch Jenderko-Sichelschmidt 1979 und Markowitz 1973, die hier einen gedanklichen Verfall sehen. Wappenschmidt dagegen geht es um die Bedeutsamkeit und immanente Logik der späten Rathauszyklen. M. E. liegt das entscheidende Problem in der Veränderung der Geschichtskonzeption gegenüber den früheren Programmen (s. u.).

es, Geschichte als fortschreitende Entwicklung zu vermitteln. Innerhalb eines Zyklus drohte mit der Aufwertung der 'Lebensnähe' der Zusammenhang zwischen den einzelnen Situationen verloren zu gehen. Hier mußte wiederum die Allegorie einspringen und als Scharnier dienen.

Die von Albert Baur in der Gewebesammlung der neu erbauten und reorganisierten königlichen Webschule in Krefeld ausgeführte Folge der ›Geschichte der Seidenkultur‹ behandelte die Geschichte eines lokal wichtigen Industriezweiges. Das Programm war auch thematisch für die Wilhelminische Ära insofern typisch, als die Verquickung von Industrie und ihrer staatlichen Förderung propagiert wurde. Abb. 178 Abb. 180–183

Die Webschule, 1855 auf Anregung der Handelskammer zur Nachwuchsförderung der rheinischen Seidenindustrie, deren Zentrum Krefeld war, gegründet[14], diente der theoretischen und praktischen Ausbildung der zukünftigen Werkmeister und Fabrikanten, war also eine spezifisch industriebürgerliche Einrichtung, zugeschnitten auf den lokalen Bedarf. Ihre Reorganisation und technische Modernisierung ging mit dem Neubau der Schule einher, die 1883 eingeweiht wurde[15]. Im ersten Stock waren neben den Zeichensälen zum Musterentwerfen im östlichen Flügel drei Sammlungsräume für die z. T. kostbare Sammlung von Webstoffen untergebracht. „Mit ihren vieltausend Mustern älterer Textilkunst liefert (sie) Zeichnern und Fabrikanten werthvolles Material zum Studium, zur Anregung, zur Geschmacksbildung“[16]. Sie übernahm also die idealiter auch den Kunstgewerbemuseen zukommende Funktion, Vorbilder für die industrielle Produktion zu liefern[17]. In zwei der Sammlungsräume, in denen also die Geschichte der Webkunst in ihren Produkten dokumentiert war, sollte eine Bildgeschichte den Kontext liefern. Abb. 178

Obwohl die Modalitäten der Auftragsvergabe nicht ganz klar sind, stand – wie aus dem Protokoll des Stadtrates hervorgeht – Anfang 1883 nicht nur das Programm des Zyklus[18], sondern auch der Maler fest. Denn zu diesem Zeitpunkt waren schon Zahlungen an den Düsseldorfer Historienmaler Albert Baur, inzwischen Akademieprofessor in Weimar, für Skizzen erfolgt[19]. Außer den beachtlichen Zuwendungen eines privaten Gönners der Anstalt[20] wurde die Ausstattung vom Staats-Fonds für Kunstzwecke finanziert[21]. Sie unterstand also dem Berliner Ministerium. Die Ausführung der Malerei zwischen 1887 und 1902 erfolgte nicht auf die Wand,

14 Festschrift Krefeld (1930), S. 6.

15 Der Architekt war F. Burkart, s. Burkart 1887, S. 297–302.

16 Paul Schulze: Die Webkunst in Krefeld, in: Deutsche Kunst und Dekoration 1900, S. 430.

17 Mundt 1974, S. 164; Festschrift Krefeld (1930), S. 7–8; Burkart 1887, S. 299–300.

18 (Schulze) 1897, S. 1.

19 Das Ratsprotokoll vom 26. 4. 1883, Krefeld StA, spricht von der „Ausführung der Wandgemälde nach den Skizzen des Professor Baur“. Die einzelnen Themen benennt der Architekt Burkart erst in dem vom Mai 1884 datierten Bericht über den Neubau: „a) Missionäre bringen dem Kaiser Justinian die ersten Seidenraupen, b) Verpflanzung der Seidenindustrie nach Sicilien durch König Roger II., c) Gründung der Lyoner Seidenfabrik durch König Franz I., d) Jacquard als Erfinder des mechanischen Webstuhls, e) Friedrich der Große als Beschützer der Crefelder Industrie, f) Gründung der hiesigen Webschule. Kleinere Sinnbildliche Darstellungen werden ... die Entstehung der Seidenindustrie durch Naturbeobachtung, Entwicklung derselben durch Gewerbefleiß, Veredlung derselben durch Kunst und Nutzbarmachung durch den Handel darstellen.“ Burkart 1887, S. 301.

20 Ratsprotokoll vom 26. 4. 1883, Krefeld StA. Demnach waren aus der privaten „Courth'schen Schenkung von insgesamt 30 000 Mark an die Webschule 3000 Mark für die Skizzen an Baur“ gezahlt worden. Von den verbleibenden 27 000 Mark der Schenkung sollte „noch eine angemessene Summe für die Ausführung der Wandgemälde nach den Skizzen ... verwendet werden.“

21 Die staatlichen Aufwendungen werden 1890 mit 5252 Mark 40 Pfg. angegeben. Zu diesem Zeitpunkt stand das sechste Bild des Zyklus noch aus; s. JPKS 1890, Kunst-Fonds.

sondern „mit Wachsfarbe auf grober gerippter Leinwand ... um den Bildern den Charakter von Gobelinwirkereien zu geben“[22]. Die einzelnen Bilder wurden dann so montiert, daß der Eindruck eines monumentalen Tapisserien-Zyklus entstand.

Thematisch spiegelten diese Bilder ihre gemischte Finanzierung wie ihre Funktion innerhalb einer industrieförderlichen staatlichen Ausbildungseinrichtung. Der zunächst fünf Historienbilder mit je einem allegorischen Anschlußbild umfassende Zyklus – um die Schlußszene, für die anfangs die Gründung der Webschule vorgesehen war, gab es wieder Streitigkeiten – zeigte die herrschaftliche Förderung der Seidenmanufaktur durch die Jahrhunderte, verbunden mit Abb. 180 technikgeschichtlichen Neuerungen. Mit Kaiser Justinian beginnend, wurden wechselnde Herrscher in Verbindung mit der Seide und ihrer Verarbeitung dargestellt.

Um die natürlich weiterhin unter dem tradierten Begriff der Entwicklungsgeschichte gefaßte Bildfolge – auch ohne das zunächst nicht ausgeführte sechste Bild – mit ihrem weltgeschichtlichen Anspruch in Krefeld münden zu lassen, mußte die Chronologie aufgegeben, Napoleon mit Friedrich dem Großen ausgetauscht werden.

Der durch illusionistischen Tiefenraum überwiegend Einblicke in Innenräume suggerierende Gemäldezyklus beginnt mit der Episode ›Mönche überreichen dem Kaiser Justinian in Constantinopel Eier des Seidenspinners und Maulbeerpflänzlinge‹. Die prächtig ausgestattete mehrschiffige Halle orientiert sich aber nicht an der Hagia Sophia, Justinians berühmtestem Bau, sondern das Arkadenmotiv mit den drei eingestellten Säulen und ihren mit feinem Rankenwerk überzoge-Abb. 179 nen Korbkapitellen wurde – ebenso wie das Lünettenmosaik und die Porträtmedaillons auf den Pilastern – aus dem Presbyterium von S. Vitale in Ravenna übernommen[23]. Der jugendliche Kaiser Justinian thront erhöht unter einem von Marmorsäulen getragenen Baldachin. In Kleidung, Diadem und Haartracht hat sich Baur ebenfalls von dem berühmten Justinianus-Mosaik in S. Vitale inspirieren lassen[24]. Trotz der detaillierten Kostümstudien hat allerdings die Auffassung des Kaisers nichts mit dem Vorbild zu tun. Im Gegenteil, es läßt sich kaum ein größerer Gegensatz als der zwischen der hoheitsvollen Frontaldarstellung des Kaisers und seines Gefolges im ravennatischen Mosaik und Baurs Szene denken: Hier bietet sich dem Betrachter ein eher zufälliger Blick seitlich in die offene Thronloge, so daß der Kaiser nicht frontal, sondern im Profil zu sehen ist. Gespannt reckt er sich nach vorn, seine rechte Hand greift erregt in dieselbe Richtung, Überraschung und Neugierde signalisierend. Ihr wird von der Säule, die den Hoheitsraum des Kaisers von der Halle abtrennt, quasi Einhalt geboten. Seine hinter ihm stehende Gemahlin, Kaiserin Theodora, im Kostüm wiederum in allen Einzelheiten an dem Gegenstück zum Justinianus-Mosaik, dem Theodora-Mosaik in S. Vitale, orientiert[25], legt als

22 (SCHULZE) 1897, S. 1.

23 Im mittleren Bogenfeld ist wie an der Nordwand des Presbyteriums von S. Vitale Abraham, der den drei Engeln Speisen reicht, neben Isaaks Opferung dargestellt. Das Kreuzzeichen, in S. Vitale auf einem von zwei Engeln gehaltenen Schild oberhalb der Lünette, ist hier als Christusmonogramm in die Szene geholt, vermutlich ganz einfach deshalb, weil Baurs Bild oberhalb der Lünetten endet. Zum Programm der Lünetten im Presbyterium vgl. Carl-Otto NORDSTRÖM: Ravennastudien, Ideengeschichtliche und ikonographische Untersuchungen über die Mosaiken von Ravenna, in: Figura, Bd. 4, Stockholm 1953, S. 102ff. Die Kapitelle der Säulen in Baurs Bild entsprechen exakt Vorbildern aus S. Vitale (im Triforium und den Arkaden). Möglicherweise hatte Baur diese Einzelteile aus Anton Springers Handbuch der Kunstgeschichte übernommen.

24 Die Übernahme geht bis in die Details des Stoffmusters und der Schulterspange.

25 Das Stoffmuster des Vorhangs vor der Tür im Theodora-Mosaik tritt monumentalisiert in den zurückgebundenen Draperien des Baldachins auf. Auch die drei Oranten am Rocksaum der Kaiserin – die als Heilige Drei Könige in S. Apollinare Nuovo erscheinen – schmücken den Umhang der Kaiserin in Baurs Gemälde.

Ausdruck ihrer Erschrockenheit ihre rechte Hand vor die Brust, während zwei im Vordergrund, am äußersten rechten Bildrand sitzende, ebenfalls gekrönte Häupter eher ängstlich verblüfft in dieselbe Richtung – auf das Bildzentrum – starren. Anlaß der erregten Reaktionen des Hofes sind vier biedermännisch bis spitzbübisch dreinblickende Mönche, die – als Pilger gekennzeichnet – dem Kaiser vor den Thronstufen kniend und in Anspielung auf die verdeckten Hände etwas darbieten:

Zwei der Mönche haben ein helles Tuch aufgespannt, in das der hinter ihnen aufgerichtete älteste der Gruppe aus seinem hohlen Pilgerstab etwas Unscheinbares hineinrieseln läßt – offenbar die Eier der Seidenraupe. Die Nahrung der künftigen Tiere, die Setzlinge zweier Maulbeerbäume, liegen, das Wurzelwerk sorgsam verpackt, auf der untersten Treppenstufe des Thrones. Die gesamte Darstellung entbehrt nicht einer gewissen Bildkomik, richten sich doch Gesten und physiognomische Anspannung aller auf diese unscheinbare Gabe. Vielleicht war dies Baur selbst bewußt, und er hat deshalb den im Vordergrund knienden jüngsten der Mönche mit einem schalkhaft-ängstlichen Kindergesicht ausgestattet, das mit großen Augen die Reaktionen des Kaisers hinter dem halb vorgehaltenen Tuch beobachtet.

Die marginale Handlung, der motivisch durch den hoheitsvollen Ort, die Anwesenheit des Kaisers mit seinem Hofstaat und das detaillierte Schildern der kostbaren Äußerlichkeiten die Aura der Bedeutsamkeit verliehen wird, bezeichnet die Ambivalenz zwischen Genre- und Historienbild, die für den Historismus des späten 19. Jahrhunderts typisch ist. Bedeutsamkeit will auch die akademische Komposition vermitteln, liegt doch das aufgespannte Tuch im Schnittpunkt der Bilddiagonalen, die – einerseits von dem stehenden Mönch mit seinem Pilgerstab, andererseits von Kopf und Hand Justinians gebildet –in immer neuen Parallelen abgewandelt werden.

Die in Lexika kolportierte Legende vom Beginn der Seidenzucht in Europa[26], nach der es Mönche waren, die zur Zeit Justinians den Seidenspinner und den Maulbeerbaum von China nach Konstantinopel schmuggelten, sollte also bedeutsam im Sinne eines Historienbildes inszeniert werden. Dabei entstand der Konflikt gerade durch das historistische Verfahren, die genaue Kenntnis der vergangenen Baustile und Kostüme, wie sie in den Handbüchern auch bildlich zugänglich waren[27], zur Darstellung des Ambientes zu nutzen, aber gleichzeitig eine 'lebensnahe' Wirkung zu erzielen, so daß hier Mönche und byzantinische Herrscher mit derselben Gefühlswelt zu agieren scheinen wie ihre wilhelminischen Betrachter. Das Verhalten der dargestellten Personen und ihr Ambiente fallen dadurch auseinander.

Zum Konflikt Historie – Genre

Die als prinzipiell zugänglich unterstellte Gefühlswelt ließ zeitlich und sozial noch so entfernte Personen als 'Menschen wie du und ich' erscheinen[28]. Je stärker alltägliche Handlungen und emotionale Regungen ins Zentrum der Darstellung rückten, um so 'menschlicher' also die Situation aussah, um so besser ließ sich auch der Herrscher in den zeitgenössischen Erwartungs-

26 Vgl. Johann Aunant's Gründliche Anweisung zum Seiden-Bau ..., Leipzig 1754, S. 29; Universal-Lexicon, Bd. 36, 1743.

27 Vgl. z.B. Anton Springer: Handbuch der Kunstgeschichte, Leipzig 1855; Denkmäler der Kunst, hrsg. von Wilhelm Lübke und Jos. Caspar, 4 Bde., Stuttgart 1856.

28 Dieser letztlich einfühlende Geschichtszugang wird in jüngster Zeit in museumspädagogischen Aktionen (vgl. Museumspädagogische Blätter 1987, Nr. 10, 11) und Performances wie etwa Judy Chicagos ›Dinnerparty‹ neu belebt.

horizont integrieren. Menzels Friedrichbilder, besonders das ›Flötenkonzert‹ und die ›Tafelrunde‹, sind Paradebeispiele solcher „Verbürgerlichung" des Herrschers[29]. Der Alte Fritz ist in diesen Bildern – trotz seiner Hervorhebung durch die virtuos gestaltete Farbigkeit und die Bedeutung des Lichtes – nicht in erster Linie Repräsentant Preußens, sondern ein hingebungsvoll musizierender, ein gekonnt parlierender Mann. Diese Fähigkeiten besaß er nicht qua Amt, sondern nur als Person. Das Betonen dieser individuellen Eigenschaften entkleidete auch die Fürsten ihrer auratischen Position, wies die Repräsentanten der alten Ordnung als dem neuen Wertekodex gewachsen aus. Die Forderung, auch die Aristokratie habe sich durch persönliche Leistung und individuelle Fähigkeiten zu bewähren, hatte Goethe schon im Wilhelm Meister erhoben. Dieses individuelle 'Vermögen' wies Friedrich den Großen in bürgerlichen Augen als Vorbild und Führungspersönlichkeit aus. Der 'Edelmann' galt nicht mehr fraglos als das, was er repräsentierte, sondern – wie der Bürger – als das, was er leistete[30].

Trat also einerseits der Monarch ins Genre, so brachte die andere Seite dieser Entwicklung die Aufwertung anonymer Alltagsfiguren aus dem Genremilieu und lokaler Helden ins Historienbild mit sich[31]. Dies hatten Theoretiker wie Vischer, Ruge oder Püttmann[32] schon im Vormärz in der Hoffnung gefordert, damit würden alle gleichermaßen zu Trägern der Geschichte. Das Beharren der Vormärzkritiker auf Individualität und Leistung jeder einzelnen zum Vorbild apostrophierten Figur des Historienbildes richtete sich sowohl gegen die nur repräsentative Darstellung höfischer Vertreter als auch gegen die Personifizierung von Abstrakta. In dieser Hinsicht wurden die höfischen Repräsentanten den Personifikationen gleichgeordnet; beide standen für etwas, was sie als Subjekte nicht selbst waren: „Statisten ..., freilich keine Individuen." Aber „nur das Individuum und das Wahre bringt es zu lebendigem Geist, zur historischen That, zur Action", wie Arnold Ruge 1839 in den Hallischen Jahrbüchern die immer wieder vertretene Position formulierte[33]. Als handelndes Individuum aber glaubte sich der Bürger mit dem Aristokraten messen zu können, und darauf zielte auch seine Forderung, durch individuellen Handlungsnachweis den eigenen Anteil an der Geschichte zu reklamieren.

Die alte Diskussion um die Abgrenzung zwischen Historie und Genre entflammte in den 50er Jahren unter anderen Vorzeichen aufs neue. Während in Frankreich Kritiker wie Antoine Castagnary das Ende der Historienmalerei gekommen sahen, da diese „in dem Maße allmählich erschlafft, in dem die Theokratie und die Monarchie ... als gesellschaftliche Träger erschlafften"[34], und statt dessen die Blüte der „niedrigeren" Gattungen bejubelten, „welche dem Individualismus entsprechen", ging es in Deutschland eher um eine Reform der Geschichtsmalerei[35]. Denen, die

29 Zu Menzels „historischen Genrebildern" s. BEILAGE ZUR VOSS'SCHEN ZTG. vom 24.5.1850. CHAPEAUROUGE 1977, S. 139 ff. SCHOCH 1975; Ursula ELLWART: Menzels Friedrichsbilder (1849–1969). Untersuchung zu ihrer zeitgenössischen Rezeption, Tübingen 1985.

30 Vgl. HABERMAS 1975, S. 26/27.

31 Vgl. Reinhard TESKE: Studien zur Genremalerei im Vormärz, Stuttgart 1976; Ute IMMEL: Die deutsche Genremalerei im 19. Jahrhundert, Heidelberg 1967.

32 Typischerweise spricht PÜTTMANN 1839, S. 33, von den „Aesthetiker(n) vom alten regime", die es verabscheuten, „Darstellungen des Gemüthslebens ohne chronologische Anhaltspunkte, mit dem ehrwürdigen Namen Historie zu bezeichnen". Zu VISCHER s. o. S. 15–16.

33 RUGE 1839, S. 1597.

34 Antoine Castagnary: Der Salon von 1857, zit. n. HERDING 1978, S. 158.

35 Vor allem Guhl vertritt – auf Hotho fußend – nachdrücklich eine neue, auf das Genre aufbauende Geschichtsmalerei, s. GUHL 1848, S. 153. Ebenso VISCHER, s. o. S. 16.
Bei SPRINGER 1856, S. 739, heißt es: „Erst wenn die Weltanschauung des Volkes, wie es allen Anschein hat, der

wie Friedrich Pecht für eine Aufhebung der Gattungsgrenzen eintraten, hielt Dietz in seiner Polemik entgegen, sie wollten „nicht die Historie, sondern die Geschichte, und wieder nicht diese, sondern die Chronik, das Memoire, das Kleine und Farbige, die Außenseite, das Zufällige der Begebenheiten, ein in der That mediokres Ziel, wenn es sich darum handelt, einer Nation das Ziel auszustecken"[36]. Für Künstler anderer Nationen mochte dieses mediokre Ziel zulässig sein: „Der Franzose findet seinen höchsten Ausdruck in dem historischen Genre, d. h. in der Chronik und Memoiren-Erzählung." Aber „der Deutsche malt die Weltgeschichte"[37]. Solange das Ziel der Reichseinigung noch ausstand, sollte die 'Weltgeschichte', wie z. B. Kaulbach sie darstellte, nachweisen, welcher würdige Ort den Deutschen zukam. 30 Jahre später, nach dem gewonnenen Krieg gegen Frankreich und der Kaiserproklamation, war solcher Nachhilfeunterricht im Nationalbewußtsein durch Kunst nicht mehr nötig. Wenn der Krefelder Zyklus mit seiner institutionsgebundenen Thematik trotzdem versucht, ein Flair von Weltgeschichte in die Krefelder Textilschule zu holen, so hat dies nichts mehr mit der für vorausgehende weltgeschichtliche Bildprogramme zentralen Entwicklungsvorstellung gemeinsam.

Justinian ist in seiner bildlichen Hervorhebung nicht der szenenbestimmende Herrscher, sondern der Neugier zeigende Zuschauer. Trotz hoheitsvoller Umgebung, prächtiger Garderobe und der tradierten Würdeformel des Thronens ist kein repräsentativer Staatsakt dargestellt. Die Trivialität der von den Schmuggler-Mönchen vorgeführten 'Aktion', die körpersprachlich-emotionale Reaktion der Dargestellten und die eher beiläufige Teilnahme des Betrachters, der zufälliger Zeuge zu sein scheint, zeigen lediglich den Apparat der großen Historie, während die Handlung marginal bleibt. Abb. 180

Eine vergleichbare Diskrepanz zwischen Anspruch und Bedeutung weisen auch die folgenden Szenen auf: Den gängigen lexikalischen Abrissen über die Verbreitung der Seidenmanufaktur in Europa folgend[38], tritt als nächster der Normannenkönig Roger II., König von Sizilien, auf, der, von einem Beutezug aus Griechenland zurückkehrend, außer Seidenkokons, Maulbeersträuchern, Seidenstoffen und Webstühlen auch gefangene Weber mitbringt. Der heimkehrende König, noch in Helm und Panzer – soeben dem am Kai anlegenden Schiff entstiegen –, steht zwar durch drei zur Kaimauer führende Stufen erhöht im Bildzentrum, die Begrüßung seiner Gemahlin, der er die mitgebrachten Kokons auf einem umgekehrten Schild darbieten läßt, trägt jedoch eher familiäre Züge. Das Mienenspiel der zur Begrüßung Spalier Stehenden demonstriert eine Situationsgebundenheit, die einer Momentaufnahme zu entstammen scheint. Links werden kostbare Stoffe von einem Boot entladen, in dem sich noch zwei Gefangene befinden, daneben dominiert jedoch die Wiedersehensfreude in Umarmungsszenen und Begrüßungen. Gegenüber der Heimkehrerglückseligkeit nimmt sich der Bildanlaß – die Überführung der Seidenkokons – nahezu grotesk aus. Diese Kriegsbeute, die allein die Darstellung in der Krefelder Textilschule rechtfertigte, war nicht geeignet, den Normannenkönig zum Bildhelden werden zu lassen. Abb. 181

realistischen Seite entschiedener zuneigen, die Überzeugung von der mehr durchgreifenden Geltung des Individuums in der Geschichte allgemein, die Leidenschaften, die persönlichen Triebe als Haupttriebfedern in den einzelnen historischen Actionen anerkannt werden sollten, dann wird auch die historische Malerei jenen Grundsatz sich aneignen und nach ihrer Art verwerthen, wie bereits die Poesie".

36 Dietz 1859, S. 12.

37 Dietz 1859, S. 16.

38 „In Sicilien" habe man „nicht eher als unter der Regierung eines Rogier von Sicilien und also ohngefehr erst um das Jahr 1130 die ersten Arbeiter in der Seide gesehen, welche einen Teil von der Beute ausgemacht, so der Prints von Athen, von Corinth und Theben, deren sich derselbe bey seinem Kriegs-Zuge in das gelobte Land bemächtigt, mit sich zurück gebracht". Universal-Lexicon, Bd. 36, 1743: Stichwort: Seide.

Hier zeigt sich noch stärker als im ersten Bild das Dilemma des ganzen Zyklus: die Diskrepanz zwischen der motivischen Statistenrolle des jeweiligen Herrschers und seiner formalen Bildbedeutung.

Die 'Verpflanzung der Seidenindustrie' zur Regierungszeit Justinians und Rogers II., wie die Lexika sie benannten, gaben noch lange kein Bild ab. Bei der thematischen Festlegung wie der jeweils vorgeführten historischen Stoffarten und Muster war wohl Paul Schulze, der damalige Konservator der Gewebesammlungen beteiligt, dessen Erläuterungen des Zyklus in üblicher Weise den historischen Hintergrund lieferten[39]. Die Entscheidung für die einzelnen Themen stand aber offenbar schon bei Auftragserteilung an Baur fest und war mit dem Ministerium für Unterricht vereinbart[40].

Die Besonderheit der Seidenindustrie mit den winzigen Kokons, um deren Export es in der Frühzeit ging, erforderte also – wollte man nicht allegorisch verfahren –, daß sich andere, alltägliche Handlungen in den Vordergrund schoben. Doch abgesehen davon ist die Schwierigkeit des gesamten Zyklus grundsätzlicher Art: Herrschafts- und Erfindungsgeschichte und damit Historien- und Genrebild im traditionellen Verständnis mußten eine Verbindung eingehen. Da sie jedoch höchstens mittelbar miteinander zu tun hatten, traf ihre bildliche Zusammenstellung auch nur Peripheres: Weder ist ein Repräsentationsakt im Sinne der tradierten Historienmalerei dargestellt, wie etwa in den Belehnungen, Krönungen oder Eheschließungen des Münchner Hofgartens, noch eine Handlung im Sinne der Menzelschen 'Verbürgerlichung' Friedrichs des Großen oder gar eine Arbeitsszene. Diese Diskrepanz bleibt auch in den drei restlichen Bildern bestehen, die allesamt Besuchsszenen von Herrschern in Seidenmanufakturen bzw. bei Seidenfabrikanten zeigen: Sie drängen den Arbeitsprozeß im wörtlichen Sinn an den Bildrand.

König Franz I. besucht eine Lyoner Seidenmanufaktur, Napoleon den Erfinder des neuen Webstuhls, Jacquard, auf der Pariser Ausstellung von 1806 und der Alte Fritz schließlich die Seidenfabrikanten Leyen in Krefeld. Die stereotype Gleichförmigkeit, mit der die herrschaftlichen Besucher in signifikanter Geste im Bildzentrum stehen, widerspricht ihrer Handlungslosigkeit. Die Reihe der Webstühle mit den arbeitenden Männern und die Frauen an den Spinnrädern bilden zwar beim Besuch Franz I. in der Lyoner Werkstatt das Ambiente, im Zentrum aber steht das kostbar gekleidete Königspaar. Seine Garderobe zeigt die Verwendung der hier produzierten Waren, die ihm in devoter Haltung vorgeführt werden. Doch der Griff des Königs in den Stoff erscheint eher gelangweilt, ja er läßt Assoziationen zu Karl Wilhelm Hübners stoffprüfendem Unternehmer in dem sozialkritischen Rührstück ›Die Schlesischen Weber‹ von 1844 aufkommen.

Abb. 181, 182

Da die ganze Herrscherparade aber in der Gegenwart der Krefelder Textilschule enden sollte, sich zunächst jedoch kein adäquates lokales Ereignis finden ließ, vermutlich, weil der erhoffte kaiserliche Besuch noch ausstand, mußte die Chronologie der Bildfolge geändert werden, konnte man doch den Zyklus nicht in Frankreich enden lassen. Napoleons Besuch bei Jacquard auf der „Exposition Universelle" wurde also vorgezogen. In seinem Erkennungsgestus, der ins Revers gesteckten rechten Hand, legt der im Bildzentrum postierte Napoleon gönnerhaft seine Linke auf die Schulter des greisen Jacquard, der an seinem selbst gebauten Webstuhl mit dem neuen Lochkartensystem in einer Treppenhausecke vor dem Eingang zur Ausstellung sitzt[41]. Der

Abb. 182

39 Die in 3 Auflagen publizierten Erklärungen behandeln darüber hinaus z. T. detailliert die verschiedenen Stoffmuster und Webarten, s. (Schulze) 1897.

40 Boetticher 1891.

41 (Schulze) 1897, S. 9–10, stellt den armen Erfinder, dessen „klapprige Maschine" nur am Rande der Ausstellung untergebracht war, heraus und würdigt Napoleon, von dessen Verständnis für zeitgenössische Technik er sonst

Erfinder wendet dem Herrscher den Kopf zu, doch gibt es keinerlei inhaltliche Verbindung. Die Begegnung ist situativ-zufälliger Art; der Feldherr ist *en passant* stehen geblieben. Der Weg führt hier vorbei, wie der eine Kostümparade vorführende Begleiterstab zwischen Treppe und Ausstellungseingang signalisiert. Bemerkenswert ist allerdings, daß zu einem Zeitpunkt, als Bismarck allen Künstlern, die preußische Beamte waren, ihre Beteiligung an der Pariser Weltausstellung von 1889 untersagte, Napoleon in einer preußischen Staatsschule überhaupt zur Darstellung kommen konnte.

Das vorerst den Zyklus abschließende Bild zeigt Friedrich den Großen, gefolgt von Herzog Ferdinand von Braunschweig und General v. Zieten, zu Besuch in einem eleganten Rokokosalon der Gebrüder Leyen, den im ausgehenden 18. Jahrhundert führenden Seidenfabrikanten Krefelds[42]. Die kostbaren Fabrikate des Unternehmens werden von den ebenso kostbar gekleideten Hausherren unter Anteilnahme der restlichen Familie und der Stadtvertretung vorgeführt. Des Königs Pose, eine seitenverkehrte Adaption aus Menzels Historienbild ›Die schlesischen Stände huldigen Friedrich‹, läßt den Feldherrn erkennen, der ebenso gut auf dem kurz zuvor besichtigten ehemaligen Schlachtfeld aus dem Siebenjährigen Krieg stehen könnte[43]. Des alten Fritz' Protektion der Seidenmanufaktur, die nicht in persönlichen Aktionen, sondern in Erlassen ihren Ausdruck gefunden hatte[44], wurde auch von Menzel durch den Besuch in den Webereien Krefelds veranschaulicht[45]. Im bescheideneren Medium der Grafik war die Verbindung von herrschaftlichem Besuch und Arbeitsmilieu jedoch leichter herzustellen. Abb. 183

Die drei letzten Szenen thematisieren also einmalige Besichtigungen von verschiedenen Herrschern, denen die Historiker die Förderung der Seidenindustrie attestierten. Insofern sind es monumentalisierte Erinnerungsbilder, wie sie anläßlich von Besuchen des Kaisers als Grafik erschienen. Lediglich Napoleons Besichtigung des Jacquard-Webstuhls verbindet sich mit einer für die industrielle Entwicklung der Seidenindustrie wichtigen Erfindung. Den beiden übrigen Besuchen entspricht auf der Ebene der Seidenbranche keinerlei entwicklungsgeschichtliche Neuerung. Insofern stellt der Zyklus keine Entwicklungsgeschichte dar, schon gar keine der Seidenindustrie. Er unterscheidet sich damit von dem Fortschrittsdenken, das zwei so verschiedenen Programmen wie Kaulbachs Weltgeschichte und Neureuthers mythologisierender Kulturgeschichte zugrunde lag. Statt dessen zieht sich in Krefeld eine Konstante durch die Szenen aus den verschiedenen Zeiten, nämlich die Verbindung zwischen Fürst und Bürger. Die geschwätzige Malweise, die mit erzählerischen Details das Milieu für die 'Bürgerkönige' schafft, um zu belegen, daß diese schon immer ein Herz für die Fleißigen und Erfinderischen hatten, entspricht den staatlichen Interessen an öffentlicher Malerei nach der Reichsgründung. Gegenüber der Zeit, in

nicht viel hielt, als in diesem Fall weitblickend, da er sofort erkannt habe, „daß er einer Erfindung ersten Ranges gegenüberstand". In Jacquards weiterem Leben hat sich davon allerdings nichts niedergeschlagen, mußte er doch um die Anerkennung seiner Erfindung gegen Unternehmer wie gegen Handweber kämpfen.

42 Eine Ölversion, 69 × 89 cm, wurde 1901 von Albert Baur jr., für das Krefelder Kaiser-Wilhelm-Mus. gemalt, wo sich das Bild noch befindet und einen Eindruck von der Farbigkeit der Brokatstoffe und Kostüme vermittelt.

43 „Das der Darstellung zugrunde liegende Factum ist folgendes: Der König besuchte nach Beendigung des siebenjährigen Krieges sein Erbland Kleve und kam am 10. Juni 1763 nach Krefeld. Am Morgen besuchte er das Schlachtfeld bei Krefeld in Begleitung des Siegers in jener Schlacht, des Herzogs Ferdinand von Braunschweig, der die Franzosen ... hier am 23. Juni 1758 geschlagen hatte". ZfbK 1890, Kunstchronik, Sp. 126.

44 (Schulze)1897, S. 8–9, zählt eine Reihe von Dokumenten auf, u. a. auch Anweisungen an den Magistrat der Stadt Krefeld, die Ansiedlung von „fabriquateurs, Kaufleuten und Handwerksleuten" zu erleichtern.

45 Vgl. Adolph Menzel: Friedrich II. besucht die Fabriken, Abb. in: Die Deutsche Geschichte in Bildern, Bd. 3, Dresden 1862.

der Entwicklungsgeschichte in der prospektiven Einigung noch ihr Ziel hatte, ist jetzt die Beschwörung der gemeinsamen Interessen von Industrie und Staat getreten. Insofern hat die Bildfolge *ein* konstantes Thema, das durch in sich abgeschlossene Episoden variiert wird.

Auf lokaler Ebene konnte die zeitgenössische Gemeinschaft von Bürger und Kaiser erst 1901 eingelöst werden, als endlich Kaiser Wilhelm II. mit seiner Gemahlin Krefeld einen höchstpersönlichen Besuch abstattete – allerdings nicht der Textilschule, sondern dem nach ihm benannten Abb. 184 neuen Krefelder Kunst- und Gewerbemuseum[46]. Im 1902 vollendeten Huldigungsbild, dessen Malweise nun bescheidene Jugendstileinflüsse erkennen läßt, bilden die Krefelder Honoratioren und seidengekleidete 'Ehrenjungfrauen' ein Spalier für das die Museumstreppe herabschreitende Kaiserpaar. Die Dekorationsgebärden dieses *tableau vivant* entsprechen dem Pomp der Einweihungszeremonie. Inhaltlich ist nun jeder Bezug zur Seidenindustrie aufgegeben. Es geht nur noch um die Selbstdarstellung[47] einer des kaiserlichen Besuches würdigen Stadt.

Die Allegorie als Dekoration

Die Addition dieser aus dem Geschichtszusammenhang „herausgegriffenen Momente" zu verketten und solchermaßen „in einen gewissen erklärenden Zusammenhang zu bringen"[48], war Aufgabe der von vornherein geplanten Zwischenbilder. Als „Scharniere" sollten sie die verschiedenen Arbeitsgänge der Seidenherstellung „allegorisch"[49] darstellen. Von den illusionistischen Hauptszenen, aus denen Arbeit verbannt war, setzten sie sich durch monochromes Grau ab, dem geläufigen Mittel, den andersartigen Realitätsgrad der Darstellungen anzuzeigen.

Die vier Szenen[50], von denen drei nur im Programm überliefert sind, thematisierten in enzyklopädischer Abfolge die Herstellung der Seide von der Entdeckung des Naturstoffes über die einzelnen Verarbeitungsstufen und das Musterentwerfen bis zum fertigen Produkt und dem Verkauf des Seidenstoffes als Ware. Sie enthalten also den für eine Produktions'geschichte' typischen Ablauf vom Naturstoff zur Ware, jedoch nur andeutungsweise historische Entwicklung. Jeweils ein Arbeitsgang wird von einer weiblichen Figur in kokett-üppigem, aber betont unhistorischem Gewand vorgeführt, wobei jeweils mehrere Figuren und somit auch mehrere Arbeitsgänge in einem Bildfeld zusammengefaßt sind. Gerahmt werden die hochformatigen, oben und unten halbkreisförmig geschlossenen Bildfelder von reichem, ornamentalem und figürlichem Rahmendekor, so daß die Zwischenbilder kartuschenartig wirken. Gegenüber den Historienbildern kommt ihnen also dekorative Funktion zu. Kinder, denen die Attribute bürgerlicher Tugenden zugewiesen sind, bilden die Verbindung zwischen ornamentalem Rahmen und figürlichem Binnenfeld.

46 Der zunächst vom Handwerker- und Bildungsverein initiierten Gründung des Krefelder Museums (Eröffnung 1884) folgte 1897 der Neubau von Hugo Koch, der als Kaiser-Wilhelm-Museum eingeweiht wurde. Mundt 1974, S. 247.

47 Alle männlichen Personen wurden nach Porträtvorlagen gearbeitet.

48 Wollseifen 1890, S. 244.

49 Vgl. ZfbK 1890/1891, Kunstchronik, Sp. 170; Wollseifen 1890, S. 244. Von sinnbildlichen Darstellungen spricht Burkart 1887, S. 301.

50 Es sind dies: 1. Auffinden und Abwickeln des Coconfadens; 2. Kochen, Haspeln, Weben des Coconfadens; 3. Naturstudium und Musterherstellung (Veredlung der Seiden-Industrie durch die Kunst); 4. Die Nutzbarmachung der Seiden-Industrie durch den Handel. Ausführlich zu den Zwischenszenen (Schulze) 1897, S. 5–6, 9–10.

Das erste Zwischenfeld führt ›Die Entstehung der Seidenindustrie durch Naturbeobachtung‹, das zufällige Entdecken des seidenen Fadens durch zwei „Jungfrauen"[51] vor. Das folgende, einzig überlieferte, zwischen der zweiten und dritten historischen Szene angeordnete Zwischenstück zeigt als Rahmenmotiv unterhalb der Binnenszene einen mit seidener Schärpe geschmückten Knaben, der einen Bienenkorb hält. Als Pendant lagern oberhalb des Innenbildes zwei Knaben vor einer Muschelnische zwischen üppigen Blumen- und Fruchtgirlanden. Sie beäugen neugierig das Netzwerk einer Spinne. Abb. 185

Die Natur selbst liefert also die Leitmotive. Im kindlichen Erkennen der Naturweisheiten mag noch ein Bedeutungsrest der Entdeckung des Webens und Spinnens im menschheitsgeschichtlichen Stadium der Kindheit enthalten sein, doch wird der Gedanke nicht wie in den Arabesken der Romantiker weitergeführt, sondern klingt als mögliche Assoziation an. Im Vordergrund steht das spielerische Moment, die kinderleichte Naturerkenntnis.

Das innere Bildfeld schließlich, das die Nutzanwendung solcher Naturerkenntnisse durch Arbeit thematisiert, bietet einen Ausblick ins Freie. Unter Maulbeerbäumen führen drei 'ideale' Frauengestalten das Kochen der Kokons, das Spinnen der Fäden an einem Handspinnrad und das Weben an einem Handwebstuhl vor. Die archaischen Arbeitsgeräte sind ihnen zwar zugeordnet, aber die Frauen betätigen sie völlig unbeteiligt. Sie verfahren also mit den Arbeitsgeräten wie die Personifikationen mit ihren Attributen, allerdings mit dem Unterschied, daß hier nichts anderes bedeutet wird, als das, was die Arbeitsinstrumente selbst aussagen. Auch sind die Figuren nicht handlungsmäßig aufeinander bezogen; jede schaut in eine andere Richtung, ihre Gruppierung ist rein dekorativ. Unabhängig von der realgeschichtlichen Arbeitsteilung, wie sie die Darstellung des Besuches von Roger II. in der Lyoner Manufaktur mit den Männern am Webstuhl und den Frauen am Spinnrad zumindest als Begleitmotiv berücksichtigt, erscheinen in den Zwischenstücken ausschließlich Frauengestalten. Sie sind von jener anonymen, glatten Schönheit, die sie den Reklamefiguren in der zeitgenössischen Werbung gleichordnet. Das tradierte, immer neu belebte Hoheitsmuster, zu dem die Frontalität, eine auf das Bedeutete gerichtete Gebärdensprache und in der Regel eine hierarchische Komposition zählten, ist aufgegeben. Analog der Historie, die sich mit dem Genre vermischt, indem die höfischen Personen in Baurs Zyklus ihre *repraesentatio* wie eine Maske abgelegt haben und leutselig vor dem nunmehr bürgerlichen 'Hof' stehen, nähert sich die Personifikation durch scheinbare Tätigkeit den Genregestalten.

Von keiner Arbeitsanstrengung gekennzeichnet, gehören diese Frauen zu dem Heer immer gleicher Figurinen, die ebenso gut ein Spinnrad halten können wie eine elektrische Glühbirne oder ein Stück Seife. Im Unterschied zu dem tradierten Personifikationstypus weisen sie ihre Attribute nicht nur vor, sondern scheinen auch mit ihnen zu arbeiten. Dies hat den Verlust jeglicher allegorischer Bedeutungsdimension zur Voraussetzung. Solange eine frontal thronende 'Industria' den Rocken hält und das Zahnrad zu ihren Füßen liegt, erwartet niemand, daß sie das zugeordnete Attribut auch als Arbeitsgerät benutzt. Wenn aber ein ganzes Spinnrad oder ein Webstuhl vor Baurs 'idealen' Frauengestalten aufgebaut ist, so liegt der potentielle Gebrauch nahe und ist auch gemeint. Die Attribute sind zu verallgemeinerten Tätigkeitsmerkmalen geworden, ohne daß eine neue Bedeutung hinzuträte. Damit ist vollends die „Differenz zwischen Sache und Bedeutung ein(ge)ebnet"[52].

51 (Schulze) 1897, S. 5.
52 Hess 1975, S. 570.

Doch im Unterschied zu den demonstrativ vorgetragenen Emotionen der Akteure in den Geschichtsbildern des Zyklus läßt die eher unspezifisch-freundliche, aber nicht individualisierte Präsenz der Frauen, ihre Entfernung von den gegenwärtig-realen Arbeitsbedingungen in einer Spinnerei oder Weberei bei gleichzeitiger Nähe zum zeitgenössischen Schönheitsideal der bescheiden-koketten Frau die Darstellungen für die Werbezwecke einer industriebürgerlichen Einrichtung wie der Krefelder Webschule genauso geeignet erscheinen wie für die Warenwerbung spezieller Firmen.

Abb. 180–183

Walter Benjamin setzt in seinen Baudelaire-Notizen des Zentralpark-Konvoluts die Allegorie des 19. Jahrhunderts mit der Ware in Beziehung: „Das Herausreißen der Dinge aus den ihnen geläufigen Zusammenhängen – das bei den Waren im Stadium ihrer Ausstellung normal ist“, kennzeichnet auch die „Zerstörung der organischen Zusammenhänge in der allegorischen Intention“[53]. Solches Aussondern „aus den Zusammenhängen des Lebens“ charakterisiert er als Zerschlagen und Konservieren zugleich: „Die Allegorie hält an den Trümmern fest. Sie bietet das Bild erstarrter Unruhe“[54]. Der Markt verbindet – so Benjamins Argumentation – die unterschiedlichsten Dinge miteinander wie die Todesvorstellung im 17. Jahrhundert die allegorischen Bruchstücke unter der Vanitas einte.

Ohne Benjamins Thesen für die bildlichen Allegorien des ausgehenden 19. Jahrhunderts und für Baurs Zyklus im besonderen überstrapazieren zu wollen, ist jedoch evident, daß es die Seide als Ware ist, die im Krefelder Zyklus die heterogenen Szenen zusammenhält. Ihr Warenwert motiviert das jeweilige herrschaftliche Interesse in den Geschichtsbildern. Die „Exposition Universelle“ des Napoleon-Bildes wie das Warenlager der Gebrüder Leyen, das vor Friedrich dem Großen ausgebreitet wird, verbildlichen das am evidentesten. In den Zwischenbildern spinnt sich der Faden des Zusammenhanges durch die verallgemeinerte Produktion der Seide, deren Warencharakter in der letzten Szene mit dem Kauf des fertigen Stoffes offenkundig wird.

Die Räumlichkeiten, in denen die Sammlungsstücke zu sehen waren, bildeten einen Anschauungsfundus für die Waren[55], die in der Webschule selbst[56] bzw. in den künftigen Werkstätten der hier Ausgebildeten produziert werden sollten.

Die Ware nun, so schreibt Benjamin an anderer Stelle des Zentralpark-Konvoluts, suche Baudelaire „auf heroische Weise zu humanisieren. Dieser Versuch hat sein Gegenstück in dem gleichzeitigen bürgerlichen, die Ware auf sentimentale Weise zu vermenschlichen: ... das versprach man sich damals von den Etuis, den Überzügen und Futteralen, mit denen der bürgerliche Hausrat der Zeit überzogen wurde“[57].

Abb. 185

Vermenschlichungsversuche stellten auch die zum Genre tendierenden ‘allegorischen’ Frauengestalten des Krefelder Zyklus dar und dies in zweifacher Hinsicht. Zum einen verkörperten sie – ähnlich den tradierten Personifikationen – wenn auch keinen Begriff, so doch eine Tätigkeit in menschlicher Gestalt; zum anderen zielte ihre erstarrtes Tun einzig darauf, die Transformation des Naturstoffes zur Ware zu dekorieren, der Arbeit ein zeitlos-schönes Antlitz zu verleihen. Nicht historistische Schnörkel verbrämen die Ware anheimelnd, sondern Handwerk und Weiblichkeit ummänteln zeitgenössische Arbeitsformen.

53 Benjamin GS I 2, S. 670, vgl. auch ebd., S. 686.

54 Ebd., S. 666.

55 Eine Auflistung der Sammlungsstücke nach Entstehungszeit und Ländern gibt M. Marius Vachon: Rapport ... sur les musées et les écoles d’art industriel ... en Suisse et Prusse Rhénane, Paris 1886, S. 85 f.

56 Mundt 1974, S. 164.

57 Benjamin GS I 2, S. 671.

Gerade angesichts der seit den 40er Jahren auch bildlich verbreiteten Kritik[58] an den menschenunwürdigen Arbeitsbedingungen und ihren sozialen Folgen im Bereich der Spinnerei und Weberei, die sich zwar nicht speziell gegen die Seidenfabrikation richteten, jedoch z. T. übertragbar sind, muß diese 'Vermenschlichung' als besonders plumper Versuch der Harmonisierung gewertet werden.

In den Zwischenstücken der Krefelder Bildfolge wird darüber hinaus die geschlechtsspezifische Rollenzuweisung deutlich: Während in den Historienbildern Frauen nur als Begleitfiguren auftreten und es selbst in den Rahmenmotiven der Zwischenbilder Knaben sind, die Kopfarbeit leisten, indem sie als die spielerisch Natur Erkennenden dargestellt sind, die dem Seidenspinner sein Geheimnis abgucken, vertreten die zeitlosen Frauen jene konkrete manuelle Arbeit, die mit scheinbarer Leichtigkeit das begehrte Produkt schafft, das dann in der letzten Zwischenszene von einem Mann als Ware gekauft wird. Hier bricht die Realität zeitgenössischer Rollenzuweisungen selbst in den Sektor dekorativer Idealität.

In den Historienbildern des Krefelder Zyklus wird also die Seidenindustrie Europas als Kooperation von Erfindern, Fabrikanten und Herrschern dargestellt. Unter dem wechselnden Protektorat der unterschiedlichsten Kaiser und Könige führt sie zu Wohlstand, was speziell für die Krefelder Unternehmer herausgestellt wird. Diese Verknüpfung von Staat und Industriebürgertum, der Nachweis, daß der Staat, vertreten durch den obersten Herrscher, schon immer auf das Wohl des erfinderischen Untertanen bedacht war und Industrie förderte, ist typisch für den Wilhelminischen Staat, der sich gerade nach der Depression im Anschluß an die Gründerjahre bemüht zeigte, als ideeller Gesamtunternehmer zu erscheinen und die Monarchie als industriefreundlich auszuweisen. Die Vergangenheit dient nicht mehr einer gesamthistorischen Entwicklungsperspektive, sondern nur noch dem Nachweis, daß es schon immer die Kaiser und die Könige waren, die sich als die obersten Schirmherren verdient gemacht hatten. Der Arbeitsprozeß in den dekorativen Zwischenbildern ist als überhistorischer gefaßt. Die archaisierende Darstellung der Arbeitsgeräte und die 'Idealität' der Frauengestalten überspielen dabei die weniger vorweisbaren zeitgenössischen Arbeitsbedingungen. Insofern sind Historienbilder und dekorative Zwischenstücke im Krefelder Zyklus gezielt kombiniert, sie ergänzen einander in spezifischer Weise.

58 Vgl. Karin Gafert: Die soziale Frage in Literatur und Kunst des 19. Jahrhunderts. Ästhetische Politisierung des Weberstoffes, 2 Bde., Kronberg 1973.

RESÜMEE UND AUSBLICK

Von der Monumentalmalerei zur Bildpresse

Die vielfältigen Bildprogramme für öffentliche Gebäude seit dem Wiederaufleben der Monumentalmalerei in Deutschland verbindet bei aller Unterschiedlichkeit von Stil, Inhalt und der verschiedenen Funktionen der Gebäude eine Geschichtsvorstellung, die von einem linearen Entwicklungsdenken geprägt ist. Die zyklischen Entwicklungsmodelle, wie sie der Malerei der Romantik zugrunde lagen, wurden vom Historismus, der sich mit Niebuhrs und Rankes geschichtswissenschaftlichen Arbeiten durchsetzte, abgelöst. Die Erkenntnis von der Unwiederholbarkeit von Geschichte setzte auch das Bewußtsein einer fortschreitenden Entwicklung frei. Die „Einmaligkeit des Ereignisses (war) theoretische Prämisse sowohl des Historismus wie des Fortschritts“[59]. „Man lernte“, wie Heinrich von Sybel 1856 rückblickend die Entstehung des neuen Geschichtsbildes in der Zeit nach den napoleonischen Kriegen beschrieb, „die Gegenwart auffassen als das letzte Glied einer geschlossenen tausendjährigen Kette, die Vergangenheit als die sprossende Wurzel des gegenwärtigen Daseins“[60].

Ohne behaupten zu wollen, daß die Künstler zur ausführenden Hand der Historiker geworden seien, so war doch gerade öffentliche Monumentalmalerei, die in Absprache mit den Auftraggebern, den Landesherren, ihren Ministerien und Sachverständigen entstand, diesem modernen Geschichtsverständnis verpflichtet. Hinzu kam ein weiteres: Das lineare Geschichtsdenken setzte sich in der „Zeit der nationalen Wiedergeburt und Befreiung“ durch. „Vergangenheit und Gegenwart verbindend, erhob sich die Vorstellung der Nationalität, als einer großen, die einzelnen Menschen umfassenden, durch die Zeitalter hindurch wachsenden Persönlichkeit“[61]. Auf die Ausbildung dieser „Persönlichkeit“, der Nation, die in Deutschland noch keine Gestalt angenommen hatte, richtete sich die Entwicklungsvorstellung. Fortschrittsbewußtsein bestimmte daher die Bildprogramme, die das immer wieder beschworene ‘vaterländische’ Bewußtsein fördern sollten, wohl nicht von ungefähr just so lange auch die Entwicklungslinie in die Zukunft verlängert werden sollte. Zwischen den 20er und 60er Jahren, das zeigen die untersuchten Programme, hatte die Monumentalmalerei der Nation ihr Ziel auszustecken.

Nicht gesagt ist damit, wie im einzelnen das in den Bildprogrammen verfolgte Entwicklungsziel aussah. Hier spielten die jeweiligen Auftraggeberinteressen die entscheidende Rolle, wie sich vor allem an den Konflikten um das einen Zyklus abschließende, also an die Gegenwart heranreichende Bild zeigte. Die lineare Entwicklungsvorstellung, die sich in allen Bereichen, von der thematisch traditionellen dynastischen Geschichte mit ihren Kriegs- und Zeremonienbildern im Münchner Hofgarten bis zur Technikgeschichte in den Technischen Hochschulen, durchsetzte, stellte spezifische Anforderungen an die Malerei, wollte sie die Dimension der Zeit einfangen. Zum wichtigsten bildlichen Erzählschema der Monumentalmalerei wurde der geschlossene Zyklus. Zugleich übernahm die Allegorie als überzeitliche Bildsprache eine zentrale Rolle. Ihr kam es zu, Kontinuitäten und Verbindungen zwischen den Einzelszenen zu stiften, den

59 Koselleck 1984², S. 155.

60 Heinrich von Sybel: Über den Stand der neueren deutschen Geschichtsschreibung, Marburg 1856, S. 4–5.

61 Ebd., S. 3.

Ereignissen Bedeutung zuzuweisen. Im gesamten Bereich der Technikgeschichte, wo bildwürdige Ereignisse im Sinne der Historie fehlten, wurden auf der Grundlage mythischer Figuren 'neue Allegorien' kreiert, die eine Alternative zum Geschichtsbild lieferten.

Auch in ihrer Thematik spiegeln die Ausstattungsprogramme öffentlicher Gebäude die Phasen einer sich differenzierenden Geschichtsschreibung. Waren es zunächst die konventionellen Themen der höfischen Historienmalerei, die Schlachten und Zeremonien, die zu einer Entwicklungsgeschichte geordnet wurden, so lagen Kaulbachs Berliner Zyklus die universalgeschichtlichen Bestrebungen der Geschichtsschreibung wie der Geschichtsphilosophie zugrunde. Nach der Jahrhundertmitte schlugen sich schließlich die Ansätze einer neuen Kulturgeschichtsschreibung nieder, die die Basis menschheitsgeschichtlicher Entwicklung weder in Kriegen noch allein in der Geistesgeschichte, sondern in der Geschichte der materiellen Kultur ansiedelten. Nach der Reichsgründung, als sich die 'nationale Frage' erledigt hatte, spiegelten auch die Bildprogramme der verstärkt geförderten Provinzstädte die Welle lokalgeschichtlicher Forschung. Insofern lieferten die historischen Wissenschaften den Rahmen, in dem sich die Bildprogramme bewegten, doch gaben sie keine Richtlinien, wie die Verbildlichung auszusehen hatte.

Die Bildsprache der neudeutschen Monumentalmalerei war zunächst von der strengen Linearität des Cornelius und seiner Schule bestimmt. Die in dieser Kartonkunst mit ihrer flächigen Farbigkeit enthaltene Abstraktion, die bei aller inhaltlichen Abgrenzung vom Klassizismus doch noch ein Stück 'Klassizität' im Sinne einer überindividuellen Prägung enthielt, kollidierte – obwohl Cornelius zunächst der Hauptvertreter der Monumentalmalerei war – schnell mit dem vom Historismus getragenen Bedürfnis nach geschichtlicher Besonderheit und Individualität. Dieser Konflikt äußerte sich vor allem bei Aufgaben, die – wie der Münchner Hofgartenzyklus – Abb. 18–20
in der eigenen Gegenwart münden sollten. Hier widersprachen nicht nur die prinzipiellen Auffassungen der Cornelius-Schule der Forderung seitens des Auftraggebers nach moderner Kleidung, sondern auch dessen Vorstellung von einer zeitgemäßen Massenregie im Bild. Personi- Abb. 26–27
fikationen dagegen vermochte diese eher typisierende als individualisierende Malerei problemlos Abb. 5, 6
zu integrieren.

Kaulbach, Vertreter der nachfolgenden, aus der Cornelius-Schule hervorgegangenen Künstlergeneration, kam mit seiner idealistischen Konzeption, die ihre Gestalten jedoch vor allem durch die farbige Modellierung mit dem Schein der Wirklichkeit ausstattete, dem Interesse an der individuellen Besonderheit vergangener Situationen entgegen. Er schien zugleich dem sich Abb. 71–78
im Staffeleibild entwickelnden Realismus einen akzeptablen Pol entgegenzusetzen. Obwohl Kaulbach allegorische Bezüge und Personifikationen für seine inhaltlichen Ziele benötigte, sind Abb. 75
diese Figuren gegenüber den historischen gestalterisch gleich behandelt. Mit dem Schein der Lebendigkeit geht allerdings die Verbindlichkeit der allegorischen Bedeutung verloren. Je stärker sich die historistische Tendenz zur emotionalen Wiederbelebung der Vergangenheit mit einer illusionistischen Darstellungsweise verband, um so mehr drohte sich auch der geschichtliche Zusammenhang innerhalb der Bildzyklen in einzelnen Partikel, in eine Reihe von Einzelereignissen aufzulösen. Hier nun erhielt die Allegorie insbesondere die Aufgabe, Scharnierfunktion für die einzelnen historischen Etappen und Momente zu übernehmen. Die gedankliche Kontinuität mündete – wie in Kaulbachs Weltgeschichte – in ein kaum mehr zu überblickendes System von Abb. 70
Zwischenzyklen.

In dieser mit der Historisierung der Themen einhergehenden Tendenz zum partiellen Naturalismus bildete der gesamte Bereich der modernen Technik und der Technikgeschichte zunächst eine Abb. 99, 103–106 Ausnahme. In den allegorischen Konstruktionen, die sich meist an mythischen Gestalten oder tradierten Personifikationen orientierten, dominierte die Tradition der konturbestimmten Kartonkunst oder sie wurden in Arabesken eingebunden. Dennoch läßt sich auch hier eine – gegenüber den Historienbildern allerdings später einsetzende – Tendenz zur illusionistischen Abb. 111–113 Gestaltung der Einzelfiguren, ihre Einbettung in ein tiefenräumliches Szenarium feststellen. Erst als sich die Technikpersonifikationen auch über die Firmen- und Warenwerbung verbreitet Abb. 167 hatten, traten sie an den offiziellen Wänden als neue Olympier und elegische Musen in penetranter Körperlichkeit in einen Illusionsraum. Hier entstand der offensichtlichste Widerspruch zwischen physischer Präsenz und beabsichtigter idealer Bedeutung. Gleichwohl blieben diese Szenen in ein entwicklungsgeschichtliches Bildprogramm, das auf industriellen Fortschritt ausgerichtet war, eingebunden.

Auf lokalgeschichtlicher Ebene, die nach Reichsgründung in den Vordergrund trat, zeigte sich dieselbe Tendenz zum Illusionismus. Mit den bürgerlichen Helden, die mit derselben Scheinrealität ausgestattet wurden wie die Idealgestalten der offiziellen Malerei in den Ruhmestempeln des Kaiserreiches, löste sich die Entwicklungsgeschichte vollends in genreartige Einzelepisoden auf. Damit blieben die Gestalten zugleich in ihrem biedermännischen Lokalpatriotismus befangen.

Abb. 180–184 Die Krefelder Bildfolge, die als einzige der untersuchten Ausstattungsprogramme keine Entwicklungsgeschichte im Sinne historischen Fortschritts mehr aufweist, spiegelt die „neue" Tendenz innerhalb der Monumentalmalerei öffentlicher Gebäude nach der Reichsgründung. War die Geschichte der Seide gemäß dem Anbringungsort in der Ausbildungsstätte künftiger Fabrikanten und Werkmeister auf die Kooperation von Staat und industriellem Bürgertum angelegt, so läßt sich an anderen Typen öffentlicher Gebäude eine analoge, auf die jeweilige Benutzergruppe zugeschnittene Thematik verzeichnen. Die Geschichtsentwicklung hat ihr Ziel im deutschen Kaiserreich gefunden. An Stelle der entwicklungsgeschichtlichen Zyklen der Zeit zwischen dem Wiederaufleben der Monumentalmalerei in Deutschland und der Reichsgründung tritt die Verherrlichung einer gegenwärtigen Volksgemeinschaft, in der alle Schichten unter der Krone des Reiches friedlich vereint sind.

Entsprechend verliert der Bildzyklus als Erzählform an Bedeutung; es dominieren Pendantbilder und monumentale Einzelszenen. In den irrealen Illusionsräumen der reichsoffiziellen Malerei treffen sich nicht nur Fürsten und Bürger wie im Krefelder Zyklus, sondern auch Personifikationen und Arbeiter. Für die Befriedung einer aufbegehrenden Klasse, die mit Sozialistengesetzen auf die Dauer nicht klein zu halten war, die ihre eigenen Organisationsstrukturen ebenso wie ein auf die Zukunft gerichtetes Geschichtsbild entwickelte, schien auch die bildende Kunst geeignet. Die besonders in den 90er Jahren zu verzeichnenden Bestrebungen um eine Integration und Sozialharmonie durch Partizipation an Kunst und Kultur, die in Wanderausstellungen und vor allem in der Presse ihren Niederschlag[62] fanden, spiegeln sich auch in der Monumentalmalerei.

62 Im ausgehenden 19. Jh. kulminierten verschiedene gleichzeitige Bestrebungen, Bildung durch Kunst zu vermitteln. Aktiv waren sowohl die Arbeiterbildungsvereine als auch Behörden und lokale Initiativgruppen. Vgl. AUSST.-KAT.: VON SCHULBILDERN UND BILDERBÜCHERN (Kaiser-Wilhelm-Mus.), Krefeld 1901, der unter dem Motto stand: „Tragen wir die Kunst in die Schule; die Schule wird sie in das Volk tragen". Vgl. auch die Aufsätze „Bilder in die Schulen!" im Kunstwart 1901; zu den Arbeiterbildungsvereinen und Wanderausstellungen mit Gemäldereproduktionen s. GAFERT (wie Anm. 58), Bd. 1, S. 30 ff.

Hier äußerte sich allerdings eher das Harmoniebedürfnis von Staat und Großbourgeoisie als das Kunstverlangen der Protegierten.

„Daß auch die Welt der Arbeiter in einer Zeit, in der sich das Denken eines Teiles der Besten aller Völker um die Arbeiterfrage dreht, kunstfähig werden müßte, versteht sich von selbst." Vor allem aber erhoffte man sich durch die „Partizipation am Schönen", daß „seine (des Volkes, M. W.) Begehrlichkeit sogar dadurch gedämpft werden (könnte), daß die Kunst ihm zu Gemüte führt, wie schön es in seiner Arbeit ist!"[63]

Dies aber, so machte Wilhelm II. bei der Einweihung der Siegesallee 1901 mit Blick auf den Naturalismus in der Malerei mit seinen z. T. sozialkritischen Themen deutlich, könne die Kunst nicht durch „niedere" Themen erreichen, sondern „das kann sie nur, wenn die Kunst ... erhebt, statt daß sie in den Rinnstein niedersteigt"[64].

Die Monumentalmalerei der 90er Jahre gibt beredtes Zeugnis, wie diese 'Erhebung' auszusehen hatte. Abb. 186 Als Hugo Vogel, Professor an der Berliner Akademie und überwiegend mit Monumentalmalereien beschäftigt, die einer „völlig gesunden Volkstümlichkeit sich erfreuen", auf der Großen Berliner Kunstausstellung von 1894 einen Entwurf für das Monumentalbild der Darmstädter Bank in Berlin zeigte, war es „das bestbestaunte Bild des Ehrensaales". Für das Vestibül des neuen Palastes einer der fünf deutschen Großbanken zeigte es ›Die Industrie unter dem Schutze der von der Wehrkraft gehaltenen Reichskrone übergiebt Arbeitern ihre Werkzeuge‹[65]. So grotesk wie der Titel war auch das Gemälde, in dem eine weißgekleidete Industria in der Leibhaftigkeit von Baurs Krefelder Ehrenjungfrauen erscheint. Sie wird von einem jener lendengeschürzten neugriechischen Schwertträger überragt, der die strahlende Reichskrone sonnengleich emporhält. Aus einer Industrielandschaft steigen zeitgenössisch gekleidete Arbeitergestalten empor, um das auf Lorbeerzweigen deponierte Zahnrad und weitere Werkzeuge zu empfangen. Diese Vermischung von sonst nur im Genre beheimateten Industriearbeitern mit halbnackten Personifikationen und Idealgestalten im Ambiente zeitgenössischer Industrie stammt aus der unternehmerischen Selbstdarstellung. Vor allem anläßlich von Firmenjubiläen erschienen seit den 70er Jahren Schmuck- und Erinnerungsblätter mit einem vergleichbaren idealen Apparat, dargestellt in demselben penetranten Detailrealismus[66]. Vogel überträgt diese Firmenhuldigungen nun in seinem Monumentalentwurf auf die verallgemeinerte Ebene von Industrie und Staat. Wie in den Jubelblättern erscheinen die Arbeiter in ihrer kraftstrotzenden, behäbigen Biederkeit als jener 'gesunde' Teil des Volkes, denen die Integrationsbestrebungen galten.

Die mit demselben Integrationsanspruch im Titel auftretende Zeitschrift Kunst für Alle meinte, Vogels Bildtitel klinge „wie ein gemaltes politisches Programm", und tatsächlich komme seine Darstellung „auf eine Verherrlichung des neuen Kurses heraus. Die Segnungen der Militärvorlage und des russischen Handelsvertrages und das Glück und die Zufriedenheit der Arbeiter infolge der sozialen Gesetzgebung sind gemalt, wie es in einem Leitartikel der Norddeutschen Allgemeinen zu lesen ist." Gegenüber der industriefördernden und sozial integrativen Politik

63 Karl Woermann: Was uns die Kunstgeschichte lehrt. Einige Bemerkungen über alte, neue und neueste Malerei, Dresden 1894^{4}, S. 170.

64 Zit. n. der Ausstellung: Dreimal Deutschland, Hamburg 1983, Dokumentation.

65 Die grosse Berliner Kunstausstellung 1894, in: Die Kunst für Alle, 9. Jg. 1894, S. 281. Ausgeführt wurde das Monumentalgemälde im Jahr darauf, s. Die Kunst für Alle, 11. Jg. 1895/1896, S. 66.

66 Ausst.-Kat.: Gründerzeit 1974, S. 133.

des neuen Reichskanzlers Caprivi, der Bismarck abgelöst hatte und statt auf die Sozialistengesetze auf eine bescheidene Sozialgesetzgebung baute, hätte es allerdings „mancher lieber gesehen, wenn ein Artikel aus Hardens ‚Zukunft' zu Grunde gelegt worden wäre. Aber jedenfalls ist es ein patriotisches Bild"[67].

Als 'patriotisch' ließ sich Vogels Gemälde insofern bezeichnen, als in ihm die Industria wie die Wehrkraft einen Hoheitsraum beanspruchten, der ebensogut vom Fürsten oder Staatsrepräsentanten auch persönlich eingenommen werden konnte.

In dem monumentalen Huldigungsbild der Württembergischen Industrie und Kunst vor ihrem Landesfürsten und seiner höfischen Ahnengalerie wie den bürgerlichen Helden des Landes, unter ihnen Schiller, in der Stuttgarter König-Karlshalle[68] zeigt sich ein vergleichbares Verhältnis. Zusammen mit der Personifikation von Eisenbahn, Elektrizität und Württembergica nebst einer halbnackten Muse, die Pegasus zügelt, reihen sich die Industriearbeiter ein in die Parade der Huldigenden. Das bei Vogel von dem wehrtüchtigen Neugriechen mit der emporgehaltenen Krone personifizierte Reich ist hier durch den Landesfürsten ersetzt. Prinzipiell sind Personifikation und Herrscher austauschbar. Erweitert gegenüber früheren Huldigungsdarstellungen ist der Ehrenzug um die Gestalt zeitgenössischer Industriearbeiter.

Schließlich erschienen die integrationsfähigen und bildungswilligen 'rohen Kerle' sogar auf Abb. 187 einem Theatervorhang, den Ernst Jordan für das Bielefelder Stadttheater entwarf[69]. Apolls Lichtstrahlen treffen von einem Wolken-Musenberg auch die markigen Schwerarbeiter in ihrer Eisenhütte und demonstrieren die staatlich propagierte Gesellschaftsharmonie durch 'Kunst für alle'. Doch hatte die Monumentalmalerei ihre führende Stellung als öffentliche Kunst inzwischen eingebüßt.

> „Wie die Zeitungen uns Modernen die antike Rednerbühne ersetzen, so muß die Illustration dermalen die eigentlich lebendige Historienmalerei genannt werden, bis einmal die Demokratie zur Herrschaft gelangt, vielleicht selbst monumentale Bauten unternehmen und damit eine neue Aera der Kunst eröffnen wird."

Friedrich Pecht, von dem diese Zeilen stammen, sieht also in der Grafik das eigentlich öffentliche Medium der zeitgenössischen bildenden Kunst, zumindest in einem Interim, bis zur Demokratie als überfälliger Staatsform. Seine weiteren Ausführungen stellen sich jedoch nicht gerade als neuartig heraus, bricht er doch eine Lanze für die neuen Allegorien, „die fast sämmtlich auf unser politisches oder doch soziales Leben Bezug haben". Damit werde es wieder möglich sein, „allegorische Figuren unter die Darstellung der Wirklichkeit zu mischen"[70].

Auch wenn Pecht damit noch nicht die sozialistische Bildpresse im Auge hatte, die in den 90er Jahren eine gewisse Gegenöffentlichkeit darstellte, zeigt sich gerade hier eine auffällige Beerbung der tradierten Personifikationen[71], allerdings – und darin unterscheidet sich ihre

67 Die grosse Berliner Kunstausstellung, in: Die Kunst für Alle, 9. Jg. 1894, H. 18, S. 281.

68 Vgl. Egon Hessling (Hrsg.): Decorative und Monumentale Malereien zeitgenössischer Meister. Eine Sammlung hervorragender Arbeiten des In- und Auslandes nach photographischen Aufnahmen, Serie A, Leipzig o. J., Tf. 36–37.

69 Vgl. Decorative Kunst, 7. Jg. 1904, S. 386.

70 Friedrich Pecht: Notizen aus München, in: ZfbK, 1. Jg. 1866, S. 58.

71 Vgl. Achten 1979; Achten 1980 mit einer Fülle von Beispielen aus den Maifestzeitschriften, Plakaten, dem Süddeutschen Postillion usw.; vgl. auch Ursula Zeller: Die Frühzeit des politischen Bildplakats in Deutschland (1848–1919), Stuttgart 1987.

Verwendung – unter einem veränderten Geschichtsverständnis. Geschichte wird nicht im Sinne historisch ausgewiesener, datierbarer Einzelereignisse mit namhaften Individuen vergegenwärtigt – sie ist daher auch nie national geprägt –, sie wird aber auch nicht als Genreszene verallgemeinert, sondern auf das hinter den Namen und Daten Stehende konzentriert. Es geht darum, das in den vielfältigen Erscheinungen verborgene Wesen aufzudecken, die 'Charaktermasken' abzustreifen. Bildlich geschieht dies durch Personifikationen, mythische Gestalten und verallgemeinerte Typenbildung. Die Vergangenheit wird also – im Unterschied zu Vischers Vormärzforderungen – nicht auf beispielhafte Vorbilder, auf identifikationsfähige Individuen, hin durchforstet, sondern im Gegenteil als Komprimierung aller Negativerfahrungen begriffen. Hauptthema dieser Grafik, wie sie vor allem im Wahren Jacob und im Süddeutschen Postillion erschien, ist die Befreiung von den Fesseln einer bis in die Gegenwart reichenden schlechten Vergangenheit, der eine verheißungsvolle Zukunft gegenübersteht. Im Unterschied zu den entwicklungsgeschichtlichen Bildzyklen der Monumentalmalerei finden sich daher in der Arbeiterbildpresse auch keine vielteiligen Folgen, sondern Pendantdarstellungen, die Vergangenheit bzw. Gegenwart und Zukunft konfrontieren.

Allein diese Zukunft ist positiv charakterisiert. Von daher wundert es um so mehr, daß gerade in diesen letztlich agitatorischen Zwecken dienenden Blättern die konventionellen Personifikationen und mythischen Helden weiterlebten. Ohne das bisher zu wenig bearbeitete Gebiet hier näher untersuchen zu können[72], sei auf Personal und Verfahren dieser Geschichtskonstruktion doch abschließend zumindest hingewiesen. Figuren wie ›Der befreite Atlas‹, ›Der moderne Simson‹ oder der ›Proletarische Herkules‹, der den ›Prometheus des 20. Jahrhunderts‹ befreit, verkörpern die 'Kraft des Volkes', die sich von der Last, die ihm die „neuen Götter" auferlegten[73], befreien kann. Diese mythisch erprobten Helden haben den wankelmütigen Michel aus der Zeit zwischen 1830 und 1848 abgelöst.

Auch ihr Gegenpart hat sich verändert. Es gilt keine Germania mehr zu befreien, sondern eine harmonische Zukunft, die in weiblicher Gestalt als ›Freiheit‹, ›Gleichheit‹ oder ›Wahrheit‹ auftritt. Als friedfertige Leitbilder führen diese weiblichen Personifikationen auch häufig die Demonstrationszüge der Arbeiter auf den Mai-Festblättern[74] an, meist in Anlehnung an Delacroix' ›Liberté‹. Doch zwischen den durch Übergröße und kostbare antikische Kleidung hervorgehobenen Idealgestalten, die handlungslos die Devise durch ihre Attribute verkünden, und den prozessionsähnlichen biederen Gestalten der Festzüge gibt es im Unterschied zu Delacroix keinerlei Handlungsbezug. Dadurch bleibt das Pathos des Vorbildes nur allzu häufig uneingelöst.

Auch dort, wo keine Vermischung zwischen zeitgenössischen Figuren und Personifikationen stattfindet, zeigt sich die Schwierigkeit, den konventionellen allegorischen Apparat für neue Inhalte zu nutzen. Hier sei abschließend auf eines der Pedantpaare, die Geschichte als Relation Abb. 188, 189
von Vergangenheit und Zukunft vergegenwärtigen, eingegangen. So ist die alte Welt auf einer Doppelseite des Süddeutschen Postillion von 1896 als Trias von Kirche, Kaiser und Kapitalismus vor einem Gewitterhimmel inthronisiert. Davor weist die prophetische Figur eines Wissenschaft-

72 Vgl. Hoffmann/Schmidt-Linsenhoff 1978, S. 349–384. Die 1986 an der Universität Osnabrück abgeschlossene Dissertation von Klaus Pohl: Allegorie und Arbeiter. Bildagitatorische Didaktik und Repräsentation der SPD 1890–1914. Studien zum politischen Umgang mit bildender Kunst in den politisch-satirischen Zeitschriften ... sowie in den Maifestzeitungen war mir nicht zugänglich.

73 Süddeutscher Postillion, 16. Jg. 1897, Nr. 3, S. 19.

74 Vgl. Achten 1980, S. 15, 19, 50/51, 202; Zeller (wie Anm. 71), Kap. 4.

lers über der Devise „Es werde Licht“ den in antikischer Nacktheit herannahenden ‘Söhnen des Volkes’ den Weg zum Sturz der dreigestaltigen Herrschaft.

Im gegenübergestellten Blatt mit der *subscriptio* „Es ward Licht“ finden sich die gestürzten Vertreter der alten Herrschaft zu Füßen des Thronpodestes wieder, während vor einem lichten Wolkenhimmel die jugendliche ‘Wahrheit’ von den beiden Jünglingsgestalten enthüllt wird. Mit ihrem himmelwärts erhobenen, Licht reflektierenden Spiegel erleuchtet sie vor allem sich selbst. Die Vagheit dieser Standardfiguration des späten 19. Jahrhunderts, wie sie aus den Musterbüchern und Werbeannoncen der Glühlampenfabriken vertraut war, relativiert sich auch durch den Kontext nur wenig. Die Worte der Schöpfungsgeschichte beschwören zwar die göttliche Kraft, die dem Bündnis von Erkenntnis und Handeln, von Wissenschaft und Volk zugesprochen wird, und die nackte Wahrheit nimmt nun die Stelle der alten Herrscher ein, die dem Untergang preisgegeben sind, doch wird auffällig wenig über diese neue Ära der Wahrheit ausgesagt.

Es bleibt vor allem unklar, woher diese Wahrheit ihr Licht bezieht. Die himmlischen Regionen sind dafür kaum geeignet, nachdem soeben der irdische Sachwalter des Jenseits gestürzt wurde. Da zumindest von der Programmatik des Süddeutschen Postillion auch keine göttliche Instanz
Abb. 171 gemeint sein kann, wird das alte Schema der *veritas* absurd, weil das Gegenteil von dem gemeint ist, was die übernommene Haltung des erhobenen Spiegels bedeutete. Während die Glühlicht-
Abb. 172 Reklamen an die Stelle des göttlichen Gestirns ihr käufliches Licht setzen und dadurch zumindest mit der alten Bedeutung bewußt spielen, erweist sich die Übernahme des Veritas-Schemas in der Agitationsgrafik als sinnwidrig.

Das Beispiel steht für viele andere. Die Konventionalität des Formenapparates, zunächst wohl durch das Fehlen eigener sozialistischer Künstler bedingt, zeigt sich in der gesamten Arbeiterbildpresse bis über die Jahrhundertwende hinaus. Gerade weil Geschichte nicht historisch rekonstruiert wird, sondern Vergangenheit und Zukunft in allegorischen Bildern plakativ gegenüberstehen, macht sich die mitgeschleppte alte Bedeutungslast um so bemerkbarer. Vermag die Allegorie als offene Figuration einerseits die Zukunftserwartungen einer noch zu schaffenden Geschichte in sich aufzunehmen, so erweist sich andererseits die Kraft der Bildprägungen. Die Formhülsen sind nicht beliebig verfügbar, sondern inhaltlich determiniert.

ANHANG

1. Aula der Universität Bonn

Cornelius' Konzeption der ›Theologie‹

(Bericht an Minister v. Altenstein, 3.2.1824)
zit. n. Schrörs 1906, S. 99ff.

Nach dem Beispiele der alten Meister, die ähnliche Gegenstände behandelt haben, hielt ich die historisch-symbolische Auffassung für den Zweck die angemessenste, und würde der Gedanke des Ganzen sein: Überblick der Geschichte der christlichen Theologie bis auf unsere Tage, wobei also wir uns gegen die etwaige Meinung versichern, als sollte es als entschiedene Ehrensache angesehen werden für denjenigen, der im Bilde sich fände, als in welcher Beziehung wir uns kein Richteramt anmassen.

Klar und charakteristisch sollen die Hauptrichtungen, selbst Verirrungen in der Theologie und ebenso die einzelnen Männer dargestellt werden; alle aber einigt der Gedanke der Lehre Christi. So thront die Theologie inmitten einer weiten Halle (für die ich, da bei der Auffassung des ganzen Bildes ich altitalienische Meister zum Vorbilde gestellt, auch die italienische Bauart angemessen fand), die eine Hand auf die Bibel gelegt, mit der andern das Kreuz des Christentums haltend; die Genien zur Rechten und Linken gehören den verschiedenen Seiten an und halten Tafeln, auf welchen passende Bibelsprüche geschrieben werden sollen.

Den Thron umgeben zunächst die vier *Evangelisten,* eine Quelle und Hauptstütze der Theologie, dann *Petrus* und *Paulus,* die Apostel, die sich um die Verbreitung des Christentums vorzüglich verdient gemacht, und in denen schon gewissermaßen die Motive liegen für die beiden Hauptrichtungen der Kirche, die katholische und die protestantische.

Um den Thron nun in zwei Reihen sitzt die Versammlung der vorzüglichsten Kirchenväter, mehr in stiller Betrachtung als handelnd gedacht, während was ihnen zur Seite steht, mehr in die dramatische Darstellungsweise übergeht.

Im Hintergrunde zur Linken finden sich die streitenden Sekten der *Montanisten, Gnostiker* und *Manichäer,* zu denen auch als vorzügliches Sektenhaupt *Arius* sich gesellt. Dann sieht man zunächst in einer Gruppe die geistlichen Ordensstifter *Benedikt von Nursia, Ignaz von Loyola* etc., denen auf der rechten Seite die späteren Vertreter des Christentums entsprechen: *Ulfilas, Bonifatius, Willebrord* etc. Als bezeichnende Hauptgruppe tritt jetzt in *Gregor* VII. die päpstliche Macht hervor, der von seinem hohen Stuhl herab Edikte an die Bischöfe erteilt, die freilich nicht ganz ohne Entsetzen vernommen werden; *Innozenz* steht bei *Leo* und *Gregor* d. Gr. Weiter nach vor(n) sind, um die scholastische Periode zu bezeichnen *Abälard,* den *Peter der Ehrwürdige* noch sanft zurückzubringen bemüht ist, während *Bernhard von Clairvaux* seinen überwiegenden Einfluß ihn fühlen läßt. Auch *Bonaventura, Thomas von Aquin* und andere finden sich, die Zeit verschiedenartig sich entwickelnder Elemente anzudeuten, und *Dante,* den auch die Alten stets zu den Theologen gerechnet, fehlt nicht bei jenen. *Thomas von Kempis* faßt begierig die Lehren Augustins auf, den er sich bekanntlich vorzugsweis als Führer gewählt. Die Seite schließt sich nach vorn mit zwei Männern aus der neuen Zeit, in denen eben die Tendenz ausgesprochen werden soll, die die Theologie katholischerseits bis in unsere Tage genommen.

Auf der rechten Seite nun bildet den Mittelpunkt *Luther,* begeistert nach oben gewandt, mit der Linken auf die Bibel zeigend, welche *P. Waldus* zuerst aus dem Bücherschrank vorgesucht, die *Zwingli* mit Eifer erfaßt; *Melanchthon* sucht den Heftigen zu besänftigen, seine Vorgänger *Hus* und *Wiklif* stehen hinter ihm, auch *Calvin* u. a. m. Durch *Spener, Calixtus* etc. wird der Übergang in die neue Zeit bewirkt, wo denn der würdige *Schleiermacher* aus dem Gedanken neuer evangelischer Theologie am meisten zu entsprechen scheint. Wir würden uns möglicher Mißverständnisse wegen, als ob einem andern dadurch an seiner Ehre abginge, wenn er sich nicht dabei wüßte, solcher Bildnisse wohl enthalten, wenn jene Bedenklichkeiten nicht zu geringfügig, ja kleinlich, der Gewinn dagegen, der dem Bilde, das zugleich den Charakter seiner

Zeit tragen und als ihr Denkmal der Zukunft übergeben werden soll, durch lebendes sprechendes Bildnis wird, viel bedeutender wäre, und wir nicht die gleiche Weise alter Meister für uns hätten.

Zu den Arabesken an beiden Seiten sind die Motive aus dem Alten und dem Neuen Testament genommen.

Die Bilder selbst nun werden als Teppiche gedacht, die an Säulen rings befestigt sind, deren Anordnung wie die ganze architektonische Einrichtung Herr *Pose* besorgen wird, mit dessen Plane ich in vollkommenem Einverständnisse bin.

2. Hofgartenarkaden, München

Bildprogramm

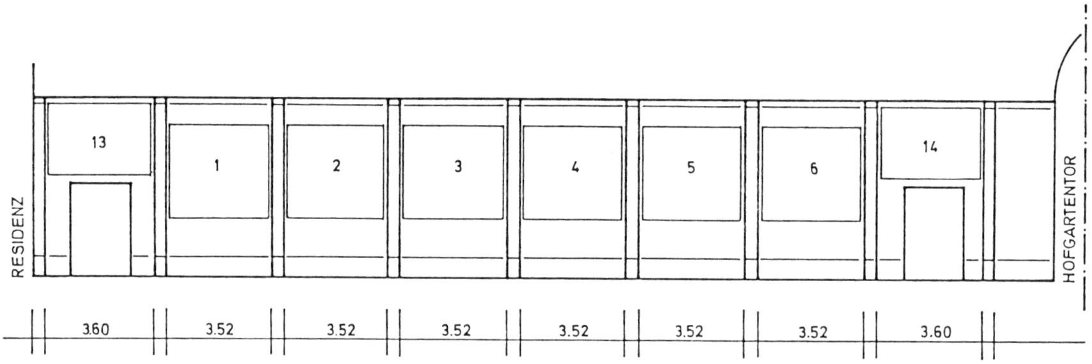

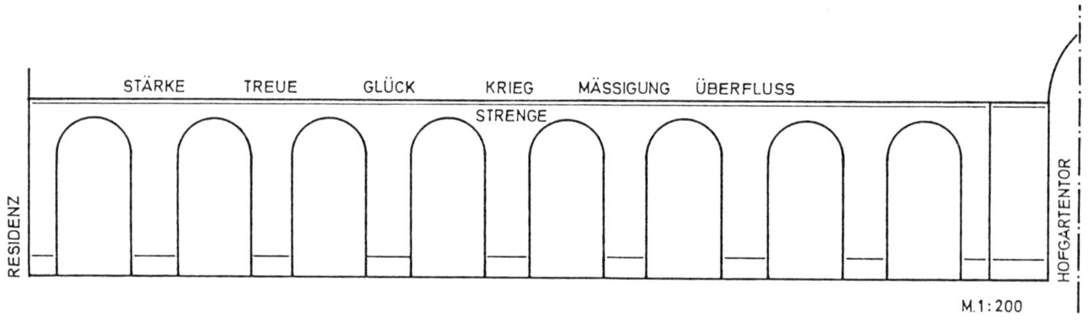

Die grossen Historienbilder

1. „Befreyung des deutschen Heeres im Engpasse von Chiusa durch Otto den Großen von Wittelsbach 1155"
   Ernst Förster

2. „Pfalzgraf Otto von Wittelsbach's Belehnung mit dem Herzogthume Bayern 1180"
   Clemens Zimmermann

3. „Vermählung Otto des Erlauchten mit Agnes Pfalzgräfin bey Rhein 1225"
   Wilhelm Röckel

4. „Einsturz der Innbrücke bei Mühldorf mit den darüber fliehenden Böhmen 1258"
   Karl Stürmer

5. „Sieg Kaiser Ludwig des Bayern bei Ampfing 1322"
   Carl Hermann

6. „Ludwig des Bayern Kaiserkrönung zu Rom 1328"
   Hermann Stilke

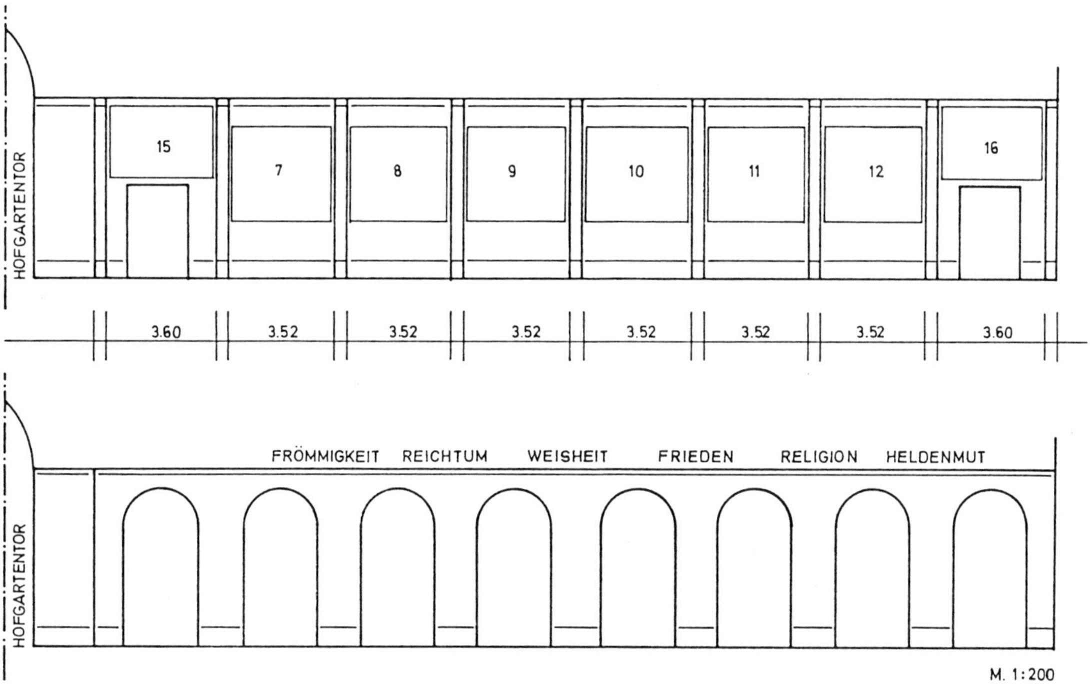

PLAFOND	PERSONIFIKATIONEN (zerstört)
„An Euch Pfalzgraf ist es, diese Schmach zu retten“	Die Stärke Ernst Förster
„Ich meine, Eures Treumuths zu gedenken“	Die Treue Clemens Zimmermann
„Bayern und Pfalz, Gott erhalt's“	Das Glück C. Sittmann nach Clemens Zimmermann
„Tritt mich nit, ich leid's fein nit!“	Der Krieg und die Strenge Ernst Förster (Krieg) J. G. Hiltensberger nach A. Eberle (Strenge)
„Willkommen Vetter, ich freue mich, Euch zu sehen“	Die Mäßigung Philipp Foltz nach Adam Eberle
„Mein Volk zu schirmen, trag ich Schwert und Scepter, es zu beglücken, meine Krone“	Der Überfluß C. Schorn

7. „Bayerns Herzog Albrecht III. schlägt Böhmens Krone aus 1440“
Georg Hiltensperger

8. „Herzog Ludwig des Reichen Sieg by Giengen 1462“
Wilhelm Lindenschmit

9. „Herzog Albrecht IV. gründet das Recht der Erstgebung zu der Regentenfolge Bayerns 1506“
Philip Schilgen

10. „Der Cölnischen Burg Godesberg Erstürmung durch die Bayern 1258“
Gottlieb Gassen

11. „Maximilian I. Herzogs von Bayern Erhebung zum Churfürsten 1623“
Adam Eberle

12. „Chur-Fürst Maximilian Emanuel erstürmt Belgrad 1688“
Carl Stürmer

Die kleineren Historienbilder über den Durchgängen

13. „Bayern erstürmen, die Ersten, eine türkische Verschanzung vor Belgrad 1717“
Dietrich Monten

14. „Maximilian Joseph III. stiftet die Akademie der Wissenschaften 1759“
Philipp Foltz

15. „Bayern schlagen die Entscheidungsschlacht bei Arcis-sur-Aube mit 1814“
Dietrich Monten (zerstört)

16. „König Max Joseph I. gibt seinem Volke die Verfassungsurkunde 1818“
Dietrich Monten

über dem Eingang zur Residenz

17. Bavaria
Johann Georg Hiltensperger

über den Rundbogen-Durchgängen zum Hofgartentor

18. Rhein und Donau
Wilhelm Kaulbach

19. Main und Isar
Wilhelm Kaulbach

„Man muß Waisen schützen, nicht berauben“	Die Frömmigkeit Christian Ruben
„Heut lebendig oder todt, bleib ich bei meinem Volk“	Der Reichtum Philipp Foltz nach Wilhelm Kaulbach
„Gottes Wille geleitet zu Rath und That“	Die Weisheit Philipp Foltz nach Wilhelm Kaulbach
„Wenn Gott mit uns – Wer ist dann wider uns?“	Der Frieden Ernst Förster
„Der die Krone eines Andern ehrt, ist auch der seinen werth“	Die Religion Carl Stürmer
„Bayern mir nach“	Der Heldenmut Carl Stürmer

Plafond

„Reize den Löwen nicht“

„Ohne Geschichte des Vaterlandes gibt es keine Vaterlandsliebe“

„Hört ihr's! schon jauchtzt es uns donnernd entgegen! Brüder hinein in den blitzenden Regen!“

„Die Liebe meines Volkes ist das Glück meines Herzens und soll der Ruhm meines Thrones seyn“

3. Altes Museum Berlin

Schinkels Erläuterungen zu dem Bilderfries der Vorhalle

Erklärungstexte zu den vier Gouache-Entwürfen (1828–32) für die untere Halle des Berliner Museums (zit. n. Förster 1837, S. 97–99, z. T. identisch bei Kugler 1833, dort jedoch nicht als Zitate gekennzeichnet und mit eigenen Kommentaren vermischt).

1. „Uranos und um ihn die Gestirne den nächtlichen Reigen tanzend"

2. Jupiter und die neue Götterwelt

„Saturn und die Titanen ziehen ins Dunkel der Vorzeit zurück. Jupiter beginnt den neuen Lauf der Welt, das belebende Feuer verbreitend. Die Dioskuren, die ersten Lichtspender, ziehen ihm voran. Prometheus raubt das Feuer für die Bewohner der Erde. Die Heerde des Mondgewölkes zieht am Nachthimmel, an das Reich des Saturn erinnernd.

Selene führt leuchtend ihren Wagen durch die Nacht.

Das Leben der Selene geht später in das der Diana über, es erscheinen Gestalten der Jagd, zugleich als Sternbilder des Schützen und Löwen. Geschäftige Himmelsgestalten sind bei der Entfaltung der weiten nächtlichen Decke behülflich.

Die Nacht entfaltet den Mantel, aus welchem die Gestalten sich entwickeln, ihre Kinder ruhen um sie. In dem warmen Dunkel liegt der Keim alles Entstehens unter dem mannichfachen Bilde der Liebe, des Erwachens und Erweckens.

Die Elemente eines mannichfachen Lebens entwickeln sich, dem anbrechenden Tage entgegenziehend. Ein Traum wird zum Erwachen und die noch schlafende Mutterliebe ins thätige Leben fortgezogen von Gestalten, die auf Arbeit und Ernte deuten. Noch schlummernd wird der Krieg vorsichtig umhüllt, weil die Zeit seines Wirkens noch nicht gekommen; vor ihm her schwebt der Friede in heiterer Gesellschaft jungfräulicher Musen. Vor ihnen gießt ein Kind des Himmels befruchtenden Regen auf die Erde herab. Elemente der Wissenschaft zeigen sich, die Tiefen werden gemessen, störend treten die Naturkräfte dazwischen, Stürme scheuchen die Nachtvögel aus den Wäldern auf. Die Kinder des Himmels kämpfen mit diesen aus Saturns Herrschaft übrig gebliebenen Geschöpfen und fliehen vor ihnen. Samen, Blüthenstaub, Befruchtung wird mannichfach auf die Erde herabgestreut, erfrischender Nachtthau wird aus dem Gewölk herabgegossen. Ein Hahn verkündet den Tag, mit welchem zugleich die Sorge beginnt. Die Mutter nimmt ihr Kind in Schutz vor den verfolgenden Nachtgeschöpfen. Auf Bestellung der Erde deutet ein Gärtnerpaar, Morgenthau rieselt aus der Kanne auf die Flur herab. Ein Harfenchor in Morgenwolken verkündet den Aufgang der Sonne, unter ihm erheben sich singende Lerchen von bethauten Kornfeldern. Das Morgengestirn, die Venus, folgt der Sonne und deutet dem Eros seine Bestimmung auf der Erde an. Aus dem Morgengewölk erheben sich heitere Bilder der Hoffnung und der Verehrung für den kommenden Tag. In den Gewölken der Sonnenglorie führen Vorboten der Grazien die heiligen Schwäne des Sonnengottes. Der Sonnengott entsteigt mit seinem Viergespann dem Meer zur Beleuchtung der Welt; mit ihm schweben die Grazien, um sie zu verschönen."

3. Menschenleben

„Auf den Morgenhöhen des Helikon entspringt unter dem Hufschlag des Rosses, welches einst die Ueberwinder der Ungeheuer, Perseus und Bellerophon, trug (des Pegasus), der Quell der Phantasie. Unter dem Liebkosen unschuldiger Nymphen rieselt er hinab in den Brunnen, aus welchem der beglückte Mensch den Trank der Begeisterung schöpft und von wohlthätigen Wesen empfängt, damit sich sein irdisches Leben verschöne und ihn Ahnungen und Vorgenüsse des Himmels begleiten in seiner Entwicklung unter Gesetzen des zeitlichen Fortschreitens im *Morgen und Frühling des Lebens*.

Im *Sommer und Mittag* des Lebens begegnen wir der Ernte und ihren Freuden. Kinder und Häschen spielen im Kornfeld. Ein junger Held wird aus dem Quell der Begeisterung zu schöner und kühner That erfrischt. Musikgenuß; unschuldiger Muthwille mit dem Element der Phantasie. Hinter dem Schleier der stürzenden Quelle der Dichtung schimmern im tiefen Schooße der Erde die strengen Gewalten (die Parzen), welche die Gesetze des irdischen Lebens unerbittlich halten.

Die dichterische Hülle leiht auch ihnen eine mildere Form, menschenfreundliche Genien umspielen sie, an dem Schicksal des Menschen Antheil nehmend, selige Geschöpfe, im Elemente des Schönen (nämlich in dem vor der Höhle sich sammelnden Wasser) schwimmend und dasselbe Andern spendend. Musik des Waldes in der Ferne, Begeisterte, die sich am geflügelten Rosse erfreuen. Werkleute staunen beim Anblick des wohlthätigen Elements. Wohlthätige Nymphen gießen die schöne Fluth in den Brunnen hinab, aus dem ein junger Dichter schöpft. Ein Gesetzgeber naht sich überrascht der schönen Quelle, die auch ihn erfrischen soll.

Die Werkstatt des Künstlers schließt sich alten Denkmalen an. Unter dem Einflusse des Genius entsteht durch Künstlerhand das Werk (der Sculptur). Die Natur selbst führt gefällig auf Verzierung hin, der Akanthus schlingt sich um die Form des korinthischen Capitells. In der Werkstatt arbeiten Gehülfen und Schüler. – Das Fest der Kelter am Anfang des Winters erfordert schon die heimliche Flamme des Heerdes; die Mutter wärmt das am Glanz des Feuers sich freuende Kind. – Helden kommen siegreich zurück. Das Alter erfreut sich am schönen Tanze der Musen, die im Abendschimmer und Mondesglanz das Alter besuchen.

Psyche blickt sorgend aus der Wohnung des Weisen nach ihrem Liebling. Der Weise auf hohem Felsensitze schauet in den Nachthimmel und ergründet den Lauf der Gestirne. Luna steigt zum Meer hinab. Ein Greis ist in Betrachtung des Elements versunken, das ihm zauberisch (Wellen schlagend) entgegen kommt. Der kühne Schiffer nimmt den Gruß der Muse mit sich und treibt ins weite, mondbeglänzte Meer hinaus."

4. „Die Trauer am Grabeshügel und der Anfang eines neuen Tages"

4. Neues Museum Berlin

Bildprogramm der Treppenhaushalle

Wilhelm Kaulbach (ausführende Mitarbeit: M. Echter, J. Muhr)

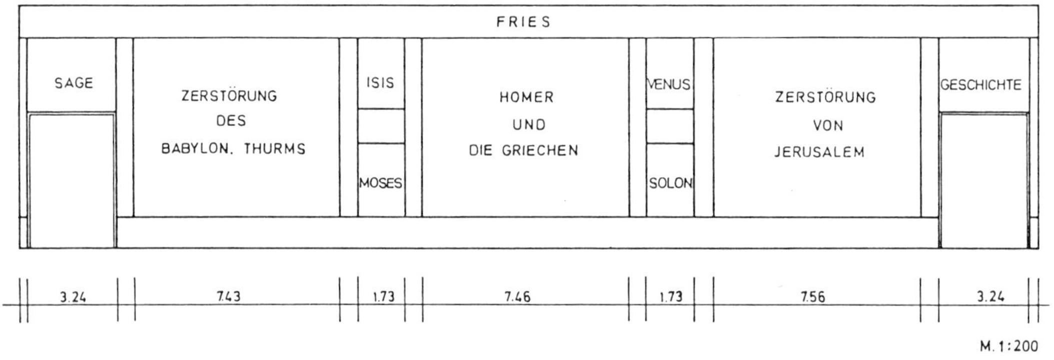

I. Hauptzyklus

1. Die Zerstörung des babylonischen Thurmes
2. Homer und die Griechen
3. Die Zerstörung von Jerusalem
4. Die Hunnenschlacht
5. Die Kreuzfahrer vor Jerusalem
6. Das Zeitalter der Reformation

II. Zwischenzyklus A

1. Die Sage
2. Die Geschichte
3. Die Wissenschaft
4. Die Kunst

III. Zwischenzyklus B/C

1. Moses – Isis
2. Solon – Venus
3. Karl der Große – Italia
4. Friedrich der Große – Germania

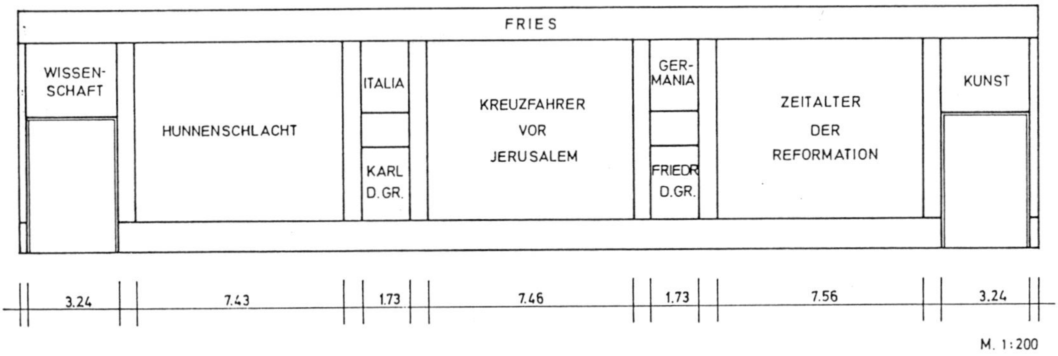

IV. Zwischenzyklus D (Friesstücke zwischen B/C)

1. Der Zug Ramses des Großen nach Indien
2. Der Zug Alexanders des Großen nach Asien
3. Der Zug der byzantinischen Kultur nach Italien
4. Der Sieg der europäischen Kultur in der neuen Welt und in Asien und Afrika

V. Arabesken auf den ‚Pilastern'

VI. Personifikationen an den Stirnwänden

Die Musik – Die Architektur
Die Malerei – Die Skulptur

VII. Grosser Fries

Arabesken der Weltgeschichte und Kulturentwicklung

Kaulbachs Konzeption des Reformationsbildes (Sommer 1859)

(Ms München, Stabi, KA VI, 6a Historische Materialien 1) modifiziert ausgeführt

„Der Gegenstand des Bildes ist der Aufgang einer neuen Kultur im 16. Jahrhundert, wie derselbe durch die religiöse Bewegung, durch die großen Naturentdeckungen, die Wiedererweckung des Altertums und die daran sich anschließende Kunst und Wissenschaft bezeichnet wird. Den geistigen Höhepunkt bildet die Religion, die Reformation, und so stehen wir bedeutungsvoll innerhalb einer gotischen Kirche, im Mittelschiff, aber so daß nicht nur der Chorschluß (?) direkt vor unseren Augen ist, sondern auch der Einblick in die Kapellen der beiden Seitenschiffe offen steht. Der erhöhte Chor des Mittelschiffs nun ist der Religion geweiht. Hier steht Luther, die deutsche Bibel emporhebend, Zwingli und Buchenhagen ihm zur Seite, dann rechts von ihm Calvin, links von ihm Melanchton, die das Abendmahl in beiderlei Gestalt spenden. Zu Calvin treten Franzosen, Engländer, Niederländer heran, wir erkennen Coligny und Wilhelm von Oranien unter ihnen; vor Melanchton stehen oder knieen die deutschen Fürsten; an den beiden Pfeilern, die das Mittelschiff einrahmen sehen wir links, auf Calvins Seite, Elisabeth von England, rechts Gustav Adolf als Vertreter des Nordens; sie stehen damit wie die beiden politischen Säulen des Protestantismus da. Hinter den Reformatoren im Chorabschluß sitzen ernste hohe Männergestalten, die Vorläufer der Reformation, Huß Savonarola, Wicliff, Wasal, Wessel, Tauler, und ganz im Hintergrund als die ersten Herolde eines freien Geistes Abalard, Arnold von Brescia, Peter Waldus. Unter ihnen ragt die Orgel mit der Sängerbühne; da wird das protestantische Kirchenlied angestimmt, dies erste künstlerische Erzeugnis der Neuzeit, die Fortsetzung und Vollendung der altchristlichen Hymnen wie der hussitischen Gesänge im Anschluß an das deutsche Volkslied, wodurch ein Schatz religiöser Poesie gewonnen ist wie ihn nur die Hebräer in ihren Psalmen hatten, die hier gleichfalls erneuert wurden. So ist das Religiöse als der Mittel- und Höhepunkt des Jahrhunderts auf dem erhöhten Teile des Mittelschiffs und der Emporbühne veranschaulicht. Blicken wir in die daneben befindlichen Kapellen der Seitenschiffe, so sind deren Räume in gleicher Weise durch mehrere Stufen erhöht. Im Seitenschiff zur Linken vom Beschauer befinden sich die Astronomen, Copernikus zeichnet die Sonne von den Planeten umkreist, Galilei mit dem Fernrohr und Kepler mit der harmonica mundi neben ihm. Im Seitenschiff zu unserer Rechten malt Dürer, und Peter Vischer, Leonardo da Vinci, Raphael reihen sich an während neben ihnen Buchdrucker tätig sind und Gutenberg ein gedrucktes Blatt emporhält, der Künstler denkt an Luthers Sendschreiben an den Adel deutscher Nation. Die Kunst, die astronomischen Entdeckungen, die technischen Erfindungen, die eine neue Zeit bekundeten und begründeten, sind damit klar hervorgehoben.

Im Vordergrund nun haben wir zwei große Gruppen. Rechts unterhalb der Künstler und von da nach der Mitte des Bildes hin ist die Wiedererweckung des Altertums dargestellt, aus einem antiken Sarkophag, geschmückt mit dem Relief der Minerva wie sie den von Prometheus gebildeten Menschen beseelt, holt Petrarka die Handschrift der Gesänge Homers hervor, ihm gegenüber sitzt Shakespeare, der größte Dichter des Zeitalters, ein Sohn seiner geistigen Bewegung neben ihm Cervantes, der in der spanischen Literatur den Anbruch einer neuen Epoche der Weltgeschichte am entschiedensten ausspricht. Mehrere Gelehrte wie Ulrich von Hutten, Dumoulin, reihen sich an, Erasmus und Reuchlin schreiten von hier nach der Mitte, nach den Reformatoren hin; die Berufung auf die Autorität der Bibel und die Schriftauslegung gründete sich auf das neubelebte Sprachstudium. – Die entsprechende Gruppe zur Linken ist den großen Entdeckungen in der Natur gewidmet, sie befindet sich sachgemäß unterhalb der Astronomen. Kolumbus steht im Vordergrund, die gefesselte Hand auf den Erdglobus gestützt, den Beheim hält. Der Entdecker Amerikas ist mit seinem Angesicht den Reformatoren abgewandt, er blickt aus dem Bilde heraus, er gehörte einer anderen religiösen Richtung an, aber er half dennoch der Neuzeit den Boden bereiten. Die Kosmographen Münster und Bacon von Verulam betrachten das auf dem Globus aufgezeichnete neue Land; im Hintergrunde stehen Historiker wie Aventin, nach rechts sehen wir Paracelsus, den Botanikus Fuchs und Sebastian Frank. Zu Columbus Füßen liegen Waffen und Pflanzen aus Westindien, entsprechend den Trümmern antiker Statuen vor Petrarka und den Altertumsforschern. In der Mitte zwischen beiden Gruppen, zwischen Baco dem realistischen Philosophen und Shakespeare, dem ebenso weltkundigen als sittlichreligiösen Dichter sitzt Hans Sachs, der Vertreter des deutschen Bürgertums und bietet dadurch einer dritten Gruppe Raum, die sich über ihm, zwischen ihm und den Reformatoren aufbaut; sie bezeichnet den Religionsfrieden und die Versuche durch Waffengewalt ihn zu zerreißen. Bucer umarmt den Kardinal Contarini, der wehmutsvoll mit gefalteten Händen niederblickt und hält einem barschen Soldaten die Urkunde des Augsburger Friedens von 1532 hin; aber schon wird sie vom gezückten Degen zerrissen, als zwei andre Männer (der das Rechte des Kriegs und Friedens feststellende Hugo Grotius ist der vorderste von ihnen) Ruhe und Duldung gebietend dazwischen treten.

Einige Verbindungsfäden zwischen den einzelnen Gruppen werden sich in der Ausführung deutlicher ergeben. So hält Raphael eine Tafel mit der Schule von Athen im Mittelgrund über den Altertumsforschern und Erasmus blickt beruhigend nach der bewegteren Gruppe um Contarini.

Das Bild kommt gerade der Völkerscheidung gegenüber zu stehen und ist darauf berechnet. Wie dort die Nationen sich trennten und einander fremd wurden, so werden hier die Bahnen des Verkehrs für sie wieder geöffnet und durch die Entdeckertätigkeit, durch Columbus, die Völker der Erde in ein gemeinsames Kulturleben hineingezogen. Wenn sie dort einander unzugänglich wurden und ihre Sprachen wie ihre geistigen Schöpfungen wechselweise nicht recht verstanden, so besagt hier die Wiedererweckung des Altertums und das Sprachstudium, daß der Geist in seiner Vergangenheit heimisch werden will, jede Volkseigentümlichkeit ihm verständlich werden soll. Wenn dort die religiöse Wahrheit in der Form der Mythologie durch die Fantasie eingehüllt und nach Maßgabe der nationalen Anlagen und Richtungen verschiedenartig gestaltet ward, so findet die Menschheit nun in dem Evangelium der Liebe, in dem reinen Worte des Christentums eine gemeinsame religiöse Überzeugung, ein Band der Vereinigung, die ursprüngliche Einheit wird in der Fülle des besonderen Lebens wiedergewonnen."

5. Realschule Düsseldorf

Bildprogramm der Aula

(Eduard Bendemann)

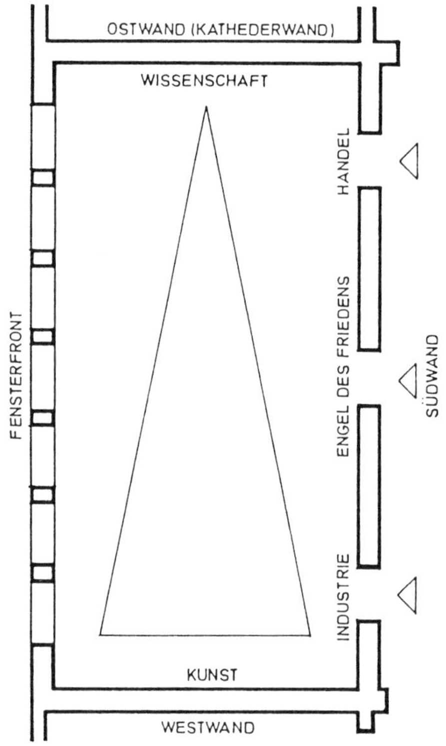

GRUNDRISS AULA
1. OBERGESCHOSS M. 1:200

DIE PORTRÄTMEDAILLONS (s. Schema auf der folgenden Seite)

Ostwand:

1. Karl Fr. Gauss
2. Leopold v. Buch
3. Otto v. Guericke
4. Johannes Müller

5. Immanuel Kant
6. Friedrich Aug. Wolf
7. Joh. H. Pestalozzi
8. Karl Ritter

Südwand:

9. G. E. Lessing
10. Jacob Grimm

11. Bruno v. Warendorp
12. Joh. G. Büsch
13. Chr. Fr. Perthes
14. Everhard Jabach
15. Friedrich List
16. Karl Georg Maassen

17. Jos. v. Fraunhofer
18. Friedrich Krupp
19. Abr. Gottlob Werner
20. Freiherr v. Stein
21. Friedrich König
22. Jacob Ressel

23. Hans Sachs
24. Ernst M. Arndt

Westwand:

25. Joh. G. Schadow
26. Christian Rauch
27. Heinrich Jacobi
28. Fr. Wilh. v. Schadow

29. Karl L. Immermann
30. F. Mendelssohn-Bartholdy
31. Erwin v. Steinbach
32. K. Fr. Schinkel

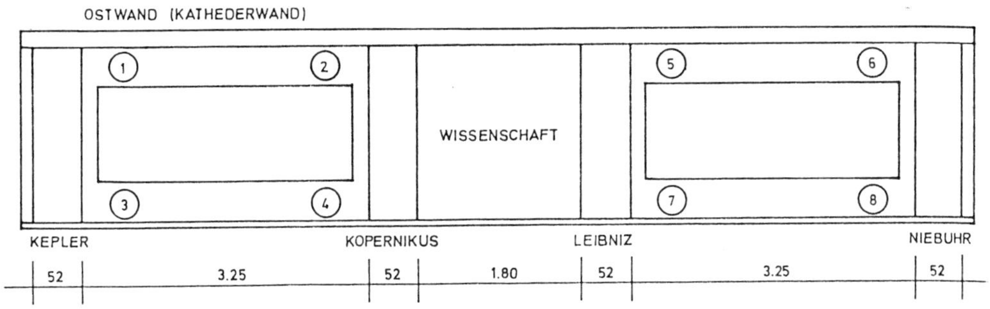

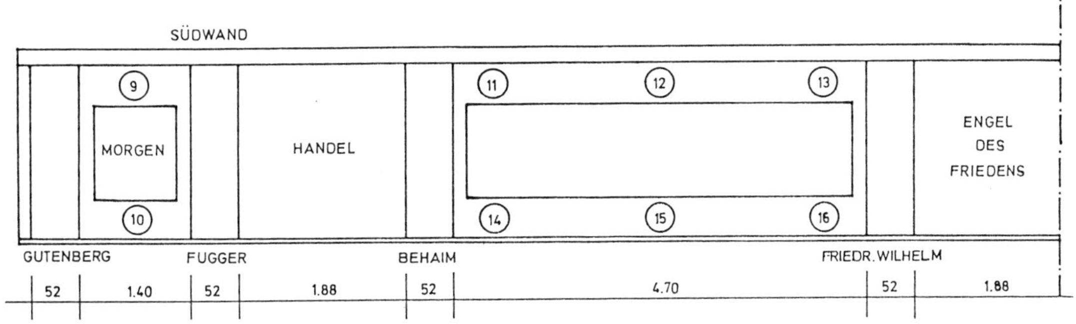

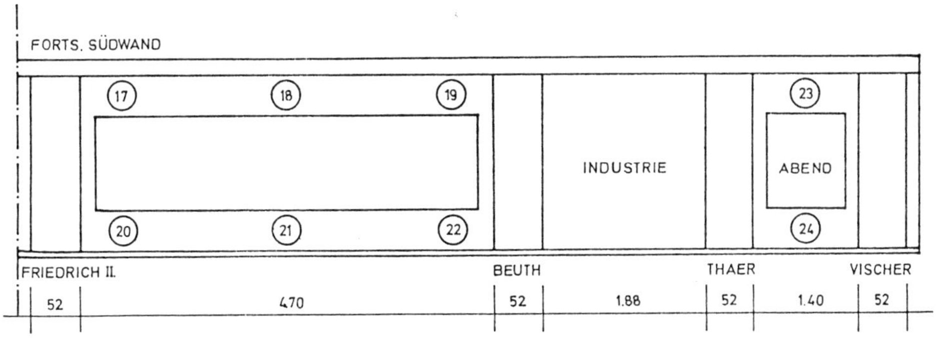

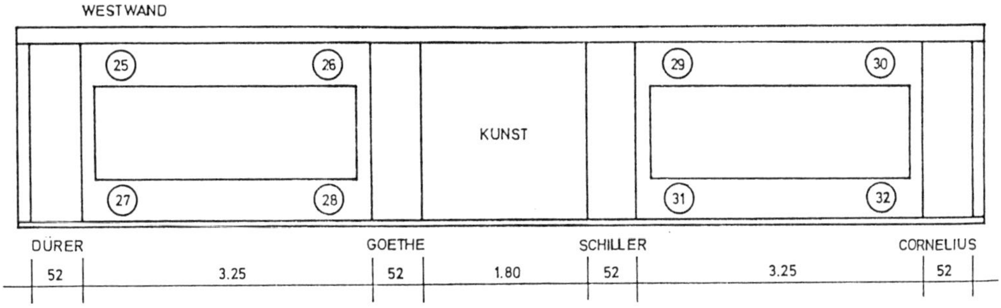

ALLE MASSE SIND CA. MASSE / FRIESHÖHE 2.20m /

6. Technische Hochschule Karlsruhe

Josef Durms Programm der Aulaausstattung (1896)

Karlsruhe, GLA 235/30399
(modifiziert ausgeführt)

Die neue Aula der Technischen Hochschule in Karlsruhe

Die Aula kommt in das Obergeschoß des höher geführten Mittelbaues flankiert von den zwei Treppenhäusern, zu liegen. Sie erhält eine Breite von 12.00 mtr., eine Länge von 27 mtr. bei einer Höhe von 11 mtr. 80.

Beleuchtet wird sie durch 3 mächtige Rundbogenfenster von der Südseite aus. Auf der Nordseite öffnen sich den genannten Fenstern entsprechende Halbrund nach dem vorliegenden Korridor des Dachstockes, der daselbst eine Galerie für Musik bei festlichen Anlässen oder für weitere Teilnehmer bildet.

Den Zugang zur Aula vermitteln 3 große Flügeltüren von 2,00 × 3,50 lichten Abmessungen. Die Einteilung der beiden Langseiten ist durch die Anordnung der Fenster in der Fassade bedingt. Die beiden Schmalseiten sind als vollkommen geschlossene Wandflächen angenommen …

Der Raum verlangt seiner Bestimmung gemäss eine entsprechende Dekoration.

Die Decke soll dabei im natürlichen Holztone, nur gefirnißt und mit farbigen Kantenabzügen geschmückt, belassen werden. Die Langwände sind der Höhe nach in 4 Zonen geteilt.

1) Die oberste enthält auf jeder Seite 3 Langfelder und 4 Schmalfelder.
Erstere sollen in Aufschriften und reich umrissenen Cartouchen die Namen der 6 Hauptabteilungen der Hochschule tragen, als
1) Architektur, 2) Ingenieurwissenschaft, 3) Maschinenbau, 4) Chemie, 5) Elektrotechnik, 6) Forstwesen.
Die Cartouchen sind rechts und links von Kindergruppen (grau in grau gemalt auf dunkelblauem Grunde) eingeschlossen, die eine Höhe von 1 mtr. 00 haben werden und in ihren Verrichtungen an die Ausübungen der verschiedenen technischen Vorgänge anknüpfen.

2) Die zwischenliegenden kleinen Felder sollen Embleme der Technik und die Wappenschilde unserer Musenstadt enthalten.

3) Unter dem Cartouchenfries schneiden die 6 halbkreisförmigen Bogen auf, welche in ihren Zwickeln je zwei Medaillonköpfe berühmter Männer aus vergangener Zeit des Faches aufnehmen sollen. Die Medaillons grau in grau auf Goldgrund gemalt, haben einen Durchmesser von 0,70 mtr.

4) Zwischen den großen Fenster- und Wandbogen ist eine Teilung der Wandfläche durch zwei reiche korinthische Pilaster vorgenommen.
Die von diesen umschlossenen Felder sollen übereinander die 4 älteren Hauptepochen der Baukunst in charakteristischen Bauwerken aufnehmen mit zugehörigen, unter diesen anzuordnenden landschaftlichen Bildern aus dem Heimatlande der betreffenden Stilperiode und zwar:
Ansicht aus dem alten Athen (Akropolis) (Griechische Baukunst)
Ansicht aus dem alten Rom (Forum) (Römische Baukunst)
Ansicht der Agia Sofia (Byzantinische Baukunst)
Ansicht des Florentiner Domes (Italienische Frührenaissance)
Darunter eine griechische Landschaft, eine aus der römischen Campagne, eine kleinasiatische und eine aus Mittelitalien.
Die großen hell zu malenden Architekturbilder erhalten eine Breite von 190 ctm, bei einer Höhe von 275 ctm, die dunkler im Ton zu haltenden Landschaften eine Breite von 165 ctm bei einer Höhe von 150 ctm.

5) Den Sockel der Seiten bilden 2 m 20 hohe Holztäfelungen.
6) Der segmentförmige Abschluß der westlichen Schmalwand, vor welcher sich der Rednerpult erhebt, enthält als Mittelfeld einen großen Reichsadler auf Goldgrund in Eichenkranz mit Bandschleife. Die anschließenden Zwickelflächen das Stadtbild von Alt- und Neu-Karlsruhe.
7) Das von 2 Pilastern eingefaßte Mittelfeld soll ein größeres Freskobild einnehmen, das oberhalb halbkreisförmig abgeschlossen ist, und einen Durchmesser von 5 m 60 bei einer Höhe von 4 m 30 hat. Es wird entweder einen Vorgang aus der Geschichte der Hochschule oder eine allegorische figurenreiche Darstellung zum Vorwurf haben.
8) Die Zwickel beim runden Abschluß von ... 100 ctm Seitenlänge nehmen 2 Putten ein, die Embleme der Wissenschaft und Kunst halten, die wieder grau in grau gemalt sind.
9) Rechts und links des großen Hauptbildes und auf Wandkonsolen ruhend, sind die mit Basis 1 m 20 hohen Büsten S. K. H. des Großherzogs und I. K. H. der Großherzogin gedacht.
10) Bei der Wiederkehr (?) sind in den Schmalfeldern von 0,90 Breite und 1 m 45 Höhe die Stammschlösser der beiden Fürstlichkeiten angeordnet.
11) Dieser Hauptschmuckwand der Aula steht eine sog. „Ehrenwand" gegenüber. Sie enthält eine Mittelnische, welche aus Bronze gefertigte Namentafeln in reicher Fassung, die Namen derjenigen Gelehrten und Künstler mit der Zeit aufnehmen soll, die sich hervorragende Verdienste auf ihrem Gebiete und um die Hochschule erworben haben.
12) Darüber ist in einem Halbrund von 2,20 Durchmesser und 1,55 Höhe eine allegorische Darstellung des Ruhmes – eine Fama mit Trompete und Fackel von schwebenden Putten umgeben – angebracht.
13) Rechts und links dieser Ehrentafel sind die Hauptwerke deutscher Baukunst im Großherzogtum, in gleichem Format und gleicher Größe wie die der Längsseiten gemalt, gedacht – das Heidelberger Schloß (deutsche Renaissance) und das Freiburger Münster (romanische und gotische Baukunst).
14) Unter diesen sind marmorne Gedenktafeln, mit Bronzekränzen und Zweigen geschmückt, angeordnet, in welche die Namen derjenigen Personen, welche Stiftungen für die Hochschule gemacht oder sich als Wohltäter dieser in anderer Weise erwiesen haben und zum Schmucke der Aula beigetragen haben, eingraviert sind.
15) Den Büsten unserer badischen Hohen Herrschaften gegenüber wären in ähnlicher Weise die Gründer des deutschen Reiches Kaiser Wilhelm I. und sein großer Kanzler Fürst Bismarck in Büsten zu verherrlichen.
    Die Dekoration dieser Wand würde von einem Großen von Greifen gehaltenen badischen Wappen überragt.

Auszuführen wären hier von Künstlerhand:

A. Malerei

a) 6 Architekturbilder,
b) 4 stilistische Landschaften, –
c) 4 kleinere (Landschaften M. W.),
d) 6 Cartouchen mit Putten (Fachgruppen),
e) 12 Medaillonköpfe,
f) 1 großes allegorisches Bild,
g) 1 Bild der Fama,
h) 2 Zwickelputten bei der Allegorie,
i) Embleme, Wappen, Wappentiere und Ansicht von Karlsruhe.

B. Plastik

a) Die Büste S. M. des Kaiser Wilhelm I.,
b) Die Büste S. K. H. des Großherzogs von Baden,
c) Die Büste I. K. H. der Großherzogin von Baden,
d) Die Büste S. D. des Fürsten Bismarck.

Karlsruhe 3. Januar 1896
Großh. Baudirektion
Dr. Josef Durm

7. Bildprogramme in öffentlichen Bauten: Übersicht

a) Bildprogramme in Universitäten

Zeit	Künstler	Thema	Ort	Räumlichkeit	Finanzierung
1823–36	Karl Hermann, Jacob Götzenberger u. a.	4 Fakultäten, historische Vertreter	Bonn	Aula	preußischer König
1870	Anton von Werner (nicht ausgeführt)	Fakultäten	Kiel	Aula	
Ausführung nach 1884	Ludwig Dettmann	historische Landschaft	Kiel	Aula	Kunst-Fonds
1883–88	Gustav Spangenberg	4 Fakultäten, historische Vertreter	Halle	Treppenhaus	Kunst-Fonds
Ausführung 1885	K. Ludwig Rosenfelder Maximilian Pietrowski Gustav Graef	Verkörperungen der Fakultäten und Wissenschaften durch ihre Gründer	Königsberg	Aula	Kunst-Fonds
1886	Ferdinand Keller	Einzug Pallas Athenes in Heidelberg (Gründung der Universität)	Heidelberg	Aula	
1886	R. Gleichauf	4 Fakultäten	Heidelberg	Aula	
1887–1902	Peter Janssen	Geschichte der Stadt Marburg	Marburg	Aula	
1894	Fritz Roeber	Alma mater und Wissenschaftspersonifikationen	Münster (Königl. Akademie)	Aula	

b) Bildprogramme Technischer Hochschulen

Zeit	Künstler	Thema	Ort	Räumlichkeit	Technik	Finanzierung
Entwürfe 1860, Ausführung nach 1864	Gottfried Semper (Entwurf)	Personifikationen von Wissenschaft und Kunst, Porträtmedaillons	Zürich	Außenbau	Sgraffito	
1865	Gottfried Semper (Entwurf); Ausführung: J. B. Ph. E. Bin	Olympische Götterversammlung	Zürich	Aula (Decke)	Öl/Lwd.	

Zeit	Künstler	Thema	Ort	Räumlichkeit	Technik	Finanzierung
um 1865	Gottfried Semper (Entwürfe, nicht ausgeführt)	Ausblicke auf Agora und Forum	Zürich	Aula (Wandbilder)		
um 1866	Gottfried Neureuther (Entwurf, nicht ausgeführt)	Allegorische Skulpturengruppe	München	Außenbau (Attika)	Sandstein-Skulptur	
Ausführung 1868	Gottfried Neureuther	Porträtmedaillons	München	Außenbau	Tonreliefs und Sgraffito	Landesmittel
1868	Eugen N. Neureuther	Personifikationen der mechanischen Künste, Putten in Konstruktionswerkstätten	München	Außenbau	Sgraffito	Landesmittel
um 1868	Gebrüder Hövemeier	Personifikationen der Chemie	München	Außenbau	Sgraffito	Landesmittel
nach 1868	Eugen N. Neureuther	Prometheus erschafft den Menschen	München	Vestibül (Decke)	Tempera	Landesmittel
nach 1868	Jean B. Berdelli	Szenen aus griechischen Mythen	München	Treppenhaushalle	Ölmalerei	Landesmittel
um 1870	Eugen N. Neureuther	Entwicklungsgeschichte der technischen Kultur	München	Kuppeln der Galerie in der Treppenhaushalle	Ölmalerei	Landesmittel
Auftrag 1880/81	Louis Spangenberg	Architekturveduten	Berlin	Aula	Ölmalerei	
nach 1885	Ernst Hildebrandt	Architektur und Ingenieurskunst (Landschaftsbilder)	Berlin	Aula	Ölmalerei	
1897/98	alle Gemälde nach Josef Durms Entwürfen: Ernst Schurth	Allegorie der Wissenschaften	Karlsruhe	Aula	Öl	Landesmittel
1897/98	August Wolf	Fama	Karlsruhe	Aula	Öl	Landesmittel
1897/98	Emil Lugo, Georg Hesse	Heidelberger Schloß, Freiburger Münster	Karlsruhe	Aula	Öl	Landesmittel
1897/98	Otto Kemmer, Karl Hollmann	Putten, die Lehrfächer bezeichnend	Karlsruhe	Aula	Öl (Grisaille)	Landesmittel
1897/98	Hermann Krabbes, Hermann Baumeister, Wilhelm Klose, Rudolf Hellwag, Edmund Kanoldt u. a.	Architekturveduten	Karlsruhe	Aula	Öl	Landesmittel
1897/98		Porträtmedaillons	Karlsruhe	Aula	Öl	Landesmittel

c) Bildprogramme in Realschulen

Zeit	Künstler	Thema	Ort	Schule	Räumlichkeit	Finanzierung
1860–68	Eduard Bendemann	Allegorien von Wissenschaft, Kunst, Handel, Industrie; historische Personen: Wissenschaftler, Künstler, Erfinder usw., preuß. Herrscher; Puttenszenen	Düsseldorf	Städt. Realschule	Aula	Kunstverein für die Rheinlande und Westphalen, Stadt Düsseldorf
1867	Max Lohde?	Allegorien der Unterrichtszweige; Vertreter von Wissenschaft und Kunst	Berlin	Realschule in der Weinmeister-Stein-Str.	Aula	
nach 1867	Alfred Richard Diethe	Allegorien der Unterrichtszweige, Kolumbus und Luther, die Medici und Kurfürst August v. Sachsen als Beschützer der Künste	Dresden	Annen-Realschule	Aula	Sächsischer Kunstverein
Plan 1869	?	Allegorien der Unterrichtszweige	Essen	Realschule	Aula	vorgesehen: Kunstverein für die Rheinlande und Westphalen
nach 1870	Anton Dietrich	Paulus Predigt in Athen; die Kulturepochen Ägypten, Griechenland, Italien, Deutschland	Zittau	Johanneum-Gymnasium	Aula	
1875	Chr. Becker	Allegorien der Unterrichtszweige	Berlin	Dorotheenstädt. Realschule	Aula	
ab 1880	Leonard Gey	Hermanns-Schlacht, Taufe Widukinds, Verkündigung des Westfälischen Friedens	Osnabrück	Realschule	Aula	Kunst-Fonds
vor 1885	Emil Teschendorff	Szenen aus dem klassischen Altertum	Rendsburg	Gymnasium	Aula	Kunst-Fonds
1889–91	Leonard Gey	Allegorie der Philosophie, Theologie, Naturwissenschaft und Geschichte; Gelehrte und Dichter	Chemnitz	Realgymnasium	Aula	
1898	Wilhelm Spatz	Handel, Erziehung, Frieden	Elberfeld			
1900	Ludwig Keller	Begrüßung Feldmarschall Blüchers und der heimgeführten Quadriga vom Brandenburger Tor in Berlin an den Toren Duisburgs im Jahre 1814	Duisburg	Realgymnasium	Aula	Kunstverein für die Rheinlande und Westphalen

d) Bildprogramme in Gymnasien

Zeit	Künstler	Thema	Ort	Schule	Räumlichkeit	Finanzierung
1867	Max Lohde	Szenen aus dem Trojanischen Krieg	Berlin	Sophien-Gymnasium	Treppenhaus	Kunst-Fonds
1868–73	Anton Dietrich	Historische Szenen; Abrahams Opfer, Sokrates, Curtius' Opfer, Luther in Worms	Dresden	Kreuzschule	Aula	
1870	Anton v. Werner	Luther vor dem Reichstag in Worms, Freiwillige vor Friedrich Wilhelm III. 1813	Kiel	Gymnasium	Aula	Kunst-Fonds
1875	Ernst Johann Schaller	6 Szenen aus den Nibelungen, 6 Szenen aus dem Trojanischen Krieg	Berlin	Friedrich-Werdersches Gymnasium	Aula	
1877	August Hövemeier	Viktoria und Veritas in ornamentalem Dekor	München	Wilhelmgymnasium	Außenbau	
1878/79	Hermann Knackfuß	Erziehung im Altertum	Wohlau (Pregel)	Gymnasium	Aula	Kunst-Fonds
um 1880	Albert Hertel	2 Landschaften nach Motiven aus den sophokleischen Tragödien	Berlin	Wilhelm-Gymnasium	Vorraum der Aula	Kunst-Fonds
1882	Johann Heydeck, Max Schmidt, Emil Neide	Zyklus aus der Odyssee	Insterburg	Gymnasium	Aula	
Auftrag 1882, Ausführung um 1890	Otto Brausewetter	Personifikationen der Wissenschaft und Pantheon berühmter Männer, Antike/Renaissance	Bromberg	Gymnasium	Aula	Kunst-Fonds
ab 1882	Friedrich Paul Thumann	Heimkehr Hermanns, Taufe Widukinds	Minden	neues Gymnasium	Aula	
1884 (vollendet)	Leonard Gey	Salamis, Brutus, Barbarossa, Luther	Dresden	Königl. Gymnasium	Aula	
1885–90	C. C. H. Steffeck, Emil Neide, Georg Knorr	Historische Szenen: Deutschordensritter in Marienburg, Einführung der Reformation durch Herzog Albrecht; historische Personen	Königsberg	Wilhelmgymnasium	Aula	
ab 1886	Ernst Hildebrandt	Historische Szenen: Abendmahl in beiderlei Gestalt, Luther auf dem Reichstag, Taufe des Sohnes des Großen Churfürsten, Empfang der Leinenfabrikanten durch den Großen Churfürsten	Bielefeld	Städt. Gymnasium	Aula	Kunst-Fonds und Stadt Bielefeld

Zeit	Künstler	Thema	Ort	Schule	Räumlichkeit	Finanzierung
1889	Friedrich Gärtner	Akropolis, Festplatz in Olympia	Elbing	Gymnasium	Aula	
1898	Bischoff und Dörstling	Die Olympischen Spiele im Altertum	Königsberg	Altstädt. Gymnasium	Aula	
ab 1899	Wilhelm Steinhausen	Erziehung in der Antike und im Christentum	Frankfurt	Kaiser-Friedrich-Gymnasium	Aula	

BIBLIOGRAPHIE

Abgekürzt zitierte Literatur. Weitere Angaben

1. Handschriften

Karlsruhe GLA	Karlsruhe, Generallandesarchiv
Koblenz LH	Koblenz, Landeshauptarchiv Rheinland-Pfalz
Krefeld StA	Krefeld, Stadtarchiv
München Stabi, KA	München, Bayerische Staatsbibliothek, Kaulbach-Archiv

2. Publikationen

Achten 1979
Udo Achten (Hrsg.): Süddeutscher Postillion, Berlin/Bonn (1979).
Achten 1980
Udo Achten (Hrsg.): Zum Lichte empor. Maifestzeitungen der Sozialdemokratie 1891–1914, Berlin/Bonn 1980ff.
Agulhon 1973
Maurice Agulhon: Esquisse pour une archéologie de la République. L'allégorie civique féminine, in: Annales. Économies. sociétes, civilisations, 28. Jg. 1973, S. 5–34.
Agulhon 1979
Maurice Agulhon: Marianne au combat. L'imagerie et la symbolique républicaines de 1789 à 1880, Paris 1979.
Arndt 1976
Monika Arndt: Die Goslarer Kaiserpfalz als Nationaldenkmal. Eine ikonographische Untersuchung, Hildesheim 1976.
Arnim 1836
(Bettina von Arnim): Schinkel's Gemälde für die Vorhalle des Museums zu Berlin, in: Museum, 4. Jg. 1836, S. 113–119.
Auerbach 1971
Erich Auerbach: Mimesis. Dargestellte Wirklichkeit in der abendländischen Literatur, Bern/München 1971[5].
Ausst.-Kat.: Bayern 1972
Ausst.-Kat.: Bayern, Kunst und Kultur, München 1972.
Ausst.-Kat.: Canon 1966
Ausst.-Kat.: Hans Canon. Skizzen – Entwürfe – Dokumente (Österreichische Galerie), Wien 1966.
Ausst.-Kat.: Chodowiecki 1978
Ausst.-Kat.: Bürgerliches Leben im 18. Jahrhundert. Daniel Chodowiecki 1726–1801. Zeichnungen und Druckgraphik, Frankfurt/M. 1978.
Ausst.-Kat.: Düsseldorfer Malerschule 1979
Ausst.-Kat.: Die Düsseldorfer Malerschule, Düsseldorf 1979.

Ausst.-Kat.: Elektrizität 1981
Ausst.-Kat.: Die zweite industrielle Revolution. Frankfurt und die Elektrizität 1800–1914 (Historisches Museum), Frankfurt/M. 1981.
Ausst.-Kat.: Flaxman 1979
Ausst.-Kat.: John Flaxman. Mythologie und Industrie (Hamburg, Kunsthalle), München 1979.
Ausst.-Kat.: Glyptothek 1980
Ausst.-Kat.: Glyptothek München 1830–1980, München 1980.
Ausst.-Kat.: Gründerzeit 1974
Ausst.-Kat.: Aspekte der Gründerzeit 1870–1890 (Akademie der Künste), Berlin 1974.
Ausst.-Kat.: Hogarth 1980
Ausst.-Kat.: William Hogarth 1697–1764 (Berlin, Neue Gesellschaft für Bildende Kunst), Gießen 1980.
Ausst.-Kat.: Nazarener 1977
Ausst.-Kat.: Die Nazarener, Frankfurt/M. 1977.
Ausst.-Kat.: Neureuther 1978
Ausst.-Kat.: Gottfried von Neureuther – Architekt der Neorenaissance in Bayern 1811–1887, München 1978.
Ausst.-Kat.: Nützliche Künste 1981
Ausst.-Kat.: Die Nützlichen Künste. Gestaltende Technik und Bildende Kunst seit der Industriellen Revolution, Berlin 1981.
Ausst.-Kat.: Runge 1977
Ausst.-Kat.: Runge in seiner Zeit (Hamburg, Kunsthalle), München 1978.
Ausst.-Kat.: Schinkel Berlin (DDR) 1980
Ausst.-Kat.: Karl Friedrich Schinkel 1781–1841 (Staatliche Museen zu Berlin), Berlin (DDR) 1980.
Ausst.-Kat.: Schinkel, Berlin (DDR) 1982
Ausst.-Kat.: Karl Friedrich Schinkel. Eine Ausstellung aus der Deutschen Demokratischen Republik, Berlin (DDR) 1982.
Ausst.-Kat.: Trophäe oder Leichenstein 1978
Ausst.-Kat.: Trophäe oder Leichenstein? Kulturgeschichtliche Aspekte des Geschichtsbewußtseins in Frankfurt im 19. Jahrhundert (Historisches Museum), Frankfurt/M. 1978.
Ausst.-Kat.: Wittelsbach 1980
Ausst.-Kat.: Wittelsbach und Bayern.
II, 2: Um Glauben und Reich, Kurfürst Maximilian I.
III, 1 und 2: Krone und Verfassung. König Max I. Joseph und der neue Staat,
München 1980.
Ausst.-Kat.: Zug der Zeit 1985
Ausst.-Kat.: Zug der Zeit – Zeit der Züge. Deutsche Eisenbahn 1835–1935 (Verkehrsmuseum Nürnberg), 2 Bde., Berlin 1985.
Baumgart 1975
Fritz Baumgart: Idealismus und Realismus 1830–1880. Die Malerei der bürgerlichen Gesellschaft, Köln 1975.
Beenken 1944
Herrmann Beenken: Das neunzehnte Jahrhundert in der deutschen Kunst. Aufgaben und Gehalte, München 1944.
Benjamin GS
Walter Benjamin: Gesammelte Schriften, hrsg. von Rolf Tiedemann und Hermann Schweppenhäuser, 12 Bde., Frankfurt/M. 1980. 2 Bde., Frankfurt/M. 1982.
Berefelt 1969
Gunnar Berefelt: On Symbol and Allegory, in: The Journal of Aesthetics and Art Criticism, Bd. 28, 1969, S. 201–212.

Beringer 1922
Josef August Beringer: Badische Malerei 1770–1920, 2. erweiterte Aufl., Karlsruhe 1922.
Bieber 1979
Dietrich Bieber: Peter Janssen als Historienmaler. Zur Düsseldorfer Malerei des späten 19. Jahrhunderts, 2 Bde., Bonn 1979.
Bielmeier 1983
Stefanie Bielmeier: Gemalte Kunstgeschichte. Zu den Entwürfen Peter von Cornelius' für die Loggien der Alten Pinakothek (Misc. Bavarica Monascensia 106), München 1983.
Bierhaus-Rödiger 1977
Erika Bierhaus-Rödiger: Zum ehemaligen Dekorationsprogramm der Münchner Hofgartenarkaden, in: Weltkunst, 47. Jg., Sondernummer vom 21. 10. 1977, S. 2149–2151.
Bierhaus-Rödiger 1978
Erika Bierhaus-Rödiger: Carl Rottmann 1797–1850. Monographie und kritischer Werkkatalog mit Beiträgen von Hugo Decker und Barbara Eschenburg, München 1978.
Bierhaus-Rödiger 1979
Erika Bierhaus-Rödiger: Die historische Landschaftsmalerei in München unter König Ludwig I., in: Ausst.-Kat.: Münchner Landschaftsmalerei 1800–1850, München 1979, S. 126–148.
Blank 1970
Walter Blank: Die deutsche Minneallegorie. Gestaltung und Funktion einer spätmittelalterlichen Dichtungsform, Stuttgart 1970.
Blankertz 1969
Herwig Blankertz: Bildung im Zeitalter der großen Industrie. Pädagogik, Schule und Berufsbildung im 19. Jahrhundert, Hannover usw. 1969.
Blümner 1881
Hugo Blümner: Über den Gebrauch der Allegorie in den bildenden Künsten, Laokoon-Studien, H. 1, Freiburg, Tübingen 1881.
Blumenberg 1979
Hans Blumenberg: Arbeit am Mythos, Frankfurt/M. 1979.
Börsch-Supan 1981
Helmut Börsch-Supan: Zur Entstehungsgeschichte von Schinkels Entwürfen für die Museumsfresken, in: ZsDVK Bd. 35, 1981, H. 1/4 (Sonderheft zum Schinkel-Jahr), S. 36–46.
Boetticher 1891
Friedrich v. Boetticher: Malerwerke des 19. Jahrhunderts, 4 Bde., Leipzig 1891–1901, Neudruck Frankfurt/M. 1969.
Boettger 1972
Peter Boettger: Die Alte Pinakothek in München. Architektur, Ausstattung und museales Programm (Studien zur Kunstgeschichte des 19. Jahrhunderts, Bd. 15), München 1972.
Boime 1971
Albert Boime: The Second Republic's Contest for the Figure of the Republic, in: Art Bulletin LIII, 1971, S. 68–80.
Bornheim gen. Schilling 1952
Werner Bornheim gen. Schilling: Zur Erhaltung der romantischen Wandmalereien Deutschlands, in: Deutsche Kunst- und Denkmalpflege 1952, S. 106–119.
Brieger 1930
Peter Brieger: Die deutsche Geschichtsmalerei des 19. Jahrhunderts, Berlin 1930.
Brix/Steinhauser 1978
Michael Brix und Monika Steinhauser (Hrsg.): „Geschichte allein ist zeitgemäß". Historismus in Deutschland, Gießen 1978.

Buddensieg 1981
Tilman Buddensieg: Das Alte bewahren, das Neue verwirklichen. Zur Fortschrittsproblematik im 19. Jahrhundert, in: Ausst.-Kat.: Die Nützlichen Künste, Gestaltende Technik und Bildende Kunst seit der Industriellen Revolution, Berlin 1981, S. 47–66.

Bürger 1974
Peter Bürger: Theorie der Avantgarde, Frankfurt/M. 1974.

Büttner 1980
Frank Büttner: Peter Cornelius: Fresken und Freskenprojekte, Bd. 1, Wiesbaden 1980.

Burckhardt (1887) 1959
Jacob Burckhardt: Die Allegorie in den Künsten (1887), in: ders.: Kunstgeschichtliche Vorträge, Stuttgart 1959, S. 318–342.

Burkart 1887
F. Burkart: Die Königl. Webschule in Crefeld, in: ZfBw, 38. Jg. 1887, Sp. 297–302.

Busch 1981
Werner Busch: Die Antrittsvorlesung Friedrich Theodor Vischers bei der Übernahme des Lehrstuhls für Ästhetik und Kunstwissenschaften an der Universität Tübingen, in: Kritische Berichte, 9. Jg. 1981, H. 1/2, S. 35–50.

Busch 1985
Werner Busch: Die notwendige Arabeske. Wirklichkeitsaneignung und Stilisierung in der deutschen Kunst des 19. Jahrhunderts, Berlin 1985.

Busch/Beyrodt 1982
Werner Busch/Wolfgang Beyrodt (Hrsg.): Kunsttheorie und Kunstgeschichte des 19. Jahrhunderts in Deutschland I. Kunsttheorie und Malerei, Kunstwissenschaft, Stuttgart 1982.

Carrière 1856
Moritz Carrière: Ueber Symbol, personificierende Idealbildung und Allegorie in der Kunst. Mit besonderer Rücksicht auf Kaulbachs Wandgemälde im neuen Museum zu Berlin, in: Allg. Ztg., Beilage Nr. 63 vom 3. 3. 1856, S. 1001–1003; Nr. 64 vom 4. 3. 1856, S. 1017–1020.

Carrière 1859
Moritz Carrière: Ästhetik. Die Idee des Schönen und ihre Verwirklichung durch Natur, Geist und Kunst, 2. Bde., Leipzig 1859.

Carrière 1874²
Moritz Carrière: Das Weltalter des Geistes im Aufgange. Literatur und Kunst im 18. und 19. Jahrhundert, Leipzig 1874².

Chapeaurouge 1977
Donat de Chapeaurouge: Die deutsche Geschichtsmalerei von 1800 bis 1850 und ihre politische Signifikanz, in: ZsDVK, Bd. 31, 1977, S. 115–142.

Chaudonneret 1987
Marie-Claude Chaudonneret: La figure de la République. Le concours de 1848 (Notes et documents des Musées de France, Nr. 13), Paris 1987.

Clark 1981
Timothy J. Clark: Der absolute Bourgeois. Künstler und Politik in Frankreich 1848 bis 1851, Reinbek bei Hamburg 1981.

Clausberg 1984
Karl Clausberg: Die Wiener Genesis. Eine kunstwissenschaftliche Bilderbuchgeschichte, Frankfurt/M. 1984.

Cornelius/Zimmermann 1840
Peter v. Cornelius und Clemens Zimmermann: Beschreibung der Freskomalereien in den Loggien der Kgl. Pinakothek in München, München 1840.

Crass 1976
Hans M. Crass: Bibliotheksbauten des 19. Jahrhunderts in Deutschland, München 1976.
Creuzer 1810
Friedrich Creuzer: Symbolik und Mythologie der alten Völker, besonders der Griechen, Bd. 1, Leipzig/Darmstadt 1810.
2. völlig umgearbeitete Ausgabe, Bd. 1, Leipzig/Darmstadt 1819.
Darwin 1795[3]
Erasmus Darwin: The Botanic Garden. A Poem in Two Parts, London 1795[3].
Die deutsche Geschichtsmalerei 1859
Anonym: Die deutsche Geschichtsmalerei, in: Stimmen der Zeit. Monatsschrift für Politik und Literatur, Hrsg.: A. Koloschek, 1. Jg. 1859, Bd. 2, S. 338–349.
Dietz 1859
Dietz: Antwort auf die kulturhistorischen Briefe über die deutsche Kunstausstellung in München, München 1859.
Dilly 1979
Heinrich Dilly: Kunstgeschichte als Institution. Studien zur Geschichte einer Disziplin, Frankfurt/M. 1979.
Dobbert 1869
Eduard Dobbert: Die monumentale Darstellung der Reformation durch Rietschel und Kaulbach, in: Slg. gemeinverständlicher wissenschaftlicher Vorträge, hrsg. von Rud. Virchow und Fr. v. Holtzendorff, IV. Serie, H. 74, Berlin 1869, S. 51–92.
Droste 1980
Magdalena Droste: Das Fresko als Idee. Zur Geschichte öffentlicher Kunst im 19. Jahrhundert (Kunstgeschichte: Form und Interesse, Bd. 2), Münster 1980.
Droysen (1858) 1960
Johann Gustav Droysen: Historik. Vorlesungen über Enzyklopädie und Methodologie der Geschichte (1858), hrsg. von Rudolf Hübner, Darmstadt 1960[4].
Droysen o. J.
Johann Gustav Droysen: Bendemanns Wandgemälde im Ball- und Concert-Saal des Königlichen Schlosses zu Dresden, o. O., o. J.,
Begleittext zu den Radierungen von Hugo Buerkner nach Bendemann.
Droysen 1893
Johann Gustav Droysen: Kleine Schriften zur alten Geschichte, hrsg. von E. Hübner, 2 Bde., Leipzig 1893.
Dürck-Kaulbach 1918
Josefa Dürck-Kaulbach: Erinnerungen an Wilhelm von Kaulbach und sein Haus. Mit Briefen etc., München 1918.
Durm 1899
Josef Durm: Der Aula- und Hörsaalbau der Technischen Hochschule in Karlsruhe, in: ZfBw, 49. Jg. 1899, Sp. 203–208.
Eberhardt 1969
Manfred Eberhardt: Die Deutung der Werke Raffaels in der deutschen Kunstliteratur von Klassizismus und Romantik, Göttingen 1969.
Eggers 1850
Friedrich Eggers: Ein Gang durch das neue Museum zu Berlin. Die Arbeiten Kaulbachs, in: Deutsches Kunstblatt, 1. Jg. 1850, S. 345–347, 353–355, 393–395, 401–403.
Eggers 1853
Friedrich Eggers: Die übrigen neuen Cartons zu den Fresken Kaulbach's im neuen Museum zu Berlin und Kaulbach's neue Friescompositionen, in: Deutsches Kunstblatt, 4. Jg. 1853, S. 268–288.

von Einem 1980
Herbert von Einem: Die Ausmalung der Festsäle durch Peter Cornelius, in: Ausst.-Kat.: Glyptothek München 1830–1980, München 1980, S. 214–233.
Ekendahl 1831
D. G. v. Ekendahl: Die höchsten Ideen über Kunst. Für Freunde des Schönen und angehende Künstler, Frankfurt/M. 1831.
Eschenburg 1978
Barbara Eschenburg: Das Verhältnis von Mensch und Natur in Rottmanns Landschaften, in: Bierhaus-Rödiger 1978, S. 69–88.
Festschrift Dresden 1875
Festschrift zur Erweiterung des neuen K. S. Polytechnikums zu Dresden am 4. Nov. 1875, Dresden 1875.
Festschrift Düsseldorf 1913
Städtisches Realgymnasium an der Klosterstraße zu Düsseldorf. Festschrift zur Feier des 75jährigen Bestehens ... am 28. Mai 1913, Düsseldorf 1913.
Festschrift Krefeld (1930)
Die Höhere Textilschule Krefeld. Festschrift zum 75jährigen Bestehen der Preußischen Höheren Fachschule für Textilindustrie, Düsseldorf o. J. (1930).
Förster 1830
Ernst Förster: Untersuchungen über den Unterschied zwischen Genre und Historie in der bildenden Kunst, in: Kunstblatt, 12. Jg. 1830, S. 68–71, 273–274, 278–280, 282–284.
Förster 1835
Ernst Förster: Beiträge zur neueren Kunstgeschichte, Leipzig 1835.
Förster 1837
Ernst Förster: Briefliche Mittheilungen allgemein-kunstwissenschaftlichen Inhalts aus den Gemäldesammlungen von Berlin und Dresden, in: Kunstblatt, 19. Jg. 1837, S. 97–99.
Förster 1840
Ernst Förster: München. Ein Handbuch für Fremde und Einheimische mit besonderer Berücksichtigung der Kunstschätze ..., München 1840².
Förster 1844
Ernst Förster: Neue Kunstleistungen in München, in: Kunstblatt, 26. Jg. 1844, S. 93–96, 101–102, 106–107.
Förster 1848
Ernst Förster: Die deutschen Reformen und die deutsche Kunst, in:
Kunstblatt, 30. Jg. 1848, S. 125–127.
Förster 1860
Ernst Förster: Geschichte der deutschen Kunst, Bd. 5, Leipzig 1860.
Förster 1867
Ernst Förster: Raphael, 2 Bde., Leipzig 1867.
Förster 1874
Ernst Förster: Peter von Cornelius. Ein Gedenkbuch aus seinem Leben und Wirken mit Benutzung seines künstlerischen, wie handschriftlichen Nachlasses ..., 2 Bde., Berlin 1874.
Förster 1875
Ernst Förster: Entwürfe zu den kunstgeschichtlichen Fresken in den Loggien der Kgl. Pinakothek zu München, Leipzig 1875.
Förster 1887
Ernst Förster: Aus der Jugendzeit, Berlin, Stuttgart 1887.
Förster 1880
Richard Förster: Farnesina-Studien. Ein Beitrag zur Frage nach dem Verhältnis der Renaissance zur Antike, Rostock 1880.

Frenzel 1864
Karl Frenzel: Büsten und Bilder, Hannover 1864.
Frick 1871
Otto Frick: Die Zerstörung Jerusalems von Kaulbach. Ein Beitrag zur Würdigung der Kaulbach'schen Fresken überhaupt, in: Christliches Kunstblatt, 10. Jg. 1871, No. 6, S. 75–79, 81–94.
Frimmel 1922
Theodor Frimmel: Hans Canon, in: Von alter und neuer Kunst. Ausgewählte Kunstgeschichtliche Aufsätze, Wien 1922, S. 82–101.
Fröhlich 1974
Martin Fröhlich: Gottfried Semper: zeichnerischer Nachlaß an der ETH Zürich; krit. Katalog, Basel/Stuttgart 1974.
Füssli 1843
Wilhelm Füssli: Die wichtigsten Städte am Mittel- und Niederrhein im deutschen Gebiet mit Bezug auf alte und neue Werke der Architectur, Sculptur und Malerei, 2 Bde., Zürich, Winterthur 1843.
Gadamer 1965
Hans-Georg Gadamer: Wahrheit und Methode, Grundzüge zu einer philosophischen Hermeneutik, 2. erweiterte Aufl., Tübingen 1965.
Gauss 1976
Ulrike Gauss: Zeichnungen und Aquarelle des 19. Jahrhunderts in der Graphischen Sammlung der Staatsgalerie Stuttgart, Stuttgart 1976.
Gerlach 1882
Martin Gerlach: Allegorien und Embleme. Originalentwürfe von den hervorragendsten modernen Künstlern ... Erläuternder Text von Dr. Albert Ilg, Wien 1882f.
Gerlach NF 1896
Martin Gerlach. Allegorien. Neue Folge. Originalentwürfe von namhaften modernen Künstlern, Wien 1896.
Görres 1830
Josef Görres: Über die Grundlage, Gliederung und Zeitenfolge der Weltgeschichte, T. I–III, Breslau 1830.
Goethe Bd. 19
Johann Wolfgang v. Goethe: Kunsttheoretische Schriften und Übersetzungen, Berliner Ausg. Bd. 19, Berlin/Weimar 1973.
Gohr 1975
Siegfried Gohr: Der Kult des Künstlers und der Kunst im 19. Jahrhundert. Zum Bildtyp der Hommage, Köln/Wien 1975.
Gombrich 1975[2]
Ernst Gombrich: Symbolic Images. Studies in the Art of the Renaissance, Edinburgh 1975[2].
Graus 1975
Frantisek Graus: Lebendige Vergangenheit: Überlieferung im Mittelalter und in den Vorstellungen vom Mittelalter, Köln usw. 1975.
Grimm 1969
Reinhold Grimm: Marxistische Emblematik, in: Wissenschaft als Dialog, hrsg. von Renate v. Heydebrand und K. G. Just, Stuttgart 1969, S. 351–379.
Grote 1967
Bernd Grote: Der deutsche Michel. Ein Beitrag zur publizistischen Bedeutung der Nationalfiguren (Dortmunder Beiträge zur Zeitungsforschung), Dortmund 1967.
Guhl 1848
Ernst Guhl: Die neuere geschichtliche Malerei und die Akademien. Mit einer Einleitung von Franz Kugler, Stuttgart 1848.

Gurlitt 1907[3]
Cornelius Gurlitt: Die deutsche Kunst des Neunzehnten Jahrhunderts. Ihre Ziele und Taten, 3. umgearb. Auflage, Berlin 1907.
Habermas 1972
Jürgen Habermas: Bewußtmachende oder rettende Kritik – die Aktualität Walter Benjamins, in: Zur Aktualität Walter Benjamins. Aus Anlaß des 80. Geburtstags von Walter Benjamin, hrsg. von Siegfried Unseld, Frankfurt/M. 1972, S. 173–223.
Habermas: Strukturwandel 1975[7]
Jürgen Habermas: Strukturwandel der Öffentlichkeit. Untersuchungen zu einer Kategorie der bürgerlichen Gesellschaft, Neuwied/Berlin 1975[7].
Hadjinicolaou 1979
Nicos Hadjinicolaou: „la liberté guidant le peuple" de delacroix devant son premier public, in: Actes de la recherche en sciences sociales, Juni 1979, S. 3–25.
Hagedorn 1762
Christian Ludwig v. Hagedorn: Betrachtungen über die Mahlerey, T. 1, Leipzig 1762.
Hager 1939
Werner Hager: Das geschichtliche Ereignisbild. Beitrag zu einer Typologie des weltlichen Geschichtsbildes bis zur Aufklärung, München 1939.
Hallmann 1842
Anton Hallmann: Kunstbestrebungen der Gegenwart, Berlin 1842.
Hansen 1970
H. L. Hansen (Hrsg.): Das pompöse Zeitalter, Oldenburg/Hamburg 1970.
Hardtwig 1974
Wolfgang Hardtwig: Geschichtsschreibung zwischen Alteuropa und moderner Welt. Jacob Burckhardt in seiner Zeit, Göttingen 1974.
Hartlaub 1957
Gustav Friedrich Hartlaub: Dampfkraft und Telegraphie. Zwei technische Allegorien von Hans Canon, in: Die BASF, 7. Jg., H. 1, Febr. 1957, o. S.
Hartmann 1976
Wolfgang Hartmann: Der historische Festzug. Seine Entstehung und Entwicklung im 19. und 20. Jahrhundert (Studien zur Kunst des 19. Jahrhunderts, Bd. 35), München 1976.
Hartwig 1974
Helmut Hartwig: Die Republik und andere allegorische Frauengestalten. Zum Verhältnis von Bild und Begriff bei Daumier, in: Ausst.-Kat.: Honoré Daumier und die ungelösten Probleme der bürgerlichen Gesellschaft, Berlin 1974, S. 80–100.
Haug 1979
Walter Haug (Hrsg.): Formen und Funktionen der Allegorie. Symposion Wolfenbüttel 1978, Stuttgart 1979.
Heeren 1803
Arnold Hermann Ludwig Heeren: Kleine historische Schriften, T. 1, Göttingen 1803.
Heeren 1821
Arnold Hermann Heeren: Folgen der Kreuzzüge für Europa. Historische Werke, Bd. 2, Göttingen 1821.
Hegel 1971
Georg Wilhelm Friedrich Hegel: Vorlesungen über die Geschichte der Philosophie, in: Werke in zwanzig Bänden, Bd. 20, Frankfurt/M. 1971.
Heinen 1860
Franz Heinen: Schulreden, Düsseldorf 1860.
Heinen 1861
Franz Heinen: Programm der Realschule erster Ordnung zu Düsseldorf ..., Düsseldorf 1861.

Heinen 1863
Franz Heinen: Die Städtische Realschule I. Ordnung zu Düsseldorf, nebst Geschichtlichem aus der Entwicklung des Realschulwesens überhaupt. Einladungsschrift zur Feier des 25jährigen Bestehens der Anstalt, Düsseldorf 1863.

Heinen (1867)
Franz Heinen: Bendemanns Wandgemälde in der Aula der Realschule zu Düsseldorf, Düsseldorf o. J. (1867).

Helfferich 1853
Adolf Helfferich: Kunst und Kunststyl. Mit einem Sendschreiben an Wilhelm von Kaulbach, Berlin 1853.

Hentzen 1959
Kurt Hentzen: Der Hofgarten zu München. Entwicklungsgeschichte einer historischen Gartenanlage, München 1959.

Herding 1975
Klaus Herding: Egalität und Autorität in Courbets Landschaftsmalerei, in: Städel-Jahrbuch N. F. Bd. 5, 1975, S. 159–199.

Herding 1978
Klaus Herding (Hrsg.): Realismus als Widerspruch. Die Wirklichkeit in Courbets Malerei, Frankfurt/M. 1978.

Herding 1987
Klaus Herding: Industriebild und Moderne. Zur künstlerischen Bewältigung der Technik im Übergang zur Großmaschinerie (1830–1890), in: Helmut Pfeiffer, Hans Robert Jauß und Francoise Gaillard (Hrsg.): Art social and art industriel. Funktionen der Kunst im Zeitalter des Industrialismus, München 1987, S. 424–464.

Hermand 1979
Jost Hermand: Braut, Mutter oder Hure? Heiner Müllers Germania und ihre Vorgeschichte, in: ders.: Sieben Arten an Deutschland zu leiden, Kronberg 1979, S. 127–141.

Hess 1975
Günter Hess: Allegorie und Historismus. Zum „Bildgedächtnis" des späten 19. Jahrhunderts, in: Verbum et signum: Festschrift für Friedrich Ohly. Beiträge zur mediävistischen Bedeutungsforschung, hrsg. von Hans Fromm u. a., München 1975, Bd. 1, S. 555–591.

Hinz 1977
Berthold Hinz: Friede den Fakultäten: Zur Programmatik des Verhältnisses von Kunst und Wissenschaft zwischen Aufklärung und Vormärz – Die Fakultätenbilder in Bonn, in: Brix/Steinhauser 1977, S. 53–72.

Hirt 1805
Alois Hirt: Bilderbuch für Mythologie, Archäologie und Kunst, Berlin 1805.

Hobsbawm: Symboles 1978
Eric Hobsbawm: Sexe, symboles, vêtements et socialisme, in: Actes de la recherche en sciences sociales, Sept. 1978, S. 2–17.

Hobsbawm 1978
Eric Hobsbawm: Man and Woman in Socialist Iconography, in: History Workshop, Bd. 6, 1978, S. 121–138.

Hoffmann 1968
Detlef Hoffmann: Die Karlsfresken Alfred Rethels, Freiburg i. Br. 1968.

Hoffmann/Schmidt-Linsenhoff 1978
Detlef Hoffmann und Viktoria Schmidt-Linsenhoff: „Unser die Welt trotz alledem", in: Ausst.-Kat.: Trophäe oder Leichenstein? Kulturgeschichtliche Aspekte des Geschichtsbewußtseins in Frankfurt im 19. Jahrhundert, Frankfurt/M. 1978, S. 349–384.

Hofmann 1975
Werner Hofmann: Sur la „Liberté“ de Delacroix, in: GBA Bd. 85, 1975, Supplement juillet-août, chronique des arts, S. 61–70.
Holsten 1976
Siegmar Holsten: Allegorische Darstellungen des Krieges 1870–1918 (Studien zur Kunst des 19. Jahrhunderts, Bd. 27), München 1978.
Holz 1968
Hans Heinz Holz: Prismatisches Denken. Über Walter Benjamin, Frankfurt/M. 1968.
Hormayr 1830
Joseph Freiherr v. Hormayr: Die geschichtlichen Fresken in den Arkaden des Hofgartens zu München, München 1830.
Hotho 1842/1843
Heinrich Gustav Hotho: Geschichte der deutschen und niederländischen Malerei, 2 Bde., Berlin 1842/1843.
Hotz 1979
Joachim Hotz: Die ehemalige Aula der Technischen Hochschule Karlsruhe, in: Fridriciana, H. 24, Juni 1979, S. 35–53.
Hufnagl 1979
Florian Hufnagl: Gottfried von Neureuther (1811–1887). Leben und Werk (Misc. Bavarica Monascensia 91), München 1979.
Humboldt (1821)
Wilhelm von Humboldt: Über die Aufgabe des Geschichtsschreibers (Vorlesung vom 12. 4. 1821), in: Werke in fünf Bänden,
Bd. 1, Darmstadt 1980, S. 585–605.
Jähnig 1975
Dieter Jähnig: Welt-Geschichte, Kunst-Geschichte. Zum Verhältnis von Vergangenheitserkenntnis und Veränderung, Köln 1975.
Jauß 1970
Hans Robert Jauß: Literaturgeschichte als Provokation, Frankfurt/M. 1970.
Jenderko-Sichelschmidt: Historienmalerei 1979
Ingrid Jenderko-Sichelschmidt: Die Düsseldorfer Historienmalerei 1826 bis 1860, in: Ausst.-Kat.: Die Düsseldorfer Malerschule, Düsseldorf 1979, S. 98–111.
Jenderko-Sichelschmidt 1979
Ingrid Jenderko-Sichelschmidt: Profane Historienmalerei, in: Kunst des 19. Jahrhunderts im Rheinland, 5 Bde., hrsg. von Eduard Trier und Willy Weynes, Bd. 3: Malerei, Düsseldorf 1979, S. 145–190.
Jordan 1872
Max Jordan. Die Wandmalereien der Leipziger Museumshalle, in: Im Neuen Reich, 1. Jg. 1872, S. 841–858.
(Jordan) um 1872
(Max Jordan): Beschreibung der Wandgemälde in der östlichen Halle des Städtischen Museums zu Leipzig, Leipzig o. J. (um 1872).
Kaiser 1878
Victor Kaiser: Cornelius und Kaulbach in ihren Lieblingswerken; öffentliche Vorträge gehalten in der Schweiz, Bd. 4, Basel 1878.
Kaiser (1866) 1879
Victor Kaiser: Kaulbach's Bilderkreis der Weltgeschichte, in: Sammlung gemeinverständlicher wissenschaftlicher Vorträge, XIV. Serie, Heft 319, Berlin 1879, S. 1–32.
Kahsnitz 1981
Rainer Kahsnitz: Die Gewinnung und die Segnungen des Gaslichts. Zu einem neuerworbenen Glasfen-

ster im Germanischen Nationalmuseum, in: Anzeiger des Germanischen Nationalmuseums 1981, S. 115–136.
Kapp 1877
Ernst Kapp: Grundlinien einer Philosophie der Technik. Zur Entstehungsgeschichte der Cultur aus neuen Gesichtspunkten. Braunschweig 1877.
Kauffmann 1963
Hans Kauffmann: Zweckbau und Monument, zu Friedrich Schinkels Museum am Berliner Lustgarten, in: Eine Freundesgabe der Wissenschaft an Ernst Hellmut Wits, Frankfurt/M. 1963, S. 135–166.
Kaulbach's Wandgemälde 1872
Wilhelm v. Kaulbach's Wandgemälde im Treppenhause des Neuen Museums zu Berlin, in Kupfer gestochen von G. Eilers, H. Merz, J. L. Raab, A. Schultheiss, mit erläuterndem Text, herausgegeben unter den Auspicien des Meisters, Berlin (Verlag A. Duncker) 1872.
Kinkel 1876
Gottfried Kinkel: Über den verschiedenen Charakter der antiken und der modernen Kunst, in: ders.: Mosaik der Kunstgeschichte, Berlin 1876.
Kitlitschka 1981
Werner v. Kitlitschka: Die Malerei der Wiener Ringstraße, mit einem Beitrag von Fritz Novotny (Bd. X: Die Wiener Ringstraße. Bild einer Epoche, hrsg. von Renate Wagner-Rieger), Wiesbaden 1981.
Klingender 1974
Francis Donald Klingender: Kunst und industrielle Revolution, Dresden 1974.
Koetschau 1929
Karl Koetschau. Alfred Rethels Kunst vor dem Hintergrund der Historienmalerei seiner Zeit, Düsseldorf 1929.
Koselleck 1984[2]
Reinhart Koselleck: Vergangene Zukunft. Zur Semantik geschichtlicher Zeiten, Frankfurt/M. 1984[2].
Koselleck 1973
Reinhart Koselleck: Ereignis und Struktur, in: ders. und Wolf-Dieter Stempel: Geschichte, Ereignis und Erzählung (Poetik und Hermeneutik V), München 1973, S. 560–571.
Kranz-Michaelis 1976
Charlotte Kranz-Michaelis: Rathäuser im deutschen Kaiserreich 1871–1918 (Studien zur Kunst des 19. Jahrhunderts, Bd. 23), München 1976.
Krings 1981
Ulrich Krings: Deutsche Großstadt-Bahnhöfe des Historismus, 2 Bde., Köln 1981.
Kubinszky 1969
Mihály Kubinszky: Bahnhöfe Europas. Ihre Geschichte, Kunst und Technik ..., Stuttgart 1969.
Kugler 1833
Franz Kugler: Vorhalle des Museum's in Berlin, in: Museum, 1. Jg. 1833, S. 1–3, 9-12.
Kugler 1842
Franz Kugler: Karl Friedrich Schinkel. Eine Charakteristik seiner künstlerischen Wirksamkeit, Berlin 1842.
Kugler 1848
Franz Kugler: Berliner Briefe von T. L. S., in: Kunstblatt, 30. Jg. 1848, S. 142–144 (wieder abgedruckt in: ders.: Kleine Schriften und Studien zur Kunstgeschichte, Bd. 3, Stuttgart 1854, S. 628 ff.).
Kugler 1853
Franz Kugler: Die Wandmalereien in dem Bahnhofsgebäude zu Königsberg, in: Deutsches Kunstblatt, 4. Jg. 1853, S. 436–437.
Kugler 1854
Franz Kugler: Kleine Schriften und Studien zur Kunstgeschichte, Bd. 3, Stuttgart 1854.

Kuhn 1921
Alfred Kuhn: Peter Cornelius und die geistigen Strömungen seiner Zeit, Berlin 1921.

Kunst und Nationalität 1829
Anonym: Einige Betrachtungen über Kunst und Nationalität, in: Inland, 1. Jg. 1829, S. 731–732, 735–736, 739–741, 743–745.

Kunst und Staat 1829
Anonym: Die Kunst und der Staat, in: Inland, 1. Jg. 1829, S. 45–47.

Kunstreich 1963
Jean S. Kunstreich: Anton v. Werners Aulabilder von 1870, in: Kieler Gelehrtenschule. Festschrift zur Einweihung der neuen Aula 1963, Kiel 1963, S. 60–66.

Kurz 1982
Gerhard Kurz: Metapher, Allegorie, Symbol, Göttingen 1982.

Kyburz 1974
Christine Kyburz: Zum malerischen Schmuck der Bahnhöfe, in: Ausst.-Kat.: Schweiz im Bild – Bild der Schweiz. Landschaften von 1800 bis heute (Aarau, Zürich), o. O. 1974, S. 74–82.

Lasaulx (1856)
Ernst von Lasaulx: Neuer Versuch einer alten, auf die Wahrheit der Tatsachen gegründeten Philosophie der Geschichte (1856), hrsg. von Eugen Thurnher, München 1952.

Lehmann/Riemer 1978
Evelyn Lehmann und Elke Riemer: Die Kaulbachs. Eine Künstlerfamilie aus Arolsen, Arolsen 1978.

Lepenies 1978
Wolf Lepenies: Das Ende der Naturgeschichte. Wandel kultureller Selbstverständlichkeiten in den Wissenschaften des 18. und 19. Jahrhunderts, Frankfurt/M. 1978.

Lessing (1766)
Gotthold Ephraim Lessing: Laokoon oder über die Grenzen der Malerei und Poesie, mit einem Nachwort von Ingrid Kreuzer, Stuttgart 1983.

Löhneysen 1960
Wolfgang Freiherr v. Löhneysen: Der Einfluß der Reichsgründung von 1871 auf Kunst und Kunstgeschmack in Deutschland, in: Zeitschrift für Religions- und Geistesgeschichte, Bd. XII, 1960, S. 17–44.

Ludwig 1971
Horst Ludwig: Eugen Napoleon Neureuther und die Illustrations-Grotteske, München 1971.

Lübke 1890
Wilhelm Lübke: Geschichte der deutschen Kunst, Stuttgart 1890.

Lukács IV, 1972
Georg Lukács: Ästhetik in vier Teilen. Vierter Teil, Frankfurt/M. 1972.

Märker 1974
Peter Märker: Geschichte als Natur. Untersuchungen zur Entwicklungsvorstellung bei Caspar David Friedrich, Kiel 1974.

Marggraff 1839
Rudolf Marggraff: Die Zerstörung von Jerusalem von Wilhelm Kaulbach, in: Münchner Jahrbücher für bildende Kunst, 1839, H. 2, S. 186–191.

Marggraff 1846
Rudolf und Hermann Marggraff: München mit seinen Kunstschätzen und Merkwürdigkeiten, München 1846.

Marggraff 1908
Hugo Marggraff: Zur Baugeschichte des Bahnhof-Hauptgebäudes in München, in: Süddeutsche Bauzeitung, 18. Jg. 1908, S. 281–287.

Markowitz 1973
Irene Markowitz: Die Monumentalmalerei der Düsseldorfer Malerschule, in: 200 Jahre Kunstakademie Düsseldorf, hrsg. von Eduard Trier, Düsseldorf 1973, S. 47–84.
Masson 1972
André Masson: Le décor des bibliothèques du Moyen Age à la Révolution, Genf/Paris 1972.
Mai/Paul/Waetzoldt 1982
Ekkehard Mai, Jürgen Paul und Stephan Waetzoldt (Hrsg.): Das Rathaus im Kaiserreich. Kunstpolitische Aspekte einer Bauaufgabe des 19. Jahrhunderts, Berlin 1982.
Mai/Waetzoldt 1981
Ekkehard Mai und Stephan Waetzoldt (Hrsg.): Kunstverwaltung, Bau- und Denkmalpolitik im Kaiserreich, Berlin 1981.
Mertens 1858
F. H. Mertens: Notice des peintures murales exécutées à la chambre de commerce d'Anvers par M. M. G. Guffens et J. Swerts, Antwerpen 1858.
Meyer 1868
Julius Meyer: Das neue Polytechnikum zu München, in: ZfbK, 3. Jg. 1868, S. 149–155.
Meyer (1863) 1895
Julius Meyer: Die deutsche Kunst und Kaulbachs Zeitalter der Reformation (1863), in: ders.: Zur Geschichte und Kritik der modernen deutschen Kunst. Gesammelte Aufsätze, hrsg. von Conrad Fiedler, Leipzig 1895, S. 228–253.
Michaelis 1979
Sabine Michaelis: Studien zu figürlichen Giebelfeldern des 18. und 19. Jahrhunderts, Frankfurt/M. usw. 1979.
Milde 1981
Kurt Milde: Neorenaissance in der deutschen Architektur des 19. Jahrhunderts, Dresden 1981.
Mittig/Plagemann (Hrsg.) 1972
Hans Ernst Mittig und Volker Plagemann (Hrsg.): Denkmäler im 19. Jahrhundert. Deutung und Kritik (Studien zur Kunst des 19. Jahrhunderts, Bd. 20), München 1972.
Mittlmeier 1977
Werner Mittlmeier: Die Neue Pinakothek in München 1843–1854. Planung, Baugeschichte und Fresken (Studien zur Kunst des 19. Jahrhunderts, Bd. 16), München 1977.
Moritz (1795) 1966
Karl Philipp Moritz: Götterlehre oder mythologische Dichtungen der Alten (1795), Bremen 1966.
Müller 1891
Hans Müller. Kaulbachs Hunnenschlacht und seine Beziehungen zum Grafen Raczynski (nach bisher unbenutzten Quellen), in: Nord und Süd, Bd. LVII, 1891, S. 122–142, 212–229.
Müller 1893
Hans Müller: Wilhelm Kaulbach, Bd. 1 (nicht mehr erschienen), Berlin 1893.
Müller 1963
Hans Müller: Zur baukünstlerischen Entwicklung von Empfangsgebäuden in Deutschland. Maschinenschriftl. Diss., Berlin/DDR 1963.
Mumford 1974
Lewis Mumford: Mythos der Maschine. Kultur, Technik und Macht, Wien 1974.
Mundt 1974
Barbara Mundt: Die deutschen Kunstgewerbemuseen im 19. Jahrhundert (Studien zur Kunst des 19. Jahrhunderts, Bd. 22), München 1974.
Nationalgalerie 1876
Anonym: Das Gebäude der Nationalgalerie, in: Im Neuen Reich, 6. Jg. 1876, Bd. 1, S. 781–796.

Neumann 1896
Carl Neumann: Der Kampf um die Kunst, Berlin 1896.
Neureuther 1862
Gottfried Neureuther: Der Bahnhof zu Würzburg, in: Bahnhöfe und Stationen der Eisenbahnen in Bayern, I. Lieferung, München 1860.
Neureuther 1870
Gottfried Neureuther: Der Neubau des Polytechnikums in München, in: DBZ, 4. Jg. 1870, S. 233–236, 247–248, 270.
Neureuther 1872
Gottfried Neureuther: Neubau der polytechnischen Schule in München, in: ABZ, 37. Jg. 1872, S. 22–28.
Newiger 1957
H. J. Newiger: Metapher und Allegorie, München 1957.
Niklewski 1979
Günter Niklewski: Versuch über Symbol und Allegorie (Winckelmann–Moritz–Schelling), Erlangen 1979.
Nipperdey 1968
Thomas Nipperdey: Nationalidee und Nationaldenkmal in Deutschland im 19. Jahrhundert, in: HZ, Bd. 206, 1968, S. 529–585.
Nipperdey 1972
Thomas Nipperdey: Zur Denkmalgeschichte in Deutschland, in: Mittig/Plagemann (Hrsg.) 1972, S. 18–19.
Nowald 1978
Inken Nowald: Die Nibelungenfresken von Julius Schnorr von Carolsfeld im Königsbau der Münchner Residenz 1827–1867 (Schriften der Kunsthalle zu Kiel, hrsg. von Jens Ch. Jensen, Heft 3), Kiel 1978.
Ostini 1906
Fritz v. Ostini: Wilhelm von Kaulbach, Bielefeld/Leipzig 1906.
Panofsky 1980
Erwin Panofsky: Studien zur Ikonographie. Humanistische Themen der Kunst in der Renaissance, Köln 1980.
Panofsky 1956
Erwin und Dora Panofsky: Pandora's Box, New York 1956.
Passavant 1820
Johann David Passavant: Ansichten über die bildenden Künste und Darstellung des Ganges derselben in Toscana; zur Bestimmung des Gesichtspunctes, aus welchem die neudeutsche Malerschule zu betrachten ist, Heidelberg/Speyer 1820.
Pecht 1879
Friedrich Pecht: Deutsche Künstler des 19. Jahrhunderts. 2. Reihe, Nördlingen 1879.
Pecht 1874
Friedrich Pecht: Die bayerischen Stände und die monumentale Kunst, in: Beilage zur Allgemeinen Zeitung 1874, Nr. 23, 24, 188.
Peinture murale 1863
Peinture murale – Chambre des Répresentants de Belgique. Séances des 24. 25. 26. 27. février 1863, Brüssel 1863.
Pfitzner (1938)
Carlheinz Pfitzner: Die romantischen Wandmalereien in der Alten Aula der Bonner Universität und im Gartensaal von Schloß Heltorf bei Düsseldorf, in: Jahrbuch der rheinischen Denkmalpflege, Bd. 9 (1938), S. 545–562.

Plagemann 1967
Volker Plagemann: Das deutsche Kunstmuseum 1790–1870. Lage, Baukörper, Raumorganisation, Bildprogramm (Studien zur Kunst des 19. Jahrhunderts, Bd. 3), München 1967.
Plagemann 1969
Volker Plagemann: Zur Kunst – Historienmalerei, in: Alte und moderne Kunst, Bd. 14, 1969, S. 2–12.
Plagemann 1970
Volker Plagemann: Die Bildprogramme der Münchner Museen Ludwigs I., in: Alte und moderne Kunst, Bd. 15, 1970, S. 16–27.
Pochat 1983
Götz Pochat: Der Symbolbegriff in der Ästhetik und Kunstwissenschaft, Köln 1983.
Pogt 1980
Herbert A. Pogt: Hermann Püttmann, Miszellaneen zur Kunstkritik des Vormärz (Kunstgeschichte: Form und Interesse, Bd. 1), Münster 1980.
Püttmann 1839
Hermann Püttmann: Die Düsseldorfer Malerschule und ihre Leistungen seit der Errichtung des Kunstvereins im Jahre 1829. Ein Beitrag zur modernen Kunstgeschichte, Leipzig 1839.
Raczynski
Athanasius Graf Raczynski: Histoire de l'art moderne en Allemagne. Bd. 1, Paris 1836; Bd. 2, ebd. 1839; Bd. 3, ebd. 1841.
Raev 1974
Svetlozar Raev: Bankgebäude in Köln von 1850 bis 1914 – ein Beitrag zur Zeichenfunktion von Architektur, Aachen 1974.
Raggio 1958
Olga Raggio: The myth of Prometheus, in: JWCI Bd. 21, 1958, S. 44–62.
Rathke 1975
Ursula Rathke: Preußische Burgenromantik am Rhein. Studien zum Wiederaufbau von Rheinstein, Stolzenfels und Sooneck (1823–1860), München 1975.
Rave 1931
Paul Ortwin Rave: Das Schinkel-Museum und die Kunst-Sammlungen Beuths, Berlin 1931.
Rave (1942)
Paul Ortwin Rave: Genius der Baukunst – Eine klassisch-romantische Bilderfolge an der Berliner Bauakademie von Karl Friedrich Schinkel, Berlin (1942).
Rave/Wirth 1961
Paul Ortwin Rave und Irmgard Wirth: Die Bauwerke und Kunstdenkmäler von Berlin Stadt im Bezirk Charlottenburg, Textbd. Berlin 1961.
Rave 1981
Paul Ortwin Rave: Karl Friedrich Schinkel. Berlin, erster Teil. Bauten für die Kunst – Kirchen/Denkmalpflege (1941), neu hrsg. von Margarete Kühn, erweiterter Nachdruck, Berlin 1981.
RDK
Reallexikon zur Deutschen Kunstgeschichte, begründet von O. Schmitt, Bd. 1 ff., Stuttgart usw. 1937 ff.
Reber 1884²
Franz v. Reber: Geschichte der Neueren deutschen Kunst unter Mitwirkung von F. Pecht, 3 Bde., Leipzig 1884².
Reinhardt 1977
Brigitte Reinhardt: Der Münchner Schlachten- und Genrenmaler Peter von Heß, in: Oberbayerisches Archiv, Bd. 102, München 1977, S. 241–410.
Rentmeister 1976
Cäcilia Rentmeister: Berufsverbot für Musen, in: Ästhetik und Kommunikation, 7. Jg. 1976, H. 25, S. 92–113.

Ricke-Immel 1980
Ute Ricke-Immel: Die Handzeichnungen des 19. Jahrhunderts. Düsseldorfer Malerschule. Teil 1: Die erste Jahrhunderthälfte, 2 Bde., Düsseldorf 1980.
Riegel 1882
Hermann Riegel: Geschichte der Wandmalerei in Belgien seit 1856 nebst Briefen von Cornelius, Kaulbach ..., Berlin 1882.
Riemann (Hrsg.) 1982
Karl Friedrich Schinkel. Reisen nach Italien, hrsg. von Gottfried Riemann, Berlin (DDR) 1982[2].
Röckel 1829
Wilhelm Röckel: Beschreibung der Frescogemälde aus der Geschichte Bayerns, welche Seine Majestät König Ludwig I. in den Arkaden des Hofgartens, als Eigentum des Staats, dem öffentlichen Vergnügen weiht, München 1829.
Rosenberg 1882/1883
Adolf Rosenberg: Die Pflege der Monumentalmalerei in Preußen, in: Die Grenzboten, Zeitschrift für Politik, Literatur und Kunst, 1882/1883, S. 24–28, 199–206.
Rosenberg 1889
Adolf Rosenberg: Geschichte der modernen Kunst, Bd. 3, Leipzig 1889.
Rosenberg 1896
Adolf Rosenberg: Hermann Prell's neueste Wandgemälde, in: ZfbK, N. F. 8. Jg. 1896, S. 159–163.
Rothert 1888
Eduard Rothert: Geschichte des Realgymnasiums zu Düsseldorf. Sonderabzug der Jubiläums-Festschrift, Düsseldorf 1888.
Rothert 1891
Franz Heinen: Bendemanns Wandgemälde in dem Düsseldorfer Realgymnasium. Neu bearbeitete und erweiterte Auflage von Eduard Rothert, Düsseldorf 1891.
Ruge 1839
Arnold Ruge: Die Düsseldorfer Malerakademie, in: Hallische Jahrbücher für deutsche Wissenschaft und Kunst, 1. Jg. 1838, S. 62–64; 2. Jg. 1839, S. 66–72.
Rumohr 1816
Karl Friedrich v. Rumohr: Sammlung für Kunst und Historie, Bd. 1, Hamburg 1816.
Rumohr 1827–1831
Karl Friedrich v. Rumohr: Italienische Forschungen, Bd. 3, Berlin/Stettin 1827–1831.
Rump 1982
Gerhard Charles Rump (Hrsg.): Geschichte als Paradigma. Zur Reflexion des Historischen in der Kunst, Bonn 1982.
Rupprecht 1963
B. Rupprecht: Plastisches Ideal und Symbol im Bilderstreit der Goethezeit, in: Probleme der Kunstwissenschaft, Bd. 1: Kunstgeschichte und Kunsttheorie im 19. Jahrhundert, Berlin 1963, S. 195–230.
Ruskin (1849) 1903
John Ruskin: The Seven Lamps of Architecture, in: ders.: Works, Bd. 8, London 1908.
Schaarschmidt 1902
Friedrich Schaarschmidt: Zur Geschichte der Düsseldorfer Kunst im 19. Jahrhundert, Düsseldorf 1902.
Schasler 1854
Max Schasler: Die Wandgemälde Wilhelm von Kaulbachs im Treppenhaus des Neuen Museums zu Berlin, Berlin 1854.
Schasler 1856
Max Schasler: Was thut der deutschen Historienmalerei Noth? Randglossen zu den Verhandlungen der „Verbindung deutscher Kunstvereine für Historische Kunst“, in: Dioskuren, 1. Jg. 1856, S. 143–145.

Schasler 1867
Max Schasler: Über Wandmalerei, mit besonderer Beziehung auf Berlin, in: Dioskuren, 12. Jg. 1867, S. 141–144.
Schasler 1880
Max Schasler: Über moderne Wandmalerei, nebst einem Blick auf den Zustand der gegenwärtigen Kunst, in: Unsere Zeit. Deutsche Revue der Gegenwart, Bd. 2, 1880, S. 87–103, 375–391.
Scheidig 1958
Walther Scheidig: Goethes Preisaufgaben für bildende Künstler 1799–1805, Weimar 1958.
Schelling (1842) 1943
Schellings Werke, hrsg. von Manfred Schröter, 5. Ergänzungsband: Philosophie der Mythologie und Religion, München 1943.
Schilling 1952
Werner Bornheim, gen. Schilling: Zur Erhaltung der romantischen Wandmalereien Deutschlands, in: Deutsche Kunst- und Denkmalpflege, 10. Jg. 1952, S. 106–119.
Schinkel 1967
Karl Friedrich Schinkel: Aus Tagebüchern und Briefen, hrsg. von Günter Meier, München usw. 1967.
Schivelbusch 1979
Wolfgang Schivelbusch: Geschichte der Eisenbahnreise. Zur Industrialisierung von Raum und Zeit im 19. Jahrhundert, Frankfurt/M. usw. 1979[2].
Schivelbusch 1983
Wolfgang Schivelbusch: Lichtblicke. Zur Geschichte der künstlichen Helligkeit im 19. Jahrhundert, München/Wien 1983.
Schlaffer 1975
Hannelore Schlaffer und Heinz Schlaffer: Studien zum ästhetischen Historismus, Frankfurt/M. 1975.
Schlaffer 1981
Heinz Schlaffer: Faust zweiter Teil. Die Allegorie des 19. Jahrhunderts, Stuttgart 1981.
Schoch 1975
Rainer Schoch: Das Herrscherbild in der Malerei des 19. Jahrhunderts (Studien zur Kunst des 19. Jahrhunderts, Bd. 23), München 1975.
Schoonbart/Cardyn 1981
Lydia A. Schoonbart und D. Cardyn: Tekeningen, aquarellen en prenten 19 de en 20ste euuw. Koniklijk Museum voor Schone Kunsten Antwerpen, Antwerpen 1981.
Schottky 1833
Julius Max Schottky: Münchens öffentliche Kunstschätze im Gebiete der Malerei, München 1833.
Schrörs 1906
Heinrich Schrörs: Die Bonner Universitätsaula und ihre Wandgemälde, Bonn 1906.
Schwahn 1979
Britta R. Schwahn: Die Glyptothek in München. Baugeschichte und Ikonologie (Misc. Bavarica Monascensia 104), München 1979.
(Schulze) 1897
Paul Schulze: Die Wandgemälde in der königlichen Gewebesammlung zu Crefeld, gemalt von Albert Baur in Düsseldorf (1887–1889), Crefeld o. J. (ca. 1890); 2. ergänzte Aufl. Crefeld 1897.
Schulze 1984
Sabine Schulze: Bildprogramme in deutschen Kunstmuseen des 19. Jahrhunderts, Frankfurt/M. 1984.
Schuster 1980
Peter-Klaus Schuster: Schön und kolossal: Industrie-Ikonen, in: Hermann Glaser (Hrsg.): Industriekultur in Nürnberg; eine deutsche Stadt im Maschinenzeitalter, München 1980.
Semper 1884
Gottfried Semper: Kleine Schriften, Berlin/Stuttgart 1884.

Sloane 1951
Jos. C. Sloane: French Painting between the Past and the Present. Artists, Critics and Traditions, from 1848 to 1870, Princeton 1951.
Solger 1829
Karl W. F. Solger's Vorlesungen über Ästhetik, hrsg. von K. W. L. Heyse, Leipzig 1829.
Sörensen 1972
Bengt Algot Sörensen: Allegorie und Symbol. Texte zur Theorie des dichterischen Bildes im 18. und frühen 19. Jahrhundert, Frankfurt/M. 1972.
Springer 1856
Anton Springer: Die bildenden Künste, in: Die Gegenwart, eine encyclopädische Darstellung, 12 Bde., Leipzig 1856, Bd. 12.
Springer 1858
Anton Springer: Geschichte der bildenden Künste im neunzehnten Jahrhundert, Leipzig 1858.
Springer 1886
Anton Springer: Bilder aus der neueren Kunstgeschichte. Die Wege und Ziele gegenwärtiger Kunst, 2 Bde., Bonn 1886.
Springer 1892
Anton Springer: Aus meinem Leben, Berlin 1892.
Steinhagen 1979
Harald Steinhagen: Zu Walter Benjamins Begriff der Allegorie, in: Haug 1979, S. 666–685.
Sternberger (1938) 1974
Dolf Sternberger: Panorama oder Ansichten vom 19. Jahrhundert (1938), Frankfurt/M. 1974.
Stöcklein 1969
Ansgar Stöcklein: Leitbilder der Technik. Biblische Tradition und technischer Fortschritt, München 1969.
Strong 1978
Roy Strong: And when did you last see your father? The Victorian Painter and British History, London 1978.
Stüler 1860
August Stüler: Bauwerke, Bd. 1, Berlin 1860.
Süss 1954
Wolfgang Süss: Die Geschichte des Münchner Hauptbahnhofes, Essen 1954.
Sulzer 1792
Johann Georg Sulzer: Allgemeine Theorie der schönen Künste ... nach alphabetischer Ordnung, Bd. 2, Leipzig 1792[2].
Sybel 1868
Heinrich v. Sybel: Die Gründung der Universität Bonn. Festrede zum 50jährigen Jubiläum der Rheinischen Friedrich-Wilhelm-Universität, Bonn 1868.
Tiedemann 1983
Rolf Tiedemann: Dialektik im Stillstand. Versuche zum Spätwerk Walter Benjamins, Frankfurt/M. 1983.
Tittel 1979
Lutz Tittel: Das Niederwalddenkmal 1871–1883, Hildesheim 1979.
Thielen 1964
Peter G. Thielen: Zur Historienmalerei der Bismarckzeit, in: Spiegel der Geschichte. Festgabe für Max Braubach, Münster 1964, S. 816–827.
Trachtenberg 1976
Marvin Trachtenberg: The Statue of Liberty, London 1976.

Traeger 1975
Jörg Traeger: Philipp Otto Runge und sein Werk. Monographie und kritischer Katalog (Studien zur Kunst des 19. Jahrhunderts, Sonderband), München 1975.
Treue/Manegold 1966
Wilhelm Treue und Karl-Heinz Manegold: Quellen zur Geschichte der industriellen Revolution, Göttingen usw. 1979.
Uechtritz 1840
Friedrich v. Uechtritz: Blicke in das Düsseldorfer Kunst- und Künstlerleben, 2 Bde., Düsseldorf 1840.
Universal-Lexicon 1743
Großes und vollständiges Universal-Lexicon aller Wissenschaften und Künste, Leipzig/Halle 1743.
Unverfehrt 1975
Gerd Unverfehrt: Ernst Brandels Hermannsdenkmal. Ein ikonographischer Versuch, in: Gunther Engelbert: Ein Jahrhundert Hermannsdenkmal 1875–1975, Detmold 1975, S. 129–150.
Vancsa 1975
Eckart Vancsa: Überlegungen zur politischen Rolle der Historienmalerei des 19. Jahrhunderts, in: Wiener Jahrbuch für Kunstgeschichte, Bd. 28, 1975, S. 145–158.
Vergo 1978/1979
Peter Vergo: Gustav Klimts ‚Philosophie' und das Programm der Universitätsgemälde, in: Mitteilungen der Österreichischen Galerie, Bd. 22/23, 1978/1979, S. 69–100.
Vischer (1841) 1844
Friedrich Theodor Vischer: Der Triumph der Religion in den Künsten von Friedrich Overbeck (Deutsche Jahrbücher für Wissenschaft und Kunst 1841), in: Kritische Gänge Bd. 1, Tübingen 1844, S. 163–206.
Vischer (1842) 1844
Friedrich Theodor Vischer: Die Aquarell-Copien von Ramboux in der Gallerie zu Düsseldorf (Deutsche Jahrbücher für Wissenschaft und Kunst 1842), in: Kritische Gänge, Bd. 1, Tübingen 1844, S. 207–287.
Vischer (1842) 1922[2]
Friedrich Theodor Vischer: Zustand der jetzigen Malerei (1842), in: Kritische Gänge, hrsg. von Robert Vischer, 2. Aufl., Bd. 5, München 1922.
Vischer (1843) 1922[2]
Friedrich Theodor Vischer: Kunstbestrebungen der Gegenwart (Jahrbücher der Gegenwart 1843), in: Kritische Gänge, hrsg. von Robert Vischer, 2. Aufl., Bd. 5, München 1922.
Vischer 1922[2]
Friedrich Theodor Vischer: Die Münchner Kunst. Eine Ergänzung der kritischen Gedanken in den Jahrbüchern der Gegenwart, in: Kritische Gänge, hrsg. von Robert Vischer, 2. Aufl., München 1922, Bd. 5, S. 173–185.
Vischer 1882
Friedrich Theodor Vischer: Alfred Rethel, in: Illustriertes Familienalbum (1860), in: Altes und Neues von Fr. Th. Vischer, 3. Heft, Stuttgart 1882, S. 1–24.
Vischer 1923[2]
Friedrich Theodor Vischer: Ästhetik oder Wissenschaft des Schönen. Zum Gebrauch für Vorlesungen, Bd. 4: Kunstlehre, Bildnerkunst, Malerei, hrsg. von Robert Vischer, 2. Aufl., München 1923.
Volk 1981
Waltraud Volk: Karl Friedrich Schinkel. Sein Wirken als Architekt, Berlin (DDR) 1981.
Volk-Knüttel 1976
Brigitte Volk-Knüttel: Wandteppiche für den Münchner Hof nach Entwürfen von Peter Candid (Bayer. Nationalmuseum Forschungshefte 2), München/Berlin 1976.

Vollmer 1983
Franz X. Vollmer: Der Traum von der Freiheit. Vormärz und 48er Revolution in Süddeutschland in zeitgenössischen Bildern, Stuttgart 1983.

Waagen (1844)
Gustav Friedrich Waagen: Karl Friedrich Schinkel als Mensch und als Künstler (1844), Reprint Düsseldorf 1980.

Wach 1867
Carl Wach: Das Zeitalter der Reformation. Wilhelm v. Kaulbachs Wandgemälde im Treppenhause des Neuen Museums in Berlin, Berlin 1867.

Wagner 1919
Curt Wagner: Die Compositionsgesetze in den Bilderzyklen deutscher Maler des 19. Jahrhunderts, Leipzig/Plauen 1919.

Wagner 1980
Monika Wagner: Die neue Welt der Dampfmaschine. Industriebilder des 19. Jahrhunderts, in: Ausst.-Kat.: Kunst und Technik in den 20er Jahren (Lenbachhaus), München 1980, S. 12–29.

Wagner 1983
Monika Wagner: Ein Tübinger Historienzyklus. Zum Selbstverständnis der Universität im Vormärz, in: Jahrbuch der Staatlichen Kunstsammlungen in Baden-Württemberg, Bd. 20, 1983, S. 83–105.

Wagner 1985
Monika Wagner: Der flüchtige Blick. Geschwindigkeitsdarstellungen des 19. Jahrhunderts, in: Ausst.-Kat.: Zug der Zeit – Zeit der Züge. Deutsche Eisenbahn 1835–1985, 2 Bde., Berlin 1985, Bd. 2, S. 528–535.

Wappenschmidt 1981
Heinz-Toni Wappenschmidt: Studien zur Ausstattung des deutschen Rathaussaales in der 2. Hälfte des 19. Jahrhunderts bis 1918, Bonn 1981.

Wappenschmidt 1984
Heinz-Toni Wappenschmidt: Allegorie, Symbol und Historienbild im späten 19. Jahrhundert. Zum Problem von Schein und Sein, München 1984.

Warner 1985
Marina Warner: Monuments and Maidens. The Allegory of the Female Form, New York 1985.

Wasem 1981
Eva Maria Wasem: Die Münchner Residenz unter Ludwig I. Bildprogramme und Bildausstattungen in den Neubauten (Neue Schriftenreihe des Stadtarchivs), München 1981.

Weiße 1830
Christian Hermann Weiße: System der Ästhetik als Wissenschaft von der Idee der Schönheit, Bd. 1, Leipzig 1830.

Winckelmann 1766
Johann Joachim Winckelmann: Versuch einer Allegorie, besonders für die Kunst, Dresden 1766, Reprint Baden-Baden/Straßburg 1964.

Wind 1938/1939
Edgar Wind: The Revolution of History Painting, in: JWI, Bd. 2, 1938–1939, S. 116–127.

Wollseifen 1890
M. Wollseifen: Albert Baur, in: Die Kunst für Alle, 5. Jg. 1890, S. 241–244.

Woltmann 1874
Alfred Woltmann: Wilhelm von Kaulbach. Ein biographisch-kritischer Essay, Leipzig 1874.

Wolzogen 1862, 1863, 1864
Alfred von Wolzogen: Aus Schinkels Nachlaß. Reisetagebücher, Briefe und Aphorismen ... Bd. 1 und 2, Berlin 1862; Bd. 3, Berlin 1863; Bd. 4, Berlin 1864.

3. Zeitschriften

ABZ
Allgemeine Bauzeitung. Österr. Vierteljahresschrift für den öffentlichen Baudienst, 37. Jg. 1872.
Allg. Ztg.
(Augsburger) Allgemeine Zeitung 1844, 1856, 1858, 1874.
Christliches Kunstblatt
Christliches Kunstblatt für Kirche, Schule und Haus, 10. Jg. 1871.
DBZ
Deutsche Bauzeitung, Zeitschrift für nationale Baugestaltung, 4. Jg. 1870; 8. Jg. 1874; 10. Jg. 1876; 13. Jg. 1879; 14. Jg. 1880; 18. Jg. 1884.
Correspondenz-Blatt
Correspondenz-Blatt des Kunstvereins für die Rheinlande und Westphalen, 15.–18. Jg. 1860–1863.
Dioskuren
Die Dioskuren. Zeitschrift für Kunst, Kunstindustrie und künstlerisches Leben, 1.–2. Jg. 1856, 1857; 12. Jg. 1867.
Dt. Kunstblatt
Deutsches Kunstblatt. Zeitung für bildende Kunst und Baukunst. Organ der deutschen Kunstvereine, 1.–6. Jg. 1850–1855.
Gartenlaube
Die Gartenlaube. Illustriertes Familienblatt, 1881, 1882, 1892.
GBA
Gazette des Beaux Arts, Bd. 43, 1955; Bd. 85, 1975; Bd. 89, 1977.
Grenzboten
Die Grenzboten. Zeitschriften für Politik und Literatur, 10. Jg. 1851; 22. Jg. 1863.
Hall. Jahrbücher
Hallische Jahrbücher für deutsche Wissenschaft und Kunst, 1.–6. Jg. 1838–1843.
HZ
Historische Zeitschrift, Bd. 178, 1954; Bd. 206, 1968.
ILN
Illustrated London News, 1849.
Ill. Ztg.
(Leipziger) Illustrierte Zeitung 1851, 1854, 1862, 1874–1876, 1884.
Inland
Das Inland: Ein Tagblatt für das öffentliche Leben in Deutschland, mit vorzüglicher Rücksicht auf Bayern, München, 1.–3. Jg. 1829–1831.
JBA
Journal des Beaux Arts, Brüssel 1860.
JPKS
Jahrbuch der königlich preußischen Kunstsammlungen, 1.–11. Jg. 1882–1890.
JWCI
Journal of the Warburg and Courtauld Institutes, Bd. 17, 1954; Bd. 21, 1958.
JWI
Journal of the Warburg Institute, Bd. 2, 1938/1939.
Kunstblatt
Morgenblatt für gebildete Stände. Beiblatt: Kunstblatt, 6. Jg. 1824; 9.–16. Jg. 1827–1834; 19. Jg. 1837; 23.–30. Jg. 1841–1848.
Mnemosyne
Mnemosyne. Beiblatt der Neuen Würzburger Zeitung, Juni 1856.

Morgenblatt
Morgenblatt für gebildete Leser, 45. Jg. 1863.

Museum
Museum. Blätter für bildende Kunst, 1.–5. Jg. 1833–1837.

ZsDVK
Zeitschrift des Deutschen Vereins für Kunstwissenschaft, Bd. 31, 1977; Bd. 35, 1981.

ZfbK
Zeitschrift für bildende Kunst, 1.–4. Jg. 1866–1869; 6.–15. Jg. 1871–1880; NF. 2.–8. Jg. 1890–1896.

ZfKg
Zeitschrift für Kunstgeschichte, Bd. 33, 1970; Bd. 46, 1983.

ZB
Zentralblatt der Bauverwaltung, 3. Jg. 1883; 6. Jg. 1886; 7. Jg. 1887; 32. Jg. 1912.

ZfBW
Zeitschrift für Bauwesen, 20. Jg. 1870; 28. Jg. 1878; 37. Jg. 1887.

ABKÜRZUNGEN

ETH Eidgenössische Technische Hochschule

TUM Technische Universität München

ABBILDUNGSVERZEICHNIS

REGISTER

1. Loggien in der Alten Pinakothek München (Zustand vor 1945)

2. Raffaels Loggien im Vatikan

3. Peter Cornelius: ›Bund der Religion mit den Künsten‹. Entwurf für die erste östliche und westliche Kuppel der Loggien in der Alten Pinakothek

4. Bonn, Alte Aula der Universität (Zustand vor 1945)

5. Carl Hermann und Jacob Goetzenberger: ›Die Theologie‹.
Fresko, Bonn, Universitätsaula (zerstört)

6. Jacob Goetzenberger: ›Die Philosophie‹.
Fresko, Bonn, Universitätsaula (zerstört)

7. Jacob Goetzenberger: ›Die Jurisprudenz‹. Fresko, Bonn, Universitätsaula (zerstört)

8. Jacob Goetzenberger: ›Die Medizin‹. Fresko, Bonn, Universitätsaula (zerstört)

9. Jacob Goetzenberger: Kartons der Arabeskenfriese zu: ›Die Medizin‹

10. Jacob Goetzenberger: Kartons der Arabeskenfriese zu: ›Die Philosophie‹

11. Raffael: ›Die vier Fakultäten‹. Decke der Stanza della Segnatura

12. Raffael: ›Schule von Athen‹. Stanza della Segnatura

13. Anton v. Werner: ›Die Religion‹. Entwurf für Wandbilder in der Kieler Universität

14. Friedrich Overbeck: ›Der Triumph der Religion in den Künsten‹

15. Carl Gehrts: ›Die Kunst der Renaissance‹.
Ölskizze für das Fresko im Treppenhaus der Düsseldorfer Kunsthalle

16. Ferdinand Keller: ›Die Renaissance‹.
Wandbild im Treppenhaus der Vereinigten Sammlungen, Karlsruhe (zerstört)

17. Otto Brausewetter: ›Das Zeitalter des Humanismus‹.
Fries im Gymnasium Bromberg (zerstört)

18. Ernst Förster: ›Befreiung des deutschen Heeres durch Otto den Großen‹. Fresko im Münchner Hofgarten (Zustand vor 1944)

19. Clemens Zimmermann: ›Belehnung Otto des Großen mit dem Herzogtum Bayern‹. Fresko im Münchner Hofgarten (Zustand vor 1944)

20. Carl Hermann: ›Sieg Kaiser Ludwig des Bayern bei Ampfing‹.
Fresko im Münchner Hofgarten (Zustand vor 1944)

21. Hans van der Briest nach Peter Candid: ›Otto v. Wittelsbach rettet das Reichsheer in der Veroneser Klause‹. Wandteppich

22. Hans van der Briest nach Peter Candid: ›Otto v. Wittelsbach wird mit dem Herzogtum Bayern belehnt‹. Wandteppich

23. W. Roeckel nach H. Stilke: ›Ludwig des Bayern Kaiserkrönung‹.
Lithographie nach dem Fresko im Münchner Hofgarten

24. Dietrich Monten: ›Bayern erstürmen eine türkische Verschanzung‹.
Fresko im Münchner Hofgarten (Zustand vor 1944)

25. Philipp Voltz: ›Maximilian Joseph III. stiftet die Akademie der Wissenschaften‹.
Fresko im Münchner Hofgarten (Zustand vor 1944)

26. Gail nach D. Monten: ›Die Schlacht von Arcis-sur Aube‹.
Lithographie nach dem zerstörten Fresko im Münchner Hofgarten

27. C. Heinzmann nach D. Monten: ›König Max Joseph I. übergibt die Verfassungsurkunde‹.
Lithographie nach dem Fresko im Münchner Hofgarten

28. Th. L. Weller nach Peter Hess: ›Eröffnung der ersten Ständeversammlung 1819‹

29. Lorenzo und Domenico Quaglio: ›Eröffnung der ersten Ständeversammlung 1819‹

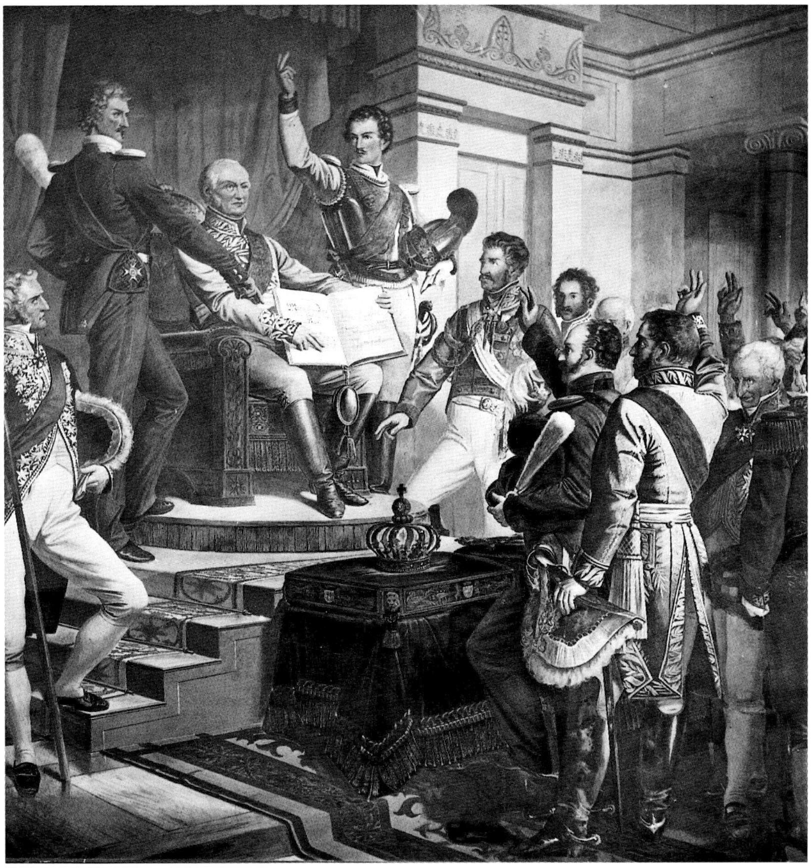

30. J. W. Weissbrod: ›Schwur auf die Verfassung‹.
Wandgemälde im alten Bayerischen Nationalmuseum (zerstört)

31. C. Waagen nach Wilhelm Kaulbach: ›Main und Isar‹.
Lithographie nach dem Fresko im Münchner Hofgarten

32. Peter Hess: ›Maurokardatos verteidigt siegreich Missolungi‹.
Karton für das Wandbild im Münchner Hofgarten

33. H. Kohler nach Peter Hess: ›Koletis verkündet die Wahl des Königs Otto‹.
Lithographie nach dem zerstörten Fresko im Münchner Hofgarten

34. Innenansicht der Paulskirche in Frankfurt mit Ph. Veits Transparent der Germania

35. Philipp Veit: ›Germania‹

36. Hermann Prell: ›Germania zwischen Wehrkraft und Fruchtbarkeit‹. Fresko in der ehemaligen deutschen Botschaft in Rom

37. Eugène Delacroix: ›Die Freiheit führt das Volk an‹

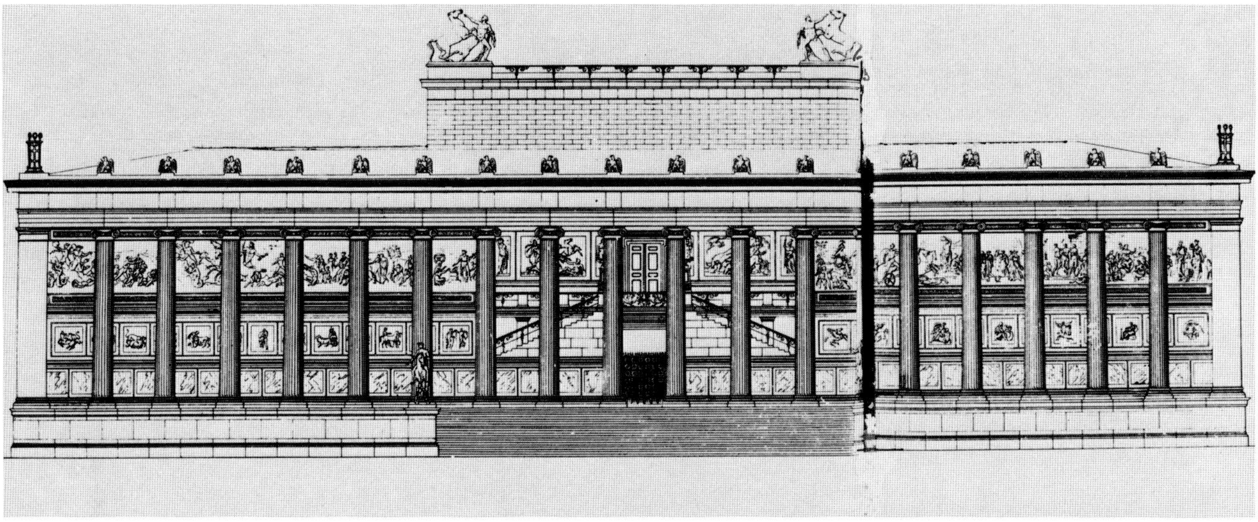

38. C. H. Thiele nach Karl Friedrich Schinkel: Vorhalle des alten Museums, Berlin

39. C. H. Thiele nach Karl Friedrich Schinkel: Obere Treppenhaushalle des alten Museums, Berlin

40. H. Fincke nach Karl Friedrich Schinkel: Obere Treppenhaushalle im alten Museum, Berlin

41. Karl Friedrich Schinkel: Obere Treppenhaushalle im alten Museum, Berlin (Zustand nach 1860)

42. Karl Friedrich Schinkel: ›Uranos und der Tanz der Gestirne‹. Entwurf für das Fresko in der Vorhalle des alten Museums, Berlin

43. Karl Friedrich Schinkel: ›Trauer am Tumulus‹. Entwurf für das Fresko in der Vorhalle des alten Museums, Berlin

44. Karl Friedrich Schinkel: ›Jupiter und die neue Götterwelt‹.
Entwurf für das Fresko der Vorhalle des alten Museums, Berlin

45. Karl Friedrich Schinkel: ›Entwicklung des Menschenlebens‹.
Entwurf für das Fresko der Vorhalle des alten Museums, Berlin

46. Karl Friedrich Schinkel: ›Aufopferung für andere bei feindlichem Angriff‹. Entwurf für die obere Treppenhaushalle im alten Museum, Berlin

47. Karl Friedrich Schinkel: ›Aufopferung für andere bei gefahrvollem Naturereignis‹. Entwurf für die obere Treppenhaushalle im alten Museum, Berlin

48. Karl Friedrich Schinkel: ›Helios – Apoll‹.
Entwurf für das Fresko der Vorhalle des alten Museums, Berlin (Detail)

49./50. Baldassare Peruzzi: Fries in der Sala della Prospettiva (Details)

51. J. H. W. Tischbein: ›Nebelnymphen‹

52. Nach Pierre-Paul Prud'hon: ›Die Entführung der Psyche‹. Lithographie

53. Karl Friedrich Schinkel: ›Der Morgen des Menschenlebens‹ (Detail). Entwurf für die Vorhalle des alten Museums, Berlin

54. Karl Friedrich Schinkel: ›Die Erfindung der Zeichenkunst‹

55. Karl Friedrich Schinkel: ›Blick in Griechenlands Blüte‹ (Detail)

56. Karl Friedrich Schinkel: ›Das Menschenleben‹ (Detail). Entwurf für die Vorhalle des alten Museums, Berlin

57. Karl Friedrich Schinkel: Baumeister, bekränzt vom Genius der Baukunst

58. Karl Friedrich Schinkel: Baumeister, bekränzt von der Siegesgöttin

59. Rudolf Schadow: ›Spinnerin‹

60. Karl Friedrich Schinkel: ›Mädchen mit Senklot‹

61. Thomas Banks: ›Fallender Titan‹

62. Karl Friedrich Schinkel: ›Sterbender Genius der Baukunst‹

63. Raffael: ›Borgobrand‹ (Detail). Vatikan

64. Nicolas Poussin: ›Der Winter‹ (Detail)

65. Jacques Louis David: ›Leonidas bei den Thermopylen‹ (Detail)

66. Antoine-Jean Gros: ›Einschiffung der Herzogin von Angoulême‹ (Detail)

67. Raffael-Schule: ›Die Bogenschützen‹

68. Nicolas Poussin: ›Tanz des Lebens‹

69. Treppenhaushalle im neuen Museum, Berlin, mit Kaulbachs Wandmalereien (zerstört)

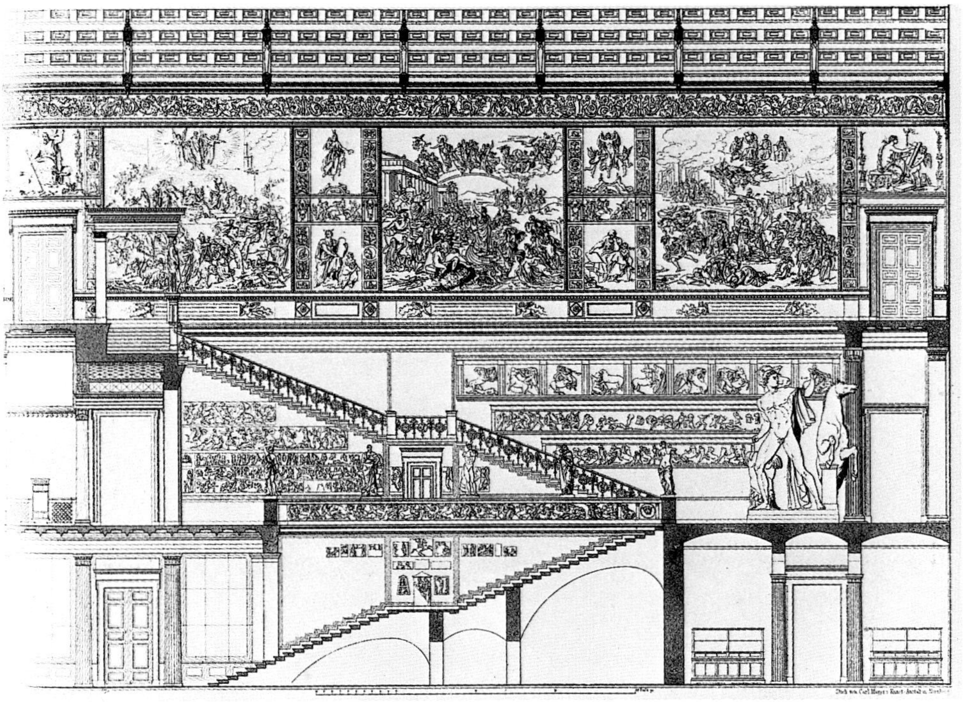

70. Berlin, neues Museum (1841–55). Längsschnitt durch das Treppenhaus

71. Wilhelm Kaulbach: ›Die Zerstörung des Babylonischen Turmes‹.
Wandgemälde im Treppenhaus des neuen Museums, Berlin (zerstört)

72. Wilhelm Kaulbach: ›Homer und die Griechen‹. Wandgemälde im Treppenhaus des neuen Museums, Berlin (zerstört)

73. Wilhelm Kaulbach: ›Die Hunnenschlacht‹. Wandgemälde im Treppenhaus des neuen Museums, Berlin (zerstört)

74. G. Eilers nach Wilhelm Kaulbach: ›Die Zerstörung Jerusalems‹. Stahlstich nach dem zerstörten Wandgemälde

75. Wilhelm Kaulbach: ›Die Zerstörung Jerusalems‹ (Detail). Wandgemälde im Treppenhaus des neuen Museums, Berlin (zerstört)

76. Wilhelm Kaulbach: ›Die Kreuzfahrer vor Jerusalem‹.
Wandgemälde im Treppenhaus des neuen Museums, Berlin (zerstört)

77. Wilhelm Kaulbach: ›Das Zeitalter der Reformation‹ (Detail).
Wandgemälde im Treppenhaus des neuen Museums, Berlin (zerstört)

78. G. Eilers nach Wilhelm Kaulbach: ›Das Zeitalter der Reformation‹. Stahlstich nach dem zerstörten Wandgemälde

79. Personenschema zu: ›Das Zeitalter der Reformation‹

80. Pierre-Paul Prud'hon: ›Rache und Gerechtigkeit verfolgen den Mörder‹

81. Karikatur auf Kaulbachs ›Zerstörung Jerusalems‹

82. Wilhelm Kaulbach: ›Die Sage‹.
Wandmalerei im Treppenhaus des neuen Museums, Berlin (zerstört)

83. Wilhelm Kaulbach: ›Die Geschichte‹.
Karton für das Wandgemälde im Treppenhaus des neuen Museums, Berlin

84. Wilhelm Kaulbach: Entwurfsskizze zu: ›Das Zeitalter der Reformation‹

85. Wilhelm Kaulbach: Entwurfsskizze zu: ›Das Zeitalter der Reformation‹

86. Rembrandt: ›Moses mit den Gesetzestafeln‹

87. Raffael-Schule: ›Alexander der Große läßt die Werke Homers aufbewahren‹

88. Nach Wilhelm Kaulbach: ›Moses‹. Stahlstich nach dem Wandbild im neuen Museum, Berlin

89. Wilhelm Kaulbach: ›Friedrich der Große‹. Stahlstich nach dem Wandbild im neuen Museum, Berlin

90. Nach Wilhelm Kaulbach: ›Italia‹.
Stahlstich nach dem Wandbild im neuen Museum, Berlin

91 a. Wilhelm Kaulbach: Karton für den Kinderfries im Treppenhaus des neuen Museums, Berlin (Anfangsszene)

91 b. Nach Wilhelm Kaulbach: Stich nach dem Kinderfries im Treppenhaus des neuen Museums, Berlin (Schlußszene)

92. Wilhelm Kaulbach: ›Die Malerei‹.
Karton für die Stirnwand im Treppenhaus des neuen Museums, Berlin

93. Wilhelm Kaulbach: ›Die Baukunst‹.
Karton für die Stirnwand im Treppenhaus des neuen Museums, Berlin

94. Hermann Prell: ›Die Parzen‹.
Wandbild im Albertinum, Dresden (zerstört)

95. Hermann Prell: ›Christlicher Ritter‹.
Wandbild im Schlesischen Museum, Breslau (zerstört)

96. Treppenhaus des Albertinums, Dresden (Zustand vor 1945)

97. Philip Charles Hardwick: Wartehalle in Euston Station, London.
Aquarell mit den nicht ausgeführten Wandbildern

a

b

98 a. b. Gottfried Neureuther: Sgraffitomalerei in der Einsteighalle des Würzburger Bahnhofs

99. Wilhelm Kaulbach: ›Die Erzeugung der Dampfkraft‹. Karton

100. Eugen Napoleon Neureuther: ›Maschinenfabrik Cramer-Klett‹

a

b

101 a.b. Michael Echter: ›Industrie und Handel‹.
Karton für die Friese in der nördlichen Durchfahrt im Münchner Bahnhof

102. Michael Echter: ›Völkerverbindung‹.
Sgraffito in der südlichen Durchfahrt im Münchner Bahnhof (zerstört)

103. Michael Echter: ›Die Dampfkraft‹.
Entwurf für das Wandbild im Münchner Bahnhof

104. Nach Michael Echter: ›Die Dampfkraft‹.
Holzstich nach dem zerstörten Fresko im Münchner Bahnhof

105. Michael Echter: ›Die Telegraphie‹.
Entwurf für das Wandbild im Münchner Bahnhof

106. Nach Michael Echter: ›Die Telegraphie‹.
Holzstich nach dem zerstörten Fresko im Münchner Bahnhof

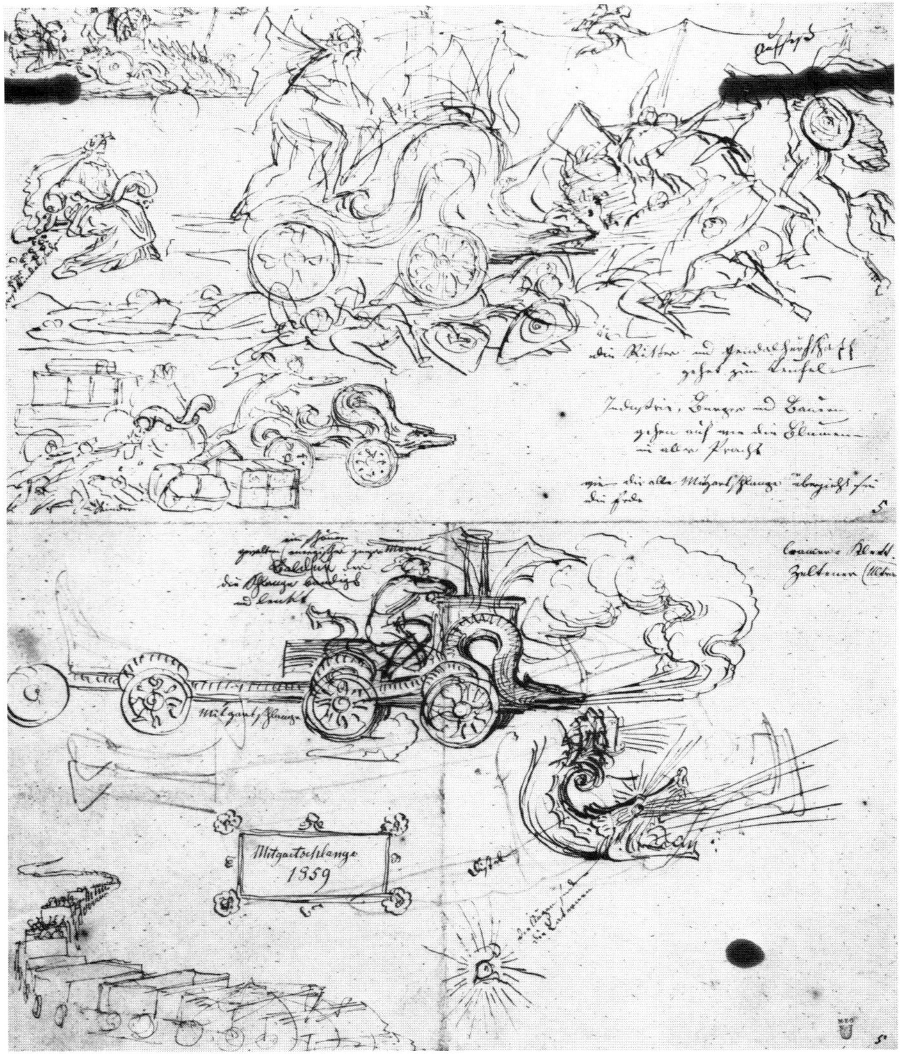

107. Wilhelm Kaulbach: ›Kampf der alten und der neuen Zeit‹

108. Anonym: Einladungskarte zur Eröffnung der Bahnstrecke München–Wien

109. Franz Stuck: Allegorie der Dampfkraft

110. Hans Canon: Studie zu: ›Die Dampfkraft‹

111. Hans Canon: ›Die Dampfkraft‹. Studie zum Wandbild im Karlsruher Bahnhof

112. Hans Canon: ›Die Telegraphie‹. Studie zum Wandbild im Karlsruher Bahnhof

113. Hans Canon: ›Putten beim Eisenbahnbau‹

114. Puvis de Chavannes: ›Die Physik‹.
Wandbild in Boston, öffentliche Bibliothek

115. Carl Karger: ›Die Telegraphie‹

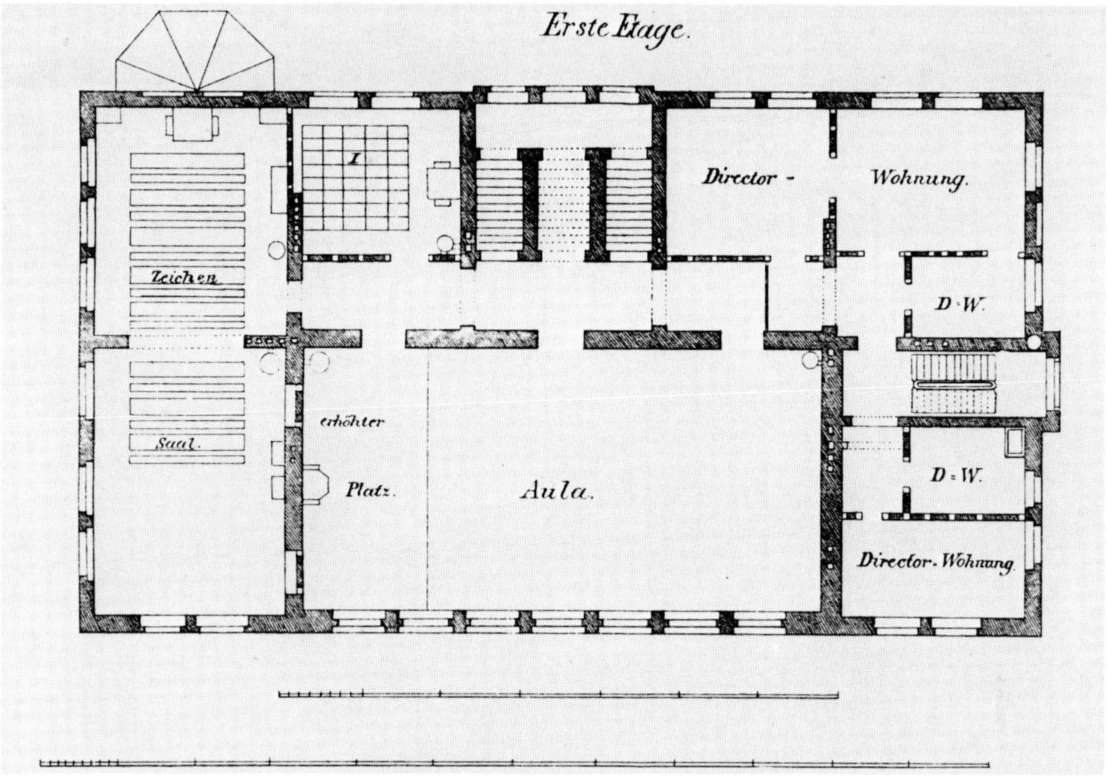

116. Nach Plänen von Martin Gropius: Realschulgebäude Düsseldorf. Grundriß

117. Eduard Bendemann: ›Handel, Industrie und Wissenschaft‹.
Entwürfe für den Fries im Thronsaal des Dresdner Schlosses

118. Eduard Bendemann: ›Die Kunst‹. Aula der Realschule Düsseldorf (zerstört)

119. Eduard Bendemann: ›Die Wissenschaft‹. Aula der Realschule Düsseldorf (zerstört)

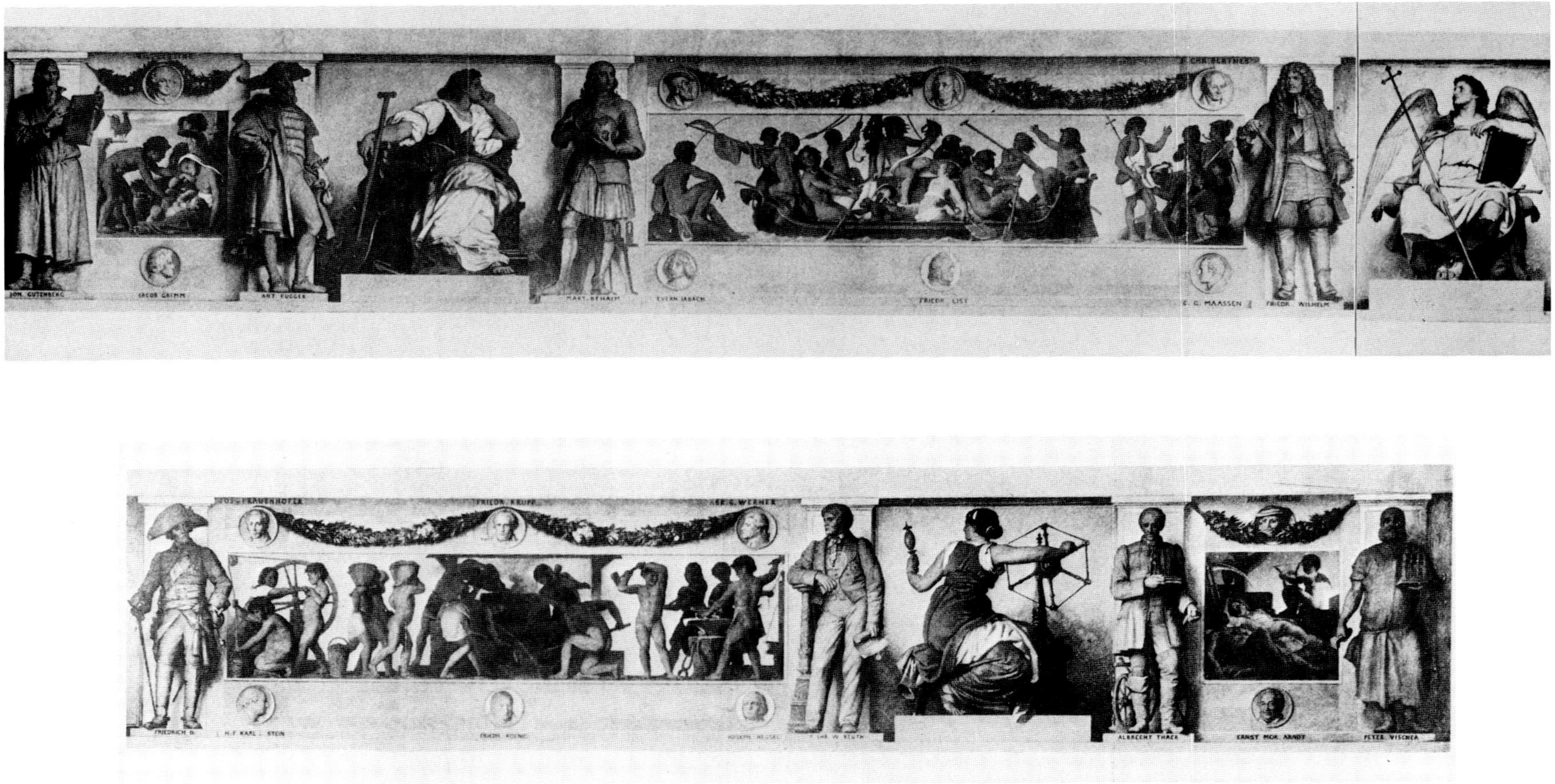

120. Eduard Bendemann: ›Handel und Industrie‹. Aula der Realschule Düsseldorf (zerstört)

121. Eduard Bendemann: Fries in der Aula der Realschule Düsseldorf (zerstört)

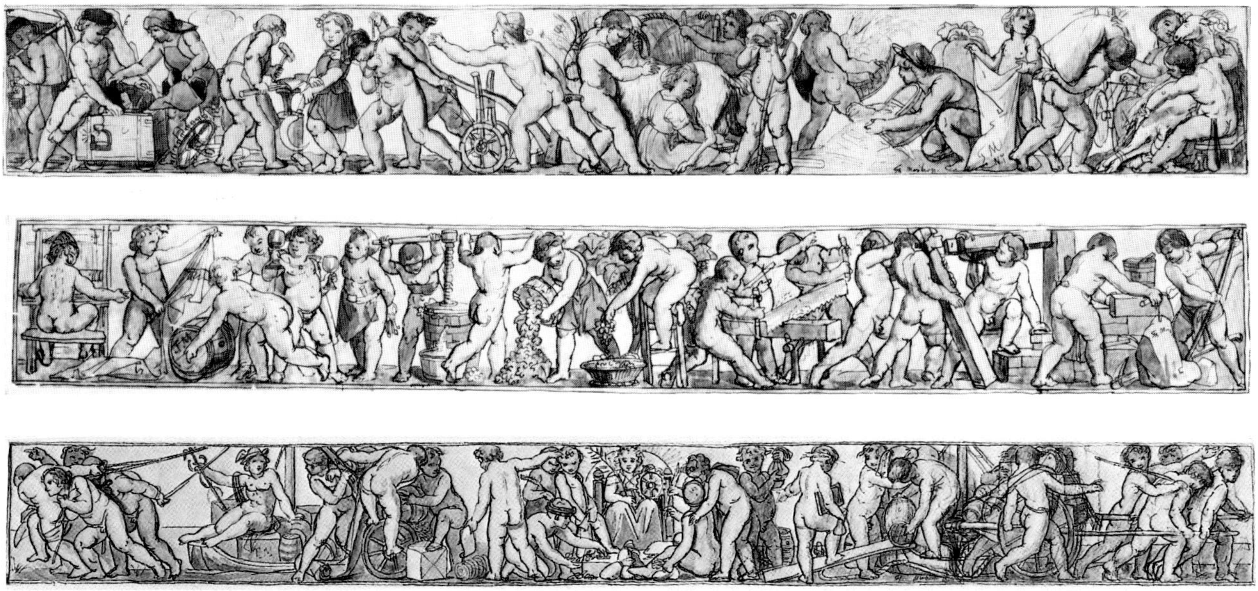

122. Theodor Mintrop: ›Landwirtschaft‹, ›Handwerk‹, ›Handel‹.
Entwürf für den Fries im Festsaal der Schaafhausener Bank, Köln

123. Theodor Mintrop: ›Der Handel‹.
Fries im Festsaal der Schaafhausener Bank, Köln (zerstört)

124. Max Seeliger: ›Erziehung der Jugend‹. Aula des Gymnasiums in Wurzen

125. Leonard Gey: ›Die Zeit Homers‹ und ›Die Zeit Caesars‹.
Wandgemälde in der Aula des königlichen Gymnasiums, Dresden

126. Nach Gottfried Semper: Sgraffitodekoration am Außenbau der ETH Zürich

127. Gottfried Semper: Entwurf für die Auladecke der ETH Zürich

128. Aula der ETH Zürich

129. Gottfried Semper: Entwurf für ein Wandbild in der Aula der ETH Zürich

130. Gottfried Neureuther: Mittelrisalit der polytechnischen Schule München mit geplantem Skulpturenschmuck

131. Eugen Napeolon Neureuther: Fassadendekoration am Nordflügel der polytechnischen Schule München

132. Eugen Napoleon Neureuther: ›Statik‹. Karton für die Wanddekoration am Außenbau der polytechnischen Schule München

133. Eugen Napoleon Neureuther: ›Mechanik‹. Karton für die Wanddekoration am Außenbau der polytechnischen Schule München

134. Eugen Napoleon Neureuther: ›Aerodynamik‹. Karton für die Wanddekoration am Außenbau der polytechnischen Schule München

135. Eugen Napoleon Neureuther: ›Dynamik‹. Karton für die Wanddekoration am Außenbau der polytechnischen Schule München

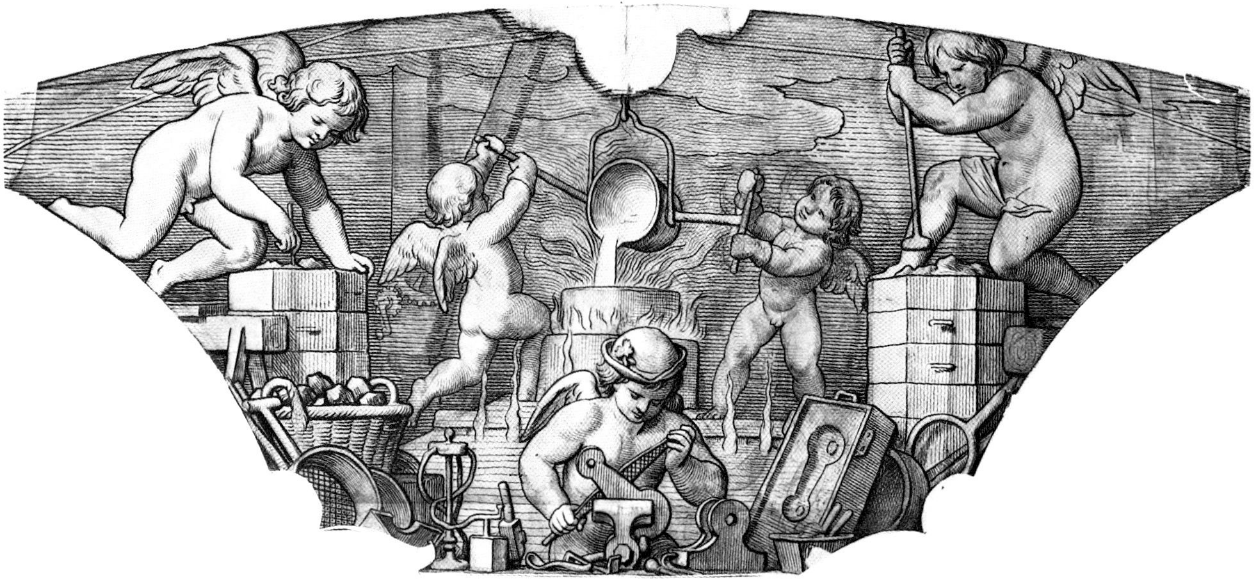

136. Eugen Napoleon Neureuther: ›Gießerei‹.
Karton für die Wanddekoration am Außenbau der polytechnischen Schule München

137. Eugen Napoleon Neureuther: ›Eisenschmiede‹.
Karton für die Wanddekoration am Außenbau der polytechnischen Schule München

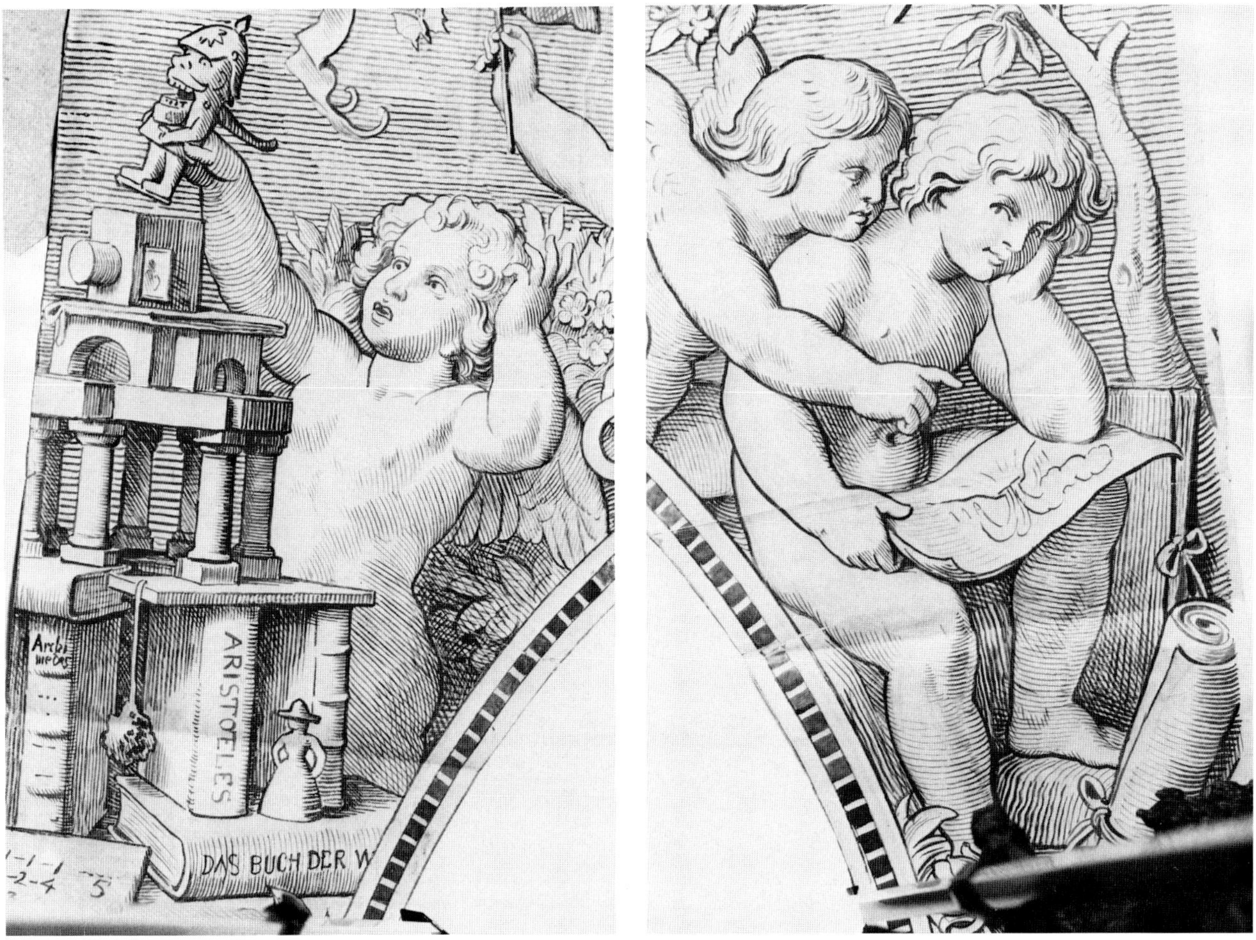

138. Eugen Napoleon Neureuther: ›Wissensgebäude‹ und ›Naturerkenntnis‹.
Kartons für die Wanddekoration am Außenbau der polytechnischen Schule München

139. Eugen Napoleon Neureuther: ›Waffen, Musikinstruemente‹.
Karton für die Wanddekoration am Außenbau der polytechnischen Schule München

140. G. und E. N. Neureuther: Deckenentwurf für das Vestibül der polytechnischen Schule München

141. Eugen Napoleon Neureuther: ›Prometheus belebt den Menschen‹ (Detail). Karton für das Deckenbild im Vestibül der polytechnischen Schule München

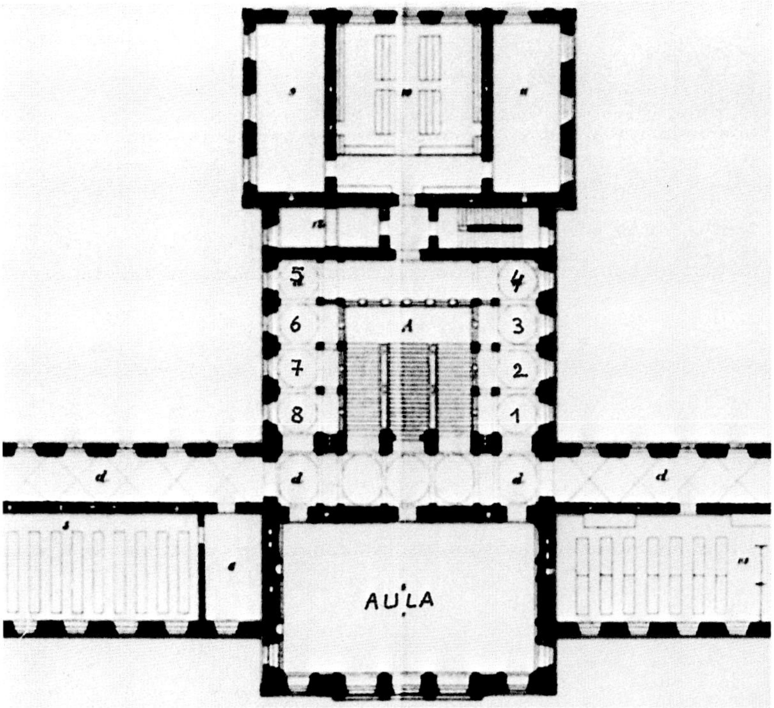

142. Gottfried Neureuther: Polytechnische Schule München.
Grundriß zweites Stockwerk

143. Gottfried Neureuther: Treppenhaushalle der polytechnischen Schule München (zerstört)

144. Eugen Napoleon Neureuther: ›Grundelemente des Weltalls‹. Entwurf für die erste Kuppel im Treppenhaus der polytechnischen Schule München

145. Eugen Napoleon Neureuther: ›Die Astronomie‹. Entwurf für die zweite Kuppel im Treppenhaus der polytechnischen Schule München

146. Eugen Napoleon Neureuther: ›Die Druckkunst‹. Entwurf für die vierte Kuppel im Treppenhaus der polytechnischen Schule München

147. Eugen Napoleon Neureuther: ›Die Erfindung des Schießpulvers‹. Studie zur fünften Kuppel im Treppenhaus der polytechnischen Schule München

148. Eugen Napoleon Neureuther: ›Das Schießpulver‹. Nicht ausgeführter Entwurf für die fünfte Kuppel im Treppenhaus der polytechnischen Schule München

149. Eugen Napoleon Neureuther: ›Das Schießpulver‹. Entwurf für die fünfte Kuppel im Treppenhaus der polytechnischen Schule München

150. Eugen Napoleon Neureuther: ›Die Eroberung Amerikas‹.
Studie zur fünften Kuppel im Treppenhaus der polytechnischen Schule München

151. Eugen Napoleon Neureuther: ›Die Eroberung Amerikas‹ (Detail).
Nicht ausgeführter Entwurf für die fünfte Kuppel im Treppenhaus der polytechnischen Schule München

152. Eugen Napoleon Neureuther: ›Die Elektrizität‹. Entwurf für die sechste Kuppel im Treppenhaus der polytechnischen Schule München

153. Eugen Napoleon Neureuther: ›Die Kunst‹. Entwurf für die achte Kuppel im Treppenhaus der polytechnischen Schule München

154. Eugen Napoleon Neureuther: ›Die Dampfkraft‹. Entwurf für die siebte Kuppel im Treppenhaus der polytechnischen Schule München

155. E. N. und G. Neureuther: Deckenentwurf für die Aula im Polytechnikum München

156. Ansicht der TH Dresden (Zustand um 1875)

157. Aula der TH Dresden mit den Wandgemälden von Anton Dietrich (zerstört)

158. Josef Durm: Aula- und Hörsaalbau der TH Karlsruhe

159. Aula der TH Karlsruhe. Ausstattungsprogramm von Josef Durm, Blick gegen die Ostwand (zerstört)

160./161. Nach Josef Durm: Wandbilder in der Aula der TH Karlsruhe. Ausführung durch verschiedene Maler (zerstört)

162. Technische Hochschule Berlin-Charlottenburg (Zustand vor 1945)

163. Aula der TH Berlin-Charlottenburg (Zustand vor 1945)

164. Hermann Prell: ›Die Baukunst Griechenlands‹.
Wandgemälde im Festsaal des Architektenvereins, Berlin (zerstört)

165. Hermann Prell: ›Die Baukunst der Gotik‹.
Wandgemälde im Festsaal des Architektenvereins, Berlin (zerstört)

166. Josef Durm: Entwurf für das Wandbild der Kathederwand in der Aula der TH Karlsruhe

167. Ernst Schurth: Allegorie der technischen Wissenschaften. Aula der TH Karlsruhe (zerstört)

168. Julius Schmid: ›Das Licht‹

169. C. Burger: ›Die Elektrizität‹

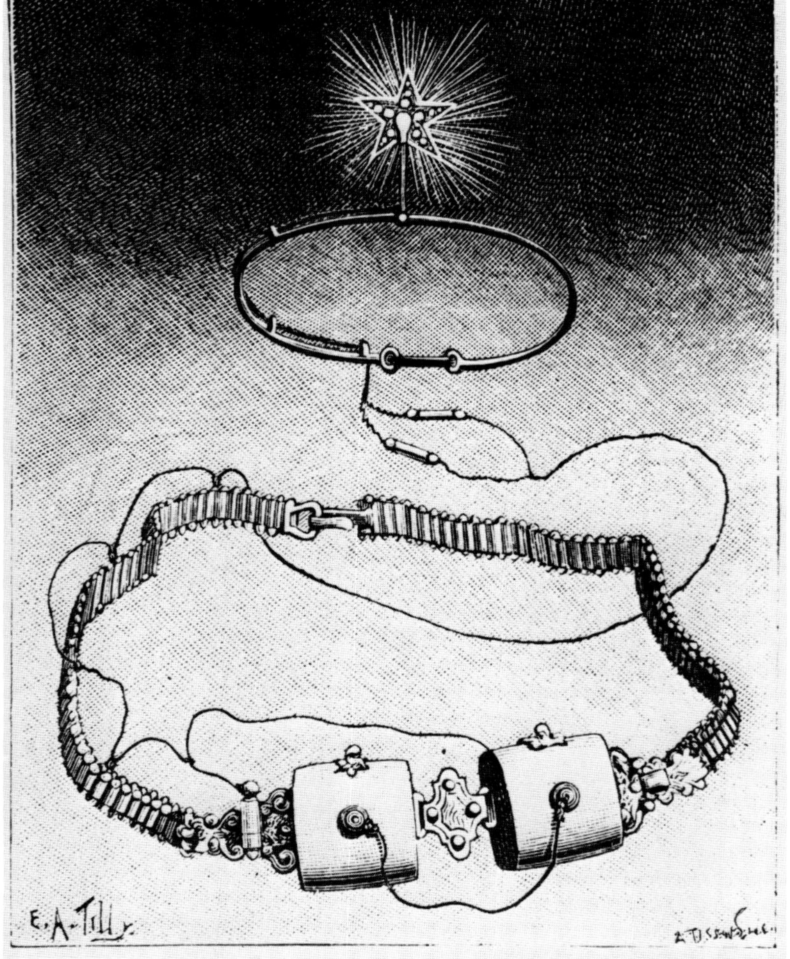

170. Batteriebetriebenes elektrisches Glühdiadem

171. ›Veritas‹. Aus Ripas Iconologia

172. Cony Schmidt: Geschäftsreklame der AEG

173. Nach Ludwig Kandler: ›Das elektrische Licht‹

174. Mrs. Vanderbilt als ›Das elektrische Licht‹

175. Jules Lefèbvre: ›La Vérité‹

176. Otto Seitz: ›Die Wahrheit‹

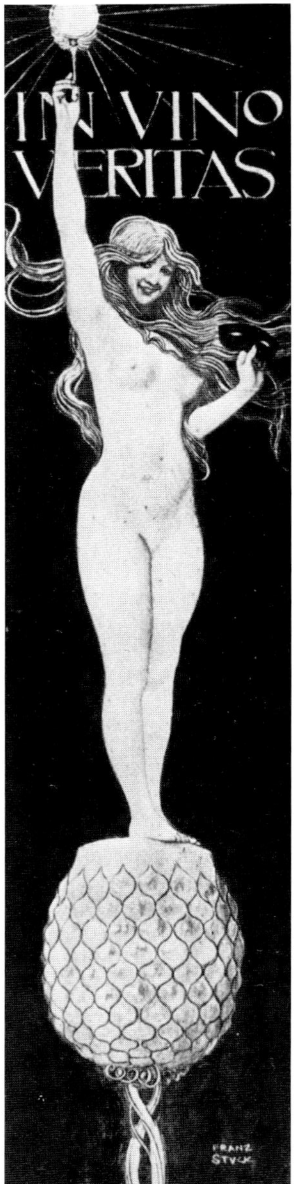

177. Franz Stuck: ›In Vino Veritas‹

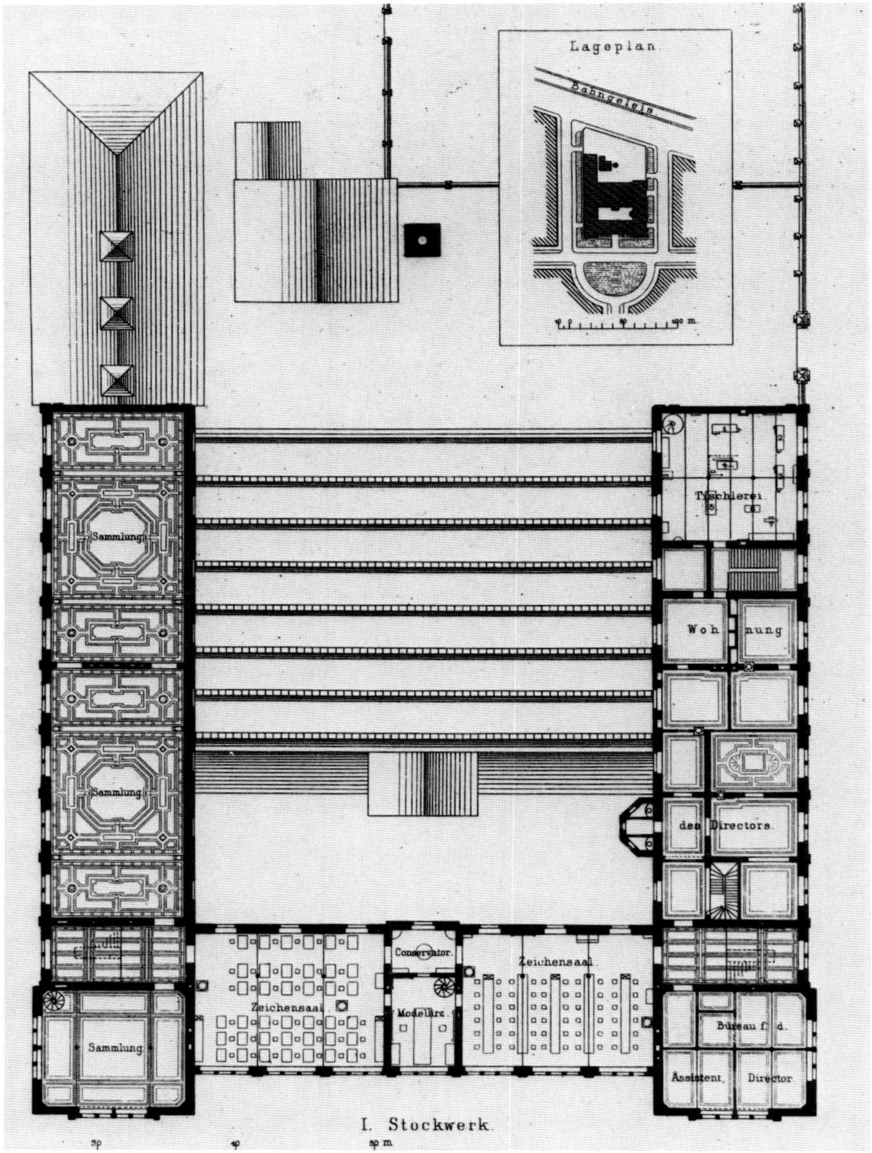

178. Königliche Textilschule Krefeld. Grundriß erstes Stockwerk

179. Presbyterium von S. Vitale in Ravenna

180. Albert Baur: ›Einführung der Seidenraupen in Byzanz unter Justinian‹. Krefeld, Textilschule (zerstört)

181. Albert Baur: ›Roger II. von Sizilien kehrt von einem Kriegszug aus Griechenland zurück‹. Krefeld, Textilschule (zerstört)

182. Albert Baur: ›Napoleon besucht auf der 'exposition universelle' 1802 Jacquard‹. Krefeld, Textilschule (zerstört)

183. Albert Baur: ›Friedrich der Große bei v. d. Leyen in Krefeld 1763‹. Krefeld, Textilschule (zerstört)

184. Albert Baur: ›Kaiser Wilhelm II. beim Verlassen des Kaiser-Wilhelm-Museums im Jahre 1902‹. Krefeld, Textilschule (zerstört)

185. Albert Baur: Allegorie auf die Webkunst. Krefeld, Textilschule (zerstört)

186. Hugo Vogel: ›Die Industrie unter dem Schutz der Krone‹.
Wandgemälde der Darmstädter Bank, Berlin (zerstört)

187. Ernst Jordan: Vorhang des Stadttheaters, Bielefeld

188./189. Allegorie auf die Vergangenheit und die Zukunft